Diccionario Oxford de Phrasal Verbs

para estudiantes de inglés

INGLÉS-ESPAÑOL

Editado por
Mª Ángeles Pérez Alonso

UNIVERSITY PRESS

OXFORD
UNIVERSITY PRESS

Great Clarendon Street, Oxford OX2 6DP
Oxford University Press is a department of the University of Oxford.
It furthers the University's objective of excellence in research, scholarship,
and education by publishing worldwide in
Oxford New York
Auckland Cape Town Dar es Salaam Hong Kong Karachi
Kuala Lumpur Madrid Melbourne Mexico City Nairobi
New Delhi Shanghai Taipei Toronto
With offices in
Argentina Austria Brazil Chile Czech Republic France Greece
Guatemala Hungary Italy Japan Poland Portugal Singapore
South Korea Switzerland Thailand Turkey Ukraine Vietnam

OXFORD and OXFORD ENGLISH are registered trade marks of
Oxford University Press in the UK and in certain other countries

© Oxford University Press 2001

Database right Oxford University Press (maker)

First published 2001

2009 2008 2007 2006
6 5 4 3

No unauthorized photocopying

All rights reserved. No part of this publication may be reproduced, stored in a retrieval system, or transmitted, in any form or by any means, without the prior permission in writing of Oxford University Press, or as expressly permitted by law, or under terms agreed with the appropriate reprographics rights organization. Enquiries concerning reproduction outside the scope of the above should be sent to the ELT Rights Department, Oxford University Press, at the address above

You must not circulate this book in any other binding or cover
and you must impose this same condition on any acquirer

Any websites referred to in this publication are in the public domain and their addresses are provided by Oxford University Press for information only.
Oxford University Press disclaims any responsibility for the content

This dictionary includes some words which have or are asserted to have proprietary status as trade marks or otherwise. Their inclusion does not imply that they have acquired for legal purposes a non-proprietary or general significance nor any other judgement concerning their legal status. In cases where the editorial staff have some evidence that a word has proprietary status this is indicated in the entry for that word but no judgement concerning the legal status of such words is made or implied thereby

ISBN-13: 978 0 19 431385 8
ISBN-10: 0 19 431385 9

Designed by Peter Burgess
Cover design by Richard Morris

Typeset in Great Britain by Tradespools Ltd, Frome
Printed in China

Índice

Interior portada   **Abreviaturas y símbolos**

iv–v   **Elementos de una entrada**

vi   **Presentación editorial**

vii–x   **Guía para utilizar el diccionario**

1–500   **Phrasal verbs de la A a la Z**

         Apéndice 1
502–515   **Índice explicativo de partículas**

         Apéndice 2
516   **Los nuevos phrasal verbs**

         Apéndice 3
517–518   **Pronunciación de los phrasal verbs**

Interior contraportada   **Verbos irregulares**

Elementos de una entrada

el **lema** o **verbo principal** introduce la entrada, seguido de la pronunciación británica y americana, y de las formas irregulares del verbo

blow /bləʊ; *USA* bloʊ/ *pret* **blew** /bluː/ *pp* **blown** /bləʊn; *USA* bloʊn/

blow out 1 (*vela, llama*) apagarse (*con el aire*) **2** (*neumático*) reventar: *One of the front tyres blew out.* Una de las ruedas delanteras reventó. **3** (*cristal, ventana*) volar en pedazos
▶ **blow-out** *n* (*neumático*) reventón: *We had a blow-out on the motorway.* Tuvimos un reventón en la autopista.

los **phrasal verbs** con **blow** aparecen ordenados alfabéticamente según la partícula y los objetos

blow sb out (*USA, coloq*) (*Dep*) darle una paliza a algn: *The home team blew out the Suns by 30 points.* El equipo local aplastó a los Suns sacándoles 30 puntos de ventaja.
▶ **blowout** *n* (*USA, coloq*) (*Dep*) derrota aplastante

los números separan claramente los distintos **significados** de cada phrasal verb

blow sth out 1 apagar algo soplando: *She took a deep breath and blew out all the candles.* Cogió aire y apagó todas las velas de un soplido. **2** (*explosión*) hacer volar algo: *The explosion blew out the windows.* La explosión hizo volar todas las ventanas. **3** echar, expulsar algo: *She inhaled and then blew the smoke out.* Aspiró y después echó el humo. **4** hinchar algo: *She blew out her cheeks in exasperation.* Desesperada, hinchó las mejillas.

el símbolo **LOC** introduce la sección dedicada a **locuciones y expresiones idiomáticas**

LOC blow sb's brains out (*coloq*) volarle la tapa de los sesos a algn

los **ejemplos de uso** muestran cómo se utiliza el phrasal verb

blow over 1 caerse, ser derribado (*por el viento*): *One of the trees had blown over in the storm.* Uno de los árboles se había caído con tormenta. **2** (*tormenta*) pasar, amainar: *We sheltered in a barn until the storm blew over.* Nos refugiamos en un granero hasta que pasó la tormenta. **3** (*escándalo*) olvidarse: *Don't come to work until the fuss has blown over.* No vengas a trabajar hasta que se haya olvidado el tema.

blow sb/sth over derribar a algn/algo: *The fence had been blown over in a storm.* La tormenta había derribado la valla.

las **notas de uso** solucionan posibles dudas sobre el uso de este phrasal verb

NOTA Blow sb/sth over se utiliza mucho en pasiva.

el símbolo ☆ indica que el phrasal verb, o uno de los sentidos de este phrasal verb, debe formar parte del vocabulario activo del estudiante de inglés

blow up ☆ **1** explotar: *The bomb blew up as experts tried to defuse it.* La bomba explotó cuando los expertos trataban de desactivarla. **2** (*tormenta, viento*) desatarse, levantarse: *A storm blew up just after the ship left port.* Se desató una tormenta justo después de que el barco hubiera salido del puerto. **3** (*crisis, situación*) desatarse, estallar: *A row has blown up over the leaking of information to the press.* La fuga de información a la prensa ha desatado una disputa **4** (**at sb**) (*coloq*) ponerse hecho una furia (con algn)

el símbolo ▶ introduce la sección de adjetivos, sustantivos o verbos **derivados** de este phrasal verb

▶ **blowup** *n* (*USA*) **1** explosión: *An accidental blowup of explosives flattened the building.* Una explosión accidental destruyó el edificio. **2** discusión, encontronazo

☆ **blow sb/sth up** volar a algn/algo (*con una bomba*): *The hijacker threatened to blow the plane up.* Los secuestradores amenazaron con volar el avión.

blow sth up 1 inflar algo: *You need to blow up the tyres on your bike.* Tienes que hinchar las ruedas de la bici. **2** (*Fot*) ampliar algo **3** exagerar algo: *The whole affair has been blown up out of all proportion.* El asunto se ha sacado totalmente de quicio.
▶ **blow-up** *adj* [atrib] hinchable

las **notas de uso** de la sección de derivados ayudan a evitar errores de uso

NOTA Nótese que el adjetivo **blow-up** siempre se utiliza delante de un sustantivo: *a blow-up mattress.*
▶ **blow-up** *n* (*Fot*) ampliación

iv

v + adv
2 = burst

las **estructuras sintácticas** muestran el orden de los elementos y las distintas posibilidades que tiene cada phrasal verb

v + n/pron + adv
v + adv + n
= thrash sb

v + n/pron + adv
v + adv + n
1 ⓞ **a candle, a match**
   = extinguish sth (*más formal*)
2 ⓞ **the windows**
3 ⓞ **smoke**
   = exhale sth (*más formal*)
4 ⓞ **your cheeks**

el símbolo ⓞ introduce los **objetos más frecuentes** de este phrasal verb en cada uno de sus significados

v + adv
2 Ⓢ **storm**
   = die down
3 = die down

el símbolo Ⓢ introduce los **sujetos más frecuentes** de este phrasal verb

el símbolo = aparece delante de los **sinónimos**

v + n/pron + adv
v + adv + n

v + adv
1 = explode (*más formal*)
2 ⓞ **a storm, the wind**
3 ≠ die down (3)

si el sinónimo no es igual en **registro** al phrasal verb, se indica entre paréntesis

el símbolo ≠ introduce los **antónimos**

v + n/pron + adv
v + adv + n

v + n/pron + adv
v + adv + n
1 ⓞ **a balloon, a tyre**
   = inflate sth (*más formal*)
   ≠ let sth down (3) (*GB*)
2 ⓞ **a photo**
   = enlarge sth (*más formal*)
3 = exaggerate sth

las abreviaturas *GB* y *USA* aparecen a lo largo de todo el diccionario para dar información sobre el **inglés británico y americano**

v

Presentación editorial

El *Diccionario Oxford de Phrasal Verbs* pertenece a la nueva generación de diccionarios bilingües de Oxford University Press, diseñados y escritos exclusivamente para estudiantes de inglés.

Los phrasal verbs constituyen una parte muy importante de la lengua inglesa por su productividad y por la frecuencia con la que aparecen. Sin embargo, suelen dar problemas a los estudiantes extranjeros en todos los niveles del aprendizaje. Tanto el contenido como el diseño de este diccionario están pensados para solucionar estos problemas –sintácticos, de significado y de uso– y facilitar no solo la comprensión, sino también el uso activo de los phrasal verbs.

Todo el equipo editorial ha tenido acceso directo y constante a varios corpus lingüísticos, entre ellos el Corpus Nacional Británico, una exhaustiva base de datos del inglés hablado y escrito. Esto hace que la información que proporcionamos refleje de forma real el uso actual de la lengua inglesa.

Este diccionario es fruto del trabajo y la dedicación de un gran número de lexicógrafos. A todos ellos queremos agradecerles su esfuerzo, muy especialmente a Kate Mohideen, Sharon Peters y Christine Somerville, por su gran labor en la compilación y edición del diccionario.
También queremos dar las gracias a Meic Haines, Jeremy Munday, Stephanie Parker, Mel Fraser y Marie Gorman por la compilación de las entradas, a Lisa Isenman por su valiosa contribución sobre el inglés americano, y a Victoria Romero, Victoria Zaragoza y Ana Bremón por su labor como traductoras.

Nuestro objetivo es siempre el de ayudar al estudiante a entender, hablar y escribir un inglés correcto, guiándole en su aprendizaje para que pueda alcanzar un nivel avanzado del idioma. El *Diccionario Oxford de Phrasal Verbs* será sin duda una herramienta imprescindible en este proceso.

Mª Ángeles Pérez Alonso

Guía para utilizar el diccionario

Los phrasal verbs que incluimos

Generalmente se entiende por phrasal verb la combinación de un verbo con un adverbio, con una preposición o con ambos, para formar un significado distinto. Este ha sido el criterio principal a la hora de incluir los verbos en este diccionario, pero, puesto que nuestro objetivo principal es ayudar al estudiante de inglés, en muchos casos la inclusión de un verbo con partícula ha estado determinada por otros factores, como la dificultad que ese verbo pueda tener para el usuario a la hora de utilizarlo en una frase, de traducirlo o de entenderlo, y la frecuencia con que se da esa combinación en la lengua inglesa.

Los más de 6.000 phrasal verbs que aparecen en este diccionario incluyen:

- Combinaciones de verbo con partícula (adverbio, preposición o ambos) que forman claramente un significado nuevo, más o menos difícil de deducir. A este grupo pertenecen la mayoría de los verbos que se incluyen aquí, por ejemplo, **put up with sb/sth, brush sth up**, etc.
  El verbo **brush** se puede utilizar sin partícula y significa *cepillar algo*. Sin embargo, con la partícula **up** adquiere el significado de *repasar algo*: *You should brush up your French before you go on holiday*.

- Verbos que siempre van seguidos de una partícula, por ejemplo, **crop up, abide by sth**, etc. Esta categoría incluye los verbos preposicionales, que son los que se utilizan siempre con preposición, por ejemplo, **rely on sb/sth**.

- Combinaciones de verbo con partícula en los que el adverbio no cambia el significado del verbo, pero la forma con partícula es más frecuente y tiene más énfasis. Este es el caso de verbos como **fade away** o **wake up**, que son mucho más frecuentes en inglés que **fade** y **wake**.

- Significados literales de los verbos importantes como **come, go, put, take**, etc. En estos casos, se incluye el sentido de **come in** (*entrar*) o **go down** (*bajar*) porque la traducción es distinta de la del verbo principal y porque el sentido literal ayudará al usuario a entender mejor algunos de los sentidos figurados de estos verbos tan largos, por ejemplo, **come in (on/with sth)** *intervenir (en/con algo)*.

- Verbos de movimiento que admiten multitud de partículas diferentes, como **walk in, out**, etc. Estas combinaciones se han incluido porque suelen causar problemas, ya que la partícula muchas veces se convierte en el verbo principal en español, por ejemplo **run across** (*cruzar corriendo*).

- Combinaciones en las que la partícula confiere movimiento a un verbo estático, por ejemplo, **flash by/past** o **roar along, down, past**, etc.

- Combinaciones del verbo **be** con partícula que forman una expresión idiomática difícil de interpretar para un estudiante, por ejemplo, **be on sth** (*estar tomando algo*), **be up to sth** (*estar haciendo algo*), etc.

vii

Orden de los phrasal verbs

Los phrasal verbs están ordenados alfabéticamente según las partículas, dentro de cada uno de los verbos principales. Así, en la entrada de **call**, primero aparecen los phrasal verbs formados por la partícula **away**, luego los que llevan las partículas **back, by, down**, etc.

Dentro de cada partícula, primero están las combinaciones formadas por verbo + partícula (sin objeto), y a continuación las combinaciones de verbo + objeto + partícula (primero los verbos con **sb** como objeto, después con **sb/sth** y finalmente los que tienen **sth** como objeto). Después aparecen las combinaciones de verbo + partícula + objeto (primero con **sb**, después con **sb/sth** y finalmente con **sth**), por ejemplo:

call around	call sth off
call sb away	call on sb
call back	call on/upon sb to do sth
call sb back	call on/upon sth
call by	call out
call sb down	call sb out
call sth down	call sth out
call for sb/sth	call out for sth
call for sth	call sb over
call for sth; call for sb/sth to do sth	call round
call forth	call up; call sb/sth up
call in	call sb up
call sb in	call sth up
call sth in	call upon sb to do sth
call sb/sth off	call upon sth

Las entradas de **come, get, go** y **put** contienen un cuadro al principio donde figuran todos los phrasal verbs con el número de la página en la que aparecen. De esta forma es más fácil localizar el phrasal verb que se está buscando.

Partículas

Esta es una lista de todas las partículas que aparecen en los phrasal verbs de este diccionario. Las que van precedidas de * son las más frecuentes y vienen explicadas con detalle en el **Índice explicativo de partículas** de las páginas 502–515.

aback	apart	by	* on	towards
* about	* around	* down	onto	under
above	as	for	* out	* up
across	aside	forth	out of	upon
after	at	forward	* over	with
against	* away	from	past	without
ahead	* back	* in	* round	
ahead of	before	* into	through	
along	behind	of	to	
among	between	* off	together	

Información que contiene cada entrada

Columna de la izquierda

Los más de 6.000 phrasal verbs que se tratan aquí vienen **traducidos** al español, con multitud de **ejemplos de uso** y **notas** que aclaran las posibles dudas a la hora de utilizarlos en contexto.

Se incluyen, además, todos los sustantivos, adjetivos, etc. **derivados** del phrasal verb que están relacionados con los significados incluidos dentro de ese phrasal verb, de forma que el estudiante puede ampliar su vocabulario partiendo del verbo que acaba de aprender. Así, por ejemplo, en el verbo **cut sth off** se incluyen los sustantivos **cut-off** y **offcut**, que derivan de acepciones de ese verbo.

Columna de la derecha

En la columna de la derecha se tratan los aspectos más complicados de estos verbos:

Primero aparecen las **estructuras sintácticas**, que muestran el orden de los elementos y las distintas posibilidades de cada phrasal verb.

Después se muestran los **objetos** o **sujetos** que suelen acompañar a un determinado phrasal verb.

Finalmente se dan los **sinónimos** y **antónimos** de ese phrasal verb, de forma que el estudiante puede ampliar su vocabulario y aprender otros verbos.

Estructuras sintácticas

Las estructuras sintácticas aparecen claramente señaladas en la columna de la derecha y su finalidad es ayudar al estudiante a utilizar los phrasal verbs de forma activa. No están pensadas para que se aprendan de memoria, sino para que sirvan de referencia a la hora de ver el orden en el que se pueden colocar las partículas, los sustantivos, pronombres, etc.

Cada estructura va en una línea distinta y los elementos aparecen en el orden exacto en el que se deben colocar en una frase. Así, por ejemplo, *v + adv + complemento* indica que el verbo principal va seguido directamente del adverbio y luego del complemento adverbial, preposicional, etc.

En el interior de la portada hay una lista de todas las abreviaturas. A continuación se mencionan las estructuras más frecuentes.

v + adv	phrasal verbs intransitivos, sin objeto	**blow out** *One of the front tyres blew out.*
v + adv + n *v + n/pron + adv*	phrasal verbs transitivos con objeto movible; el sustantivo puede aparecer antes o después de la partícula, pero el pronombre siempre aparece antes	**blow sth out** *The explosion blew out the windows.* ◊ *The explosion blew the windows out.* ◊ *She blew them out in one go.*
v + prep + n/pron	phrasal verbs transitivos donde el objeto aparece siempre detrás de la preposición, es inamovible	**break into sth** *He broke into a run.* ◊ *They abandoned their houses after terrorists broke into them.*

ix

v + prep + n/pron v + prep + -ing	phrasal verbs transitivos donde el objeto es inamovible y aparece siempre detrás de la preposición, pero puede ser un sustantivo, un pronombre o un verbo terminado en -ing	**aim at** sth/doing sth *She's aiming at a scholarship.* ◊ *The new scheme aims at reducing unemployment.*	
v + prep + n	phrasal verbs transitivos con objeto inamovible que aparece siempre detrás de la preposición y es siempre un sustantivo	**act as** sth *Will you act as interpreter for us?*	
v + adv + prep + n/pron	phrasal verbs transitivos donde el objeto es inamovible y aparece siempre detrás del adverbio y la preposición	**put up with** sb/sth *How do you put up with him?* ◊ *I can put up with the rain. It's the cold I don't like.*	
v + n/pron + prep + n/pron	phrasal verbs transitivos donde el objeto es inamovible pero aparece siempre entre el verbo y la preposición	**bring** sb/sth **into** sth *Why do you always have to bring Peter into the conversation/into it?*	
v + n/pron + adv	phrasal verbs transitivos con objeto inamovible que aparece siempre entre el verbo y el adverbio	**mess** sb **about/around** *They changed the flight time and messed all the passengers around.*	
v + adv + n v + pron + adv	algunos phrasal verbs transitivos se comportan de forma que si el objeto es un sustantivo, este aparece siempre detrás de la partícula, pero si se trata del pronombre *it* o *them*, estos van siempre entre el verbo y la partícula. Estos phrasal verbs vienen expresados como **fight back** sth; **fight it/them back**	**fight back** sth; **fight it/them back** *I tried to fight back my tears.* ◊ *I had an urge to scream but managed to fight it back.*	
v + it + adv	phrasal verbs transitivos donde el objeto siempre es el pronombre *it*	**bluff it out** *If he asks any difficult questions, you'll have to bluff it out.*	
v + adv + complemento	con algunos phrasal verbs, la partícula va siempre seguida de un complemento adverbial, preposicional o adjetival. En estos casos, el phrasal verb se expresa como **end up**, **come out**, etc., pero en la entrada aparece la estructura [+**adv**], [+**prep**], [+**adv/prep/adj**], etc.	**end up** *He ended up in prison.*	
v + reflex + adv	phrasal verbs reflexivos, donde el pronombre reflexivo aparece siempre entre el verbo y la partícula	**barricade** yourself **in** *The police were called when he barricaded himself in.*	
v + reflex + prep + n/pron	phrasal verbs reflexivos donde el pronombre reflexivo va seguido de una preposición, y esta, de un sustantivo o de un pronombre	**barricade** yourself **in/into/inside** sth *They barricaded themselves in/into/inside their house.*	
be + v + adv	phrasal verbs intransitivos que solo se utilizan en pasiva	**be backed up** *The traffic is backed up to the traffic lights.*	
be + v + prep + n/pron	phrasal verbs transitivos que solo se utilizan en pasiva; la partícula va siempre seguida de un sustantivo o un pronombre	**be dotted about/around** sth *There was only a handful of people dotted around the cinema.*	

Aa

abide /əˈbaɪd/

abide by sth (*formal*) acatar algo: *Members must abide by certain rules.* Los socios deben atenerse a ciertas normas.

> v+prep+n/pron
> ⓞ **the rules, the law**
> = comply with sth

abound /əˈbaʊnd/

abound in/with sth (*formal*) abundar en algo: *The rivers there abound in/with fish.* Los ríos allí están llenos de peces.

> v+prep+n/pron

accede /əkˈsiːd/

accede to sth (*formal*) ceder ante algo, acceder a algo: *They acceded to public pressure to review the tax.* Cedieron ante la presión ciudadana y revisaron el impuesto.
NOTA Accede to sth se puede utilizar en pasiva: *Have all our requests been acceded to?*

> v+prep+n/pron
> ⓞ **sb's demands, pressure**

account /əˈkaʊnt/

account for sb/sth 1 dar cuenta de algn/algo: *All passengers have now been accounted for.* Ya han encontrado a todos los pasajeros. ◊ *There are three files that I can't account for.* Hay tres ficheros que no aparecen. **NOTA** En este sentido, **account for sb/sth** se utiliza mucho en pasiva. **2** acabar con algn/algo: *Our guns accounted for five enemy planes.* Nuestras armas acabaron con cinco aviones enemigos.

> v+prep+n/pron

account for sth (*formal*) **1** explicar algo: *How do you account for the fact that the box has disappeared?* ¿Cómo explica el hecho de que haya desaparecido la caja? **2** rendir cuentas de algo, justificar algo: *We have to account for every penny we spend.* Tenemos que rendir cuentas de todo lo que gastamos. **3** constituir algo: *Car crime accounted for 28% of all reported offences.* Los robos de coches representaron un 28% de todas las denuncias. ◊ *Wages account for less than half of the budget.* Los salarios constituyen menos de la mitad del presupuesto.
NOTA Account for sth se puede utilizar en pasiva: *This increase is accounted for by rising taxes.*
LOC **there's no accounting for taste(s)** (*refrán*) sobre gustos no hay nada escrito

> v+prep+n/pron
> **1** ⓞ **an increase, the fact that …**
> **2** ⓞ **your expenses, your actions, your time**
> **3** ⓞ **a large amount, a certain proportion, etc.**

accustom /əˈkʌstəm/

accustom sb to sth/doing sth; accustom yourself to sth/doing sth (*formal*) acostumbrar a algn a algo/hacer algo, acostumbrarse a algo/hacer algo: *It took a while for her eyes to accustom themselves to the dark.* Tardó un poco hasta que sus ojos se acostumbraron a la oscuridad.

> v+n/pron+prep+n/pron
> v+n/pron+prep+-ing
> v+reflex+prep+n/pron
> v+reflex+prep+-ing

acquaint /əˈkweɪnt/

acquaint sb with sth; acquaint yourself with sth (*formal*) informar a algn/informarse de algo, familiarizar a algn/familiarizarse con algo: *Please acquaint me with the facts of the case.* Póngame al corriente de los detalles del caso.

> v+n/pron+prep+n/pron
> v+reflex+prep+n/pron

act /ækt/

act as sth 1 hacer de algo: *Will you act as interpreter for us?* ¿Nos harías de intérprete? **2** servir para algo: *Large fines act as a deterrent to motorists.* Las multas fuertes sirven para disuadir a los conductores.

v + prep + n
1 ⓞ **consultant, intermediary, adviser**
2 ⓞ **a deterrent, a warning**

act for sb (*Jur*) representar a algn: *During her illness, her solicitor acted for her.* Durante su enfermedad su abogado la representó.

v + prep + n/pron
ⓞ **a client**

act on sth (*tb* **act upon sth** *más formal*) **1** actuar de acuerdo con algo: *The police were acting on information they received.* La policía estaba actuando de acuerdo con la información recibida. ◊ *I was just acting on instructions.* Simplemente seguía instrucciones. **NOTA** En este sentido, **act on/upon sth** se puede utilizar en pasiva: *Why were my recommendations not acted upon?* **2** afectar a algo: *Alcohol acts quickly on the brain.* El alcohol afecta rápidamente al cerebro.

v + prep + n/pron
1 ⓞ **advice, information, instructions**
2 ⓞ **the heart, the nervous system**

act sth out 1 representar algo (*con gestos, mímica, etc.*): *The teacher read a story and the children acted it out.* El profesor leyó una historia y los niños la representaron. **2** (*sentimientos*) dar muestras de algo, exteriorizar algo

v + adv + n
v + n/pron + adv
1 ⓞ **your fantasy**

act up (*coloq*) **1** dar guerra: *The kids have been acting up all day.* Los niños han estado todo el día dando guerra. ◊ *The car's acting up again.* El coche está dando guerra otra vez. **2** (*USA*) molestar: *My ankle is acting up again.* Vuelve a molestarme el tobillo.

v + adv
= **play up**

act upon sth *Ver* ACT ON STH

v + prep + n/pron

add /æd/

add sth in incluir algo: *I've added in a couple of extra paragraphs.* He incluido un par de párrafos más.

v + adv + n
v + n/pron + adv
= **add sth**

add on (to sth) (*USA*) hacer ampliaciones (en algo): *They decided to add on rather than move.* Decidieron ampliar la casa en vez de mudarse.

v + adv

add sth on (to sth) añadir algo (a algo): *He added $10 on to the bill.* Añadió diez dólares más a la cuenta.
▶ **add-on** *n* accesorio, complemento: *You can get holiday insurance as an add-on to the basic policy.* Puedes coger un seguro de viaje como complemento a la póliza base.
NOTA Nótese que el sustantivo **add-on** también puede utilizarse delante de otro sustantivo: *add-on memory*.

v + n/pron + adv
v + adv + n
= **add sth**

add to sth 1 aumentar algo: *The bad weather added to our problems.* El mal tiempo hizo que aumentaran nuestros problemas. **2** (*esp GB*) (*edificio*) ampliar algo: *The house has been added to over the years.* Con los años se ha ido ampliando la casa. **NOTA** Add to sth se puede utilizar en pasiva.

v + prep + n/pron
1 ⓞ **sb's confusion, sb's enjoyment of ..., sb's difficulties**
2 ⓞ **the house**

add sth together sumar algo: *Add the results together and divide by three.* Suma los resultados y divide entre tres.

v + adv + n
v + n/pron + adv
ⓞ **costs, numbers, factors**

add up ☆ **1** (*esp GB*) sumar: *The waiter can't add up.* El camarero no sabe sumar. **2** acumularse: *Save a small amount each month, it'll soon add up.* Ahorra un poco cada mes, en seguida se nota. **3** cuadrar: *These figures just don't add up.* Estas cifras no cuadran. **4** (*coloq*) encajar, tener sentido: *There are things in his story that just don't add up.* Hay cosas en su historia que simplemente no encajan. NOTA En este sentido, **add up** se utiliza mucho en construcciones negativas: *Something about the situation didn't add up.*

v+adv

☆ **add sth up** sumar algo: *She added the figures up in no time.* Sumó las cifras en un periquete.

v+adv+n
v+n/pron+adv
[0] **figures, numbers, the score, the cost**

add up to sth 1 (*cifras*) ascender a algo: *These numbers add up to 100.* Estos números suman en total 100. **2** (*coloq*) significar algo: *These clues don't really add up to very much.* Estas pistas no significan gran cosa. NOTA En este sentido, **add up to sth** se utiliza mucho con **very little** o en frases negativas con **much** o **a lot**: *Compared with the evidence we've got, his claims add up to very little.*

v+adv+prep+n/pron
1 = **amount to sth** (1), **come to sth** (1)
2 = **amount to sth** (2)

adhere /əd'hɪə(r); *USA* -'hɪr/

adhere to sth (*formal*) **1** cumplir, acatar, observar algo: *They have adhered strictly to the terms of the treaty.* Han cumplido los términos del tratado al pie de la letra. ◊ *Why did they not adhere to the instructions?* ¿Por qué no siguieron las instrucciones? **2** (*creencia, opinión*) estar de acuerdo con algo
NOTA **Adhere to sth** se puede utilizar en pasiva: *All safety requirements must be adhered to.*

v+prep+n/pron
1 [0] **instructions, an agreement**
2 [0] **a principle, your beliefs**

admit /əd'mɪt/

admit of sth (*formal*) admitir algo: *The situation admits of only one explanation.* La situación solo admite una explicación.

v+prep+n
[0] **an interpretation, an explanation**

agree /ə'griː/

agree with sb sentar bien a algn: *Mushrooms don't agree with me.* Los champiñones me sientan mal. ◊ *You look great! Marriage obviously agrees with you.* ¡Estás estupenda! El matrimonio te sienta de maravilla.
NOTA **Agree with sb** se utiliza mucho en construcciones negativas: *Life in the city doesn't agree with me.*

v+prep+n/pron

☆ **agree with sth/doing sth** estar de acuerdo con algo, estar a favor de algo/hacer algo: *I don't agree with capital punishment.* No estoy de acuerdo con la pena de muerte.

v+prep+n/pron
≠ **disagree with sth/doing sth**

aim /eɪm/

aim at sth/doing sth 1 (*persona*) aspirar a algo/hacer algo: *She's aiming at a scholarship.* Aspira a conseguir una beca. **2** (*tb* **be aimed at sth/doing sth**) (*plan, propuesta*) tener como objetivo algo/hacer algo: *The new scheme aims/is aimed at reducing unemployment.* El nuevo plan tiene como objetivo reducir el desempleo. NOTA Nótese que en este sentido **aim at sth/doing sth** y **be aimed at sth/doing sth** tienen el mismo significado.

1 *v+prep+n/pron*
v+prep+-ing
2 *v+prep+n/pron*
v+prep+-ing
be+v+prep+n/pron
be+v+prep+-ing

aim

aim sth at sb dirigir algo a algn: *The advertising campaign is aimed at young people.* La campaña publicitaria va dirigida a los jóvenes. ◊ *I was not aiming my remarks at you.* Mis comentarios no iban dirigidos a ti.
NOTA Aim sth at sb se utiliza casi siempre en pasiva.

v + n/pron + prep + n/pron
◎ **your remarks,**
   a criticism, a campaign

alight /əˈlaɪt/

alight on/upon sb/sth (*formal*) **1** (*mirada, vista*) posarse en algn/algo: *My eye alighted on an old book.* Mi mirada se posó en un viejo libro. **2** dar con algn/algo: *He finally alighted on a solution.* Al final dio con una solución.

v + prep + n/pron
= **light on/upon sb/sth**
2 ◎ **a solution, an answer**

allow /əˈlaʊ/

allow for sth 1 tener algo en cuenta: *Add an extra ten minutes to allow for the traffic.* Calcula diez minutos más por si hay tráfico. **2** permitir, contemplar algo: *The new timetable allows for greater flexibility.* El horario nuevo permite una mayor flexibilidad.
NOTA Allow for sth se puede utilizar en pasiva: *This had not been allowed for in the budget.*

v + prep + n/pron
1 ◎ **the fact that …**

allow sb in, out, up, etc.; **allow sb into, out of, up, etc. sth** dejar que algn entre, salga, se levante, etc.: *She wouldn't allow them in until they'd wiped their feet.* No les dejaba entrar hasta que se hubiesen limpiado los zapatos.

v + n/pron + adv
v + n/pron + prep + n/pron

allude /əˈluːd/

allude to sb/sth (*formal*) aludir a algn/algo, referirse a algn/algo: *What 'indiscretions' was he alluding to?* ¿A qué "indiscreciones" se refería?
NOTA Allude to sb/sth se puede utilizar en pasiva: *Do you know the person who was alluded to in the report?*

v + prep + n/pron
= **refer to sb/sth** (*menos formal*)

amount /əˈmaʊnt/

amount to sth 1 ascender a algo: *The cost amounted to £250.* Los costos ascendieron a 250 libras. **2** equivaler a algo, suponer algo: *What you have done amounts to a breach of contract.* Lo que has hecho equivale a incumplimiento de contrato. ◊ *The information we have doesn't amount to much.* La información de que disponemos no es gran cosa. ◊ *He'll never amount to anything.* Nunca llegará a nada.

v + prep + n/pron
1 = **come to sth** (1),
   add up to sth (1)
2 = **add up to sth** (2)

angle /ˈæŋgl/

angle for sth (*coloq*) andar detrás de algo: *She's angling for an invitation to the party.* Anda detrás de una invitación para la fiesta.
NOTA Angle for sth se utiliza mucho en tiempos continuos.

v + prep + n/pron
◎ **compliments,**
   an invitation
= **fish for sth**

answer /ˈɑːnsə(r); *USA* ˈæn-/

answer back 1 contestar (*de malos modos*): *When your mum tells you off, you shouldn't answer back.* Cuando tu madre te riña no le contestes. **2** defenderse (*de acusaciones, críticas, etc.*): *It's not fair to criticize without giving her the chance to answer back.* No es justo criticarla sin darle la oportunidad de defenderse.

v + adv

arse

answer sb back contestar a algn (*de malos modos*): *Don't answer me back!* ¡A mí no me contestes!

v+n/pron+adv

answer for sb responder por algn: *I can't answer for my colleagues.* Yo no puedo responder por mis colegas.

v+prep+n/pron
= **speak for sb** (1)

answer for sth 1 dar cuentas, responder de algo: *He's old enough to answer for his actions.* Ya es lo suficientemente mayor como para responder de sus acciones. ◊ *She has a lot to answer for.* Ella tiene mucha culpa. **2** garantizar algo: *I can answer for her honesty.* Puedo garantizar su integridad.

v+prep+n/pron
1 [O] **the consequences, your actions, your behaviour**
2 [O] **sb's honesty**
= **vouch for sth**

answer to sb (for sth) responder ante algn (de algo): *If anything happens to her, you'll have me to answer to.* Si le pasa algo, tendrás que darme cuentas a mí.

v+prep+n/pron

answer to sth llamarse algo: *I answer to either Susan or Sue.* Me llaman Susan o Sue. ◊ *I'm afraid there's no one here answering to that name.* Me temo que no hay nadie aquí con ese nombre.

v+prep+n
v+prep+pron (*poco frec*)
[O] **the name of ... , Ann, John, etc.**

appeal /ə'piːl/

appeal for sth; appeal for sb to do sth pedir, solicitar algo, pedir a algn que haga algo: *The police appealed for witnesses to come forward.* La policía pidió a los testigos que se pusiesen en contacto. ◊ *The government has appealed for calm.* El gobierno ha hecho un llamamiento a la calma.

v+prep+n/pron
v+prep+n/pron+to inf
[O] **help, information, funds**

appeal to sth apelar a algo: *Maybe if you appeal to her better nature, you can get her to help.* Puede que si apelas a su bondad consigas que te ayude.

v+prep+n/pron
[O] **sb's better nature/side**

appertain /ˌæpə'teɪn; *USA* -pər't-/

appertain to sth (*formal*): *Are you aware of the duties appertaining to this post?* ¿Se da cuenta de las obligaciones que conlleva este puesto?

v+prep+n/pron

argue /'ɑːɡjuː; *USA* 'ɑːrɡ-/

argue sth out discutir algo (*hasta llegar a un acuerdo*): *You'll have to argue it out with your mother.* Tendrás que discutirlo con tu madre (y llegar a un acuerdo).

v+adv+n
v+n/pron+adv

NOTA Argue sth out se usa mucho en la construcción **argue it out**.

arrive /ə'raɪv/

arrive at sth (*acuerdo, decisión*) llegar a algo: *They both arrived at the same conclusion.* Los dos llegaron a la misma conclusión.

v+prep+n/pron
[O] **a conclusion, a decision, an agreement**
= **reach sth**

arse /ɑːs; *USA* ɑːrs/

arse about/around (*GB, tabú*) hacer el tonto: *Stop arsing about and give me my bag back.* Deja de hacer el tonto y dame mi bolso.

v+adv
= **mess around** (2)

ascribe

ascribe /əˈskraɪb/

ascribe sth to sb/sth (*formal*) atribuir algo a algn/algo: *This play is usually ascribed to Shakespeare.* Esta obra se atribuye generalmente a Shakespeare. ◊ *He ascribed his failure to bad luck.* Atribuyó su fracaso a la mala suerte.

v + n/pron + prep + n/pron
◙ **a painting, a play, your/sb's success, your/sb's achievement**
= **attribute sth to sb/sth** (*menos formal*)

ask /ɑːsk; *USA* æsk/

ask after sb/sth preguntar por algn/algo (*interesándose por su salud, etc.*): *They were asking after you/your health.* Preguntaron qué tal estabas.

v + prep + n/pron
= **enquire after sb/sth** (*formal*)

ask around preguntar por ahí: *I don't know if there's any work, but I'll ask around for you.* No sé si hay trabajo, pero preguntaré por ahí a ver.

v + adv

ask sb around *Ver* ASK SB OVER/ROUND

v + n/pron + adv

ask sb back (to …) (*esp GB*) invitar a algn a … : *I asked him back to my room for a coffee.* Le invité a mi habitación a tomar café.

v + n/pron + adv
= **invite sb back**

ask for sb preguntar por algn (*para hablar por teléfono, para reunirse, etc.*): *There's somebody here asking for Pete.* Aquí hay alguien que pregunta por Pete.

v + prep + n/pron

ask for sth ☆ **1** pedir algo: *If you get into trouble, don't hesitate to ask for help.* Si tienes algún problema, no dudes en pedir ayuda. ◊ *Have you asked for your desk to be mended?* ¿Has pedido que te arreglen la mesa? ◊ *We couldn't have asked for better weather.* El tiempo no podía haber sido mejor. **2** (*coloq*) buscarse algo: *You're asking for trouble walking home alone at night.* Te estás buscando problemas yendo sola a casa por la noche. ◊ *'You asked for it!', she said, pouring a bucket of water over his head.* —¡Tú te lo has buscado!—dijo, echándole un cubo de agua por la cabeza. **NOTA** En este sentido, **ask for sth** se utiliza mucho en tiempos continuos. **3** preguntar por dónde se va a … : *Ask for the station if you get lost.* Si te pierdes, pregunta por dónde se va a la estación.

v + prep + n/pron
1 ◙ **help, information, permission**
2 ◙ **trouble, it**

ask sb in; ask sb into sth invitar a algn a que entre (en …): *Aren't you going to ask me in?* ¿No me vas a invitar a pasar? ◊ *She asked me into her office for a chat.* Me dijo que pasara a su oficina para charlar.

v + n/pron + adv
v + n/pron + prep + n/pron
= **invite sb in, invite sb into sth**

ask sb out invitar a algn a salir: *Has he asked you out yet?* ¿Te ha invitado ya a salir? ◊ *The boss has asked me out to lunch.* El jefe me ha invitado a comer.

v + n/pron + adv

ask sb over/round (*tb* **ask sb around** *menos frec*) invitar a algn a tu casa (*a cenar, a tomar café, etc.*): *She's asked me round for dinner.* Me ha invitado a cenar en su casa.

v + n/pron + adv
= **invite sb over/round**

aspire /əˈspaɪə(r)/

aspire to sth aspirar a algo: *He's never really aspired to great wealth.* Realmente nunca ha aspirado a tener una fortuna.

v + prep + n/pron

associate /əˈsəʊʃieɪt; *USA* əˈsoʊ-/

associate with sb relacionarse con algn: *I don't like the people you associate with.* No me gusta la gente con la que vas.

v + prep + n/pron

attend /əˈtend/

attend to sb/sth (*formal*) ocuparse de algn/algo: *I have some urgent business to attend to.* Tengo que ocuparme de un asunto urgente. ◊ *Are you being attended to?* ¿Le atienden?
NOTA Attend to sb/sth se puede utilizar en pasiva: *If I'm not here, will all these things be attended to?*

v + prep + n/pron
◎ **a customer, a patient, some business, matters**
= see to sb/sth (*menos formal*)

attribute /əˈtrɪbjuːt/

attribute sth to sb/sth atribuir algo a algn/algo: *She attributes her success to hard work.* Atribuye su éxito al trabajo duro. ◊ *This painting is usually attributed to Goya.* Se suele atribuir este cuadro a Goya.

v + n/pron + prep + n/pron
◎ **a painting, a play, your/sb's success, blame**
= ascribe sth to sb/sth (*formal*)

auction /ˈɔːkʃn, ˈɒk-; *USA* ˈɔːk-/

auction sth off subastar algo: *The house and all its contents will be auctioned off.* La casa y su contenido serán subastados.

v + adv + n
v + n/pron + adv

avail /əˈveɪl/

avail yourself of sth (*formal*) aprovechar algo: *I'd like to avail myself of this opportunity to thank you all.* Me gustaría aprovechar esta oportunidad para darles las gracias a todos.

v + reflex + prep + n/pron
◎ **facilities, an opportunity**

average /ˈævərɪdʒ/

average out compensarse: *Sometimes I pay, sometimes he pays — it all averages out in the end.* A veces pago yo y a veces él, al final venimos a salir por lo mismo.

v + adv

average sth out (at …) calcular el promedio de algo (en …): *If you average it out, there's one car stolen every three minutes.* Haciendo la media, roban un coche cada tres minutos.

v + adv + n
v + n/pron + adv

average out at sth salir a una media de algo: *It averages out at $10 per person.* Sale a una media de diez dólares por persona.

v + adv + prep + n

awake /əˈweɪk/ *pret* awoke /əˈwəʊk; *USA* əˈwoʊk/ *pp* awoken /əˈwəʊkən; *USA* əˈwoʊkən/

awake to sth (*tb* **awaken to sth**) darse cuenta de algo: *They finally awoke to the full extent of the problem.* Por fin se dieron cuenta de la verdadera magnitud del problema.

v + prep + n/pron
◎ **danger, the fact that …**

awaken /əˈweɪkən/

awaken to sth Ver AWAKE TO STH

v + prep + n/pron

awaken sb to sth abrir los ojos a algn sobre algo: *We need to awaken people to the danger.* Tenemos que abrirle los ojos a la gente sobre el peligro.

v + n/pron + prep + n/pron

B b

back /bæk/

back away/off (from sb/sth) retroceder (ante algn/algo) (*por miedo o disgusto*): *The child backed away from the big dog.* El niño se retiró del perrazo.
    v+adv
    = **retreat** (*más formal*)

back away from sth/doing sth evitar algo/hacer algo, echarse atrás: *We will not back away from tough measures.* Tomaremos medidas severas si es necesario.
    v+adv+prep+n/pron
    v+adv+prep+-ing

back down (on sth) ceder (en algo): *Neither of them will back down on this issue.* Ninguno de los dos cederá en este tema.
    v+adv

back into sth; back sth into sth 1 dar marcha atrás (a algo) para meterlo en …: *He backed the car into the garage.* Dio marcha atrás y aparcó en el garaje. **2** (*tb* **back into sb**, **back sth into sb**) dar marcha atrás (a algo) y chocar contra algn/algo: *She backed (the car) straight into me.* Dio marcha atrás (con el coche) y me dio.
    v+prep+n/pron
    v+n/pron+prep+n/pron
    = **reverse into sth, reverse sth into sth** (*más formal*)

back off 1 (*coloq*) dejar en paz a algn: *Back off, will you?* Déjame en paz, ¿quieres? **2** retirarse (*de una pelea o conflicto*): *I couldn't back off without being called a coward.* No pude retirarme porque me habrían llamado cobarde. **3 (from sb/sth)** Ver BACK AWAY/OFF (FROM SB/STH)
    v+adv

back onto sth dar a algo, tener vistas a algo: *Our house backs onto the river.* Nuestra casa da al río.
    v+prep+n/pron

back out 1 (of sth) irse, marcharse (de …) (*por vergüenza, miedo, etc., andando hacia atrás*): *As soon as she saw him she backed out (of the room).* En cuanto vio que él estaba allí, retrocedió y se fue (de la habitación). **2 (of sth)** salir marcha atrás (de …): *He hated having to back out of the garage.* Odiaba tener que sacar el coche del garaje marcha atrás. **3 (of sth/doing sth)** cambiar de idea (sobre algo), echarse atrás (y no hacer algo): *It's too late to back out (of the deal) now.* Es demasiado tarde para echarse atrás (y no cumplir el acuerdo) ahora.
    v+adv
    2 = **reverse out** (*más formal*)

back sth out (of sth) (*vehículo*) sacar algo (de un sitio) dando marcha atrás: *He backed the truck out of the garage.* Sacó el camión del garaje marcha atrás.
    v+n/pron+adv
    v+adv+n
    [0] **a car, a truck, etc.**
    = **reverse sth out** (*más formal*)

be backed up (*tráfico*) estar atascado: *The traffic is backed up to the traffic lights.* El atasco llega hasta el semáforo.
    be+v+adv

back up 1 (*vehículo*) dar marcha atrás **2** (*persona*) retroceder un poco: *He fell over as he was backing up to catch the ball.* Se cayó al retroceder para coger el balón. **3** (*tráfico*) atascarse: *The traffic is backing up already.* Ya hay atascos.
    v+adv
    1 = **reverse** (*más formal*)

back sb up 1 confirmar lo que dice algn: *If I tell the police I was with you, will you back me up?* Si le digo a la policía que estaba contigo, ¿lo confirmarás? **2** apoyar, respaldar a algn: *Her colleagues backed her up throughout her campaign.* Sus compañeros la apoyaron durante su campaña.
    v+n/pron+adv
    v+adv+n (*menos frec*)

▶ **backup** *adj* [atrib] (*USA*) (*Mús*): *She was one of Madonna's backup singers.* Era una de las cantantes del coro de Madonna.
NOTA Nótese que el adjetivo **backup** siempre se utiliza delante de un sustantivo: *a backup guitarist*.

back sth up 1 confirmar algo: *Is there anything to back up her story?* ¿Tenemos algo que confirme su versión? **2** complementar, respaldar algo: *The lectures will be backed up by practical work.* Las conferencias se complementarán con trabajo práctico. **3** (*Informát*) hacer una copia de seguridad de algo: *We back up all the files every night.* Hacemos copias de seguridad de todos los archivos cada noche. **4** (*vehículo*) dar marcha atrás a algo
▶ **back-up** *n* **1** apoyo, refuerzos: *military back-up* apoyo militar **2** reserva, repuesto: *He's our back-up if another player isn't available.* Le tenemos de reserva por si falla algún jugador. **3** (*Informát*) copia (de seguridad): *Have you kept a back-up of this file?* ¿Has guardado una copia de este archivo?
NOTA Nótese que el sustantivo **back-up** también puede utilizarse delante de otro sustantivo: *a back-up disk*.

	v+n/pron+adv v+adv+n **1** ⓪ **your/sb's statement, your/sb's declaration** = **support sth** **3** ⓪ **a file** **4** ⓪ **a car, a truck, etc.** = **reverse sth** (*más formal*)

bag /bæg/ **-gg-**
bag sth up meter algo en una bolsa, meter algo en bolsas

v+adv+n
v+n/pron+adv

bail /beɪl/
bail out 1 (of sth) (*GB tb* **bale out (of sth)**) tirarse en paracaídas (de algo) **2** (*GB tb* **bale out**) achicar el agua (*de un barco*): *The boat will sink unless we bail out.* Si no achicamos el agua el barco se hundirá. **3** (*USA*) echarse atrás: *Tom Cruise was supposed to be playing the part but he bailed out.* Tom Cruise iba a hacer el papel, pero se echó atrás.

v+adv
3 = **back out** (3)

bail sb out (*Jur*) pagar la fianza de algn: *Her parents bailed her out.* Sus padres le pagaron la fianza.

v+n/pron+adv
v+adv+n

bail sb/sth out; **bail sb/sth out of sth** (*coloq*) sacar a algn/algo de apuros (*especialmente económicos*)
▶ **bailout** *n* [gen atrib] (*esp USA*) (*Fin*) rescate (*de una empresa en dificultades*)
NOTA Nótese que el sustantivo **bailout** generalmente se utiliza delante de otro sustantivo: *a bailout package*.

v+n/pron+adv
v+adv+n
v+n/pron+adv+prep+n/pron

bail sth out (*GB tb* **bale sth out**) achicar el agua (de algo): *They started bailing the boat out.* Empezaron a achicar el agua (del barco).

v+n/pron+adv
v+adv+n
⓪ **a boat, water**

balance /ˈbæləns/
balance sth against sth sopesar algo y algo: *You must balance the high salary against the long working hours.* Debes sopesar el sueldo alto y las largas jornadas de trabajo.

v+n/pron+prep+n/pron
= **weigh sth against sth**

balance out compensarse: *It all balances out in the end.* Al final una cosa compensa la otra.

v+adv

balance sth up (*tb* **balance sth out** *menos frec*) compensar algo: *We need to invite three more girls to balance up the numbers.* Tenemos que invitar a tres chicas más para compensar.

v+n/pron+adv
v+adv+n

bale /beɪl/
bale out *Ver* BAIL OUT

v+adv

bale sth out *Ver* BAIL STH OUT

v+n/pron+adv
v+adv+n

balk /bɔːk/

balk at sth/doing sth (*esp USA*) Ver BAULK AT STH/DOING STH

v + prep + n/pron
v + prep + -ing

balls /bɔːlz/

balls sth up (*GB, tabú*) joder algo (*un asunto*): *She ballsed up all my plans.* Me jodió todos los planes.
▶ **balls-up** *n* (*esp GB, tabú*) cagada: *He made a complete balls-up of it.* Fue una auténtica cagada por su culpa.

v + n/pron + adv
v + adv + n
= **mess sth up** (2) (*coloq*)

band /'bænd/

band together unirse: *We need to band together against these reforms.* Tenemos que unirnos contra estas reformas.

v + adv

bandage /'bændɪdʒ/

bandage sb/sth up vendar a algn/algo: *He bandaged the wound up for me.* Me vendó la herida.

v + n/pron + adv
v + adv + n
[0] a wound, sb's leg/arm, etc.
= **bandage sth**

bandy /'bændi/ *pret, pp* **bandied**

bandy sth about (*tb esp GB* **bandy sth around**) **1** circular algo (*sin tener pruebas o información suficiente*): *The stories being bandied about are completely false.* Las historias que se cuentan son totalmente falsas. **2** utilizar algo (*sin saber muy bien lo que quiere decir*): *It's a term bandied about a lot nowadays.* Es una expresión que se maneja mucho hoy en día.
NOTA *Bandy sth about* se utiliza mucho en pasiva.

v + n/pron + adv
v + adv + n
1 [0] a story, a figure
2 [0] a phrase, a term

bang /bæŋ/

bang around (*tb esp GB* **bang about**) hacer ruido (*al andar, moverse, etc.*): *They were banging around upstairs.* Estaban haciendo mucho ruido arriba.

v + adv

bang away 1 (*coloq*) aporrear (*repetidas veces*): *She picked up the hammer and began banging away.* Cogió el martillo y empezó a dar martillazos. **2** sonar muy fuerte: *My heart was banging away.* Mi corazón latía con fuerza.

v + adv

bang away at sth (*esp USA, coloq*) trabajar sin parar en algo: *She banged away all day at her assignment.* Estuvo todo el día escribiendo el trabajo.

v + adv + prep + n/pron
= **work away** (*menos coloq*)

bang sth down poner algo con fuerza en un sitio, haciendo ruido: *He banged his fist down on the table.* Dio un puñetazo en la mesa.

v + n/pron + adv
v + adv + n

bang into sb/sth chocarse con algn/algo

v + prep + n/pron

bang on about sb/sth (*GB, coloq*) hablar constantemente de algn/algo: *Pat is always banging on about politics.* Pat siempre está dale que te pego con la política.

v + adv + prep + n/pron
= **go on** (9) (*menos coloq*)

bang sth out (*coloq*) tocar algo (*muy alto*): *He banged out the tune on the piano.* Tocó la melodía en el piano.

v + adv + n
v + pron + adv
v + n + adv (*menos frec*)
[0] a tune

10

be/get banged up (*GB*, *coloq*) estar/acabar en chirona | *be/get + v + adv*

bang sth up (*USA*, *coloq*) jorobar, estropear algo: *I banged my knee up when I fell off my bike.* Me jorobé la rodilla cuando me caí de la bici. | *v + n/pron + adv* / *v + adv + n*

bank /bæŋk/

bank on sb/sth/doing sth; **bank on sb/sth doing sth** contar con algn/algo/hacer algo, confiar en que algn/algo haga algo: *I'm banking on your help.* Cuento con tu ayuda. ◊ *He was banking on the train being on time.* Contaba con que el tren fuese puntual. | *v + prep + n/pron* / *v + prep + -ing* / *v + prep + n/pron + -ing* / ◎ sb's help, success = count on sb/sth/doing sth, count on sb/sth doing sth

bargain /ˈbɑːɡən; *USA* ˈbɑːrɡən/

bargain for sth; **bargain for sb/sth doing sth** (*coloq*) contar con algo, contar con que algn/algo haga algo: *We hadn't bargained for such bad weather.* No habíamos contado con que hiciera tan malo. ◊ *He got more than he had bargained for.* Se encontró con más de lo que se esperaba. | *v + prep + n/pron* / *v + prep + n/pron + -ing*

NOTA Bargain for sth y bargain for sb/sth doing sth se utilizan mucho en construcciones negativas.

bargain on sb/sth/doing sth; **bargain on sb/sth doing sth** (*coloq*) contar con algn/algo/hacer algo, contar con que algn/algo haga algo: *I hadn't bargained on heavy traffic.* No había contado con encontrarme mucho tráfico. ◊ *I hadn't bargained on taking the children.* No había contado con llevar a los niños. | *v + prep + n/pron* / *v + prep + -ing* / *v + prep + n/pron + -ing*

NOTA Nótese que bargain on sb/sth/doing sth se utiliza mucho en construcciones negativas.

barge /bɑːdʒ; *USA* bɑːrdʒ/

barge in (**on sb/sth**) (*coloq*) interrumpir (a algn/algo), entrar (en …) (*sin avisar*): *Sorry to barge in, but …* Siento interrumpir, pero … ◊ *She barged in on our meeting without knocking.* Entró en la reunión sin llamar. | *v + adv*

barge into sb (*coloq*) chocarse con algn (*bruscamente*): *She barged into me with her shopping trolley.* Se me echó encima con el carrito. | *v + prep + n/pron*

barge into sth (*tb* **barge your way into sth**) (*coloq*) entrar en … , interrumpir algo (*de forma brusca*): *He just barged (his way) into the room.* Entró en la habitación a empujones. | *v + prep + n* / *v + n + prep + n* / ◎ a room, a meeting

barge through sth (*tb* **barge your way through sth**) (*coloq*) abrirse paso a empujones por/entre … : *She had to barge (her way) through the crowd.* Tuvo que abrirse paso a empujones entre la gente. | *v + prep + n/pron* / *v + n + prep + n/pron* / ◎ the crowd, the door

bark /bɑːk; *USA* bɑːrk/

bark sth out ladrar algo: *She barked out instructions to her secretary.* Le ladró unas instrucciones a su secretaria. | *v + adv + n* / *v + n/pron + adv* / ◎ orders, instructions

11

barricade /ˌbærɪˈkeɪd/

barricade yourself in; barricade yourself in/into/inside sth encerrarse con barricadas (en …): *They barricaded themselves in/into/inside their house.* Se atrincheraron en su casa. ◊ *The police were called when he barricaded himself in.* Llamaron a la policía cuando se parapetó con barricadas.

v + reflex + adv
v + reflex + prep + n/pron
[0] **a room, a house**

---

base /beɪs/

base sth on sth (*tb* **base sth upon sth** *más formal*) basar algo en algo: *The novel is based on a true story.* La novela está basada en una historia real.
NOTA Base sth on/upon sth se utiliza mucho en la construcción **be based on/upon sth**.

v + n/pron + prep + n/pron
[0] **a decision, a design, a book**

---

bash /bæʃ/

bash sb/sth about (*GB, coloq*) maltratar a algn/algo: *The mugger had bashed her about.* El ladrón le había dado una paliza.

v + n/pron + adv

bash sth in (*esp GB, coloq*) romper algo: *The window had been bashed in.* Se habían cargado el cristal.
NOTA Bash sth in se utiliza mucho en pasiva.
LOC **bash sb's head/brains in** (*muy coloq*) pegar una paliza a algn: *Shut up or I'll bash your brains in!* ¡Como no te calles te rompo la crisma!

v + n/pron + adv
v + adv + n
[0] **a window**
= **smash sth in** (*menos coloq*)

bash on (**with sth**) (*GB, coloq*) meterle caña (a algo): *Let's bash on (with this).* Vamos a darle caña (a esto).

v + adv
= **get on** (3) (*menos coloq*)

---

bat /bæt/ -tt-

bat sth around (*coloq*) comentar algo: *We just batted some ideas around.* Solo comentamos algunas ideas.

v + n/pron + adv
v + adv + n
[0] **some ideas, a figure**

---

batten /ˈbætn/

batten sth down (*Náut*) cerrar algo (*para evitar daños por causa de tormentas o del viento*)
LOC **batten down the hatches** cerrar las escotillas: *In difficult times people tend to batten down the hatches and look after themselves.* En épocas difíciles la gente suele encerrarse en sí misma.

v + adv + n
v + n/pron + adv

---

batter /ˈbætə(r)/

batter sth down derribar algo a golpes: *The only way to get in was to batter the door down.* La única forma de entrar era echando la puerta abajo.

v + n/pron + adv
v + adv + n
[0] **the door**
= **beat sth down** (2), **break sth down** (1)

---

baulk (*tb esp USA* **balk**) /bɔːk/

baulk at sth/doing sth (*tb esp USA* **balk at sth/doing sth**) mostrarse reacio a algo/hacer algo: *He baulked at the idea.* Se mostró reacio a la idea.

v + prep + n/pron
v + prep + -ing
[0] **the idea, the cost**

bawl /bɔːl/

bawl sb out (*coloq*) echar la bronca a algn: *My boss bawled me out for being late.* El jefe me echó la bronca por llegar tarde.
▶ **bawling-out** *n* (*coloq*) bronca | v+n/pron+adv
v+adv+n

bawl sth out (*esp GB, coloq*) **1** gritar algo: *She doesn't give you an order. She bawls it out.* No te da una orden, te la grita. **2** cantar algo a grito pelado | v+adv+n
v+pron+adv
v+n+adv (*poco frec*)

be /bi, biː/ *pret* **was** /wəz, wɒz; *USA* wɑːz, wʌz/; **were** /wə(r), wɜː(r)/ *pp* **been** /biːn, bɪn; *USA* bɪn/ *part pres* **being**

be after sth buscar algo: *Several people in the office are after the same job.* Hay varios en la oficina que andan detrás del mismo puesto. ◊ *She's being too nice. I wonder what she's after.* Está siendo demasiado amable. Me pregunto qué quiere. | v+prep+n/pron

be at sb *Ver* BE ON AT SB | v+prep+n/pron

be at sth estar con algo/haciendo algo: *He's been at his essay all night.* Ha estado haciendo el trabajo toda la noche. ◊ *I'll be at it all day tomorrow.* Mañana estaré con ello todo el día. | v+prep+n/pron
0 it

LOC be at it (*coloq*) estar haciendo de las suyas: *The kids are at it again.* Los niños están haciendo de las suyas otra vez.

be away estar fuera: *We'll be away for the month of August.* Estaremos fuera el mes de agosto. ◊ *He's away on business at the moment.* En este momento está fuera, en viaje de negocios. | v+adv

be before sb *Ver* BE UP BEFORE SB | v+prep+n/pron

be behind sb apoyar, respaldar a algn: *Don't forget that we're behind you all the way.* Recuerda que estamos contigo hasta el final. | v+prep+n/pron

be behind with sth ir retrasado con algo: *We're behind with the mortgage repayments.* Vamos retrasados con el pago de la hipoteca. | v+adv+prep+n/pron

be down (*ordenador, sistema*) estar estropeado: *Surely your computer isn't down again?* ¿Otra vez se te ha estropeado el ordenador? | v+adv

be down on sb criticar a algn: *He's been really down on me lately.* Últimamente no hace más que criticarme. | v+adv+prep+n/pron

be down to sb depender, ser cosa de algn: *It's down to you to help them now.* De ti depende ahora el ayudarles. | v+adv+prep+n/pron

be down with sth tener algo (*una enfermedad*): *Gill's down with flu.* Gill está con gripe. | v+adv+prep+n/pron

be in 1 estar de moda: *Miniskirts are in this season.* La minifalda está de moda esta temporada. **2** salir elegido: *The democrats are in for another term.* Los demócratas han salido elegidos otra vez. | v+adv

be in for sth (*coloq*): *She's in for a shock.* Se va a llevar un susto. ◊ *It looks like we're in for a storm.* Parece que vamos a tener tormenta. | v+adv+prep+n/pron
0 **a shock, trouble**

be in on sth (*coloq*) **1** estar al tanto de algo: *Are you in on the secret?* ¿Sabes el secreto? **2** participar en algo: *I'd like to be in on the deal.* Quiero participar en el negocio. | v+adv+prep+n/pron
1 0 **a secret**
2 0 **a deal**

be in with sb llevarse bien con algn: *She's well in with the boss.* Se lleva muy bien con la jefa. | v+adv+prep+n/pron

be

be into sth ser aficionado a algo: *Are you into jazz music?* ¿Te gusta el jazz? ◊ *He's been into trains since he was a small boy.* Tiene afición por los trenes desde pequeñito. | v+prep+n/pron

be off 1 irse: *I must be off.* Me tengo que ir. **2** (*alimento*) estar malo/pasado: *This milk is off.* Esta leche está cortada. | v+adv

be off sth 1 haber perdido las ganas de algo: *She can't be well. She's been off her food all week.* Tiene algo. Lleva sin ganas de comer toda la semana. ◊ *That's it. I'm off men for life.* Se acabó. No vuelvo a salir con un hombre en lo que me queda de vida. **2** colgar algo (*el teléfono, porque se ha terminado de hablar*): *Isn't he off the phone yet?* ¿Todavía no ha colgado? | v+prep+n/pron

be on 1 ir (*tener el turno*): *Who's on next?* ¿Quién va después? ◊ *We're on after the support band.* Después de los teloneros vamos nosotros. **2** estar haciéndose: *Are the potatoes on?* ¿Has puesto las patatas? | v+adv

be on sb ser a la salud de algn, correr por cuenta de algn: *The drinks are on me tonight.* Las copas son a mi salud esta noche. | v+prep+n/pron

be on sth 1 estar tomando algo (*un medicamento*): *She's been on the pill for ten years.* Lleva diez años tomando la píldora. ◊ *I'm on strong painkillers.* Todavía estoy tomando analgésicos. **2** estar al teléfono: *She's been on the phone for hours.* Lleva horas al teléfono. **3** ir por algo: *I'm on my third coffee already this morning.* Ya voy por el tercer café esta mañana. | v+prep+n/pron

be on about sth (*esp GB, coloq, gen pey*) hablar de algo (*sin parar*): *What are you on about?* ¿Qué dices? | v+adv+prep+n/pron

be on at sb (*tb* **be at sb**) (*esp GB, coloq, gen pey*) dar la vara a algn: *She's been on at me to lend her more money.* Me ha estado dando la vara para que le preste más dinero. | v+adv+prep+n/pron

be onto sb (*coloq*) **1** andar detrás de algn: *The police are onto him about the car.* La policía anda detrás de él por lo del coche. **2** hablar con algn: *I've been onto the council about the noise.* Me he puesto en contacto con el ayuntamiento por lo del ruido. | v+prep+n/pron

be onto sth tener algo bueno entre manos: *She could be onto something big.* Podría haber dado con algo importante. | v+prep+n [0] **something**

be out for sth ir detrás de algo: *He's out for revenge.* Va en busca de venganza. | v+adv+prep+n/pron

be out of sth no tener algo, estar sin algo: *We're out of sugar.* No tenemos azúcar. | v+adv+prep+n/pron

be over sb haber superado la ruptura con algn: *It was hard at first, but I'm over him now.* Al principio fue duro, pero ya he superado lo suyo. | v+prep+n/pron

be over sth estar recuperado de algo (*de una enfermedad*): *He's over the flu now.* Ya está bien de la gripe. | v+prep+n/pron

be past it (*coloq, pey*) ser/estar viejo: *The children laughed at him and said he was past it.* Los niños se rieron de él y dijeron que estaba viejo. | v+prep+it

be through 1 (**to sb**): *You're through (to the manager) now.* Ya tiene línea (con el director). **2** (**with sb/sth**) haber terminado (con algn/algo): *Keith and I are through.* Keith y yo hemos terminado. | v+adv

be up estar levantado: *You're up early.* Qué pronto te has levantado. ◊ *I've been up all night.* Llevo toda la noche en pie. | v+adv

14

be up against sb/sth enfrentarse a/con algn/algo: *We're up against tough competition.* Nos enfrentamos a una competencia muy dura.

be up before sb (*tb* **be before sb**) presentarse ante algn (*ante un juez*): *He's up before the judge tomorrow.* Se presenta ante el juez mañana.

be up for sth: *She's up for promotion.* Están pensando ascenderla. ◊ *He's up for re-election next year.* El año que viene se presenta otra vez. ◊ *This sofa is up for sale.* Este sofá está a la venta.

be up to sb 1 ser responsabilidad/obligación de algn: *It's up to them to make sure the house is kept tidy.* Son responsables de mantener la casa ordenada. **2** *'Shall we go out?' 'It's up to you.'* —¿Salimos? —Como quieras.

be up to sth (*coloq*) **1** estar haciendo algo: *What have you been up to lately?* ¿Qué has estado haciendo últimamente? NOTA En este sentido, **be up to sth** se utiliza mucho en preguntas con **what ... ?** **2** llegar a algo (*a la calidad/nivel que se espera*): *Is your dinner up to standard?* ¿Es la calidad de la cena aceptable?

be upon sb (*formal*) haber llegado: *The election is almost upon us.* Las elecciones casi están aquí.

---

bear /beə(r); *USA* ber/ *pret* **bore** /bɔː(r)/ *pp* **borne** /bɔːn; *USA* bɔːrn/

bear down empujar (*para dar a luz*)

bear down on sb/sth (*tb* **bear down upon sb/sth** *más formal*) **1** (*esp GB*) echarse encima de algn/algo: *A crowd of journalists bore down on the minister.* Un enjambre de periodistas se echó encima del ministro. NOTA En este sentido, **bear down on/upon sb/sth** se utiliza mucho en tiempos continuos: *She was bearing down on them at high speed.* **2** (*USA*) presionar a algn/algo: *We have to bear down on the defense.* Tenemos que presionar a la defensa.

bear on/upon sb/sth (*formal*) afectar a algn/algo: *This decision bears directly on our everyday lives.* Esta decisión afecta de forma directa a nuestra vida cotidiana.

bear sb/sth out (*esp GB*) confirmar lo que ha dicho algn, confirmar algo: *John will bear me out on this.* John confirmará esto.

bear up (under sth) aguantar (algo): *'How are you coping?' 'I'm bearing up.'* —¿Cómo lo llevas? —Voy tirando. ◊ *She's bearing up well under the pressure in the office.* Está llevando bien las presiones en la oficina.
NOTA **Bear up** se utiliza mucho en tiempos continuos: *How's she bearing up?*

bear upon sb/sth *Ver* BEAR ON/UPON SB/STH

bear with sb tener paciencia con algn: *If you'll just bear with me for a moment, I'll try to find her.* Si tiene la bondad de esperar, intentaré localizarla.
NOTA **Bear with sb** se utiliza casi siempre en imperativo: *Bear with me for a minute while I make a phone call.*

beat /biːt/ *pret* **beat** *pp* **beaten** /ˈbiːtn/

beat sb back hacer retroceder a algn: *She was beaten back by the flames.* Las llamas la hicieron retroceder. ◊ *They tried to beat the enemy forces back.* Intentaron rechazar al ejército enemigo.
NOTA Beat sb back se utiliza mucho en pasiva.

v + n/pron + adv
v + adv + n

beat down (on/upon sb/sth) **1** (*sol*) pegar con fuerza (sobre algn/algo) **2** (*lluvia*) caer con fuerza (sobre algn/algo)

v + adv

beat sb down conseguir que algn rebaje algo: *Chris beat them down to £600.* Chris consiguió que lo dejaran en 600 libras.

v + n/pron + adv
v + adv + n (*menos frec*)
= **knock sb down** (3)

beat sth down **1** (*precio*) rebajar algo: *I managed to beat the price down.* Conseguí una rebaja. **2** derribar algo a golpes: *The police had to beat the door down.* La policía tuvo que echar la puerta abajo.

1 *v + n/pron + adv*
 v + adv + n (*menos frec*)
 ◎ *only* the price
 = **knock sth down** (4)
2 *v + n/pron + adv*
 v + adv + n
 ◎ the door
 = **batter sth down**, **break sth down** (1)

beat sb/sth off **1** hacer retroceder a algn/algo: *They beat off an attack by the rebel army.* Rechazaron un ataque del ejército rebelde. **2** superar a algn/algo: *The company has beaten off strong competition from abroad.* La empresa ha superado la fuerte competencia del extranjero.

v + adv + n
v + n/pron + adv
1 ◎ an attack, an attacker
2 ◎ a challenge, competition

beat on sb (*USA, coloq*) pegar, dar una paliza a algn

v + prep + n/pron
= **beat sb up**

beat sb out (*USA*) vencer a algn

v + n/pron + adv
v + adv + n

beat sth out **1** (*ritmo*) marcar algo **2** (*fuego*) apagar algo (*a golpes*): *He used his jacket to beat out the fire.* Utilizó su chaqueta para apagar el fuego.

v + adv + n
v + pron + adv
v + n + adv (*menos frec*)
1 ◎ the rhythm
2 ◎ the flames, a fire

beat sb to it adelantarse a algn, llegar antes que algn: *Book now before somebody else beats you to it!* ¡Reserva ahora antes de que alguien se te adelante!

v + n/pron + prep + it

beat sb up dar una paliza a algn

v + n/pron + adv
v + adv + n

beat up on sb (*USA, coloq*) dar una paliza a algn

v + adv + prep + n/pron
= **beat sb up**

beaver /ˈbiːvə(r)/

beaver away (at sth) (*GB, coloq*) trabajar sin parar (en algo): *She's been beavering away at her homework for hours.* Lleva horas dale que te pego con los deberes.

v + adv

beckon /ˈbekən/

beckon sb in; **beckon sb into sth** hacer señas a algn para que entre (en …): *She beckoned Mark into her office.* Le hizo señas a Mark para que entrara en su oficina.

v + n/pron + adv
v + n/pron + prep + n/pron

belong

beckon sb over (**to** ...) hacer señas a algn para que se acerque (a ...): *She beckoned the waiter over to our table.* Le hizo señas al camarero para que se acercara a nuestra mesa.

v + n/pron + adv

become /bɪˈkʌm/ *pret* **became** /bɪˈkeɪm/ *pp* **become**

become of sb/sth: *I wonder what became of the people who lived next door.* Me pregunto qué habrá sido de los vecinos de al lado.

v + prep + n/pron
= **happen to sb/sth**

bed /bed/ **-dd-**

bed down 1 pasar la noche, dormir (*sobre todo cuando no es en una cama*): *The soldiers bedded down for the night in a barn.* Los soldados pasaron la noche en un granero. **2** (*GB, poco frec*) (*sistema*) asentarse, establecerse (*después de un tiempo de adaptación*): *It'll take a while for the new system to bed down.* El nuevo sistema tardará en asentarse.

v + adv

beef /biːf/

beef sth **up** (*coloq*) reforzar algo: *Security has been beefed up.* Se han reforzado las medidas de seguridad.
▶ **beefed-up** *adj* [atrib] (*coloq*) reforzado, mejorado
NOTA Nótese que el adjetivo **beefed-up** siempre se utiliza delante de un sustantivo: *beefed-up security*.

v + adv + n
v + pron + adv
v + n + adv (*poco frec*)
0 **security**

beg /beg/ **-gg-**

beg off; **beg off** sth/**doing** sth (*poco frec*) disculparse (*poniendo una excusa*), dar/poner una excusa para no hacer algo: *He begged off visiting his grandparents.* Puso una excusa para no ir a ver a sus abuelos.

v + adv
v + prep + n/pron
v + prep + -ing
= **cry off**

believe /bɪˈliːv/

believe in sb/sth **1** creer en algn/algo: *Do you believe in ghosts?* ¿Crees en los fantasmas? **2** tener fe/confianza en algn/algo: *You have to believe in yourself.* Tienes que tener confianza en ti mismo.

v + prep + n/pron

believe in sth/**doing** sth ser partidario de algo/hacer algo: *Do you believe in capital punishment?* ¿Estás a favor de la pena de muerte?

v + prep + n/pron
v + prep + -ing

belong /bɪˈlɒŋ; *USA* -ˈlɔːŋ/

belong to sb (*éxito, responsabilidad*) ser cosa de algn, deberse a algn: *All the credit belongs to the staff.* El éxito se debe a los trabajadores.

v + prep + n/pron

☆ **belong to** sb/sth ser de algn/algo, pertenecer a algn/algo: *The house belonged to my cousin.* La casa era de mi primo.

v + prep + n/pron

belong to sth ☆**1** (*organización*) ser miembro/socio de algo: *I don't belong to any political party.* No estoy afiliado a ningún partido político. ◊ *Portugal already belongs to the European Union.* Portugal ya es miembro de la Unión Europea. ☆**2** (*categoría*) pertenecer a algo: *Rattlesnakes belong to the viper family.* Las serpientes de cascabel pertenecen a la familia de las víboras. **3** (*lugar, tiempo*) ser parte de algo, pertenecer a algo: *These things belong to the past.* Estas cosas pertenecen al pasado.

v + prep + n/pron
1 0 **a (trade) union, a club, a party**
2 0 **a species, a class**

belt /belt/

belt along, down, in, etc.; **belt along, down, into, etc, sth** (*esp GB, coloq*) pasar, bajar, entrar, etc. a toda prisa: *She was belting down the motorway at 90 miles an hour.* Iba zumbando por la autopista a 90 millas por hora. ◊ *Mike came belting into the kitchen.* Mike entró en la cocina como un rayo.

v+adv
v+prep+n

belt sth down (*USA, coloq*) beberse algo de un trago: *He belted down his beer.* Se bebió la cerveza de un trago.

v+adv+n
v+n/pron+adv
= **knock sth back**

belt sth out (*coloq*) **1** (*persona*) cantar algo a pleno pulmón **2** (*radio*): *A radio was belting out pop music.* Se oía una radio con música pop a todo volumen.

v+adv+n
v+pron+adv
v+n+adv (poco frec)
1 [0] a song
2 [0] music

belt up (*GB, muy coloq*) callarse, cerrar la boca: *Belt up, will you?* ¡Cállate de una vez!
NOTA **Belt up** se utiliza mucho en imperativo.

v+adv
= **shut up**

bend /bend/ *pret, pp* **bent** /bent/

☆ **bend down** agacharse: *He bent down and kissed her on the cheek.* Se agachó y le dio un beso en la mejilla.

v+adv

bend forward inclinarse hacia delante: *He bent forward to hear what the child was saying.* Se inclinó hacia adelante para oír al niño.

v+adv

☆ **bend over; bend over sth** inclinarse hacia delante (sobre algo): *Bend over and touch your toes.* Haz una flexión y tócate los pies. ◊ *He was bending over his desk, writing.* Estaba inclinado sobre su mesa, escribiendo.
LOC **bend over backwards to do sth** hacer lo imposible por hacer algo: *We are bending over backwards to be fair.* Estamos haciendo lo imposible por ser justos.

v+adv
v+prep+n/pron

bend towards sb/sth inclinarse hacia algn/algo: *He bent towards her.* Se inclinó hacia ella.

v+prep+n/pron

bet /bet/ -tt- *pret, pp* **bet** o **betted**

bet on sth; bet on sb doing sth apostar algo, esperar que algn haga algo: *'Do you think she'll come?' 'I wouldn't bet on it.'* —¿Crees que vendrá? —Yo no estaría tan seguro.

v+prep+n/pron
v+prep+n/pron+-ing

bind /baɪnd/ *pret, pp* **bound** /baʊnd/

bind sb over (*Jur*) poner a algn bajo apercibimiento: *The judge bound him over to keep the peace.* Quedó bajo apercibimiento por orden del juez.

v+n/pron+adv
v+adv+n

bite /baɪt/ *pret* **bit** /bɪt/ *pp* **bitten** /'bɪtn/

bite at sth (*poco frec*) (intentar) morder algo: *The dog bit at his owner's hand.* El perro intentó morder la mano de su dueño.

v+prep+n/pron

bite back contraatacar, vengarse: *If you criticize him, he'll bite back.* Si le criticas, contraatacará.

v+adv

bite sth back contener algo: *He bit back a cry of pain.* Se aguantó y no gritó.
NOTA **Bite sth back** no se utiliza en pasiva.

| v+adv+n |
| v+pron+adv |
| v+n+adv (*poco frec*) |
| [0] **a cry**, **a reply** |

bite into sth clavarse en algo: *The collar bit into his neck.* El collar se le clavaba en el cuello.

v+prep+n/pron

bite sth off arrancar algo de un mordisco: *She bit off a piece of chocolate.* Le pegó un mordisco al chocolate.
LOC **bite off more than you can chew** (*coloq*) intentar abarcar más de lo que se puede: *This time he's bitten off more than he can chew.* Esta vez ha intentado abarcar más de la cuenta. **bite sb's head off** (*coloq*) echarle una bronca a algn

| v+n/pron+adv |
| v+adv+n |

---

black /blæk/

black out perder el conocimiento: *I must have blacked out.* Debí de perder el conocimiento.
▶ **blackout** *n* **1** desmayo: *to have a blackout* sufrir un desmayo **2** laguna (*pérdida temporal de la memoria*)

| v+adv |
| = **pass out** (1) |

---

blank /blæŋk/

blank out (*USA*, *coloq*) quedarse (con la mente) en blanco: *I hope I don't blank out in the exam.* Espero no quedarme en blanco en el examen.

v+adv

---

blare /bleə(r); *USA* bler/

blare out sonar a todo volumen: *Music was blaring out from somewhere.* Se oía una música a todo volumen.

| v+adv |
| = **blast out** |

blare sth out sonar algo a todo volumen: *The radio was blaring out opera music.* En la radio estaban poniendo ópera a todo volumen.

| v+adv+n |
| v+n/pron+adv |
| [0] **music** |
| = **blast sth out** |

---

blast /blɑːst; *USA* blæst/

blast away (**at sb/sth**) disparar (a algn/algo) (*sin parar*): *The machine guns blasted away all night.* Las ametralladoras no dejaron de disparar en toda la noche.

v+adv

blast off (*nave espacial*) despegar: *The rocket blasted off at noon.* El cohete despegó a las doce del mediodía.
▶ **blast-off** *n* [incontable] despegue: *Blast-off will be in 30 seconds.* Despegue previsto en 30 segundos.

| v+adv |
| = **lift off** |

blast out sonar a todo volumen

| v+adv |
| = **blare out** |

blast sth out sonar algo a todo volumen: *The radio was blasting out heavy rock music.* Sonaba música rock en la radio a todo volumen.

| v+adv+n |
| v+n/pron+adv |
| [0] **music** |
| = **blare sth out** |

blaze /bleɪz/

blaze away 1 (at sb/sth) disparar (a algn/algo) (*sin tregua*): *The guns kept blazing away at the enemy.* Las ametralladoras dispararon sin tregua contra el enemigo. **2** (*fuego*) arder (*con fuerza*) **3** (*luz*) brillar, resplandecer: *The lights of the house blazed away all night.* Las luces de la casa estuvieron encendidas toda la noche.

v + adv

blend /blend/

blend in 1 (with sth) armonizar, ir bien (con algo): *The curtains blend in perfectly with the carpet.* Las cortinas van estupendamente con la moqueta. **2 (with sb)** integrarse (con algn): *He should try to blend in with the locals a bit more.* Debería intentar integrarse un poco más con los del barrio.

v + adv

blend sth in 1 (*Cocina*) mezclar algo **2** (*colores, maquillaje*) difuminar algo: *Blend in the eyeshadow with your fingers.* Difumina la sombra de ojos bien con el dedo.

v + adv + n
v + n/pron + adv

blend into sth integrarse en algo: *The new development will blend almost invisibly into the landscape.* Los nuevos edificios se integrarán perfectamente en el paisaje.

v + prep + n/pron
[0] **the background, the surroundings**

blimp /blɪmp/

blimp out/up (*USA, coloq*) engordar

v + adv
= **balloon**

blink /blɪŋk/

blink sth away/back contener algo: *He blinked away a tear.* Parpadeó para contener una lágrima. ◊ *I found myself blinking back tears during his speech.* Tuve que contener las lágrimas durante su discurso.

v + adv + n
v + n/pron + adv
[0] **tears**

block /blɒk; USA blɑːk/

block sb/sth in (*vehículo*) cerrarle el paso a algn/algo: *You're blocking that Mini in.* No dejas salir a ese Mini.

v + n/pron + adv
v + adv + n (*menos frec*)
[0] **a car**

block sth off 1 cortar algo: *The police blocked the street off.* La policía cortó la calle. **2** (*USA*) (*referido a tiempo*) dejar algo libre, reservar algo: *Thursday afternoons are blocked off for sports.* Las tardes del jueves están reservadas para deportes.

v + n/pron + adv
v + adv + n
1 [0] **a street, a road, an entrance**
2 = **set sth aside** (2)

block sth out 1 bloquear algo: *The trees blocked out much of the sunlight.* Los árboles quitaban casi toda la luz del sol. **2 (of sth)** borrar algo de la mente: *He tried to block the incident out of his mind.* Intentó borrar el incidente de su mente.

1 *v + adv + n*
v + pron + adv
v + n + adv (*menos frec*)
[0] **the light, the sound**
2 *v + n/pron + adv*
v + adv + n
= **shut sth out**

blow

block sth up tapar, cerrar, bloquear algo: *All the fireplaces had been blocked up.* Habían tapado todas las chimeneas. ◊ *Bits of food had blocked the sink up.* Unos trozos de comida habían bloqueado la pila.
▶ **blocked up** *adj* congestionado
NOTA Nótese que el adjetivo **blocked up** también puede utilizarse delante de un sustantivo, y en ese caso se escribe con guión: *a blocked-up nose*.

v+n/pron+adv
v+adv+n
[O] **the sink, a window, a door, a fireplace**

blot /blɒt; *USA* blɑːt/ **-tt-**

blot sb/sth out (of sth) borrar a algn/algo de la mente: *He wanted to blot out the memory.* Quería borrar el recuerdo de su mente.

v+n/pron+adv
v+adv+n
[O] **memories, thoughts**

blot sth out tapar algo: *Dark clouds were blotting out the sun.* Unas nubes negras tapaban el sol.

v+adv+n
v+n/pron+adv
[O] **the light, the sound**

blow /bləʊ; *USA* bloʊ/ *pret* **blew** /bluː/ *pp* **blown** /bləʊn; *USA* bloʊn/

blow around (*tb esp GB* **blow about**) volar (*empujado por el viento*): *Leaves were blowing around in the wind.* El viento hacía volar hojas por todas partes.

v+adv

blow sth around (*tb esp GB* **blow sth about**) (*viento*) hacer volar algo: *Her hair was in knots after being blown around by the wind.* Tenía todo el pelo enredado por culpa del viento.
NOTA Blow sth around se utiliza mucho en pasiva.

v+n/pron+adv
v+adv+n

blow away irse volando (*por la fuerza del viento*): *It was so windy the tent nearly blew away!* ¡Hacía tanto viento que casi se nos vuela la tienda!

v+adv

blow sb away 1 (*esp USA, coloq*) pegarle a algn un tiro: *He threatened to blow us away.* Amenazó con volarnos la tapa de los sesos. **2** (*coloq*) enloquecer a algn: *I saw this play last year and it just blew me away.* Vi esta obra el año pasado y me enloqueció. **3** (*USA, coloq*) (*Dep*) arrasar a algn: *Mitchell blew away the other runners.* Mitchell arrasó a los demás corredores.

v+n/pron+adv
v+adv+n
1 = **shoot sb** (*más formal*)

blow sth away 1 (*viento*) volar, llevarse algo: *A sudden breeze blew his newspaper away.* Una ráfaga de viento le voló el periódico. **2** (*persona*) soplar algo: *She blew away the dust on the lid.* Sopló para quitar el polvo de la tapadera. **3** (*explosión*) volar algo: *They blew his kneecaps away.* Le volaron las rótulas de un tiro.

v+n/pron+adv
v+adv+n

blow back (*viento*) revocar: *Smoke kept blowing back down the chimney.* El viento revocaba el humo por la chimenea.

v+adv

blow sth back (*viento*) revocar algo: *The wind had blown smoke back down the chimney.* El viento revocó el humo por la chimenea.

v+n/pron+adv

blow down venirse abajo (*por la fuerza del viento*): *An old oak tree had blown down in the storm.* Un viejo roble se había venido abajo con la tormenta.

v+adv

blow sth down (*viento, temporal*) derribar algo: *Hundreds of trees have been blown down in the storms this winter.* Las tormentas de este invierno han derribado cientos de árboles.

v+n/pron+adv
v+adv+n

blow in (*coloq*) aparecer: *Look who's just blown in!* ¡Mira quién acaba de aparecer!

v+adv

21

blow

blow off 1 irse volando (*llevado por el viento*): *My hat blew off.* Se me voló el sombrero. **2** saltar por los aires (*por una explosión*): *The door blew off in the explosion.* La puerta saltó por los aires en la explosión.
| v+adv |

blow sb off (*USA, coloq*) dejar a algn plantado: *We were supposed to go out yesterday, but he blew me off.* Íbamos a salir ayer, pero me dejó plantada.
| v+n/pron+adv
| v+adv+n
| = stand sb up

blow sth off 1 (*tb* **blow sth off sth**) (*viento*) volar algo (de algo): *The wind blew the roof off their house.* El viento arrancó el tejado de su casa. **2** (*tb* **blow sth off sth**) (*explosión*) hacer saltar algo por los aires: *Shut up or I'll blow your head off!* ¡O te callas o te vuelo la cabeza! **3** (*USA, coloq*) pasar de algo (*que se había planeado*): *Jessica blew off classes on Friday afternoon to go shopping.* Jessica se fumó las clases el viernes por la tarde para irse de compras.
| v+n/pron+adv
| v+adv+n
| v+n/pron+prep+n/pron
| **3** v+adv+n
| v+n/pron+adv

blow out 1 (*vela, llama*) apagarse (*con el aire*) **2** (*neumático*) reventar: *One of the front tyres blew out.* Una de las ruedas delanteras reventó. **3** (*cristal, ventana*) volar en pedazos
▶ **blow-out** *n* (*neumático*) reventón: *We had a blow-out on the motorway.* Tuvimos un reventón en la autopista.
| v+adv
| **2** = burst

blow itself out (*tormenta*) amainar: *By morning the storm had blown itself out.* Por la mañana la tormenta había amainado.
| v+reflex+adv

blow sb out (*USA, coloq*) (*Dep*) darle una paliza a algn: *The home team blew out the Suns by 30 points.* El equipo local aplastó a los Suns sacándoles 30 puntos de ventaja.
▶ **blowout** *n* (*USA, coloq*) (*Dep*) derrota aplastante
| v+n/pron+adv
| v+adv+n
| = thrash sb

blow sth out 1 apagar algo soplando: *She took a deep breath and blew out all the candles.* Cogió aire y apagó todas las velas de un soplido. **2** (*explosión*) hacer volar algo: *The explosion blew out the windows.* La explosión hizo volar todas las ventanas. **3** echar, expulsar algo: *She inhaled and then blew the smoke out.* Aspiró y después echó el humo. **4** hinchar algo: *She blew out her cheeks in exasperation.* Desesperada, hinchó las mejillas.
LOC **blow sb's brains out** (*coloq*) volarle la tapa de los sesos a algn
| v+n/pron+adv
| v+adv+n
| **1** O a candle, a match
| = extinguish sth (*más formal*)
| **2** O the windows
| **3** O smoke
| = exhale sth (*más formal*)
| **4** O your cheeks

blow over 1 caerse, ser derribado (*por el viento*): *One of the trees had blown over in the storm.* Uno de los árboles se había caído con la tormenta. **2** (*tormenta*) pasar, amainar: *We sheltered in a barn until the storm blew over.* Nos refugiamos en un granero hasta que pasó la tormenta. **3** (*escándalo*) olvidarse: *Don't come to work until the fuss has blown over.* No vengas a trabajar hasta que se haya olvidado el tema.
| v+adv
| **2** S storm
| = die down
| **3** = die down

blow sb/sth over derribar a algn/algo: *The fence had been blown over in a storm.* La tormenta había derribado la valla.
NOTA Blow sb/sth over se utiliza mucho en pasiva.
| v+n/pron+adv
| v+adv+n

blow up ☆ 1 explotar: *The bomb blew up as experts tried to defuse it.* La bomba explotó cuando los expertos trataban de desactivarla. **2** (*tormenta, viento*) desatarse, levantarse: *A storm blew up just after the ship left port.* Se desató una tormenta justo después de que el barco hubiera salido del puerto. **3** (*crisis, situación*) desatarse, estallar: *A row has blown up over the leaking of information to the press.* La fuga de información a la prensa ha desatado una disputa. **4** (**at sb**) (*coloq*) ponerse hecho una furia (con algn)
▶ **blowup** *n* (*USA*) **1** explosión: *An accidental blowup of explosives flattened the building.* Una explosión accidental destruyó el edificio. **2** discusión, encontronazo
| v+adv
| **1** = explode (*más formal*)
| **2** S a storm, the wind
| **3** ≠ die down (3)

22

☆ **blow sb/sth up** volar a algn/algo (*con una bomba*): *The hijackers threatened to blow the plane up.* Los secuestradores amenazaron con volar el avión.
NOTA Blow sb/sth up se utiliza mucho en pasiva: *Two terrorists were blown up as they planted a bomb.*

v+n/pron+adv
v+adv+n

blow sth up 1 inflar algo: *You need to blow up the tyres on your bike.* Tienes que hinchar las ruedas de la bici. **2** (*Fot*) ampliar algo **3** exagerar algo: *The whole affair has been blown up out of all proportion.* El asunto se ha sacado totalmente de quicio.
▶ **blow-up** *adj* [atrib] hinchable
NOTA Nótese que el adjetivo **blow-up** siempre se utiliza delante de un sustantivo: *a blow-up mattress*.
▶ **blow-up** *n* (*Fot*) ampliación

v+n/pron+adv
v+adv+n
1 [O] **a balloon, a tyre**
   = **inflate sth** (*más formal*)
   ≠ **let sth down** (3) (*GB*)
2 [O] **a photo**
   = **enlarge sth** (*más formal*)
3 = **exaggerate sth**

bluff /blʌf/

bluff sb out (*esp USA, coloq, antic*) engañar a algn con mentiras

v+n/pron+adv
v+adv+n

bluff it out (*esp GB*) mentir: *If he asks any difficult questions, you'll have to bluff it out.* Si te hace preguntas comprometedoras, tendrás que inventarte algo.
NOTA Bluff it out se utiliza mucho en infinitivo.

v+it+adv

bluff sb out of sth (*USA, antic*) engañar a algn para sacarle algo

v+n/pron+adv+prep+n/pron
= **cheat sb of sth, cheat sb out of sth**

bluff your way in, out, through, etc.; **bluff your way into, out of, through, etc. sth** entrar (en ...), salir (de ...), superar algo, etc. a base de engaños (*referido a una situación comprometida*): *She successfully bluffed her way through the interview.* Superó la entrevista a base de engaños.

v+n+adv
v+n+prep+n/pron

blunder /ˈblʌndə(r)/

blunder about/around; **blunder about/around sth** andar dando tumbos (por algo): *He blundered about in the dark, feeling for the light switch.* Anduvo a tientas, buscando el interruptor de la luz.

v+adv
v+prep+n

blunder along, in, out, etc.; **blunder along, into, out of, etc. sth** pasar, entrar, salir, etc. torpemente: *Still dazed, she blundered out into the street.* Todavía confusa, salió a la calle con bastante dificultad.

v+adv
v+prep+n/pron

blunder around; **blunder around sth** *Ver* BLUNDER ABOUT/ AROUND; BLUNDER ABOUT/AROUND STH

v+adv
v+prep+n

blunder into sb/sth 1 tropezarse con algn/algo: *She blundered into a tree.* Tropezó contra un árbol. **2** *Ver* BLUNDER ALONG, IN, OUT, ETC.

v+prep+n/pron

blurt /blɜːt; *USA* blɜːrt/

blurt sth out decir algo (*sin pensar*): *He blurted out the answer without thinking.* Soltó la respuesta sin pensar.

v+adv+n
v+n/pron+adv

board /bɔːd; *USA* bɔːrd/

board sth up tapar algo con tablas: *All the windows had been boarded up.* Habían tapado todas las ventanas con tablones.
NOTA Board sth up se utiliza mucho en pasiva.

v+n/pron+adv
v+adv+n
[O] **a window, a house**

23

bob /bɒb; USA bɑːb/ **-bb-**

bob up 1 salir a la superficie, emerger **2** aparecer: *She bobbed up from behind the fence.* Apareció por detrás de la valla.
v+adv
2 = **pop up** (*coloq*)

bog /bɒg; USA bɔːg/ **-gg-**

be/get bogged down (**in sth**) estar estancado/estancarse (en algo): *Don't get bogged down in unimportant details.* No te enredes con los detalles sin importancia.
be/get+v+adv

bog down (*USA*) quedarse estancado: *The bill bogged down after being passed by Congress.* La propuesta de ley se quedó estancada después de haber sido aprobada por el Congreso.
v+adv

bog off (*GB, coloq*) largarse: *Bog off, I'm trying to sleep!* ¡Lárgate! ¡Estoy intentando dormir!
v+adv
= **clear off**

boil /bɔɪl/

boil away evaporarse: *The water in the saucepan had all boiled away.* El agua del cazo se había evaporado.
v+adv
= **evaporate** (*más formal*)

boil sth down 1 (*Cocina*) reducir algo (*hirviéndolo*) **2** (**to sth**) reducir algo (a algo): *Boil the report down to the key points.* Haz un resumen del informe incluyendo solo los puntos importantes.
v+n/pron+adv
v+adv+n
1 = **reduce sth** (*más formal*)
2 = **condense sth** (*más formal*)

boil down to sth reducirse a algo: *It all boils down to money in the end.* Al final todo se reduce a dinero.
NOTA *Boil down to sth* no se utiliza en tiempos continuos.
v+adv+prep+n/pron

boil over 1 (*Cocina*) salirse (*al hervir*): *Don't let the milk boil over.* Que no se salga la leche. **2** (**into sth**) desbordarse (y acabar en algo): *The unrest could boil over into civil war.* El malestar podría desbordarse y acabar en una guerra civil.
v+adv
2 = **explode**

boil up (*ira*) hervir
v+adv

boil sth up (*GB*) hervir algo: *He boiled up a saucepan of water.* Puso a hervir un cazo con agua.
v+n/pron+adv
v+adv+n

bollix /ˈbɒləks/

bollix sth up (*USA, coloq*) jorobar algo
v+n/pron+adv
v+adv+n
= **mess sth up** (*menos coloq*)

bolster /ˈbəʊlstə(r); USA ˈboʊl-/

bolster sb up alentar a algn
v+n/pron+adv

bolt /bəʊlt; USA boʊlt/

bolt sth down (*coloq*) engullir algo: *I had to bolt down my breakfast.* Tuve que desayunar deprisa y corriendo.
v+n/pron+adv
v+adv+n
[O] **food**

bolt in, off, out, etc.; **bolt into, out of, etc. sth** entrar, irse, salir, etc. corriendo: *She screamed and bolted out.* Gritó y salió corriendo.
v+adv
v+prep+n/pron

bomb /bɒm; USA bɑ:m/

bomb along, down, up, etc. sth (*esp GB, coloq*) ir, bajar, subir, etc. zumbando por algo: *She bombed down the motorway at 90 miles per hour.* Iba zumbando por la autopista a 90 millas por hora.
  v + prep + n/pron
  ⓪ **the road**

be/get bombed out ser bombardeado: *They got bombed out.* Les bombardearon la casa.
  be/get + v + adv

bomb out (*esp USA, coloq*) ser un fracaso: *The movie bombed out at the box office.* La película fue un fracaso en taquilla.
  v + adv
  = **bomb**

bone /bəʊn; USA boʊn/

bone up on sth (*coloq*) repasar, empollar algo
  v + adv + prep + n/pron

boogie /'bu:gi; USA 'bʊgi/

boogie down; **boogie on down** (*coloq*) echar un buen baile: *We went out to a club and boogied on down until 2am.* Fuimos a una discoteca y echamos un buen baile hasta las 2 de la mañana.
  v + adv
  v + adv + adv

book /bʊk/

book in (at sth) registrarse (en …) (*en un hotel*): *They booked in (at the St Francis Hotel) using a false name.* Se registraron (en el Hotel St Francis) con nombre falso.
  v + adv
  = **check in** (1)
  ≠ **check out, check out of sth**

book sb in; **book sb into sth** hacerle una reserva a algn (en …) (*en un hotel*): *I've booked us in at the Plaza.* He reservado una habitación en el Plaza.
  v + n/pron + adv
  v + n/pron + prep + n/pron
  ⓪ **a hotel**

book into sth (*hotel*) registrarse en … (*en un hotel*): *She booked into a hotel in the centre of Boston.* Cogió una habitación en un hotel en el centro de Boston.
  v + prep + n/pron
  ⓪ **a hotel**
  = **check into sth** (1)
  ≠ **check out of sth**

be booked up 1 estar sin plazas/entradas: *All the flights are booked up.* Todos los vuelos están completos. **2** (*coloq*) estar ocupado: *He can't see you tomorrow, he's booked up.* Mañana no puede verla, lo tiene todo ocupado.
  be + v + adv

book up (for sth) (*esp GB*) reservar una plaza (para algo): *I booked up for the course months in advance.* Me apunté al curso con meses de antelación.
  v + adv

boom /bu:m/

boom out (*voz*) retumbar
  v + adv

boot /bu:t/

boot sb out (of …) (*esp GB, coloq*) echar a algn (de …): *He was booted out of the house by his father.* Su padre lo puso de patitas en la calle.
  v + n/pron + adv
  v + adv + n
  = **kick sb out, throw sb out** (1) (*menos coloq*)

  NOTA Boot sb out se utiliza mucho en pasiva.

boot up (*Informát*) cargar el sistema operativo (*al poner en marcha un ordenador*)
  v + adv

boot sth up (*Informát*) encender algo (*para cargar el sistema operativo*): *Boot the computer up and enter your password.* Enciende el ordenador y teclea tu contraseña.

v + n/pron + adv
v + adv + n
◊ **a computer**

border /ˈbɔːdə(r); *USA* ˈbɔːrd-/

border on sth 1 (*país, estado*) limitar, ser fronterizo con algo **2** (*tierras*) lindar con algo **3** rayar en algo: *Her self-confidence borders on arrogance.* Su seguridad en sí misma raya en la arrogancia.

v + prep + n/pron
3 = **verge on sth**

boss /bɒs; *USA* bɔːs/

boss sb around (*tb esp GB* **boss sb about**) (*coloq*) andar dando órdenes a algn: *He's always bossing his wife around.* Siempre le está diciendo a la mujer lo que tiene que hacer.

v + n/pron + adv

botch /bɒtʃ; *USA* bɑːtʃ/

botch sth up (*coloq*) estropear, jorobar algo
▸ **botch-up** *n* (*esp GB, coloq*) chapuza: *They made a real botch-up of putting the shelves up.* Las estanterías que pusieron son una verdadera chapuza.

v + n/pron + adv
v + adv + n
= **mess sth up** (2)

bottle /ˈbɒtl; *USA* ˈbɑːtl/

bottle out (of sth/doing sth) (*GB, coloq*) rajarse (y no hacer algo): *I bottled out of phoning him at the last minute.* Al final me rajé y no le llamé.

v + adv
= **chicken out**

bottle sth up reprimir algo: *Tell someone how you're feeling, instead of bottling it all up.* Cuéntale a alguien cómo te sientes en vez de guardártelo todo dentro.

v + n/pron + adv
v + adv + n
◊ **your emotions, your feelings**

bottom /ˈbɒtəm; *USA* ˈbɑːtəm/

bottom out (*mercado, recesión*) tocar fondo: *The recession has finally bottomed out.* La recesión ha tocado fondo finalmente.

v + adv
⑤ **the recession, the market**

bounce /baʊns/

bounce along, in, out, etc.; bounce along, into, out of, etc. sth ir, entrar, salir, etc. dando saltos: *She bounced out (of the door), yelling goodbye.* Salió por la puerta brincando de felicidad, diciendo adiós a gritos.

v + adv
v + prep + n

bounce sth around (*esp USA, coloq*) discutir, comentar algo: *We're bouncing some new ideas around.* Estamos discutiendo algunas ideas nuevas.

v + n/pron + adv
v + adv + n
◊ **ideas**

bounce back (from sth) (*USA tb* **snap back**) (*coloq*) recuperarse (de algo): *No matter what happens, she always bounces back.* Pase lo que pase, siempre se recupera.

v + adv
= **recover** (*más formal*)

bounce sth off sb (*coloq*) comentar, discutir algo con algn: *She bounced her idea off a few colleagues.* Comentó su idea con unos cuantos compañeros.

v + n/pron + prep + n/pron
◊ **ideas**

bound /baʊnd/

bound in, out, etc.; bound into, out of, etc. sth entrar, salir, etc. corriendo y brincando: *They bounded into the kitchen, all talking at once.* Entraron en la cocina corriendo y saltando, hablando todos a la vez.
v+adv
v+prep+n/pron

bound up (to sb/sth) acercarse corriendo y saltando (a algn/algo): *She bounded up (to him) and hugged him.* Se acercó corriendo y le abrazó.
v+adv

bow /baʊ/

bow down 1 hacer una reverencia: *He refused to bow down before the king.* Se negó a hacer una reverencia ante el rey. **2** doblegarse, someterse: *The people refused to bow down to the invading army.* La gente se negó a doblegarse ante el ejército invasor.
v+adv
1 = bow

bow out (of sth) retirarse (de algo): *Two of the candidates have bowed out.* Dos de los candidatos se han retirado.
v+adv

bow to sth someterse a algo: *The government eventually bowed to public pressure.* Al final, el gobierno se sometió a la presión pública.
v+prep+n/pron
[O] **pressure, the inevitable**

bowl /bəʊl; USA boʊl/

bowl sb out (*Críquet*) eliminar a algn
v+n/pron+adv
v+adv+n

bowl sb over dejar boquiabierto a algn: *We were bowled over by the news.* La noticia nos dejó pasmados.
NOTA Bowl sb over se utiliza mucho en pasiva.
v+n/pron+adv
v+adv+n

box /bɒks; USA bɑːks/

box sb/sth in encajonar a algn/algo: *You can't park here — you're boxing that car in!* ¡No puede aparcar aquí! ¡Le cierra el paso a ese coche!
v+n/pron+adv
v+adv+n
[O] **a car**

box sth up poner algo en una caja
v+n/pron+adv
v+adv+n

branch /brɑːntʃ; USA bræntʃ/

branch off (*camino, carretera*) bifurcarse: *She followed the path until it branched off.* Siguió el sendero hasta que este se bifurcó.
v+adv

branch out (into sth): *They're branching out into Europe.* Se lanzan ahora al mercado europeo. ◊ *She's leaving the company to branch out on her own.* Va a dejar la empresa para establecerse por su cuenta.
v+adv

brazen /ˈbreɪzn/

brazen sth out negar descaradamente lo evidente y actuar como si nada hubiese pasado: *The minister brazened it out as the list of scandals grew.* Mientras la lista de escándalos crecía, el ministro negaba descaradamente lo evidente.
v+n/pron+adv
v+adv+n

break /breɪk/ *pret* **broke** /brəʊk; *USA* broʊk/ *pp* **broken** /'brəʊkən; *USA* 'broʊkən/

break away 1 (from sth) soltarse, desprenderse (de algo): *The boat had broken away from its moorings.* El barco se había soltado de las amarras. **2 (from sb)** soltarse (de algn) (*escapando*): *The prisoner broke away from the guards.* El prisionero se soltó de los guardias. **3 (from sb/sth)** separarse (de algn/algo): *She broke away (from the pack) on the last lap.* Se adelantó (al pelotón) en la última vuelta. ◊ *Several MPs broke away to form a new party.* Varios diputados se separaron para formar un nuevo partido. **4 (from sb/sth)** romper (con algn/algo): *The company is trying to break away from its traditional image.* La compañía está tratando de romper con su imagen tradicional. ◊ *She finally broke away from her mother.* Finalmente se independizó de su madre.

v + adv

▶ **breakaway** *adj* [atrib] disidente
NOTA Nótese que el adjetivo **breakaway** siempre se utiliza delante de un sustantivo: *a breakaway group.*

▶ **breakaway (from sth)** *n* [sing] **1** ruptura, separación (de algo) (*de un grupo*) **2** cambio (con respecto a algo): *a breakaway from his earlier singing style* un cambio con respecto a su anterior estilo como cantante

break down ☆ **1** estropearse, averiarse: *The washing machine has broken down.* Se ha estropeado la lavadora. ◊ *We broke down on the motorway.* Tuvimos una avería en la autopista. **2** (*negociaciones, matrimonio*) romperse, fracasar: *Negotiations between the two sides have broken down.* Han fracasado las negociaciones entre las dos partes. ◊ *Their marriage broke down after three years.* Se separaron tras tres años de matrimonio. **3** (*persona*) venirse abajo: *I just broke down and cried.* Perdí el control y rompí a llorar. **4** (*salud*) deteriorarse: *Her health broke down as a result of the strain.* Perdió la salud como resultado de la tensión. **5 (into sth)** (*gastos, cifras*) dividirse (en algo): *Expenditure breaks down as follows:* ... Los gastos pueden desglosarse de la siguiente forma: ... **6 (into sth)** (*Quím*) descomponerse (en algo)

v + adv
1 [S] a machine, a car
2 [S] negotiations, your/ sb's marriage, a system, communication, a relationship, discussions
4 [S] your/sb's health

▶ **breakdown** *n* **1** (*motor*) avería: *We had a breakdown on the way home.* Tuvimos una avería cuando íbamos a casa. NOTA En este sentido, el sustantivo **breakdown** también puede usarse delante de otro sustantivo: *a breakdown truck.* **2** (*comunicación, relaciones*) interrupción: *a breakdown in communication* una interrupción de las comunicaciones **3** (*matrimonio*) ruptura **4** crisis nerviosa: *He had a (nervous) breakdown.* Tuvo una crisis nerviosa. **5** (*cifras*) análisis punto por punto, desglose: *a breakdown of the costs* un desglose de los costos **6** (*Quím*) descomposición: *the breakdown of waste* la descomposición de los residuos

▶ **broken-down** *adj* [gen atrib] **1** (*motor*) estropeado, averiado **2** (*pared*) medio en ruinas: *a broken-down wall* un muro medio en ruinas

NOTA Nótese que el adjetivo **broken-down** generalmente se utiliza delante de un sustantivo: *a broken-down car.*

break sth down **1** echar algo abajo, derribar algo: *A fireman had to break the door down.* Un bombero tuvo que echar la puerta abajo. **2** suprimir algo, acabar con algo: *Our aim is to break down barriers between communities.* Nuestro objetivo es suprimir las barreras existentes entre comunidades. **3 (into sth)** (*costes, cifras*) dividir algo (en algo): *I've broken down the costs by country.* He desglosado los costes por país. ◊ *The company was broken down into smaller units.* Dividieron la empresa en entidades más pequeñas. **4 (into sth)** (*Quím*) descomponer algo (en algo)
▶ **breakdown** *n* Ver BREAK DOWN
▶ **broken-down** *adj* Ver BREAK DOWN

v+n/pron+adv
v+adv+n
1 ⓪ **the door**
= batter sth down, beat sth down (2)
2 ⓪ **barriers**
3 ⓪ **costs**

break in ☆ **1** entrar (*forzando la entrada, especialmente para robar*): *I heard that somebody tried to break in last night.* Me dijeron que alguien intentó entrar anoche. **2 (on sth)** interrumpir (algo): *He apologized for breaking in on their conversation.* Se disculpó por interrumpir la conversación.
▶ **break-in** *n* robo (*en una casa, en una oficina, etc.*)

v+adv

break sb in formar, entrenar a algn: *We try to break newcomers in gently.* Intentamos ir formando a los recién llegados poco a poco.

v+adv+n
v+n/pron+adv

break sth in **1** (*calzado, caballo*) domar algo: *It took me weeks to break in these boots.* Tardé semanas en domar estas botas. **2** (*USA*) (*coche*) hacer el rodaje a algo

v+adv+n
v+n/pron+adv
1 ⓪ **boots, shoes, a horse**
2 ⓪ **a car**
= run sth in (*GB*)

break into sth ☆ **1** (*casa, coche*) entrar en algo (*forzando la entrada, para robar, etc.*): *Three houses in our street have been broken into.* En nuestra calle han entrado a robar en tres casas. **NOTA** En este sentido, **break into sth** se puede utilizar en pasiva. **2** ponerse a hacer algo: *Her face broke into a huge smile.* Su rostro esbozó una amplia sonrisa. ◊ *He broke into a run when he saw the police.* Cuando vio a la policía, echó a correr. ◊ *The audience broke into applause.* El público prorrumpió en aplausos. **3** (*GB*) (*billete*) cambiar algo: *I didn't want to break into a twenty-pound note.* No quería cambiar un billete de veinte libras. **4** (*pensamientos*) interrumpir algo: *Helen's voice broke into her thoughts.* La voz de Helen interrumpió sus pensamientos. **5** (*mercado, profesión*) introducirse en algo: *She is trying to break into journalism.* Está intentando introducirse en el mundo del periodismo. **6** echar mano de algo, usar algo: *They had to break into the emergency food supplies.* Tuvieron que echar mano de las provisiones de emergencia.

v+prep+n/pron
1 ⓪ **a house, a car**
2 ⓪ **a run, a (beaming, huge, etc.) smile, applause**
4 ⓪ **your/sb's thoughts**
5 ⓪ **the (American, German, etc.) market**

☆ **break off** **1** romperse: *Several branches had broken off.* Se habían roto varias ramas. **2** pararse, interrumpirse: *He broke off in the middle of a sentence.* Se paró a mitad de frase.

v+adv

☆ **break sth off** **1** (*trozo*) partir, arrancar algo: *He broke off a piece of chocolate.* Partió un trozo de chocolate. **2** romper algo, poner fin a algo: *They've broken off their engagement.* Han roto su compromiso. ◊ *They broke off diplomatic relations.* Rompieron las relaciones diplomáticas. **3** interrumpir algo: *He broke off his holiday and returned home immediately.* Interrumpió sus vacaciones y volvió a casa inmediatamente.

1 *v+n/pron+adv*
v+adv+n
⓪ **a piece** (**of chocolate, bread, etc.**)
2 *v+adv+n*
v+pron+adv
v+n+adv (*poco frec*)
⓪ **relations, negotiations, your engagement**
3 *v+adv+n*
v+pron+adv

break

break out ☆**1** estallar, iniciarse: *War broke out in 1939.* La guerra estalló en 1939. ◊ *Applause broke out when they came on stage.* El público prorrumpió en aplausos cuando salieron al escenario. ☆**2** (*epidemia, incendio*) declararse: *During the night, a fire broke out.* Se declaró un incendio durante la noche. **3 (of sth)** escapar (de algo): *Two terrorists have broken out of Blackwall Prison.* Dos terroristas han escapado de la prisión de Blackwall. ◊ *She longed to break out of the daily routine.* Estaba deseando escapar de la rutina. **4** (*granos, sudor*) salir: *Sweat broke out all over his body.* Empezó a sudar por todas partes. **5** (*USA*) llenarse de granos: *I keep breaking out.* Me lleno de granos constantemente.
▶ **breakout** *n* (*prisión*) fuga: *an attempted breakout from Gloucester Jail* un intento de fuga de la prisión de Gloucester
▶ **outbreak** *n* **1** (*guerra*) estallido: *the outbreak of war* el estallido de la guerra **2** (*violencia, epidemia*) brote, aparición: *an outbreak of food poisoning* un brote de intoxicación alimentaria ◊ *the outbreak of hostilities* el comienzo de las hostilidades **3** (*lluvia*): *Outbreaks of rain are expected in the afternoon.* Habrá lluvias repentinas por la tarde.

v + adv
1 ⓢ **war, a fight, violence**
2 ⓢ **a fire, an epidemic**
4 ⓢ **sweat**

break sth out (*esp USA*) sacar algo: *Break out the champagne!* ¡Saca el champán!

v + adv + n
v + pron + adv
v + n + adv (*poco frec*)
ⓞ **the champagne**

break out in/into sth (*sudor, sarpullido*) llenarse de algo: *He broke out in a cold sweat.* Le entró un sudor frío.

v + adv + prep + n
ⓞ **a sweat, a rash**
= **come out in sth**

break through; break through sth 1 abrirse camino/paso (a través de algo): *Demonstrators broke through the police cordon.* Los manifestantes se abrieron paso a través del cordón policial. ◊ *He ran towards the barrier in an attempt to break through.* Corrió hacia la barrera en un intento de atravesarla. **2** (*sol, luna*) asomarse (por entre algo): *The sun finally broke through in the afternoon.* Finalmente, por la tarde se asomó el sol.

v + adv
v + prep + n/pron
2 ⓢ *only* **the sun, the moon**

break through sth superar algo: *Unemployment figures have broken through the three million barrier.* Las cifras de desempleo han superado la barrera de los tres millones.

v + prep + n/pron
ⓞ **the barrier**

break up 1 (into sth) (*barco, imperio, empresa*) desintegrarse, deshacerse (en algo): *The ship broke up on the rocks.* El barco se deshizo contra las rocas. ◊ *The Soviet Union began to break up in 1991.* La Unión Soviética empezó a desintegrarse en 1991. **2** (*reunión*) disolverse: *The meeting broke up after two hours.* La reunión se disolvió a las dos horas. ☆**3** (*grupo, matrimonio*) separarse, romperse: *Their marriage broke up after eight months.* Se separaron tras ocho meses de matrimonio. ☆**4 (with sb)** romper, terminar (con algn): *She's just broken up with her boyfriend.* Acaba de romper con su novio. **5** (*GB*) (*colegio*) terminar las clases, empezar las vacaciones: *When do you break up for Christmas?* ¿Cuándo empezáis las vacaciones de Navidad? **6** cortarse (*la conexión telefónica*): *Your mobile's breaking up. Call me back later.* Tu móvil se corta todo el tiempo. Llámame luego. ◊ *You're breaking up. I can't hear what you're saying.* Se corta. No oigo lo que dices.
▶ **break-up** *n* **1** (*matrimonio, relación*) ruptura **2** (*grupo*) desintegración: *the break-up of the Soviet Union* la desintegración de la Unión Soviética

v + adv
2 ⓢ **a meeting**
3 ⓢ **your/sb's marriage**
4 = **split up (1)**

break sth up ☆ **1** romper, partir algo: *Break the chocolate up.* Rompe el chocolate en trozos. **2** (*barco*) desguazar algo **3** (**into sth**) (*empresa*) escindir, dividir algo (en algo): *They're going to break the company up into smaller units.* Van a escindir la empresa en entidades menores. **4** (*manifestación, reunión*) disolver algo: *Police broke up the demonstration.* La policía disolvió la manifestación. ◊ *When a fight started, the teacher had to break it up.* Cuando empezó la pelea, el profesor tuvo que separarlos. **5** (*matrimonio*) hacer fracasar algo: *He accused me of breaking up his marriage.* Me culpaba de la ruptura de su matrimonio. **6** romper algo (*para evitar la monotonía*): *I break the day up by going for a walk in the afternoon.* Rompo la monotonía del día yendo a dar un paseo por la tarde.
▶ **break-up** *n* Ver BREAK UP

v + adv + n
v + n/pron + adv
4 ◯ **a fight, a demonstration, a meeting**
5 ◯ **sb's marriage**
6 ◯ **the day, the monotony**

break with sb/sth (*formal*) romper con algn/algo, independizarse de algn/algo: *Nick broke with his father to set up his own firm.* Nick se independizó de su padre para montar una empresa por su cuenta.

v + prep + n/pron

break with sth (*tradición, pasado*) romper con algo: *The prince broke with tradition by going to study abroad.* El príncipe rompió con la tradición yéndose a estudiar al extranjero.

v + prep + n/pron
◯ **tradition, the past**

breathe /briːð/

breathe in aspirar, coger aire: *Breathe in through your nose as you stretch up.* Coge aire por la nariz al estirarte.

v + adv
= **inhale** (*más formal*)
≠ **breathe out**

breathe sth in aspirar algo: *We walked along the beach, breathing in the sea air.* Paseamos por la playa, respirando el aire del mar.

v + adv + n
v + n/pron + adv
◯ **air, smoke**
= **inhale sth** (*más formal*)
≠ **breathe sth out**

breathe sth into sth infundirle algo a algo: *She has breathed (fresh) life into the film industry.* Le ha infundido (nueva) vida a la industria cinematográfica.

v + n + prep + n/pron
◯ **life**

breathe out espirar, soltar aire: *Breathe out slowly through your mouth as you stand up.* Suelta el aire despacio por la boca al levantarte.

v + adv
= **exhale** (*más formal*)
≠ **breathe in**

breathe sth out espirar algo: *Breathe the air out slowly and steadily.* Suelta el aire despacio y de forma constante.

v + adv + n
v + n/pron + adv
◯ **air, smoke**
= **exhale sth** (*más formal*)
≠ **breathe sth in**

breeze /briːz/

breeze in (*coloq*) entrar tan campante: *She breezed in at eleven and greeted everyone with a smile.* Entró tan campante a las once y saludó a todo el mundo con una sonrisa.

v + adv

breeze into sth (*coloq*) **1** entrar tan campante en … : *He breezed into the office and announced he was leaving.* Entró como si nada en la oficina y anunció que se marchaba. **2** pasar a algo sin problemas: *The number one seed breezed into the final.* El primer cabeza de serie pasó a la final sin problemas.

v + prep + n/pron

breeze through sth (*coloq*) pasar sin problemas por algo: *She breezed through the first exam.* El primer examen le resultó un paseo.

v + prep + n/pron

brew /bruː/

brew up (*GB*, *coloq*) preparar un té: *Come into the kitchen while I brew up.* Ven a la cocina mientras hago un té.

v + adv

brew sth up (*GB*, *coloq*) (*té*, *café*) preparar, hacer algo: *I'll brew up a fresh pot of tea when they arrive.* Haré otra tetera cuando lleguen.
▶ **brew-up** *n* (*GB*, *coloq*): *to have a brew-up* hacer un té

v + adv + n
v + pron + adv
v + n + adv (*poco frec*)

brick /brɪk/

brick sth in/up tapiar algo: *The fireplace had been bricked in.* Habían tapiado la chimenea.
NOTA Brick sth in/up se utiliza mucho en pasiva: *The windows had been bricked up.*

v + adv + n
v + n/pron + adv
[0] **a window, a fireplace, a door**

brighten /'braɪtn/

brighten up 1 (*tiempo*) aclarar, despejarse: *After a dull start, it should brighten up later.* El día empezará nublado, pero saldrá el sol más tarde. **2** (*persona*) animarse

v + adv
2 = **cheer up**

brighten sth up alegrar algo: *I've brought some flowers to brighten the room up a bit.* He traído unas flores para alegrar la habitación un poco.

v + n/pron + adv
v + adv + n
[0] **the room, the house**

brim /brɪm/ -mm-

brim over (with sth) rebosar: *He filled my glass so full it was brimming over.* Me llenó el vaso tanto que estaba rebosando. ◊ *The bath was brimming over with bubbles.* La espuma de la bañera estaba rebosando.
NOTA Brim over se utiliza mucho en tiempos continuos.

v + adv
= **overflow** (*más formal*)

brim over with sth rebosar (de) algo: *She's brimming over with confidence and enthusiasm.* Rebosa seguridad y entusiasmo.
NOTA Brim over with sth se utiliza mucho en tiempos continuos.

v + adv + prep + n/pron
[0] **confidence, excitement**

bring /brɪŋ/ *pret, pp* brought /brɔːt/

bring sth about provocar, ocasionar algo: *What brought about this change?* ¿Qué provocó este cambio?

v + adv + n
v + n/pron + adv
[0] **a change, the end/ collapse/downfall of ...**
= **cause sth**

bring sb along (*USA*) *Ver* BRING SB ON

v + n/pron + adv
v + adv + n

bring sb/sth along llevar, traer a algn/algo: *Can I bring my sister along to the party?* ¿Puedo llevar a mi hermana a la fiesta? ◊ *She brought some CDs along.* Se trajo algunos compact discs.

v + n/pron + adv
v + adv + n

bring sb around (*esp USA*) *Ver* BRING SB ROUND

v + n/pron + adv

bring sb/sth around (*esp USA*) *Ver* BRING SB/STH ROUND

v + n/pron + adv
v + adv + n

bring sth around to sth (*esp USA*) *Ver* BRING STH ROUND TO STH

v + n/pron + adv + prep + n/pron

bring

bring sb back (to sth) **1** traer, llevar a algn de vuelta (a algo): *I'll bring you back (again) after the party.* Te traeré a casa después de la fiesta. ◊ *She tried to bring him back to the matter in hand.* Intentó llevarle de nuevo al asunto que tenían entre manos. **2** restituir a algn (en algo): *United have brought back their old manager.* El United ha restituido a su antiguo manager.

v + n/pron + adv
v + adv + n

☆ **bring sth back** **1** traer algo: *If you're going to the shop, bring some cigarettes back.* Si vas a la tienda, trae tabaco. **NOTA** En este sentido, en lenguaje más coloquial se puede decir **bring sb back sth**: *If you're going to the shop, bring me back some cigarettes.* **2** traer algo (a la memoria): *Talking about his death brought it all back.* Al hablar sobre su muerte me vino todo de nuevo a la memoria. **3** restaurar algo: *He's in favour of bringing back the death penalty.* Está a favor de restaurar la pena de muerte.

v + adv + n
v + n/pron + adv
2 [0] **memories**
3 = **reintroduce sth** (*más formal*), **restore sth** (*más formal*)

bring sb/sth before sb/sth (*Jur*) llevar a algn/algo ante algn/ algo: *They were brought before the court.* Les hicieron comparecer ante el tribunal. ◊ *The case was brought before the judge.* Se llevó el caso ante el juez.
NOTA Bring sb/sth before sb/sth se utiliza mucho en pasiva.

v + n/pron + prep + n/pron
[0] **the case**

bring sb down (*coloq*) deprimir a algn: *Seeing her again really brought me down.* Verla de nuevo me deprimió mucho.

v + n/pron + adv
v + adv + n
= **depress sb** (*más formal*)

bring sb/sth down **1** bajar a algn/algo: *They brought all the boxes down from the attic.* Bajaron todas las cajas del ático. **2** derribar a algn/algo: *He was brought down in the penalty area.* Lo derribaron dentro del área. ◊ *Their plane was brought down by a violent storm.* Una fuerte tormenta derribó su avión. **3** derrocar a algn/ algo: *The scandal brought the government down.* El escándalo derrocó al gobierno.

v + n/pron + adv
v + adv + n
3 [0] **the government**

bring sth down **1** reducir algo: *We are committed to bringing down inflation.* Nos comprometemos a reducir la inflación. **2** aterrizar algo: *The pilot brought the plane down safely.* El piloto aterrizó sin problemas.

v + n/pron + adv
v + adv + n
1 [0] **inflation, prices**
= **get sth down** (3), **lower sth** (*más formal*)
≠ **put sth up** (4)
2 [0] **a plane**
= **land sth**

LOC **bring down the curtain on sth**; **bring the curtain down on sth** poner fin a algo, marcar el final de algo: *Her decision to retire early has brought the curtain down on a distinguished career.* Su decisión de jubilarse anticipadamente ha puesto fin a una eminente carrera. **bring the house down** (*actuación*) ser un éxito: *Her performance brought the house down.* Su actuación gustó tanto que el teatro casi se vino abajo con los aplausos.

bring sth down on/upon sb (*formal*) hacer que algo caiga sobre algn: *He had brought nothing but trouble down on the family.* Solo había traído problemas a la familia.

v + n/pron + adv + prep + n/pron
v + adv + n + prep + n/pron

bring sb forth (*formal, antic, poco frec*) dar a luz a algn: *She brought forth a son.* Dio a luz a un niño.

v + adv + n
v + pron + adv
v + n + adv (*menos frec*)
[0] **a child**

bring sth forth (*formal*) **1** dar lugar a algo, suscitar algo: *Her remarks brought forth a harsh response.* Sus comentarios provocaron una respuesta severa. **2** (*antic, poco frec*) extraer, sacar algo

v + adv + n
v + pron + adv
v + n + adv (*menos frec*)

33

bring

bring sth forward 1 adelantar algo: *Bring your right foot forward.* Adelante el pie derecho. **2** adelantar algo (*una fecha, un acontecimiento*): *We'll have to bring the wedding forward.* Tendremos que adelantar la boda. **3** presentar algo: *She brought forward proposals for a new motorway.* Presentó propuestas para una nueva autopista. **4** (*Fin*) llevar/pasar algo (una suma, cifra, etc.) a otra página o cuenta ▆NOTA▆ En este sentido, **bring sth forward** se utiliza mucho en pasiva: *The first figure is the balance brought forward from the previous statement.*

v+n/pron+adv	
v+adv+n	
2 [0] **a meeting, a date**	
= **put sth forward** (2)	
≠ **put sth back** (2)	
3 [0] **a proposal, the matter**	
= **put sth forward** (1)	
4 [0] **the balance**	
= **carry sth forward** (1)	

bring sb in 1 (**on sth**) hacer intervenir a algn (en algo): *Can we deal with this without bringing the police in?* ¿Podemos resolver esto sin involucrar a la policía? ◊ *Outside caterers were brought in.* Se encargó todo a una empresa de catering. ◊ *I'd like to bring Inspector Lacey in on this investigation.* Me gustaría que el inspector Lacey interviniera en esta investigación. **2** detener a algn: *Two men have been brought in for questioning.* Han detenido a dos hombres para interrogarlos.

v+adv+n	
v+n/pron+adv	
1 [0] **experts, the police, troops**	
2 [0] **a suspect**	

☆ **bring sb/sth in 1** traer algo, hacer entrar a algn: *Could you bring another chair in?* ¿Podrías traer otra silla? ◊ *Bring him in!* ¡Hazlo entrar! **2** (*negocios*) atraer a algn/algo: *The visitors' centre is bringing in more and more people.* El centro de información está atrayendo a más y más gente.

v+adv+n	
v+n/pron+adv	
2 [0] **business, customers**	

bring sth in 1 introducir algo: *A new law was brought in to improve road safety.* Se introdujo una nueva ley para mejorar la seguridad vial. **2** reportar, proporcionar algo: *How much is he bringing in every month?* ¿Cuánto dinero trae a casa cada mes? **3** (*veredicto*) emitir algo: *The jury brought in a verdict of guilty.* El jurado emitió el veredicto de culpable.

v+adv+n	
v+n/pron+adv	
1 [0] **legislation, a law**	
= **introduce sth**	
2 [0] **money, an income**	
3 [0] *only* **a verdict, a decision**	

☆ **bring sb/sth into sth 1** meter a algn/algo en algo: *Bring that chair into the dining room.* Mete esa silla en el comedor. **2** sacar a algn/algo a colación: *Why do you always have to bring Pete into it?* ¿Por qué tienes que sacar siempre a Pete a colación?

v+n/pron+prep+n/pron	

bring sth off conseguir, lograr algo: *England were close to victory, but they couldn't quite bring it off.* Inglaterra estuvo cerca de la victoria, pero no pudo lograrla.
▆NOTA▆ **Bring sth off** se utiliza mucho en la construcción **bring it off**.

v+pron+adv	
v+adv+n	
v+n+adv (*poco frec*)	
= **pull sth off** (2)	

bring sb on (*GB*) (*USA* **bring sb along**) hacer que algn mejore, potenciar el talento de algn: *We need to bring the young players on quickly.* Tenemos que hacer que los jugadores jóvenes mejoren rápidamente.

v+adv+n	
v+n/pron+adv	

bring sth on provocar algo: *The heart attack was brought on by stress.* El infarto estuvo provocado por estrés. ◊ *It's not like you to get so upset. What's brought this on?* Tú no sueles ponerte así de cabreado. ¿Qué ha pasado?

v+n/pron+adv	
v+adv+n	
[0] **a heart attack, asthma**	
= **cause sth**	

bring sth on sb (*tb* **bring sth upon sb** *más formal*) hacer que algo caiga sobre algn: *You've brought shame on the whole family!* ¡Has traído la vergüenza a toda la familia!

v+n/pron+prep+n/pron	
[0] **shame, disgrace**	

bring sth on yourself (*tb* **bring sth upon yourself** *más formal*) buscarse algo: *You've brought this on yourself!* ¡Tú mismo te lo has buscado!

v+n/pron+prep+reflex	

bring sb out (**of himself, herself,** etc.) hacer que algn pierda la timidez: *A year at university has really brought her out (of herself).* Un año en la universidad ha hecho que pierda su timidez.

v+n/pron+adv	
v+adv+n	

bring

bring sth out 1 (**of sth**) sacar algo (de algo): *He brought a cigarette out of his pocket.* Se sacó un cigarro del bolsillo. **2** (*producto*) sacar, lanzar algo: *They're bringing out a new sports car.* Van a sacar un nuevo coche deportivo. **3** (*libro*) publicar algo **4** realzar algo: *That dress brings out the colour of your eyes.* Ese vestido realza el color de tus ojos. **5** poner algo de manifiesto: *She brings out the worst in me!* ¡Consigue que salga a relucir lo peor que hay en mí!

v+n/pron+adv	
v+adv+n	
1	= take sth out (1)
2	[O] a product
3	[O] a book, a novel
4	[O] the colour/flavour of …
5	[O] the best in … , the worst in …

bring sb out in sth (*GB*) producir algo a algn (*granos, sarpullido, etc.*): *Tomatoes bring me out in a rash.* Los tomates me producen un sarpullido.

v+n/pron+adv+prep+n/pron

bring sb/sth over traer a algn/algo: *When your sister gets back, bring her over.* Cuando vuelva tu hermana, tráetela a casa.

v+n/pron+adv
v+adv+n

bring sb round (*tb esp USA* **bring sb around**) **1** (*tb* **bring sb to**) hacer que algn vuelva en sí: *She gently slapped his face to bring him round.* Le dio palmaditas suaves en la cara para hacerle volver en sí. **2** (**to sth**) convencer a algn (de algo): *I brought him round to my way of thinking in the end.* Al final logré convencerlo.

v+n/pron+adv

bring sb/sth round (*tb esp USA* **bring sb/sth around**) llevar, traer a algn/algo: *I'll bring the papers round to your house.* Te llevo los papeles a tu casa.

v+n/pron+adv
v+adv+n

bring sth round to sth (*tb esp USA* **bring sth around to sth**) llevar a algn/algo a algo: *He always brings the conversation round to football.* Siempre lleva la conversación al tema del fútbol.

v+n/pron+adv+prep+n/pron
[O] the conversation, the discussion

bring sb to *Ver* BRING SB ROUND

v+n/pron+adv

bring sb together 1 unir a algn: *The crisis brought the family closer together.* La crisis unió estrechamente a la familia. **2** hacer que algn empiece una relación: *It was me who brought them together.* Se conocieron gracias a mí.

v+n/pron+adv
v+adv+n

bring sb/sth together reunir a algn/algo: *This exhibition brings together many artists' work.* Esta exposición reúne el trabajo de muchos artistas.

v+n/pron+adv
v+adv+n

☆ **bring sb up 1** criar a algn: *She was brought up by her aunt.* La crió su tía. **2** educar a algn: *They brought their children up very strictly.* Fueron muy estrictos educando a sus hijos. ◊ *We were brought up as Catholics.* Nos educaron como católicos.
NOTA Bring sb up se utiliza mucho en pasiva.
▶ **upbringing** *n* crianza, educación: *He had a very sheltered upbringing.* Creció muy protegido. ◊ *a Catholic upbringing* una educación católica

v+n/pron+adv
v+adv+n
[O] children, a family, your daughter/son

bring sb/sth up (to …) subir algo, hacer subir a algn (a …): *Breakfast was brought up to our room.* Nos subieron el desayuno a la habitación. ◊ *Callum is downstairs. Shall I bring him up?* Callum está abajo. ¿Lo hago subir?

v+n/pron+adv
v+adv+n

bring

bring sth up 1 sacar algo (a colación), mencionar algo: *Every time I bring the matter up, he changes the subject.* Cada vez que saco el asunto a colación, cambia de tema. **2** levantar algo: *She brought her hand up and slapped him.* Levantó la mano y lo abofeteó. **3 (to sth)** elevar algo (a algo): *His donation brings the total up to $6 000.* Su donación eleva el total a 6.000 dólares. ◊ *Mortimer got another goal, bringing the score up to 4-0.* Mortimer consiguió otro gol haciendo que el marcador subiera a 4-0. **4** devolver, vomitar algo: *She brought up her breakfast.* Devolvió el desayuno. **5** hacer que aparezca algo (*en la pantalla de un ordenador*): *Can you bring that file up on screen?* ¿Puedes poner ese archivo en pantalla?

| v+n/pron+adv |
| v+adv+n |
| 1 [0] **the subject, the matter** |
| = **raise sth** (*más formal*) |
| 2 = **raise sth** (*más formal*) |
| 3 [0] **the total** |
| = **raise sth** (*más formal*) |
| 4 = **vomit sth** (*más formal*) |

bring sb up against sth hacer que algn se enfrente a algo: *This case brings us up against the issue of euthanasia.* Este caso nos enfrenta al tema de la eutanasia.

v+n/pron+adv+prep+n/pron

bring sb/sth up to sth hacer que algn/algo alcance algo (*un cierto nivel, mejorando*): *They brought the football ground up to the required safety standards.* Hicieron que la seguridad en el campo de fútbol se elevara a los niveles exigidos.

v+n/pron+adv+prep+n/pron

bring sth upon sb *Ver* BRING STH ON SB

v+n/pron+prep+n/pron

bring sth upon yourself *Ver* BRING STH ON YOURSELF

v+n/pron+prep+reflex

bristle /ˈbrɪsl/

bristle with sth (*poco frec*) **1** estar repleto de algo (*normalmente de objetos que sobresalen verticalmente*): *a roof bristling with aerials* un tejado repleto de antenas **2** (*formal*) estar lleno de algo: *The problem bristles with difficulty.* El problema está lleno de dificultades.

v+prep+n

broaden /ˈbrɔːdn/

broaden out 1 (*río, carretera*) ensancharse **2** (*fig*) ampliarse: *The focus of the organization needs to broaden out.* Hay que ampliar los horizontes de la organización.

v+adv

broaden sth out (*esp GB*) ampliar algo: *Let's broaden out the discussion to talk about education as a whole.* Ampliemos la discusión y hablemos de la educación en su conjunto.

| v+adv+n |
| v+n/pron+adv |
| = **broaden sth** |

browse /braʊz/

browse through sth hojear algo: *She browsed through the paper while she waited.* Mientras esperaba, hojeó el periódico.

| v+prep+n/pron |
| [0] **a book, a newspaper** |
| = **look through sth** (2) |

brush /brʌʃ/

brush against sb/sth rozar a algn/algo: *A cat brushed against his leg.* Un gato le rozó la pierna.

v+prep+n/pron

brush sb/sth aside 1 apartar a algn/algo: *She brushed a strand of hair aside.* Se retiró un mechón de pelo de la cara. **2** ignorar a algn/algo: *He brushed my protests aside and paid the bill.* Hizo caso omiso de mis protestas y pagó la cuenta.

| v+n/pron+adv |
| v+adv+n |
| 2 = **wave sth aside**, |
| **dismiss sb/sth** |

brush sth away (from sth) quitar algo (de algo) (*con un cepillo o con la mano*): *She brushed a stray hair away from her face.* Se apartó un pelo de la cara.

| v+n/pron+adv |
| v+adv+n |
| [0] **the dust, your tears, your hair** |

bucket

brush by/past sb/sth pasar rozando a algn/algo: *He brushed past me and ran out.* Pasó de largo rozándome y salió corriendo.
v + prep + n/pron

brush sth down (*esp GB*) cepillar algo: *Brush your coat down to get the mud off.* Cepíllate el abrigo para quitarle el barro.
v + n/pron + adv
v + adv + n
[O] **your/sb's coat, skirt, etc.**

brush yourself down *Ver* BRUSH YOURSELF OFF
v + reflex + adv

brush off quitarse (*al cepillarlo*): *The mud brushed off easily when it was dry.* El barro fue fácil de cepillar cuando se secó.
v + adv

brush sb off (*coloq*) **1** no hacer caso de algn, ignorar a algn: *When he told the police, they just brushed him off.* Cuando se lo contó a la policía, no le hicieron ni caso. **2** quitarse a algn de encima: *She was trying to brush Roger off all evening.* Estuvo toda la tarde intentando quitarse a Roger de encima.
v + n/pron + adv
v + adv + n

▶ **brush-off** *n* [sing] (*coloq*) desaire: *to give sb the brush-off* dar calabazas a algn

brush sth off 1 quitar algo con un cepillo: *We were able to brush the dirt off quite easily.* La suciedad salió fácilmente con un cepillo. **2** (*acusaciones*) rechazar algo (*negándose a darle cualquier consideración*): *Roberts brushed off allegations of corruption.* Roberts rechazó las acusaciones de corrupción.
v + n/pron + adv
v + adv + n
1 [O] **the dirt, the mud, the dust**

brush yourself off (*tb esp GB* **brush yourself down**) sacudirse (la ropa) (*para quitar la suciedad, etc.*): *She stood up and brushed herself off.* Se levantó y se sacudió.
v + reflex + adv

brush past sb/sth *Ver* BRUSH BY/PAST SB/STH
v + prep + n/pron

brush sth up (*esp GB*) dar un repaso a algo: *I need to brush up my computer skills.* Necesito repasar mis conocimientos de informática. **NOTA** Brush sth up no se puede utilizar en pasiva.
v + adv + n
v + pron + adv
v + n + adv (*menos frec*)
[O] **your skills**
= **polish sth up**

brush up on sth dar un repaso a algo: *I've been brushing up on my French.* He estado dándole un repaso al francés.
v + adv + prep + n/pron
[O] **your skills**

bubble /'bʌbl/

bubble over (with sth) rebosar (de) algo: *They were bubbling over with excitement.* Rebosaban (de) entusiasmo.
v + adv

bubble up 1 (*agua*) borbotear **2** (*enfado, risa*) bullir: *I could feel the anger bubbling up inside me.* Notaba el enfado bullendo dentro de mí.
v + adv
1 [S] **water**
2 [S] **anger**

buck /bʌk/

buck up (*coloq*) **1 buck up!** (*GB, antic*) ¡date prisa! **NOTA** En este sentido, **buck up** solo se utiliza en imperativo. **2** animarse, levantar el ánimo: *He bucked up when I said he could go.* Se le levantó el ánimo cuando le dije que podría ir.
v + adv
1 = **hurry up** (*menos coloq*)
2 = **cheer up** (*menos coloq*)

buck sb up (*GB, coloq*) levantar el ánimo, animar a algn: *A day out will buck you up.* Pasar un día fuera de casa te levantará el ánimo.
v + n/pron + adv
= **cheer sb up** (*menos coloq*)

bucket /'bʌkɪt/

bucket down (*GB, coloq*) llover a cántaros: *It bucketed down all day.* Estuvo lloviendo a cántaros todo el día.
v + adv

37

buckle /'bʌkl/

buckle down (to sth) (*coloq*) ponerse en serio (a hacer algo): *He tried to buckle down to some work/study.* Intentó ponerse a trabajar/estudiar en serio.

v+adv
= **knuckle down (to sth)**

buckle up (*esp USA*) abrocharse el cinturón (de seguridad): *Buckle up, kids.* ¡Abrochaos el cinturón, niños!

v+adv

buddy /'bʌdi/ *pret, pp* **buddied**

buddy up to/with sb (*USA, coloq*) hacerse amigo de algn (*para sacar algún provecho*): *She buddied up to Julie, hoping to get to know her brother.* Se hizo amiga de Julie con la esperanza de conocer a su hermano.

v+adv+prep+n/pron

budge /bʌdʒ/

budge up (*GB, coloq*) (*USA* **scoot over**) moverse: *Budge up! Make room for me!* ¡Muévete! ¡Hazme sitio!
NOTA Budge up se utiliza mucho en imperativo.

v+adv
= **move over** (4) (*menos coloq*), **move up** (4) (*menos coloq*), **shove up** (*GB*)

budget /'bʌdʒɪt/

budget for sth incluir algo en el presupuesto: *Don't forget to budget for your removal expenses.* No te olvides de incluir los gastos de la mudanza en el presupuesto.
NOTA Budget for sth se puede utilizar en pasiva: *These extra costs have not been budgeted for.*

v+prep+n/pron

bug /bʌg/ **-gg-**

bug out (*USA, coloq*) largarse deprisa: *I picked up my pay and then bugged out.* Recogí mi paga y me largué corriendo.

v+adv
= **clear off** (*esp GB*)

bugger /'bʌgə(r)/

bugger about/around (with sth) (*GB, tabú*) hacer el tonto (con algo): *Stop buggering about and let's get on with it.* ¡Deja de hacer el tonto y empecemos de una vez!

v+adv
= **mess around** (2) (*coloq*)

bugger sb about/around (*GB, tabú*) jorobar, fastidiar a algn: *I'm sick of being buggered about by my boss.* Estoy harta de que mi jefe me jorobe.

v+n/pron+adv
= **mess sb about/around** (*GB, coloq*)

bugger off (*GB, tabú*) largarse: *Clive's buggered off to the pub with Julie.* Clive se ha largado al bar con Julie.
NOTA Bugger off se utiliza mucho en imperativo: *Bugger off and leave me alone.*

v+adv
= **clear off** (*esp GB, coloq*)

bugger sth up (*GB, tabú*) jorobar algo: *I'm not going to let her bugger things up for me.* No le voy a dejar que me lo jorobe.

v+n/pron+adv
v+adv+n
= **mess sth up** (2) (*coloq*)

build /bɪld/ *pret, pp* **built** /bɪlt/

build sth in; **build sth into sth 1** incorporar algo (a algo): *The manufacturers are starting to build modems into their computers.* Los fabricantes están empezando a fabricar ordenadores con el módem incorporado. ◊ *Safeguards against fraud are built into the system.* El sistema posee mecanismos internos que lo protegen del fraude. **2** (*mueble*) empotrar algo (en algo): *This dishwasher can be built in.* Este lavaplatos puede empotrarse.
NOTA Build sth in y build sth into sth se utilizan mucho en pasiva.
▶ **built-in** *adj* [atrib] **1** (*mueble*) empotrado **2** (*flash, módem*) incorporado
NOTA Nótese que el adjetivo **built-in** siempre se utiliza delante de un sustantivo: *a built-in cupboard*.

v + n/pron + adv
v + adv + n
v + n/pron + prep + n/pron

build on sth (*tb* **build upon sth** *más formal*) aprovechar algo (*para progresar, etc.*): *We need to build on last year's success.* Tenemos que aprovechar el éxito del año pasado y mejorarlo.
NOTA Build on/upon sth se puede utilizar en pasiva: *This success should be built on, not ignored.*

v + prep + n/pron
[O] **your success, your skills**

build sth on; **build sth onto sth** agregar algo (a algo): *They had built on a large extension at the back of the house.* Habían construido un gran anexo en la parte de atrás de la casa.

v + n/pron + adv
v + adv + n
v + n/pron + prep + n/pron
[O] **an extension**

build sth on sth (*tb* **build sth upon sth** *más formal*) basar algo en algo: *Our company has built its reputation on the quality of its products.* Nuestra compañía ha basado su reputación en la calidad de sus productos.

v + n/pron + prep + n/pron
[O] **your reputation**

build up aumentar, acumularse: *Queues of traffic are building up after the accident.* Se están formando colas de tráfico por el accidente. ◊ *I could feel the anger building up inside me.* Notaba cómo la ira crecía dentro de mí.
▶ **build-up** *n* aumento gradual: *a build-up of carbon dioxide* un aumento gradual de dióxido de carbono

v + adv
[S] **pressure, tension, resentment, anger**

build sb up; **build yourself up** fortalecer a algn, fortalecerse (*después de una enfermedad, etc.*): *She gave me lots of vitamins and minerals to build me up.* Me dio muchas vitaminas y minerales para fortalecerme.
NOTA Build sb up no se puede utilizar en pasiva.

v + n/pron + adv
v + reflex + adv

build sb/sth up poner a algn/algo por las nubes: *He has been built up to be the answer to the nation's problems.* Se ha llegado a decir que es la respuesta a los problemas de la nación.
NOTA Build sb/sth up se utiliza mucho en pasiva.
▶ **build-up** *n* [gen sing] propaganda, bombo: *The reviewers gave the play a big build-up.* Los críticos le dieron mucha propaganda a la obra.

v + n/pron + adv
v + adv + n

build

build sth up **1** acumular algo: *She has built up an impressive collection of paintings.* Se ha hecho con una colección de cuadros impresionante. **2** (*relación*) desarrollar algo: *The manager had built up a good relationship with his staff.* El director había conseguido conectar bien con el personal. **3** (*negocio*) levantar algo: *My father built the business up from scratch.* Mi padre levantó el negocio de la nada. **4** (*reputación*) forjarse algo: *Harriet has built up quite a reputation for herself as a reporter.* Harriet se ha forjado una buena reputación como reportera. **5** (*confianza, fuerza*) recobrar algo: *After an accident, most drivers need to build up their confidence again.* Tras un accidente, la mayoría de los conductores necesitan recobrar la confianza. **6** reconstruir algo: *We are gradually building up a picture of what happened.* Poco a poco vamos reconstruyendo lo que ocurrió. **7** (*zona*) edificar algo **NOTA** En este sentido, **build sth up** se utiliza mucho en pasiva: *The area had been built up in the last ten years.*
▶ **built-up** *adj* [gen atrib] (*esp GB*) (*zona*) edificado
NOTA Nótese que el adjetivo **built-up** generalmente se utiliza delante de un sustantivo: *a built-up area*.

v + adv + n
v + n/pron + adv
1 [O] **a collection, a library**
3 [O] **a business**
4 [O] **a reputation**
5 [O] **your/sb's confidence, sb's trust, your strength**
6 [O] **a picture**
= **piece sth together** (2)
7 [O] **an area**

build yourself up *Ver* BUILD SB UP; BUILD YOURSELF UP

v + reflex + adv

build up to sth prepararse para algo de forma gradual: *Start gently and build up to the more strenuous exercises.* Empieza suave y vete progresando haciendo ejercicios cada vez más difíciles.
▶ **build-up (to sth)** *n* [gen sing] preparación (para algo): *the build-up to the Olympics* la preparación para las Olimpiadas

v + adv + prep + n/pron
= **work up to sth** (2)

build upon sth *Ver* BUILD ON STH

v + prep + n/pron

build sth upon sth *Ver* BUILD STH ON STH

v + n/pron + prep + n/pron

bulk /bʌlk/

bulk out/up (*esp USA*) ganar peso o adquirir musculatura: *Griswold had bulked up for this fight and won easily.* Para este combate Griswold había ganado peso y venció fácilmente.

v + adv

bully /'bʊli/ *pret, pp* bullied

bully sb into sth/doing sth obligar a algn a hacer algo (*intimidándole*): *You can't bully me into saying anything!* ¡No puedes obligarme a que diga nada!

v + n/pron + prep + n/pron
v + n/pron + prep + -ing

bum /bʌm/ -mm-

bum around (*coloq*) vagabundear

v + adv

bum around/round sth (*esp GB, coloq*) viajar por ... : *After I left school, I bummed round the world for a year.* Cuando dejé el colegio, pasé un año viajando por el mundo.

v + prep + n/pron
[O] **the world, Europe, etc.**

bum sb out (*USA, coloq*) molestar, jorobar a algn: *I was really bummed out that there were no tickets left.* Me jorobó que no quedaran entradas.

v + n/pron + adv
= **hack sb off** (*GB*)

bum round sth *Ver* BUM AROUND/ROUND STH

v + prep + n/pron

bump /bʌmp/

bump into sb (*coloq*) encontrarse con algn (*por casualidad*): *I bumped into an old friend in town today.* Hoy me encontré con un viejo amigo en el centro.

v + prep + n/pron
= **run into sb**

bump sb off 1 (*coloq*) asesinar, cargarse a algn: *He admitted bumping off Baines.* Admitió haber asesinado a Baines. 2 (*tb* **bump sb off sth**) dejar a algn en tierra, no dejar a algn subir a algo (a un avión) porque la compañía aérea ha hecho sobrecontratación: *With more people flying these days, there is a greater chance of getting bumped off your flight.* Con la cantidad de gente que vuela hoy en día, hay más posibilidades de que te dejen en tierra por sobrecontratación. 3 (*tb* **bump sb off sth**) (*esp USA*) (*Informát*) cortar la conexión de algn con Internet: *Some users couldn't log in, others kept getting bumped off.* Algunos usuarios no pudieron conectar con Internet, otros perdían la conexión constantemente.
◊ *I was bumped off the Internet three times last night.* Anoche perdí la conexión con Internet tres veces.
NOTA Este *phrasal verb* se utiliza mucho en pasiva: *I was worried about being bumped off the flight.*

1	v+n/pron+adv v+adv+n
2	v+n/pron+adv v+n/pron+prep+n/pron = **bump sb**
3	v+n/pron+adv v+n/pron+prep+n/pron ◯ **the Internet, the server, the website** = **disconnect sb (from sth)** (*más formal*)

bump sb up (**to sth**) (*coloq*) (*viajando en avión*) ascender a algn (a algo) (*normalmente a primera clase*): *I got bumped up to business class.* Me pusieron en primera.

v+n/pron+adv
v+adv+n

bump sth up (*coloq*) aumentar, subir algo: *The company bumped their prices up by 10%.* La compañía aumentó los precios un 10%.

v+n/pron+adv
v+adv+n
◯ **prices**

bunch /bʌntʃ/

bunch up 1 (*tela*) arrebujarse (*formando pliegues*): *The sheets bunched up under him every time he moved.* Las sábanas se le arrebujaban debajo cada vez que se movía. 2 (*vehículos, gente*) amontonarse: *We all bunched up for the photo.* Nos amontonamos para salir en la foto.

v+adv

bunch sth up arrebujar algo (*formando pliegues*): *She bunched her skirt up and jumped.* Se remangó la falda y saltó.
NOTA **Bunch sth up** se utiliza mucho en la construcción **be bunched up**: *His sweatshirt was bunched up around his chest.*

v+n/pron+adv
v+adv+n

bundle /'bʌndl/

bundle sb away, off, out, etc. sacar a algn (*con prisas o malos modos*): *The suspect was bundled away/off by the police.* La policía sacó al sospechoso con prisas.

v+n/pron+adv

bundle sb/sth into sth meter a algn/algo en algo (*con prisas y de cualquier forma*)

v+n/pron+prep+n/pron

bundle sb off 1 (**to ...**) despachar a algn (a ...): *She bundled her son off to school.* Despachó a su hijo al colegio. 2 *Ver* BUNDLE SB AWAY, OFF, OUT, ETC.

1 v+n/pron+adv
v+adv+n
= **pack sb off**
2 v+n/pron+adv

bundle up (*esp USA*) abrigarse bien: *Bundle up! It's freezing outside!* ¡Abrígate bien, hace un frío que pela en la calle!

v+adv
= **wrap up** (1)

bundle sb up (**in sth**) envolver a algn (en algo): *When Lucy came home wet I bundled her up in a blanket.* Cuando Lucy volvió a casa mojada la envolví en una manta.

v+n/pron+adv
= **wrap sb up**

bundle sth up amontonar algo: *He bundled up the dirty clothes.* Amontonó la ropa sucia.

v+n/pron+adv
v+adv+n

bung /bʌŋ/

bung sth up (with sth) (*GB, coloq*) atascar, tapar algo (con algo): *She's bunged the sink up.* Ha atascado la pila.
▶ **bunged up** *adj* (*GB, coloq*) congestionado: *My nose is all bunged up.* Tengo la nariz tapada.

v + n/pron + adv
v + adv + n
= **block sth up**

bunk /bʌŋk/

bunk down dormir, pasar la noche (*en un lugar improvisado*): *We bunked down in an old barn for the night.* Pasamos la noche en un viejo granero.

v + adv

bunk off (*GB, coloq*) pirarse: *Let's bunk off this afternoon and go shopping.* Pirémonos esta tarde y nos vamos de compras.

v + adv
= **skive off** (*GB*)

bunk off sth (*GB, coloq*) pirarse algo, faltar a algo: *Do your parents know you're bunking off school?* ¿Saben tus padres que te estás pirando el colegio?

v + prep + n
[O] **school, work**
= **skive off sth** (*GB*)

buoy /bɔɪ; USA ˈbuːi/

buoy sb up animar a algn: *Winning the match buoyed the team up.* Ganar el partido animó al equipo.
NOTA *Buoy sb up* se utiliza mucho en pasiva: *She was buoyed up by the thought that it would soon be over.*

v + n/pron + adv
v + adv + n

buoy sb/sth up mantener a algn/algo a flote
NOTA *Buoy sb/sth up* se utiliza mucho en pasiva: *The raft was buoyed up by empty oil drums.*

v + n/pron + adv
v + adv + n

buoy sth up (*Fin*) fortalecer algo: *Share prices were buoyed up by the news.* La noticia hizo que las acciones subiesen. ◊ *to buoy up the economy* fortalecer la economía
NOTA *Buoy sth up* se utiliza mucho en pasiva.

v + n/pron + adv
v + adv + n
[O] **prices**

burn /bɜːn; USA bɜːrn/ *pret, pp* burnt /bɜːnt; USA bɜːrnt/ o burned /bɜːnd; USA bɜːrnd/

burn away consumirse: *Half the candle had burnt away.* La mitad de la vela se había consumido.

v + adv

burn sth away quemar algo (*destruyéndolo*): *The fire had burnt away part of the roof.* El fuego había destruido parte del tejado.

v + adv + n
v + pron + adv
v + n + adv

☆ **burn down** quemarse (*completamente*): *The church burnt down in the sixteenth century.* La iglesia se quemó en el siglo XVI.

v + adv

☆ **burn sth down** quemar, incendiar algo: *She threatened to burn the house down.* Amenazó con incendiar la casa.

v + n/pron + adv
v + adv + n
[O] **a house, a factory**

burn sth off 1 (*pintura, barniz*) quitar algo con una llama: *Burn the old paint off before re-painting the door.* Quita la pintura de la puerta con una llama antes de pintarla de nuevo. **2** (*tb* **burn sth up**) (*calorías, grasas*) quemar algo: *These exercises help you to burn off fat.* Estos ejercicios te ayudan a quemar grasas.

v + adv + n
v + n/pron + adv
2 [O] **calories, energy, fat**

burn out 1 (*tb* **burn itself out**) (*fuego, cerilla*) extinguirse: *By the time the fire brigade arrived the fire had burnt (itself) out.* Cuando llegaron los bomberos el fuego se había extinguido. **2** (*tb* **burn itself out**) consumirse: *Blow out the candles before they burn out.* Apaga las velas antes de que se consuman. **3** (*motor, sistema eléctrico, fig*) quemarse: *The clutch has burnt out.* El embrague se ha quemado. ◊ *It's a high pressure job and many people burn out at a young age.* Es un trabajo de mucho estrés y la gente se quema muy joven.

▶ **burnout** *n* agotamiento por exceso de trabajo: *Burnout is common among teachers.* Muchos profesores sufren de agotamiento.

▶ **burnt out** (*tb esp USA* **burned out**) *adj* **1** quemado: *The stolen van was found burnt out near York.* La camioneta robada apareció quemada cerca de York. **2** (*persona*) quemado (*agotado*): *By the end of the tour the band was burnt out.* Al final de la gira el grupo estaba quemado.

NOTA Nótese que cuando el adjetivo **burnt out** se utiliza delante de un sustantivo, suele escribirse con guión: *a burnt-out farmhouse.*

v + adv
v + reflex + adv
3 *v + adv*

burn sb out (of sth) forzar a algn a abandonar un edificio prendiéndole fuego: *A gang has tried to burn a woman out of her home.* Una banda ha intentado sacar a una mujer de su casa prendiéndole fuego.

v + n/pron + adv
v + adv + n

burn sth out (*motor*) quemar algo: *I burnt out the motor in the first car I had.* Quemé el motor del primer coche que tuve.

v + n/pron + adv
v + adv + n

burn yourself out quemarse: *If you carry on working so hard, you'll burn yourself out.* Si sigues trabajando a ese ritmo, acabarás quemándote.

v + reflex + adv

▶ **burnout** *n* Ver BURN OUT
▶ **burnt out** *adj* Ver BURN OUT

burn up 1 desintegrarse (*a causa del calor*): *The spacecraft burned up as it entered the earth's atmosphere.* La nave espacial se desintegró al entrar en la atmósfera terrestre. **2** arder, tener mucha fiebre: *She was burning up (with fever).* Estaba ardiendo (de fiebre).

NOTA En este sentido, **burn up** se utiliza casi siempre en tiempos continuos.

v + adv

burn sb up (*USA, coloq*) exasperar a algn: *The way he treats me really burns me up.* Me exaspera la forma en que me trata.

v + n/pron + adv
= **get to sb**

burn sth up 1 quemar algo (*para deshacerse de ello*): *I'm going to burn up all the rubbish.* Voy a quemar toda esta basura. **2** Ver BURN STH OFF (2)

v + adv + n
v + n/pron + adv

---

burrow /ˈbʌrəʊ; *USA* ˈbɜːroʊ/

burrow in sth hurgar en algo: *She burrowed in her pocket and eventually found a few coins.* Hurgó en el bolsillo y al final encontró unas monedas.

v + prep + n/pron

burrow into, through, under, etc. **sth** excavar algo: *The prisoners escaped by burrowing under the fence.* Los prisioneros escaparon excavando bajo la valla. ◊ *The worms burrowed into the soil.* Los gusanos excavaban la tierra.

v + prep + n/pron

---

burst /bɜːst; *USA* bɜːrst/ *pret, pp* **burst**

burst in (on sb/sth) irrumpir, entrar de golpe (donde hay algn/en …): *He apologized for bursting in on our meeting.* Se disculpó por haber irrumpido bruscamente en nuestra reunión.

v + adv

burst

burst into sth 1 irrumpir en ... : *She ran down the stairs and burst into the kitchen.* Corrió escalera abajo e irrumpió en la cocina. **2** (*llamas, llanto, etc.*) estallar en algo: *The aircraft burst into flames.* El avión estalló en llamas. ◊ *I was so relieved I burst into tears.* Me sentí tan aliviado que rompí a llorar.

v+prep+n
1 ◉ **the room, the house, the kitchen, etc.**
2 ◉ **flames, tears, laughter, song**

burst on/onto sth (*tb* **burst upon sth** *más formal*) irrumpir en algo: *A major new talent has burst on/onto the tennis scene.* Un nuevo talento ha hecho su aparición en la escena tenística.

v+prep+n/pron
◉ **the scene**

burst out 1 saltar (*diciendo algo*): '*I hate you!' she burst out.* —¡Te odio! —saltó. **2 (of sth)** salir de golpe (de algo): *The door opened suddenly and a man burst out (of the house).* De pronto se abrió la puerta y un hombre salió (de la casa).

v+adv

▶ **outburst** *n* ataque, arrebato: *She apologized for her outburst.* Se disculpó por haber perdido los estribos.

burst out doing sth echarse, ponerse a hacer algo: *We looked at one another and burst out laughing.* Nos miramos y nos echamos a reír.

v+prep+-ing

burst through sth: *She burst through the door pursued by two men.* De repente salió por la puerta perseguida por dos hombres. ◊ *The sun burst through the clouds.* El sol se abrió paso a través de las nubes.

v+prep+n/pron

burst upon sth *Ver* BURST ON/ONTO STH

v+prep+n/pron

---

bury /'beri/ *pret, pp* **buried**

bury yourself in sth 1 aislarse en algo: *He buried himself in the country to write a book.* Se aisló en el campo para escribir un libro. **2** (*trabajo, libros*) enfrascarse en algo: *She buried herself in her work in an attempt to forget.* Se enfrascó en su trabajo intentando olvidar.

v+reflex+prep+n/pron
2 ◉ **your work**

---

bust /bʌst/ *pret, pp* **bust** o **busted**

bust out (of sth) (*coloq*) fugarse, escapar(se) (de ...)

v+adv
= **break out** (3) (*menos coloq*)

bust up (with sb) (*GB, coloq*) romper (con algn): *I bust up with Tim a while ago.* Rompí con Tim hace tiempo.

v+adv
= **break up** (4) (*menos coloq*), **split up** (1)

▶ **bust-up** *n* (*GB, coloq*) **1 (with sb)** pelea, bronca (con algn) **2** (*noviazgo, matrimonio*) ruptura

bust sth up (*coloq*) **1** (*USA*) lesionarse, romperse algo: *He busted up his knee in the accident.* Se lesionó la rodilla en el accidente. **2** (*reunión*) disolver algo: *The police busted up the meeting.* La policía disolvió el mitin. **3** (*USA*) (*compañía*) desmembrar algo

v+adv+n
v+n/pron+adv
2 = **break sth up** (4) (*menos coloq*)
3 ◉ **a company**
= **break sth up** (3) (*menos coloq*)

---

bustle /'bʌsl/

bustle about/around; bustle about/around sth (*esp GB*) trajinar, ir de un lado a otro (por ...): *She was already bustling about, getting dinner ready.* Ya estaba trajinando, haciendo la cena.

v+adv
v+prep+n

butt /bʌt/

butt in (*coloq*) **1 (on sb/sth)** interrumpir (a algn/algo): *He apologized for butting in on our conversation.* Se disculpó por interrumpir nuestra conversación. ◊ *'His name's Terry, actually,' she butted in.* —Por cierto, se llama Terry —apuntó. **2** meterse, inmiscuirse: *Stop butting in. It's nothing to do with you.* No te metas. No es asunto tuyo.

v+adv	
1 = **interrupt** (*más formal*)	
2 = **interfere** (*más formal*)	

butt out (*USA*, *coloq*) dejar de meterse/inmiscuirse: *Butt out! It's none of your business.* ¡No te metas! No es asunto tuyo.

v+adv
= **back off** (2)

butter /'bʌtə(r)/

butter sb up (*coloq*) hacer la pelota a algn: *We'd better butter him up before we ask for his help.* Más vale que le hagamos la pelota antes de pedirle que nos ayude.

v+n/pron+adv
v+adv+n

button /'bʌtn/

button sth up abrochar(se), abotonar(se) algo: *He buttoned up his coat.* Se abrochó el abrigo.

v+n/pron+adv
v+adv+n
[O] your/sb's **coat, jacket**, etc.
= **do sth up** (1), **button sth**

buy /baɪ/ *pret*, *pp* **bought** /bɔːt/

buy sth back volver a comprar, readquirir algo: *The bank will supply and buy back foreign currency.* El banco proveerá y readquirirá divisas. ◊ *He sold the car in 1949 for £400. To buy it back last year cost £31 000.* Vendió el coche en 1949 por 400 libras. Volver a comprarlo el año pasado costaba 31.000 libras.
▶ **buy-back** *n* **1** recompra, readquisición: *a book buy-back* una recompra de libros **2** (*Com*) retroventa: *a share buy-back programme* un programa de retroventa de acciones

v+adv+n
v+n/pron+adv

buy sth in (*GB*) comprar algo (*para abastecerse, en grandes cantidades*): *They bought in coal for the winter.* Se aprovisionaron de carbón para el invierno.

v+adv+n
v+n/pron+adv
[O] **food**

buy into sth 1 (*compañía, negocio*) comprar una parte de algo, hacerse con parte de algo: *They are looking to buy into an insurance company.* Están considerando hacerse con parte de una compañía de seguros. **2** (*coloq*) aceptar algo (*sin reservas*): *We buy into the myth that money is the answer to everything.* Aceptamos el mito de que el dinero es la respuesta a todo.

v+prep+n/pron
1 [O] **a company, a business**

buy sb off comprar, sobornar a algn: *They had to buy Brennan off to stop him from talking.* Tuvieron que sobornar a Brennan para que no hablara.

v+n/pron+adv
v+adv+n
= **pay sb off** (1)

buy sb out; **buy yourself out (of sth)** (*GB*) pagar para que algn quede libre de un contrato, acuerdo, etc.: *After four years in the navy I bought myself out.* Tras cuatro años en la marina, pagué para librarme del contrato.

v+n/pron+adv
v+reflex+adv

buy

buy sb/sth out comprar una parte a algn/de algo (*de una compañía, un negocio*): *I want to buy her out and have the house to myself.* Quiero comprarle su parte y quedarme con toda la casa.
◊ *The company was bought out by two Arab businessmen.* Dos hombres de negocios árabes compraron la compañía.
▶ **buyout** *n* (*Fin*) compra de una empresa o de la mayoría de sus acciones: *a management buyout* adquisición de la compañía por parte de los directivos

v + n/pron + adv
v + adv + n
[O] **a partner, a company**
= **take sb over**

buy sth up comprar todo, acaparar algo: *They've bought up all the land in the area.* Han comprado todas las tierras de la zona.

v + adv + n
v + pron + adv
v + n + adv (*poco frec*)
[O] **a company, land, property**
= **buy sth**

---

buzz /bʌz/

buzz around; buzz around sth (*tb esp GB* **buzz about/round, buzz about/round sth**) **1** zumbar (*por ...*): *The helicopter buzzed around over our heads all day.* El helicóptero estuvo todo el día zumbando sobre nuestras cabezas. **2** ir de un lado a otro: *She buzzed around (the kitchen).* Iba de un lado a otro (por la cocina).

v + adv
v + prep + n/pron

buzz off (*coloq*) largarse: *I wish he'd buzz off!* ¡Ojalá se largara!
NOTA Buzz off se utiliza mucho en imperativo: *Buzz off, I'm trying to work!*

v + adv
= **go away** (1) (*menos coloq*), **clear off** (*esp GB*)

buzz round; buzz round sth *Ver* BUZZ AROUND; BUZZ AROUND STH

v + adv
v + prep + n/pron

Cc

call /kɔːl/

call around (*USA*) llamar por teléfono (*a varias personas o lugares*): *He's been calling around trying to get the best price on a computer.* Ha estado llamando a varios sitios para conseguir el ordenador más barato.

v + adv
= **phone around/round, phone around/round sb/sth** (*esp GB*), **ring around/round, ring around/round sb/sth** (*GB*)

call sb away hacer que algn tenga que ausentarse y dejar lo que estaba haciendo: *He was called away to the phone.* Le llamaron al teléfono.
NOTA Call sb away se utiliza casi siempre en pasiva.

v + n/pron + adv

☆ **call back 1** volver a llamar (*por teléfono*): *Call back in an hour — he'll be here then.* Vuelve a llamar dentro de una hora, ya estará aquí. **2** devolver la llamada: *Did she want me to call back?* ¿Quería que le devolviera la llamada? **3** volver: *I'll call back tomorrow to see Pat.* Volveré mañana para ver a Pat.

v + adv
1 = **phone back** (*esp GB*), **ring back** (*GB*)
2 = **phone back** (*esp GB*), **ring back** (*GB*)

call sb back ☆ **1** volver a llamar a algn (*por teléfono*): *I'll call you back with the details later.* Te volveré a llamar más tarde para darte los detalles. ☆ **2** devolverle la llamada a algn: *Kate phoned — can you call her back?* Llamó Kate. ¿Puedes llamarla? **3** gritar a algn para que vuelva: *I ran off, but he called me back.* Salí corriendo, pero él me gritó para que volviera.
NOTA En los sentidos 1 y 2, **call sb back** no se puede utilizar en pasiva.

call by (*esp GB, coloq*) pasarse brevemente por un sitio (normalmente porque pilla de paso): *Could you call by on your way home?* ¿Puedes pasarte por aquí según vuelves a casa? ◊ *Jan called by to drop off your present.* Jan se pasó para dejar tu regalo.

call sb down llamar a algn a gritos para que baje: *I've called him down to breakfast already.* Ya le he llamado para que baje a desayunar.

call sth down (on/upon sb) (*formal, poco frec*) (*maldición*) echar maldiciones, rezar para que algo caiga sobre algn: *He called down curses on them.* Los maldijo.

call for sb/sth pasar a recoger a algn/algo: *I'll call for you at eight.* Pasaré a buscarte a las ocho.

call for sth requerir algo: *This calls for a celebration!* ¡Esto hay que celebrarlo! ◊ *What she's doing calls for great skill and courage.* Lo que hace requiere grandes dosis de habilidad y coraje.
NOTA **Call for sth** puede utilizarse en pasiva: *Tougher action by the government is called for.*

▶ **uncalled for** *adj* [gen pred] fuera de lugar, injustificado: *uncalled-for criticism* críticas injustificadas
NOTA Nótese que el adjetivo **uncalled for** generalmente se utiliza detrás de un verbo: *Her behaviour was quite uncalled for.* Cuando aparece delante de un sustantivo, se escribe con guión.

call for sth; **call for sb/sth to do sth** pedir algo, pedir que algn/algo haga algo: *The opposition have called for him to resign.* La oposición ha pedido que dimita.
NOTA **Call for sth** puede utilizarse en pasiva: *A total ban on nuclear weapons has been called for.*

call sth forth (*formal*) (*compasión, solidaridad*) inspirar, despertar algo

call in 1 pasarse: *He called in at the office before he left.* Se pasó por la oficina antes de irse. ◊ *She often calls in for a chat.* Con frecuencia se pasa para charlar. **2** llamar al trabajo: *She's called in sick.* Ha llamado para decir que no venía a trabajar porque está enferma. **3** llamar (*a un programa de radio o televisión*): *Many listeners called in to complain.* Muchos oyentes llamaron para quejarse.
▶ **call-in** *n* [gen atrib] (*USA*) programa de radio o televisión en el que los oyentes/telespectadores llaman por teléfono
NOTA Nótese que el sustantivo **call-in** se utiliza generalmente delante de otro sustantivo: *a call-in show.*

call sb in llamar a algn: *He's threatened to call in the police.* Ha amenazado con llamar a la policía. ◊ *You'll have to call a plumber in to look at this.* Tendrás que llamar a un fontanero para que le eche un vistazo a esto.

---

v + n/pron + adv
1 = **phone sb back** (*esp GB*), **ring sb back** (*GB*)
2 = **phone sb back** (*esp GB*), **ring sb back** (*GB*)

v + adv
= **drop by/round**

v + n/pron + adv

v + adv + n
v + n/pron + adv
◯ **curses, wrath**

v + prep + n/pron

v + prep + n/pron

v + prep + n/pron
v + prep + n/pron + to inf

v + adv + n
v + pron + adv
v + n + adv (*poco frec*)

v + adv
2 = **phone in** (*esp GB*), **ring in** (*GB*)
3 = **phone in** (*esp GB*), **ring in** (*GB*)

v + adv + n
v + n/pron + adv
◯ **the police, an expert**

call

call sth in pedir que se devuelva algo: *The manufacturers have called in the faulty goods.* Los fabricantes han pedido que se devuelvan todos los artículos defectuosos. ◊ *The bank has called in the loan.* El banco ha reclamado el préstamo.

v+adv+n
v+n/pron+adv
= **recall sth** (*más formal*)

call sb/sth off llamar a algn/algo (*referido a persona o animal, para que deje de atacar, molestar, etc.*): *Please call your dog off.* Por favor, llame a su perro.

v+n/pron+adv
v+adv+n
◙ **your dog**

☆ **call sth off 1** (*acontecimiento*) suspender, cancelar algo: *The match was called off because of bad weather.* Se suspendió el partido a causa del mal tiempo. ◊ *They've called off their engagement.* Han anulado su compromiso de boda. **2** abandonar algo (*una actividad que ya se había empezado*): *Police have called off the search for the climbers.* La policía ha abandonado la búsqueda de los alpinistas.

v+adv+n
v+n/pron+adv
1 ◙ **the match, the engagement, the deal**
2 ◙ **the search, the strike**

call on sb 1 (*esp GB*) pasar a ver a algn: *On our way back, we called on grandma.* A la vuelta, pasamos a ver a la abuela. **2** (*USA*) (*profesor*) preguntar a algn: *I always raise my hand, but the teacher never calls on me.* Siempre levanto la mano pero el profe nunca me pregunta.

v+prep+n/pron

call on/upon sb to do sth (*formal*) **1** hacer un llamamiento a algn para que haga algo: *I'm available in case I'm called on to help.* Estoy disponible por si se requiere mi ayuda. ◊ *We call upon all parties to respect the results of the election.* Hacemos un llamamiento a todos los partidos para que respeten el resultado de las elecciones. **2** invitar a algn a hacer algo: *I call upon the chairman to speak.* Invito al señor presidente a que tome la palabra.
NOTA **Call on/upon sb to do sth** se puede utilizar en pasiva: *I was called on to make a speech.*

v+prep+n/pron+to inf

call on/upon sth (*formal*) hacer acopio de algo: *I had to call on all my courage.* Tuve que hacer acopio de todo mi coraje.

v+prep+n/pron
◙ **your strength, your courage**

call out (to sb) gritar (a algn) (*para llamar su atención*): *He called out to her, but she carried on walking.* La llamó, pero ella siguió andando.

v+adv
= **shout out**

call sb out 1 llamar a algn: *We had to call out an electrician.* Tuvimos que llamar a un electricista. ◊ *Miners were called out (on strike) by union leaders.* Los líderes de los sindicatos llamaron a los mineros a la huelga. **2** (*tropas*) hacer intervenir a algn: *Troops were called out to deal with the riots.* Se hizo intervenir a las tropas para que controlaran los disturbios.

v+n/pron+adv
v+adv+n
1 ◙ **a doctor, the fire brigade, an electrician**
2 ◙ **troops**

▶ **call-out** *n* (*GB*) llamada que se realiza a un fontanero, a una compañía de ayuda en carretera, a un servicio de emergencia, etc.: *The charge for a call-out is £20.* El recargo por desplazamiento es de 20 libras. ◊ *We time how long it takes us from call-out to getting the problem fixed.* Cronometramos cuánto tardamos desde que recibimos la llamada hasta que solucionamos el problema.
NOTA Nótese que el sustantivo **call-out** también puede utilizarse delante de otro sustantivo: *a call-out charge.*

call sth out anunciar, gritar algo: *He woke in the night, calling out her name.* Se despertó por la noche gritando su nombre. ◊ *They called out the names of the winners.* Anunciaron los nombres de los ganadores.

v+adv+n
v+n/pron+adv
◙ **sb's name**
= **shout sth out**

call out for sth (*USA*) llamar para solicitar algo (*a una tienda, a un restaurante, para que hagan una entrega a domicilio*): *I'm going to call out for a pizza tonight.* Esta noche voy a llamar para que traigan una pizza.

v+adv+prep+n/pron
= **send out for sth**

call sb over llamar a algn (*para que se acerque*): *Call the waiter over.* Llama al camarero.

v+n/pron+adv
v+adv+n

call round pasarse (*por algún sitio*): *I just called round to say hello.* Solo me he pasado para decir hola.

v+adv

call up; **call sb/sth up** (*esp USA*) llamar, telefonear a algn/a ... : *She called him up from the bus station.* Lo llamó desde la estación de autobuses.
NOTA Call sb/sth up no se puede utilizar en pasiva.

v+adv
v+n/pron+adv
v+adv+n
= **phone up, phone sb/sth up** (*esp GB*), **ring up, ring sb/sth up** (*GB*)

call sb up 1 (*Mil*) llamar a algn a filas **2** (*esp GB*) (*Dep*) seleccionar a algn: *He's been called up for next week's match.* Le han seleccionado para el partido de la semana que viene.
NOTA Call sb up se utiliza mucho en pasiva.
▶ **call-up** *n* **1** (*Mil*) llamamiento a filas NOTA Nótese que en este sentido, el sustantivo **call-up** también puede utilizarse delante de otro sustantivo: *call-up papers.* **2** (*esp GB*) (*Dep*) selección: *He's played well this season and deserves his call-up.* Ha jugado bien esta temporada y merece que le hayan seleccionado.

v+n/pron+adv
v+adv+n
1 = **conscript sb** (*esp GB, más formal*), **draft sb** (*más formal*)

call sth up 1 (*Informát*) conseguir que algo aparezca en la pantalla de un ordenador: *She called up all the files he had worked on.* Abrió todos los archivos en los que había estado trabajando.
2 evocar algo, traer algo a la memoria: *The sound of laughter called up memories of his childhood.* Las risas le trajeron recuerdos de la niñez.

v+adv+n
v+n/pron+adv
1 ⓘ **a file**
2 ⓘ **a memory**
= **recall sth** (*más formal*)

call upon sb to do sth *Ver* CALL ON/UPON SB TO DO STH

v+prep+n/pron+to inf

call upon sth *Ver* CALL ON/UPON STH

v+prep+n/pron

calm /kɑːm/

calm down tranquilizarse, calmarse: *Calm down!* ¡Tranquilízate! ◊ *The whole fuss will have calmed down by tomorrow.* Mañana todo se habrá tranquilizado.
NOTA Calm down se utiliza mucho en imperativo.

v+adv

calm sb down; **calm yourself down** tranquilizar, calmar a algn, tranquilizarse: *He went for a walk to calm himself down.* Se fue a dar un paseo para tranquilizarse.

v+n/pron+adv
v+adv+n
v+reflex+adv

calm sth down calmar algo: *I've spoken to them to try to calm things down a bit.* He hablado con ellos para intentar calmar los ánimos un poco.
NOTA Calm sth down no se puede utilizar en pasiva.

v+n/pron+adv
v+adv+n

camp /kæmp/

camp out acampar: *People were camping out on the pavement.* La gente acampaba en la acera.

v+adv

camp it up (*coloq*) **1** comportarse de forma afeminada: *He enjoys camping it up.* Disfruta comportándose de forma afeminada.
2 actuar con afectación, exagerar: *I really camped it up in the final scene.* Lo exageré al máximo en la última escena.

v+it+adv

cancel /ˈkænsl/ -ll-, (USA) -l-

cancel sth out compensar algo: *Our expenditure and profits cancel each other out.* Los gastos y beneficios están compensados. NOTA **Cancel sth out** se utiliza mucho con **each other** o **one another**.

v + adv + n
v + n/pron + adv

cannon /ˈkænən/

cannon into sb/sth chocar con algn/algo: *He almost cannoned into her.* Casi choca con ella.

v + prep + n/pron

cannon off sth chocar contra algo y salir rebotado: *The ball cannoned off his leg into the goal.* La pelota rebotó en su pierna y entró en la portería.

v + prep + n/pron

capitalize (tb capitalise) /ˈkæpɪtəlaɪz/

capitalize on sth sacar provecho/partido de algo: *They capitalized on their success by raising prices.* Sacaron provecho del éxito subiendo los precios.

v + prep + n/pron
[O] **your/sb's success,**
  an opportunity
= take advantage of sth

care /keə(r); USA ker/

care for sb querer a algn, sentir afecto por algn: *I refuse to marry a man I do not care for.* Me niego a casarme con un hombre por el que no siento nada. NOTA **Care for sb** se puede utilizar en pasiva: *I just want to be loved and cared for by somebody.*

v + prep + n/pron

care for sb/sth 1 cuidar a algn/algo: *Who will care for him if his wife dies?* ¿Quién se ocupará de él si su mujer muere? NOTA En este sentido, **care for sb/sth** se puede utilizar en pasiva: *The cathedral is well cared for.* **2** (*formal*) gustarle algn/algo a algn: *I don't much care for opera.* No me gusta mucho la ópera. NOTA En este sentido, **care for sb/sth** se utiliza casi siempre en construcciones negativas: *Sorry, I don't really care for the idea.*
▶ **uncared for** *adj* [gen pred] abandonado
NOTA Nótese que el adjetivo **uncared for** generalmente se utiliza detrás de un verbo: *The children were totally uncared for.* Cuando aparece delante de un sustantivo, se escribe con guión: *an uncared-for garden.*

v + prep + n/pron
1 [O] **the sick, the elderly**
= look after sb/sth (1)
  (*esp GB*)

care for sth (*formal*) apetecerle algo a algn: *Would you care for a cup of coffee?* ¿Le apetece un café? NOTA **Care for sth** solo se utiliza en construcciones interrogativas.

v + prep + n
[O] **a drink**

carry /ˈkæri/ pret, pp carried

carry sth about (with you) *Ver* CARRY STH AROUND (WITH YOU)

v + n/pron + adv
v + adv + n

carry sb along animar a algn: *I was carried along by their enthusiasm.* Su entusiasmo me animó. NOTA **Carry sb along** se utiliza mucho en pasiva.

v + n/pron + adv
= sweep sb along/away

carry sb/sth along, down, out, etc.; carry sb/sth along, down, out of, etc. sth ☆ **1** llevar, bajar, sacar, etc. a algn/algo en brazos: *He carried her down the stairs.* Bajó las escaleras llevándola en brazos. **2** (*corriente*) arrastrar a algn/algo en la dirección indicada: *His body had been carried along by the river.* Su cuerpo había sido arrastrado por el río. ◊ *The current carried us down the river.* La corriente nos arrastró río abajo.

v+n/pron+adv
v+adv+n
v+n/pron+prep+n/pron

carry sth around (with you) (*GB tb* **carry sth about/round (with you)**) llevar algo (consigo), cargar con algo (*de un lado a otro*): *I don't want to carry this bag around with me all day.* No quiero cargar con esta bolsa todo el día.

v+n/pron+adv
v+adv+n

be/get carried away entusiasmarse (demasiado): *Don't get carried away — it's not that exciting.* No te entusiasmes demasiado, no es para tanto.

be/get+v+adv

carry sb/sth away/off llevarse a algn/algo: *A strong current carried the dinghy away.* Una fuerte corriente se llevó el bote.

v+n/pron+adv
v+adv+n
= **sweep sb away, sweep sth away** (1)

carry sth forward 1 (*Fin*) llevar/pasar algo (una suma, cifra, etc.) a otra página o cuenta: *The figures were carried forward from the previous page.* Se trajo las cifras de la página anterior. **NOTA** En este sentido, **carry sth forward** se utiliza mucho en pasiva. **2** sacar algo adelante: *She will carry the project forward after we leave.* Ella sacará el proyecto adelante cuando nos hayamos ido.

v+n/pron+adv
v+adv+n
1 = **bring sth forward** (4)

carry sb off 1 (*antic*) (*enfermedad*) llevarse a algn: *She was carried off by the epidemic.* Se la llevó la epidemia. **2** capturar a algn: *The enemy carried off many prisoners.* El enemigo capturó muchos prisioneros.

v+n/pron+adv
v+adv+n

carry sth off 1 (*premio*) llevarse, ganar algo: *She carried off most of the prizes.* Se llevó la mayoría de los premios. **2** salir airoso/bien parado de algo: *She's the only person I know who can wear a dress like that and carry it off!* ¡Es la única persona que conozco que puede ponerse un vestido como ese y salir airosa!

1 *v+adv+n*
v+pron+adv
v+n+adv (*menos frec*)
◎ **a prize**
2 *v+n/pron+adv*
v+adv+n
◎ **it**

carry on ☆ **1** (**doing sth/with sth**) seguir, continuar (haciendo algo/con algo): *Carry on* (*working/with your work*) *while I'm away.* Sigue (trabajando/con tu trabajo) mientras estoy fuera. ◊ *If she carries on shoplifting, she'll end up in jail.* Si continúa robando en las tiendas, acabará en la cárcel. **2** seguir, continuar: *Life carried on as usual after the fire.* Tras el incendio la vida siguió como siempre. **3** (**about sth**) (*coloq*) organizar un escándalo (por algo): *Stop carrying on about it.* Déjalo de una vez. **4** (**with sb**) (*coloq*) tener un lío (con algn): *She's carrying on with her boss.* Tiene un lío con su jefe. **NOTA** En este sentido, **carry on** se utiliza casi siempre en tiempos continuos.
▶ **carryings-on** *n* [pl] (*coloq, pey*) líos, enredos
▶ **carry-on** *n* [gen sing] (*GB, coloq*) lío, follón: *I've never seen such a carry-on!* ¡Nunca he visto un follón semejante!

v+adv
1 = **go on** (1), **keep on** (1)
3 = **go on** (10)

carry sth on 1 seguir, continuar con algo: *Our children will carry this tradition on after us.* Nuestros hijos continuarán con esta tradición. **2 carry on sth, carry it/them on** mantener algo, llevar algo a cabo: *We're trying to carry on a very important conversation!* ¡Estamos intentando hablar de cosas muy importantes!

1 *v+adv+n*
v+n/pron+adv
2 *v+adv+n*
v+n/pron+adv
◎ **a conversation, a correspondence**

carry

carry sth out 1 llevar algo a cabo, efectuar algo: *She had carried out all his instructions.* Había llevado a cabo todas sus instrucciones. ◊ *It is not yet clear who carried out the attack.* Todavía no está claro quién efectuó el ataque. **2** cumplir algo: *She had no intention of carrying out her threats.* No tenía ni la más mínima intención de cumplir sus amenazas.

v + adv + n
v + pron + adv
v + n + adv (*menos frec*)
2 ⓪ **a threat, a promise**

carry sth over 1 transferir algo (*a una fecha en el futuro*): *The match had to be carried over until Sunday.* Tuvieron que posponer el partido hasta el domingo. ◊ *Any holiday that remains can be carried over to next year.* Los días de vacaciones que no se hayan utilizado pueden transferirse al año que viene. **2** incorporar algo: *You must carry over everything you learn into your practice.* Debes llevar a la práctica todo lo que aprendas. **3** (*Fin*) llevar/transferir algo (una suma, cantidad de dinero) a otro año fiscal: *You can carry over any unspent capital from last year's budget.* Los fondos que no se hallan gastado se pueden transferir al próximo año fiscal.
▶ **carry-over** *n* [gen sing] remanente: *This practice is a carry-over from an earlier age.* Esta costumbre es un remanente de tiempos anteriores.

v + adv + n
v + n/pron + adv

carry sth round (with you) Ver CARRY STH AROUND (WITH YOU)

v + n/pron + adv
v + adv + n

carry sb through; carry sb through sth sacar a algn adelante, hacer que algn supere algo: *Her determination carried her through.* Salió adelante gracias a su determinación. ◊ *His courage helped to carry them through the difficult times.* Su coraje los ayudó a superar los momentos difíciles.

v + n/pron + adv
v + n/pron + prep + n/pron

carry sth through llevar algo a término: *She was determined to carry her plan through.* Estaba decidida a llevar su plan a término.

v + adv + n
v + n/pron + adv
⓪ **a plan, a proposal, a decision, reforms**

---

cart /kɑːt; *USA* kɑːrt/

cart sth around (with you) (*tb esp GB* **cart sth about/round (with you)**) (*coloq*) cargar, acarrear con algo: *I had to cart my shopping around with me all day.* Tuve que cargar con las compras todo el día.

v + n/pron + adv
v + adv + n
= **carry sth around** (*menos coloq*)

cart sb/sth away/off (*coloq*) llevarse a algn/algo: *Two players were carted off to hospital.* Se llevaron a dos jugadores al hospital. **NOTA** **Cart sb/sth away/off** se utiliza mucho en pasiva.

v + adv + n
v + n/pron + adv

cart sth round (with you) Ver CART STH AROUND (WITH YOU)

v + n/pron + adv
v + adv + n

---

carve /kɑːv; *USA* kɑːrv/

carve sth out 1 (of sth) (*Geol*) formar algo (de algo): *The valley was carved out by glaciers.* El valle fue formado por glaciares. **NOTA** En este sentido, **carve sth out** se utiliza mucho en pasiva. **2 (for yourself)** forjarse algo: *She carved out a reputation for herself as a reporter.* Se forjó una reputación como periodista.

v + adv + n
v + n/pron + adv
2 ⓪ **a career, a name, a niche**

carve sb/sth up (*GB, coloq*) **1** rajar a algn/algo: *He got carved up outside the pub last night.* Lo cosieron a puñaladas al salir del bar anoche. **2** cortarle el paso a algn/algo (*conduciendo*): *I was carved up by a lunatic in a Porsche.* Me cortó el paso un loco en un Porsche.

v + n/pron + adv
v + adv + n
2 ⓪ **a car**
= **cut sb up** (3)

carve sth up repartirse algo: *They carved the territory up into three provinces.* Dividieron el territorio en tres provincias. ◊ *The thieves hurriedly carved up the loot.* Los ladrones se repartieron el botín a toda prisa.
▶ **carve-up** *n* [gen sing] (*coloq*, *pey*) reparto: *They had to witness the carve-up of the republic after the war.* Tuvieron que ser testigos del reparto de la república después de la guerra.

v+adv+n
v+n/pron+adv

cash /kæʃ/

cash in (on sth) (*coloq*) aprovecharse (de algo): *Many businesses cashed in on the massive public interest in her death.* Muchas empresas se aprovecharon del enorme interés que despertó su muerte.

v+adv

cash sth in canjear, cobrar algo: *Cash in any remaining travellers' cheques when you return.* Cambia los cheques de viaje que te queden cuando vuelvas.

v+n/pron+adv
v+adv+n
◎ **shares, a policy**

cash up (*GB*) (*USA* **cash out**) hacer (la) caja: *We cash up at five o'clock.* Hacemos la caja a las cinco.

v+adv

cast /kɑːst; *USA* kæst/ *pret, pp* **cast**

cast around (for sth) (*tb esp GB* **cast about/round (for sth)**) (*formal*) buscar algo (*mirando alrededor, pensando, etc.*): *He cast around for an escape route.* Buscó una ruta para escapar. ◊ *He was desperately casting around for an excuse.* Estaba venga a darle vueltas a la cabeza buscando una excusa.

v+adv

cast sb/sth aside (*formal*) dejar de lado a algn/algo: *She just cast him aside when she got bored.* Le dejó de lado cuando se cansó de él. ◊ *He cast aside all his inhibitions.* Dejó a un lado todas sus inhibiciones.

v+adv+n
v+n/pron+adv
= **throw sth aside** (2), **discard sb/sth** (*más formal*)

cast sth aside (*formal*) **1** tirar algo a un lado: *He cast the newspaper aside impatiently.* Arrojó el periódico a un lado con impaciencia. **2** dejar de usar algo: *She has been able to cast aside her wheelchair.* Ha podido dejar la silla de ruedas.

v+adv+n
v+n/pron+adv
1 = **throw sth aside** (1) (*menos formal*)

be cast away (on ...) ser un náufrago (en ...): *What would you do if you were cast away on a desert island?* ¿Qué harías si fueras un náufrago en una isla desierta?
▶ **castaway** *n* náufrago

be+v+adv

cast sth back: *Cast your mind back to the time we first met.* Vuelve la vista atrás y piensa en la primera vez que nos conocimos.
NOTA **Cast sth back** solo se utiliza en la expresión **cast your mind back**.

v+n+adv
◎ *only* **your mind**

be cast down (*formal*) desanimarse, abatirse: *He is not easily cast down.* No se desanima con facilidad.
▶ **cast down** *adj* [pred] (*formal*) abatido
NOTA Nótese que el adjetivo **cast down** siempre se utiliza detrás de un verbo: *She seemed a little cast down.*
▶ **downcast** *adj* (*formal*) abatido: *He looked so downcast I took pity on him.* Parecía tan alicaído que me dio pena.

be+v+adv

cast sth down (*formal*) bajar algo: *She cast her eyes down.* Bajó la mirada.
▶ **downcast** *adj* (*formal*) (*ojos, mirada*) bajo, caído: *Eyes downcast, she continued eating.* Con la mirada baja, siguió comiendo.

v+n/pron+adv
v+adv+n
◎ *only* **your eyes**
= **lower sth** (*menos formal*)

cast

cast off 1 soltar amarras **2** (*haciendo punto*) cerrar (la labor): *When the scarf is the right length, cast off.* Cuando la bufanda tiene el largo suficiente, se cierra la labor.

v+adv

cast sth off 1 (*formal*) (*ropa*) quitarse algo y tirarlo: *They cast off their clothes and jumped in the pool.* Se quitaron la ropa y saltaron a la piscina. **2** (*formal*) desechar algo: *She tried to cast off her upbringing.* Intentó deshacerse de su educación. **3** (*haciendo punto*) cerrar algo: *Cast off all the stitches.* Cierra todos los puntos.
▶ **cast-off** *adj* [atrib] (*ropa*) viejo, usado
NOTA Nótese que el adjetivo **cast-off** siempre se utiliza delante de un sustantivo: *cast-off clothes*.
▶ **cast-off** *n* [gen pl] (*GB*) (*tb* **hand-me-down**) ropa que se da a algn o que ya no se quiere: *She's fed up of wearing her sister's cast-offs.* Está harta de heredar la ropa de su hermana.

v+adv+n
v+pron+adv
v+n+adv (*poco frec*)
1 ⓪ your clothes, your jacket, your shoes
2 ⓪ a convention, notions
= discard sth
3 ⓪ stitches

cast on (*haciendo punto*) echar los puntos

v+adv

cast sth on (*haciendo punto*) echar algo (*puntos*): *Once you've cast on the first row, the rest is easy.* Cuando hayas hecho la primera vuelta, lo demás es fácil.

v+adv+n
v+pron+adv
v+n+adv (*poco frec*)
⓪ stitches

cast sb out (of sth) (*formal*) expulsar a algn (de algo): *She was cast out by society.* Fue expulsada por la sociedad.
NOTA Cast sb out se utiliza mucho en pasiva.
▶ **outcast** *n* marginado, paria: *a social outcast* un marginado social

v+adv+n
v+n/pron+adv

cast round (for sth) Ver CAST AROUND (FOR STH)

v+adv

cast sb/sth up (on sth) (*formal*) (*mar, marea*) arrastrar a algn/algo (y depositarlo en algo)
NOTA Cast sb/sth up se utiliza mucho en pasiva: *Pieces of wreckage were cast up on the beach.*

v+n/pron+adv
v+adv+n
= wash sb/sth up (*menos formal*)

catch /kætʃ/ *pret, pp* **caught** /kɔːt/

catch at sth (intentar) agarrar algo: *She tried to catch at a branch but couldn't reach.* Intentó agarrar una rama pero no alcanzaba.

v+prep+n/pron
⓪ sb's hand, sb's arm, sb's sleeve
= clutch at sth, grasp at sb/sth

catch on (*coloq*) **1** (**to sth**) darse cuenta (de algo), caer (en algo): *He's very quick to catch on.* Lo coge todo en seguida. ◊ *People are catching on to the fact that he's a fraud.* La gente se está dando cuenta de que es un farsante. **2** (**with sb**) ponerse de moda, tener éxito (entre algn): *It's a good idea, but it'll never catch on.* Es una buena idea, pero no tendrá éxito. ◊ *3-D films never caught on with a mass audience.* Las películas en tres dimensiones nunca llegaron a tener éxito entre el público en general.

v+adv
1 = cotton on

catch sb out 1 pillar a algn: *The test isn't designed to catch you out. It's to see how much you've learnt.* El examen no está pensado para pillaros. Se trata de ver lo que habéis aprendido. ◊ *He didn't look at all ashamed at having been caught out.* No parecía avergonzado de que le hubiesen pillado. **2** (*GB*) pillar a algn desprevenido: *We always seem to be caught out by snow.* Parece que la nieve siempre nos pilla desprevenidos. **3** (*Críquet*) eliminar a algn (*al bateador*)
NOTA Catch sb out se utiliza mucho en pasiva: *He was caught out by the rain.*

v+n/pron+adv
v+adv+n (*menos frec*)

catch up ☆ **1** (**with sb/sth**) alcanzar a algn/algo: *She was walking so fast I had to run to catch up (with her).* Andaba tan deprisa que tuve que correr para alcanzarla. **2** (**with sb/sth**) ponerse al mismo nivel (que algn/algo): *We need to catch up with our counterparts in Europe.* Tenemos que ponernos al mismo nivel que nuestros homólogos europeos. **3** (**with sth**) ponerse al día, ponerse al tanto (de algo): *It'll give you a chance to talk and catch up with each other's news.* Así podréis hablar y poneros al tanto de vuestras vidas. ◊ *I'm so behind with my paperwork; it's going to take me a week to catch up.* Tengo el papeleo atrasadísimo. Me va a llevar una semana ponerme al día.

v + adv

catch sb up (**on sth**) (*USA*) poner a algn al día (sobre algo): *You can catch me up on the news later.* Luego me pones al día de las últimas noticias.

v + n/pron + adv
= bring sb up to date

catch sb/sth up (*GB*) ☆ **1** alcanzar a algn/algo: *You go ahead. I'll catch you up.* Tú ve delante que yo ya te alcanzaré. **2** ponerse al mismo nivel que algn/algo: *This company is the most likely to catch up the market leader.* Esta empresa es la que tiene más probabilidades de alcanzar al líder del mercado. ◊ *She's training hard to catch her sister up.* Se está entrenando duro para ponerse a la misma altura que su hermana.

v + n/pron + adv
v + adv + n

be/get caught up in sth 1 verse envuelto en algo: *Many politicians got caught up in the scandal.* Muchos políticos se vieron envueltos en el escándalo. **2** estar atascado (*por el tráfico*): *Sorry I'm late, I got caught up in traffic.* Siento llegar tarde, me pilló un atasco. **3** estar absorto en algo: *I didn't hear you come in; I was so caught up in this book.* No te oí entrar. Estaba totalmente absorto en mi libro.

be/get + v + adv + prep + n/pron
1 ⓪ **the violence, events**
2 ⓪ **the traffic**
3 ⓪ **the excitement of …, a book**

catch up on sb afectar, pasarle factura a algn: *The stress of her new job was beginning to catch up on her.* El estrés de su nuevo trabajo estaba empezando a afectarla. ◊ *Old age is catching up on me.* Me estoy haciendo viejo.

v + adv + prep + n/pron

catch up on sth ponerse al día con algo: *I've got a lot of work to catch up on.* Tengo un montón de trabajo atrasado. ◊ *It was good to see Patsy and catch up on all the gossip.* Estuvo bien ver a Patsy y ponernos al tanto de los últimos chismes.

v + adv + prep + n/pron
⓪ **your work**, **your sleep**, **the news**

catch up with sb 1 dar con algn (*y llevarle ante la justicia*): *The police will catch up with them in the end.* La policía dará con ellos al final. **2** afectar, pasarle factura a algn: *His past is finally catching up with him.* Su pasado por fin empieza a pasarle factura. **3** (*coloq*) (volver a) ver a algn (*después de un tiempo*): *He just wants to rest and catch up with old friends.* Solo quiere descansar y volver a ver a sus amigos de siempre. ◊ *Catch up with you later!* ¡Nos vemos luego!

v + adv + prep + n/pron
3 ⓪ **your friends**

---

cater /ˈkeɪtə(r)/

cater for sb/sth atender a las necesidades de algn/algo, estar concebido/pensado para algn/algo: *New facilities are needed to cater for all the tourists.* Hacen falta nuevas instalaciones que tengan en cuenta las necesidades de todos los turistas. ◊ *The school also caters for deaf children.* El colegio también atiende a las necesidades de los niños sordos.

NOTA Cater for sb/sth se puede utilizar en pasiva: *All age groups are catered for.*

v + prep + n/pron
⓪ **your/sb's needs**, **children**

cater

cater to sb/sth satisfacer a algn/algo: *Endless media coverage catered to the public's interest in the scandal.* La cobertura interminable de los medios de comunicación satisfizo el interés del público en el escándalo.
NOTA Cater to sb/sth se puede utilizar en pasiva: *Their every need was catered to.* `v+prep+n/pron`

---

cave /keɪv/

cave in 1 derrumbarse: *The roof of the tunnel caved in on the workmen.* El techo del túnel se vino abajo encima de los trabajadores. **2 (to sth)** ceder (a algo): *The council refused to cave in (to their demands).* El ayuntamiento se negó a ceder (a sus demandas). `v+adv`
▶ **cave-in** *n* **1** hundimiento: *Once inside the tunnel, there is an ever-present risk of a cave-in.* Una vez dentro del túnel, existe un riesgo continuo de derrumbamiento. **2** cesión: *The decision will be seen as a cave-in by the opposition.* La decisión se verá como una cesión por parte de la oposición.

---

centre (*USA* **center**) /'sentə(r)/

centre around sb/sth (*tb esp GB* **centre round sb/sth**) girar en torno a algn/algo: *The debate centres around the question of power.* El debate gira en torno a la cuestión del poder. `v+prep+n/pron`

centre sth around sb/sth (*tb esp GB* **centre sth round sb/sth**) hacer girar algo en torno a algn/algo: *Her life was centred entirely around her family.* Su vida giraba por completo en torno a su familia. `v+n/pron+prep+n/pron`
NOTA Este *phrasal verb* se utiliza mucho en la construcción **be centred around/round sb/sth**

centre on sb/sth (*tb* **centre upon sb/sth** *más formal*) centrarse en algn/algo: *The discussions centred on the hostage issue.* Las discusiones se centraron en el tema de los rehenes. `v+prep+n/pron`

centre sth on sb/sth (*tb* **centre sth upon sb/sth** *más formal*) centrar algo en algn/algo: *The group has centred its attention on the need for reform.* El grupo ha centrado su atención en la necesidad de hacer reformas. `v+n/pron+prep+n/pron`
NOTA Centre sth on/upon sb/sth se utiliza mucho en la construcción **be centred on/upon sb/sth**: *His research is centred on the effects of unemployment.*

centre round sb/sth *Ver* CENTRE AROUND SB/STH `v+prep+n/pron`
centre sth round sb/sth *Ver* CENTRE STH AROUND SB/STH `v+n/pron+prep+n/pron`
centre upon sb/sth *Ver* CENTRE ON SB/STH `v+prep+n/pron`
centre sth upon sb/sth *Ver* CENTRE STH ON SB/STH `v+n/pron+prep+n/pron`

---

chain /tʃeɪn/

chain sb/sth up encadenar a algn/algo: *I'd chain your bike up just in case.* Yo le pondría la cadena a la bici por si las moscas. `v+n/pron+adv`
`v+adv+n`

change

chalk /tʃɔːk/

chalk up sth; **chalk it/them up** (*coloq*) apuntarse, marcarse algo: *The team has chalked up its fifth win in a row*. El equipo se ha apuntado su quinta victoria consecutiva.

v + adv + n
v + pron + adv
[0] **a success, a victory, a win**

chalk sth up to sth (*coloq*) achacar, atribuir algo a algo: *Let's just chalk it up to experience*. Digamos que se lo podemos atribuir a la experiencia.

v + n/pron + adv + prep + n
= **put sth down to sth**

chance /tʃɑːns; *USA* tʃæns/

chance on/upon sb/sth (*formal*) encontrarse con algn, encontrar algo por casualidad: *I chanced on an old schoolfriend in town*. Cuando estaba en el centro me encontré por casualidad con un viejo amigo del colegio.

v + prep + n/pron

change /tʃeɪndʒ/

change sth around (*tb esp GB* **change sth round**) (*muebles*) cambiar algo de sitio: *You're always changing this room around!* ¡Siempre estás cambiando de sitio los muebles de esta habitación!

v + n/pron + adv
v + adv + n (*menos frec*)
[0] **a room, the furniture**
= **swap sb/sth around/ over/round** (*esp GB, coloq*)

change back (into sth) 1 (*ropa*) volver a cambiarse, volver a ponerse algo: *I'll just change back into my tracksuit*. Me volveré a poner el chándal. **2** volver a convertirse en algo

v + adv

change down (into/to sth) (*GB*) reducir, cambiar (a algo) (*a una marcha más corta*): *Change down into second*. Reduce a segunda.

v + adv
≠ **change up**

change over 1 cambiar (*de sistema, etc. para adoptar uno nuevo*): *The country has finally changed over from military to democratic rule*. El país por fin ha cambiado de un régimen militar a uno democrático. **2 (to ...)** (*GB*) (*TV*) cambiar (de canal) (a ...): *I changed over to BBC1 to see the football*. Cambié a la BBC1 para ver el fútbol. ◊ *Can we change over?* ¿Podemos cambiar de canal?

▶ **changeover** *n* cambio: *The changeover to the new system will take place gradually*. El cambio al nuevo sistema se hará de forma gradual.

NOTA Nótese que el sustantivo **changeover** también puede utilizarse delante de otro sustantivo: *a changeover period*.

v + adv
2 = **switch over** (2), **turn over** (3)

change over/round (*GB*) **1** cambiarse de sitio (*dos personas*): *Can you and Phil change round? You're too tall to stand in the front row*. ¿Os podéis cambiar de sitio tú y Phil? Eres demasiado alto para estar en la primera fila. **2** cambiar (*dejando que otra persona te releve*): *When you get tired of driving we can change over*. Cuando te canses de conducir, cambiamos.

v + adv
= **swap around/over/round** (*esp GB, coloq*)

change sth round *Ver* CHANGE STH AROUND

v + n/pron + adv
v + adv + n (*menos frec*)

change up (into/to sth) (*GB*) cambiar (a algo) (*a una marcha más larga*): *Change up into fourth (gear) now*. Ahora cambia a cuarta.

v + adv
≠ **change down**

57

charge

charge /tʃɑːdʒ; *USA* tʃɑːrdʒ/

charge in, out, up, etc.; **charge into, out of, up, etc. sth** (*tb* **charge past sb/sth**) precipitarse hacia dentro, fuera, arriba, etc.: *She charged in, panting.* Entró de golpe, jadeando.

v+adv
v+prep+n/pron

charge sb with sth/doing sth (*formal*) encomendar algo a algn, encomendar a algn que haga algo: *I have been charged with administrating the project.* Me han encomendado la administración del proyecto.
NOTA **Charge sb with sth/doing sth** se utiliza mucho en pasiva.

v+n/pron+prep+n/pron
v+n/pron+prep+-ing

charge up 1 (to sb/sth) acercarse (a algn/algo): *He charged up to her and gave her a big hug.* Se le acercó y la abrazó. **2** (*tb* **charge up sth**) *Ver* CHARGE IN, OUT, UP, ETC.

1 *v+adv*
2 *v+adv*
v+prep+n/pron

---

charm /tʃɑːm; *USA* tʃɑːrm/

charm sth out of sb conseguir algo de algn con halagos, mimos, etc.: *She managed to charm £20 out of him.* Con sus encantos, consiguió sacarle 20 libras.

v+n/pron+adv+prep+n/pron

---

chase /tʃeɪs/

chase around (*tb esp GB* **chase about/round**) correr de un lado a otro: *I've been chasing around all morning.* Llevo de aquí para allá toda la mañana.

v+adv

chase sb/sth away/off ahuyentar a algn/algo: *He chased the attackers away by firing shots into the air.* Ahuyentó a los agresores disparando al aire.

v+n/pron+adv
v+adv+n

chase sb/sth down (*USA, coloq*) buscar a algn/algo: *I've been trying to chase Sam down all day!* ¡Llevo todo el día intentando localizar a Sam!

v+n/pron+adv
v+adv+n
= **track sb/sth down**

chase sb/sth off *Ver* CHASE SB/STH AWAY/OFF

v+n/pron+adv
v+adv+n

chase round *Ver* CHASE AROUND

v+adv

chase sb up (*coloq*) ponerse en contacto con algn (*para reclamar algo*): *I'll chase him up and find out what's going on.* Me pondré en contacto con él para ver qué es lo que pasa.

v+n/pron+adv
v+adv+n

chase sth up (*coloq*) **1** averiguar qué pasó con algo: *Could you chase up those documents for me?* ¿Puedes averiguar qué ha pasado con esos documentos? **2** (*deudas*) reclamar algo: *I'm still chasing up old debts.* Todavía estoy intentando cobrar viejas deudas.

v+adv+n
v+n/pron+adv

---

chat /tʃæt/ -tt-

chat sb up (*coloq*) **1** (*GB*) intentar ligar con algn, intentar ligarse a algn: *Who was that girl you were chatting up last night?* ¿Quién es esa chica con la que intentabas ligar anoche? **2** (*esp USA*) enrollarse con algn (*para conseguir algo*): *You'll have to chat the boss up if you want some days off.* Tendrás que enrollarte con el jefe si quieres cogerte unos días.
▶ **chat-up** *n* [gen atrib] (*GB, coloq*) conversación para intentar ligar con algn: *Is this supposed to be a chat-up?* ¿Estás intentando ligar o qué?
NOTA Nótese que el sustantivo **chat-up** generalmente se utiliza delante de otro sustantivo: *He was trying some old chat-up lines.*

v+n/pron+adv
v+adv+n

cheat /tʃiːt/

cheat sb of sth; **cheat sb out of sth** quitar algo a algn (*por medio de engaños*): *They had been cheated of success.* Les habían robado el triunfo. ◊ *He was cheated out of his rightful inheritance.* Lo estafaron dejándole sin la herencia que le correspondía.

v + n/pron + prep + n/pron
v + n/pron + adv + prep + n/pron

cheat on sb engañar, ser infiel a algn: *He was the last to know that she was cheating on him.* Fue el último en enterarse de que ella le engañaba.

v + prep + n/pron
[0] **your wife, your boyfriend, etc.**

cheat on sth (*promesa, acuerdo*) no cumplir algo: *The government have cheated on their commitment not to raise taxes.* El gobierno no ha cumplido su promesa de congelar los impuestos.

v + prep + n/pron
[0] **an agreement, a commitment**

cheat sb out of sth *Ver* CHEAT SB OF STH; CHEAT SB OUT OF STH

v + n/pron + adv + prep + n/pron

check /tʃek/

check in ☆ **1** (**at sth**) registrarse (en …) (*en un hotel*): *After checking in, we went out for a meal.* Después de registrarnos salimos a comer. ☆ **2** (**at …**) (*pasajeros*) facturar (en …): *You must check in at desk 25 an hour before take-off.* Tiene que facturar su equipaje en el mostrador 25 una hora antes de la salida del vuelo. **3** (*esp USA*) contactar con algn para hacerle saber dónde estás, fichar: *I have to check in (with my boss) every three hours.* Tengo que fichar (con mi jefe) cada tres horas.
▶ **check-in** *n* **1** facturación de equipajes: *Last minute check-ins are common on internal flights.* En los vuelos nacionales es muy normal que se facture el equipaje en el último momento. **2** zona de facturación: *There were long queues at the check-in.* Había colas muy largas para facturar el equipaje.
NOTA Nótese que el sustantivo **check-in** también puede utilizarse delante de otro sustantivo: *check-in time*.

v + adv
1 ≠ **check out, check out of sth**

check sb in 1 (*huéspedes*) registrar a algn (*en un hotel*), inscribir a algn en el registro de … (*de un hotel*) **2** (*pasajeros*) facturar el equipaje de algn: *All the passengers have been checked in.* Se ha facturado el equipaje de todos los pasajeros.
▶ **check-in** *n Ver* CHECK IN

v + n/pron + adv
v + adv + n
1 [0] **guests**
2 [0] **passengers**

check sth in facturar algo: *Have you got any luggage that needs checking in?* ¿Tiene equipaje que facturar?
▶ **check-in** *n Ver* CHECK IN

v + n/pron + adv
v + adv + n
[0] **luggage, baggage**

check into sth ☆ **1** registrarse en … : *Have you checked into the hostel yet?* ¿Te has registrado ya en el albergue? **2** internarse en … : *She's checked into a private clinic for drug rehabilitation.* Se ha internado en una clínica privada de rehabilitación de drogadictos. **3** (*poco frec*) investigar algo, informarse de algo (*para verificarlo*): *I'll check into the legal position.* Me informaré de la situación legal.

v + prep + n/pron
1 [0] **a hotel, a motel**
≠ **check out of sth**
2 [0] **a clinic**
3 = **look into sth** (1)

check sth off (*esp USA*) comprobar algo (*en una lista, un inventario, etc. para ver si está bien*): *I've checked off all the furniture on the inventory.* He comprobado que están todos los muebles del inventario. ◊ *Check off the names as the people arrive.* Ve marcando los nombres de la gente según llega.

v + adv + n
v + n/pron + adv
= **tick sth off** (*GB*)

check on sb/sth comprobar que algn/algo está bien: *I'll just check on dinner.* Voy a ver cómo va la cena.
NOTA **Check on sb/sth** se puede utilizar en pasiva: *The children were put to bed and then never checked on.*

v + prep + n
[0] **a baby, a patient, sb's progress**

check

check on sth comprobar, verificar algo: *I'll have to check on that for you.* Tendré que informarme sobre esto.
NOTA **Check on sth** se puede utilizar en pasiva: *All of these claims will be checked on at the interview.*

v+prep+n/pron

check out 1 (*esp USA*) (*hechos, historia*) resultar ser verdad, concordar: *His story just doesn't check out.* Su historia no concuerda. **2 (of ...)** (*USA, coloq*) largarse (de ...): *Let's check out of here.* Larguémonos de aquí. **3 (on sb)** (*USA, coloq*) largarse (y dejar a algn plantado): *He can't just check out on us like that!* ¡No puede largarse y dejarnos plantados así, sin más! **4** (*USA*) pagar (*en una tienda*): *The line to check out was really long.* Había muchísima cola para pagar.
▶ **checkout** *n* caja (*de una tienda, un supermercado, etc.*)
NOTA Nótese que el sustantivo **checkout** también puede utilizarse delante de otro sustantivo: *a checkout assistant*.

v+adv
3 = **walk out** (3)

☆ **check out; check out of sth** pagar la factura y marcharse (de ...): *She checked out this morning.* Pagó y se marchó del hotel esta mañana.
▶ **checkout** *n* hora en que se debe dejar libre la habitación de un hotel: *At checkout, your bill will be printed for you.* Cuando deje la habitación, le haremos la factura.
NOTA Nótese que el sustantivo **checkout** también puede utilizarse delante de otro sustantivo: *Checkout time is 2 o'clock.*

v+adv
v+adv+prep+n/pron
[0] **a hotel, a motel**
≠ **check in** (1),
check into sth (1)

check sb out 1 (*esp USA*) hacer averiguaciones, informarse sobre algn: *Check him out before you give him the job.* Infórmate bien sobre él antes de darle el trabajo. **2** (*esp USA, coloq*) mirar a algn de arriba a abajo, quedarse con algn: *Check out that gorgeous guy over there!* ¡Fíjate en ese tío tan bueno que hay allí! **3** (*USA*) cobrar a algn (*en la caja de una tienda*)
▶ **checkout** *n* Ver CHECK OUT

v+adv+n
v+n/pron+adv

check sth out 1 investigar algo (*para verificarlo*): *The police have checked out his story.* La policía ha investigado su versión de la historia. **2** (*esp USA, coloq*) ir a ver qué te parece algo: *It's worth checking out that new restaurant.* Merece la pena ir a probar ese nuevo restaurante. **3** mirar algo: *Check out this leather jacket!* ¡Mira esta cazadora de cuero! **4** (*USA*) (*libro, cinta de vídeo*) sacar algo (*en alquiler*): *I checked out three books from the library.* Saqué tres libros de la biblioteca.

v+n/pron+adv
v+adv+n
1 [0] **a story, a claim**
3 *v+adv+n*
v+n/pron+adv
4 [0] **a book, a video**

check sb over hacer una revisión médica a algn: *The doctor would like to check you over.* El médico quiere hacerle una revisión.

v+n/pron+adv
v+adv+n
= **examine sb** (*más formal*)

check sth over 1 (*coche*) revisar algo: *I got the car checked over before we went on holiday.* Llevé el coche a revisión antes de irnos de vacaciones. **2** (*deberes, trabajo*) revisar, repasar algo: *I've got to check over my essay before I hand it in.* Tengo que revisar mi trabajo antes de entregarlo.

v+n/pron+adv
v+adv+n
1 [0] **a car**
2 [0] **an essay, your homework**

check through sth revisar, repasar algo: *Check through your notes.* Repasa tus apuntes.

v+prep+n/pron

check up (on sth) (*esp GB*) informarse, hacer averiguaciones (sobre algo): *I think the train's at ten o'clock, but I'll phone the station to check up.* Creo que el tren sale a las diez, pero llamaré a la estación para informarme.

v+adv

check up on sb hacer averiguaciones sobre algn: *They always check up on prospective employees.* Siempre hacen averiguaciones antes de emplear a alguien.

v+adv+prep+n/pron

60

cheer /tʃɪə(r); USA tʃɪr/

cheer sb on animar, alentar a algn: *The crowd cheered the runners on.* La multitud animó a los corredores.

v+n/pron+adv
v+adv+n

☆ **cheer up** animarse: *She seems to have cheered up since Saturday.* Parece que se ha animado mucho desde el sábado. ◊ *Cheer up!* ¡Anímate!
NOTA Cheer up se utiliza mucho en imperativo.

v+adv
= **brighten up** (2)

cheer sb up; **cheer yourself up** animar a algn, animarse: *She bought some chocolates to cheer herself up.* Se compró unos bombones para animarse. ◊ *Nothing could cheer him up.* No había nada que lo animara.

v+n/pron+adv
v+adv+n
v+reflex+adv

cheer sth up alegrar algo: *Flowers always cheer up a room.* Las flores siempre alegran una habitación.

v+adv+n
v+n/pron+adv
[0] **a room**

cheer yourself up Ver CHEER SB UP; CHEER YOURSELF UP

v+reflex+adv

chew /tʃuː/

chew on sth 1 (*tb* **chew at sth**) mordisquear algo: *He chewed on his bottom lip as he considered the question.* Se mordisqueó el labio inferior mientras consideraba la pregunta. **2** (*coloq*) pensar, rumiar algo: *Why don't we chew on it for a while?* ¿Por qué no lo rumiamos durante un tiempo?

v+prep+n/pron

chew sb out (*USA, coloq*) echar una bronca a algn: *He got chewed out by his teacher for being late.* Se llevó una bronca del profesor por llegar tarde.

v+n/pron+adv
v+adv+n
= **tell sb off**

chew sth over (*coloq*) pensar, rumiar algo: *He spent the weekend chewing over the problem.* Se pasó el fin de semana dándole vueltas al problema.

v+adv+n
v+n/pron+adv
[0] **a problem, an idea**
= **mull sth over** (*menos coloq*)

chew sth up 1 masticar bien: *Chew your food up properly before you swallow it.* Mastica bien la comida antes de tragarla. **2** (*coloq*) (*máquina*) tragarse algo (*destrozándolo*): *The cassette player's chewed the tape up.* El radiocasete se ha tragado la cinta y la ha destrozado.

v+n/pron+adv
v+adv+n

chicken /'tʃɪkɪn/

chicken out (of sth/doing sth) (*coloq*) acobardarse, rajarse (y no hacer algo): *She chickened out of telling him the truth.* Se acobardó y no le dijo la verdad.

v+adv
= **bottle out** (*GB*)

chill /tʃɪl/

chill out (*coloq*) relajarse: *Chill out! We'll get there on time!* ¡Tranquilo, llegaremos a tiempo!
NOTA Chill out se utiliza mucho en imperativo.
▶ **chill-out** *adj* [atrib] (*en una discoteca*) chillout: *chill-out room* zona de relajación
NOTA El adjetivo **chill-out** se utiliza siempre delante de un sustantivo: *chill-out music*.

v+adv

chime /tʃaɪm/

chime in (*coloq*) interrumpir (*una conversación*): *'Absolutely!' she chimed in eagerly.* —¡Desde luego! —interrumpió con entusiasmo.
v+adv

chip /tʃɪp/ -pp-

chip away at sth minar, consumir algo (*poco a poco*): *The government seems to be chipping away at people's rights.* Parece que el gobierno está minando los derechos civiles.
NOTA Chip away at sth se utiliza mucho en tiempos continuos.
v+adv+prep+n/pron

chip sth away/off; chip sth off sth quitar algo (de algo) picando: *She used a hammer to chip away the stone.* Utilizó un martillo para quitar la piedra picándola.
v+adv+n
v+n/pron+adv
v+n/pron+prep+n/pron

chip in (with sth) (*coloq*) **1** intervenir (con algo) (*en una conversación*): *Feel free to chip in if I've forgotten to mention anything.* No tengas reparo en interrumpir si ves que me dejo algo. **2** contribuir (con algo) (*una cantidad de dinero*): *Has everyone chipped in for the present?* ¿Han contribuido todos para el regalo?
v+adv

chip in sth (*coloq*) poner algo, contribuir con algo (*una cantidad de dinero*): *Let's all chip in five dollars.* Pongamos cinco dólares cada uno.
v+prep+n

chip off; chip off sth descascarillarse (de algo): *Most of the paint had chipped off the gate.* Se había descascarillado casi toda la pintura de la cancela.
v+adv
v+prep+n/pron

chip sth off; chip sth off sth Ver CHIP STH AWAY/OFF; CHIP STH OFF STH
v+adv+n
v+n/pron+adv
v+n/pron+prep+n/pron

chivvy /'tʃɪvi/ *pret, pp* chivvied

chivvy sb along (*GB, coloq*) meter prisa a algn: *The teacher chivvied them along.* El profesor les metió prisa.
v+n/pron+adv
v+adv+n
= **hurry sb along**

choke /tʃəʊk; *USA* tʃoʊk/

choke sth back tragarse algo: *He choked back his tears.* Se tragó las lágrimas.
NOTA Choke sth back no se utiliza en pasiva.
v+adv+n
v+n/pron+adv
[O] **your/the tears, a sob**

choke sth off 1 (*crecimiento*) poner freno a algo: *High interest rates have choked off investment.* Las altas tasas de interés han puesto freno a la inversión. **2** interrumpir algo: *Her screams were suddenly choked off.* De repente sus chillidos se interrumpieron.
v+adv+n
v+n/pron+adv
1 [O] **demand, investment**

be/get choked up tener un nudo en la garganta (*por la emoción*): *He gets choked up just remembering the day she left.* Se le hace un nudo en la garganta solo recordando el día en que se fue.
be/get+v+adv

choke up emocionarse: *He still chokes up whenever he talks about her.* Todavía se emociona cada vez que habla de ella.
v+adv

choke sb up emocionar a algn: *That song really chokes me up.* Esa canción me emociona de verdad.
v+n/pron+adv

choke sth up obstruir, atascar algo: *All this litter is choking up the stream.* Toda esta basura está impidiendo que fluya la corriente.
v+adv+n
v+n/pron+adv
[O] **the drains, a river**

choose /tʃuːz/ *pret* **chose** /tʃəʊz; *USA* tʃoʊz/ *pp* **chosen** /'tʃəʊzn; *USA* 'tʃoʊzn/

choose up; **choose up sth** (*USA*) (*fig*) elegir (algo) (*un bando, un equipo, en vez de otro*): *Before the election, newspapers were choosing up sides on their editorial pages.* Antes de las elecciones, los periódicos estaban eligiendo bando en sus páginas editoriales.
| v+adv
| v+adv+n

chop /tʃɒp; *USA* tʃɑːp/ **-pp-**

chop at sth (*tb* **chop away at sth**) dar cuchillazos, navajazos, etc. a algo: *They chopped at the undergrowth with their machetes.* Dieron machetazos a la maleza.
| v+prep+n/pron
| v+adv+prep+n/pron

chop sth down cortar, talar algo: *They're chopping down thousands of trees every year.* Están talando miles de árboles al año.
| v+adv+n
| v+n/pron+adv
| [O] a tree
| = cut sth down (2)

chop sth off; **chop sth off sth** cortar algo (de algo): *The king had his head chopped off.* Al rey le cortaron la cabeza. ◊ *She chopped a branch off the tree.* Cortó una rama del árbol.
| v+n/pron+adv
| v+adv+n
| v+n/pron+prep+n/pron
| = cut sth off (1), cut sth off sth

chop sth up 1 (*carne, verduras, leña*) cortar algo (*en trozos pequeños*): *Shall we chop these logs up for firewood?* ¿Cortamos estos troncos para hacer leña? **2** (*cebolla, perejil*) picar algo: *Chop the parsley up finely.* Pique el perejil muy fino.
| v+n/pron+adv
| v+adv+n
| = cut sth up
| 1 [O] firewood
| 2 [O] an onion

chow /tʃaʊ/

chow down (on sth) (*USA, coloq*) ponerse morado (a/de algo): *We chowed down on fried chicken and salad.* Nos pusimos morados a pollo frito y ensalada.
| v+adv
| = pig out

chuck /tʃʌk/

chuck sth away (*GB, coloq*) **1** (*dinero*) despilfarrar, tirar algo: *She's chucking all her money away on presents for him.* Está despilfarrando todo su dinero en hacerle regalos. **2** (*oportunidad*) desperdiciar algo: *It's too good an opportunity to chuck away.* Es una oportunidad demasiado buena para desperdiciarla. **3** (*tb* **chuck sth out**) tirar algo: *We chucked the old sofa away.* Tiramos el viejo sofá.
| v+n/pron+adv
| v+adv+n
| = throw sth away (*menos coloq*)
| 1 [O] money
| 2 [O] an opportunity
| 3 = throw sth out (2) (*menos coloq*)

chuck down; **chuck it down** (*GB, coloq*) llover a cántaros: *It was chucking (it) down outside.* Fuera estaba lloviendo a cántaros. NOTA Chuck down y chuck it down siempre se utilizan con el sujeto it.
| v+adv
| v+it+adv
| [S] only it
| = pour down

chuck sth in/up (*GB, coloq*) dejar algo, mandar algo al diablo: *What made you decide to chuck in your course?* ¿Qué te decidió a dejar la carrera? NOTA Chuck sth in/up no se puede utilizar en pasiva.
| v+adv+n
| v+n/pron+adv
| [O] a job, a course, everything
| = pack sth in (1), jack sth in (*GB*)

chuck

chuck sb out (of sth) (*coloq*) echar a algn (de ...): *Her parents chucked her out when she got pregnant.* Sus padres la echaron cuando se quedó embarazada.

v+n/pron+adv
v+adv+n
= **throw sb out** (1) (*menos coloq*), **turn sb out**

chuck sth out (*coloq*) Ver CHUCK STH AWAY (3)

v+n/pron+adv
v+adv+n

chuck sth up Ver CHUCK STH IN/UP

v+adv+n
v+n/pron+adv

chug /tʃʌg/ -gg-

chug along, past, up, etc.; chug along, past, up, etc. sth (*tb* **chug past sb**) ir, pasar, subir, etc. resoplando: *The train came chugging past.* El tren pasó resoplando.

v+adv
v+prep+n/pron

chum /tʃʌm/ -mm-

chum up (with sb) (*GB, coloq, antic*) hacerse amigo (de algn)

v+adv
= **pal up** (*GB*)

churn /tʃɜːn; *USA* tʃɜːrn/

churn sth out (*coloq, gen pey*) producir algo como churros: *She churns out trashy romantic novels.* Saca noveluchas románticas como churros.

v+adv+n
v+n/pron+adv
= **knock sth off** (1)

churn sth up revolver, remover algo: *The tractor has churned the field up.* El tractor ha dejado el campo revuelto. ◊ *His visit churned up bitter memories.* Su visita removió recuerdos amargos.

v+adv+n
v+n/pron+adv
[O] **mud, water, your feelings**

claim /kleɪm/

claim sth back reclamar algo: *Claim your expenses back from the company.* Pídele a la empresa que te reembolse los gastos.

v+n/pron+adv
v+adv+n
[O] **money, tax**

clam /klæm/ -mm-

clam up (*USA tb* **dummy up**) (*coloq*) callarse como un muerto: *He always clams up when we ask about his family.* Cada vez que le preguntamos sobre su familia se calla como un muerto.

v+adv

clamp /klæmp/

clamp down (on sb/sth) (*coloq*) tomar medidas drásticas (contra algn/algo): *The government intends to clamp down (on drug smuggling).* El gobierno tiene intención de tomar medidas drásticas (contra el contrabando de drogas).
▶ **clampdown (on sb/sth)** *n* [gen sing] medidas drásticas (contra algn/algo): *There has been a clampdown on drug abuse.* Han puesto medidas drásticas contra el consumo de drogas.

v+adv
= **crack down**

clap /klæp/ -pp-

clap sth out (*GB*, *coloq*) (*ritmo*) marcar algo dando palmas

v+n/pron+adv
v+adv+n
[0] **a rhythm, a beat**

clatter /ˈklætə(r)/

clatter along, down, over, etc. sth (*tb* **clatter past sb/sth**) atravesar, bajar, etc. algo con un traqueteo: *The cart clattered over the cobblestones.* El carro avanzó traqueteando por los adoquines.

v+prep+n/pron

clatter away, past, etc. alejarse, pasar, etc. con un traqueteo: *The old bus clattered past.* El viejo autobús pasó traqueteando.

v+adv

claw /klɔː/

claw at sth arañar algo: *The cat was clawing at the door.* El gato arañaba la puerta.

v+prep+n/pron

claw sth back recuperar algo (*generalmente dinero*): *They're trying to claw back their share of the market.* Están intentando recuperar su lugar en el mercado.

v+adv+n
v+n/pron+adv

clean /kliːn/

clean sth down (*GB*) limpiar algo: *Clean down the walls before repainting them.* Limpia las paredes antes de volverlas a pintar.

v+adv+n
v+n/pron+adv
[0] **walls**

clean sth off; **clean sth off sth** limpiar algo (de algo) (*cepillando, frotando, etc.*): *She couldn't be bothered to clean off her make-up.* No se molestó en quitarse el maquillaje.

v+n/pron+adv
v+adv+n
v+n/pron+prep+n/pron

clean sb out (of sth) (*coloq*) dejar a algn limpio (de algo): *Buying drinks for everyone cleaned me out.* Me quedé sin un duro pagando las copas de todos. ◊ *The burglars cleaned her out of all her jewellery.* Los ladrones la dejaron sin una joya.

v+n/pron+adv

clean sth out 1 limpiar algo a fondo (*por dentro*): *We clean the stables out every day.* Limpiamos los establos a fondo todos los días. **2** (*coloq*) (*ladrones*) limpiar algo, dejar algo limpio: *The burglars had cleaned the place out.* Los ladrones habían limpiado la casa.
▶ **clean-out** *n* (*esp GB*) limpieza a fondo

v+n/pron+adv
v+adv+n
1 [0] **a stable, a drain, a pool**

clean up 1 recoger, limpiar: *I've got to clean up before my parents arrive.* Tengo que recoger antes de que lleguen mis padres. **2** (*coloq*) arrasar: *The movie cleaned up at the awards ceremony.* La película arrasó en la entrega de premios. **3** (*tb* **clean yourself up**) (*coloq*) lavarse, asearse: *I'll just clean (myself) up before dinner.* Voy a asearme antes de la cena.
▶ **clean-up** *n* [gen sing] limpieza, saneamiento: *The clean-up of the river is going to take months.* La limpieza del río llevará meses. **NOTA** Nótese que el sustantivo **clean-up** también puede utilizarse delante de otro sustantivo: *a clean-up operation*.

v+adv
3 *v+adv*
v+reflex+adv

clean sb up limpiar a algn: *Dad cleaned me up after I fell over.* Papá me limpió cuando me caí.

v+n/pron+adv
v+adv+n

clean

clean sth up 1 limpiar algo: *Who's going to clean this mess up?* ¿Quién va a limpiar todo esto? **2** (*fig*) limpiar, purificar algo: *The mayor is determined to clean up the city and make it a safer place to live.* El alcalde está decidido a limpiar la ciudad y convertirla en un lugar más seguro. ◊ *The company is trying to clean up its image.* La compañía está intentando pulir su imagen.
LOC clean up your act (*coloq*) empezar a comportarse como es debido
▶ **clean-up** *n* **1** (*fig*) limpieza: *a clean-up of political life* una limpieza de la vida política **2** *Ver* CLEAN UP

clean yourself up *Ver* CLEAN UP (3)

v + adv + n	
v + n/pron + adv	
1 ⓞ **a mess, the house, the environment**	
2 ⓞ **a city, your image**	
v + reflex + adv	

clear /klɪə(r); *USA* klɪr/

clear away (*esp GB*) recoger: *I'll help you to clear away after dinner.* Después de cenar te ayudo a recoger.

clear sb away (*USA*) desalojar a algn: *The police cleared the demonstrators away.* La policía desalojó a los manifestantes.

clear sth away recoger algo: *I'll clear away the dishes.* Ya recojo yo los platos.

clear off (*esp GB, coloq*) (*USA* **bug out**) largarse, pirárselas: *You've no right to be here. Clear off!* No tienes ningún derecho a estar aquí. ¡Lárgate!
NOTA Clear off se utiliza mucho en imperativo.

clear sth off; **clear sth off sth** quitar algo (de algo): *We need to clear everything off the table.* Tenemos que quitar todo de la mesa.

clear out (of sth) (*coloq*) irse (de …): *I told him to clear out of the house by Monday.* Le dije que tenía hasta el lunes para irse de la casa.

clear sth out ordenar algo (*armarios, etc., tirando cosas que ya no sirven*): *I cleared out all the cupboards.* Ordené todos los armarios.
▶ **clear-out** *n* [gen sing] (*esp GB, coloq*) limpieza general (*tirando lo que ya no se usa*): *I'm having a big clear-out.* Estoy haciendo limpieza general.

clear up 1 recoger: *Can anybody stay behind to help clear up?* ¿Se puede quedar alguien para ayudar a recoger? **2** (*Meteorología*) despejar(se): *I hope it clears up this afternoon.* Espero que despeje esta tarde. **NOTA** En este sentido, **clear up** siempre lleva el sujeto **it**. **3** (*enfermedad, infección*) curarse, desaparecer: *Has your rash cleared up yet?* ¿Se te ha curado ya la erupción?

clear sth up 1 recoger algo: *Clear up the mess in here before you go.* Recoge todo este lío antes de irte. **2** esclarecer, aclarar algo: *I'd like to clear up this misunderstanding straight away.* Me gustaría esclarecer este malentendido ahora mismo. **3** curar algo: *The antibiotics should clear up the infection.* Los antibióticos deberían curar la infección.

v + adv	
v + n/pron + adv	
v + adv + n	
= **move sb on**	
v + n/pron + adv	
v + adv + n	
ⓞ **the dishes, the dinner**	
= **tidy sth away** (*esp GB*)	
v + adv	
v + n/pron + adv	
v + adv + n	
v + n/pron + prep + n/pron	
v + adv	
v + adv + n	
v + n/pron + adv	
= **turn sth out** (2)	
v + adv	
1 = **tidy up** (*esp GB*)	
2 Ⓢ *only* **it**	
v + adv + n	
v + n/pron + adv	
1 ⓞ **a mess**	
= **tidy sth up** (1) (*esp GB*)	
2 ⓞ **a mystery, a misunderstanding**	
3 ⓞ **a rash, an infection**	

climb /klaɪm/

climb down 1 bajar: *I'll climb down and pass you the rope.* Bajaré y te pasaré la cuerda. **2 (over sth)** (*coloq*) dar marcha atrás (sobre/en lo referente a algo), ceder (en algo): *The government was forced to climb down over its handling of the affair.* El gobierno se vio forzado a dar marcha atrás en lo referente a su manejo del asunto.
▸ **climbdown (over sth)** *n* (*fig*) marcha atrás (sobre algo): *the government's humiliating climbdown over the new tax* la humillante marcha atrás del gobierno en el asunto del nuevo impuesto

v+adv

climb down sth bajar de/por algo: *Can you climb down the tree on your own?* ¿Puedes bajar tú solo del árbol?

v+prep+n/pron
⓪ **a tree, a ladder**

climb into sth 1 meterse en algo: *He climbed into the car.* Se metió en el coche. **2** (*poco frec*) ponerse algo (*ropa*): *She quickly climbed into her clothes.* Se puso la ropa deprisa.

v+prep+n/pron
≠ **climb out of sth**
1 ⓪ **a car, bed**
2 ⓪ **your clothes**

climb out of sth 1 salir, bajarse de algo: *He climbed out of bed.* Salió de la cama. **2** (*poco frec*) quitarse algo (*ropa*): *She climbed out of her dress.* Se quitó el vestido.

v+adv+prep+n/pron
≠ **climb into sth**
1 ⓪ **a car, bed**
2 ⓪ **your clothes**

climb up; **climb up sth** subir (algo), trepar (por/a) algo: *She climbed up to the top.* Subió hasta la cumbre. ◊ *He climbed confidently up the rope.* Subió con seguridad por la cuerda.

v+adv
v+prep+n/pron
⓪ **a tree, a rope, a hill**

clock /klɒk; *USA* klɑːk/

clock in/on (*GB*) (*USA* **punch in**) fichar (*al llegar al trabajo*): *Staff should clock in on arrival.* El personal debe fichar a su llegada.

v+adv
≠ **clock off/out**

clock in at sth registrar algo: *The fastest runner clocked in at 3 minutes 40 seconds.* El corredor más rápido registró 3 minutos 40 segundos.

v+adv+prep+n

clock off/out (*GB*) (*USA* **punch out**) fichar (*al salir del trabajo*): *Don't forget to clock off when you leave.* No te olvides de fichar al salir.

v+adv
≠ **clock in/on**

clock on *Ver* CLOCK IN/ON

v+adv

clock out *Ver* CLOCK OFF/OUT

v+adv

clock sth up (*GB*, *coloq*) marcarse, conseguir algo: *We've clocked up 500 miles today.* Hoy nos hemos marcado 500 millas.

v+adv+n
v+n/pron+adv
⓪ **miles**

clog /klɒg; *USA* klɑːg/ -gg-

clog up (with sth) obstruirse, taponarse (por/con algo): *The pipe had clogged up (with mud).* La tubería se había taponado (con barro).

v+adv

clog sth up (with sth) bloquear algo (con algo): *Make-up clogs up your pores.* El maquillaje bloquea los poros. ◊ *The roads were clogged up with traffic.* Las carreteras estaban congestionadas por el tráfico.

v+adv+n
v+n/pron+adv
⓪ **the roads, your pores**

close /kləʊz; *USA* kloʊz/

close around sb/sth (*GB tb* **close about/round sb/sth**)
1 apretar, estrujar a algn/algo: *His fingers closed around her neck.* Apretó los dedos alrededor de su cuello. **2** (*fig*) venirse encima de algn/algo: *The darkness of the night was closing around him.* La oscuridad de la noche se le venía encima.

v+prep+n/pron

close down ☆**1** (*negocio, escuela*) cerrar (*definitivamente*): *Many businesses have closed down because of the recession.* Muchos negocios han cerrado debido a la recesión. **2** (*GB*) (*Radio, Televisión*) finalizar
▶ **close-down** *n* [sing] cierre (*de una fábrica, una empresa, etc.*)
▶ **closing down sale** *n* liquidación total

v+adv
1 ⑤ **a business, a factory, a shop, a school**
= **shut down** (1)

☆ **close sth down** cerrar, clausurar algo: *The government has closed down most of the mines.* El gobierno ha clausurado la mayoría de las minas.
▶ **close-down** *n* Ver CLOSE DOWN

v+adv+n
v+n/pron+adv
⓪ **a factory, a school, a business**
= **shut sth down** (1)

close in 1 (**on sb/sth**) acercarse (a algn/algo) (*para acorralarle*): *The enemy is closing in (on us).* El enemigo se (nos) está acercando. ◊ *The fog was closing in on them.* La niebla los iba envolviendo. **2** (*esp GB*) (*días*) acortarse (*cuando se acerca el invierno*): *The days are closing in now that autumn is here.* Con la llegada del otoño los días se van acortando. **3** (*esp GB*) (*noche, tarde*) caer: *The night is closing in.* La noche está cayendo.
NOTA En los sentidos 2 y 3, **close in** se utiliza mucho en tiempos continuos.

v+adv
2 = **draw in** (*GB*)
3 = **draw in** (*GB*)

close sth off 1 (**to sb/sth**) cerrar, clausurar algo (a algn/algo): *Police have closed the area off to traffic.* La policía ha cerrado la zona al tráfico. **2** cerrar la puerta a algo: *We don't want to close off any options.* No queremos cerrar la puerta a ninguna opción.

v+n/pron+adv
v+adv+n
1 ⓪ **a street, a road, an area, a room**
2 ⓪ **an option, a possibility**

close on sb/sth (*GB*) acercarse a algn/algo: *I was slowly closing on the runner ahead of me.* Me iba acercando lentamente al corredor de delante.

v+prep+n/pron

close on/over sth apretar algo: *His fingers closed over the money.* Apretó el dinero con los dedos.

v+prep+n/pron

close out (*USA*) liquidar las existencias: *The store is closing out on Monday with discounts of up to 75%.* La tienda liquida las existencias el lunes, con descuentos de hasta el 75%.
▶ **closeout** *n* (*USA*) liquidación total
NOTA Nótese que el sustantivo **closeout** también puede utilizarse delante de otro sustantivo: *a closeout sale*.

v+adv

close sth out 1 no dejar entrar algo: *We need a curtain up there to close out the light.* Necesitamos una cortina ahí arriba que no deje entrar la luz. **2** (*USA, coloq*) cerrar, poner fin a algo: *Barnes scored two goals to close out the game.* Para cerrar el partido, Barnes metió dos goles. **3** (*USA*) (*cuenta bancaria*) cerrar algo: *I'd like to close out my savings account.* Quiero cerrar mi cuenta de ahorros.

v+adv+n
v+n/pron+adv
1 ⓪ **the light, the noise**
2 ⓪ **a game, a set**
3 ⓪ *only* **an account**

close over sth Ver CLOSE ON/OVER STH

v+prep+n/pron

close round sb/sth Ver CLOSE AROUND SB/STH

v+prep+n/pron

close up 1 cerrar(se) completamente: *His eye had swollen and closed up.* Tenía el ojo hinchado y completamente cerrado. ◊ *The cut took a long time to close up.* El corte tardó mucho tiempo en cicatrizar. **2** (*personas, vehículos*) ponerse más juntos: *The sergeant major ordered the men to close up.* El brigada ordenó a los hombres que se pusieran más juntos.

v+adv

close sth up cerrar algo: *He closes the shop up at 5.30.* Cierra la tienda a las 5.30.

v+n/pron+adv
v+adv+n
= **shut sth up** (*esp GB*)

cloud /klaʊd/

cloud over 1 nublarse: *It's starting to cloud over.* Ha empezado a nublarse. NOTA En este sentido, **cloud over** aparece siempre con el sujeto **it**. **2** torcer: *His face clouded over when she walked into the room.* Torció el gesto cuando ella entró en la habitación.

v+adv
1 S *only* **it**
2 S *only* **sb's face, sb's expression**

clown /klaʊn/

clown about/around (*coloq, gen pey*) hacer el payaso

v+adv
= **mess around** (2) (*GB*)

club /klʌb/ -bb-

club together (**to do sth**) poner dinero, contribuir (para hacer algo): *They clubbed together to buy their teacher a present.* Todos pusieron dinero para comprarle un regalo al profesor.

v+adv

clue /kluː/

clue sb in (**on/about sth**) (*USA, coloq*) poner a algn al tanto (de algo): *Can you clue me in on the facts of the case?* ¿Puedes ponerme al tanto de los detalles del caso?

v+n/pron+adv
= **bring sb up to date**

cluster /ˈklʌstə(r)/

cluster around sb/sth (*tb esp GB* **cluster round sb/sth**) apiñarse, agruparse alrededor de algn/algo: *People clustered around the market stalls.* La gente se apiñó alrededor de los puestos del mercado.

v+prep+n/pron

clutch /klʌtʃ/

clutch at sth intentar agarrarse a algo: *She clutched at her stomach, obviously in pain.* Intentaba cogerse el estómago visiblemente dolorida.
LOC **clutch at straws** agarrarse a un clavo ardiendo

v+prep+n/pron
= **catch at sth, grasp at sb/sth**

clutter /ˈklʌtə(r)/

clutter sth up (**with sth**) atestar, abarrotar algo (de algo): *I'm sick of all these books cluttering up my office.* Ya estoy harto de todos estos libros que atestan mi oficina.

v+adv+n
v+n/pron+adv

coax /kəʊks; *USA* koʊks/

coax sth from sb *Ver* COAX STH OUT OF SB; COAX STH FROM SB
v + n/pron + prep + n/pron

coax sb into sth/doing sth persuadir a algn de algo/para que haga algo: *Can we coax you into singing for us?* ¿Te podemos persuadir para que nos cantes algo?
v + n/pron + prep + n/pron
v + n/pron + prep + -ing

coax sb out of sth/doing sth persuadir a algn para que no haga algo: *Try to coax him out of resigning.* Intenta persuadirle para que no dimita.
v + n/pron + adv + prep + n/pron
v + n/pron + adv + prep + -ing

coax sth out of sb; **coax sth from sb** sonsacar algo a algn (*persuadiéndolo*): *She coaxed a smile from the baby.* Con paciencia consiguió una sonrisa del bebé.
v + n/pron + adv + prep + n/pron
v + n/pron + prep + n/pron
[O] **details, information**

cobble /ˈkɒbl; *USA* ˈkɑːbl/

cobble sth together (*coloq*) improvisar algo: *The government seems to have cobbled together these proposals.* Parece que el gobierno ha improvisado estas propuestas.
v + adv + n
v + n/pron + adv

cock /kɒk; *USA* kɑːk/

cock up (*esp GB, tabú*) jorobarla: *You've really cocked up this time.* ¡Ahora sí que la has jorobado!
▶ **cock-up** *n* (*esp GB, muy coloq*) **1** fallo: *There's been a cock-up in the organization.* Ha habido un fallo en la organización. **2** chapuza, desastre: *He made a complete cock-up of the meal!* ¡La comida que hizo fue un desastre!
v + adv

cock sth up (*esp GB, tabú*) fastidiar, jeringar algo: *The travel agency completely cocked up the arrangements.* La agencia de viajes jeringó por completo los planes.
▶ **cock-up** *n Ver* COCK UP
v + n/pron + adv
v + adv + n
= **mess sth up** (2) (*menos coloq*), **bungle sth**

coil /kɔɪl/

coil up enrollarse, enroscarse: *The snake coiled up in the sunshine.* La serpiente se enroscó al sol.
v + adv

coil sth up enrollar algo: *He coiled the rope up neatly.* Enrolló la cuerda perfectamente.
v + n/pron + adv
v + adv + n
[O] **a rope, string**

colour (*USA* **color**) /ˈkʌlə(r)/

colour sth in colorear algo: *Colour the pictures in.* Colorea los dibujos.
v + n/pron + adv
v + adv + n
[O] **a picture, a drawing**

comb /kəʊm; *USA* koʊm/

comb sth out 1 peinar algo: *My hair's so long that it takes me ages to comb it out.* Tengo el pelo tan largo que tardo muchísimo en peinármelo. **2** (**of sth**) desenredar algo: *She brushed her hair and then combed out the tangles.* Se cepilló el pelo y luego lo desenredó.
v + n/pron + adv
v + adv + n
1 [O] **your hair**
2 [O] **knots, tangles**

COME

71
- ~ about
- ~ across
- ~ across sb/sth
- ~ across sth
- ~ after sb

72
- ~ along
- ~ along sth
- ~ apart
- ~ around
- ~ around sth
- ~ at sb
- ~ at sth
- ~ away
- ~ back

73
- ~ back at sb
- ~ back to sth
- ~ before sb/sth
- ~ between sb
- ~ by
- ~ by sth
- ~ down

74
- ~ down sth
- ~ down on sb
- ~ down to sb
- ~ down to sth
- ~ down with sth
- ~ for sb/sth
- ~ forth
- ~ forward
- ~ from sth
- ~ from sth/doing sth
- ~ in

75
- ~ in for sth
- ~ into sth
- ~ of/from sth/doing sth

76
- ~ off
- ~ off sth
- ~ on

77
- ~ on sth
- ~ on/upon sb/sth
- ~ on to sb
- ~ onto sth
- ~ out

78
- ~ out at sth
- ~ out in sth
- ~ out of sth
- ~ out with sth
- ~ over
- ~ over sb/sth
- ~ over sth
- ~ over to sth
- ~ round

79
- ~ round sth
- ~ through
- ~ through sth
- ~ through with sth
- ~ to
- ~ to sb

80
- ~ to sth
- ~ under sth
- ~ up

81
- ~ up sth
- ~ up against sb/sth
- ~ up for sth
- ~ up on sth
- ~ up to sth
- ~ up with sth
- ~ upon sb/sth

---

come /kʌm/ *pret* **came** /keɪm/ *pp* **come**

come about ocurrir, suceder: *It's hard to understand how the accident came about.* Resulta difícil entender cómo ocurrió el accidente.
<u>NOTA</u> **Come about** se utiliza mucho con **how ...?** o **why ...?**: *Why do you think the revolution came about?*

v+adv
= **happen**

come across 1 venir, ir (*cruzando un espacio físico hacia donde está el hablante*): *When did you come across (from Ireland)?* ¿Cuándo viniste (de Irlanda)? ◊ *Do you want me to come across to your house?* ¿Quieres que vaya a tu casa? ◊ *He came across to sit beside her.* Vino para sentarse junto a ella. **2** (*tb* **come over**, **come through**) (*significado, mensaje*) llegar, hacerse patente: *Do you think the film's message comes across clearly?* ¿Crees que el mensaje de la película llega con claridad? ◊ *His personality didn't come across at all on the phone.* Por teléfono su personalidad no se puso en absoluto de manifiesto. **3** [+**adv/prep**] (*tb* **come over** [+**adv/prep**]) parecer ... : *She comes across well in interviews.* Causa buena impresión en las entrevistas. ◊ *At the press conference, he came across as cool and confident.* En la rueda de prensa dio la impresión de estar tranquilo y seguro de sí mismo. <u>NOTA</u> En este sentido, **come across** siempre va seguido de un complemento.

v+adv
3 *v+adv+complemento*

come across sb/sth encontrarse con algn/algo (*por casualidad*): *He's the most unpleasant man I've ever come across.* Es el hombre más desagradable que he conocido en mi vida.

v+prep+n/pron
= **run across sb/sth**

come across sth cruzar algo (*hacia donde se encuentra el hablante*): *She came across the room towards me.* Cruzó la habitación hacia donde yo estaba. ◊ *Can you see that boat coming across the river?* ¿Ves ese bote que viene cruzando el río?

v+prep+n/pron

come after sb perseguir, seguir a algn: *The farmer came after them, threatening to call the police.* El granjero les persiguió, amenazando con llamar a la policía.

v+prep+n/pron

come + along

come along ☆ **1** aparecer, presentarse: *It's lucky you came along or I'd have been stranded!* Es una suerte que hayas aparecido, ¡si no, me hubiera quedado aquí tirado! ◊ *When the right opportunity comes along, he'll take it.* Cuando se presente la oportunidad adecuada, no la dejará escapar. **2** venir (*acompañando al hablante*): *We're going to the pub. Do you want to come along?* Vamos al pub. ¿Quieres venirte con nosotros? ◊ *You'd better come along with me to the police station.* Será mejor que me acompañe a la comisaría. **3** (*tb* **come on**) avanzar, mejorar: *His French is really coming along.* Su francés está mejorando mucho. **NOTA** En este sentido, **come along** se utiliza mucho con un adverbio o con la pregunta **how ... ?**, y en tiempos continuos: *How's your thesis coming along?* **4 come along!** (*esp GB*) (*GB tb* **come on!**) ¡venga!, ¡vamos!: *Come along, we'll be late!* ¡Venga, date prisa, llegaremos tarde! **NOTA** En este sentido, **come along** se utiliza siempre en imperativo. **Come along!** es menos frecuente que **come on!** y se utiliza sobre todo en inglés británico. *v+adv*

come along sth venir por ... : *It was coming along the road at great speed.* Venía a gran velocidad por la carretera. *v+prep+n/pron* [0] **a road**

come apart romperse: *The teapot just came apart in my hands.* La tetera se me rompió en las manos. ◊ *My new dress is coming apart at the seams.* El vestido nuevo se me está reventando por las costuras. *v+adv* = **fall apart** (1)

come around (*esp USA*) *Ver* COME ROUND *v+adv*

come around sth (*esp USA*) *Ver* COME ROUND STH *v+prep+n/pron*

come at sb echarse encima de algn: *She came at me with a knife.* Se me abalanzó con un cuchillo. *v+prep+n/pron*

come at sth abordar, enfocar algo: *We're getting nowhere. Let's try coming at the problem from a different angle.* No estamos consiguiendo nada. Vamos a intentar enfocar el problema desde otro ángulo. *v+prep+n/pron* [0] **a problem**

come away (from sth) **1** apartarse, quitarse (de algo): *Come away from the window!* ¡Quítate de la ventana! **2** salir (de algo): *She came away from the championship with three medals.* Salió del campeonato con tres medallas. **3** desprenderse (de algo): *The plaster had started to come away from the wall.* La pared se estaba desconchando. *v+adv*

come back ☆ **1** volver: *Come back here at once!* ¡Vuelve aquí ahora mismo! ◊ *My headache has come back again.* Me ha vuelto el dolor de cabeza. ◊ *Why don't you come back to my place for a coffee?* ¿Por qué no te vienes a casa a tomar un café? **2** volver a estar de moda: *Miniskirts are coming back (into fashion).* La minifalda vuelve a estar de moda. **NOTA** En este sentido, **come back** se utiliza mucho en la construcción **come back in/into fashion**. **3** (*pena de muerte, ley*) volver (a implantarse): *Some people would like to see the death penalty come back.* A algunas personas les gustaría que volviera a implantarse la pena de muerte. **4** (*mensaje, respuesta*) llegar de vuelta: *I sent her a fax and a message came back that she was away.* Le mandé un fax y me llegó de vuelta un mensaje diciendo que no estaba. **5 (to sb)** volver a la memoria de algn: *It's all coming back to me now.* Ahora me está volviendo todo a la memoria. **6 (with sth)** replicar (con algo): *He came back with a vicious reply.* Replicó con saña. *v+adv* **1** = **return** (*más formal*)

▶ **comeback** *n* **1** *n* [gen sing] (*de algo/algn que tuvo éxito en el pasado*) vuelta: *The group's trying to make/stage a comeback.* El grupo intenta volver a los escenarios. **2** (*coloq*) respuesta, réplica.

72

come + down

come back at sb (**with sth**) replicar a algn (con algo): *She came back at him with some questions.* Se dirigió a él con unas preguntas.
▶ **comeback** *n* Ver COME BACK

v + adv + prep + n/pron

come back to sth (*punto, cuestión*) volver a algo: *I'll come back to that point in a moment.* En seguida vuelvo a ese punto.

v + adv + prep + n/pron
= **return to sth** (*más formal*)

come before sb/sth 1 (*Jur*) presentarse ante algn/algo: *The case comes before the court next week.* El caso se presenta ante los tribunales la semana próxima. **2** preceder a algn/algo: *Our duty to him comes before anything else.* Nuestro deber hacia él está antes que nada. ◊ *Her reputation comes before her.* Su fama la precede.

v + prep + n/pron
1 ⓞ **the court, the judge, parliament**

come between sb (**and sb/sth**) interponerse entre algn y algn/algo: *I don't want to come between her and her work.* No quiero interponerme entre ella y su trabajo.

v + prep + n/pron

come by 1 (*esp USA*) pasarse, venir (*para hacer una visita corta*): *Thanks for coming by yesterday.* Gracias por venir ayer. **2** pasar: *The waiter came by with a tray of bottles.* Pasó el camarero con una bandeja con botellas.

v + adv
1 = **stop by, stop by sth**

come by sth 1 hacerse con algo, conseguir algo: *Jobs are hard to come by these days.* En estos tiempos es difícil conseguir un trabajo. ◊ *How did you come by that scratch on your cheek?* ¿Cómo te has hecho ese arañazo en la mejilla? **NOTA** En este sentido, **come by sth** se puede utilizar en pasiva: *I can't believe that drugs are so easily come by nowadays.* **2** (*esp USA*) pasarse por ... (*para hacer una visita corta*): *If you come by the office tomorrow, I'll have it ready for you.* Si te pasas mañana por la oficina, te lo tendré listo.

v + prep + n/pron
2 = **stop by, stop by sth**

come down ☆ **1** bajar: *Come down from that tree!* ¡Bájate de ese árbol! ◊ *The curtain came down to loud applause.* Cayó el telón y se oyó un fuerte aplauso. ☆ **2** (*precio, temperatura*) bajar: *Petrol is coming down in price.* La gasolina está bajando. **3** venir (*desde algún lugar más al norte*): *When are you coming down to Kent to see us?* ¿Cuándo vas a bajar a Kent a vernos? ◊ *They've come down from Scotland for the match.* Han venido desde Escocia para el partido. **4** venirse abajo: *Part of the ceiling had come down.* Parte del techo se había venido abajo. **5** aterrizar, caer: *The pilot was forced to come down in a field.* El piloto se vio obligado a aterrizar en un campo. **6** bajar el precio: *I'll come down if I don't get an offer in the next week.* Si no me hacen ninguna oferta la semana que viene, estaré dispuesto a bajar el precio. **7** (*lluvia, niebla*) caer: *The rain was coming down hard.* La lluvia caía con fuerza. **8** [+**adv/prep**] pronunciarse (a favor/en contra de algn/algo): *The jury came down against him.* El jurado falló en su contra. ◊ *I knew she'd come down on his side.* Sabía que se pondría de su parte. **NOTA** En este sentido, **come down** siempre va seguido de un complemento. **9** [+**adv/prep**] llegar: *Her hair comes down to her waist.* El pelo le llega a la cintura. **NOTA** En este sentido, **come down** siempre va seguido de un complemento. **10** (*coloq*) volver a la normalidad: *The party was so good I haven't really come down yet.* La fiesta fue tan buena que todavía estoy flipando.

v + adv
1 ≠ **come up** (1)
2 ≠ **go up** (1)
3 ≠ **come up** (2)
5 ⑤ **the plane, the pilot**
7 ⑤ **the rain**
8 *v + adv + complemento*
9 *v + adv + complemento*
⑤ **sb's hair**

LOC **come** (**back**) **down to earth** (**with a bang**) bajar de las nubes, poner los pies en el suelo
▶ **comedown** *n* [gen sing] (*coloq*) venida a menos, descenso: *It's a bit of a comedown after her previous job.* Es un poco venir a menos después del trabajo que tenía.

come + down

come down sth ☆ **1** bajar por algo: *The car was coming down the road towards us.* El coche venía carretera abajo hacia nosotros. ◊ *He came down the stairs two by two.* Bajó las escaleras de dos en dos. **2** bajar algo *(una cantidad)*: *I can come down another $10.* Puedo bajar otros diez dólares.

come down on sb [+adv] *(coloq)* castigar a algn ... *(severamente, etc.)*: *The courts are coming down heavily on young offenders.* Los tribunales están castigando severamente a los delincuentes juveniles. ◊ *He came down on me like a ton of bricks for what I said.* Se me echó encima como un energúmeno por lo que dije.

NOTA Nótese que este *phrasal verb* se utiliza mucho en la construcción **come down heavily, hard, etc. on sb**.

come down to sb (**from sb**) ser legado a algn (por algn): *The estate came down to her from her grandfather.* Heredó la finca de su abuelo.

come down to sth ser cuestión de algo, reducirse a algo: *It all comes down to a matter of priorities in the end.* Al final todo es cuestión de prioridades.

come down with sth coger algo *(enfermedad leve)*: *I came down with a bad cold.* Cogí un resfriado fuerte.

come for sb/sth venir a por algn/algo: *The police came for him this morning.* La policía vino a por él esta mañana.

come forth (*formal, ret*) surgir: *He struck the rock and water came forth.* Golpeó la roca y manó agua.

▶ **forthcoming** *adj* **1** [atrib] próximo **NOTA** En este sentido, el adjetivo **forthcoming** siempre aparece delante de un sustantivo: *the budget for the forthcoming year.* **2** [pred] disponible **NOTA** En este sentido, el adjetivo **forthcoming** siempre se coloca detrás de un verbo: *Financial support was not forthcoming.*

come forward (**with sth**) presentarse, ofrecerse (para dar algo): *Police have asked witnesses to come forward.* La policía ha pedido a los testigos que se presenten. ◊ *We're hoping that a sponsor will come forward with the extra money.* Tenemos la esperanza de que aparezca algún patrocinador para dar el dinero que falta.

☆ **come from sth**; **come from ...** ser, venir de ... : *Where do you come from?* ¿De dónde eres? ◊ *Most of the wines that we sell come from France.* La mayoría de los vinos que vendemos son de Francia. ◊ *Does your information come from a reliable source?* ¿Tu información proviene de una fuente fidedigna? ◊ *I'm lazy? That's rich, coming from you!* ¿Vago yo? ¡Tiene gracia que tú digas eso!

come from sth/doing sth Ver COME OF/FROM STH/DOING STH

come in ☆ **1** entrar: *I knocked and heard her say 'come in'.* Llamé y oí que decía "¡Adelante!" ◊ *The rain's coming in through that hole.* La lluvia entra por ese agujero. **2** llegar: *I'll ask him as soon as he comes in.* Le preguntaré en cuanto llegue. ◊ *News is coming in of a train crash in Scotland.* Nos llega una noticia de un choque de trenes en Escocia. ◊ *We're still waiting for copies of the book to come in.* Estamos esperando todavía a que nos lleguen copias del libro. **3** [+adj/adv/prep] *(corredor)* llegar ... *(primero, segundo, etc.)*: *Which horse came in first?* ¿Qué caballo llegó primero? **NOTA** En este sentido, **come in** siempre va seguido de un complemento. **4 (to do sth)** venir (a hacer algo): *A plumber's coming in to look at the*

---

1 v+prep+n/pron
[O] **the road, the steps, the corridor**
≠ **come up sth**
2 v+prep+n

v+adv+complemento+prep+n/pron
v+adv+prep+n/pron+complemento

v+adv+prep+n/pron

v+adv+prep+n/pron

v+adv+prep+n/pron
[O] **flu, a cold**

v+prep+n/pron

v+adv

v+adv

v+prep+n/pron

v+prep+n/pron
v+prep+-ing

v+adv
3 v+adv+complemento
[S] **a runner, a horse**
8 v+adv+complemento
12 [S] **the tide**
≠ **go out** (11)

come+of

boiler. Va a venir un fontanero para echarle un vistazo a la caldera. **5** (*fruta, verdura*) empezar la temporada: *English strawberries usually come in in June*. En Inglaterra la temporada de las fresas es generalmente en junio. **6** (*dinero*) entrar, percibirse: *We've got just enough money coming in to pay the bills*. Entra el dinero justo para pagar los recibos. **7** (*ley*) entrar en vigor **8** [+**adj**] (*objeto, cacharro*) venir ... (*bien, etc.*): *These boxes will come in handy when we move*. Estas cajas nos vendrán muy bien para el traslado. NOTA En este sentido, **come in** siempre va seguido de un complemento, normalmente los adjetivos **useful** y **handy**. **9** intervenir, jugar un papel (*en un plan*): *I like the plan, but where do I come in?* Me gusta el plan, pero ¿cuál es mi papel? NOTA En este sentido, **come in** se utiliza mucho con el adverbio **where**: *Where does Susie come in?* **10** (**on/with sth**) intervenir (en/con algo): *I'd like to come in on this point to clarify things*. Me gustaría intervenir aquí para aclarar las cosas. **11** (**with sb**) participar (con algn): *Sam's coming in with us to buy the wedding present*. Sam quiere entrar en el regalo de boda con nosotros. **12** (*marea*) subir

▶ **income** *n* ingresos

▶ **incoming** *adj* [atrib] **1** que llega: *incoming passengers* los pasajeros que llegan **2** (*llamada, correo*) que se recibe **3** (*marea*) que sube

NOTA Nótese que el adjetivo **incoming** se utiliza siempre delante de un sustantivo: *This phone only takes incoming calls*.

come in for sth ser objeto de algo: *The government has come in for severe criticism from all sides*. El gobierno ha sido objeto de duras críticas por parte de todos.

v+adv+prep+n/pron
[0] **criticism**

come into sth ☆ **1** entrar en ... : *She came into the room crying*. Entró en la habitación llorando. **2** venir a ... (*lugar de trabajo*): *Are you coming into the office tomorrow?* ¿Vienes a la oficina mañana? **3** llegar a ... (*a un estado o situación*): *The cherry trees are coming into blossom*. Los cerezos están floreciendo. ◊ *The band only came into being in 1995*. El grupo no se creó hasta 1995. ◊ *When do the new regulations come into force/effect?* ¿Cuándo entran en vigor las nuevas normas? ◊ *When did Labour come into office?* ¿Cuándo subió el partido laborista al poder? **4** heredar algo: *She came into a fortune when her uncle died*. Al morir su tío heredó una fortuna. **5** jugar un papel en algo: *I got the job because I was the best. My looks didn't come into it*. Conseguí el trabajo porque era la mejor. Mi físico no tuvo nada que ver. NOTA En este sentido, **come into sth** se utiliza normalmente con el objeto **it**.

LOC **come into your/its own** lucirse: *He comes into his own when he's with children*. Cuando está con niños, se nota que es lo suyo.

v+prep+n/pron
2 [0] **the office, work**
3 [0] **being/existence, contact, effect/force, fashion, operation, play, power/office, sight/view**
4 [0] **a fortune, money**
5 [0] **it**

come of/from sth/doing sth resultar de algo/hacer algo: *He promised to help, but I don't think anything will come of it*. Prometió ayudar, pero creo que quedará en nada. ◊ *This is what comes of being over-confident*. Esto es lo que pasa cuando se tiene demasiada confianza en uno mismo.

v+prep+n/pron
v+prep+-ing

come+off

come off ☆ **1** desprenderse, soltarse: *The handle came off (in my hand).* Me quedé con el asa en la mano. ◊ *The chain keeps coming off.* La cadena se sale cada dos por tres. ☆ **2** quitarse: *Does this knob come off?* ¿Se puede quitar este pomo? ☆ **3** caerse: *My glasses came off when I tripped.* Cuando tropecé se me cayeron las gafas. **4** (*coloq*) tener lugar, llevarse a cabo: *Did your trip to Rome ever come off?* ¿Llegaste a ir a Roma? **5** (*coloq*) (*plan, intento*) tener éxito: *Her attempt to break the record nearly came off.* Casi logró su intento de batir el récord. **6** [+ **adv**] (*coloq*) salir bien/mal parado (*en una pelea, en una competición, etc.*): *He always comes off worst in fights.* Siempre sale perdiendo en las peleas. NOTA En este sentido, **come off** siempre va seguido de un complemento.

v+adv
6 *v+adv+complemento*

come off sth ☆ **1** soltarse, despegarse de algo: *A button has come off my coat.* Se me ha caído un botón del abrigo. ◊ *The wallpaper is coming off the wall.* El papel se está despegando de la pared. **2** caerse de algo: *She braked sharply and came off her bike.* Frenó en seco y se cayó de la bicicleta. **3** dejar algo: *She came off the pill because she wanted a baby.* Dejó de tomar la píldora porque quería tener un niño. ◊ *Hasn't he come off the phone yet?* ¿Todavía está al teléfono? **4** salir de algo: *She looked tired as she came off the plane.* Al bajar del avión parecía cansada. ◊ *Come off the motorway at junction five.* Salga de la autopista en la salida cinco. **5** (*calor, neblina*) provenir, venir de algo: *There was a mist coming off the sea.* Había una neblina que provenía del mar. **6** (*cantidad de dinero*): *Two pence a litre is coming off the price of petrol.* La gasolina ha bajado dos peniques el litro.
LOC **come off it!** (*coloq*) ¡venga ya!

v+prep+n/pron
2 ◯ **a bicycle, a horse**
4 = **get off sth**

come on ☆ **1 come on!** (*tb esp GB* **come along!** *menos frec*) ¡venga!, ¡vamos!: *Come on, we'll be late.* Venga, date prisa, o llegaremos tarde. NOTA En este sentido, **come on** siempre se utiliza en imperativo. ☆ **2 come on!** ¡venga!, ¡vamos!: *Come on, things can't be that bad!* ¡Venga, vamos, las cosas no pueden ir tan mal! ◊ *Come on! You don't really expect me to believe that do you?* ¡Venga ya! No pretenderás que me crea eso, ¿verdad? NOTA En este sentido, **come on** siempre se utiliza en imperativo. **3** (*calefacción, luz, etc.*) ponerse en funcionamiento, encenderse: *Does the heating come on automatically?* ¿La calefacción se pone en funcionamiento automáticamente? **4** (*tb* **come along**) avanzar, mejorar: *His French is really coming on.* Su francés está mejorando mucho. ◊ *How's dinner coming on?* ¿Cómo va la cena? NOTA En este sentido, **come on** se utiliza mucho con un adverbio o con la pregunta **how?**, y en tiempos continuos: *The company's come on a lot since those days.* **5** [+**adv**] venir: *My wife's coming on later.* Mi mujer vendrá más tarde. NOTA En este sentido, **come on** siempre va seguido de un complemento. **6** ponerse (*al teléfono*): *My dad came on to have a chat.* Se puso mi padre para charlar un rato. **7** (*Teatro*) salir/entrar (a escena): *When are the band coming on?* ¿Cuándo sale el grupo a escena? **8** (*Dep*) salir/entrar (al campo): *Zola came on in place of Flo.* Zola reemplazó a Flo. **9** (*película, obra*) empezar, poner: *What time does the news come on?* ¿A qué hora ponen las noticias on? **10** (*esp GB*) entrar, empezar: *It's getting colder. Winter's coming on.* Hace más frío. Está entrando el invierno. ◊ *I've got a cold coming on.* Me estoy cogiendo catarro. NOTA En este sentido, **come on** se utiliza mucho en tiempos continuos. **11** (*GB, coloq*) ponerse mala (*con el periodo*): *I came on early last month.* El mes pasado me puse mala antes de tiempo.
LOC **come on strong** pasarse (*frecuentemente en un sentido sexual*)

v+adv
3 ≠ **go off** (4)
5 *v+adv+complemento*
7 ≠ **go off** (12)

come on sth **1** aparecer en algo: *Thank you for coming on the show.* Gracias por venir al programa. ◊ *This house has just come on the market.* Esta casa acaba de salir al mercado. **2** (*teléfono*) ponerse a algo: *After dad, mum came on the phone.* Después de mi padre, se puso mi madre al teléfono. **3** apuntarse a algo: *Why have you come on this course?* ¿Por qué te has apuntado a este curso?

come on/upon sb/sth (*formal*) encontrarse con algn/algo: *I came upon this beautiful vase in the attic.* Me encontré (con) este bonito jarrón en el desván.

come on to sb (*coloq*) insinuarse a algn: *Are you coming on to me?* ¿Te me estás insinuando?
▶ **come-on** *n* [gen sing] (*coloq*) insinuación (*en un sentido sexual*)

come onto sth **1** pasar a hablar de algo: *I'll come onto the subject of holidays in a minute.* En seguida pasaré a hablar del tema de las vacaciones. **2** (*esp GB*) entrar en algo, salir a algo: *You need to come onto the motorway at junction 14.* Tienes que meterte en la autopista por la entrada número 14. ◊ *This house has just come onto the market.* Esta casa acaba de salir al mercado.

come out ☆ **1** (**of sth**) salir (de algo): *Come out! I know you're in there!* ¡Sal! ¡Sé que estás ahí! ◊ *Will you come out to dinner with me?* ¿Saldrás a cenar conmigo? ◊ *When will she be able to come out of hospital?* ¿Cuándo podrá salir del hospital? ◊ *The sun came out in the afternoon.* Salió el sol por la tarde. ◊ *Come out to the farm to see us.* Ven a vernos a la granja. ◊ *I opened my mouth to reply, but no sound came out.* Abrí la boca para contestar, pero no me salió nada. **2** publicarse, salir al mercado: *Her novel's just come out.* Su novela acaba de salir. ◊ *There are new drugs coming out all the time.* Salen nuevos medicamentos continuamente. **3** (**of sth**) quitarse, salir (de algo): *Those ink stains won't come out of my dress.* Las manchas de tinta de mi vestido no se van a quitar. **4** (**of sth**) caerse, despegarse (de algo): *All the pages have come out of this book.* Se han despegado todas las páginas de este libro. ◊ *Her tooth came out when she bit into the apple.* Se le cayó el diente al morder la manzana. **5** [+**adv/prep/n**] resultar: *She came out first in the exam.* Sacó el número uno en el examen. ◊ *We don't come out very well in this article.* No salimos muy bien parados en este artículo. NOTA En este sentido, **come out** siempre va seguido de un complemento. **6** (*fotografía*) salir: *The photos didn't come out because there wasn't enough light.* Las fotos no salieron porque no había suficiente luz. **7** (*verdad*) salir a la luz, revelarse: *The truth finally came out.* La verdad salió finalmente a la luz. ◊ *It came out that she'd made the whole thing up.* Resultó que se lo había inventado todo. **8** ponerse de manifiesto: *His arrogance comes out in every speech he makes.* Su arrogancia se pone de manifiesto en todos los discursos que da. **9 come out and do sth** salir y hacer algo, atreverse a hacer algo: *Has she actually come out and admitted it yet?* ¿Lo ha admitido ya abiertamente? NOTA En este sentido, **come out** siempre va seguido de **and do sth**: *He just came out and told her everything.* **10** [+**prep**] declararse a favor/en contra de algo: *Members of the committee have come out in opposition to the proposal.* Hay miembros del comité que se han declarado en contra de la propuesta. NOTA En este sentido, **come out** siempre va seguido de un complemento. **11** (*tb* **come out on strike**) (*GB*) declararse (en huelga), ir a la huelga: *The miners have come out (on strike).* Los mineros se han declarado en huelga. **12** declararse públicamente homosexual

LOC **come out of yourself** perder timidez y ganar confianza

---

v+prep+n/pron
1 [0] **the market, the show, the programme**
2 [0] **the phone, the line**
3 [0] *only* **a course**

v+prep+n/pron

v+adv+prep+n/pron

v+prep+n/pron
1 [0] **the question/topic/subject of ...**
2 [0] **the market, the stage, the pitch**

v+adv
2 [S] **a novel**
3 [S] **a stain**
5 *v+adv+complemento*
6 [S] **a photograph**
7 [S] **the truth**
9 *v+adv+and+inf*
10 *v+adv+complemento*
11 *v+adv*
   v+adv+prep+n

`come + out`

come out at sth (*factura*) salir, ascender a algo: *The total bill comes out at over a thousand pounds.* La factura global asciende a más de mil libras. | *v + adv + prep + n/pron*

come out in sth llenarse de algo: *Hot weather makes her come out in a rash.* El calor hace que le salga un sarpullido. ◊ *The thought of the interview made me come out in a cold sweat.* Solo con pensar en la entrevista me entraba un sudor frío. | *v + adv + prep + n/pron* [O] **spots, a rash** = **break out in/into sth**

come out of sth salir de algo: *At least some good came out of all our hard work.* Al menos algo bueno resultó de todo nuestro esfuerzo. ◊ *The country is slowly coming out of recession.* El país está saliendo lentamente de la recesión. | *v + adv + prep + n/pron*

come out with sth (*coloq*) salir con algo (*decir algo inesperadamente*): *I can't believe the things he comes out with!* ¡Me cuesta creer las cosas con las que sale! | *v + adv + prep + n/pron*

come over 1 (**to sb/to ...**) venir (a algn/a ...): *Come over and meet my husband.* Ven que te presento a mi marido. ◊ *Why don't you come over to England for a holiday?* ¿Por qué no te vienes a Inglaterra de vacaciones? **2** [+**adj**] (*GB, coloq*) ponerse (*tímido, mareado, etc.*): *I come over all shy whenever I see her.* Cada vez que la veo me vuelvo de lo más tímido. **NOTA** En este sentido, **come over** siempre va seguido de un complemento. **3** (*tb* **come across, come through**) (*significado, mensaje*) llegar, hacerse patente: *Do you think the film's message comes over clearly?* ¿Crees que el mensaje de la película llega con claridad? ◊ *His personality didn't come over at all on the phone.* Por teléfono su personalidad no se puso en absoluto de manifiesto. **4** [+**adv/prep**] (*tb* **come across** [+**adv/prep**]) parecer ... : *She comes over well in interviews.* Causa buena impresión en las entrevistas. ◊ *At the press conference, he came over as cool and confident.* En la rueda de prensa dio la impresión de estar tranquilo y seguro de sí mismo. **NOTA** En este sentido, **come over** siempre va seguido de un complemento. **5** (**to ...**) (*tb* **come round** (**to ...**)) venir (a ...) (*de visita*): *Come over and see us sometime.* Ven algún día a vernos. ◊ *Do you want to come over to my house for lunch?* ¿Quieres venir a casa a comer? | *v + adv* **2** *v + adv + complemento* **4** *v + adv + complemento*

come over sb/sth apoderarse de algn/algo, invadir a algn/algo: *I can't think what came over me.* No sé qué me pasó. ◊ *A dreamy look came over his face.* Una mirada soñadora invadió su rostro. | *v + prep + n/pron*

come over sth salir de algo, oírse por algo: *A voice came over the tannoy telling us not to panic.* Se oyó una voz por los altavoces pidiendo que no cundiera el pánico. | *v + prep + n/pron*

come over to sth pasarse a algo (*a otro bando*): *We're still waiting for him to come over to our way of thinking.* Aún estamos esperando a que se convenza de que tenemos razón. | *v + adv + prep + n/pron*

come round (*tb esp USA* **come around**) ☆ **1** (**to ...**) (*tb* **come over** (**to ...**)) venir (a ...) (*de visita*): *Come round and see us sometime.* Ven algún día a vernos. ◊ *Do you want to come round for lunch?* ¿Quieres venir a comer? **2** pasar (*ofreciendo bebidas, etc.*): *The waiters came round with drinks.* Los camareros pasaron ofreciendo bebidas. **3** (*vacaciones, época del año*) llegar: *I can't believe Christmas has come round again!* ¡Parece mentira que estén aquí otra vez las Navidades! **4** (*tb* **come to**) volver en sí, despertar: *When she came round, her sister was sitting beside her bed.* Cuando volvió en sí, su hermana estaba sentada junto a la cama. ◊ *He hasn't yet come round after the anaesthetic.* No se ha despertado aún de la anestesia. **5** pasarse (*una carta, un documento, etc.*): *The card came round for* | *v + adv* *everyone to sign.* La tarjeta circuló para que la firmara todo el mundo. **6** dar un rodeo: *The road was blocked so we had to come round by the fields.* La carretera estaba bloqueada, así que tuvimos que dar un rodeo por los campos. **7 (to sth)** (*coloq*) convencerse (de algo): *She'll never come round to our way of thinking.* Nunca se convencerá de que tenemos razón. ◊ *Don't push him; he'll come round in time.* No le presiones, ya se convencerá con el tiempo.

come round sth (*tb esp USA* **come around sth**) venir por algo (*por una curva, esquina, etc. en dirección al hablante*): *The bus came round the bend too fast.* El autobús vino por la curva demasiado rápido.

v+prep+n/pron
[O] *only* **the corner, the bend**

come through 1 pasar: *Come through to my office.* Pase a mi oficina. **2** (*noticia, mensaje*) llegar: *I've got an international call coming through for you.* Tengo aquí una llamada internacional para usted. ◊ *We're going to buy a new car when the insurance money comes through.* Vamos a comprar un coche nuevo cuando nos llegue el dinero del seguro. ◊ *He's still waiting for his divorce to come through.* Todavía está esperando a que le concedan el divorcio. **3** sobrevivir: *He's very ill but doctors expect him to come through.* Está muy grave, pero los médicos esperan que sobreviva. **4** salir: *The baby's front teeth were coming through.* Al bebé le estaban saliendo los dientes de delante. ◊ *The sun's coming through.* Está saliendo el sol. **5** (*lluvia*) penetrar, entrar: *Put a piece of plastic over the hole to stop the rain coming through.* Pon un trozo de plástico cubriendo el agujero para evitar que entre la lluvia. **6** (*tb* **come across**, **come over**) (*significado, mensaje*) llegar, hacerse patente: *Do you think the film's message comes through clearly?* ¿Crees que el mensaje de la película llega con claridad? ◊ *His personality didn't come through at all on the phone.* Por teléfono su personalidad no se puso en absoluto de manifiesto.

v+adv
2 [S] **a call, your divorce**
3 = **pull through, pull through sth**
4 [S] **sb's teeth, the sun**

come through sth 1 pasar por algo (*de camino hacia otro sitio*): *We came through Oxford on our way to Bristol.* Pasamos por Oxford de camino hacia Bristol. **2** penetrar a través de algo: *Water's coming through the roof.* Está entrando agua por el tejado. ◊ *This note just came through the door.* Acaban de pasar esta nota por la puerta. **3** sobrevivir a algo: *She was lucky to come through the operation.* Tuvo suerte de sobrevivir a la operación.

v+prep+n/pron

come through with sth dar algo (*que se espera de uno*): *The insurance company's finally come through with the money.* Al final la compañía de seguros ha soltado el dinero.

v+adv+prep+n/pron

come to (*tb* **come round**) volver en sí, despertar: *When she came to, her sister was sitting beside her bed.* Cuando volvió en sí, su hermana estaba sentada junto a la cama. ◊ *He hasn't yet come to after the anaesthetic.* No se ha despertado aún de la anestesia.

v+adv

come to sb 1 (*idea*) ocurrírsele a algn: *The idea came to me in the bath.* Se me ocurrió la idea en la bañera. ◊ *It suddenly came to her that she had been wrong.* De pronto se dio cuenta de que había estado equivocada. **2** (*esp GB*) pasar a algn: *All my money will come to you when I die.* Cuando me muera, todo mi dinero pasará a ti.

v+prep+n/pron

come + to

come to sth 1 ascender a algo: *The bill came to $30.* La factura ascendía a 30 dólares. **2** llegar a algo: *We both came to the same conclusion.* Los dos llegamos a la misma conclusión. ◊ *I don't know what the world's coming to.* No sé adónde vamos a ir a parar. ◊ *All her dreams had come to nothing.* Todos sus sueños se habían quedado en nada. NOTA En este sentido, **come to sth** se utiliza mucho con **this** o **that**: *The doctors will operate if necessary, but it may not come to that.*
LOC **when it comes to sth/doing sth** cuando se trata de algo/hacer algo: *When it comes to cooking, he's much better than I am!* Cuando se trata de cocinar, ¡él es mucho mejor que yo!

v + prep + n/pron
1 = add up to sth (1), amount to sth (1)
2 ◎ this, that, nothing

come under sth 1 ir/estar bajo algo: *What heading does this come under?* ¿Bajo qué título va esto? ◊ *The prisons now come under central government control.* Ahora las cárceles están bajo el control del gobierno central. **2** ser objeto de algo: *The government has come under attack over the new bill.* El gobierno ha sido blanco de ataques a causa del nuevo proyecto de ley. ◊ *She's come under intense pressure to change her mind.* Ha sido objeto de grandes presiones para que cambiara de idea.

v + prep + n/pron
1 ◎ a heading, a category
2 ◎ attack, pressure, fire, criticism

come up 1 (**to sth**) subir (a algo): *Who wants to come up to the top of the hill?* ¿Quién quiere subir a lo alto de la colina? ◊ *Are you coming up to bed soon?* ¿Vas a subir pronto a acostarte? **2** venir (*desde un lugar más al sur*): *They've come up from London to see you.* Han venido de Londres para verte. ☆ **3** (**to sb/sth**) acercarse (a algn/algo): *She came up (to me) and shook my hand.* Se (me) acercó y me dio la mano. **4** (*fecha*) acercarse: *Her birthday is coming up soon.* Se acerca el día de su cumpleaños. ◊ *Coming up next is the news.* Y a continuación, las noticias. ◊ *"A cup of tea, please." "Coming (right) up!"* —Un té, por favor. —¡Marchando! NOTA En este sentido, **come up** siempre se utiliza en tiempos continuos.
5 salir, surgir: *The subject came up in conversation.* Salió el tema en la conversación. ◊ *Something urgent has come up; I have to go.* Ha surgido algo urgente; me tengo que ir. ◊ *We sat outside and watched the sun come up.* Nos sentamos fuera y vimos salir el sol. **6** (**to sth**) llegar (a/hasta …): *The water came up to my chin.* El agua me llegaba hasta la barbilla. **7** (*Jur*) verse (*en un tribunal*): *Her case comes up next month.* Su caso se verá el mes que viene. **8** salir (*en una lotería, etc.*): *My numbers came up and I won a million!* ¡Salieron mis números y gané un millón! **9** salir a la superficie: *I came up gasping for air.* Salí a la superficie casi sin aire.
10 aparecer (*en una pantalla*): *Her flight has just come up on the arrivals board.* Su vuelo acaba de aparecer en el panel de llegadas.
11 [+**adj/adv**] (*GB*) quedar: *I've given it a good clean and it's come up like new.* Lo he limpiado a fondo y ha quedado como nuevo. NOTA En este sentido, **come up** siempre va seguido de un complemento.
LOC **come up in the world** ascender: *She's really come up in the world.* Desde luego ha llegado lejos.
▶ **up-and-coming** *adj* [atrib] (*coloq*) que está subiendo/progresando: *He is an up-and-coming young actor.* Es un actor joven que está subiendo.
NOTA Nótese que el adjetivo **up-and-coming** siempre se utiliza delante de un sustantivo.
▶ **upcoming** *adj* [atrib] (*esp USA*) próximo (*que va a suceder*)
NOTA El adjetivo **upcoming** se utiliza siempre delante de un sustantivo: *the upcoming elections.*

v + adv
1 ≠ come down (1)
2 ≠ come down (3)
11 *v + adv + complemento*

come up sth subir por algo: *I can hear somebody coming up the stairs.* Oigo a alguien subiendo por las escaleras.

v+prep+n/pron
[O] **the road, the stairs**
≠ **come down sth** (1)

come up against sb/sth enfrentarse a algn/algo: *We expect to come up against a lot of opposition to the scheme.* Esperamos toparnos con mucha oposición al plan.

v+adv+prep+n/pron
= **run up against sb/sth**

come up for sth: *When does your contract come up for renewal?* ¿Cuándo te tienen que renovar el contrato? ◊ *She comes up for re-election next year.* El próximo año se presenta a la reelección.

v+adv+prep+n/pron
[O] **renewal, sale, auction**

come up on sth (*USA*) acercarse algo (*en el tiempo*): *It's coming up on your bedtime.* Es casi hora de acostaros.

v+adv+prep+n/pron

come up to sth 1 acercarse a algo: *You're coming up to the roundabout now.* Ahora te estás acercando a la rotonda. ◊ *It's coming up to Christmas.* Se están acercando las Navidades. **2** estar a la altura de algo: *The performance didn't come up to our expectations.* La actuación no estuvo a la altura de lo que se esperaba.

v+adv+prep+n/pron
2 [O] **standard, expectations**

NOTA En este sentido, **come up to sth** se utiliza mucho en negativa: *Their holiday in France didn't come up to expectations.*

come up with sth 1 ocurrírsele algo: *She came up with an idea for increasing sales.* Se le ocurrió una idea para incrementar las ventas. **2** (*dinero*) conseguir algo: *You all need to come up with your own spending money.* Todos tenéis que conseguir dinero para vuestros propios gastos.

v+adv+prep+n/pron
1 [O] **an idea, a suggestion, an explanation**

come upon sb/sth Ver COME ON/UPON SB/STH

v+prep+n/pron

---

commune /kəˈmjuːn/

commune with sb/sth (*formal, poco frec*) comunicarse con algn/algo

v+prep+n/pron
[O] **nature**

---

confide /kənˈfaɪd/

confide in sb confiarse a algn, hacer una confidencia a algn: *Can I confide in you?* ¿Te puedo hacer una confidencia?

v+prep+n/pron
[O] **a friend**

---

conjure /ˈkʌndʒə(r)/

conjure sb/sth up hacer aparecer a algn/algo como por arte de magia: *She conjured up a three-course meal in half an hour!* ¡En media hora preparó una comida de tres platos como por arte de magia!

v+adv+n
v+pron+adv
v+n+adv (*menos frec*)

conjure sth up 1 (*imágenes, recuerdos*) evocar algo: *The word 'Christmas' conjures up images of presents and snow.* La palabra "Navidad" hace pensar en regalos y nieve. **2** (*espíritu*) invocar algo

v+adv+n
v+pron+adv
v+n+adv (*menos frec*)
1 [O] **a picture, memories**
= **evoke sth** (*más formal*)

---

conk /kɒŋk; *USA* kɑːŋk, kɔːŋk/

conk out (*coloq, joc*) **1** (*coche, motor*) escacharrarse: *Our car conked out half way up the hill.* Se nos escacharró el coche en mitad de la cuesta. **2** quedarse dormido como un tronco: *She was so tired she conked out at eight o'clock.* Estaba tan cansada que a las ocho se quedó dormida como un tronco. **3** (*GB, poco frec*) desmayarse **4** (*USA*) caerse muerto, estirar la pata: *He looks as if he's going to conk out any minute.* Tiene pinta de estirar la pata en cualquier momento.

v+adv
4 = **peg out** (*GB*)

connect /kəˈnekt/

connect sth up (to sth) conectar algo (a algo): *Connect the computer up (to the power supply).* Conecte el ordenador.

v+n/pron+adv
v+adv+n
= connect sth
≠ disconnect sth

connive /kəˈnaɪv/

connive at/in sth (*formal*) ser cómplice en algo: *The general is accused of conniving in a plot to topple the government.* Se acusa al general de complicidad en un complot para derrocar al gobierno.

v+prep+n

consign /kənˈsaɪn/

consign sb/sth to sth (*formal*) tirar algo a … , relegar a algn/algo a … : *She consigned his letter to the waste-paper basket.* Tiró la carta a la papelera. ◊ *They can't consign me to the scrap heap just because I'm over fifty!* No pueden coger y, sin más, desterrarme al cubo de la basura por tener más de cincuenta.
NOTA Consign sb/sth to sth se utiliza mucho en pasiva: *The report was immediately consigned to the dustbin.*

v+n/pron+prep+n/pron

consist /kənˈsɪst/

consist in sth/doing sth (*formal*) residir en algo/hacer algo: *The beauty of the city consists in its buildings.* La belleza de la ciudad reside en sus edificios.

v+prep+n/pron
v+prep+-ing

consist of sth/doing sth consistir en algo/hacer algo, constar de algo: *The exam consists of two parts: a written test and an oral.* El examen consta de dos partes: una prueba escrita y una oral. ◊ *His job consists of answering the phone and making coffee.* Su trabajo consiste en contestar el teléfono y hacer café.

v+prep+n/pron
v+prep+-ing

consort /kənˈsɔːt; USA -ˈsɔːrt/

consort with sb (*formal, gen pey, joc*) confraternizar con algn: *The nurses are instructed not to consort with their patients.* Las enfermeras tienen instrucciones de no tener un trato muy estrecho con sus pacientes.

v+prep+n/pron

contend /kənˈtend/

contend with sb/sth enfrentarse a algn/algo: *Anyone who criticizes her will have me to contend with!* ¡Si alguien la critica, tendrá que vérselas conmigo! ◊ *He's had a lot of problems to contend with.* Ha tenido que enfrentarse a muchos problemas.
NOTA Contend with sb/sth se puede utilizar en pasiva: *There were a number of difficulties to be contended with.*

v+prep+n/pron
◎ problems

contract /kənˈtrækt/

contract in; contract into sth (*GB*) (*plan de pensiones*) suscribirse (a algo): *Employees can contract into the company pension scheme.* Los empleados pueden suscribirse al plan de pensiones de la empresa.

v+adv
v+prep+n/pron
◎ a (pension) scheme
≠ contract out; contract out of sth

cool

contract out; **contract out of sth** (*GB*) darse de baja (de algo), optar por no participar (en algo): *Only a few employees have contracted out (of the pension scheme) so far*. Solo unos pocos empleados se han dado de baja (del plan de pensiones) de momento.

v+adv
v+adv+prep+n/pron
[0] **a (pension) scheme**
≠ **contract in; contract into sth**

contract sth out (**to sb**) subcontratar algo (a/con algn): *The company contracts the printing out to an outside firm*. La compañía subcontrata los servicios de otra empresa para la impresión.

v+n/pron+adv
v+adv+n
[0] **work**

---

contribute /kənˈtrɪbjuːt, ˈkɒntrɪbjuːt/

contribute to sth contribuir a algo: *The stress of losing his job contributed to his death*. El estrés de perder el trabajo contribuyó a su muerte.

v+prep+n/pron
[0] **sb's death, sb's downfall**

---

cook /kʊk/

cook sth up 1 cocinar, preparar algo (*rápidamente*): *In half an hour she had managed to cook up some delicious chilli*. En solo media hora consiguió preparar un chile delicioso. **2** (*coloq*) inventarse, idear algo: *She cooked the plan up while he was away*. Ideó el plan mientras estaba fuera.

v+adv+n
v+n/pron+adv
1 [0] **a meal**
   = **cook sth**
2 [0] **a plan, a story, a scheme**
   = **concoct sth** (*más formal*)

---

cool /kuːl/

cool down 1 enfriarse: *She waited for the soup to cool down a bit*. Esperó a que la sopa se enfriara un poco. **2** refrescar, refrescarse: *Once it had cooled down outside we went for a walk*. Cuando refrescó nos fuimos a dar un paseo. ◊ *I'm going for a swim to cool down*. Voy a darme un baño para refrescarme. **3** calmarse: *She's very angry; she needs some time to cool down*. Está muy enfadada, necesita tiempo para calmarse.

v+adv
1 = **cool**

cool sb down 1 refrescar a algn: *A glass of water always cools me down on a hot day*. Un vaso de agua siempre me refresca en un día caluroso. **2** calmar a algn: *He tried to cool her down but she carried on shouting*. Intentó calmarla, pero ella siguió gritando.

v+n/pron+adv

cool sth down enfriar algo: *He blew on the soup to cool it down*. Sopló la sopa para enfriarla.

v+n/pron+adv
v+adv+n (*menos frec*)
= **cool sth**

cool off 1 enfriarse: *Leave the engine to cool off*. Deja que se enfríe el motor. **2** refrescarse: *He dived into the river to cool off*. Se tiró al río para refrescarse. **3** calmarse: *They put him in the police cells until he'd cooled off*. Lo metieron en una celda de la comisaría hasta que se calmó. **4** perder interés: *Our relationship was going well but then Doug seemed to cool off*. Nuestra relación iba viento en popa cuando de pronto Doug pareció perder interés.

v+adv
1 = **cool**

▶ **cooling-off period** *n* **1** periodo de reflexión: *There is to be a six month cooling-off period before divorce proceedings begin*. Habrá un periodo de reflexión de seis meses antes de que comiencen los trámites de divorcio. **2** periodo de negociaciones previo a la huelga **3** en relación a una compra, periodo de tiempo en el que se puede cambiar de idea

coop /kuːp/

be cooped up (in ...) estar encerrado (en ...): *We've been cooped up (indoors) for hours because of the rain.* Llevamos horas encerrados por culpa de la lluvia.

be + v + adv

cop /kɒp; USA kɑːp/ -pp-

cop off (with sb) (*GB, argot coloquial juvenil*) liarse, tener un rollo (con algn)

v + adv

cop out (of sth) (*coloq*) escurrir el bulto (y no hacer algo): *Lots of people said they'd help but they've all copped out.* Mucha gente dijo que ayudaría pero todos han escurrido el bulto.
▶ **cop-out** *n* (*coloq, pey*) excusa, forma de escurrir el bulto

v + adv

copy /ˈkɒpi; USA ˈkɑːpi/ *pret, pp* copied

copy sth down copiar, apuntar algo: *We copied down what the teacher had written on the blackboard.* Copiamos lo que el profesor había escrito en la pizarra.

v + n/pron + adv
v + adv + n
= **copy sth, write sth down**

copy sb in incluir a algn en la lista de destinatarios: *Please copy me in on all correspondence.* Por favor, apúntame en la lista de destinatarios de toda la correspondencia.

v + n/pron + adv
v + adv + n

copy sth out copiar algo: *She copied out a recipe she found in a library book.* Copió una receta que encontró en un libro de la biblioteca.

v + n/pron + adv
v + adv + n
= **write sth out** (1)

cordon /ˈkɔːdn; USA ˈkɔːrdn/

cordon sth off (*policía*) acordonar algo: *The police cordoned off the area until the bomb was defused.* La policía acordonó la zona hasta que se desactivó la bomba.
NOTA Cordon sth off se utiliza mucho en pasiva: *The roads were cordoned off by police.*

v + adv + n
v + n/pron + adv
◎ **the area, the street**
= **close sth off** (1)

cost /kɒst; USA kɔːst/ *pret, pp* costed

cost sth out calcular el coste de algo: *We'll have to cost the work out before we make a decision.* Tendremos que calcular el coste del trabajo antes de tomar una decisión.

v + n/pron + adv
v + adv + n
= **cost sth**

cosy (*USA* cozy) /ˈkəʊzi; *USA* ˈkoʊzi/ *pret, pp* cosied o cozied *part pres* cosying o cozying

cosy up to sb (*esp USA, coloq*) intentar ganarse a algn (*para sacar provecho*): *She's only cosying up to him because she needs his help.* Solo se le está intentando ganar porque necesita que la ayude.

v + adv + prep + n/pron
= **get in with sb** (1)

cotton /ˈkɒtn; *USA* ˈkɑːtn/

cotton on (to sth) (*coloq*) darse cuenta (de algo): *She cottons on very quickly.* En seguida se da cuenta.

v + adv
= **catch on** (1)

cotton to sb/sth (*USA, coloq, antic*) hacer gracia algn/algo: *I didn't cotton to the idea at first.* La idea no me hizo mucha gracia al principio.

v + prep + n/pron

cough /kɒf; USA kɔːf/

cough up (*coloq*) **1** (*esp GB*) soltar la pasta: *She owes us money, but she won't cough up.* Nos debe dinero, pero no lo quiere soltar. **2** (*tb* **cough it up**) (*GB*) confesar: *Come on, cough up: where've you been?* Venga, confiesa, ¿dónde has estado?
NOTA Cough up se utiliza mucho en imperativo.

1	v+adv
	= pay up, stump up, stump up sth (*GB*)
2	v+adv
	v+it+adv
	= own up (*menos coloq*), confess (*más formal*)

cough sth up **1** expectorar algo: *He's been coughing up blood.* Ha estado tosiendo sangre. **2** (*coloq*) (*dinero*) soltar algo: *He finally coughed up the money.* Al final soltó la pasta.
NOTA Cough sth up se puede utilizar en pasiva: *This is the money that's been coughed up so far.*

v+adv+n
v+pron+adv
v+n+adv (*poco frec*)
1 [0] blood
2 [0] money

count /kaʊnt/

count against sb contar en contra de algn, perjudicar a algn: *I'm sure that being late for the interview counted against me.* Estoy segura de que haber llegado tarde a la entrevista contó en mi contra.

v+prep+n/pron

count sb/sth among sth considerar a algn/algo como algo: *The band counted John Lennon among their influences.* El grupo consideraba a John Lennon como una de sus influencias. ◊ *He no longer counted them among his friends.* Ya no los consideraba sus amigos.

v+n/pron+prep+n/pron
= number sb/sth among sth

count down (**to sth**) hacer la cuenta atrás (para algo): *The whole world was counting down to the new millennium.* El mundo entero contaba los días que faltaban para el nuevo milenio.
▶ **countdown** (**to sth**) *n* [sing] cuenta atrás (para algo)

v+adv

count sth down contar algo (*el tiempo que falta para algo*): *I'm counting down the days until my holiday.* Estoy contando los días que faltan para las vacaciones.
▶ **countdown** (**to sth**) *n Ver* COUNT DOWN (TO STH)

v+adv+n
v+n/pron+adv (*poco frec*)
[0] the days, the hours

count sb in contar con algn: *If you're going to the theatre, you can count me in.* Si vais al teatro, contad conmigo.

v+n/pron+adv
≠ count sb out

count off (*USA*) numerarse (*en voz alta*): *He made everyone count off.* Hizo que se numerasen.

v+adv

count on sb/sth/doing sth; **count on sb/sth doing sth** (*tb* **count upon sb/sth/doing sth**, **count upon sb/sth doing sth** *más formal*) contar con algn/algo/hacer algo, contar con que algn/algo haga algo: *You can count on me!* ¡Puedes contar conmigo! ◊ *'I'm sure he'll help us.' 'Don't count on it.'* —Estoy seguro de que nos ayudará. —No lo des por descontado. ◊ *She hadn't counted on going swimming when she packed.* No había contado con ir a nadar cuando hizo las maletas.
NOTA Count on/upon sb/sth/doing sth se puede utilizar en pasiva: *She can be counted on to do her bit.*

v+prep+n/pron
v+prep+-ing
v+prep+n/pron+-ing
= bank on sb/sth/doing sth, bank on sb/sth doing sth

count sb out (*coloq*) no contar con algn, no incluir a algn: *If there are going to be drugs at the party, you can count me out.* Si va a haber drogas en la fiesta, no contéis conmigo.

v+n/pron+adv
≠ count sb in

count

count sth out contar algo (*de uno en uno*): *He counted out the exact money*. Contó el dinero exacto.
v + n/pron + adv
v + adv + n
[0] **money, notes**

count towards sth contar para algo, contribuir a algo: *Marks from this essay count towards your final grade*. La puntuación de este trabajo cuenta para la nota final.
v + prep + n/pron

NOTA Count towards sth se puede utilizar en pasiva: *These payments may be counted towards your pension.*

count sb/sth up contar a algn/algo: *Count up the number of times you've been abroad*. Cuenta las veces que has ido al extranjero.
v + n/pron + adv
v + adv + n
[0] **the number of ...**
= **count sb/sth**

count upon sb/sth/doing sth; count upon sb/sth doing sth Ver COUNT ON SB/STH/DOING STH; COUNT ON SB/STH DOING STH
v + prep + n/pron
v + prep + -ing
v + prep + n/pron + -ing

---

cover /ˈkʌvə(r)/

cover sth over (with sth) cubrir, tapar algo (con algo): *Cover the sandwiches over (with a cloth)*. Cubre los sandwiches (con un paño).
v + n/pron + adv
v + adv + n
= **cover sth**

cover up (for sb) cubrir las espaldas a algn, ocultar la verdad: *He's always covering up for her*. Siempre le anda cubriendo las espaldas. ◊ *It's no use trying to cover up now*. No sirve de nada ocultar la verdad ahora.
v + adv

▶ **cover-up** *n* Ver COVER STH UP

cover sb/sth up; cover yourself up (with sth) tapar a algn/algo, cubrirse, taparse (con algo) (*ropa, mantas, etc.*): *She covered him up (with a blanket)*. Lo tapó (con una manta). ◊ *He quickly covered himself up with a sheet*. Se tapó corriendo con una sábana.
v + n/pron + adv
v + adv + n
v + reflex + adv

cover sth up ocultar algo (*que está mal hecho, que es ilegal, etc.*): *The government's attempts to cover up the scandal failed*. Fallaron los esfuerzos del gobierno para ocultar el escándalo.
v + adv + n
v + pron + adv
v + n + adv (menos frec)
[0] **a scandal, a mistake, the truth**

▶ **cover-up** *n* [gen sing] encubrimiento: *The opposition accused the government of a cover-up*. La oposición acusó al gobierno de encubrimiento.

cover yourself up Ver COVER SB/STH UP; COVER YOURSELF UP
v + reflex + adv

---

cozy /ˈkəʊzi; *USA* ˈkoʊzi/ *pret, pp* **cozied** *part pres* **cozying**

cozy up to sb (*USA*) Ver COSY UP TO SB
v + adv + prep + n/pron

---

crack /kræk/

crack down (on sb/sth) tomar medidas enérgicas (contra algn/algo): *Police are cracking down on drug dealers*. La policía está tomando medidas enérgicas contra los traficantes de droga.
v + adv
= **clamp down**

▶ **crackdown (on sb/sth)** *n* medidas enérgicas (contra algn/algo)

crack on (with sth) (*GB, coloq*) seguir (con algo): *We'd better crack on with the painting before it gets dark*. Será mejor que sigamos pintando antes de que oscurezca.
v + adv
= **get on** (3) (*menos coloq*)

crack up (*coloq*) **1** agotarse (*mentalmente*), enfermar: *She's cracking up under the strain.* Se está viniendo abajo debido al estrés. **2** echarse a reír: *Everybody cracked up when he fell over.* Todos se echaron a reír cuando se cayó.
 v+adv
 2 = **crease up** (*GB*)

▶ **crackup** (*tb* **crack-up**) *n* (*esp USA*, *coloq*) crisis nerviosa, depresión

crack sb up (*coloq*) hacer reír a algn: *She's so funny — she cracks me up!* Es muy graciosa, ¡me parto de risa con ella!
NOTA Crack sb up no se puede utilizar en pasiva.
 v+n/pron+adv
 = **crease sb up** (*GB*)

cram /kræm/ -mm-

cram into sth apretujarse en algo: *Six of us crammed into Rob's Mini.* Los seis nos apretujamos en el Mini de Rob.
 v+prep+n/pron
 = **pack into sth**

cram sb/sth in; **cram sb/sth in/into sth** meter a algn/algo a la fuerza (en algo): *He crammed all the sweets into his mouth.* Se metió todos los caramelos en la boca a la vez. ◊ *I crammed as much as possible into my week off.* Hice cantidades industriales de cosas en mi semana de vacaciones. ◊ *You can't cram eight children into the car!* ¡Cómo vas a meter a ocho críos en el coche!
 v+n/pron+adv
 v+adv+n
 v+n/pron+prep+n/pron
 = **pack sb/sth in**,
  pack sb/sth in/into sth

crank /kræŋk/

crank sth out (*coloq*, *poco frec*) hacer algo como churros
 v+adv+n
 v+n/pron+adv
 = **churn sth out**,
  turn sth out (6)

crank sth up (*USA*, *coloq*) subir algo: *They cranked the music up when the party started.* Subieron el volumen de la música cuando empezó la fiesta.
 v+n/pron+adv
 v+adv+n
 [0] **the music**, **the volume**
 = **turn sth up** (3) (*menos coloq*)

crash /kræʃ/

crash around (*tb esp GB* **crash about/round**) (*coloq*) hacer mucho ruido (*al moverse*): *I heard her crashing around in the bathroom.* La oí haciendo mucho ruido en el baño.
 v+adv

crash out (*esp GB*) **1** (*coloq*) (*USA* **sack out**) desfallecer, quedarse dormido: *I was so tired I crashed out in an armchair.* Estaba tan cansada que me quedé dormida en un sillón. **2** (**of sth**) quedar eliminado (de algo): *He crashed out in the first round.* Quedó eliminado en la primera vuelta.
 v+adv
 1 = **flake out** (*GB*)

crash round Ver CRASH AROUND
 v+adv

crawl /krɔːl/

crawl with sb/sth estar lleno/plagado de algn/algo: *The place is crawling with cops!* ¡Este sitio está plagado de polis!
NOTA Crawl with sb/sth se utiliza mucho en tiempos continuos.
 v+prep+n/pron
 [0] **police**, **insects**

cream /kriːm/

cream sb off quedarse con algn (*por ser la flor y nata de algo*): *The best pupils are creamed off into special classes.* A la flor y nata de los alumnos se la pone en clases especiales.
 v+adv+n
 v+n/pron+adv
 [0] **the best**

cream

cream sth off quedarse con algo: *The company's directors are creaming off the profits.* Los directores de la compañía se quedan con todas las ganancias.

v + adv + n
v + n/pron + adv
[0] **profits**

crease /kriːs/

crease up (*GB, coloq*) troncharse/partirse de risa: *We all creased up when we saw her hat!* ¡Nos tronchamos de risa cuando vimos su sombrero!

v + adv
= **crack up** (2)

crease sb up (*GB, coloq*) hacer que algn se tronche/parta de risa: *His programme always creases me up.* Siempre me parto de risa con su programa.

v + n/pron + adv
v + adv + n
= **crack sb up**

credit /ˈkredɪt/

credit sb/sth with sth creer que algn/algo tiene algo, atribuir algo a algn/algo: *I had credited him with more sense.* Le creía con más sentido común.

v + n/pron + prep + n/pron

creep /kriːp/ *pret, pp* **crept** /krept/

creep along, around, in, out, etc.; **creep along, around, into, out of, etc. sth** moverse sigilosamente o lentamente en la dirección indicada: *He's always creeping around (the house).* Siempre anda por la casa con mucho sigilo. ◊ *She crept out just before dawn.* Salió sigilosamente justo antes del amanecer. ◊ *The traffic was creeping along.* Los coches avanzaban muy despacio.

v + adv
v + prep + n/pron

creep by (*tiempo*) pasar muy despacio: *The hours crept by as they waited.* Las horas pasaban lentamente mientras esperaban.

v + adv

creep in; **creep into sth** **1** (*dudas, hostilidad*) empezar a notarse, ponerse de manifiesto (en algo): *I thought I'd decided, but then doubts started to creep in.* Creí que había tomado una decisión, pero entonces empezaron a asaltarme las dudas. ◊ *A hint of sarcasm crept into his voice.* Empezó a notársele un toque de sarcasmo en la voz. **2** (*errores, ideas*) meterse, colarse (en algo): *More and more foreign words are creeping into the language.* Cada vez se cuelan más palabras extranjeras en la lengua. **3** *Ver* CREEP ALONG, AROUND, IN, OUT, ETC.

v + adv
v + prep + n/pron
1 [S] **doubts**
2 [S] **errors**

creep over sb/sth aparecer en algn/algo (*poco a poco*): *A feeling of tiredness began to creep over her.* Empezó a sentir una sensación de cansancio. ◊ *A sly smile crept over her lips.* Una sonrisa maliciosa le fue asomando a los labios.

v + prep + n/pron

creep up 1 (*precios, temperatura*) aumentar (*poco a poco*): *House prices are starting to creep up.* Los precios de las casas están empezando a subir. **2** (**on sb**) acercarse sigilosamente (a algn): *Don't creep up on me like that!* ¡No te acerques a mí así, con ese sigilo!

v + adv

creep up on sb 1 (*fechas, acontecimientos*) llegar de repente (sin que algn se dé cuenta): *The exams just seemed to creep up on me.* Los exámenes llegaron antes de que me diera cuenta. **2** (*enfermedad*) cogerle desprevenido a algn: *Anorexia can creep up on adolescents when least expected.* La anorexia puede coger desprevenidos a los adolescentes.

v + adv + prep + n/pron

crop /krɒp; USA krɑːp/ -pp-

crop up (*coloq*) **1** (*problema, pregunta*) surgir: *I can't make it tonight — something's cropped up.* No puedo ir esta noche, me ha surgido algo. **2** (*nombre, palabra*) aparecer: *Her name keeps cropping up everywhere.* Su nombre aparece por todas partes.

v+adv

cross /krɒs; USA krɔːs/

cross sb/sth off; **cross sb/sth off sth** tachar, borrar a algn/algo (de algo): *She won't be coming, so we can cross her off (the list).* No va a venir, así que podemos borrarla (de la lista). ◊ *Cross off any items we've already got.* Tacha los artículos que ya tengamos.

v+n/pron+adv
v+adv+n
v+n/pron+prep+n/pron

cross sth out tachar algo: *I crossed his name out and wrote mine instead.* Taché su nombre y escribí el mío.

v+n/pron+adv
v+adv+n
◯ a word, words, sb's name
= score sth out (*GB*), strike sth out (*esp GB*)

cross over 1 (*tb* **cross over sth**) (*esp GB*) cruzar (algo): *Let's cross over to the other side.* Crucemos al otro lado. ◊ *She crossed over the road.* Cruzó la carretera. **2** (**into/to sth**) pasarse a algo (*de una tendencia o tipo de actividad a otra*): *They're a blues band who have succeeded in crossing over to jazz.* Es un grupo de blues que ha logrado pasarse al jazz.

1 *v+adv*
v+prep+n/pron
◯ the road, the bridge
2 *v+adv*

▶ **crossover** *n* cruce, transición: *He hasn't quite achieved the crossover from blues to soul.* No ha conseguido del todo dar el paso de los blues al soul.

crouch /kraʊtʃ/

crouch over sb/sth agacharse sobre algn/algo: *She crouched over the injured man, checking his wounds.* Se agachó sobre el hombre herido, examinándole las heridas.

v+prep+n/pron

crowd /kraʊd/

crowd around; **crowd around sb/sth** (*tb esp GB* **crowd round**, **crowd round sb/sth**) apiñarse, agolparse (alrededor de algn/algo): *Fans crowded around him to ask for his autograph.* Las fans se apiñaron a su alrededor para pedirle autógrafos.

v+adv
v+prep+n/pron

crowd in; **crowd into sth** entrar en tropel, agolparse (en algo): *As soon as the doors opened people began to crowd in.* En cuanto se abrieron las puertas, la gente entró en tropel. ◊ *Doubts crowded into my mind.* Las dudas se agolpaban en mi mente.

v+adv
v+prep+n/pron

crowd sb/sth in; **crowd sb/sth into sth** meter a algn/algo (en algo) (*en un sitio demasiado pequeño*): *We were all crowded into a small area behind the goal.* Nos achucharon a todos en un hueco detrás de la portería.

v+n/pron+adv
v+adv+n
v+n/pron+prep+n/pron
= pack sb/sth in, pack sb/sth into sth

crowd in on sb echarse encima de algn (*agobiándole o preocupándole*): *The high walls seem to crowd in on you.* Los altos muros son agobiantes. ◊ *The memories crowded in on him.* Los recuerdos le asediaban agobiándole.

v+adv+prep+n/pron

crowd

crowd sb/sth out (of sth) desplazar a algn/algo (de algo): *Small shops are being crowded out by the big supermarkets.* Los grandes supermercados están desplazando a las tiendas pequeñas.
v + n/pron + adv
v + adv + n

crowd round; crowd round sth Ver CROWD AROUND; CROWD AROUND STH
v + adv
v + prep + n/pron

crumple /ˈkrʌmpl/

crumple sth up (*papel*) arrugar algo: *She crumpled his letter up without even looking at it.* Arrugó su carta sin leerla siquiera.
v + n/pron + adv
v + adv + n
[0] **the paper**

cry /kraɪ/ *pret, pp* cried

cry for sth pedir algo a gritos: *Listen! That sounds like somebody crying for help.* ¡Escucha! Suena como si alguien estuviera pidiendo ayuda a gritos.
v + prep + n/pron
[0] **help, mercy**

cry off (*GB*) echarse atrás: *You can't cry off now! Everything's been arranged.* ¡No puedes echarte atrás ahora! Está ya todo organizado.
v + adv
= **beg off, beg off sth/ doing sth** (*menos frec*)

cry out; cry out sth gritar (algo): *She cried out in pain.* Gritaba de dolor. ◊ *He suddenly cried out 'Stop at once!'* De repente gritó "¡Pare inmediatamente!"
v + adv
v + adv + n

LOC for crying out loud! (*coloq*) ¡por el amor de Dios!

cry out against sth protestar contra algo: *People have been crying out against this abuse for years.* La gente lleva años protestando contra este abuso.
v + adv + prep + n/pron

▶ **outcry (against/over sth)** *n* (*pl* **outcries**) protesta enérgica (contra/por algo)

cry out for sth pedir algo a gritos
v + adv + prep + n/pron
NOTA Cry out for sth se utiliza mucho en tiempos continuos: *The group is crying out for new members.*

cuddle /ˈkʌdl/

cuddle up (to sb) acurrucarse (junto a algn): *They cuddled up to each other.* Se acurrucaron el uno junto al otro.
v + adv
= **snuggle up**

culminate /ˈkʌlmɪneɪt/

culminate in sth (*formal*) culminar en algo: *The negotiations culminated in an agreement acceptable to all sides.* Las negociaciones culminaron en un acuerdo aceptable para todas las partes.
v + prep + n/pron

curl /kɜːl; *USA* kɜːrl/

curl up 1 acurrucarse: *The cat curled up on her lap.* El gato se acurrucó en su regazo. **2** (*páginas, hojas*) rizarse, ondularse: *The pages had all curled up at the corners.* Todas las páginas tenían las esquinas rizadas.
v + adv

curse /kɜːs; *USA* kɜːrs/

be cursed with sth estar aquejado de algo: *He was cursed with poor health from childhood.* Desde la infancia estuvo aquejado de mala salud. ◊ *I've always been cursed with bad luck.* La mala suerte siempre ha pesado sobre mí como una maldición.
be + v + prep + n/pron

curtain /ˈkɜːtn; *USA* ˈkɜːrtn/

curtain sth off (**from sth**) separar algo (de algo) (*con una cortina*): *A corner of the room was curtained off.* Pusieron una cortina separando una esquina del resto de la habitación.

v + n/pron + adv
v + adv + n

---

cut /kʌt/ **-tt-** *pret, pp* **cut**

cut across sth **1** atajar por ... : *We'll get there quicker if we cut across the fields.* Llegaremos antes atajando por los campos. **2** trascender algo, estar más allá de algo: *Opposition to the proposal cuts across party boundaries.* La oposición al plan trasciende las divisiones entre los partidos. **3** (*explicación, pensamientos*) interrumpir algo, poner fin a algo: *The sound of the fire alarm cut across his attempt to explain.* El sonido de la alarma contra incendios interrumpió su intento de explicación.

v + prep + n/pron
1 ⓪ **country**
2 ⓪ **barriers, boundaries, divisions**

cut sth away (**from sth**) quitar algo (de algo) (*cortándolo con un cuchillo, unas tijeras, etc.*): *Cut away any dead branches.* Corta las ramas secas.

v + adv + n
v + n/pron + adv

cut back (**on sth**) **1** reducir gastos, reducir algo: *The recession means that everyone is cutting back.* La recesión hace que todo el mundo tenga que reducir gastos. ◊ *We've had to cut back on staff to save money.* Hemos tenido que reducir la plantilla por cuestiones de ahorro. **2** (*esp USA*) consumir menos, reducir algo: *The doctor's told me to cut back on red meat.* El médico me ha dicho que tengo que comer menos carne roja. ◊ *I'm cutting back on smoking.* Estoy fumando menos.
▶ **cutback** (**in sth**) *n* Ver CUT STH BACK

v + adv

cut sth back **1** reducir algo: *Government funding is being cut back.* Están recortando las ayudas económicas del gobierno. **NOTA** En este sentido, **cut sth back** se utiliza mucho en pasiva. **2** podar algo: *That rose bush needs cutting back.* Hay que podar ese rosal.
▶ **cutback** (**in sth**) *n* [gen pl] recorte (en/de algo): *The factory will close due to cutbacks in defence spending.* La fábrica cerrará debido a los recortes en el presupuesto de defensa.

v + adv + n
v + pron + adv
v + n + adv (*menos frec*)
1 ⓪ **pollution, production, spending**
2 ⓪ **a bush, a tree**
= **prune sth**

cut down (**on sth**) **1** reducir gastos, reducir, disminuir algo: *Recycling cuts down on waste.* El reciclaje hace que disminuya la cantidad de desechos. ◊ *Every Christmas we say we'll cut down, but we always spend a fortune.* Todas las Navidades decimos que vamos a gastar menos, pero siempre gastamos una fortuna. **2** consumir menos, reducir algo: *The doctor's told me to cut down on fatty foods.* El médico me dijo que tomase menos alimentos ricos en grasas.

v + adv

cut sb down (*formal*) **1** (*GB*) acabar con algn, poner fin a la vida de algn **NOTA** En este sentido, **cut sb down** normalmente se utiliza en pasiva: *He was cut down by pneumonia at an early age.* **2** (*USA, coloq*) humillar, menospreciar a algn: *He always cuts her down in front of his friends.* Siempre la está humillando delante de sus amigos.
LOC **cut sb down to size** poner a algn en su sitio, bajarle los humos a algn
▶ **cutdown** *n* (*USA, coloq*) (*GB* **put-down**) feo, desprecio

v + n/pron + adv
v + adv + n
1 = **strike sb down** (1)
2 = **put sb down, put yourself down** (1)

cut

cut sth down 1 reducir algo: *We've cut down the amount of journeys we make in the car.* Viajamos menos que antes en coche. 2 cortar, talar algo: *Every time we cut a tree down, we plant a new one.* Cada vez que cortamos un árbol plantamos otro. 3 *(texto)* acortar algo: *Please cut your article down to 1 000 words.* Por favor, deja el artículo en 1.000 palabras.

v+adv+n
v+n/pron+adv
1 [0] **costs, bills, the amount/number of** ...
= **reduce sth** *(más formal)*
2 [0] **a tree**
= **chop sth down**
3 = **shorten sth** *(más formal)*

cut in 1 **(on sb/sth)** interrumpir (a algn/algo): *'Listen to me!' she cut in impatiently.* —¡Escúchame! —le interrumpió con impaciencia. 2 **(on sb/sth)** *(vehículo, conductor)* meterse (delante de algn/algo) *(dejando muy poco espacio entre los dos vehículos)*: *The lorry cut in (on me) suddenly and I had to brake sharply.* De repente el camión se me puso delante y tuve que dar un frenazo. 3 ponerse en marcha automáticamente: *If the power fails, the generator will cut in.* Si hay un corte de electricidad, el generador se pondrá en marcha automáticamente. 4 *(USA, coloq)* colarse: *She tried to cut in in front of us.* Intentó colarse delante de nosotros.

v+adv
1 = **interrupt (sb/sth)**
3 = **kick in** (1) *(más coloq)*
4 = **push in** *(GB)*

cut sb in (on sth) *(coloq)* incluir a algn (en algo) *(en un reparto de dinero, beneficios, etc.)*: *Do you think we can cut Mary in on the deal?* ¿Crees que podemos incluir a Mary en el negocio?

v+n/pron+adv
v+adv+n

cut into sth 1 hacer un corte en algo: *I cut into the meat.* Empecé a cortar la carne. 2 interrumpir algo: *She kept cutting into our conversation.* Estuvo todo el rato interrumpiendo nuestra conversación. 3 quitar algo: *The independent stations are cutting into our audience.* Las emisoras independientes nos están quitando audiencia. ◊ *My work's cutting into my free time at the moment.* En este momento mi trabajo me está quitando tiempo libre.

v+prep+n/pron
1 [0] **the cake, the meat, etc.**
2 [0] **sb's conversation**
3 [0] **your/sb's time**

be cut off (from sb/sth) estar aislado (de algn/algo): *Politicians are cut off from the reality of poverty.* Los políticos están desconectados de la realidad de la pobreza.

be+v+adv

cut sb off 1 desheredar a algn: *He cut his son off without a penny.* Desheredó a su hijo no dejándole ni un penique. 2 no querer saber nada de algn: *His family have cut him off since he told them.* Su familia no quiere saber nada de él desde que se lo dijo. 3 *(USA)* *(vehículo, conductor)* meterse delante de algn, atravesarse *(de forma temeraria)*: *A sports car cut me off as I turned into the road.* Según giraba para entrar en la carretera, se me metió un deportivo delante. 4 **(from sth)** dejar a algn incomunicado (de algo): *If it continues snowing, we'll be cut off.* Si sigue nevando, acabaremos incomunicados. 5 cortar el paso a algn: *Try to cut him off at the traffic lights.* Intenta cortarle el paso en el semáforo. 6 cortar la línea/comunicación a algn: *I've just been cut off.* Se me acaba de cortar la comunicación. 7 cortar, interrumpir a algn: *He cut me off in mid-sentence.* Me cortó a mitad de frase. 8 cortar a algn el suministro de algo: *The gas board are threatening to cut us off.* La compañía del gas amenaza con cortarnos el suministro.
NOTA **Cut sb off** se utiliza mucho en pasiva: *She was cut off without a penny.*
LOC **be cut off in your prime** morir en la flor de la vida

v+n/pron+adv
v+adv+n (menos frec)
1 [0] **your son, your daughter**
= **disinherit sb** *(más formal)*
3 = **cut sb up** (3) *(GB)*

cut sth off ☆ **1** cortar(se) algo: *Mind you don't cut your fingers off!* ¡Cuidado no te cortes los dedos! ◊ *She cut off a slice of ham for me to try.* Cortó una rodaja de jamón para que lo probara. **2** cortar, bloquear algo: *The police cut off all their escape routes.* La policía bloqueó todas sus posibles vías de escape. ◊ *Our water supply has been cut off.* Nos han cortado el suministro de agua. **3 (from sth)** dejar algo aislado/incomunicado (de algo): *The tide cuts the island off every day.* A causa de la marea, la isla queda incomunicada a diario. **4** interrumpir algo: *He cut off my apology saying that it was all his fault.* No me dejó disculparme alegando que todo era culpa suya. **5** (*USA*) (*vehículo, conductor*) meterse delante de algo, atravesarse (*de forma temeraria*): *She cut off the car in the other lane.* Se metió justo delante del coche que estaba en el otro carril.

▶ **cut-off** *n* **1** [gen atrib] límite: *What is the cut-off date for registration?* ¿Cuál es el último día de matrícula? NOTA En este sentido, el sustantivo **cut-off** se utiliza mucho delante de otro sustantivo: *the cut-off point.* **2** (*esp USA*) corte: *The cut-off of electricity stopped production for two hours.* El corte en el suministro eléctrico paró dos horas la producción. **3 cut-offs** [pl] pantalones cortados

▶ **offcut** *n* trozo, recorte: *Have you got any offcuts of wood to make some shelves?* ¿Tiene unos trozos de madera para hacer unas estanterías?

cut yourself off (from sb/sth) aislarse (de algn/algo): *She cut herself off from all her family.* Se aisló de su familia.

cut sth off sth cortar algo de algo: *He cut some flowers off the rose bush.* Cortó unas flores del rosal.

be cut out to do sth; **be cut out for sth** (*coloq*) haber nacido para algo/hacer algo, estar hecho para algo/hacer algo: *He's not cut out to be a teacher.* No ha nacido para profesor. ◊ *I don't think I'm cut out for country life.* Creo que no estoy hecha para vivir en el campo.

cut out 1 (*motor*) dejar de funcionar: *One of the aircraft's engines cut out.* Uno de los motores del avión dejó de funcionar. **2 (of sth)** (*USA*) (*coche*) salir (de …), cambiar de carril (*sin indicar*): *Did you see the way the car in front cut out?* ¿Has visto cómo ha cambiado de carril el coche de delante?

▶ **cut-out** *n* (*esp GB*) fusible
NOTA Nótese que el sustantivo **cut-out** también puede utilizarse delante de otro sustantivo: *a cut-out device.*

cut sb out (of sth) 1 dejar a algn fuera (de algo): *If we deliver ourselves, we can cut out the middleman.* Si despachamos nosotros las entregas, nos evitamos el intermediario. **2** desheredar a algn, dejar a algn fuera (de algo) (*del testamento*): *She cut me out of her will.* Me desheredó.

---

v+adv+n
v+n/pron+adv
1 = **chop sth off,
chop sth off sth**
2 [O] **a route, aid, supplies**
5 = **cut in** (2)

v+reflex+adv
= **shut yourself off**

v+n/pron+prep+n/pron
= **chop sth off,
chop sth off sth**

be+v+adv+to inf
be+v+adv+prep+n/pron

v+adv

1 *v+adv+n*
v+n/pron+adv
[O] **the middleman**
2 *v+n/pron+adv*
v+adv+n
= **disinherit sb** (*más formal*)

cut

cut sth out ☆ **1 (of sth)** recortar algo (de algo): *She cut the article out of the newspaper.* Recortó el artículo del periódico. **2 (of sth)** quitar algo (de algo): *I cut out the bad parts of the apple.* He quitado los trozos pochos de la manzana. **3** eliminar algo: *Putting in a patio should cut out the need for a gardener.* Si se pusiera un patio no haría falta tener jardinero. **4** (*coloq*) dejar algo (*alimentos, tabaco, etc.*): *I've cut out sweets to try to lose weight.* He dejado los dulces para ver si pierdo peso. **5** (*coloq*) (*información*) omitir algo: *You can cut out the unimportant details.* Puedes prescindir de los detalles que no sean importantes. **6** (*coloq*) evitar que entre algo: *That bush in front of the window cuts out the light.* Ese arbusto que está frente a la ventana no deja entrar la luz. **7** (*coloq*): *I'm sick of you two arguing — just cut it out!* ¡Estoy harta de vuestras discusiones! ¡Dejadlo de una vez! **NOTA** En este sentido, **cut sth out** se utiliza mucho en imperativo: *Now cut out the jokes and pay attention!* **8** formar, hacer algo (*cortando*): *They managed to cut out a path through the jungle.* Consiguieron abrirse camino en la selva (cortando la vegetación).
LOC **have your work cut out (for you)** costarle a algn lo suyo
▶ **cut-out** *n* figura: *a cardboard cut-out* una figura de cartón

	v + n/pron + adv
	v + adv + n
1	⓪ **an article, a picture**
3	⓪ **the need for ...**
4	⓪ **smoking, alcohol, sweets**
5	= **omit sth** (*más formal*)
6	⓪ **the light, the noise**
7	⓪ **it, that**

cut through sth **1** (*camino, carretera*) ir a través de algo: *The path cuts through the wood.* El camino va a través del bosque. **2** (*persona*) atajar por algo: *It should be quicker if we cut through town.* Iríamos más rápido atravesando la ciudad. **3** cortar, traspasar algo: *Will this saw cut through metal?* ¿Podrá esta sierra cortar metal? ◊ *The sharp wind cut through his shirt.* El viento cortante le traspasaba la camisa. **4** abrirse camino por entre algo, abrirse paso a través de algo: *The yacht cut smoothly through the waves.* El velero se abrió paso suavemente a través de las olas. ◊ *Can we cut through the red tape?* ¿Podemos prescindir de toda esta burocracia? **5** interrumpir algo: *His voice cut through her thoughts.* Su voz interrumpió sus pensamientos.

v + prep + n/pron

cut sth through sth abrirse paso/camino a través de algo: *They used machetes to cut a path through the rainforest.* Utilizaron machetes para abrirse camino en la selva.

v + n/pron + prep + n/pron
⓪ **a path**

cut sb up (*coloq*) **1** llenar a algn de cortes: *He was badly cut up in the fight.* Sufrió graves cortes en la pelea. **2** afectar a algn: *She's still very cut up about the divorce.* Todavía está muy afectada por el divorcio. **3** (*GB*) (*USA* **cut sb off**) (*vehículo, conductor*) meterse delante de algn, atravesarse (*de forma temeraria*): *Did you see how he cut me up?* ¿Viste cómo se me metió delante?
NOTA En los sentidos 1 y 2, **cut sb up** se utiliza mucho en la construcción **be cut up**.

v + n/pron + adv
v + adv + n

☆ **cut sth up** trocear, picar algo, cortar algo en trozos: *Who's going to cut up the vegetables?* ¿Quién va a picar las verduras?

v + n/pron + adv
v + adv + n
= **chop sth up**

Dd

dab /dæb/ **-bb-**

dab at sth (**with sth**) dar ligeros toques a algo (con algo): *She dabbed at her eyes with a handkerchief.* Se secó las lágrimas con un pañuelo.
· v+prep+n/pron
· ⓞ your eyes
· = dab sth

dab sth off (*mancha*) quitar algo frotando ligeramente: *Dab the mark off with your handkerchief.* Frota la mancha un poco con el pañuelo.
· v+n/pron+adv
· v+adv+n

dab sth on poner, aplicar algo (*maquillaje, perfume, etc. dando ligeros toques*): *She dabbed on a little perfume.* Se puso unas gotas de perfume.
· v+n/pron+adv
· v+adv+n

dally /'dæli/ *pret, pp* **dallied**

dally with sth (*antic*) considerar algo: *They've been dallying with the idea for years.* Llevan años dándole vueltas a la idea.
· v+prep+n/pron
· ⓞ the idea, the thought
· = toy with sth (1)

damp /dæmp/ (*tb* **dampen** /'dæmpən/)

damp sth down (*poco frec*) **1** (*fuego*) reducir la intensidad de algo: *He put sand on the fire to try to damp it down.* Echó arena para intentar reducir el fuego. **2** (*actividad económica, conflicto*) hacer que disminuya algo: *The royal family is anxious to damp down the controversy.* La familia real quiere paliar la controversia a toda costa. **3** apaciguar, calmar algo **4** (*poco frec*) (*superficie*) humedecer algo
· v+adv+n
· v+pron+adv
· v+n+adv (*menos frec*)
· 1 ⓞ the fire
· 3 ⓞ your feelings

dart /dɑːt; *USA* dɑːrt /

dart about/around; **dart about/around sth** pasear la mirada por algo, recorrer algo con la mirada: *His eyes darted about (the room) to see who was there.* Paseó la mirada por la habitación para ver quién estaba.
· v+adv
· v+prep+n/pron

dart away/off salir disparado: *He darted off into the crowd.* Salió disparado perdiéndose entre la multitud.
· v+adv

dart in, **out**, **through**, **etc.**; **dart into**, **out of**, **through**, **etc. sth** entrar, salir, cruzar, etc. a toda velocidad: *He darted through the gates.* Cruzó el portón a toda velocidad.
· v+adv
· v+prep+n

dart off *Ver* DART AWAY/OFF
· v+adv

dart up (**to sb/sth**) acercarse muy deprisa (a algn/algo): *She darted up to them and asked them to help her.* Corrió hacia ellos y les pidió ayuda.
· v+adv

dash /dæʃ/

dash about/around correr de un lado a otro
· v+adv
· = race around, race around sth, rush around, rush around sth

dash against sth (*poco frec*) (*lluvia, viento, olas*) golpear algo, estrellarse contra algo: *The rain was dashing against his face.* La lluvia le azotaba la cara.
· v+prep+n/pron

dash

dash away/off irse a toda prisa: *He dashes off every day at 4 o'clock.* Todos los días a las cuatro sale disparado.

v + adv
= **race away/off, rush away/off**

dash in, out, past, etc.; **dash into, out of, past, etc. sth** (*tb* **dash past sb**) entrar, salir, pasar, etc. a toda velocidad: *He dashed past (us) without saying a word.* Pasó por delante (de nosotros) a toda velocidad sin decir una palabra.

v + adv
v + prep + n/pron

dash off *Ver* DASH AWAY/OFF

v + adv

dash sth off escribir algo (*rápidamente*): *I dashed off a quick letter to my brother.* Le escribí una carta rápida a mi hermano.

v + adv + n
v + pron + adv
v + n + adv (*poco frec*)
[0] **a letter**

dash up (to sb/sth) acercarse apresuradamente (a algn/algo)

v + adv

date /deɪt/

date back ... (*tb* **date back to sth**) **1** remontarse a ... : *Her problems date back to her childhood.* Sus problemas se remontan a su infancia. ◊ *It's a tradition that dates back at least a thousand years.* Es una tradición que se remonta al menos a mil años atrás. **2** datar de ... : *The town dates back to Roman times.* La ciudad data de los tiempos romanos.

v + adv + n
v + adv + prep + n/pron

date from sth datar de ... : *a tradition that dates from Norman times* una tradición que data de la época de los normandos

v + prep + n/pron

dawdle /ˈdɔːdl/

dawdle along; **dawdle along sth** (*GB*) andar con mucha parsimonia (por algo): *They dawdled along the path.* Fueron andando sin prisa por el camino.

v + adv
v + prep + n

dawn /dɔːn/

dawn on sb (*tb* **dawn upon sb** *más formal*) ocurrírsele a algn: *It suddenly dawned on us that we were lost.* De pronto caímos en la cuenta de que estábamos perdidos. ◊ *The answer finally dawned on me.* Finalmente di con la solución.

v + prep + n/pron

deal /diːl/ *pret, pp* **dealt** /delt/

deal in sth ☆ **1** dedicarse a la compraventa de algo: *He made a fortune dealing in stocks and shares.* Hizo una fortuna con la compraventa de acciones. ☆ **2** (*drogas*) traficar con algo: *She's known to have dealt in drugs in the past.* Se sabe que antes traficaba con drogas. **3** ocuparse de algo, tratar con algo: *This newspaper doesn't deal in gossip.* Este periódico no presta oídos a chismes.

v + prep + n/pron
1 [0] **shares, art**
2 [0] **drugs, arms**

deal sb in (*USA, coloq*) contar con algn: *It sounds like a great plan! Deal me in!* ¡El plan suena de lo más apetecible! ¡Contad conmigo!

v + n/pron + adv
= **count sb in**
≠ **deal sb out**

deal sb out (of sth) (*USA, coloq*) no contar con algn (para algo), dejar a algn fuera (de algo): *You can deal me out of this.* No contéis conmigo para esto.

v + n/pron + adv
= **count sb out**
≠ **deal sb in**

deal sth out (**to sb**) **1** distribuir algo (a/entre algn): *We'll deal out the proceeds to several charities.* Lo que se recaude se distribuirá entre varias organizaciones benéficas. **2** (*naipes*) repartir algo (a algn) **3** imponer algo (a algn): *She dealt out the same punishment to all the children.* Les puso el mismo castigo a todos los niños.

v + adv + n
v + n/pron + adv
1 = **distribute sth** (*más formal*)
2 ◎ **cards**
3 ◎ **a punishment**

☆ **deal with sb 1** ocuparse de algn: *Her job involves dealing with young offenders.* En su trabajo tiene que tratar con delincuentes menores de edad. **2** atender a algn: *Can you deal with this customer?* ¿Puedes atender a este cliente? **3** tratar a algn: *I thought you dealt with her very tactfully.* Me pareció que supiste llevarla muy bien. **4** tratar con algn: *I prefer to deal with somebody in authority.* Prefiero tratar con alguien que tenga autoridad. **5** castigar a algn
NOTA Nótese que **deal with sb** se puede utilizar en pasiva.

v + prep + n/pron
2 ◎ **a customer**
3 = **handle sb, treat sb**

☆ **deal with sb/sth 1** (*compañía, organización*) hacer negocios, tratar con algn/algo: *We prefer to deal only with reputable companies.* Preferimos tratar exclusivamente con empresas acreditadas. **2** (*terroristas, gobierno*) negociar con algn/algo: *They don't want to be seen to be dealing with terrorists.* No quieren que se crea que tienen tratos con terroristas.

v + prep + n/pron
1 ◎ **a business, a company**

☆ **deal with sth 1** ocuparse de algo: *The police dealt with the incident very efficiently.* La policía se ocupó del incidente con mucha diligencia. **2** tratar de algo: *The next programme deals with the subject of divorce.* El próximo programa trata del tema del divorcio. **3** hacer frente a algo: *He is beginning to deal with his anger in a constructive way.* Está aprendiendo a canalizar su ira y sacar partido de la misma.
NOTA Nótese que **deal with sth** se puede utilizar en pasiva.

v + prep + n/pron
1 ◎ **problems, the matter, the situation, the crisis**
2 ◎ **a subject, a question, an issue**
3 ◎ **your anger, your grief, your loss**

decide /dɪˈsaɪd/

decide against sth/doing sth decidir no hacer algo, optar por no hacer algo: *We decided against the house at the last minute.* En el último momento decidimos no comprar la casa. ◊ *They decided against having children.* Decidieron no tener hijos.

v + prep + n/pron
v + prep + -ing

decide on sb/sth (*tb* **decide upon sb/sth** *más formal*) decidirse, optar por algn/algo: *We haven't decided on a date yet.* Todavía no nos hemos decidido por una fecha. ◊ *Have they decided on a winner?* ¿Han decidido quién es el ganador?
NOTA **Decide on/upon sb/sth** se puede utilizar en pasiva: *Nothing has been decided on.*

v + prep + n/pron
◎ **a name, a date**
= **fix on sb/sth, settle on sth**

deck /dek/

deck sb out; deck yourself out (**in sth**) ataviar a algn, ataviarse (con algo): *A lot of supporters were decked out in the team's colours.* Muchos seguidores lucían los colores del equipo. ◊ *He decked himself out in his best suit.* Se puso su mejor traje.
NOTA **Deck sb out** se utiliza mucho en la construcción **be decked out** (**in sth**).

v + n/pron + adv
v + adv + n
v + reflex + adv
= **dress sb up** (1)

deck sth out (**with sth**) decorar, adornar algo (con algo): *The pub was decked out with Christmas decorations.* Habían decorado el pub con adornos de Navidad.
NOTA **Deck sth out** se utiliza mucho en la constución **be decked out** (**with sth**).

v + adv + n
v + n/pron + adv
◎ **a room**

deck yourself out *Ver* DECK SB OUT; DECK YOURSELF OUT

v + reflex + adv

defer /dɪˈfɜː(r)/ -rr-

defer to sb/sth someterse a algo: *I defer to your superior knowledge of these matters.* Me someto a tu superior conocimiento en lo que a estos asuntos se refiere. ◊ *People automatically seem to defer to her.* Parece que la gente se somete a su voluntad sin más.
NOTA Defer to sb/sth se puede utilizar en pasiva: *They were deferred to just because they were men.*

v + prep + n/pron
◎ **sb's judgement,
 sb's wishes**

delight /dɪˈlaɪt/

delight in sth/doing sth 1 (*formal*) deleitarse con/en algo, deleitarse haciendo algo: *From childhood, she delighted in reading.* Ya de niña se deleitaba leyendo. **2** regodearse con/en algo, regodearse haciendo algo: *She seemed to delight in his discomfort.* Parecía regodearse con su malestar.

v + prep + n/pron
v + prep + -ing

deliver /dɪˈlɪvə(r)/

deliver sb/sth over/up; deliver yourself over/up (to sb) (*GB, formal*) entregar a algn/algo (a algn) (*generalmente por orden de una autoridad*), entregarse (a algn) (*para ser juzgado*): *The defendant has been ordered to deliver up the goods.* Se ordenó al demandado que entregase la mercancía. ◊ *He eventually delivered himself up to the police.* Finalmente se entregó a la policía.

v + n/pron + adv
v + adv + n
v + reflex + adv
= **hand sb over,
 hand sth over** (*menos formal*)

delve /delv/

delve in/into sth 1 hurgar en algo: *She delved in/into her bag and took out a notebook.* Rebuscó en el bolso y sacó un cuaderno. ◊ *You have no right to delve into my past!* ¡No tienes derecho a hurgar en mi pasado! **2** ahondar en algo: *We should not delve too deeply in/into this matter.* No deberíamos ahondar demasiado en este asunto.

v + prep + n/pron
1 ◎ **your/sb's bag,
 your/sb's pocket,
 the/sb's past**
2 ◎ **a subject, your/sb's
 reasons**
= **probe sth**

depart /dɪˈpɑːt; *USA* dɪˈpɑːrt/

depart from sth (*formal*) apartarse de algo: *The teachers are not encouraged to depart from the syllabus.* No se anima a los profesores a apartarse del programa. ◊ *They departed from tradition and got married in a hotel.* No siguieron la tradición y se casaron en un hotel.
NOTA Depart from sth se puede utilizar en pasiva: *Our previous decision should not be departed from.*

v + prep + n/pron
◎ **your principles,
 a decision, tradition**

depend /dɪˈpend/

☆ **depend on sb/sth** (*tb* **depend upon sb/sth** *más formal*) **1** (**for sth**) depender de algn/algo, necesitar a algn/algo (para algo): *The organization depended heavily on voluntary help.* La organización dependía en gran medida de la ayuda voluntaria. ◊ *She came to depend on her daughter for support.* Llegó a depender del apoyo de su hija. **2** depender de algn/algo: *It all depends on how she responds.* Todo depende de cómo reaccione. **NOTA** En este sentido, **depend on/upon sb/sth** no se utiliza en tiempos continuos y se usa mucho con palabras interrogativas: *It all depends on what happens.* **3** confiar en algn/algo, contar con algo: *I'll do my best, you can depend on it.* Haré todo lo que pueda, puedes contar con ello.

v + prep + n/pron
1 = **rely on sb/sth** (1)
3 = **rely on sb/sth** (3)

descend

◊ *We need someone who can be depended on.* Necesitamos a alguien en quien se pueda confiar. ◊ *You can depend on my sister to spoil things.* No falla, mi hermana siempre tiene que estropearlo todo. **NOTA** En este sentido, **depend on/upon sb/sth** se puede utilizar en pasiva: *She can be depended on.*

deprive /dɪˈpraɪv/

deprive sb/sth of sth; **deprive yourself of sth** privar a algn/algo de algo, privarse de algo: *In prison they were starved and deprived of sleep.* En la cárcel se les hacía pasar hambre y sueño. ◊ *They are accused of depriving patients of their rights.* Se les acusa de privar a los pacientes de sus derechos.

v + n/pron + prep + n/pron
v + reflex + prep + n/pron

derive /dɪˈraɪv/

derive from sth 1 (*nombre, palabra*) derivar de algo: *The name derives from the Latin word for 'cow'.* El nombre deriva de la palabra latina para "vaca". **2** (*formal*) provenir de algo: *The structure of the economy largely derives from the country's colonial history.* La estructura de la economía proviene en gran medida de la historia colonial del país.

v + prep + n/pron

derive sth from sth 1 (*formal*) obtener algo de algo: *She derived a great deal of satisfaction from this achievement.* Este logro le proporcionó una gran satisfacción. **2** *The local word is derived from the Spanish.* La palabra local deriva del español. ◊ *It derives its name from its inventor.* El nombre le viene de su inventor. **NOTA** En este sentido, **derive sth from sth** se utiliza mucho en pasiva.

v + n/pron + prep + n/pron
1 ⓪ **pleasure, satisfaction, information, benefits**
2 ⓪ **its name**

descend /dɪˈsend/

be descended from sb/sth descender de algn/algo: *He claimed he was descended from the Vikings.* Afirmaba ser descendiente de los vikingos.

be + v + prep + n/pron

descend into sth caer en algo (*en una situación o estado*): *The situation has descended into total chaos.* La situación ha caído en un caos total. ◊ *There were fears that the country was descending into turmoil.* Se temía que el país estuviese cayendo en la confusión.

v + prep + n/pron
⓪ **chaos**

descend on sb/sth (*tb* **descend upon sb/sth** *más formal*) **1** invadir a algn/algo, aparecer de repente en … : *My sister and her family are descending on us this weekend.* Mi hermana y su familia se disponen a invadirnos este fin de semana. ◊ *Groups of football fans descended on the local pub.* Grupos de hinchas de fútbol invadieron el bar local. **2** (*tristeza, silencio, pena*) descender sobre algn/algo: *He felt gloom descending on him.* Sentía que la melancolía se abatía sobre él. ◊ *At nightfall, peace descends on the town once more.* Al caer la noche, la paz desciende una vez más sobre la ciudad.

v + prep + n/pron

descend to sth rebajarse a algo: *If you insult him back, you descend to his level.* Si le devuelves el insulto, te rebajas a su nivel. ◊ *Surely he wouldn't descend to such a mean trick.* No creo que se rebajara a usar un truco tan mezquino.

v + prep + n/pron
⓪ **sb's level, the level of …**
= **stoop to sth/doing sth**

99

despair /dɪ'speə(r); USA dɪ'sper/

despair of sb (joc) desesperarse con algn: *I despair of you, Ian — act your age!* Me desesperas Ian. ¡Ya eres mayorcito!

v+prep+n/pron

despair of sth/doing sth desesperar de algo/hacer algo, perder las esperanzas de hacer algo: *I'd begun to despair of ever seeing him again.* Había empezado a perder toda esperanza de verle de nuevo.

v+prep+n/pron
v+prep+-ing

detract /dɪ'trækt/

detract from sth restar mérito/atractivo a algo: *These revelations should not detract from his achievements.* Estas revelaciones no deberían restar mérito a sus logros.

v+prep+n/pron
[0] **sb's achievements, the character of ..., the value of ...**

devolve /dɪ'vɒlv; USA -'vɑːlv/

devolve on/to/upon sb/sth (formal) recaer sobre algn/algo, pasar a (manos de) algn/algo: *All the responsibility has devolved upon him.* Toda la responsabilidad ha recaído sobre él. ◊ *Additional powers will devolve to the regional governments.* Se llevará a cabo un traspaso adicional de poderes a los gobiernos regionales.

v+prep+n/pron

devote /dɪ'vəʊt; USA dɪ'voʊt/

devote sth to sb/sth/doing sth; **devote yourself to sb/sth/doing sth** dedicar algo a algn/algo/hacer algo, dedicarse a algn/algo/hacer algo: *She gave up work to devote more time to her children.* Dejó el trabajo para dedicar más tiempo a sus hijos. ◊ *She couldn't devote herself totally to her writing.* No podía dedicarse por entero a escribir.

v+n/pron+prep+n/pron
v+n/pron+prep+-ing
v+reflex+prep+n/pron
v+reflex+prep+-ing
[0] **time, your energies, your life**

dial /'daɪəl/ -ll- (USA) -l-

dial in; **dial into sth** (Informát) conectar (con algo) (con otro ordenador, utilizando un módem): *I've been trying to dial into the Internet but I can't get a connection.* He estado intentando conectar con Internet pero no consigo línea.

v+adv
v+prep+n/pron

dial out hacer una llamada externa

v+adv

dial sb/sth up (USA) llamar a algn/algo por teléfono: *Would you dial up the doctor's office for me?* ¿Puedes llamar al médico por mí?

v+adv+n
v+n/pron+adv
= **phone up, phone sb/sth up** (esp GB)

dictate /dɪk'teɪt; USA 'dɪkteɪt/

dictate to sb dar órdenes a algn: *He shouldn't let her dictate to him what he should wear.* No debería permitir que le diera órdenes sobre lo que debe ponerse.

v+prep+n/pron

diddle /'dɪdl/

diddle around (USA, coloq) perder el tiempo: *Stop diddling around and do some work!* ¡Deja de perder el tiempo y haz algo!

v+adv
= **mess about/around** (2)

die /daɪ/ *pret, pp* **died** *part pres* **dying**

die away 1 (*voz, sonido*) apagarse (*poco a poco*): *The sound of the car engine died away.* El ruido del motor del coche se perdió en la distancia. **2** (*lluvia, viento, tormenta*) disminuir, amainar: *The rain will largely die away overnight.* Durante la noche la lluvia irá desapareciendo en casi todos los sitios. **3** disminuir: *The excitement over their affair soon died away.* Pronto empezó a disminuir la emoción suscitada por su relación.

v+adv
1 [S] **sb's voice, the laughter** = **fade away** (1)
2 [S] **the rain**

die back (*planta*) marchitarse, morir (*aunque la raíz sigue viva*)

v+adv

die down 1 (*ruido, llamas*) irse apagando: *He waited for the applause to die down.* Esperó a que los aplausos se fuesen apagando. **2** (*viento, tormenta*) amainar: *As it got dark, the wind died down.* El viento fue amainando a medida que anochecía. **3** (*jaleo*) pasar: *They waited until all the fuss died down.* Esperaron a que pasase todo el lío.

v+adv
1 [S] **the noise, the shouting, the flames**
2 [S] **the wind**
3 = **blow over** (3)
≠ **blow up** (3)

die off morir (*uno tras otro*): *The survivors are gradually dying off.* Los supervivientes están muriendo poco a poco.

v+adv

die out 1 (*especie, familia*) extinguirse: *This species could die out altogether.* Esta especie podría llegar a extinguirse por completo. **2** (*costumbre*) caer en desuso, desaparecer: *Many old customs have died out.* Muchas de las viejas costumbres han caído en desuso. **3** (*lluvia*) ir desapareciendo: *The outbreaks of rain will die out later in the day.* Las precipitaciones irán desapareciendo a lo largo del día.

v+adv
1 [S] **a species, animals**
2 [S] **a tradition, a custom**
3 [S] **rain**

---

dig /dɪɡ/ **-gg-** *pret, pp* **dug** /dʌɡ/

dig in 1 (*tropas, soldados*) atrincherarse **2** defenderse a capa y espada: *City dug in to hold off United.* El City reforzó la defensa para derrotar al United. **3** (*coloq*) atacar (*un plato de comida*): *Dig in while it's hot!* ¡Atacad antes de que se enfríe! **4** (*USA, coloq*) ponerse manos a la obra

v+adv
3 = **tuck in, tuck into sth** (*esp GB*)
4 = **get stuck in, get stuck into sth** (*GB*)

dig sth in; **dig sth into sth 1** (*garras, uñas*) clavar, hincar algo (en algo): *She dug her nails into my arm.* Me clavó las uñas en el brazo. **2** (*abono*) agregar algo (a algo) (*a una tierra de cultivo*)
LOC **dig your heels in** cerrarse en banda: *He dug his heels in and insisted she went with him.* Se cerró en banda y se empeñó en que ella fuera con él.

v+n/pron+adv
v+adv+n
v+n/pron+prep+n/pron

dig into sth 1 (*bolso, bolsillo, etc.*) rebuscar en algo: *She dug into her bag and produced her card.* Rebuscó en el bolso y sacó su tarjeta. **2** echar mano de algo: *He was forced to dig into his savings to pay for the repairs.* Se vio obligado a echar mano de los ahorros para pagar los arreglos. **3** (*coloq*) (*comida*) atacar algo: *They dug into the ice cream.* Atacaron el helado. **4** (*USA, coloq*) (*trabajo*) ponerse manos a la obra con algo: *She dug into the reports and finished them before the meeting.* Se puso manos a la obra con los informes y los terminó antes de la reunión.

v+prep+n/pron
1 [O] **your pocket, your bag** = **delve in/into sth** (1)
2 = **dip into sth** (1)
3 [O] **your savings** = **tuck in, tuck into sth** (*esp GB*)
4 = **get stuck in, get stuck into sth** (*GB*)

dig sb/sth out (of sth) desenterrar a algn/algo (de debajo de algo): *It took them three hours to dig him out of the rubble.* Les llevó tres horas sacarle de debajo de los escombros.

v+n/pron+adv
v+adv+n

101

dig

dig sth out 1 (*información*) conseguir algo: *I've dug out a few more articles from past issues.* He conseguido hacerme con unos cuantos artículos más de números atrasados. **2** (*coloq*) sacar algo, desempolvar algo: *He dug out the shoes he'd bought 20 years before.* Desempolvó los zapatos que había comprado hacía 20 años.

v+n/pron+adv
v+adv+n
1 = hunt sth out

dig sth over (*tierra*) remover algo: *It was time to dig over the garden.* Ya tocaba remover la tierra del jardín.

v+n/pron+adv
v+adv+n
◯ the ground, the garden

dig sth up 1 levantar algo (*cavando*): *They're digging the road up outside our house.* Están levantando nuestra calle. **2** arrancar algo (*cavando*): *Dig up all the weeds before you plant anything.* Arranca los hierbajos antes de plantar nada. **3** desenterrar algo: *Archaeologists have dug up some human remains.* Los arqueólogos han encontrado restos humanos enterrados. **4** (*coloq*) averiguar, descubrir algo: *See what you can dig up on this man's past.* Mira a ver qué puedes averiguar del pasado de ese hombre.

v+n/pron+adv
v+adv+n
1 ◯ the road, the garden
2 ◯ weeds, roots
3 = unearth sth (*más formal*)
4 = unearth sth (*más formal*)

dine /daɪn/

dine out cenar fuera: *We dined out every night.* Cenábamos fuera todas las noches.

v+adv
= eat out (*menos formal*)

dine out on sth (*GB, joc*) (*fig*) sacarle jugo a algo: *He only talked to her for five minutes, but he dined out on it for years afterwards.* Solo habló con ella cinco minutos, pero desde entonces le ha sacado jugo durante años.

v+adv+prep+n/pron

dip /dɪp/ **-pp-**

dip into sth 1 echar mano de algo: *They have dipped into their savings to pay for the shares.* Han echado mano de sus ahorros para comprar las acciones. **2** leer algo por encima, ojear algo: *I've only had time to dip into the report.* Solo he tenido tiempo para leer el informe por encima. **3** meter la mano en algo: *She dipped into her purse and took out a coin.* Metió la mano en el monedero y sacó una moneda.

v+prep+n/pron
1 ◯ your savings, your pocket, your reserves
= dig into sth (2)
2 ◯ a book, a report

disagree /ˌdɪsəˈɡriː/

disagree with sb (*comida*) sentarle mal a algn: *I feel sick — something I ate must have disagreed with me.* Me encuentro mal, debo de haber comido algo que me ha sentado mal.
NOTA Disagree with sb no se utiliza en tiempos continuos. Es más frecuente utilizar la forma **not agree with sb**.

v+prep+n/pron

☆ **disagree with sth/doing sth** no estar de acuerdo con algo/con que se haga algo, discrepar de algo: *Few people would disagree with this decision.* Poca gente discrepará de esta decisión. ◊ *We totally disagree with the ban on fox hunting.* Estamos totalmente en contra de que se prohíba la caza del zorro.

v+prep+n/pron
v+prep+-ing
◯ a decision, a statement, a proposal
≠ agree with sth/doing sth

disassociate /ˌdɪsəˈsəʊʃieɪt, -ˈsəʊs-; *USA* -ˈsoʊ-/

disassociate yourself from sb/sth *Ver* DISSOCIATE YOURSELF FROM SB/STH

v+reflex+prep+n/pron

dish /dɪʃ/

dish sth out (to sb) **1** servir algo (a algn): *He's busy dishing out the dinner.* Está ocupado sirviendo la cena. **2** (*coloq*) repartir algo (entre algn): *He's always dishing out advice to people.* Siempre está dando consejos a la gente.

LOC **dish it out** (*coloq, gen pey*) criticar a la gente: *He's good at dishing it out but he can't take it.* Se le da muy bien criticar a los demás, pero él no sabe aceptar las críticas de otros.

dish up (*GB, coloq*) servir (la comida): *You pour the wine while I dish up.* Sirve tú el vino mientras yo sirvo la comida.

dish sth up (*coloq*) **1** servir algo: *We chatted while John dished up breakfast.* Nosotros charlábamos mientras John servía el desayuno. **2** (*pey*) ofrecer algo (*sin preocuparse por su calidad*): *She keeps on dishing up the same old jokes.* Sigue contando los mismos viejos y manidos chistes.

v + adv + n
v + pron + adv
v + n + adv (*menos frec*)
1 = **serve sth.**
 serve sth out (1) (*esp GB, menos coloq*)

v + adv
= **serve** (*menos coloq*)

v + adv + n
v + n/pron + adv
1 [O] **the dinner, vegetables**, etc.
= **serve sth up** (1), **serve sth** (*menos coloq*)

dispense /dɪˈspens/

dispense with sb/sth (*formal*) prescindir de algn/algo: *I think we can dispense with the formalities.* Creo que podemos prescindir de los formalismos.

NOTA Dispense with sb/sth se puede utilizar en pasiva: *His services can now be dispensed with.*

v + prep + n/pron
[O] **the need for** ...

dispose /dɪˈspəʊz; USA dɪˈspoʊz/

dispose of sb/sth (*formal*) deshacerse de algn/algo: *She tried to dispose of the evidence.* Intentó deshacerse de las pruebas. ◇ *Anyone who got in their way was quickly disposed of.* Se quitaban de encima a cualquiera que se interpusiera en su camino. ◇ *They disposed of much of their property.* Vendieron la mayor parte de sus propiedades. ◇ *The league champions quickly disposed of the opposition.* Los campeones de liga vencieron con facilidad a sus oponentes.

NOTA Dispose of sb/sth se puede utilizar en pasiva: *Ensure that all the waste is properly disposed of.*

dispose of sth (*formal*) solucionar algo: *There just remains the matter of funding to dispose of.* Solo queda por solucionar el asunto de los fondos.

NOTA Dispose of sth se puede utilizar en pasiva.

v + prep + n/pron

v + prep + n/pron
[O] **the problem, the matter**

dissociate /dɪˈsəʊʃieɪt, -ˈsəʊs-; USA -ˈsoʊ-/

dissociate yourself from sb/sth (*tb* **disassociate yourself from sb/sth**) (*formal*) desvincularse, desligarse de algn/algo: *They're trying to dissociate themselves from her.* Están tratando de desligarse de ella.

v + reflex + prep + n/pron

dissolve

dissolve /dɪ'zɒlv; USA -'zɑːlv/

dissolve into sth morirse de algo (*de risa*), deshacerse en algo (*en lágrimas*): *They dissolved into (fits of) laughter.* Se desternillaron de risa. ◊ *I dissolved into tears.* Me deshice en lágrimas.

v+prep+n/pron
[0] *only* **laughter, giggles, tears**

---

dive /daɪv/ *pret* **dived** (*USA tb*) **dove** /dəʊv, USA doʊv/
pp **dived**

dive away meterse rápidamente en algún sitio: *He dived away into the trees.* Se metió rápidamente entre los árboles.

v+adv

dive down, through, under, etc. sth meterse rápidamente por algo, debajo de algo, etc.: *He heard shots and dived under the table.* Oyó disparos y se metió de cabeza debajo la mesa. ◊ *She dived down an alley and we lost her.* Se metió rápidamente por un callejón y la perdimos.

v+prep+n/pron

dive in; dive into sth 1 (*coloq*) meterse de lleno/cabeza (en algo): *They had dived into the new business without thinking it through.* Se habían metido de lleno en el nuevo negocio sin pensarlo bien.
2 (*coloq*) (*comida*) atacar, lanzarse sobre algo (*con entusiasmo*): *As soon as the food was served, she dived in.* En cuanto se sirvieron la comida, atacó.

v+adv
v+prep+n/pron
2 [0] **your food, your dinner** = **tuck in, tuck into sth** (*esp GB*)

dive into sth meter la mano en algo: *She dived into her handbag for the keys.* Metió la mano en el bolso buscando las llaves.

v+prep+n/pron
[0] **your bag, your pocket, etc.**

---

divest /daɪ'vest/

divest sb/sth of sth; divest yourself of sth (*formal*) despojar a algn/algo de algo, despojarse de algo: *He swiftly divested himself of his clothes.* Se despojó rápidamente de sus ropas. ◊ *The court order divests the company of all its assets.* La orden judicial despoja a la empresa de todos sus bienes.

v+n/pron+prep+n/pron
v+reflex+prep+n/pron

---

divide /dɪ'vaɪd/

divide up (into sth) dividirse (en algo): *Ask the children to divide up into two teams.* Pida a los niños que se dividan en dos equipos.

v+adv

divide sb/sth up (into sth) dividir a algn/algo (en algo): *They divided the children up into four groups.* Dividieron a los niños en cuatro grupos.

v+n/pron+adv
v+adv+n

divide sth up (among/between sb) dividir algo (entre algn): *We divided the work up between us.* Nos repartimos el trabajo. ◊ *The money was divided up among all three winners.* Se dividió el dinero entre los tres ganadores.

v+n/pron+adv
v+adv+n
[0] **work, money**

---

divvy /'dɪvi/ *pret, pp* **divvied**

divvy up (*esp USA, coloq*) repartirse las ganancias/los beneficios

v+adv

divvy sth up (*esp USA, coloq*) repartir algo: *The winnings were divvied up between them.* Se repartieron las ganancias entre ellos.

v+adv+n
v+pron+adv
v+n+adv (*poco frec*)
[0] **money**
= **share sth out** (*menos coloq*)

do /duː/ *pret* **did** /dɪd/ *pp* **done** /dʌn/

do away with sb; **do away with yourself** (*coloq*) cargarse a algn, suicidarse: *She tried to do away with herself.* Intentó matarse.

| v+adv+prep+n/pron |
| v+adv+prep+reflex |

do away with sth (*coloq*) **1** abolir, quitar algo: *They've done away with the uniform at our school.* En nuestro colegio han quitado el uniforme. **2** acabar con algo, eliminar algo: *Computers have done away with a lot of the repetitive work.* Los ordenadores han acabado en gran parte con el trabajo repetitivo.
NOTA **Do away with sth** se puede utilizar en pasiva: *A lot of the paperwork could be done away with.*

| v+adv+prep+n/pron |
| **1** = **abolish sth** (*más formal*) |
| **2** = **eliminate sth** (*más formal*) |

do away with yourself *Ver* DO AWAY WITH SB; DO AWAY WITH YOURSELF

| v+adv+prep+reflex |

do sb down; **do yourself down** (*GB*, *coloq*) menospreciar a algn (*criticándole*), menospreciarse: *She's always doing herself down.* Siempre se está menospreciando. ◊ *Don't do him down, he's a good worker.* No lo critiques, trabaja bien.

| v+n/pron+adv |
| v+adv+n (*menos frec*) |
| v+reflex+adv |
| = **put sb down, put yourself down** (1) (*menos coloq*) |

do for sb/sth (*GB*, *coloq*) acabar con algn/algo: *The last bout of pneumonia nearly did for her.* El último brote de neumonía casi acaba con ella.
▸ **done for** *adj* [pred] (*coloq*) perdido, acabado: *If anyone recognizes us, we're done for!* ¡Si alguien nos reconoce, estamos perdidos!
NOTA Nótese que el adjetivo **done for** se utiliza siempre detrás del verbo **to be**: *I'm done for!*

| v+prep+n/pron |

do sb in (*coloq*) **1** agotar a algn: *That's done me in, lifting all those boxes.* Llevar todas esas cajas me ha dejado molido. **2** dar una paliza a algn **3** (*tb* **do yourself in**) (*esp GB*, *coloq*) cargarse, matar a algn, suicidarse: *When we split up I felt like doing myself in.* Cuando rompimos, pensé en matarme.
▸ **done in** *adj* [pred] (*coloq*) agotado, molido: *I felt absolutely done in by the end!* ¡Al final estaba hecha polvo!
NOTA Nótese que el adjetivo **done in** se utiliza siempre detrás de los verbos **to be**, **to look**, **to feel**, etc.: *I'm done in.*

| v+n/pron+adv |
| v+adv+n (*poco frec*) |
| **3** v+n/pron+adv |
| v+adv+n (*poco frec*) |
| v+reflex+adv |

do sth in (*GB*, *coloq*) hacerse daño en algo, fastidiarse algo: *He's done his back in playing tennis.* Se ha fastidiado la espalda jugando al tenis.

| v+n/pron+adv |
| v+adv+n (*menos frec*) |
| [O] **your back, your shoulder** |

do yourself in *Ver* DO SB IN (3)

| v+reflex+adv |

do sth out (*GB*, *coloq*) decorar algo: *He's done the whole house out in yellows and greens.* Ha decorado toda la casa en tonos amarillos y verdes.

| v+n/pron+adv |
| v+adv+n |

do sb out of sth (*coloq*) quitarle a algn algo (*de forma deshonesta*), privar a algn de algo: *She's done me out of my inheritance.* Me ha quitado la herencia.

| v+n/pron+adv+prep+n/pron |

do sb over (*GB*, *coloq*) dar una paliza a algn

| v+n/pron+adv |
| v+adv+n |

do sth over 1 (*GB*, *coloq*) entrar a robar en … : *I got back to find the house had been done over.* Vuelvo y me encuentro con que habían entrado a robar en la casa. **NOTA** En este sentido, **do sth over** se utiliza mucho en pasiva. **2** (*esp USA*) hacer reformas en algo, decorar algo: *They did over the whole store.* Han hecho reformas en toda la tienda. **3** (*USA*) repetir algo: *I'll have to do the whole letter over.* Tendré que repetir la carta entera.

| **1** v+n/pron+adv |
| v+adv+n |
| [O] **a house, a flat** |
| **2** v+n/pron+adv |
| v+adv+n |
| **3** v+n/pron+adv |
| = **redo sth** (*más formal*) |

do

do up (*esp GB*) abrocharse: *This skirt does up at the back.* Esta falda se abrocha por detrás.
    v + adv
    = **fasten, fasten up** (*GB*)

do sth up ☆**1** abrochar algo: *Could you do up my dress?* ¿Puedes abrocharme el vestido? ◊ *I can't do the zip up.* No puedo subir la cremallera. **2** (*cordones*) atar algo: *She's too little to do her shoes up on her own.* Todavía es muy pequeña para atarse los zapatos ella sola. **3** apretar algo: *These nuts have to be done up with a spanner.* Hay que ajustar estos tornillos con una llave inglesa. **4** (**in sth**) (*pelo*) recoger algo (en algo): *Her hair was done up in a bun.* Llevaba el pelo recogido en un moño. **5** (**in sth**) envolver algo (en algo): *She was carrying some books done up in brown paper.* Llevaba unos libros envueltos en papel de estraza. **6** (*esp GB, tb esp USA* **fix sth up**) (*casa, habitación*) arreglar, reformar algo: *They're looking for an old house so that they can do it up.* Están buscando una casa vieja para reformarla.
    v + n/pron + adv
    v + adv + n
    1 [0] **a jacket, a zip**
    = **fasten sth, fasten sth up** (*GB*)
    ≠ **undo sth**
    2 [0] **your/sb's shoelaces**
    = **fasten sth, lace sth up**
    ≠ **undo sth**
    3 = **fasten sth**
    4 [0] **your hair**
    5 = **wrap sth up** (1)
    6 [0] **a house, a bedroom**

do yourself up (*coloq*) arreglarse: *She spent hours doing herself up for their first date.* Se pasó horas arreglándose para su primera cita.
    v + reflex + adv

do with sb/sth necesitar a algn/algo: *I could do with a drink!* ¡No me vendría mal una copa!
    NOTA **Do with sb/sth** siempre va precedido de **could**: *I could do with a holiday.*
    LOC **be/have done with it** acabar de una vez por todas: *Just tear up the contract and be/have done with it.* Acaba de una vez por todas y rompe el contrato. **I, you, etc. can't/couldn't be doing with sb/sth** (*GB, coloq*) no poder con algn/algo: *I can't be doing with people like that.* No puedo con gente así.
    v + prep + n/pron

do without; do without sb/sth pasar(se) sin algn/algo: *If you can't afford a car, you'll just have to do without.* Si no tienes dinero para comprarte un coche, tendrás que apañártelas sin él. ◊ *I could do without all this hassle.* Todo este jaleo es lo que me faltaba.
    v + adv
    v + prep + n/pron
    = **go without, go without sth**

dob /dɒb; *USA* dɑːb/ **-bb-**

dob sb in (to sb) (*coloq*) chivarse de algn (a algn): *Kay wasn't sure who had dobbed her in to the teachers.* Kay no estaba segura de quién se había chivado de ella a los profesores.
    v + n/pron + adv
    = **tell on sb** (1)

dole /dəʊl; *USA* doʊl/

dole sth out (to sb) (*coloq*) repartir, distribuir algo (a algn): *She quickly doled out the food.* Repartió la comida rápidamente.
    v + adv + n
    v + n/pron + adv
    [0] **money, soup, etc.**

doll /dɒl; *USA* dɑːl/

be/get dolled up (in sth) (*coloq*) emperifollarse, ir de punta en blanco (con algo): *She was all dolled up in evening dress and high heels.* Iba toda emperifollada con un vestido de fiesta y tacones.
    be/get + v + adv

doll yourself up (*coloq*) emperifollarse: *Every Friday she dolls herself up and goes out to a nightclub.* Todos los viernes se emperifolla y se va a una discoteca.
    v + reflex + adv
    = **tart yourself up** (*GB*)

dope /dəʊp; *USA* doʊp/

be/get doped up (*coloq*) estar drogado: *She was doped up on painkillers.* Estaba drogada por los analgésicos.
    be/get + v + adv

dose /dəʊs; USA doʊs/

dose sb up; dose yourself up (with sth) dar a algn una buena dosis de algo, drogar a algn (con algo), tomarse una buena dosis (de algo): *She dosed him up with aspirin and sent him to bed.* Le dio una buena dosis de aspirina y lo mandó a la cama.
v + n/pron + adv
v + reflex + adv

doss /dɒs; USA dɑːs/

doss about/around (*GB, coloq*) hacer el vago: *Everyone dosses about in geography lessons.* Todo el mundo hace el vago en las clases de geografía.
v + adv

doss down (*GB, coloq*) tirarse a dormir (*en el suelo, etc.*): *He was looking for a place to doss down for the night.* Estaba buscando un sitio donde poder tirarse y pasar la noche.
v + adv

dot /dɒt; USA dɑːt/ **-tt-**

be dotted about/around sth estar desperdigado por ... : *There was only a handful of people dotted around the cinema.* Solo había un puñado de gente desperdigada por el cine.
be + v + prep + n/pron

be dotted with sth estar salpicado de algo: *The hillside was dotted with houses.* La colina estaba salpicada de casas.
be + v + prep + n/pron

dote /dəʊt; USA doʊt/

dote on sb (*tb* **dote upon sb** *más formal*) adorar a algn: *He dotes on her.* La adora.
v + prep + n/pron
[O] **your child, your wife, etc.**

NOTA Dote on/upon sb se puede utilizar en pasiva: *He was doted on (by his parents).*

double /'dʌbl/

double as sth; double up as sth hacer las veces de algo, ser también algo: *The garage doubles as his workshop.* El garaje hace también de taller.
v + prep + n/pron
v + adv + prep + n/pron

double back (on yourself) dar la vuelta: *The road ahead was flooded so we had to double back.* La carretera estaba inundada más adelante, así que tuvimos que dar la vuelta. ◊ *The line of trees doubles back on itself.* La fila de árboles da la vuelta y sigue.
v + adv

double up 1 (in/with sth) (*tb* **double over (in/with sth)**) retorcerse (de algo) (*de dolor, de risa, etc.*): *He doubled up (in/with pain).* Se retorció (de dolor). **2 (with sb)** compartir (con algn): *We've only got one room left; you'll have to double up with Peter.* Solo queda una habitación, tendrás que compartir con Peter.
v + adv

double up as sth *Ver* DOUBLE AS STH; DOUBLE UP AS STH
v + adv + prep + n/pron

double sb up/over hacer que algn se retuerza (*de dolor*): *She was doubled up in agony.* Estaba retorcida de dolor.
v + n/pron + adv
v + adv + n (*poco frec*)

doze /dəʊz; USA doʊz/

doze off quedarse dormido: *He dozed off during the film.* Se quedó dormido durante la película.
v + adv
= **nod off, drop off** (*esp GB*)

draft

draft /drɑːft; *USA* dræft/

draft sb in; **draft sb into sth** asignar, adscribir a algn (a algo): *Extra police are being drafted in to control the crowds.* Están adscribiendo a más policías para controlar a las masas. ◊ *Williams was drafted into the team to play France.* Han asignado a Williams al equipo para jugar contra Francia.

v + adv + n
v + pron + adv
v + n + adv (menos frec)
v + n/pron + prep + n/pron

drag /dræg/ **-gg-**

drag sb/sth along, in, out, etc.; **drag sb/sth along, into, out of, etc. sth** llevar, meter, sacar, etc. a algn/algo a rastras: *He dragged her out of the room.* La arrastró fuera de la habitación. ◊ *We dragged the sofa into the dining room.* Metimos el sofá en el comedor a rastras.

v + n/pron + adv
v + adv + n
v + n/pron + prep + n/pron

drag sb/sth away/off llevar a algn/algo a rastras: *The police dragged off a couple of the demonstrators.* La policía se llevó a rastras a un par de manifestantes.

v + adv + n
v + n/pron + adv

NOTA Drag sb/sth away/off se usa mucho en pasiva: *She was dragged away shouting and screaming.*

drag sb away; **drag yourself away (from sth)**: *Once we got to the party, I couldn't drag her away!* ¡Una vez que llegamos a la fiesta, no hubo forma de sacarla de allí!

v + n/pron + adv
v + reflex + adv

drag sb down 1 (to sth) arrastrar a algn (a algo) (*a un nivel inferior*): *I'm worried the other children will be dragged down to his level.* Me preocupa que arrastre a los otros niños a su nivel. **2** deprimir a algn: *Stop thinking about your mistakes — it's dragging you down.* Deja de pensar en tus errores, te está deprimiendo. **3** debilitar a algn: *The hot weather started to drag me down.* El calor empezó a dejarme sin fuerzas.

v + n/pron + adv
v + adv + n (menos frec)

drag sth down hacer bajar algo: *These problems have dragged down share prices in other countries.* Estos problemas han hecho bajar los precios de las acciones en otros países.

v + n/pron + adv
v + adv + n

drag sb/sth in; **drag sb/sth into sth 1** meter a algn/algo (en algo): *Don't drag me into your argument!* ¡A mí no me metáis en vuestra discusión! **2** sacar a algn/algo a colación: *Why are you dragging Paul into this?* ¿Por qué sacas a Paul a colación? **3** *Ver* DRAG SB/STH ALONG, IN, OUT, ETC.

v + n/pron + adv
v + adv + n
v + n/pron + prep + n/pron
1 = **involve sb/sth**

drag sb/sth off *Ver* DRAG SB/STH AWAY/OFF

v + n/pron + adv
v + adv + n

drag on alargarse: *The day dragged on interminably.* El día se hacía interminable.

v + adv

drag sth out 1 alargar algo (*más de lo necesario*): *She dragged the meeting out for as long as possible.* Alargó la reunión todo lo que pudo. **2** *Ver* DRAG SB/STH ALONG, IN, OUT, ETC.

v + n/pron + adv
v + adv + n
1 = **prolong sth** (*más formal*)

drag sth out of sb (*información*) arrancar, sacar algo a algn: *They eventually dragged a confession out of her.* Al final le arrancaron una confesión.

v + n/pron + adv + prep + n/pron
[0] **a confession, the truth**

drag sth up (*coloq, pey*) sacar algo a colación: *It all happened years ago. There's no point dragging it up now.* Hace muchos años que ocurrió. No tiene sentido sacarlo ahora a colación.

v + n/pron + adv
v + adv + n
= **bring sth up** (*menos coloq*)

draw

dragoon /drəˈguːn/

dragoon sb into sth/doing sth obligar a algn a hacer algo: *We were dragooned into (joining) the football team.* Nos obligaron a formar parte del equipo de fútbol.
NOTA Dragoon sb into sth/doing sth se utiliza mucho en pasiva.

v + n/pron + prep + n/pron
v + n/pron + prep + -ing

drain /dreɪn/

drain away 1 (*tb* **drain off**) (*agua*) irse, desaparecer: *The water drained away down the plughole.* El agua desapareció por el desagüe. **2** (*enfado, confianza*) ir desapareciendo (*poco a poco*): *As she lay in the bath all the tension drained away.* Se estiró en la bañera y la tensión fue desapareciendo poco a poco. ◊ *The colour had drained away from her face.* El color había ido desapareciendo de sus mejillas.

v + adv
1 ⑤ **the water**
2 ⑤ **the colour**

drain sth away/off escurrir algo: *Drain away the excess fat.* Escurra el exceso de grasa.

v + n/pron + adv
v + adv + n
⓪ **the water**

drain off Ver DRAIN AWAY

v + adv

drain sth off Ver DRAIN STH AWAY/OFF

v + n/pron + adv
v + adv + n

draw /drɔː/ *pret* **drew** /druː/ *pp* **drawn** /drɔːn/

draw sb aside llevarse a algn aparte: *The nurse drew her parents aside.* La enfermera se llevó a sus padres aparte.

v + n/pron + adv
= **pull sb aside, take sb aside**

draw sth aside apartar, retirar algo a un lado: *He drew aside the curtain.* Apartó la cortina a un lado.
NOTA Draw sth aside se puede utilizar en pasiva: *Suddenly the curtain was drawn aside.*

v + n/pron + adv
v + adv + n
⓪ **a curtain**

draw back 1 retroceder, retirarse, echarse hacia atrás: *He drew back in fear.* El miedo le hizo retroceder. ◊ *She drew back from the window in case anyone saw her.* Se retiró de la ventana por si alguien la veía. **2** (**from sth/doing sth**) echarse atrás (y no hacer algo): *The government has drawn back from making a commitment.* El gobierno se ha echado atrás y no se ha comprometido.

v + adv
= **pull back** (1,2,3)

draw sth back 1 descorrer algo: *He drew back the bolt and opened the door.* Descorrió el cerrojo y abrió la puerta. **2** echar algo hacia atrás: *She drew her arm back and hit him as hard as she could.* Echó el brazo hacia atrás y le dio tan fuerte como pudo.

v + n/pron + adv
v + adv + n
1 ⓪ **the curtains, a bolt**
2 ⓪ **your arm, the sheet**

draw sth down (*esp GB*) bajar algo: *She drew down the blind.* Bajó la persiana.

v + n/pron + adv
v + adv + n
⓪ **a blind**
= **pull sth down** (1)

draw in (*GB*) **1** (*días*) acortarse (*cuando se acerca el invierno*): *The days are drawing in.* Los días se van haciendo más cortos. **2** (*noche, tarde*) caer: *Evening was already drawing in.* La tarde caía.
NOTA Draw in se utiliza mucho en tiempos continuos.

v + adv
1 ⑤ **the days**
  = **close in** (2) (*esp GB*)
  ≠ **draw out** (1) (*GB*)
2 ⑤ **evening, night**
  = **close in** (3) (*esp GB*)

draw

draw in; **draw into sth** (*esp GB*) (*tren*) llegar (a …): *The London train drew in late.* El tren de Londres llegó tarde.

> *v+adv*
> *v+prep+n/pron*
> = **pull in, pull into sth** (1)
> ≠ **draw out** (2)

draw sb in; **draw sb into sth/doing sth** involucrar a algn (en algo/para haga algo), hacer que algn se vea envuelto (en algo): *They were drawn into the war despite their attempts to remain neutral.* Se vieron envueltos en la guerra a pesar de que intentaron permanecer neutrales.

NOTA Este *phrasal verb* se usa mucho en pasiva: *I refuse to be drawn into this argument.*

> *v+n/pron+adv*
> *v+adv+n*
> *v+n/pron+prep+n/pron*
> *v+n/pron+prep+-ing*

draw sth in aspirar algo: *She drew in a deep breath.* Respiró hondo.

> *v+adv+n*
> *v+n/pron+adv*
> ⓢ **a/your breath**

draw on (*noche, invierno, etc.*) acercarse: *As night drew on, it became clear he wasn't coming.* Según se acercaba la noche, se hacía patente que él no vendría.

> *v+adv*
> ⓢ **night**

draw on sth **1** (*tb* **draw upon sth** *más formal*) hacer uso de algo, recurrir a algo: *The assignment asked us to draw on our experiences while we were in England.* Se nos pedía que basáramos el trabajo en nuestras experiencias en Inglaterra. ◊ *I'll have to draw on my savings to pay for it.* Tendré que recurrir a mis ahorros para pagarlo. **NOTA** En este sentido, **draw on/upon sth** se puede utilizar en pasiva: *His evidence will be drawn on to support her argument.* **2** inhalar el humo de algo, dar una calada a algo: *He drew on his cigarette.* Dio una calada al cigarro.

> *v+prep+n/pron*
> **1** ⓢ **your experience, a tradition, your resources, your savings**
> **2** ⓢ **a cigar, a cigarette**

draw out **1** (*GB*) (*días, tardes*) alargarse (*cuando se acerca el verano*): *After Easter the days/evenings started drawing out.* Después de Semana Santa empezó a anochecer más tarde. **NOTA** En este sentido, **draw out** suele usarse en tiempos continuos: *The evenings are drawing out.* **2** (*tb* **draw out of sth**) (*esp GB*) (*tren*) salir (de …): *The train drew slowly out of the station.* El tren salió lentamente de la estación.

> **1** *v+adv*
> ⓢ *only* **evenings, days**
> ≠ **draw in** (1) (*GB*)
> **2** *v+adv*
> *v+adv+prep+n/pron*
> = **pull out** (1)
> ≠ **draw in, draw into sth**

draw sb out animar a algn a hablar: *I tried to draw him out on the subject of the war.* Traté de que se animara a hablar de la guerra.

> *v+n/pron+adv*
> *v+adv+n (menos frec)*

draw sth out **1** (**of sth**) sacar algo (de algo): *She drew a map out of her bag.* Sacó un mapa de su bolso. ◊ *How much money did you draw out?* ¿Cuánto dinero sacaste? **2** alargar algo: *He drew the interview out to over an hour.* Hizo que la entrevista se alargara durante más de una hora.

▶ **drawn-out** *adj* larguísimo: *It was a long drawn-out meeting.* Fue una reunión larga, interminable.

> *v+n/pron+adv*
> *v+adv+n*
> **1** ⓞ **money**
> **2** ⓞ **a meeting, a process**

draw up (*vehículo*) pararse: *A taxi drew up outside.* Un taxi se paró fuera.

> *v+adv*
> ⓢ **a car, a taxi, etc.**
> = **pull up**

draw sth up **1** redactar algo: *My solicitor is drawing up the contract.* Mi abogado está redactando el contrato. **2** trazar algo: *We've drawn up a plan of action.* Hemos trazado un plan de ataque. **3** acercar algo: *She drew up another chair and sat with them.* Acercó otra silla y se sentó con ellos. ◊ *He drew his knees up to his chest.* Dobló las rodillas contra el pecho.

> *v+adv+n*
> *v+n/pron+adv*
> **1** ⓞ **a contract, an agreement**
> **2** ⓞ **a plan**
> **3** ⓞ **a chair**
> = **pull sth up** (3)

draw yourself up erguirse: *She drew herself up to her full height.* Se irguió todo lo larga que es.

> *v+reflex+adv*

draw upon sth Ver DRAW ON STH (1)　　　　　　　　　　　　　　　　　　　　　　*v+prep+n/pron*

dream /driːm/ *pret, pp* **dreamt** /dremt/ o **dreamed**

dream sth away pasarse algo soñando: *She dreamt her life away, never really achieving anything.* Se pasó la vida soñando, sin conseguir nunca nada.
v+n/pron+adv
v+adv+n
◎ **your life**

dream on! (*coloq, irón*) ¡estás soñando!: *You want a pay rise? Dream on!* ¿Que quieres un aumento de sueldo? ¡Tú sueñas!
NOTA Dream on siempre se utiliza en imperativo.
v+adv

dream sth up (*coloq*) idear, urdir algo: *The scheme was dreamt up by a local businessman.* El plan lo urdió un hombre de negocios del lugar.
v+adv+n
v+pron+adv
v+n+adv (*poco frec*)
◎ **an idea, a scheme**
= **think sth up**

dredge /dredʒ/

dredge sth up (*gen pey*) **1** sacar algo: *See if you can dredge up some information on Parker.* Mira a ver si puedes encontrar algo de información sobre Parker. ◊ *He managed to dredge up a smile.* Consiguió esbozar una sonrisa. **2** sacar algo a relucir: *She always dredges up that embarrassing story.* Siempre saca a relucir esa vergonzosa historia.
v+adv+n
v+pron+adv
v+n+adv (*menos frec*)
2 ◎ **memories, the past**

dress /dres/

dress down (in sth) vestirse informal (con algo): *He deliberately dressed down for the party.* Con toda intención, fue a la fiesta vestido informal.
NOTA Nótese que **dress down** se usa también en la construcción **be dressed down**: *He was dressed down in jeans and a T-shirt.*
v+adv
≠ **dress up**

dress sb down echar una reprimenda/bronca a algn: *The sergeant dressed down the new recruits.* El sargento echó una bronca a los nuevos reclutas.
▶ **dressing-down** *n* [sing] (*coloq, antic*) reprimenda, bronca: *to give sb a dressing-down* echarle a algn una bronca ◊ *to get a dressing-down* llevarse una bronca
v+adv+n
v+n/pron+adv

dress up; dress yourself up 1 (in sth) ponerse de punta en blanco (con algo): *Don't bother to dress up — come as you are.* No te molestes en arreglarte, vente como estás. **2 (as sb/sth)** disfrazarse (de algn/algo): *They dressed themselves up as the three musketeers.* Se disfrazaron de los tres mosqueteros.
▶ **dressing-up** *n* (*GB*) acción de disfrazarse: *Dressing-up is always popular with children.* A los niños siempre les gusta disfrazarse.
NOTA Nótese que el sustantivo **dressing-up** también se puede utilizar delante de otro sustantivo: *dressing-up clothes.*
v+adv
v+reflex+adv
1 ≠ **dress down**

dress sb up 1 (in sth) poner a algn de punta en blanco (con algo): *He dressed the children up in their new clothes.* Vistió a los niños de punta en blanco, con su ropa nueva. **2 (as sb/sth)** disfrazar a algn (de algn/algo): *He was dressed up as Santa Claus.* Se disfrazó de Papá Noel.
NOTA Dress sb up se usa mucho en la construcción **be/get dressed up**: *Are you going to get dressed up for the party?*
LOC (be) dressed up to the nines (*GB, coloq*) (ir) de tiros largos
▶ **dressing-up** *n* Ver DRESS UP; DRESS YOURSELF UP
v+n/pron+adv
v+adv+n

dress

dress sth up disfrazar, adornar algo: *You're sacking me. Don't try to dress it up as a career move.* Me estás despidiendo. No intentes disfrazarlo y hacerlo sonar como el próximo paso de mi carrera.
 v+n/pron+adv
 v+adv+n

dress yourself up *Ver* DRESS UP; DRESS YOURSELF UP
 v+reflex+adv

drift /drɪft/

drift across, down, in, etc.; drift across, down, into, etc. sth desplazarse, alejarse, moverse, etc. (*empujado por la corriente/el viento*): *Voices drifted across from the flat opposite.* El aire traía el sonido de voces que provenían del piso de enfrente. ◊ *The boat drifted gently down the river.* El bote se movía río abajo empujado por la corriente.
 v+adv
 v+prep+n/pron

drift apart distanciarse: *Over the years we just drifted apart.* Con el paso de los años nos fuimos distanciando.
 v+adv

drift off 1 (*tb* **drift away**) alejarse (*empujado por la corriente/el viento*): *The boat drifted off.* El barco se alejó empujado por la corriente. **2** quedarse dormido: *She soon drifted off (to sleep).* Pronto se quedó dormida.
 v+adv
 2 = **doze off, drop off** (*esp GB*), **nod off**

drill /drɪl/

drill sth into sb machacarle algo a algn: *We had multiplication tables drilled into us at school.* En el colegio nos machacaban una y otra vez las tablas de multiplicar.
 NOTA Drill sth into sb se utiliza mucho en pasiva: *Discipline was drilled into them from an early age.*
 v+n/pron+prep+n/pron
 = **drum sth into sb**

drink /drɪŋk/ *pret* **drank** /dræŋk/ *pp* **drunk** /drʌŋk/

drink sth in empaparse, gozar de algo: *She wandered the streets, drinking in the atmosphere.* Anduvo por las calles, empapándose del ambiente.
 NOTA Drink sth in no puede utilizarse en pasiva.
 v+adv+n
 v+pron+adv
 v+n+adv (*poco frec*)
 [O] **the atmosphere, the beauty of ...**

drink to sb/sth brindar por algn/algo: *They all drank to the couple's health.* Todos brindaron por la salud de la pareja.
 v+prep+n/pron
 = **toast sb/sth**

drink up terminar la bebida: *Drink up. It's time to go.* Termínate la bebida. Hay que irse.
 v+adv

drink sth up beberse algo (*sin dejar nada*): *Drink up your milk — it's good for you.* Bébete la leche, es bueno para ti.
 v+adv+n
 v+n/pron+adv

drive /draɪv/ *pret* **drove** /drəʊv; *USA* droʊv/ *pp* **driven** /ˈdrɪvn/

drive along, around, down, etc.; drive along, around, down, etc. sth circular (por algo) (*en la dirección indicada por la partícula*): *Let's just drive around the area for a while.* Demos vueltas un rato (con el coche) por la zona. ◊ *There was a lorry driving along behind us.* Había un camión circulando detrás de nosotros.
 v+adv
 v+prep+n/pron
 [O] **a road, a street**

drive at sth querer decir, insinuar algo: *I'm not sure I understand what you're driving at.* No estoy segura de entenderte bien.
 NOTA Drive at sth solo se utiliza en tiempos continuos, siempre tiene como complemento la palabra **what ... ?** y solo aparece en oraciones interrogativas directas o indirectas.
 v+prep+n/pron
 = **get at sth** (1)

drive away/off alejarse (*en un vehículo*): *The robbers drove off at high speed.* Los ladrones se alejaron (en un coche) a gran velocidad. — *v+adv*

drive sb away llevar a algn (*en un vehículo*): *She was driven away in a police car.* Se la llevaron en un coche de policía. — *v+n/pron+adv*

drive sb/sth away (**from sth**) ahuyentar a algn/algo (de …): *Rising prices are driving our customers away.* Los precios en alza ahuyentan a nuestros clientes. — *v+n/pron+adv* / *v+adv+n* / [0] **customers, business**

drive into sb/sth estrellarse, estamparse contra algn/algo: *He drove into the car in front.* Se estrelló contra el coche de delante. — *v+prep+n/pron*
NOTA Drive into sb/sth se puede utilizar en pasiva: *The stolen car had been driven into a tree.*

drive off *Ver* DRIVE AWAY/OFF — *v+adv*

drive sb/sth off; **drive sb/sth off sth** ahuyentar a algn/algo (de …): *Settlers drove native tribes off their land.* Los colonizadores hicieron que las tribus indígenas huyeran de sus tierras. — *v+n/pron+adv* / *v+adv+n* / *v+n/pron+prep+n/pron*

drive on seguir conduciendo, continuar viaje: *We drove on until we came to an open square full of cafés.* Seguimos conduciendo hasta que llegamos a una plaza llena de cafés. — *v+adv*

drive sb/sth out (**of sth**) echar a algn/algo (de …): *They tried to drive her out of the village.* Intentaron echarla del pueblo. — *v+n/pron+adv* / *v+adv+n*

drive up (**to sb/sth**) acercarse (a algn/algo) (*conduciendo*): *She drove up to the lights and braked sharply.* Se acercó a las luces y dio un frenazo brusco. — *v+adv*

drone /drəʊn; *USA* droʊn/

drone on (**about sth**) (*pey*) hablar en tono monótono (de algo): *I nearly fell asleep while he was droning on!* ¡Casi me duermo mientras estaba dale que te pego en ese tono monótono! — *v+adv*

drool /druːl/

drool over sb/sth caérsele la baba a uno con/por algn/algo: *He was drooling all over you at the party!* ¡Se le caía la baba contigo en la fiesta! — *v+prep+n/pron*

drop /drɒp; *USA* drɑːp/ **-pp-**

drop around (*USA*) *Ver* DROP BY/ROUND — *v+adv*

drop sth around (*USA*) *Ver* DROP STH ROUND — *v+n/pron+adv* / *v+adv+n*

drop away (*esp GB, coloq*) (*tierra*) descender, bajar (*de repente*): *The seabed suddenly dropped away.* De pronto el fondo se hizo mucho más hondo. — *v+adv*

drop back rezagarse: *The original leader has now dropped back to third place.* El líder se ha rezagado y va ahora en tercera posición. — *v+adv*

drop behind; **drop behind sb/sth** quedarse atrás (con respecto a algn/algo): *He dropped behind to walk with Sam.* Se quedó atrás para caminar junto a Sam. — *v+adv* / *v+prep+n/pron* / = **fall behind, fall behind sb/sth**

drop by/round (*USA tb* **drop around**) (*coloq*) pasar (*de visita*): *I just dropped by to check you were OK.* Solo he pasado para asegurarme de que estabas bien. — *v+adv* / = **call by** (*esp GB*)

drop in (on sb) (*coloq*) pasar (por casa de algn) (*de visita*): *She drops in on her parents at least once a week.* Pasa por casa de sus padres por lo menos una vez a la semana. | *v + adv*

drop sb in it; **drop yourself in it** (*GB, coloq*) meter a algn en un lío, meterse en un lío: *That stupid idiot's dropped me in it again!* ¡Ese idiota me ha vuelto a meter en un lío! | *v + n/pron + prep + it*
 v + reflex + prep + it

drop sth in (to sb/sth) (*esp GB, coloq*) dejar algo (a algn/en …): *I'll drop a note in to you when I know the arrangements.* Te dejaré una nota cuando sepa cuáles son los planes. ◊ *She dropped a report in to reception on her way out.* Dejó un informe en recepción según salía. | *v + n/pron + adv*
 v + adv + n
 = **pop sth in/round** (*GB*)

drop yourself in it *Ver* DROP SB IN IT; DROP YOURSELF IN IT | *v + reflex + prep + it*

drop into sth pasar por … : *Homeless people can drop into the centre for help and advice.* Las personas sin hogar pueden pasar por el centro para pedir ayuda y consejo. | *v + prep + n/pron*

▶ **drop-in** *adj* [atrib] se dice de un centro de ayuda, servicio, etc. al que se puede acudir sin aviso previo

NOTA Nótese que el adjetivo **drop-in** siempre se utiliza delante de un sustantivo: *a drop-in centre*.

drop off 1 (*esp GB, coloq*) quedarse dormido: *He's always dropping off (to sleep) in front of the TV.* Siempre se queda dormido viendo la tele. **2** disminuir: *The numbers applying for membership have dropped off sharply.* El número de solicitudes de ingreso ha disminuido bruscamente. | *v + adv*
 1 = **doze off, drift off** (2), **nod off**
 2 = **fall off** (2)

▶ **drop-off (in sth)** *n* caída, disminución (en algo): *Managers are concerned by a recent drop-off in sales.* Los directores están preocupados por una reciente caída en las ventas.

drop sb/sth off (*coloq*) dejar, llevar a algn/algo (*a menudo de camino a otro sitio*): *Could you drop me off at the station?* ¿Podrías dejarme en la estación? ◊ *I'll drop you off.* Yo te llevo. | *v + n/pron + adv*
 v + adv + n

▶ **drop-off** (*tb* **drop-off point**) *n* lugar donde se deja a algn/algo (*pasajeros, un rescate, etc.*)

drop out (of sth) 1 abandonar (algo): *She had to drop out (of the race) halfway through.* Tuvo que abandonar (la carrera) a la mitad. **2** (*estudiante*) dejar algo, abandonar (algo): *She dropped out of university after only a few weeks.* Dejó la universidad después de unas pocas semanas. **3** apartarse de la sociedad | *v + adv*
 1 = **pull out** (2), **withdraw** (*más formal*)

▶ **dropout** *n* **1** persona que ha abandonado los estudios **2** (*esp GB, pey*) marginado

NOTA Nótese que el sustantivo **drop-out** se puede utilizar delante de otro sustantivo: *a high drop-out rate*.

drop round *Ver* DROP BY/ROUND | *v + adv*

drop sth round (*USA tb* **drop sth around**) (*coloq*) pasar a dejar algo: *I'll drop those papers round later.* Luego pasaré a dejar estos papeles. | *v + n/pron + adv*
 v + adv + n

drown /draʊn/

drown sb/sth out (*ruido*) impedir que se oiga a algn/algo, ahogar algo: *Her reply was drowned out by a passing motorbike.* Una moto que pasaba ahogó su respuesta. | *v + adv + n*
 v + pron + adv
 v + n + adv (*menos frec*)

drum /drʌm/ -mm-

drum sth into sb machacarle algo a algn (*para que lo aprenda*): *Traditional values were drummed into him from an early age*. Desde muy pequeño le fueron inculcados los valores tradicionales. ◊ *The teacher tried to drum the poems into their heads*. La profesora trató de hacerles aprender los poemas a fuerza de repetírselos.

v + n/pron + prep + n/pron
= **drill sth into sb**

drum sb out (of sth) expulsar, echar a algn (de …): *He was drummed out (of the club)*. Lo expulsaron (del club).
NOTA Drum sb out se utiliza mucho en pasiva.

v + n/pron + adv
v + adv + n (*poco frec*)
= **throw sb out** (1)

drum sth up conseguir, obtener algo: *We're launching a campaign to drum up more business*. Vamos a lanzar una campaña para aumentar la demanda.

v + adv + n
v + pron + adv
v + n + adv (*poco frec*)
◉ **support, business**

dry /draɪ/ *pret, pp* dried

dry off secarse: *We lay beside the pool to dry off in the sun*. Nos tumbamos junto a la piscina para secarnos al sol.

v + adv

dry sb/sth off; dry yourself off secar a algn/algo, secarse: *You can use this towel to dry yourself off*. Puedes usar esta toalla para secarte.

v + n/pron + adv
v + adv + n
v + reflex + adv

dry out 1 secarse: *I left the papers on the window sill to dry out*. Dejé los papeles en el alféizar para que se secaran. **2** quedarse demasiado seco: *He left the casserole in the oven too long and it dried out*. Dejó demasiado rato el guiso en el horno y se quedó muy seco. **3** (*coloq*) desalcoholizarse, someterse a una cura de desintoxicación: *She went into a clinic to dry out*. Se sometió a una cura de desintoxicación de alcohol en una clínica.

v + adv

dry sth out secar algo (*que está húmedo*): *You can dry your coats out on the radiator*. Podéis secar los abrigos en el radiador.

v + n/pron + adv
v + adv + n

dry up 1 secarse (*completamente*): *The pond dried up during the long drought*. El estanque se secó durante la larga sequía. **2** (*dinero, suministro*) agotarse: *The plan was abandoned when the money dried up*. Cuando se acabó el dinero se abandonó el plan. **3** (*coloq*) quedarse en blanco: *I just dried up halfway through the interview*. Me quedé en blanco a mitad de la entrevista. **4** (*GB*) secar los platos: *I'll dry up if you wash the dishes*. Yo seco los platos si tú friegas. **5** (*GB, coloq*) cerrar el pico, callarse **NOTA** En este sentido, dry up se utiliza mucho en imperativo: *Just dry up and give us some peace.*
▶ **dried up** *adj* Ver DRY STH UP
▶ **drying up** *n* Ver DRY STH UP

v + adv
4 = **wipe up**

dry sth up 1 secar algo (*completamente*): *The sun dried up all the puddles*. El sol secó todos los charcos. **2** secar algo (*que se ha lavado antes*): *I dried all the dishes up and put them away*. Sequé todos los platos y los guardé.
▶ **dried up** *adj* **1** seco **2** [atrib] (*persona*) huraño, desabrido **NOTA** En este sentido, el adjetivo **dried up** solo se utiliza delante de un sustantivo: *a dried up old school teacher*.
▶ **drying-up** *n* [incontable] (*GB, coloq*) secado: *to do the drying-up* secar los platos

v + adv + n
v + pron + adv
v + n + adv (*menos frec*)

duck /dʌk/

duck out (*coloq*) **1** (**of sth/doing sth**) escaquearse (y no hacer algo), evitar, eludir algo: *You have to go, so don't try ducking out.* Tienes que ir, así que no trates de escaquearte. ◊ *He's ducking out of his responsibilities again.* Otra vez elude sus responsabilidades. **2** (*esp USA*) salir (*de repente, con prisas*): *He just ducked out for a quick drink.* Salió a tomar algo rápido.

v + adv

duff /dʌf/

duff sb up (*GB, coloq*) dar una paliza a algn: *I got duffed up by a gang of skinheads.* Una pandilla de cabezas rapadas me dio una paliza.

v + n/pron + adv
v + adv + n (*menos frec*)
= **beat sb up**

duke /djuːk; *USA* duːk/

duke it out (**with sb**) (*USA, coloq*) pegarse (con algn): *You'll have to duke it out over the last cookie.* Tendréis que pegaros por la última galleta.

v + it + adv
= **fight sth out**

dumb /dʌm/

dumb sth down (*pey*) simplificar algo, bajar el nivel intelectual de algo: *The magazine has been dumbed down.* Se ha bajado el nivel intelectual de la revista.
▶ **dumbing down** (**of sth**) *n* simplificación, bajada del nivel intelectual (de algo): *He lamented the dumbing down of the national press.* Se lamentó de la bajada de nivel de la prensa nacional.

v + n/pron + adv
v + adv + n

dummy /'dʌmi/ *pret, pp* **dummied** *part pres* **dummying**

dummy up (*USA*) quedarse callado como un muerto: *If he dummies up, just try a little persuasion.* Si se queda callado como un muerto, intenta persuadirle.

v + adv
= **clam up**

dump /dʌmp/

dump on sb (*coloq*) **1** tratar a algn injustamente (*cargándolo de trabajo*): *She's always dumping on the junior staff.* Siempre está cargando de trabajo al personal subalterno. **2** (*USA*) criticar a algn, meterse con algn (*injustamente*): *Quit dumping on me, I'm trying my best.* Deja de meterte conmigo, hago lo que puedo.
NOTA Dump on sb se puede utilizar en pasiva: *Why do I always get dumped on?*

v + prep + n/pron

dump sth on sb 1 encasquetar algo a algn: *She's always trying to dump extra work on me.* Siempre está intentando encasquetarme más trabajo. **2** (*coloq*) soltar el rollo de algo a algn: *He keeps dumping all his problems on me.* Siempre me suelta el rollo de sus problemas.

v + n/pron + prep + n/pron

dust /dʌst/

dust sb/sth off; **dust yourself off** (*GB tb* **dust sb/sth down**, **dust yourself down**) quitar el polvo a algn/algo, quitarse el polvo: *She stood up and dusted herself off.* Se levantó y se sacudió el polvo. ◊ *I dusted him down to make him slightly more presentable.* Le sacudí la ropa para que estuviera un poco más presentable.

v + n/pron + adv
v + adv + n
v + reflex + adv

dust sth off (*GB tb* **dust sth down**) volver a utilizar/sacar algo (*que estaba en desuso*), desempolvar algo: *As the threat of war increased, they dusted off the evacuation plan.* Ante la amenaza de guerra, desempolvaron el plan de evacuación.

v + adv + n
v + pron + adv
v + n + adv (*menos frec*)

dust yourself off *Ver* DUST SB/STH OFF; DUST YOURSELF OFF

v + reflex + adv

dwell /dwel/ *pret, pp* **dwelt** /dwelt/ o **dwelled**

dwell on sth (*tb* **dwell upon sth** *más formal*) pensar demasiado en algo: *It's time she stopped dwelling on the past.* Es hora de que deje atrás el pasado.

v + prep + n/pron
◎ **the past, your problems**

Ee

ease /iːz/

ease away (**from sb/sth**) apartarse (de algn/algo): *She tried to ease away from him without waking him.* Intentó apartarse de él con cuidado, sin despertarle.

v + adv

ease back (*Fin*) bajar: *Oil prices have eased back for the first time in months.* El precio del petróleo ha bajado por primera vez desde hace meses.

v + adv

ease yourself down, **in**, **up**, **etc**.; **ease yourself down**, **into**, **up**, **etc**. **sth** bajarse, meterse, sentarse, levantarse, etc. despacio/con cuidado: *He slowly eased himself up.* Se levantó lentamente. ◊ *She eased herself into an armchair.* Se sentó en un sillón con cuidado.

v + reflex + adv
v + reflex + prep + n/pron

ease in, **out**, **through**, **etc**.; **ease into**, **out of**, **through**, **etc**. **sth** entrar, salir, meterse, etc. despacio/con cuidado: *A limousine was easing out in front of them.* Una limusina salía despacio delante de ellos. ◊ *She eased into her chair.* Se sentó despacio en el asiento.

v + adv
v + prep + n/pron

ease sth in, **off**, **out**, **etc**.; **ease sth into**, **off**, **out of**, **etc**. **sth** meter, quitar, sacar, etc. algo despacio/con cuidado: *She unzipped her boot and eased it off.* Bajó la cremallera de la bota y se la quitó con cuidado. ◊ *He eased the cork out of the bottle.* Le quitó el corcho a la botella con cuidado.

v + n/pron + adv
v + adv + n
v + n/pron + prep + n/pron

ease into sth; **ease sb/yourself into sth** acostumbrarse a algo, acostumbrar a algn a algo: *Give him time to ease himself into his new post.* Dale tiempo para que se acostumbre a su nuevo puesto. ◊ *You have to let people ease into the job at their own pace.* Tienes que dejar que la gente se acostumbre al trabajo a su propio ritmo. ◊ *I'm still easing back into work after the holidays.* Todavía estoy volviendo a acostumbrarme al trabajo después de las vacaciones.

v + prep + n/pron
v + n/pron + prep + n/pron
v + reflex + prep + n/pron

ease off 1 remitir, disminuir: *The pain eased off after a few hours.* A las pocas horas el dolor se calmó. ◊ *Eventually the rain started to ease off.* Finalmente la lluvia empezó a amainar. **2** reducir la velocidad: *He eased off in the last lap and still won.* Aminoró la marcha en la última vuelta y aún así ganó.

v + adv
1 ⑤ **the rain**
2 = **slack off**

ease off sth reducir, aflojar algo: *Ease off the training a few days before the race.* Relaja el entrenamiento unos días antes de la carrera. ◊ *He eased off the brake and started to move forward.* Soltó el freno y empezó a avanzar.

v + prep + n/pron

ease

ease sb out (**of sth**) hacer que algn deje un trabajo gradualmente, sin que se note que le han echado: *He was eased out of his job.* Poco a poco le fueron quitando del puesto.
NOTA Ease sb out se utiliza mucho en pasiva.

v + n/pron + adv
v + adv + n

ease up 1 (**on sth**) bajar el ritmo (*de trabajo, etc.*), ser más moderado (con algo): *The doctor told him to ease up.* El médico le dijo que se tomase las cosas con más tranquilidad. ◊ *I'd ease up on the whisky if I were you.* Yo que tú me moderaría con el whisky. **2** (**on sb**) dejar de ser tan duro (con algn): *I think they'd respond better if you eased up* (*on them*) *a bit.* Creo que responderían mejor si no fueras tan duro (con ellos).

v + adv

---

eat /iːt/ *pret* **ate** /et; *USA* eɪt/ *pp* **eaten** /ˈiːtn/

eat sth away 1 comerse algo poco a poco: *Something was eating away the foliage.* Algo se estaba comiendo las hojas. **2** (*ácido*) corroer algo: *Acid had eaten away part of the work surface.* El ácido había corroído parte de la encimera. **3** (*mar*) erosionar algo

v + adv + n
v + n/pron + adv

eat away at sb consumir, corroer a algn: *Jealousy is eating away at him.* Le consumen los celos.

v + adv + prep + n/pron

eat away at sth 1 erosionar algo: *Pollution is eating away at the stone.* La contaminación está erosionando la piedra. **2** comerse, destruir algo gradualmente: *Resentment ate away at their relationship.* El resentimiento destruyó poco a poco la relación.
◊ *Automation will continue to eat away at jobs.* La automatización continuará destruyendo puestos de trabajo.

v + adv + prep + n/pron

eat in 1 comer en casa: *Are you eating in tonight?* ¿Cenas esta noche en casa? **2** (*esp GB*) tomar/comer en el local (*restaurante, etc.*): *Is it to eat in or take away?* ¿Es para tomar aquí o para llevar?

v + adv
1 ≠ **eat out**
2 ≠ **take sth away** (5) (*GB*)

eat into sth 1 destruir algo (*poco a poco*): *Woodworm had eaten into most of the furniture.* La carcoma había ido destruyendo la mayor parte de los muebles. **2** mermar algo, quitar una parte de algo: *My work began to eat into the weekends.* El trabajo empezó a quitarme parte de los fines de semana.

v + prep + n/pron
2 ⓪ **profits, your time, your savings**

eat out comer fuera: *We ate out almost every night.* Cenamos fuera casi todas las noches.

v + adv
≠ **eat in**

eat up! ¡cómetelo todo!
NOTA Eat up! siempre se utiliza en imperativo.

v + adv

eat sb up consumir a algn: *The anger was eating her up inside.* La ira la consumía por dentro.
NOTA Eat sb up se utiliza mucho en pasiva: *He's eaten up by regrets.*

v + n/pron + adv
v + adv + n
= **consume sb** (*formal*)

eat sth up 1 comerse algo (*sin dejar nada*): *Eat up your broccoli.* Cómete todo el brécol. ◊ *His extravagance is eating up our profits.* Todo ese despilfarro que se trae está devorando nuestros beneficios. **2** (*esp GB, coloq*) chupar, tragar algo: *The van really eats up petrol.* La furgoneta sí que chupa gasolina.

v + adv + n
v + pron + adv
v + n + adv (*menos frec*)

---

ebb /eb/

ebb away desaparecer gradualmente: *His confidence ebbed away.* Poco a poco perdió la confianza en sí mismo.

v + adv

edge /edʒ/

edge along, in, out, etc.; edge along, into, out of, etc. sth avanzar, entrar, salir, etc. poco a poco: *The climber edged carefully along the narrow ledge.* El alpinista fue avanzando poco a poco por el estrecho saliente.
v+adv
v+prep+n/pron

edge away (from sb/sth) alejarse poco a poco (de algn/algo): *She edged away (from him).* Se alejó (de él) poco a poco.
v+adv

edge sb/sth out (of sth) desplazar a algn/algo (de algo): *Be careful he doesn't edge you out of your job altogether.* Ten cuidado no vaya a desplazarte poco a poco de tu trabajo hasta quedarse con él.
v+n/pron+adv
v+adv+n

edge up aumentar (*gradualmente*): *Inflation is edging up.* La inflación va aumentando.
v+adv

edit /'edɪt/

edit sth out (of sth) suprimir, eliminar algo (de algo): *The swear words were edited out (of the song).* Se suprimieron las palabrotas (de la canción).
v+n/pron+adv
v+adv+n

eff /ef/

eff off! (*GB, tabú*) ¡vete a la porra!
NOTA **Eff off** es una forma menos grosera de decir **fuck off**, y se utiliza siempre en imperativo.
v+adv
= **clear off** (*esp GB, coloq*)

egg /eg/

egg sb on (to do sth) incitar, empujar a algn (a hacer algo): *Egged on by his classmates, he climbed a bit higher.* Incitado por sus compañeros de clase, trepó un poco más alto.
v+n/pron+adv
v+adv+n

eke /i:k/

eke sth out **1** estirar, hacer durar algo: *She eked out the stew to make another meal.* Estiró el estofado para hacer otra comida. **2** ganarse algo a duras penas: *She eked out a living as a cleaner.* A muy duras penas se ganaba la vida como señora de la limpieza.
1 *v+adv+n*
v+pron+adv
v+n+adv (*menos frec*)
◻ **your income, supplies**
= **stretch sth out** (2)
2 *v+adv+n*
v+n/pron+adv (*poco frec*)
◻ **an existence, a living**

elbow /'elbəʊ; *USA* -boʊ/

elbow sb/sth aside/out quitarse a algn/algo de en medio, dejar a algn/algo a un lado: *She elbowed me out of the way.* Me quitó de en medio a codazos. ◊ *He was elbowed out of power.* Le apartaron del poder.
v+n/pron+adv
v+adv+n

elbow in, past, through, etc.; elbow into, past, through, etc. sth (*tb* **elbow past sb**) abrirse camino, adelantarse, pasar, etc. a codazos: *She tried to elbow (her way) through (the crowd).* Intentó abrirse camino a codazos (por entre la gente).
v+adv
v+prep+n/pron

elbow sb/sth out *Ver* ELBOW SB/STH ASIDE/OUT
v+n/pron+adv
v+adv+n

embark /ɪmˈbɑːk; *USA* ɪmˈbɑːrk/

embark on sth (*tb* **embark upon sth** *más formal*) emprender algo, embarcarse en algo: *The government has embarked on a programme of reforms.* El gobierno ha emprendido un programa de reformas.

v + prep + n/pron
◉ **a programme of ... , a career, a course**

empty /ˈempti/ *pret, pp* **emptied**

empty out quedarse vacío: *At 11.30 the restaurant emptied out.* A las 11.30 el restaurante se quedó vacío.

v + adv
= **empty**

empty sth out vaciar algo: *He emptied the bag out onto the table.* Vació la bolsa encima de la mesa.

v + n/pron + adv
v + adv + n
= **empty sth**

end /end/

end up 1 [+**adv/prep/adj**] terminar, acabar ... : *He ended up in prison.* Acabó en la cárcel. ◼ En este sentido, **end up** siempre va seguido de un complemento: *How did I end up here?* **2 end up doing sth** terminar, acabar (haciendo/por hacer algo): *I expect we'll end up paying, as usual.* Supongo que acabaremos pagando, como siempre. ◼ En este sentido, **end up** siempre va seguido de una forma en -**ing**: *I never thought I'd end up marrying him.*

1 *v + adv + complemento*
= **finish up** (1)
2 *v + adv + -ing*
= **finish up** (2)

endear /ɪnˈdɪə(r); *USA* -ˈdɪr/

endear sb to sb; **endear yourself to sb** ganarse (algn) el cariño de algn: *He managed to endear himself to my entire family.* Consiguió ganarse el cariño de toda mi familia.

v + n/pron + prep + n/pron
v + reflex + prep + n/pron

endow /ɪnˈdaʊ/

be endowed with sth (*formal*) estar dotado de algo, tener algo: *He is endowed with intelligence and good looks.* Está dotado de inteligencia y un buen físico.

be + v + prep + n/pron

endow sb/sth with sth (*formal*) **1** atribuirle algo a algn/algo (*referido a cualidades, aptitudes, etc.*): *She had endowed him with the qualities she wanted him to possess.* Le había atribuido las cualidades que quería que tuviese. **2** dotar a algn/algo de algo: *The company endows its managers with considerable responsibility.* La empresa dota a sus directivos de bastante responsabilidad.

v + n/pron + prep + n/pron

engage /ɪnˈɡeɪdʒ/

be engaged in sth/doing sth dedicarse a algo/a hacer algo: *He was engaged in trading abroad.* Se dedicaba al comercio exterior.

be + v + prep + n/pron

engage in sth (*formal*) participar, entrar en algo: *It isn't easy to engage in discussion with someone who won't listen to your opinion.* No es fácil entrar en discusiones con alguien que no escucha tu opinión. ◊ *It's difficult to say without engaging in speculation.* Es difícil de decir sin entrar en especulaciones.

v + prep + n
◉ **activities, research**

engage sb in sth/doing sth (*formal*) ocupar a algn en algo/ haciendo algo, involucrar a algn en algo: *She tried to engage him in conversation.* Intentó conversar con él.

v + n/pron + prep + n/pron
v + n/pron + prep + -ing

engage on/upon sth (*formal*) meterse en algo: *They are engaged on research.* Están metidos en investigación.
NOTA **Engage on/upon sth** se utiliza mucho en pasiva.

v + prep + n/pron

enquire /ɪnˈkwaɪə(r)/

enquire after sb/sth (*tb* **inquire after sb/sth**) (*formal*) interesarse, preguntar por algn/algo: *She enquired after your health.* Se interesó por tu salud.

v + prep + n/pron
= **ask after sb/sth** (*menos formal*)

enquire into sth (*tb* **inquire into sth**) (*esp GB, formal*) investigar algo: *We shall be enquiring into the matter.* Investigaremos el asunto.
NOTA **Enquire into sth** se puede utilizar en pasiva.

v + prep + n/pron
= **investigate sth**

enter /ˈentə(r)/

enter into sth 1 (**with sb**) entrar en algo (con algn): *The government agreed to enter into negotiations.* El gobierno accedió a entrar en negociaciones. ◊ *They entered into the spirit of the occasion.* Se entregaron en cuerpo y alma a la ocasión. ◊ *He entered into partnership with John Wright.* Se asoció con John Wright. NOTA En este sentido, **enter into sth** se puede utilizar en pasiva: *The contract was freely entered into.* **2** entrar en juego para algo, tener que ver con algo: *Luck didn't enter into it; it was pure skill.* La suerte no tuvo nada que ver, fue habilidad pura.

v + prep + n/pron
1 ⓞ **negotiations, correspondence, an agreement, a contract**
2 ⓞ **it**

enter on/upon sth (*formal*) **1** entrar en algo: *The economy entered on a period of sustained growth.* La economía entró en un periodo de crecimiento continuo. **2** emprender algo, embarcarse en algo: *He entered on a life of extravagant and riotous living.* Se embarcó en una vida de despilfarro y desenfreno.
NOTA **Enter on/upon sth** se puede utilizar en pasiva: *A new phase of history was now entered upon.*

v + prep + n/pron

entitle /ɪnˈtaɪtl/

entitle sb to sth dar a algn derecho a algo: *This ticket entitles you to a free meal.* Este vale te da derecho a una comida gratis.

v + n/pron + prep + n/pron

entrust /ɪnˈtrʌst/

entrust sb/sth to sb; entrust sb with sb/sth encomendar, confiar a algn/algo a algn: *I couldn't entrust my children to strangers.* Yo no podría dejar a mis hijos en manos de extraños. ◊ *Can you entrust an assistant with the task?* ¿Puedes encomendar la tarea a un ayudante?

v + n/pron + prep + n/pron

equate /iˈkweɪt/

equate to sth (*formal*) equivaler, ser equivalente a algo: *Do my qualifications equate to any in your country?* ¿Existen títulos en su país que sean equivalentes a los míos?

v + prep + n/pron

even /ˈiːvn/

even out 1 (*camino, terreno*) allanarse, nivelarse: *The path evens out further on.* Más allá el camino se allana. **2** (*precios*) estabilizarse, nivelarse: *House prices will eventually even out.* Los precios de las casas finalmente se estabilizarán.

v + adv
= **level off/out**

even

even sth out igualar algo, distribuir algo equitativamente: *She tried to even out the work among the staff.* Intentó igualar el trabajo entre los empleados.

v + n/pron + adv
v + adv + n

even sth up igualar algo: *If I give you another £5, that will even things up a bit.* Si te doy cinco libras más, eso igualará algo las cosas.

v + n/pron + adv
v + adv + n

expand /ɪkˈspænd/

expand on sth (*tb* **expand upon sth** *más formal*) extenderse, explayarse sobre algo: *Could you expand on your earlier statement?* ¿Podría usted ampliar su anterior declaración?
NOTA Expand on/upon sth se puede utilizar en pasiva.

v + prep + n/pron
[O] **your/sb's statement**

explain /ɪkˈspleɪn/

explain sth away explicar, justificar algo: *How will you explain away the loss of two cars?* ¿Cómo vas a explicar el hecho de que hayas perdido dos coches?

v + adv + n
v + n/pron + adv

eye /aɪ/

eye sb up (*esp GB, coloq*) mirar a algn con interés: *He was eyeing up all the women at the party.* Se le iban los ojos detrás de todas las mujeres de la fiesta. ◊ *She's eyeing me up as a potential customer.* Me tiene echado el ojo como posible cliente.
LOC **eye sb up and down** (*esp GB*) mirar a algn de arriba abajo

v + n/pron + adv
v + adv + n

eye sth up (*esp GB, coloq*) echar el ojo a algo: *Are you eyeing up that strawberry tart?* ¿Le tienes echado el ojo a esa tarta de fresas?

v + adv + n
v + n/pron + adv

Ff

face /feɪs/

face sb down (*esp USA*) vencer a algn, hacer que algn se rinda: *The president is determined to face down the nation's enemies.* El presidente está decidido a vencer a los enemigos de la nación.

v + adv + n
v + n/pron + adv

face off (*USA*) (*Dep, fig*) enfrentarse: *Both teams are ready to face off.* Los dos equipos están listos para contender. ◊ *The candidates are preparing to face off on TV tonight.* Los candidatos se preparan para enfrentarse ante las cámaras esta noche.
▶ **face-off** *n* (*esp USA, coloq*) enfrentamiento: *a face-off between the presidential candidates* un enfrentamiento entre los dos candidatos a la presidencia

v + adv

face onto sth; **face on to sth** dar a algo: *The front bedroom faces onto a main road.* El dormitorio de delante da a una calle principal.

v + prep + n/pron
v + adv + prep + n/pron

face up to sth afrontar algo, hacer frente a algo: *When is she going to face up to her responsibilities?* ¿Cuándo va a afrontar sus responsabilidades?
NOTA Face up to sth se puede utilizar en pasiva: *This problem has got to be faced up to.*

v + adv + prep + n/pron
[O] **a fact, reality, a problem**

fall

factor /ˈfæktə(r)/

factor sth in; **factor sth into sth** incluir, tener en cuenta algo (*en un cálculo*): *When you estimated the cost, you forgot to factor in the labour.* Cuando calculaste el coste se te olvidó incluir la mano de obra.

v + n/pron + adv
v + adv + n
v + n/pron + prep + n/pron

factor sth out (*USA*) no tener en cuenta algo: *Factor out the price when making your decision — I'm paying.* No tengas en cuenta el precio a la hora de decidir. Pago yo.

v + n/pron + adv
v + adv + n

fade /feɪd/

fade away **1** apagarse poco a poco: *His footsteps gradually faded away.* Sus pisadas se fueron apagando poco a poco. ◊ *Her enthusiasm will soon fade away.* Su entusiasmo se desvanecerá pronto. **2** consumirse, debilitarse: *She's fading away rapidly.* Se está debilitando por días.

v + adv
1 = **die away** (1)

fade in **1** (*sonido*) empezar a oírse gradualmente: *Classical music faded in.* Se empezó a oír música clásica. **2** (*Cine*) aparecer gradualmente (*referido a la imagen*)

v + adv

fade sth in **1** (*sonido*) aumentar algo gradualmente **2** (*Cine*) hacer aparecer algo gradualmente (*referido a la imagen*): *Fade in the first shot slowly.* Lentamente haz aparecer la primera toma.

v + n/pron + adv
v + adv + n

fade out **1** (*sonido*) dejar de oírse gradualmente, cerrar el sonido **2** (*Cine*) desaparecer gradualmente, cerrar imagen a negro **3** desaparecer gradualmente: *The protests eventually faded out.* Las protestas fueron desapareciendo finalmente.

v + adv

fade sth out **1** (*sonido*) hacer que algo deje de oírse gradualmente **2** (*Cine*) hacer desaparecer algo gradualmente, cerrar algo a negro

v + n/pron + adv
v + adv + n

faff /fæf/

faff about/around (*GB*, *coloq*) dar vueltas por ahí (*perdiendo el tiempo*): *Stop faffing about and get on with some work!* ¡Deja de dar vueltas por ahí y ponte a trabajar!

v + adv

fake /feɪk/

fake sb out (*USA*, *coloq*) engañar a algn: *He thought I was going to turn left, but I faked him out.* Creía que iba a torcer a la izquierda, pero le engañé.

v + n/pron + adv
v + adv + n

fall /fɔːl/ *pret* **fell** /fel/ *pp* **fallen** /ˈfɔːlən/

fall about (*tb* **fall about laughing**) (*GB*, *coloq*) desternillarse/troncharse de risa: *We all fell about (laughing) at her idea.* Nos desternillamos de risa con su idea.

v + adv
v + adv + -ing

fall apart ☆ **1** deshacerse, estropearse: *If you buy cheap trainers, they'll fall apart after a few months.* Si te compras zapatillas de deporte baratas, se te estropearán en un par de meses. **2** (*organización*, *relación*) desmoronarse, fracasar: *The whole country's falling apart.* El país entero se está desmoronando. ◊ *After my marriage fell apart I moved away.* Cuando mi matrimonio fracasó, me cambié de ciudad. **3** (*coloq*) (*persona*) derrumbarse, abatirse: *I fell apart when she left.* Me derrumbé cuando me dejó.

v + adv
1 = **come apart**
2 [S] **your/sb's marriage**

LOC **fall apart at the seams** (*persona*, *sistema*) desintegrarse

fall

fall away 1 (from sth) desprenderse, caer (de algo): *The plaster was falling away in big chunks.* La escayola se estaba cayendo a trozos. **2** (*terreno*) descender: *The ground falls away abruptly to the right.* El terreno desciende abruptamente a la derecha. **3** (*problemas, cansancio*) desvanecerse, desaparecer: *Gradually, all his cares and worries fell away.* Todos sus problemas y preocupaciones se desvanecieron poco a poco. **4** (*esp GB*) (*amigos, admiradores*) esfumarse: *When things got difficult, his supporters all fell away.* Cuando las cosas se complicaron, sus admiradores se marcharon. **5** (*esp GB*) disminuir: *The number of applicants has fallen away sharply.* El número de solicitantes ha disminuido mucho.

v + adv

fall back 1 quedarse rezagado, quedarse atrás: *Martin fell back so we had to wait.* Martin se quedó rezagado y tuvimos que esperarlo. **2** retroceder, echarse hacia atrás (*de repente, por miedo, etc.*): *Lawrence fell back in astonishment.* Lawrence retrocedió asombrado. **3** (*Mil*) replegarse, retirarse **4** (*GB*) (*Fin*) descender: *Prices rose by more than 10% before falling back slightly.* Los precios subieron más de un 10% antes de descender ligeramente.

v + adv
1 = fall behind,
 fall behind sb/sth
3 = retreat (*más formal*)

fall back on sb/sth (*tb* **fall back upon sb/sth** *más formal*) recurrir a algn/algo, echar mano de algn/algo: *It's very hard if you have no relatives to fall back on.* Resulta muy duro si no tienes familiares a los que recurrir. ◊ *I don't have any savings to fall back on.* No tengo ahorros de los que echar mano.
▶ **fallback** *n* reserva, estrategia de emergencia: *What's our fallback if they don't come up with the money?* ¿Cuál es nuestra estrategia si no aparecen con el dinero?
NOTA Nótese que el sustantivo **fallback** también puede utilizarse delante de otro sustantivo: *a fallback position*.

v + adv + prep + n/pron

fall behind; **fall behind sb/sth** (*lit* y *fig*) quedarse atrás, quedarse retrasado con respecto a algn/algo, quedarse más atrás que algn/algo: *I fell further and further behind.* Cada vez me quedaba más atrás. ◊ *Goode fell behind Mathias after just three laps.* Después de solo tres vueltas Goode se quedó más atrás que Mathias. ◊ *England fell behind ten minutes before time.* Diez minutos antes del final la selección inglesa se quedó atrás en el marcador. ◊ *He fell behind the rest of the class.* Se quedó retrasado con respecto al resto de la clase.

v + adv
v + prep + n/pron
= drop behind,
 drop behind sb/sth
≠ keep up (2)

fall behind sth no cumplir algo, retrasarse con algo: *The preparations fell further and further behind schedule.* Los preparativos se retrasaron más y más con respecto a lo previsto.

v + prep + n/pron
[O] schedule

fall behind with/in sth retrasarse en/con algo: *She fell behind with the rent.* Se retrasó con el pago del alquiler. ◊ *He began falling behind in his schoolwork.* Empezó a retrasarse con los deberes.

v + adv + prep + n/pron
[O] the mortgage payments,
 the rent
= get behind

fall down ☆ **1** caerse: *I fell down and cut my knee.* Me caí y me hice una herida en la rodilla. ◊ *His trousers were falling down.* Se le caían los pantalones. **2** (*pared, muro, etc.*) derrumbarse, venirse abajo: *The wall had fallen down.* El muro se había derrumbado. **3** (*edificio viejo y en malas condiciones*) desmoronarse, caerse: *It's a beautiful house but it's falling down.* Es una casa preciosa pero se está cayendo. **NOTA** En este sentido, **fall down** se utiliza solo en tiempos continuos: *Our church is falling down.* **4** fallar, fracasar: *For me, that's where the theory falls down.* En mi opinión, ahí es donde la teoría falla.
▶ **downfall** *n* [sing] **1** (*persona*) ruina, perdición: *Her inexperience may be her downfall.* Su inexperiencia puede ser su ruina. **2** (*gobierno, dictador*) caída

v + adv

124

fall down on sth (*GB*, *coloq*) no hacer algo bien, no cumplir con algo: *The suggestion was that he was falling down on the job.* Lo que se sugería era que no estaba haciendo bien su trabajo.

v + adv + prep + n
[0] **a job**

fall for sb/sth (*coloq*) enamorarse de algn/algo: *He fell for a young student.* Se enamoró de una estudiante joven.

v + prep + n/pron

fall for sth (*coloq*) tragarse algo, dejarse engañar (por algo): *You didn't fall for that old trick, did you?* ¿No me dirás que te tragaste ese viejo truco?

v + prep + n/pron

fall in 1 desplomarse: *The roof of the cave fell in.* El techo de la cueva se desplomó. **2** (*Mil*) formar: *Fall in!* ¡A formar!

v + adv
2 ≠ **fall out** (3)

fall in, off, out, through, etc.; **fall in/into, off, out of, through, etc. sth** caerse (en, de, por, a través de, etc. algo): *Come down from there! You're going to fall off.* ¡Bájate de ahí, te vas a caer! ◊ *She leaned out so far she nearly fell out (of the window).* Se asomó tanto que casi se cae (por la ventana).

v + adv
v + prep + n/pron

fall in with sb (*coloq*) hacerse amigo de algn, andar con algn: *She fell in with a bad crowd.* Se juntó con malas compañías.

v + adv + prep + n/pron

fall in with sth (*GB*) estar conforme con algo, acceder a algo: *He always expects me to fall in with his plans.* Siempre espera que me amolde a sus planes.

v + adv + prep + n/pron
[0] **sb's plans**
= **go along with sb/sth**

fall into sth 1 caer en algo (*en un estado*): *He fell into a deep sleep.* Cayó en un profundo sueño. ◊ *The tramway fell into disuse in the 1920s.* El tranvía cayó en desuso en los años 20. **2** empezar algo (*una actividad o costumbre*), ponerse a hacer algo: *I fell into the habit of going out for a drink after work.* Cogí la costumbre de salir a tomar una copa después del trabajo. ◊ *She fell into conversation with her neighbour.* Se puso a hablar con la vecina. **3** poder dividirse en algo: *Their clients seem to fall into three categories.* Sus clientes se pueden dividir en tres categorías. **4** pertenecer a algo: *Only 25% of people fall into this group.* Tan solo el 25% de la gente entra en este grupo. **5** *Ver* FALL IN, OFF, OUT, THROUGH, ETC.

v + prep + n/pron
1 [0] **disuse, disrepair, error**
2 [0] **the habit of …, conversation**
3 [0] **two groups, three categories**, etc.
4 [0] **this category, this group**

fall off ☆ **1** caerse: *The door handle has fallen off.* Se ha caído el pomo de la puerta. **2** disminuir, bajar (*en cantidad o calidad*): *The standard of cooking has fallen off recently.* La calidad de la comida ha bajado últimamente. ◊ *Attendance has fallen off this month.* El número de asistentes ha disminuido este mes.

v + adv
2 = **drop off** (2)

▶ **fall-off** (*GB tb* **falling-off** *menos frec*) (**in sth**) *n* [sing] descenso, disminución (de algo): *a recent fall-off in sales* un reciente descenso de las ventas

fall on sb/sth (*tb* **fall upon sb/sth** *más formal*) **1** recaer en algn/algo: *Most of the cost fell on us.* Casi todo el costo recayó en nosotros. ◊ *When he died, the responsibility fell on his son.* Cuando murió, la responsabilidad recayó en su hijo. **2** (*vista, mirada*) posarse en algn/algo: *My eye fell on a letter she had left on the table.* Vi una carta que había dejado sobre la mesa. **3** atacar a algn/algo, abalanzarse sobre algn/algo: *We fell on the food set out on the table.* Nos abalanzamos sobre la comida que había en la mesa.

v + prep + n/pron
3 [0] **the food**

fall out ☆ **1** (**with sb**) (**over/about sth**) (*esp GB*) discutir, reñir, pelear(se) (con algn) (por algo): *It's not worth falling out about this.* No vale la pena que riñamos por esto. ◊ *Why have you fallen out with him?* ¿Por qué has discutido con él? **2** (*pelo, dientes*) caerse: *The chemotherapy made her hair fall out.* Con la quimioterapia se le cayó el pelo. **3** (*Mil*) romper filas **4** *Ver* FALL IN, OFF, OUT, ETC.

v + adv
3 ≠ **fall in** (2)

fall

☆ **fall over 1** (*esp GB*) caerse: *He lost his balance and fell over.* Perdió el equilibrio y se cayó. **2** volcarse: *His bike fell over.* Su bicicleta se volcó. | *v + adv*

fall over sb/sth tropezar con algn/algo: *Mind you don't fall over the boxes.* Ten cuidado no tropieces con las cajas. | *v + prep + n/pron*

LOC **fall over yourself to do sth** desvivirse por hacer algo

fall through 1 (*planes*) irse a pique, fracasar: *Our holiday plans have fallen through.* Nuestros planes para las vacaciones se han ido a pique. **2** *Ver* FALL IN, OFF, OUT, THROUGH, ETC. | *v + adv*

fall to sb (to do sth) tocarle a algn (hacer algo): *The task of telling them fell to me.* Me tocó a mí informarlos. | *v + prep + n/pron*

fall to sth/doing sth (*poco frec*) empezar algo/a hacer algo, ponerse a/con algo/a hacer algo: *They fell to talking.* Empezaron a charlar. ◊ *They fell to it with gusto.* Se pusieron manos a la obra con energía. | *v + prep + n/pron* *v + prep + -ing*

fall under sth 1 ir/estar bajo algo (*en una clasificación*): *The house fell under the category of 'rustic cottage'.* La casita entraba en la categoría "casa rústica". ◊ *What heading do these items fall under?* ¿Bajo qué título se incluyen estos artículos? **2** dejarse influenciar/controlar por algo: *The education system fell under the control of the church.* El sistema educativo cayó bajo el control de la iglesia. ◊ *I realized I was falling under her spell.* Me di cuenta de que estaba cayendo bajo su hechizo. | *v + prep + n* **1** ◎ **a heading** **2** ◎ **sb's spell**

fall upon sb/sth *Ver* FALL ON SB/STH | *v + prep + n/pron*

familiarize (*tb* **familiarise**) /fəˈmɪliəraɪz/

familiarize sb with sth; familiarize yourself with sth familiarizar a algn con algo, familiarizarse con algo: *I familiarized myself with everyone's name before the meeting.* Me familiaricé con todos los nombres antes de la reunión. | *v + n/pron + prep + n/pron* *v + reflex + prep + n/pron*

fan /fæn/ **-nn-**

fan out 1 (*soldados, tropas*) desplegarse en abanico: *The troops fanned out as they advanced.* Según avanzaban las tropas se fueron desplegando en abanico. **2** salir formando un abanico: *Five main roads fan out from the village.* Del pueblo salen cinco carreteras principales formando un abanico. | *v + adv*

fancy /ˈfænsi/ *pret, pp* **fancied**

fancy sth up (*USA, coloq*) mejorar, arreglar algo: *I fancied up the dress with some pearls.* Arreglé el vestido poniendo unas perlas. | *v + adv + n* *v + n/pron + adv*

farm /fɑːm; *USA* fɑːrm/

farm sb out (to sb) (*esp GB, gen pey*) encasquetar, dejar a algn (con algn): *When he was little, he was often farmed out to family friends.* De pequeño le dejaban a menudo con amigos de la familia. | *v + n/pron + adv* *v + adv + n*

farm sth out (to sb) encargar, pasar algo a algn: *We farm a lot of the work out to other companies.* Pasamos mucho trabajo a otras empresas. | *v + n/pron + adv* *v + adv + n*

fart /fɑːt; *USA* fɑːrt/

fart about/around (*tabú*) perder el tiempo (*haciendo el tonto*): *Stop farting around!* ¡Deja de hacer el tonto!
v + adv
= **mess around** (2) (*coloq*)

fasten /ˈfɑːsn; *USA* ˈfæsn/

fasten on sb/sth (*miradas*) recaer sobre algn/algo: *All eyes in the room fastened on me.* Todas las miradas recayeron sobre mí.
v + prep + n/pron

fasten on/onto sth (*tb* **fasten upon sth** *más formal*) **1** cerrarse sobre algo: *The cheetah's jaw fastened on the gazelle's throat.* La mandíbula del guepardo se cerró sobre la garganta de la gacela. **2** (*idea*) aferrarse, agarrarse a algo: *When she fastens on an idea, there's no stopping her.* Cuando se le mete una idea en la cabeza, no hay forma de pararla.
v + prep + n/pron
2 ◎ **an idea, the fact that** …
= **latch on, latch onto sth** (2)

fasten sth on sb/sth fijar algo en algn/algo: *She fastened her gaze/eyes on him.* Fijó la mirada/los ojos en él.
v + n/pron + prep + n/pron
◎ *only* **your eyes, your gaze**

fasten sth on/onto sb/sth atribuirle algo a algn/algo, poner algo en algn/algo: *The blame hasn't been fastened on anybody yet.* Todavía no se ha señalado un culpable.
v + n/pron + prep + n/pron
◎ **the blame, your hopes**

fasten up (*GB*) (*vestido, abrigo*) abrocharse: *The dress fastens up at the front.* El vestido se abrocha por la parte de delante.
v + adv
= **do up** (*esp GB*), **fasten**

fasten sth up (*GB*) abrochar(se) algo: *Fasten your jacket up — it's getting cold.* Abróchate la chaqueta, está refrescando.
v + n/pron + adv
v + adv + n
◎ **a jacket, a coat**
= **do sth up** (1), **fasten sth**

fathom /ˈfæðəm/

fathom sth out (*GB*) conseguir entender, conseguir averiguar algo: *Have you fathomed out how to work the video yet?* ¿Has conseguido averiguar ya cómo funciona el vídeo?
v + adv + n
v + pron + adv
v + n + adv (*menos frec*)
= **work sth out** (2)

fatten /ˈfætn/

fatten sb/sth up engordar a algn/algo: *We're fattening the livestock up for slaughter.* Estamos cebando al ganado para la matanza.
v + n/pron + adv
v + adv + n

fax /fæks/

fax in (**with sth**) mandar un fax (con algo): *Viewers are invited to fax in with their suggestions.* Se invita a los telespectadores a mandar un fax con sugerencias.
v + adv

fax sth in enviar algo por fax: *Orders can be faxed in to us.* Los pedidos se pueden enviar por fax.
v + n/pron + adv
v + adv + n

fax sth on mandar/distribuir algo por fax: *Please fax this message on to as many people as possible.* Por favor, manden este mensaje por fax a toda la gente que puedan.
v + n/pron + adv
v + adv + n

fax sth out enviar algo por fax (*generalmente a varias personas*): *The results will be faxed out at the end of the week.* Los resultados se enviarán por fax a finales de semana.
v + n/pron + adv
v + adv + n

fax sth through mandar algo por fax: *Fax your report through to me by Monday.* Mándame un fax con tu informe antes del lunes.
v + n/pron + adv
v + adv + n

fear

fear /fɪə(r); *USA* fɪr/

fear for sb/sth estar preocupado, temer por algn/algo: *I fear for her safety.* Temo por su seguridad.
   v + prep + n/pron
   [O] **your/sb's life, your/sb's safety, your/sb's future**

feed /fiːd/ *pret, pp* **fed** /fed/

feed back (into sth) repercutir (en algo) (*generalmente de forma positiva*): *This sense of satisfaction will feed back into your home life.* Esta sensación de satisfacción repercutirá en su vida familiar.
   v + adv
▶ **feedback** *n Ver* FEED STH BACK

feed sth back informar sobre algo: *We will feed this information back to the company.* Facilitaremos esta información a la empresa.
   v + n/pron + adv
   v + adv + n
▶ **feedback** *n* [incontable] comentario, reacción: *We got a lot of positive feedback about the programme.* Tuvimos muy buenos comentarios sobre el programa.

feed sth in; **feed sth into sth** introducir, meter algo (en algo): *You'll need to feed the paper in by hand.* Tienes que introducir el papel manualmente.
   v + n/pron + adv
   v + adv + n
   v + n/pron + prep + n/pron

feed off/on sth (*lit* y *fig*) alimentarse, nutrirse de algo: *The vultures were feeding on a dead deer.* Los buitres se estaban comiendo a un ciervo muerto. ◊ *The media feed off each other's stories.* Los medios de comunicación se nutren entre ellos.
   v + prep + n/pron

feed through (to sb/sth) tener un impacto (sobre algn/algo), afectar a algn/algo: *It will take time for the higher rates to feed through to investors.* Las altas tasas tardarán en afectar a los inversores.
   v + adv

feed sb/sth up (*GB*) dar de comer a algn/algo: *You look as if you need feeding up a bit.* Parece que te hace falta comer un poco más.
   v + n/pron + adv
   v + adv + n

feel /fiːl/ *pret, pp* **felt** /felt/

feel for sb sentirlo por algn, compadecer a algn: *I really felt for her when her son died.* Lo sentí mucho por ella cuando se murió su hijo.
   v + prep + n/pron

feel sb up (*coloq*) meter mano a algn
   v + n/pron + adv
   v + adv + n
   = **touch sb up** (*GB, coloq*)

feel up to sth/doing sth sentirse capaz (de hacer algo): *If you feel up to it, we could walk into town.* Si te sientes con fuerzas, podríamos ir andando al centro. ◊ *I don't really feel up to seeing anyone.* No me siento con ánimo de ver a nadie.
   v + adv + prep + n/pron
   v + adv + prep + -ing

fence /fens/

fence sb in oprimir a algn: *We've been fenced in by rules and regulations for too long.* Hemos estado oprimidos por reglas y normas demasiado tiempo.
   v + n/pron + adv
   v + adv + n
   = **hem sb/sth in** (2)
NOTA Fence sb in se utiliza mucho en pasiva.

fence sth in cercar algo: *The grounds are fenced in by barbed wire.* Las tierras están cercadas con alambre de espino.
   v + n/pron + adv
   v + adv + n

fence sth off separar algo con una cerca/valla
   v + adv + n
   v + n/pron + adv

fend /fend/

fend for yourself valerse por sí mismo, arreglárselas solo: *It's time you learned to fend for yourself.* Ya es hora de que aprendas a valerte por ti mismo.
v + prep + reflex

fend sb/sth off defenderse de algn/algo, rechazar a algn/algo: *The minister had to fend off some awkward questions.* El ministro tuvo que eludir algunas preguntas delicadas.
v + adv + n
v + n/pron + adv
◻ **an attack, a question, criticism**

ferret /ˈferɪt/

ferret out sth; ferret it/them out (*coloq*) descubrir algo: *She's determined to ferret out the truth.* Está decidida a descubrir la verdad.
v + adv + n
v + pron + adv
◻ **information, facts, the truth**

fess /fes/

fess up (*esp USA, coloq*) confesar: *Come on, fess up. It was you, wasn't it?* Vamos, confiesa. Fuiste tú, ¿verdad?
v + adv
= **own up**

fetch /fetʃ/

fetch up [+ adv/prep] (*GB, coloq*) ir a parar a/en ... : *The boat finally fetched up on a sandy beach.* El bote finalmente fue a parar a una playa arenosa.
v + adv + complemento
= **land up** (1)

NOTA Nótese que **fetch up** siempre va seguido de un complemento.

fiddle /ˈfɪdl/

fiddle about/around (*GB, coloq*) perder el tiempo: *He's fiddling around in the garden.* Está perdiendo el tiempo en el jardín.
v + adv

fight /faɪt/ *pret, pp* fought /fɔːt/

fight back defenderse: *The team fought back to win the game.* El equipo se defendió y ganó el partido.
v + adv

fight back sth; fight it/them back controlar, contener algo: *She tried to fight back the tears.* Trataba de contener las lágrimas.
v + adv + n
v + pron + adv
◻ **tears, an urge**

fight down sth; fight it/them down reprimir, contener algo: *He fought down a rush of panic.* Reprimió un ataque de pánico. ◊ *Anger surged up, but she fought it down.* La ira se apoderó de ella, pero la reprimió.
v + adv + n
v + pron + adv
◻ **a desire, an impulse, panic**

fight sb/sth off resistir a algn/algo, defenderse de algn/algo: *She managed to fight her attackers off.* Consiguió defenderse de sus agresores.
v + n/pron + adv
v + adv + n
◻ **an attack**

fight sth off superar algo (*luchando*): *I'm determined to fight off this cold.* Estoy decidido a librarme de este constipado.
v + adv + n
v + n/pron + adv
◻ **an illness**

fight on seguir luchando
v + adv

fight sth out resolver algo: *They've got to fight it out between themselves.* Tienen que resolverlo entre ellos.
v + adv + n
v + n/pron + adv
◻ **a battle, a struggle, it**

figure

figure /ˈfɪɡə(r); *USA* ˈfɪɡjər/

figure on sth/doing sth; figure on sb/sth doing sth (*coloq*) tener planeado algo/hacer algo, pensar que algn/algo haga algo: *I figure on being in New York in January.* Mi plan es estar en Nueva York en enero. ◊ *I never figured on them taking it this far.* Nunca pensé que fuesen a ir tan lejos.

v + prep + n/pron
v + prep + -ing
v + prep + n/pron + -ing

figure sb/sth out entender a algn/algo: *Can you figure out what's going on?* ¿Tú entiendes lo que pasa? ◊ *I've never been able to figure him out.* Nunca he sido capaz de entenderle. ◊ *I've spent the whole afternoon trying to figure things out.* Llevo toda la tarde intentando entender las cosas.

NOTA Figure sb/sth out suele ir seguido de frases interrogativas con how... , what... , etc.: *I can't figure out why he quit his job.*

figure sth out calcular algo: *Have you figured out how much it will cost?* ¿Has calculado cuánto costará?

v + n/pron + adv
v + adv + n
= **reason sth out**,
work sb out (*esp GB*),
work sth out (2)

v + n/pron + adv
v + adv + n
= **work sth out** (1)

---

file /faɪl/

file in, out, past, etc.; file into, out of, past, etc. sth (*tb* **file past sb**) entrar, salir, pasar, etc. en fila: *All the children filed out (of the classroom).* Todos los niños salieron (del aula) en fila. ◊ *The soldiers filed past the palace.* Los soldados desfilaron frente al palacio.

v + adv
v + prep + n/pron

file sth away archivar algo

v + n/pron + adv
v + adv + n

---

fill /fɪl/

fill in (for sb) estar de suplente (de algn): *Who's filling in for you while you're away?* ¿Quién está de suplente mientras estás fuera?

v + adv

fill sb in (on sth) poner a algn al corriente/tanto (de algo): *Can you fill me in (on what's been happening)?* ¿Puedes ponerme al corriente (de lo que ha estado ocurriendo)?

v + n/pron + adv
v + adv + n

fill sth in ☆ **1** (*tb esp USA* **fill sth out**) (*impreso*) rellenar algo: *You could fill in an application form now.* Podrías rellenar el impreso de solicitud ahora mismo. ◊ *Fill in the blank spaces with one of these words.* Rellena los espacios en blanco con una de estas palabras. **2** (*agujero*) rellenar algo: *We'll have to fill the holes in with cement.* Tendremos que rellenar los agujeros con cemento. **3** (*esp GB*) (*tiempo*) ocupar algo: *He filled in the rest of the day watching television.* Ocupó el resto del día viendo la televisión.

v + n/pron + adv
v + adv + n
1 ⓞ **a form, a questionnaire, your/sb's details**
2 ⓞ **a hole, a crack**

fill out 1 engordar, llenarse: *He's really starting to fill out now that he's eating better.* Ahora que está comiendo mejor ha empezado a engordar. **2** (*velas de un barco*) hincharse

v + adv

fill sth out 1 (*texto*) rellenar algo (*añadiendo más información*): *We'll need to fill the story out to make a full page article.* Tendremos que rellenar la historia para que el artículo ocupe toda una página. **2** (*esp USA*) *Ver* FILL STH IN (1)

v + n/pron + adv
v + adv + n
1 = **pad sth out** (2)

fill up 1 (with sb/sth) llenarse (de algn/algo): *The cinema was beginning to fill up.* El cine estaba empezando a llenarse. **2 (with sth)** llenar el depósito (de algo): *I need to fill up with petrol before we go.* Tengo que llenar el depósito de gasolina antes de irnos.

▶ **fill-up** *n* (*USA*) (*de gasolina, etc.*) llenado: *Get a free drink with every fill-up.* Consiga una bebida gratis con cada llenado.

v + adv

fill sb up; **fill yourself up** llenar a algn, llenarse: *The meals at school never fill me up.* Las comidas del colegio nunca me llenan. ◊ *Eat more pasta to fill yourself up.* Come más pasta para llenarte.

v + n/pron + adv
v + reflex + adv

fill sth up (with sb/sth) llenar algo (de/con algn/algo) (*hasta arriba*): *She filled her glass up again.* Llenó el vaso otra vez. ◊ *We can easily fill this stadium up with supporters.* Podemos llenar fácilmente este estadio con hinchas.

v + n/pron + adv
v + adv + n

▶ **fill-up** *n* (*USA*) Ver FILL UP

fill yourself up Ver FILL SB UP; FILL YOURSELF UP

v + reflex + adv

filter /ˈfɪltə(r)/

filter sth out filtrar algo: *The cream filters out ultraviolet rays.* La crema filtra los rayos ultravioletas.

v + adv + n
v + n/pron + adv

find /faɪnd/ *pret, pp* **found** /faʊnd/

find against sb (*Jur*) fallar en contra de algn

v + prep + n/pron
≠ find for sb

find for sb (*Jur*) fallar a favor de algn

v + prep + n/pron
≠ find against sb

☆ **find sth out**; **find out (about sth, that ... , how ... , etc.)** averiguar algo, enterarse (de algo, de que ... , de cómo ... , etc.): *She won't be happy if she finds out about this.* Si se entera de esto, no le hará gracia. ◊ *You'll find out soon enough.* Te enterarás dentro de muy poco. ◊ *When did you find out (that) she was ill?* ¿Cuándo te enteraste de que estaba enferma? ◊ *I never found out exactly what happened.* Nunca supe qué ocurrió exactamente. ◊ *How did you find that out?* ¿Cómo te enteraste de eso?
NOTA Find out se utiliza mucho con palabras interrogativas como how ... , what ... , when ... , etc.: *It took me a while to find out what he was really like.* ◊ *Did you ever find out who did it?*

v + adv + n
v + pron + adv
v + n + adv (poco frec)
v + adv

find sb out (*coloq*) descubrir, pillar a algn: *If you're ever found out, you'll go to prison.* Si algún día te descubren, irás a la cárcel.
NOTA Find sb out se utiliza mucho en pasiva.

v + n/pron + adv

finish /ˈfɪnɪʃ/

finish off (*coloq*) finalizar, acabar: *I have to go, can I leave you to finish off?* Tengo que irme, ¿lo acabas tú?

v + adv
= finish

finish sb off (*coloq*) acabar con algn (*por agotamiento físico o psicológico*): *Running in that heat nearly finished him off.* Correr con ese calor casi acabó con él.

v + n/pron + adv
v + adv + n (poco frec)

finish sb/sth off (*coloq*) **1** rematar a algn/algo (*que está muriéndose*), acabar con algn/algo: *The soldiers had come back to finish him off.* Los soldados habían vuelto para rematarlo. **2** acabar con algn/algo: *The business had been finished off by financial difficulties.* Las dificultades económicas dieron al traste con el negocio.

v + n/pron + adv
v + adv + n

finish sth off 1 (*trabajo, tarea*) terminar, acabar algo: *I'm going to try and finish off my work tonight.* Voy a intentar terminar mi trabajo esta noche. **2** (*alimentos, existencias*) terminar, acabar algo: *He's finished off all the beer!* ¡Se ha terminado toda la cerveza!

v + n/pron + adv
v + adv + n
= finish sth

finish

finish up 1 [+**adv/prep/adj**] (*esp GB*) acabar ... : *He lost control of the car and finished up in the river.* Perdió control del coche y acabó en el río. ◊ *She started out washing dishes and finished up as a chef.* Empezó lavando platos y acabó de chef. NOTA En este sentido, **finish up** siempre va seguido de un complemento: *She could finish up dead.* **2 finish up doing sth** acabar, terminar haciendo/por hacer algo NOTA En este sentido, **finish up** siempre va seguido de una forma en -**ing**: *They all left and I finished up doing most of the work.* **3** (*esp USA*) terminar, acabar: *I'll finish up here and join you later.* Terminaré aquí y me reuniré contigo más tarde.

1	v+adv+complemento = **end up** (1), **land up** (1)
2	v+adv+-ing = **end up** (2), **land up** (2)
3	v+adv

finish sth up (*esp USA*) acabar, terminar algo: *He stayed home to finish up his essay.* Se quedó en casa para terminar su trabajo. NOTA **Finish sth up** no se utiliza en pasiva.

v+adv+n
v+pron+adv
v+n+adv (*menos frec*)

finish with sb (*GB*, *coloq*) romper con algn: *I've finished with Antonia.* He roto con Antonia.

v+prep+n/pron
= **pack sb in** (3) (*GB*)

fire /ˈfaɪə(r)/

fire away! (*coloq*) ¡adelante! (*indicando que se está listo para escuchar, escribir, etc.*): *'Can I ask you some questions?' 'Fire away!'* —¿Puedo hacerle algunas preguntas? —¡Adelante! NOTA **Fire away** siempre se utiliza en imperativo.

v+adv

fire sth off 1 disparar algo: *He fired off a volley of shots.* Lanzó una descarga. **2** (*preguntas, sugerencias*) soltar, lanzar algo (*rápidamente y sin parar*): *He fired off a series of questions.* Soltó una serie de preguntas. **3** escribir y enviar algo rápidamente: *She would fire off a letter of protest in the morning.* Enviaría una carta de protesta urgente por la mañana. **4** mandar un mensaje por correo electrónico, mandar un e-mail: *I fired off an email to the company straight away.* Envié un e-mail a la empresa inmediatamente.

v+adv+n
v+pron+adv
v+n+adv (*poco frec*)
1 ◎ **a shot**, **a round**
2 ◎ **questions**
3 ◎ **a letter**
4 ◎ **an email**

fire sb up infundir entusiasmo/ánimos a algn: *The manager fired the team up at half-time.* El entrenador infundió ánimos al equipo en el descanso.

v+n/pron+adv
v+adv+n

fire sth up 1 (*USA*) encender algo: *I'll make the burgers — you fire up the grill.* Yo preparo las hamburgesas, tú enciende la parrilla. **2** (*esp USA*) arrancar algo, poner algo en marcha

v+adv+n
v+n/pron+adv
2 ◎ **an engine**

firm /fɜːm; *USA* fɜːrm/

firm sth up 1 concretar, confirmar algo: *Phone on the 25th to firm up the details.* Llama el 25 para concretar los detalles. **2** (*brazos, muslos, etc.*) reafirmar, endurecer algo

v+adv+n
v+n/pron+adv
1 ◎ **plans**, **an agreement**

fish /fɪʃ/

fish for sth andar detrás de algo, buscar algo: *Are you fishing for compliments?* ¿Buscas cumplidos?

v+prep+n/pron
◎ **compliments**
= **angle for sth**

fish sb/sth out (of sth) sacar a algn/algo (de algo): *Several days later his car was fished out of the canal.* Varios días más tarde sacaron su coche del canal. ◊ *He fished some change out of his pocket.* Sacó cambio del bolsillo.

v+n/pron+adv
v+adv+n

fit /fɪt/ **-tt-** *pret, pp* **fitted** (*USA tb*) **fit**

fit in **1** caber: *Will all your furniture fit in?* ¿Cabrán todos tus muebles? **2** (**with sb**) encajar (con algn), amoldarse (a algn): *Tim never fitted in at university.* Tim nunca encajó en la universidad. ◊ *Try to fit in more with the rest of the staff.* Intenta integrarte mejor con el resto del personal. **3** (**with sth**) ir/quedar bien (con algo): *My furniture fits in well in the new house.* Mis muebles quedan muy bien en la casa nueva. **4** jugar un papel: *Where does he fit in?* ¿Qué papel juega él?

v + adv

fit sb/sth in; **fit sb/sth into sth** **1** meter a algn/algo (en …): *We can't fit a sofa in.* No podemos meter un sofá. **2** hacer un hueco a algn/para algo (en algo): *He's too busy to fit any relaxation into his schedule.* Está demasiado ocupado para hacer un hueco en su agenda y relajarse. ◊ *The nurse will fit you in between appointments.* La enfermera le hará un hueco entre paciente y paciente.

v + n/pron + adv
v + adv + n
v + n/pron + prep + n/pron
1 = **get sb in** (3)
2 = **slot sb/sth in**

fit in with sth **1** (*tb* **fit in with doing sth**) encajar bien con algo: *My job fits in with looking after my family.* Mi trabajo encaja bien con mi vida familiar. **2** acoplarse, adaptarse a algo: *They've got to learn to fit in with our methods.* Tienen que hacer lo posible para adaptarse a nuestros métodos. **3** concordar, cuadrar con algo: *That fits in with everything I've heard about her.* Eso concuerda con todo lo que he oído de ella.

v + adv + prep + n/pron
1 *v + adv + prep + n/pron*
 v + adv + prep + -ing

fit into sth **1** caber en algo: *The piano wouldn't fit into the lounge.* El piano no cabía en el salón. **2** encajar en algo: *She's fitted into the team well.* Ha encajado muy bien en el equipo. **3** jugar un papel en algo: *Where do I fit into all this?* ¿Qué papel juego yo en todo esto?

v + prep + n/pron
1 = **go into sth** (11)

fit sb/sth out (**with sth**) (*GB tb* **fit sb/sth up** (**with sth**)) equipar a algn/algo (con algo): *The ship had to be fitted out before the voyage.* Tuvieron que equipar el barco antes del viaje.

v + adv + n
v + n/pron + adv

NOTA Fit sb/sth out se utiliza mucho en pasiva.

fit sb up (*GB, coloq*) hacer aparecer a algn como culpable: *They're trying to fit me up for theft.* Están intentando cargarme con el robo.

v + n/pron + adv
v + adv + n
= **frame sb** (*menos coloq*)

fit sb/sth up *Ver* FIT SB/STH OUT

v + adv + n
v + n/pron + adv

---

fix /fɪks/

fix on sb/sth decidir algo, decidirse por algn/algo: *We haven't fixed on a date yet.* Todavía no hemos decidido la fecha.

v + prep + n/pron
= **decide on sb/sth**, **settle on sth**

fix up to do sth; **fix up for sb to do sth** (*GB, coloq*) arreglar las cosas para hacer algo, organizar las cosas para que algn haga algo: *He's fixed up for her to see the doctor on Thursday.* Lo ha arreglado para que la vea el médico el jueves. ◊ *I've fixed up to start in September.* Lo he arreglado para empezar en septiembre.

v + adv + to inf
v + adv + prep + n/pron + to inf

fix sb up; **fix yourself up** (*coloq*) **1** (**with sth**) conseguir algo a algn, conseguirse algo: *I can fix you up with a flat.* Yo te consigo un apartamento. ◊ *If you're short of any clothes I'll fix you up.* Si necesitas ropa yo te la consigo. **2** (**with sb**) buscarle novio a algn, buscarse novio, emparejar/liar a algn con algn, emparejarse/liarse con algn: *He wants me to fix him up with one of my friends.* Quiere que le busque un lío con una de mis amigas.

v + n/pron + adv
v + adv + n
v + reflex + adv

fix

fix sth up 1 organizar algo: *Have you fixed your holiday up yet?* ¿Habéis organizado ya las vacaciones? **2** (*esp USA*) arreglar algo: *He fixed up the house before they moved in.* Arregló la casa antes de mudarse. **3** (*esp GB*) improvisar, amañar algo: *We fixed up a shelter for the night.* Improvisamos un sitio para pasar la noche.

v+adv+n
v+pron+adv
v+n+adv (*menos frec*)
1 ⓪ **a meeting**
= **arrange sth**
2 ⓪ **a house, a room**
= **do sth up** (6) (*esp GB*)

fix yourself up 1 (*USA, coloq*) arreglarse, acicalarse: *I'll just fix myself up.* Me arreglo y ya está. **2** *Ver* FIX SB UP; FIX YOURSELF UP

v+reflex+adv

fix sb with sth (*formal*) lanzar a algn algo (*una mirada, una sonrisa, etc.*): *She fixed him with a cold stare.* Le miró fríamente.

v+n/pron+prep+n/pron

fizzle /ˈfɪzl/

fizzle out quedar en nada: *The romance fizzled out after a month.* La relación quedó en nada después de un mes.

v+adv

flag /flæg/ **-gg-**

flag sb/sth down parar a algn/algo (*haciendo señas*): *He flagged down a passing motorist.* Paró a un automovilista que pasaba.

v+adv+n
v+n/pron+adv
⓪ **a taxi, a motorist**
= **wave sb/sth down**

flake /fleɪk/

flake out (*GB, coloq*) caer rendido, desplomarse (*dormido o desmayado*): *I was so exhausted that I flaked out on the sofa.* Estaba tan agotado que caí rendido en el sofá.

v+adv
= **crash out** (1) (*esp GB*)

flare /fleə(r); *USA* fler/

flare up 1 avivarse: *The fire flared up as I added more wood.* El fuego se avivaba según le iba añadiendo leña. **2** estallar, inflamarse: *The dispute could flare up into a major crisis.* La disputa podría estallar en una crisis seria. **3** (*persona*) explotar, montar en cólera: *He flares up at the slightest provocation.* Explota a la más mínima provocación. **4** (*enfermedad*) aparecer de nuevo, volver a salir, inflamarse, etc.: *Her asthma has flared up again.* Vuelve a tener asma.
▶ **flare-up** *n* [gen sing] altercado, enfrentamiento: *Both players were sent off after a flare-up.* Ambos jugadores fueron expulsados del campo tras un altercado.

v+adv

flash /flæʃ/

flash sth about *Ver* FLASH STH AROUND

v+n/pron+adv

flash across, into, through, etc. sth aparecer, pasar, etc. repentinamente por algo: *A terrible thought flashed through her mind.* Un pensamiento terrible le pasó fugazmente por la cabeza.

v+prep+n

flash sth around (*tb esp GB* **flash sth about**) hacer ostentación de algo, lucir algo: *Stop flashing your money around.* Deja de lucir tu dinero.

v+n/pron+adv

flash back (to sth) volver (a algo) (*con la imaginación*): *My mind flashed back to that day.* Me vino a la cabeza la memoria de ese día.
▶ **flashback** *n* **1** (*Cine*) flash-back, escena retrospectiva **2** imagen retrospectiva: *She still has flashbacks of the incident.* Todavía le vienen a la cabeza imágenes del incidente.

v+adv

flash by/past; **flash by/past sb/sth** pasar como un rayo (por algo): *She watched the scenery flash by.* Vio como el paisaje pasaba a toda velocidad.

v + adv
v + prep + n/pron

flatten /ˈflætn/

flatten out allanarse: *After Milton the countryside flattens out.* Pasado Milton la campiña se vuelve más llana.

v + adv

flesh /fleʃ/

flesh sth out (with sth) desarrollar algo (con algo): *You need to flesh out your idea a bit more.* Necesitas desarrollar un poco más la idea.

v + adv + n
v + n/pron + adv

flick /flɪk/

flick across, over, past, etc. sth cruzar, pasar, etc. por algo rápidamente: *His tongue flicked nervously across his lips.* Nervioso, se chupó rápidamente los labios.

v + prep + n/pron

flick back, down, out, etc. moverse rápidamente: *Its tongue flicked out like a snake.* Movió la lengua rápidamente, como una serpiente.

v + adv

flick sth back retirar algo (*con un movimiento rápido*): *He flicked back a lock of hair.* Se retiró el pelo.

v + n/pron + adv
v + adv + n
◉ **a lock/strand of hair**

flick sth off apagar algo: *He flicked the light off.* Apagó la luz.

v + n/pron + adv
v + adv + n
◉ **a light**
= **switch sth off** (1)
≠ **flick sth on**

flick sth on encender algo: *He flicked on the air conditioning.* Encendió el aire acondicionado.

v + n/pron + adv
v + adv + n
◉ **a light**
= **switch sth on** (1)
≠ **flick sth off**

flick through sth hojear algo: *He flicked through a magazine while he waited.* Mientras esperaba, hojeó una revista.

v + prep + n/pron
◉ **a book, photos, pages**
= **flip through sth, leaf through sth**

fling /flɪŋ/ *pret, pp* **flung** /flʌŋ/

fling sth back, out, up, etc. mover algo en la dirección indicada, con gesto dramático: *Rose flung back the duvet and leapt out of bed.* Rose retiró el edredón y saltó de la cama. ◊ *She flung out a hand to save herself.* Alargó una mano tratando de salvarse.

v + n/pron + adv
v + adv + n

fling yourself into sth meterse de lleno en algo: *When they split up she flung herself into her work.* Cuando rompieron, ella se metió de lleno en el trabajo.

v + reflex + prep + n/pron
= **throw yourself into sth** (2)

fling sth off quitarse algo de cualquier forma: *Flinging off her dress, she jumped into the pool.* Se quitó deprisa el vestido y se zambulló en la piscina.

v + n/pron + adv
v + adv + n
= **throw sth off** (2)

fling

fling sth on ponerse algo de cualquier forma: *Just fling a coat on over your pyjamas.* Simplemente échate un abrigo por encima del pijama.

v + n/pron + adv
v + adv + n
= **throw sth on**

flip /flɪp/ -pp-

flip for sth (*USA*) jugarse algo a cara o cruz

v + prep + n/pron
= **toss for sth** (*esp GB*)

flip sb for sth (*USA*) jugarse algo con algn a cara o cruz
NOTA Flip sb for sth no se puede utilizar en pasiva.

v + n/pron + prep + n/pron
= **toss sb for sth** (*esp GB*)

flip sb off (*USA, muy coloq*) hacer un gesto grosero a algn con el dedo: *That guy just flipped me off!* ¡Ese tío me ha mandado a tomar por el culo con el dedo!

v + n/pron + adv
v + adv + n

flip out (*esp USA, coloq*) perder los estribos, ponerse como loco

v + adv

flip through sth hojear algo: *He flipped through the photos quickly.* Hojeó las fotos rápidamente.

v + prep + n/pron
[0] **a book, photos, pages**
= **flick through sth,**
   leaf through sth

flirt /flɜːt; *USA* flɜːrt/

flirt with sth 1 tentar a algo, jugar con algo: *He's flirting with danger.* Está jugando con fuego. **2** flirtear con algo: *I flirted with the idea of emigrating.* Flirteé con la idea de emigrar.

v + prep + n/pron
1 [0] **danger, disaster**
2 [0] **an idea, Catholicism,**
   fascism, etc.
= **toy with sth** (1)

float /fləʊt; *USA* floʊt/

float about/around; float about/around sth 1 (*rumor*) circular (en/por …): *There's a rumour floating about (the office) that she's leaving.* Corre la voz (por la oficina) de que se va. **2** pulular, dar vueltas (por …): *Have you seen my keys floating about anywhere?* ¿Has visto mis llaves por algún sitio?

v + adv
v + prep + n

float across, down, past, etc.; float across, down, past, etc. sth (*tb* **float past sb**) cruzar, bajar, pasar, etc. flotando: *A dark cloud floated across the sky.* Una nube oscura flotaba por el cielo. ◊ *The raft floated slowly past.* La balsa nos pasó flotando despacio.

v + adv
v + prep + n/pron

float around; float around sth *Ver* FLOAT ABOUT/AROUND; FLOAT ABOUT/AROUND STH

v + adv
v + prep + n

flood /flʌd/

flood back invadir, volver de golpe: *Suddenly all my fears came flooding back.* Todos mis temores me invadieron.
NOTA Flood back va precedido en muchas ocasiones del verbo **come**: *His words came flooding back to me.*

v + adv

flood in; flood into sth 1 (*agua, luz*) entrar a raudales (en algo): *Sunshine flooded into the room.* La luz del sol entraba a raudales en la habitación. ◊ *He opened the door and water came flooding in.* Abrió la puerta y entró agua a raudales. **2** llegar en avalanchas (a …): *Letters have been flooding in.* Han estado llegando avalanchas de cartas.

v + adv
v + prep + n/pron
= **pour in, pour into sth**

flood sb out (*inundación*) obligar a algn a evacuar: *We were flooded out by a burst water main.* Tuvimos que ser evacuados a causa de la rotura de una tubería principal.
NOTA Flood sb out se utiliza mucho en pasiva.

v + n/pron + adv
v + adv + n

flood over/through sb invadir a algn: *A great sense of relief flooded through her.* La invadió una gran sensación de alivio.

v + prep + n/pron

flop /flɒp; *USA* flɑːp/ **-pp-**

flop down dejarse caer, desplomarse: *He flopped down on the sofa beside her.* Se dejó caer a su lado en el sofá.

v + adv

flounce /flaʊns/

flounce in, **off**, **out**, etc.; **flounce into**, **off**, **out of**, etc. sth entrar, irse, salir, etc. airadamente o haciéndose notar: *She flounced off in a temper.* Se fue enfadada. ◊ *He flung the door open and flounced out.* Abrió la puerta de golpe y salió airado.

v + adv
v + prep + n/pron

flounder /ˈflaʊndə(r)/

flounder about/around moverse con dificultad (*en el agua, el barro, etc.*)

v + adv

flow /fləʊ; *USA* floʊ/

flow from sth (*formal*) derivar(se) de algo

v + prep + n/pron

flow in 1 (*marea*) subir **2** (*tb* **flow into sth**) (*agua*) entrar (en ...) sin parar: *Water was flowing into the basement.* El agua entraba en el sótano sin parar. **3** (*tb* **flow into sth**) llegar (a ...) sin parar: *After the appeal, money flowed in.* Tras la petición, el dinero llegó sin parar. ◊ *Offers of help flowed into the office.* No paraban de llegar ofertas de ayuda a la oficina.

1 *v + adv*
≠ **flow out**
2 *v + adv*
v + prep + n/pron
≠ **flow out**
3 *v + adv*
v + prep + n/pron
≠ **flow out**

flow out 1 (*marea*) bajar: *As the tide flowed out, it carried the rubbish away.* Al bajar la marea se llevó la basura. **2** (*tb* **flow out of sth**) (*agua*) salir (de ...) sin parar: *Blood was flowing out of the cut.* Manaba sangre de la herida. **3** (*tb* **flow out of sth**) salir (de ...) sin parar: *Profits are flowing out of the country.* Continuamente están saliendo beneficios del país.

1 *v + adv*
≠ **flow in**
2 *v + adv*
v + adv + prep + n/pron
≠ **flow in**
3 *v + adv*
v + adv + prep + n/pron
≠ **flow in**

fluff /flʌf/

fluff sth out/up ahuecar algo (*sacudiéndolo*): *The bird fluffed out its feathers.* El pájaro ahuecó las plumas.

v + adv + n
v + n/pron + adv
[O] **your feathers**

flunk /flʌŋk/

flunk out (of sth) (*USA*, *coloq*) ser expulsado de la universidad, etc. por agotar las convocatorias: *He flunked out (of college) last year.* Suspendió y lo echaron (de la universidad) el año pasado.

v + adv

flush /flʌʃ/

flush sth away tirar algo por el wáter/lavabo: *She flushed the unused tablets away (down the toilet).* Tiró las pastillas que quedaban por el wáter.

v + n/pron + adv
v + adv + n

flush sth down sth tirar, echar algo por algo: *He flushed the letter down the toilet.* Tiró la carta por el wáter.

v + n/pron + prep + n/pron

flush sb/sth out (of ...) hacer salir a algn/algo (de ...) (*referido a persona o animal*): *The police flushed the gunmen out (of the building).* La policía obligó a los hombres armados a salir (del edificio).

v + adv + n
v + n/pron + adv

flush sth out (of sth) eliminar algo (de algo) (*haciendo circular agua*): *Drink lots of water to flush the toxins out (of your system).* Beba mucha agua para eliminar las toxinas (de su organismo).

v + n/pron + adv
v + adv + n

flutter /'flʌtə(r)/

flutter around; flutter around sth (*tb esp GB* **flutter about, flutter about sth**) revolotear (alrededor de/por algo): *Butterflies fluttered around (the garden).* Las mariposas revoloteaban (por el jardín).

v + adv
v + prep + n/pron

fly /flaɪ/ *pret* flew /fluː/ *pp* flown /fləʊn; USA* floʊn/

fly around; fly around sth (*tb esp GB* **fly about, fly about sth**) **1** revolotear (alrededor de/por algo): *The canary was flying around the cage.* El canario revoloteaba por la jaula. **2** (*rumores*) circular, correr (en/por ...): *Rumours have been flying around the office.* En la oficina circulan rumores.

v + adv
v + prep + n/pron

fly at sb lanzarse sobre algn: *She flew at him, hitting and kicking.* Se lanzó sobre él, golpeándole y dándole patadas.

v + prep + n/pron

fly away/off irse volando: *The pigeons flew off when he stood up.* Cuando se levantó las palomas echaron a volar.
▶ **flyaway** *adj* (*cabello*) fino y que se despeina fácilmente

v + adv

fly by/past; fly by/past sb/sth 1 pasar volando (por delante de algn/algo): *We flew past the Statue of Liberty.* Volamos por delante de la Estatua de la Libertad. **2** pasar (por delante de algn/algo) (*muy deprisa*): *She flew by without saying hello.* Pasó sin saludar.
▶ **fly-by** (*USA*) (*GB* **fly-past**) *n Ver* FLY PAST; FLY PAST SB/STH

v + adv
v + prep + n/pron

fly in, out, etc.; fly into, out of, etc. sth 1 entrar, salir, etc. volando: *The bird flew out of the window.* El pájaro salió volando por la ventana. **2** llegar, salir, etc. en avión: *She's flying out to join him tomorrow.* Mañana coge un avión para reunirse con él.

v + adv
v + prep + n/pron

fly sb/sth in; fly sb/sth into sth llevar, traer a algn/algo (a ...) (*en avión, etc.*): *They flew us in by helicopter.* Nos llevaron allí en helicóptero.

v + n/pron + adv
v + adv + n
v + n/pron + prep + n/pron
≠ **fly sb/sth out, fly sb/sth out of sth**

fly into sth (*persona*) entrarle algo (*rabia, furia, etc.*): *He flies into a rage when you mention her.* Se pone hecho una furia si la mencionas.

v + prep + n
[O] **a rage, a panic**

fly off 1 *Ver* FLY AWAY/OFF **2** (*tb* **fly off sth**) salir volando/despedido (de algo): *The jolt caused her glasses to fly off.* La sacudida hizo que las gafas salieran despedidas.

1 *v + adv*
2 *v + adv*
v + prep + n/pron

LOC **fly off the handle** (*coloq*) perder los estribos

fly sb/sth out; **fly sb/sth out of sth**, llevar a algn/algo (de …) (*en avión, etc.*): *The supplies will be flown out tomorrow.* Los suministros saldrán mañana por aire.

v + n/pron + adv
v + adv + n
v + n/pron + adv + prep + n/pron
≠ **fly sb/sth in, fly sb/sth into sth**

fly over; **fly over sth** pasar volando (por algo), sobrevolar algo: *An old bomber flew over.* Un viejo bombardero pasó volando. ◊ *We watched the swans fly over the lake.* Vimos cómo los cisnes volaban por el lago.
▶ **flyover** *n* **1** (*GB*) paso elevado **2** (*USA*) (*GB* **fly-past**) desfile aéreo

v + adv
v + prep + n/pron

fly past; **fly past sb/sth** *Ver* FLY BY/PAST
▶ **fly-past** (*GB*) (*USA tb* **fly-by**, **flyover**) *n* desfile aéreo

v + adv
v + prep + n/pron

fob /fɒb; *USA* fɑːb/ **-bb-**

fob sb off (**with sth**) (*GB, coloq*) **1** quitarse a algn de encima (con algo): *Don't try to fob me off with excuses.* No intentes librarte de mí con excusas. **2** embaucar a algn (con algo): *You can't fob them off with inferior goods.* No puedes embaucarles con productos de calidad inferior.

v + n/pron + adv
v + adv + n
= **palm sb off**

fob sth off on/onto sb (*GB, coloq*) encasquetarle algo a algn : *She tried to fob all her junk off onto me.* Intentó encasquetarme todos sus trastos.

v + n/pron + adv + prep + n/pron

focus /ˈfəʊkəs; *USA* ˈfoʊ-/ **-s-** o **-ss-**

focus on sb/sth (*tb* **focus upon sb/sth** *más formal*) **1** (*cámara*) enfocar a algn/algo **2** (*ojos*) fijar la vista en algn/algo: *Focus on the blue light.* Fije la vista en la luz azul. ◊ *His eyes weren't focused on anything.* Tenía la mirada perdida. **3** (*investigación, discusión*) centrarse en algn/algo: *Suspicion focused on her husband.* Las sospechas recayeron sobre su marido.

v + prep + n/pron

fog /fɒg; *USA* fɔːg, fɑːg/ **-gg-**

fog up empañarse: *The windscreen started to fog up.* El parabrisas empezó a empañarse.

v + adv
= **mist over, steam up**

foist /fɔɪst/

foist sth on sb (*tb* **foist sth upon sb** *más formal*) imponer algo a algn: *He doesn't try to foist his beliefs on everyone.* No intenta imponer sus creencias a todo el mundo.
NOTA Foist sth on sb se utiliza mucho en pasiva: *This system has been foisted on us.*

v + n/pron + prep + n/pron

fold /fəʊld; *USA* foʊld/

fold away/down (*muebles*) plegarse: *The bed can fold away.* La cama es plegable.
NOTA Cuando nos referimos a papel, utilizamos **fold up**.
▶ **foldaway** (*tb* **fold-down**, **fold-up**) *adj* [atrib] plegable
NOTA Los adjetivos **foldaway**, **fold-down** y **fold-up** solo se utilizan delante de un sustantivo: *a foldaway bed.*

v + adv

fold

fold sth away 1 (*tb* **fold sth down**) plegar algo: *They folded the table away to make more room.* Plegaron la mesa para hacer más sitio. **2** doblar y guardar algo: *She folded the newspaper away.* Dobló el periódico y lo guardó.
▶ **foldaway** *adj Ver* FOLD AWAY/DOWN

fold sth back, over, up, etc. doblar algo: *He folded the letter up and put it away.* Dobló la carta y la guardó.

fold down *Ver* FOLD AWAY/DOWN
▶ **fold-down** *adj Ver* FOLD AWAY/DOWN

fold sth down *Ver* FOLD STH AWAY (1)

fold sth in; fold sth into sth (*Cocina*) incorporar algo (a algo) (*con un movimiento suave*): *Gently fold the flour into the mixture.* Incorpore la harina a la mezcla con cuidado.

fold up (*papel, muebles*) plegarse: *The map folds up quite small.* El mapa se pliega haciéndose muy pequeño.
▶ **fold-up** *adj Ver* FOLD AWAY/DOWN

	v+n/pron+adv v+adv+n
	v+n/pron+adv v+adv+n
	v+adv
	v+n/pron+adv v+adv+n
	v+adv+n v+n/pron+adv v+n/pron+prep+n/pron
	v+adv ≠ **unfold**

follow /ˈfɒləʊ; *USA* ˈfɑːloʊ/

follow on 1 (**from sth**) seguir (con algo), derivarse, resultar (de algo): *I don't see how that follows on from what you were saying.* No veo cómo eso se deriva de lo que tú decías. ◊ *Following on from what Jill has said, I'd like to talk about the future.* Siguiendo con lo que ha dicho Jill, me gustaría hablar del futuro. **2** ir/venir después (de): *You go now. I'll follow on later.* Vete yendo tú, yo iré después.
▶ **follow-on** *n* (*GB*) continuación, seguimiento: *a follow-on call* una llamada de seguimiento ◊ *This is a follow-on to the existing software.* Es la siguiente versión del software actual.
NOTA Nótese que el sustantivo **follow-on** se utiliza mucho delante de otro sustantivo: *follow-on treatment.*

follow through 1 (**with sth**) continuar, seguir (adelante) (con algo): *They didn't follow through with the prosecution.* No siguieron adelante con la denuncia. **2** (*Dep*) acompañar el golpe
▶ **follow-through** *n* (*Dep*) continuación del movimiento del brazo después de darle a la pelota con la raqueta, etc.: *You should aim for a smooth swing and a high follow-through.* Lo que tienes que hacer es golpearlo suavemente acompañando el golpe hasta bien arriba.

follow sth through llevar algo a término/a cabo: *He never follows things through.* Nunca lleva las cosas a término.

follow sth up 1 investigar algo: *The police are following up all the leads.* La policía está investigando todas las pistas. **2** (**with sth**) darle seguimiento a algo (con algo): *You should follow up your letter with a phone call.* Deberías darle seguimiento a tu carta con una llamada telefónica. **3** desarrollar algo: *It's worth following up his idea/suggestion.* Merece la pena desarrollar su idea/sugerencia.
▶ **follow-up** (**to sth**) *n* continuación, seguimiento (de algo)
NOTA Follow-up se utiliza mucho delante de otro sustantivo: *a follow-up visit.*

follow up with sth darle seguimiento (a algo) con algo: *You need to follow up with more research.* Necesitas darle seguimiento con más investigación. ◊ *It's no good just writing. Follow up with a phone call.* Con escribir no basta. Insiste por teléfono.

	v+adv
	v+adv
	v+n/pron+adv v+adv+n
	v+n/pron+adv v+adv+n **1** ⓪ **a lead, a complaint, a matter** = **investigate sth** (*más formal*)
	v+adv+prep+n/pron

140

fool /fuːl/

fool about/around (with sth) hacer el tonto, jugar (con algo): *Stop fooling about with that knife!* ¡Deja de jugar con ese cuchillo!
   v+adv
   = mess about/around

fool around (with sb) 1 (*esp USA*) tener un rollo/rollos (con algn): *He's been fooling around (with other women).* Ha tenido algunos rollos (con otras mujeres). **2** (*USA*) pegarse el lote (con algn): *We were fooling around on the couch when my dad walked in.* Estábamos pegándonos el lote en el sofá cuando entró mi padre.
   v+adv

force /fɔːs; USA fɔːrs/

force sth back hacer un esfuerzo para contenerse/contener algo: *Forcing back the tears, she picked up the phone.* Haciendo un esfuerzo para contener las lágrimas, descolgó el teléfono.
   NOTA Force sth back no se puede utilizar en pasiva.
   v+adv+n
   v+pron+adv
   v+n+adv (poco frec)
   [0] the tears

force sb/sth back, down, up, etc. hacer que algn/algo retroceda, baje, suba, etc., obligar a algn/a algo a retroceder, bajar, subir, etc.: *The police forced the crowd back.* La policía obligó a la multitud a retroceder.
   v+n/pron+adv
   v+adv+n

force sth down obligarse a tragar/comerse algo: *She forced down her breakfast.* Se obligó a comerse el desayuno.
   v+adv+n
   v+n/pron+adv

force sth on sb (*tb* **force sth upon sb** *más formal*) imponer algo a algn, obligar a algn a hacer algo: *I didn't want the money, but she forced it on me.* Yo no quería el dinero pero ella me obligó a cogerlo.
   v+n/pron+prep+n/pron

force yourself on sb (*tb* **force yourself upon sb** *más formal*) violar a algn, abusar de algn (*sexualmente*): *She claimed he had forced himself on her.* Dijo que había abusado de ella.
   v+reflex+prep+n/pron

force sth out of sb sacarle algo a algn (*información, especialmente con amenazas*): *I managed to force the truth out of her.* Conseguí sacarle la verdad.
   v+n/pron+adv+prep+n/pron

force sth upon sb *Ver* FORCE STH ON SB
   v+n/pron+prep+n/pron

force yourself upon sb *Ver* FORCE YOURSELF ON SB
   v+reflex+prep+n/pron

forge /fɔːdʒ; USA fɔːrdʒ/

forge ahead 1 adelantarse: *He forged ahead on his own.* Se adelantó él solo. **2 (with sth)** seguir adelante (con algo): *The company is forging ahead with its plans.* La compañía sigue adelante con sus planes.
   v+adv
   2 = press ahead/on

fork /fɔːk; USA fɔːrk/

fork out (for sth) (*coloq*) pagar (algo): *I had to fork out for a taxi home.* Tuve que pagarme un taxi para ir a casa.
   v+adv
   = shell out

fork sth out (for sth) (*coloq*) desembolsar, pagar algo (*una cantidad de dinero*) (*por algo*): *She had to fork out $60.* Tuvo que desembolsar 60 dólares.
   v+adv+n
   v+n/pron+adv (poco frec)
   = shell sth out

fork sth over (*USA, coloq*) desembolsar algo (*una cantidad de dinero, a regañadientes*): *I had to fork over the $10 I owed her.* Tuve que desembolsar los 10 dólares que le debía.
   v+adv+n
   v+pron+adv
   v+n+adv (menos frec)

form

form /fɔːm; *USA* fɔːrm/

form up (*soldados, etc.*) formar — *v+adv*

foul /faʊl/

foul up (*tb esp USA* **mess up**) (*coloq*) meter la pata, cagarla: *We can't afford to foul up this time.* Esta vez no podemos permitirnos meter la pata. — *v+adv*
▶ **foul-up** *n Ver* FOUL STH UP

foul sth up (*coloq*) echar algo a perder, fastidiar algo: *Sara has fouled things up.* Sara ha echado todo a perder. — *v+n/pron+adv* / *v+adv+n* / = **mess sth up** (2)
▶ **foul-up** *n* (*coloq*) metedura de pata, cagada: *We cannot afford any foul-ups.* No podemos permitirnos meter la pata.

found /faʊnd/

found sth on sth (*tb* **found sth upon sth** *más formal*) basar algo en algo: *Their conclusions were largely founded on guesswork.* Sus conclusiones se basaban en gran medida en conjeturas. — *v+n/pron+prep+n/pron* / = **base sth on sth**
NOTA Found sth on/upon sth se utiliza sobre todo en la construcción **be founded on/upon sth**.

freak /friːk/

freak out (*coloq*) volverse loco, asustarse, enfadarse: *He just freaked out and started hitting me.* Va y se pone como loco y empieza a pegarme. — *v+adv*

freak sb out (*coloq*) volver loco, pegar un susto de muerte, enfadar a algn: *I thought I'd seen a ghost — it really freaked me out.* Creí que había visto un fantasma y me pegué un susto de muerte. — *v+n/pron+adv* / *v+adv+n* (*menos frec*)

free /friː/

free sb up dejar libre a algn (*para hacer otras cosas*): *Having a secretary frees me up to work on other things.* Tener una secretaria me deja libre para trabajar en otras cosas. — *v+adv+n* / *v+n/pron+adv*

free sth up hacer que algo quede disponible/libre: *They freed up more money for investment.* Dejaron más dinero disponible para inversiones. ◊ *I need to free up more disk space.* Tengo que dejar más espacio libre en el disco duro. — *v+adv+n* / *v+pron+adv* / *v+n+adv* (*poco frec*) / [O] **money, resources, time, space**

freeze /friːz/ *pret* **froze** /frəʊz; *USA* froʊz/ *pp* **frozen** /ˈfrəʊzn; *USA* ˈfroʊzn/

freeze sb out (of sth) (*coloq*) excluir a algn, dejar a algn fuera (de algo): *My colleagues were freezing me out.* Mis compañeros de trabajo me estaban dejando de lado. — *v+n/pron+adv* / *v+adv+n*
NOTA Freeze sb out se utiliza mucho en pasiva.

freeze over (*lago*) helarse: *The river sometimes freezes over.* A veces el río se hiela. — *v+adv* / = **ice over/up**

freeze up 1 (*tubería*) helarse, congelarse: *The pipes had frozen up.* Las tuberías se habían congelado. **2** quedarse paralizado: *I was so nervous I froze up.* Estaba tan nervioso que me quedé paralizado. — *v+adv*

freshen /ˈfreʃn/

freshen up; freshen yourself up arreglarse un poco: *I'll just freshen (myself) up before dinner.* Voy a arreglarme antes de la cena.
    v+adv
    v+reflex+adv

freshen sth up dar un nuevo aire a algo: *A coat of paint will freshen the place up.* Una mano de pintura le dará al sitio otro aire.
    v+n/pron+adv
    v+adv+n

freshen yourself up *Ver* FRESHEN UP; FRESHEN YOURSELF UP
    v+reflex+adv

frighten /ˈfraɪtn/

frighten sb away/off asustar a algn: *He frightened her off because he was too keen.* Estaba tan entusiasmado con ella que la asustó.
    v+n/pron+adv
    v+adv+n
    = **scare sb away/off**

frighten sb/sth away/off ahuyentar, espantar a algn/algo (*referido a persona o animal*): *The noise frightened the birds away.* El ruido espantó a los pájaros.
    v+n/pron+adv
    v+adv+n
    = **scare sb/sth away/off**

frighten sb into sth/doing sth asustar, meter miedo a algn para que haga algo: *He frightened her into handing over her bag.* Consiguió asustarla y que le diera el bolso.
    v+n/pron+prep+n/pron
    v+n/pron+prep+-ing

frighten sb off *Ver* FRIGHTEN SB AWAY/OFF
    v+n/pron+adv
    v+adv+n

frighten sb/sth off *Ver* FRIGHTEN SB/STH AWAY/OFF
    v+n/pron+adv
    v+adv+n

fritter /ˈfrɪtə(r)/

fritter sth away malgastar, desperdiciar algo: *He's frittered away the money his father left him.* Ha malgastado el dinero que le dejó su padre.
    v+adv+n
    v+n/pron+adv
    [O] **money, time**

front /frʌnt/

front onto sth dar a algo: *The apartment fronts onto the beach.* El apartamento da a la playa.
    v+prep+n/pron

frost /frɒst; USA frɔːst/

frost over/up cubrirse de escarcha: *All the windows frosted up overnight.* Por la noche, las ventanas se cubrieron de escarcha.
    v+adv

frown /fraʊn/

frown on sb/sth (*tb* **frown upon sb/sth** *más formal*) no ver a algn/algo con buenos ojos, desaprobar algo: *Some restaurants frown on men not wearing jackets.* Algunos restaurantes no ven con buenos ojos que los hombres no lleven chaqueta.
    v+prep+n/pron

NOTA Frown on/upon sb/sth se utiliza mucho en pasiva: *Such behaviour is frowned upon.*

fry /fraɪ/ *pret, pp* fried /fraɪd/

fry sth up freír algo: *He fried up some bacon and eggs.* Frió un poco de bacon y unos huevos.
    v+adv+n
    v+n/pron+adv

▶ **fry-up** *n* (*GB, coloq*) plato combinado con bacon, salchichas, huevo frito, etc.

fuck /fʌk/

fuck about/around (with sth) (*tabú*) hacer el gilipollas (con algo): *Stop fucking around and give me a hand.* Deja de hacer el gilipollas y échame una mano.
v + adv
= **mess around** (2)

fuck sb about/around (*esp GB, tabú*) joder, fastidiar a algn: *Don't fuck me around.* No me jodas.
v + n/pron + adv
= **mess sb about/around** (*GB, coloq*)

fuck off! (*tabú*) ¡vete a tomar por el culo!
NOTA **Fuck off** se utiliza siempre en imperativo.
v + adv

fuck sb over (*esp USA, tabú*) joder a algn: *The company promised me a big pay-off but they really fucked me over.* La empresa me prometió una indemnización importante pero me jodieron bien.
v + n/pron + adv
v + adv + n (*menos frec*)

fuck up (*tabú*) cagarla: *It was my fault — I fucked up.* Fue culpa mía, la cagué.
▶ **fuck-up** *n* (*tabú*) **1** cagada **2** (*USA*) patoso, huevazos
v + adv

fuck sb up (*tabú*) **1** dejar a algn jodido (*traumatizado*) **2** (*USA*) joder a algn (*pegarle una paliza*)
▶ **fucked up** *adj* (*tabú*) jodido, traumatizado
v + n/pron + adv
v + adv + n
1 = **mess sb up** (*coloq*)
2 = **beat sb up**

fuck sth up (*tabú*) joder algo: *He's fucked everything up.* Lo ha jodido todo.
▶ **fuck-up** *n* Ver FUCK UP
v + n/pron + adv
v + adv + n
= **mess sth up** (2) (*coloq*)

fuck with sb (*tabú*) meterse con algn, provocar a algn: *Nobody fucks with me!* ¡Conmigo no se mete nadie!
v + prep + n/pron
= **mess with sb** (*coloq*)

fuel /'fjuːəl/ -ll- (*USA*) -l-

fuel up; fuel sth up (*USA tb* **tank up, tank sth up**) echar gasolina (a algo): *I need to fuel up.* Tengo que echar gasolina.
v + adv
v + n/pron + adv
v + adv + n

fumble /'fʌmbl/

fumble around (*tb esp GB* **fumble about**) buscar a tientas: *He fumbled around in the dark trying to find the lamp.* Buscaba a tientas en la oscuridad intentando encontrar la lámpara.
v + adv

fuss /fʌs/

fuss at sb (*USA*) dar la lata a algn: *She's always fussing at me about my hair.* Siempre me está dando la lata con mi pelo.
v + prep + n/pron
= **go on** (10) (*esp GB, coloq*)

fuss over sb estar muy pendiente de algn, mimar a algn: *She likes to have someone to fuss over.* Le gusta tener a alguien de quién estar pendiente todo el rato.
NOTA **Fuss over sb** se puede usar en pasiva: *I hate being fussed over.*
v + prep + n/pron

fuss over sth preocuparse demasiado por algo: *How long are they going to be fussing over the food?* ¿Cuánto tiempo van a estar a vueltas con la comida?
v + prep + n/pron

futz /fʌts/

futz around (*USA, coloq*) hacer el indio, perder el tiempo: *I just futzed around all day.* Estuve haciendo el indio todo el día.
v + adv
= **mess around** (2)

Gg

gabble /ˈgæbl/

gabble away/on (about sth) parlotear, farfullar (sobre algo): *Someone on the radio was gabbling away in a foreign language.* Alguien en la radio estaba parloteando en otro idioma. ◊ *Nicola gabbled on about her boyfriend for hours.* Nicola estuvo dale que te pego sobre su novio durante horas.

v+adv

gad /gæd/ -dd-

gad about/around (*GB, coloq, joc*) dar vueltas/pendonear por ahí: *You gad about so much I never see you!* ¡Estás todo el día dando vueltas por ahí y nunca te veo!

v+adv

gag /gæg/

be gagging for sth 1 (*coloq*) estar que te mueres por algo: *By the end of the race, I was gagging for a drink.* Al final de la carrera, estaba que me moría de sed. **2** (*tabú*) estar que te mueres de ganas por algo (*por acostarte con algn, etc.*): *He won't have any trouble getting her into bed. She's gagging for it.* No tendrá problemas para llevársela a la cama. Está que se muere de ganas.

v+prep+n/pron
2 [0] **it**

gain /geɪn/

gain in sth (*formal*) ganar (en) algo, adquirir algo: *The students are slowly gaining in confidence.* Los estudiantes van poco a poco ganando en seguridad.

v+prep+n
[0] **confidence, popularity, strength**

gain on sb/sth acercarse, alcanzar a algn/algo: *We were gaining on the car in front.* Íbamos alcanzando al coche de delante.

v+prep+n/pron

gallop /ˈgæləp/

gallop along, in, past, etc.; gallop along, into, past, etc. sth (*tb* **gallop past sb**) ir, entrar, pasar, etc. a galope: *We galloped into the woods.* Entramos en el bosque a galope.

v+adv
v+prep+n/pron

gallop away/off alejarse galopando: *The horse galloped off.* El caballo se fue a galope.

v+adv

gamble /ˈgæmbl/

gamble sth away jugarse algo y perderlo: *She gambled away all our money.* Se jugó todo nuestro dinero y lo perdió.

v+adv+n
v+n/pron+adv
[0] **money**

gamble on sth/doing sth; gamble on sb/sth doing sth confiar en algo/hacer algo, apostar a que algn/algo hace algo, arriesgarse a que algn/algo haga algo: *They were gambling on being able to buy tickets at the last minute.* Confiaban en poder comprar entradas en el último momento. ◊ *He gambled on the door being open.* Se arriesgó a que la puerta estuviese cerrada.

v+prep+n/pron
v+prep+-ing
v+prep+n/pron+-ing

gang /gæŋ/

gang up (against/on sb) (*pey*) compincharse (contra algn): *They're always ganging up on me.* Siempre están compinchándose contra mí.

v+adv

gas

gas /gæs/ **-ss-**

gas up (*USA, coloq*) echar gasolina: *I'll have to gas up before we leave.* Tendré que echar gasolina antes de salir.
v+adv
= **fill up** (2), **fuel up**

gas sth up (*USA, coloq*) echar gasolina a algo: *Have you gassed up the car?* ¿Has echado gasolina al coche?
v+adv+n
v+n/pron+adv

gather /'gæðə(r)/

gather around; **gather around sb/sth** (*esp USA*) Ver GATHER ROUND; GATHER ROUND STH
v+adv
v+prep+n/pron

gather sth in cosechar, recoger algo
v+n/pron+adv
v+adv+n
[O] the harvest, a crop

gather round; **gather round sb/sth** (*esp GB*) (*tb esp USA* **gather around**, **gather around sb/sth**) acercarse, agruparse alrededor de algn/algo: *They all gathered round the table.* Todos se reunieron alrededor de la mesa. ◊ *Everyone gathered around to hear the song.* Todo el mundo se acercó a escuchar la canción.
v+adv
v+prep+n/pron

gather sth up recoger algo: *She gathered up her belongings and left.* Recogió sus pertenencias y se fue.
v+adv+n
v+n/pron+adv
[O] the papers, your/sb's belongings
= **gather sth** (*menos frec*)

gear /gɪə(r); *USA* gɪr/

gear sth to/towards sth/doing sth orientar algo a/hacia algo, orientar algo para hacer algo: *The course is geared to the needs of beginners.* El curso está orientado hacia las necesidades de los principiantes.
v+n/pron+prep+n/pron
v+n/pron+prep+-ing
NOTA Este *phrasal verb* se utiliza mucho en pasiva.

be geared up (**for sth/to do sth**) estar preparado (para algo/hacer algo): *The players are geared up for the big match.* Los jugadores están preparados para el gran encuentro.
be+v+adv

gear up (**for sth/to do sth**) prepararse (para algo/hacer algo): *The company is gearing up for a big publicity campaign.* La compañía se prepara para una gran campaña publicitaria.
v+adv

gear sb/sth up; **gear yourself up** (**for sth/to do sth**) preparar a algn/algo, prepararse (para algo/hacer algo): *The hospital is gearing itself up to deal with new patients.* El hospital se está preparando para atender a nuevos pacientes.
v+n/pron+adv
v+adv+n
v+reflex+adv
NOTA Este *phrasal verb* se usa mucho con pronombres reflexivos.

gee /dʒiː/

gee sb up (*GB*) animar a algn (*a trabajar más deprisa o mejor*): *Their success last week will gee the team up.* La victoria de la semana pasada animará al equipo.
v+n/pron+adv
v+adv+n

gen /dʒen/ **-nn-**

gen up (**on sth**) (*GB, coloq, antic*) informarse (de algo): *I must gen up before the course starts.* Tengo que informarme antes de que empiece el curso.
v+adv

146

get + across

GET

147 ~ about
~ about sth
~ above yourself
~ across
~ across sth
148 ~ sth across
~ sb/sth across sth
~ after sb
~ ahead
~ along
~ around
~ around sb
149 ~ around sth
~ around to sth/doing sth
~ at sb
~ at sb/sth
~ at sth
~ away
150 ~ away from sth/doing sth
~ away with sth
~ sb/sth away from sth
~ back
~ sb back
~ sb/sth back
151 ~ sth back
~ back at sb
~ back into sth
~ back to sth
~ back with sb
~ behind
~ behind sb/sth
~ beyond sth
~ by
152 ~ down
~ down sth
~ sb down
~ sb/sth down
~ sth down
~ sb/sth down sth
153 ~ down on sb/sth
~ down to sth/doing sth

~ in
~ in sth
~ sb in
~ sth in
154 ~ in on sth
~ in with sb
~ into sb
~ into sth
155 ~ sb into sth
~ yourself into sth
~ off
156 ~ off sb
~ off sth
~ sb off
~ sth off
~ sb off sth
157 ~ sth off sb
~ sth off sth
~ off on sth/doing sth
~ off with sb
be getting on
be getting on for sth
be getting on toward sth
~ on
158 ~ on sth
~ onto sth
~ sb on sth
~ sb/sth on sth
~ onto sb
159 ~ onto sth
~ sb onto sth
~ sb/sth onto sth
~ out
~ sb out
~ sth out
160 ~ out of sth
~ sb out of sth
~ sth out of sb
~ sth out of sth/doing sth
~ over
~ over sb

~ over sth
161 ~ sb over
~ sth over
~ sb/sth over sth
~ sth over sth
~ sth over with
be getting past it
~ past
~ past sb/sth
162 ~ past sth
~ sth past sb/sth
~ round
~ round sth
~ round/around sb
~ round to sth/doing sth
~ through
163 ~ through sth
~ sb through
~ sb through sth
~ sth through
~ sth through sth
~ it through to sb
~ to sb
~ to sth
164 ~ to doing sth
~ together
~ it together
~ sb together
~ sth together
~ yourself together
be got up
~ up
165 ~ up sth
~ it up
~ sb up
~ sb/sth up
~ sth up
~ yourself up
~ sb/sth up sth
~ up to sth

---

get /get/ **-tt-** *pret, pp* **got** /gɒt; *USA* gɑːt/ (*USA tb pp* **gotten** /'gɒtn; *USA* 'gɑːtn/)

get about *Ver* GET AROUND

get about sth *Ver* GET AROUND STH (1, 2)

get above yourself (*esp GB*) volverse un engreído: *She's been getting a bit above herself since winning that award.* Desde que ganó aquel premio se ha vuelto una engreída.
[NOTA] Get above yourself se utiliza mucho en tiempos continuos.

get across (to sb) (*tb* **get through (to sb)**) **1** (*persona*) hacer entender (por algn): *I don't think you're getting across to the students at all.* Creo que los alumnos no te entienden. **2** (*mensaje, información*) llegar (a algn): *The message is finally getting across (to them).* Por fin parece que les llega el mensaje. ◊ *It's difficult to tell how much information is actually getting across to ordinary people.* Es difícil saber cuánta información le llega al ciudadano de a pie.

get across; get across sth (to …) cruzar (algo) (para ir a …): *The only way to get across the lake is by boat.* La única forma de cruzar el lago es en barco. ◊ *There had been an accident on the bridge and we couldn't get across.* Había habido un accidente en el puente y no pudimos cruzar. ◊ *How can we get across to the island?* ¿Cómo podemos llegar a la isla?

	v+adv
	v+prep+n/pron
	v+prep+reflex
	v+adv
	v+adv v+prep+n/pron

147

get + across

get sth across (to sb) (*tb* **get sth over (to sb)** *menos frec*) hacer entender, comunicar, transmitir algo (a algn): *He's not very good at getting his ideas across to the class.* No se le da muy bien comunicar sus ideas a la clase.
NOTA Get sth across no se puede utilizar en pasiva.

get sb/sth across sth (*tb* **get sb/sth over sth** *menos frec*) llevar/pasar a algn/algo al otro lado de algo: *We got the injured soldiers across the river.* Llevamos a los soldados heridos al otro lado del río.
NOTA Get sb/sth across sth no se puede utilizar en pasiva.

get after sb (to do sth) (*USA*) insistirle a algn (para que haga algo): *She's been getting after me to take a vacation.* Me ha estado insistiendo para que me coja unas vacaciones.

get ahead 1 (in sth) (*tb esp GB* **get on (in sth)**) tener éxito (en algo): *Having contacts is the only way to get ahead in the art world.* Tener contactos es la única forma de tener éxito en el mundo del arte. **2 (of sb)** adelantar (a algn): *By doing extra homework, he soon got ahead of his classmates.* Pronto adelantó a sus compañeros de clase haciendo deberes extras.

get along (*coloq*) ☆ **1 (with sb)** (*tb esp GB* **get on (with sb/together)**) llevarse bien (con algn): *We're not getting along at the moment.* Ahora mismo no nos llevamos bien. ◊ *I've never been able to get along with him.* Nunca he conseguido llevarme bien con él.
2 (with sth) (*tb esp GB* **get on (with sth)**): *How's Pat getting along at school?* ¿Cómo le va a Pat en el colegio? ◊ *How did you get along in your exams?* ¿Qué tal te fue con los exámenes? **NOTA** En este sentido, **get along** se utiliza normalmente con un adverbio o en preguntas con **how …?**: *We are getting along fine.* **3** (*tb esp GB* **get on**) irse: *It's time we were getting along.* Es hora de irnos. **NOTA** En este sentido, **get along** se utiliza mucho en tiempos continuos. **4** (*tb esp GB* **get on**) arreglárselas: *I just can't get along without a secretary.* Simplemente no puedo arreglármelas sin secretaria.

get around (*GB tb* **get about**) **1** (*coloq*) salir, moverse, desplazarse: *You certainly get around! Paris one minute, Bonn the next.* ¡La verdad es que viajas mucho! Hoy en París, mañana en Bonn. ◊ *She can use this car to get around while she's here.* Mientras esté aquí, puede usar este coche para desplazarse. **2** salir por ahí, caminar (*referido a una persona mayor o a algn que se está recuperando de una enfermedad*): *She gets around with the help of a stick.* Camina ayudándose de un bastón. ◊ *He doesn't get around much these days.* Estos días no sale mucho. **3** (*GB tb* **get round**) (*rumor, noticia*) circular, correr: *The news of her resignation soon got around.* La noticia de su dimisión pronto empezó a circular. **4** (*coloq, pey*) ser ligero de cascos, ser lascivo: *She really gets around.* Es bastante ligera de cascos.

get around; get around sth (*GB tb* **get round, get round sth**) **1** terminar el circuito, dar la vuelta completa (a algo): *How long did it take you to get around the course?* ¿Cuánto tardaste en hacer todo el campo? ◊ *My horse didn't even get around.* Mi caballo ni siquiera terminó el circuito. **2** caber (alrededor de algo): *Can we all get around (the table)?* ¿Cabemos todos (alrededor de la mesa)?

get around sb *Ver* GET ROUND/AROUND SB

---

v + n/pron + adv
v + adv + n
[0] **the/your message, the/your point**
= **put sth across**

v + n/pron + prep + n/pron

v + prep + n/pron

v + adv
2 ≠ **get behind**

v + adv

v + adv
3 [S] **word**

v + adv
v + prep + n/pron

v + prep + n/pron

get + away

get around sth (*GB tb* **get round sth**) **1** (*GB tb* **get about sth**) (*rumor, noticia*) circular, correr por ... : *News soon gets around the office.* Las noticias pronto circulan por la oficina. **2** (*GB tb* **get about sth**) desplazarse por ... : *It's easy to get around Amsterdam on a bicycle.* Es fácil desplazarse por Amsterdam en bicicleta. **3** eludir, sortear algo: *Can we get around the legislation?* ¿Podemos eludir la legislación? ◊ *They managed to get around the problem.* Consiguieron sortear el problema.

v+prep+n/pron
3 ⓪ **a problem, the fact that ...** = **overcome sth** (*más formal*)

☆ **get around to sth/doing sth** (*GB tb* **get round to sth/doing sth**) llegar a algo/hacer algo (*cuando se encuentra tiempo o el momento adecuado*): *I haven't got around to asking him yet.* Todavía no he encontrado el momento de preguntárselo. ◊ *When are we going to get around to the real purpose of this meeting?* ¿Cuándo vamos a discutir el verdadero propósito de esta reunión? ◊ *You never did get around to telling me about the meeting.* Nunca llegaste a contarme lo de la reunión. ◊ *I was just getting around to that.* A eso iba.

v+adv+prep+n/pron
v+adv+prep+-ing

get at sb (*esp GB, coloq*) **1** meterse con algn (*constantemente*): *They're always getting at each other.* Siempre se están metiendo el uno con el otro. ◊ *She feels she's being got at.* Le parece que la tienen tomada con ella. **NOTA** En este sentido, **get at sb** se utiliza mucho en tiempos continuos: *Are you getting at me?* **2** sobornar a algn: *They even tried getting at the judge.* Hasta llegaron a intentar sobornar al juez.
NOTA **Get at sb** se puede utilizar en pasiva: *One of the witnesses had been got at.*

v+prep+n/pron
1 = **pick on sb** (1)

get at sb/sth 1 alcanzar, acceder a algn/algo: *The files are locked up and I can't get at them.* Los expedientes están bajo llave y no tengo acceso a ellos. ◊ *I can't get at my inheritance until I'm 21.* No puedo disponer de mi herencia hasta que cumpla los 21. **2** alcanzar a algn/algo (*referido a persona o animal, para atacar*): *The dog strained at the leash, trying to get at him.* El perro tiró de la correa intentando alcanzarlo.
NOTA **Get at sb/sth** se puede utilizar en pasiva: *Put it in a place where it can be got at easily.*

v+prep+n/pron

get at sth 1 (*coloq*) insinuar algo: *What exactly are you getting at?* ¿Qué insinúas exactamente? ◊ *I didn't have a clue what she was getting at.* No tenía ni idea de lo que quería decir. **NOTA** En este sentido, **get at sth** siempre se utiliza en tiempos continuos, en construcciones interrogativas con **what ... ?** **2** averiguar, descubrir algo: *We've got to get at the truth behind these allegations.* Tenemos que descubrir si estas acusaciones son verdad.

v+prep+n/pron
1 = **drive at sth** **2** ⓪ **the truth**

get away ☆ **1** cogerse unas vacaciones: *We're hoping to get away for a few days at Easter.* Esperamos cogernos unos días de vacaciones en Semana Santa. **2** (**from sb/from ...**) salir (de ...), escabullirse (de algn/de ...): *It was midday before we finally managed to get away.* Cuando logramos salir ya era mediodía. ◊ *She never gets away from the children.* Nunca se puede escabullir de los hijos. ◊ *They moved to Wales to get away from it all.* Se fueron a Gales para escapar de todo. **3** (**from sb/from ...**) escapar(se) (de algn/de ...): *The thieves got away in a red sports car.* Los ladrones escaparon en un deportivo rojo. **4 get away!** (*coloq, antic*) ¡anda ya!: *Get away! You could never run that far!* ¡Anda ya! ¡No pudiste correr hasta allí!
NOTA En este sentido, **get away** se utiliza siempre en imperativo.

v+adv
4 = **go on!** (*GB*)

149

get + away

▶ **getaway** n **1** fuga: *Whoever was responsible had made a quick getaway.* Quienquiera que fuera el responsable, se había dado a la fuga. **NOTA** En este sentido, **getaway** se puede utilizar delante de otro sustantivo: *a getaway car.* **2** (*USA*) escapada (*vacaciones cortas*): *It is perfect for a weekend getaway.* Es el sitio perfecto para una escapada de fin de semana.

get away from sth/doing sth 1 evitar algo/hacer algo: *I tried to get away from the subject of babies.* Intenté evitar el tema de los niños. ◊ *There's no getting away from the fact that he was very drunk.* No se puede negar el hecho de que estaba muy borracho. **2** apartarse de algo, dejar de hacer algo: *We seem to be getting away from the real problem.* Me parece que nos estamos apartando del verdadero problema. ◊ *You should try to get away from being too critical.* Deberías dejar de ser tan crítico.

v+adv+prep+n/pron
v+adv+prep+-ing

get away with sth 1 (*tb* **get away with doing sth**) (*coloq*) salir impune, quedarse sin castigo (por hacer algo): *He cheated in the exam and got away with it!* ¡Copió en el examen y no le pillaron! ◊ *Nobody gets away with insulting me like that.* Nadie me insulta así y se queda sin escarmiento. ◊ *Do you think I'll get away with wearing jeans?* ¿Pasa algo si voy en vaqueros? **2** librarse solo con algo: *For such a serious offence he was lucky to get away with a fine.* Tuvo suerte de librarse solo con una multa por una ofensa tan seria. ◊ *He got away with six months in prison.* Solo le condenaron a seis meses en prisión. **3** llevarse algo (*robado*): *Thieves raided the bank and got away with £10 000.* Unos ladrones asaltaron el banco y se llevaron diez mil libras.

v+adv+prep+n/pron
1 v+adv+prep+n/pron
v+adv+prep+-ing
[0] **it**

get sb/sth away from sth alejar/quitar a algn/algo de algo: *Get that dog away from the flowerbed!* ¡Quita ese perro de las flores! ◊ *How can we get her away from the shop so that we can choose her present?* ¿Cómo podríamos hacerle salir de la tienda para que podamos escoger su regalo?
NOTA **Get sb/sth away from sth** no se utiliza en pasiva.

v+n/pron+adv+prep+n/pron

get back ☆ **1** regresar, volver: *What time did you get back last night?* ¿A qué hora volviste anoche? ◊ *We only got back from our holiday yesterday.* Volvimos ayer mismo de las vacaciones. ◊ *Can I get back to my book now?* ¿Ya puedo volver a mi libro? **2** (**to sb**) contestar, llamar (a algn) (*generalmente por teléfono*): *Leave a message and I'll get back to you as soon as I can.* Déjame un mensaje y te llamaré en cuanto pueda. **3** (**from sth**) retirarse (de algo), retroceder: *Get back or I'll shoot!* ¡Atrás o disparo! ◊ *Get back from the edge!* ¡Retírate del borde! **NOTA** En este sentido, **get back** se utiliza mucho en imperativo.

v+adv
3 = **stand back** (1)

get sb back 1 hacer volver a algn: *I've done everything I can to get her back.* He hecho todo lo posible por hacerla volver. **2** (**for sth/doing sth**) (*tb* **get back at sb (for sth/doing sth)**) (*coloq*) vengarse de algn (por algo/haber hecho algo): *I'll get her back for what she's done.* Me vengaré de ella por lo que ha hecho.
NOTA **Get sb back** no se puede utilizar en pasiva.

1 v+n/pron+adv
2 v+n/pron+adv
v+adv+prep+n/pron
= **pay sb back**

get sb/sth back (to ...) traer/llevar a algn/algo de vuelta (a ...): *We'll get her back home before midnight.* La llevaremos a casa antes de las doce.
NOTA **Get sb/sth back** no se utiliza en pasiva.

v+n/pron+adv

150

get + by

get sth back recuperar algo: *She's got her old job back.* Ha recuperado su antiguo trabajo. ◊ *If the goods are faulty, can I get my money back?* Si la mercancía es defectuosa, ¿me devolverán el dinero? ◊ *I never got back those records I lent her.* Nunca me devolvió los discos que le presté.
NOTA Get sth back no se puede utilizar en pasiva.
LOC **get your breath back** (*GB*) recuperar el aliento

v + n/pron + adv
v + adv + n (poco frec)

get back at sb (for sth/doing sth) (*tb* **get sb back (for sth/doing sth)**) (*coloq*) vengarse de algn (por algo/haber hecho algo): *This is his way of getting back at me (for arguing with him).* Esta es su forma de vengarse de mí (por haber discutido con él).

v + adv + prep + n/pron
v + n/pron + adv

get back into sth volver a algo (*a una actividad*): *She'll try to get back into journalism when the kids start school.* Intentará volver al periodismo cuando los niños empiecen el colegio. ◊ *I'm getting back into the music from the sixties.* Me estoy interesando de nuevo por la música de los años sesenta.

v + adv + prep + n/pron

get back to sth volver a algo: *To get back to what I was saying earlier …* Volviendo a lo que decía antes … ◊ *Once I was awake I couldn't get back to sleep.* Una vez que me desperté, ya no me pude volver a dormir.

v + adv + prep + n/pron
[0] **work, sleep**

get back with sb (*tb* **get back together**) volver con algn: *He's getting back with his ex-girlfriend.* Va a volver con su antigua novia. ◊ *Susie and Tim have got back together.* Susie y Tim han vuelto.

v + adv + prep + n/pron
v + adv + adv

get behind (with sth) atrasarse, retrasarse (con/en algo): *Once I get behind with my work it's very hard to catch up.* Una vez que me atraso con el trabajo, me es muy difícil ponerme al día. ◊ *We're getting behind with our mortgage repayments.* Nos estamos retrasando en los pagos de la hipoteca.

v + adv
= **fall behind with/in sth**
≠ **get ahead** (2)

get behind sb/sth 1 ponerse detrás de algn/algo: *If you get behind the tree, she won't see you.* Si te pones detrás del árbol, no te verá. **2** revelar (lo que hay detrás de) algo: *This is a programme that really gets behind the world of pop music.* Es un programa que realmente revela lo que hay detrás del mundo de la música pop. **3** prestar apoyo, respaldar a algn/algo: *The whole village got behind the campaign.* El pueblo entero respaldó la campaña.

v + prep + n/pron

get beyond sth 1 (*tb* **get past sth**) pasar, ir más allá de algo: *I haven't been able to get beyond chapter one.* No he podido pasar del primer capítulo. **2** (*tb* **get past sth**) superar algo: *Hasn't she got beyond the stage of sucking her thumb yet?* ¿Aún no ha superado la etapa de chuparse el dedo? **3** superar algo: *What if our losses get beyond 10%?* ¿Qué sucederá si las pérdidas superan el 10%?
LOC **get beyond a joke** no ser broma, no tener nada de gracioso

v + prep + n/pron

☆ **get by 1** (*tb* **get past**) pasar: *Can you get by or shall I move my chair?* ¿Puedes pasar o muevo la silla? **2** (**on sth**) arreglárselas (con algo) (*con pocos recursos*): *How does she get by on such a small salary?* ¿Cómo se las arregla con un sueldo tan bajo? **3** (**in sth**) (**with sth**) defenderse (en algo) (con algo): *He's always able to get by in a difficult situation.* Siempre se defiende en las situaciones difíciles. ◊ *To begin with, you can get by with a few simple tools.* Para empezar, puedes manejarte con unas cuantas herramientas simples. ◊ *I just want to be able to get by in French.* Lo único que quiero es defenderme con el francés.

v + adv

get + down

get down ☆ **1** bajar(se): *The lorry driver got down from his truck to help me.* El camionero se bajó del camión para ayudarme. ◊ *She told the dog to get down.* Le dijo al perro que se bajase. **2** agacharse: *The children got down on all fours and pretended to be lions.* Los niños se pusieron a cuatro patas haciendo de leones. ◊ *Get down or I'll shoot!* ¡Al suelo o disparo! ◊ *Did he get down on his knees to propose?* ¿Se arrodilló para pedir tu mano? **3** [+**adv/prep**] ir, venir a … (*a algún lugar, generalmente más al sur*): *How long did it take you to get down to Huelva?* ¿Cuánto tardasteis en llegar a Huelva? ◊ *I'll get down there straight away.* Voy para allá inmediatamente. NOTA Nótese que en este sentido, **get down** siempre va seguido de un complemento y se traduce por *ir* o por *venir*, según el contexto: *I've got five minutes to get down to the hairdresser's.* Tengo cinco minutos para ir a la peluquería. ◊ *Get down here straight away!* ¡Ven aquí inmediatamente! **4** (**from** …) (*GB*) levantarse (de …) (*de la mesa, cuando se ha terminado*): *Please may I get down (from the table)?* ¿Me puedo levantar (de la mesa), por favor?

get down sth bajar (por) algo: *Did you get down the hill without any difficulty?* ¿Bajaste la montaña sin dificultad? ◊ *How does water get down the back of the cupboard?* ¿Cómo cae el agua por detrás del armario?

get sb down (*coloq*) deprimir a algn: *This weather is really getting me down.* Este tiempo me está deprimiendo mucho.
NOTA **Get sb down** no se utiliza en pasiva.

get sb/sth down 1 [+**adv/prep**] mandar a algn/algo, llevar a algn/algo a … (*a algún lugar, generalmente más al sur*): *Get somebody down here straight away.* Mándeme a alguien aquí inmediatamente. ◊ *We'll need to get the boat down to the south coast.* Tendremos que llevar el barco a la costa sur. NOTA En este sentido, **get sb/sth down** siempre va seguido de un complemento. **2** (**from** …) bajar a algn/algo (de algo): *Can you get a jar down from the shelf for me?* ¿Me puedes bajar un tarro del estante? ◊ *Get your head down! He's going to shoot!* ¡Baja la cabeza, que va a disparar! NOTA **Get sb/sth down** no se utiliza en pasiva. Nótese que **get sth down for sb** aparece a veces como **get sb down sth** o **get sb sth down**: *Could you get me down that book?* ◊ *Could you get me that book down?*

get sth down 1 tragar(se) algo (*con dificultad*): *The medicine was so horrible I could hardly get it down.* La medicina estaba tan asquerosa que casi no la pude tragar. **2** anotar, apuntar algo: *I just managed to get down the car's registration number.* Me dio el tiempo justo para apuntar la matrícula del coche. ◊ *Get it down in writing.* Apúntalo. **3** reducir, rebajar algo: *If we bargain, we'll be able to get the price down.* Si regateamos, nos rebajarán el precio. ◊ *How can I get my blood pressure down?* ¿Qué puedo hacer para que me baje la tensión?
NOTA **Get sth down** no se puede utilizar en pasiva.

get sb/sth down sth bajar a algn/algo de/por algo: *I can't get the bookcase down the stairs on my own.* No puedo bajar la estantería yo sola por las escaleras.
NOTA **Get sb/sth down sth** no se puede utilizar en pasiva.

---

v + *adv*
1 ≠ **get up** (1)
2 ≠ **get up** (2)
3 *v* + *adv* + *complemento*
≠ **get up** (4)

v + *prep* + *n/pron*
≠ **get up sth** (1)

v + *n/pron* + *adv*

1 *v* + *n/pron* + *adv*
 v + *n/pron* + *adv* +
 complemento
 ≠ **get sb/sth up** (1)
2 *v* + *n/pron* + *adv*
 ≠ **get sb/sth up** (2)

v + *n/pron* + *adv*
v + *adv* + *n* (*menos frec*)
1 = **swallow sth down** (1)
2 = **jot sth down,**
 note sth down,
 take sth down (5),
 write sth down
3 = **bring sth down** (1),
 lower sth

v + *n/pron* + *prep* + *n/pron*
≠ **get sb/sth up sth**

get down on sb/sth (for sth/doing sth) (*USA*) (*tb esp GB* **get at sb**) (*coloq*) criticar a algn/algo (por algo/hacer algo): *She's always getting down on me for coming in late.* Siempre me está criticando por llegar tarde.

| v+adv+prep+n/pron |

get down to sth/doing sth ponerse a algo/hacer algo: *It's time I got down to working on my thesis.* Ya es hora de que me ponga a trabajar en la tesis. ◊ *Let's get down to business straight away.* Entremos en materia inmediatamente.

| v+adv+prep+n/pron
v+adv+prep+-ing
[0] **business, work** |

get in ☆ **1** llegar, volver (*a casa, etc.*): *When do you normally get in from work?* ¿A qué hora sueles llegar a casa después del trabajo? ◊ *Wait until your father gets in.* Espera a que llegue tu padre. ◊ *What time do you get in in the morning?* ¿A qué hora llegas a la oficina por la mañana? **2** (*tren, avión, pasajero*) llegar: *The train got in late.* El tren llegó tarde. ◊ *What time do you get in?* ¿A qué hora llegas? **3** entrar (*en un edificio*): *It costs £5 to get in.* Hay que pagar 5 libras para entrar. ◊ *If the door was locked, how did they get in?* ¿Cómo entraron si la puerta estaba cerrada? ◊ *I've filled in that hole where the water was getting in.* Ya he tapado ese agujero por donde entraba el agua. **4** subirse (*a un vehículo*): *He opened the door of the car, got in, and drove off.* Abrió la puerta del coche, se subió y se marchó. **5** ser elegido: *Labour got in with a small majority.* Los laboristas fueron elegidos por una pequeña mayoría. **6** ingresar, ser admitido (*en un colegio, etc. después de hacer un examen*): *He took the entrance exam but didn't get in.* Hizo el examen de admisión pero no lo admitieron. **7** (*GB*) (*Dep*) ser fichado: *He played well at the trials for the football team and got in.* Jugó bien en todas las pruebas para entrar en el equipo de fútbol y lo ficharon.

| v+adv
4 ≠ **get out** (2) |

get in sth 1 entrar, meterse en algo: *Have you got a key to get in the house?* ¿Tienes llave para entrar en casa? ◊ *The smoke's getting in my eyes.* Se me está metiendo el humo en los ojos. ◊ *He needs help getting in the bath.* Necesita ayuda para meterse en la bañera. **2** subirse a algo (*a un vehículo*): *She got in her car and drove away.* Se subió al coche y se marchó. **3** (*Dep*) ser fichado para algo: *She finally got in the team.* Al final la ficharon para el equipo.
Ver tb GET INTO STH

| v+prep+n/pron
1 [0] **the bath, the house**
2 [0] **a car**
3 [0] **a team** |

get sb in 1 llamar a algn (*para que realice un servicio*): *We'll have to get a plumber in to mend that burst pipe.* Tendremos que llamar a un fontanero para que arregle la tubería reventada. **2** atraer a algn: *A musical usually gets the crowds in.* Normalmente los musicales atraen mucho público. **3** hacer que algn quepa (*en un sitio*): *Can you get another person in?* ¿Cabe otra persona? **4** lograr que algn sea admitido, pasar a algn: *If I come to the stage door, can you get me in?* Si voy por la entrada de artistas, ¿lograrás que me admitan?

NOTA Get sb in no se puede utilizar en pasiva.

| v+n/pron+adv
v+adv+n (*poco frec*)
3 = **fit sb/sth in,**
   fit sb/sth into sth (1) |

get sth in 1 meter algo, llevar algo adentro: *Did you get the washing in when it started raining?* ¿Metiste la ropa cuando empezó a llover? ◊ *Can you get the shopping in from the car?* ¿Puedes meter la compra del coche? **2** proveerse de algo, comprar algo: *Who's going to get the beers in?* ¿Quién va a comprar las cervezas? ◊ *We could live for a week on what we've got in.* Podríamos pasar una semana con lo que tenemos en casa. **3** (*trabajo, actividad*) (lograr) hacer algo: *I can only get in an hour's practice a day.* Sólo consigo practicar una hora al día. **4** (lograr) decir algo: *She talks so much*

| v+n/pron+adv
v+adv+n
1 [0] **the washing**
   = **bring sb/sth in**
4 [0] **a word**
6 = **fit sb/sth in,**
   fit sb/sth into sth (1) |

get + in

that it's impossible to get a word in. Habla tanto que es imposible lograr decir algo. ◊ *'Excuse me', I eventually got in, 'I think I can help you.'* —Disculpe —conseguí decir al fin—, creo que yo puedo ayudarle. **5** (lograr) entregar algo: *Did you manage to get your project in on time?* ¿Lograste entregar el proyecto a tiempo? **6** (lograr) meter algo: *How are we going to get it all in?* ¿Cómo vamos a meterlo todo? **7** recibir algo (*una mercancía*): *Will you be getting any more of these dresses in?* ¿Va a recibir más vestidos de estos? **8** (*Agricultura*) recoger algo (*la cosecha*): *We worked hard all week to get the corn in.* Trabajamos duro toda la semana para recoger el trigo.
NOTA Get sth in no se puede utilizar en pasiva.
LOC (**not**) **get a word in edgeways** (*GB*) (*USA* (**not**) **get a word in edgewise**) (no) poder meter baza: *When those two get together, you can't get a word in edgeways.* Cuando estas dos se juntan, no hay quién meta baza.

get in on sth (*coloq*) meterse, entrar en algo, entrar a formar parte de algo: *How did she manage to get in on the deal?* ¿Cómo consiguió entrar en el trato? *v + adv + prep + n/pron*

LOC **get in on the act** (*coloq*) meterse en el mismo asunto (*esperando sacar beneficio*): *Since she won compensation, everybody seems to be getting in on the act.* Desde que consiguió la indemnización, todo el mundo quiere hacer lo mismo.

get in with sb (*coloq*) **1** ganarse a algn: *Have you noticed how he's trying to get in with the boss?* ¿Te has fijado cómo está intentando ganarse al jefe? **2** salir con algn (*con gente que no te beneficia*): *She got in with a bad crowd at university.* Frecuentaba malas compañías en la universidad. *v + adv + prep + n/pron*

get into sb (*coloq*) pasarle a algn: *What's got into you?* ¿Qué te pasa? ◊ *I don't know what's got into him recently.* No sé qué mosca le habrá picado últimamente. *v + prep + n/pron*

get into sth ☆ **1** entrar en algo: *There was a queue to get into the club.* Había cola para entrar a la sala de fiestas. ☆ **2** subirse a algo (*a un coche*): *I saw her getting into a taxi.* La vi subirse a un taxi. **3** meterse en algo: *After he left, I got back into bed.* Cuando se fue, me volví a meter en la cama. ◊ *The smell got into all my clothes.* Se me quedó el olor en toda la ropa. **4** llegar a ... : *How are you getting into town?* ¿Cómo vas al centro? ◊ *What time does the bus get into Glasgow?* ¿A qué hora llega el autobús a Glasgow? ◊ *I don't want this file getting into the wrong hands.* No quiero que este expediente caiga en manos equivocadas. ◊ *What if the story gets into the papers?* ¿Qué pasa si la historia llega a los periódicos? **5** meterse, involucrarse en algo: *How did they get into such a mess?* ¿Cómo se metieron en tal lío? ◊ *I'm not getting into a fight over it.* No voy a pelearme por eso. ◊ *I don't know how I managed to get into debt.* No sé cómo conseguí endeudarme. **6** ponerse algo (*ropa*): *Go upstairs and get into your pyjamas.* Sube y ponte el pijama. ◊ *I need to get into some dry clothes.* Tengo que ponerme algo seco. **7** meterse, ponerse algo (*ropa, zapatos, etc. con dificultad*): *I can't get into these shoes; they're too small.* Estos zapatos no me entran, me quedan pequeños. ◊ *She wants to get into a size 14.* Pretende meterse en una talla 14. **8** meterse en algo (*en una profesión*): *Can you give me any advice on getting into advertising?* ¿Me puedes aconsejar sobre cómo meterme en publicidad? **9** (*coloq*) cogerle el gustillo a algo: *I'm really getting into jazz these days.* Últimamente le estoy cogiendo mucho gustillo al jazz. **10** (*tb* **get into doing sth**) ponerse a algo/hacer algo, empezar a hacer algo: *We got into a*

v + prep + n/pron
1 ⓪ **a house, the country**
≠ **get out** (1)
2 ⓪ **a car, a taxi**
≠ **get out** (2)
3 ⓪ **bed**
≠ **get out** (1)
4 ⓪ **town**
5 ⓪ **trouble, difficulties, debt, a mess**
≠ **get out of sth** (3)
10 *v + prep + n/pron*
v + prep + -ing
⓪ **a conversation, a debate**
11 ⓪ **the habit of ... , a routine, the routine of ...**
≠ **get out of sth** (1)
13 ⓪ **a state**
15 ⓪ **a team**

get + off

conversation about pollution. Nos pusimos a hablar de la contaminación. ◊ *He got into taking drugs at school.* Empezó a consumir drogas en el colegio. **11** coger, adquirir algo (*una costumbre, un hábito*): *I don't want to get into bad habits.* No quiero coger malas costumbres. ◊ *We've got into a good routine with the baby.* Hemos establecido una buena rutina con el bebé. **12** familiarizarse con algo: *I haven't really got into my new job yet.* Todavía no me he familiarizado con mi nuevo trabajo. **13** ponerse ... (*de mal humor, nervioso, etc.*): *Whenever I mention her, he gets into a mood.* Cada vez que la menciono, se pone de mal humor. **14** ser admitido en ... : *He was amazed when he got into Oxford.* Se quedó asombrado cuando lo admitieron en la Universidad de Oxford. **15** ser fichado para algo: *If she gets into the team, she'll be playing in the match on Saturday.* Si la fichan para el equipo, jugará en el partido del sábado. **16** (*político*) ser elegido para algo: *When did she first get into government?* ¿Cuándo la eligieron como miembro del gobierno por primera vez?

get sb into sth 1 meter a algn en algo: *Her little brother was always getting her into trouble.* Su hermano pequeño siempre la metía en problemas. ◊ *His passion for sailing has got him into debt.* Su pasión por navegar lo ha metido en deudas. **2** conseguir que algn sea admitido en algo: *She usually gets her best pupils into university.* Normalmente consigue que admitan a sus mejores alumnos en la universidad.
NOTA **Get sb into sth** no se puede utilizar en pasiva.
LOC **get sb into bed** (*coloq*) llevarse a algn a la cama

v + n/pron + prep + n/pron
1 [0] **trouble, debt, a mess**
≠ **get sb out of sth**

get yourself into sth meterse en algo (*en una situación difícil*): *You'll get yourself into trouble if you're not careful.* Si no tienes cuidado, te meterás en líos. ◊ *She got herself into a real state before the interview.* Se puso realmente nerviosa antes de la entrevista.

v + reflex + prep + n
[0] **trouble**

get off ☆ **1** bajarse (*del tren, del avión, etc.*): *Ask the driver where to get off.* Pregunta al conductor dónde te tienes que bajar. **2** irse, salir (*de viaje, a la oficina, etc.*): *I must get off to work now.* Me tengo que ir a la oficina. ◊ *We got off immediately after breakfast.* Salimos nada más desayunar. **3** terminar (*en la oficina*), salir: *I normally get off at 5.30, but I'll try to leave earlier.* Normalmente salgo a las 5.30, pero intentaré salir antes. **4** [+**adv/prep**] librarse ... (*de un castigo, una multa, etc.*): *He got off with a small fine.* Se libró con una pequeña multa. ◊ *Companies who pollute the environment are getting off lightly.* Las compañías que contaminan el medio ambiente se están librando de ser penalizadas. **NOTA** En este sentido, **get off** siempre se utiliza con un complemento. **5** [+**adv/prep**] salir bien parado (*de un accidente*): *She was lucky to get off with just a few bruises.* Tuvo suerte de que solo fuesen unos moratones. **NOTA** En este sentido, **get off** siempre se utiliza con un complemento. **6** quitarse: *Get off! Stop touching me!* ¡Quita! ¡Deja de tocarme! **NOTA** En este sentido, **get off** se utiliza mucho en imperativo: *Get off, will you!* **7** (*GB*) dormirse **NOTA** En este sentido, **get off** se utiliza mucho en la expresión **get off to sleep**: *I couldn't get off to sleep last night.*
LOC **get off to a good, bad, etc. start** empezar bien, mal, etc.: *The team got off to a good start this season.* El equipo empezó muy bien esta temporada. **tell sb where to get off** (*GB, coloq*) mandar a algn a la porra: *If he wasn't my boss I'd tell him where to get off.* Si no fuese mi jefe, le diría que se fuese a la porra.

v + adv
1 ≠ **get on** (2)
4 *v + adv + complemento*
5 *v + adv + complemento*

get + off

get off sb soltar, dejar a algn: *Get off me! You're hurting my arm!* ¡Suéltame! ¡Me estás haciendo daño en el brazo!
NOTA Get off sb se utiliza mucho en imperativo.

v + prep + n/pron

get off sth ☆ **1** bajarse de algo (*del tren, del avión, etc.*): *Let's get off the bus and walk the rest of the way.* ¿Por qué no nos bajamos del autobús y hacemos el resto andando? **2** bajarse de algo: *Get off the table at once!* ¡Bájate de la mesa ahora mismo! ◊ *My legs were very stiff when I got off my bike.* Cuando me bajé de la bici tenía las piernas agarrotadas. **3** salir de algo: *Get off my land!* ¡Salga de mis tierras! **4** (*tema*) dejar algo: *Doesn't she ever get off the subject of money?* ¿Es que nunca deja de hablar de dinero? **5** salir de algo (*de la oficina*): *I normally get off work at 5.30.* Normalmente salgo de trabajar a las 5.30. **6** colgar algo (*el teléfono, porque se ha terminado de hablar*): *Can you tell me when you get off the phone?* ¿Me puedes avisar cuando termines de hablar? **7** (*coloq*) dejar de tocar algo: *Get off those chocolates! They're for your brother.* ¡Deja esos bombones, que son para tu hermano! **NOTA** En este sentido, **get off sth** se utiliza mucho en imperativo: *Get off my sweets!* **8** (*poco frec*) dejar algo (*un vicio, una adicción*): *I'm determined to get off the drugs.* Estoy decidido a dejar las drogas.
LOC **get off it!** (*USA, coloq*) ¡Anda ya! **get off the ground 1** (*avión*) despegar **2** (*plan, proyecto*) ponerse en marcha

v + prep + n/pron
1 ⓞ **a train, a bus, a plane**
  ≠ **get on sth** (1)
2 ≠ **get on sth** (1)
4 ⓞ **the subject**
5 ⓞ **work**
6 ⓞ **the phone, the telephone**
  ≠ **get on sth**

get sb off (*coloq*) **1** (**to sth**) lograr que algn se vaya (a …): *I'll go after I've got the children off to school.* Iré después de dejar a los niños al colegio. **2** (**to sth**) lograr que algn se duerma: *She got the baby off (to sleep) by rocking him.* Logró que el bebé se durmiera acunándolo. **3** (*tb* **get sb off sth**) lograr que algn sea absuelto (de algo), librar a algn de algo (*de un castigo*): *She's relying on clever lawyers to get her off.* Confía en que algún abogado inteligente logre que la absuelvan.
NOTA Get sb off no se utiliza en pasiva.

v + n/pron + adv
3 *v + n/pron + adv*
  v + n/pron + prep + n/pron

get sth off 1 mandar, enviar algo (*por correo*): *I must get these letters off by the first post tomorrow.* Tengo que enviar estas cartas para que salgan en el primer correo de mañana. **2** quitar(se) algo: *Her finger was so swollen that she couldn't get her ring off.* Tenía el dedo tan hinchado que no se podía quitar el anillo. ◊ *I'll just get these muddy shoes off.* Me voy a quitar estos zapatos llenos de barro. **3** coger algo libre (*un día, unas horas, etc. de vacaciones*): *I'll see if I can get the day off.* Veré si puedo coger el día libre.
NOTA Get sth off no se utiliza en pasiva.

v + n/pron + adv
1 ⓞ **a letter**
  = **post sth off** (*GB*),
  send sth off
2 ⓞ **your clothes, your coat, your trousers, etc.**
  = **take sth off** (1)
  ≠ **get sth on** (1)
3 ⓞ **time, a day, a week**
  = **take sth off, take sth off sth** (4)

get sb off sth 1 ayudar a algn a dejar algo (*un vicio o una adicción*): *I need professional help to get me off the alcohol.* Para dejar el alcohol necesito ayuda profesional. **2** hacer que algn deje algo (*un tema de conversación*): *I couldn't get him off politics once he'd started.* Una vez que empezó a hablar, no pude hacer que dejase la política. **3** lograr que algn sea absuelto de algo, librar a algn de algo (*de un castigo*): *They managed to get him off the charge.* Consiguieron que se librara del cargo.
NOTA Get sb off sth no se puede utilizar en pasiva.

v + n/pron + prep + n/pron
1 ≠ **get sb onto sth**

get + on

get sth off sb (*esp GB, muy coloq*) sacarle algo a algn, conseguir algo de algn: *Did you get that money off him?* ¿Le sacaste ese dinero? ◊ *Our team couldn't get the ball off them.* Nuestro equipo no pudo quitarles el balón.
[NOTA] **Get sth off sb** no se puede utilizar en pasiva.

v + n/pron + prep + n/pron

get sth off sth 1 quitar algo de algo: *Can you get the label off this bottle?* ¿Puedes quitar la etiqueta a esta botella? ◊ *Get your feet off the chair!* ¡Quita los pies de la silla! **2** coger algo libre en algo (*un día, unas horas, etc. de vacaciones*): *Do you think you can get the week off work?* ¿Crees que podrás coger la semana libre en la oficina?
[NOTA] **Get sth off sth** no se puede utilizar en pasiva.
[LOC] **get sth off the ground** (*plan, proyecto*) poner algo en marcha

v + n/pron + prep + n/pron
= **take sth off sth** (1)
2 [0] **time, a day, a week**

get off on sth/doing sth (*coloq*) disfrutar con algo, disfrutar haciendo algo: *She seems to get off on shouting at people.* Parece que disfruta gritando a la gente.

v + adv + prep + n/pron
v + adv + prep + -ing

get off with sb (*tb* **get off together**) (*esp GB, coloq*) ligar, enrollarse (con algn): *Steve got off with Tracey at the party.* Steve se enrolló con Tracey en la fiesta. ◊ *Amy and David got off together.* Amy y David se enrollaron.

v + adv + prep + n/pron
v + adv + adv

be getting on (*esp GB, coloq*) **1** ser/hacerse mayor (*envejecer*): *My parents were getting on a bit by the time I was born.* Cuando yo nací mis padres ya eran mayores. **2** hacerse tarde: *Time's getting on and I don't know if we'll finish.* Se está haciendo tarde y no sé si acabaremos.

be + v + adv
2 [S] **time, it**

be getting on for sth (*esp GB*) rondar algo, estar cerca de algo (*de una edad*), ser casi algo (*una hora*): *He's getting on for thirty.* Debe de rondar los treinta. ◊ *It was getting on for six o'clock by the time I left.* Ya eran casi las seis cuando me fui. ◊ *There were getting on for five hundred people in the building.* Había cerca de quinientas personas en el edificio.

be + v + adv + prep + n/pron
= **be going on sth,**
  be going on for sth (1)

be getting on toward sth (*USA*) ser casi algo: *It must be getting on toward midnight by now.* Ya debe de ser casi media noche.

be + v + adv + prep + n/pron

get on ☆ **1** (**with sb/together**) (*esp GB, coloq*) (*tb* **get along (with sb)**) llevarse bien (con algn): *My mum and I never really got on (together).* La verdad es que mi madre y yo nunca nos llevamos bien. ◊ *Do you get on all right with your boss?* ¿Te llevas bien con tu jefe? ◊ *Do you and your boss get on all right?* ¿Os lleváis bien tu jefe y tú? **2** subirse (*a un vehículo*): *There were no seats by the time I got on.* Cuando subí ya no quedaban asientos. **3** (**with sth**) seguir (con algo): *Let's get on with the meeting.* Sigamos con la reunión. ◊ *I'd love to talk but I must get on.* Me encantaría charlar pero debo seguir. ◊ *If you're going to tell us, just get on with it!* Si nos lo vas a decir, simplemente dínoslo. ◊ *All I want is to get on with my life.* Lo único que quiero es continuar con mi vida. **4** (**in sth**) (*esp GB*) (*tb* **get ahead (in sth)**) tener éxito (en algo): *She's keen to get on in her career.* Tiene ganas de tener éxito en su carrera. **5** (**with sth**) (*esp GB, coloq*) (*tb* **get along (with sth)**): *How's Jan getting on at university?* ¿Cómo le va a Jan en la universidad? ◊ *Are you getting on alright with your project?* ¿Te va bien con el proyecto? ◊ *I'm not getting on very fast with this job.* No voy muy rápido con esto.
[NOTA] En este sentido **get on** se utiliza normalmente con un adverbio o en preguntas con **how ...?**: *We were getting on fine until you came along.* **6** (*esp GB, coloq*) (*tb* **get along**) irse: *It's time we were getting on.* Es hora de irnos. ◊ *One more coffee and then I must get on.*

v + adv
2 = **board** (*más formal*)
  ≠ **get off** (1)

157

get + on

Otro café y luego me tengo que ir. **NOTA** En este sentido, **get on** se utiliza mucho en tiempos continuos. **7** (*esp GB, coloq*) (*tb* **get along**) arreglárselas: *I can get on without him easily.* Me las puedo arreglar sin él fácilmente.

get on sth (to sb) coger algo (*el teléfono*) (para llamar a algn), llamar (a algn): *Get on the phone (to them) and tell them you can't come.* Llámales y diles que no puedes ir.

	v+prep+n/pron
	[0] **the phone, the telephone**
	≠ **get off sth** (6)

get on sth; get onto sth ☆ **1** subir(se) a algo: *Did anyone see him getting onto the bus?* ¿Lo vio alguien subir al autobús? ◊ *I'll get on the next train home.* Cogeré el próximo tren para volver a casa. ◊ *She let her child get onto the table.* Dejó que su hijo se subiese a la mesa. ◊ *She got on her hands and knees and started to crawl.* Se puso a cuatro patas y empezó a gatear. **2** coger algo (*una carretera*): *You'll need to get on the motorway at Stafford.* Tendrás que coger la autopista a la altura de Stafford. **3** *How did that mud get on the carpet?* ¿Cómo se ha ensuciado la alfombra de barro? ◊ *Be careful that the oil doesn't get onto your clothes.* Ten cuidado no te manches la ropa de aceite. **4** *She'd do anything to get on the telly.* Haría cualquier cosa por salir en la tele. **5** (*GB*) ser admitido en algo: *I was very lucky to get onto the course.* Tuve mucha suerte de que me admitieran en el curso.

	v+prep+n/pron
1	[0] **a train, a bus, a plane**
	= **board sth** (*más formal*)
	≠ **get off sth** (1,2)
2	[0] **the motorway**
4	[0] **(the) television**

get sth on 1 ponerse algo (*ropa, joyas, etc.*): *My finger's swollen and I can't get my ring on.* Tengo el dedo hinchado y no me puedo poner el anillo. ◊ *Get your coat on and we'll go for a walk.* Ponte el abrigo y saldremos a dar un paseo. **2** poner algo al fuego: *I must get the potatoes on.* Tengo que poner las patatas al fuego. **3** (*esp GB*) poner, encender algo: *I'll go in and get the heating on.* Entraré y pondré la calefacción. ◊ *Come in, I'll get the kettle on.* Entra, pondré agua a calentar.
NOTA Get sth on no se puede utilizar en pasiva.

1	v+n/pron+adv
	v+adv+n (*menos frec*)
	[0] **your coat, your shoes, etc.**
	= **put sth on** (1,3,4)
	≠ **get sth off** (2)
2	v+n/pron+adv
	[0] **the dinner, the tea**
	= **put sth on**
3	v+n/pron+adv
	[0] **the kettle**
	= **put sth on**

get sb on sth: *I couldn't get him on the phone all day.* No conseguí hablar por teléfono con él en todo el día. ◊ *I'll get the manager on the line for you.* Le paso con el director.
NOTA Get sb on sth no se utiliza en pasiva.

	v+n/pron+prep+n

get sb/sth on sth (*tb* **get sb/sth onto sth** *menos frec*): *It took four people to get the piano on the stage.* Hicieron falta cuatro personas para subir el piano al escenario. ◊ *Get him onto the settee and call an ambulance.* Ponedlo en el sofá y llamad a una ambulancia. ◊ *How did you get wax on your jacket?* ¿Cómo te manchaste la chaqueta de cera?
NOTA Get sb/sth on sth no se utiliza en pasiva.

	v+n/pron+prep+n/pron

get onto sb (*coloq*) **1** ponerse en contacto con algn: *If you've got a complaint you'd better get onto the manager.* Si tiene una queja, debería ponerse en contacto con el director. **2** descubrir, identificar a algn: *I don't want the police getting onto me.* No quiero que la policía me descubra.

	v+prep+n/pron

get onto sth 1 *Ver* GET ON STH; GET ONTO STH 2 ponerse a hablar de algo, pasar a considerar algo: *We somehow got onto the subject of holidays.* No sé cómo pero nos pusimos a hablar de las vacaciones. ◊ *It's time we got onto the question of cost.* Deberíamos pasar a considerar la cuestión de los costes. 3 ocuparse, encargarse de algo: *I'll get onto it right away.* Me encargaré de ello inmediatamente.

v+prep+n/pron
2 [0] **the subject of ...**

get sb onto sth meter a algn an algo (*que crea adicción*): *Who got her onto drugs in the first place?* ¿Quién fue el primero que la metió en lo de las drogas?

v+n/pron+prep+n/pron
≠ **get sb off sth** (1)

NOTA **Get sb onto sth** no se puede utilizar en pasiva.

get sb/sth onto sth *Ver* GET SB/STH ON STH

v+n/pron+prep+n/pron

get out ☆ 1 (**of ...**) salir (de ...): *It's very difficult getting out of the city in the rush hour.* Es muy difícil salir del centro en la hora punta. ◊ *The thieves must have got out through the window.* Los ladrones deben de haber salido por la ventana. ◊ *Get out and don't come back!* ¡Vete y no vuelvas! ◊ *I have a lot of trouble getting out of bed in the mornings.* Me cuesta mucho levantarme por las mañanas. ☆ 2 (**of sth**) bajarse (de algo) (*de un vehículo*): *The car door opened and a tall man got out.* La puerta del coche se abrió y se bajó un hombre alto. 3 saberse, hacerse público: *If word gets out there'll be trouble.* Si esto se hace público, habrá problemas. 4 (**of ...**) (*distraerse*) salir (de ...) (*para divertirse, para ver a los amigos, etc.*): *You ought to get out (of the house) more.* Tienes que salir más (de casa). ◊ *We love to get out into the countryside at weekends.* Nos encanta salir al campo los fines de semana. ◊ *Get out and enjoy yourselves!* ¡Salid y divertíos! 5 (**of sth**) salir(se) (de algo), dejar algo (*una empresa, un trabajo*): *The firm's in trouble — you should get out while you can.* La compañía no va bien, deberías salirte antes de que sea demasiado tarde. ◊ *She got out of publishing altogether.* Dejó el mundo editorial completamente.

v+adv
1 ≠ **get into sth** (1,3)
2 ≠ **get in** (4), **get into sth** (2)
3 [S] **word**

get sb out 1 (**of sth**) hacer salir/sacar a algn (de algo): *Get everyone out (of the house) quickly!* ¡Deprisa, haz salir a todo el mundo (de la casa)! ◊ *I couldn't get the kids out of bed this morning.* Esta mañana no podía sacar a los niños de la cama. ◊ *I can't get her out of my mind.* No puedo quitármela de la cabeza. 2 (*Críquet, Béisbol*) eliminar a algn: *They got our last man out.* Eliminaron a nuestro último hombre.

v+n/pron+adv

▶ **get-out** *n* excusa: *Her lack of interest was a good get-out for him.* La falta de interés por parte de ella fue una buena excusa para él.
NOTA El sustantivo **get-out** también se puede utilizar delante de otro sustantivo: *The agreement contains a number of get-out clauses.*

get sth out 1 (**of sth**) sacar algo (de algo): *I need to get some money out.* Necesito sacar dinero. ◊ *I'll try and get that book out of the library.* Intentaré sacar ese libro de la biblioteca. ◊ *Get that dog out of here!* ¡Saca ese perro de aquí! ◊ *I can't get it out of my mind.* No me lo quito de la cabeza. 2 (**of sth**) quitar algo (de algo): *I can't get the red wine out of the carpet.* No puedo quitar la mancha de vino tinto de la alfombra. 3 (*coloq*) articular, decir algo (*con dificultad*): *She was laughing so much she could hardly get the words out.* Se reía tanto que casi no podía hablar. ◊ *I wanted to tell him how I felt, but I couldn't get it out.* Quería decirle lo que sentía, pero no me salían las palabras. 4 sacar, publicar algo: *Will we get the book out by the end of the year?* ¿Publicaremos el libro antes de finales de año?

v+n/pron+adv
v+adv+n (menos frec)
1 [0] **money**
2 [0] **a stain**
3 [0] **the words**

NOTA **Get sth out** no se puede utilizar en pasiva.

get+out

get out of sth 1 (*hábito, costumbre*) dejar, perder algo: *I can't get out of the habit of waking early.* No me quito la costumbre de despertarme temprano. ◊ *I don't want the children to get out of their routine.* No quiero que los niños pierdan su rutina. **2** (*tb* **get out of doing sth**) escabullirse, librarse de algo/hacer algo: *How can we get out of the extra maths lessons?* ¿Cómo nos podemos librar de las clases extra de matemáticas? ◊ *Don't you dare try and get out of doing the washing-up.* Ni se te ocurra intentar escabullirte de fregar los platos. **3** librarse de algo (*de una situación difícil*): *Sometimes I feel I'll never get out of debt.* A veces me da la impresión de que nunca me libraré de las deudas. ◊ *How are we going to get out of this mess?* ¿Cómo vamos a salir de este lío? **4** quitarse algo (*ropa*): *Come in and get out of those wet clothes.* Entra y quítate esa ropa mojada.

get sb out of sth ayudar a algn a salir de algo (*de una situación difícil*): *How can we get him out of this mess?* ¿Cómo podemos ayudarlo a salir de este lío?
NOTA Get sb out of sth no se puede utilizar en pasiva.

get sth out of sb sacar algo a/de algn: *The police got a confession out of him.* La policía le sacó una confesión. ◊ *I couldn't get a word out of her.* No le pude sacar ni una palabra. ◊ *She always gets the best out of people.* Siempre consigue que la gente dé lo mejor de sí.

get sth out of sth/doing sth sacar algo de algo/hacer algo, disfrutar de algo/haciendo algo: *She seems to get a lot out of life.* Parece que le saca mucho jugo a la vida. ◊ *He gets a lot of pleasure out of buying presents for the children.* Disfruta comprando regalos para los niños. ◊ *He seems to get a kick out of seeing her cry.* Parece que disfruta viéndola llorar.

LOC **get sth out of your system** (*coloq*) quitarse algo de encima: *I usually play squash to try and get the stress out of my system.* Normalmente juego al squash para intentar quitarme el estrés de encima. ◊ *Why don't you tell me what's happened? You'll feel better when you've got it out of your system.* ¿Por qué no me cuentas lo que ha pasado? Te sentirás mejor si te desahogas.

get over (to ...) ir, venir (a ...): *How much will it cost you to get over to Ireland?* ¿Cuánto te costará ir a Irlanda?
NOTA Nótese que **get over** se traduce por *ir* o por *venir*, según el contexto: *I'd better get over there right now to see her.* Será mejor que vaya para allá ahora mismo a verla. ◊ *Get over here straight away!* ¡Ven aquí inmediatamente!

get over sb recuperarse de haber roto con algn: *He never really got over her.* Nunca se recuperó de haber roto con ella.

get over sth 1 pasar al otro lado de algo: *Can you get over the fence on your own?* ¿Puedes pasar al otro lado de la tapia tú solo? 2 recuperarse de algo: *She was disappointed at not getting the job, but she'll get over it.* Se decepcionó por no haber conseguido el trabajo pero se recuperará. ◊ *He never got over the shock of losing his wife.* Nunca se recuperó del golpe de haber perdido a su esposa. 3 superar, vencer algo (*un problema o una dificultad*): *He's got to learn to get over his shyness.* Tiene que aprender a vencer su timidez. **NOTA** En este sentido, **get over sth** se puede utilizar en pasiva: *I think the problem can be got over.*

LOC **can't/couldn't get over sth** (*coloq*) no dar crédito a algo: *I can't get over how much she's changed!* ¡No me puedo creer lo que ha cambiado!

---

1 v+adv+prep+n/pron
[0] the habit (of ...),
a routine, the routine
(of ...)
≠ get into sth (11)
2 v+adv+prep+n/pron
v+adv+prep+-ing
3 v+adv+prep+n/pron
[0] debt, trouble
≠ get into sth (5)
4 v+adv+prep+n/pron

v+n/pron+adv+prep+n/pron
[0] a mess, trouble, debt
≠ get sb into sth (1)

v+n/pron+adv+prep+n/pron
[0] a word, money, the best

v+n+adv+prep+n/pron
v+n+adv+prep+-ing
[0] a kick, pleasure,
enjoyment

v+adv

v+prep+n/pron

v+prep+n/pron
2 [0] the shock (of ...),
sb's death, a cold
= recover
3 [0] a problem
= overcome sth

get + past

get sb over (**to ...**) llamar a algn, hacer ir/venir a algn (a ...): *Shall we get my parents over for dinner tonight?* ¿Llamamos a mis padres para que vengan a cenar esta noche?

NOTA Nótese que **get sb over** se traduce por *hacer ir* o *hacer venir*, según el contexto: *You'd better get a doctor over there.* Más vale que vaya para allá un médico. ◊ *Get a reporter over here straight away!* ¡Haz que venga un periodista en seguida! **Get sb over** no se puede utilizar en pasiva.

v + n/pron + adv

get sth over 1 (**to sb**) (*tb* **get sth across** (**to sb**)) hacer entender, transmitir algo (a algn): *You'll have to think of new ways of getting your message over.* Tendrás que pensar en nuevas formas de hacer entender tu mensaje. **2** (*tb* **get sth over with**) (*coloq*) quitarse algo de encima: *Let's tell her the news and get it over with.* Démosle la noticia y acabemos de una vez. ◊ *I'll be glad to get the exam over and done with.* Tengo muchísimas ganas de quitarme el examen de encima de una vez.

NOTA **Get sth over** no se puede utilizar en pasiva.

1 *v + n/pron + adv*
  v + adv + n
2 *v + n/pron + adv*
  v + n/pron + adv + adv

get sb/sth over sth (*tb* **get sb/sth across sth**) llevar/pasar a algn/algo al otro lado de algo: *We've got to get supplies over the border somehow.* No sé cómo, pero tenemos que pasar suministros al otro lado de la frontera.

NOTA **Get sb/sth over sth** no se puede utilizar en pasiva.

v + n/pron + prep + n/pron

get sth over sth derramar algo sobre algo: *How did you get hot chocolate over your trousers?* ¿Cómo te manchaste todos los pantalones de chocolate?

NOTA **Get sth over sth** no se puede utilizar en pasiva.

v + n/pron + prep + n/pron

get sth over with Ver GET STH OVER (2)

v + n/pron + adv + adv

be getting past it (*esp GB*) **1** (*persona*) volverse, hacerse viejo: *Everyone in the company thinks she's getting past it and should retire.* En la compañía todos piensan que se ha hecho demasiado mayor y tendría que retirarse. **2** (*tb* **be getting past its/their best**) pasarse, desgastarse: *These shoes are getting a bit past it now.* Estos zapatos ya están un poco desgastados. ◊ *The flowers in the garden are getting past their best.* Las flores del jardín ya no están tan frescas.

1 *be + v + prep + it*
2 *be + v + prep + it*
  be + v + prep + n

get past (*tb* **get by**) pasar: *There was barely enough room for me to get past.* Casi no podía pasar.

v + adv

get past sb/sth 1 adelantar a algn/algo: *Once we get past this tractor I can speed up.* En cuanto adelantemos a este tractor, podré ir más deprisa. **2** evitar a algn/algo (*que te bloquea el paso*): *He tried to get past them and run for the door.* Intentó esquivarlos para correr hacia la puerta. ◊ *Very few goals get past this goalkeeper.* A este portero se le cuelan muy pocos goles. **3** pasar por delante de algn/algo, pasar más allá de algn/algo: *Could you move over? I can't get past you.* ¿Puedes correrte? No puedo pasar. ◊ *The film will never get past the censors.* La película nunca pasará la censura. ◊ *They turned up at his office, but didn't manage to get past reception.* Aparecieron en su oficina, pero no consiguieron pasar de recepción. **4** pasar por delante de algn/algo (*sin ser visto*): *It'll be difficult to get past the ticket collector without paying.* Será difícil pasar por delante del revisor sin pagar. ◊ *How did they get past the security guard?* ¿Cómo consiguieron pasar sin que los viera el guarda?

v + prep + n/pron

get + past

get past sth (*tb* **get beyond sth**) **1** pasar, ir más allá de algo: *I can't get past the first few pages of the instruction booklet.* No soy capaz de pasar de las primeras páginas del libro de instrucciones. **2** superar algo, pasar por algo: *He's just getting past that difficult teenage stage.* Está pasando por esa difícil etapa de la adolescencia.

v + prep + n/pron

get sth past sb/sth pasar algo por delante de algn/algo: *How did they get the drugs past customs?* ¿Cómo pasaron la droga por la aduana? ◊ *You won't get any goals past her!* ¡No le meteréis ningún gol! ◊ *She managed to get the book past the censors.* Consiguió que el libro pasara la censura.

v + n/pron + prep + n/pron

NOTA Get sth past sb/sth no se puede utilizar en pasiva.

get round (*GB*) (*tb* **get around**) (*rumor, noticia*) circular, correr: *Word has started to get round that they're having an affair.* Corre el rumor de que tienen un lío.

v + adv

get round; **get round sth** Ver GET AROUND; GET AROUND STH

v + adv
v + prep + n/pron

get round sth Ver GET AROUND STH

v + prep + n/pron

get round/around sb (*GB, coloq*) convencer a algn: *I'll try and get round my dad tonight and persuade him to give us a lift.* Esta noche intentaré camelar a mi padre para que nos lleve en coche.

v + prep + n/pron

get round to sth/doing sth Ver GET AROUND TO STH/DOING STH

v + adv + prep + n/pron
v + adv + prep + -ing

get through 1 (**to sb/sth**) llegar (a algn/algo): *The refugees will die if the supplies don't get through to them.* Los refugiados morirán si no les llegan las provisiones. **2** (**to sb/sth**) comunicar, conseguir hablar (con algn/algo): *We had trouble getting through to the right person on the phone.* Tuvimos problemas para conseguir hablar por teléfono con la persona adecuada. ◊ *I couldn't get through to the theatre.* No conseguí comunicar con el teatro. **3** (**to sb**) (*tb* **get across** (**to sb**)) (*persona*) hacerse entender (por algn): *I don't feel I'm getting through to her.* Me da la impresión de que no me hago entender. **4** (**to sb**) (*tb* **get across** (**to sb**)) (*mensaje, información*) llegar (a algn), captarse (por algn): *Do you think the message is getting through?* ¿Crees que están entendiendo el mensaje?

v + adv

get through; **get through sth 1** pasar a través (de algo): *The gap's not very wide. Do you think you can get through?* La abertura no es muy ancha, ¿crees que podrás pasar? ◊ *There'll be less traffic once we've got through town.* Una vez que atravesemos el centro, habrá menos tráfico. **2** superar (algo): *He wouldn't have got through without her.* No lo hubiera superado sin ella. ◊ *I don't know how I got through the day.* No sé cómo pude acabar el día. **3** (*GB*) aprobar (algo): *Tom failed but his sister got through.* Tom suspendió pero su hermana aprobó. ◊ *The whole class got through the exam.* Toda la clase aprobó el examen. **4** (**to sth**) (*equipo, jugador*) pasar (algo) (y llegar a algo): *Everton got through to the next round.* Everton pasó a la siguiente vuelta. **5** ser aprobado, pasar algo: *Do you think the bill will get through (Parliament)?* ¿Crees que el proyecto de ley será aprobado (por el parlamento)?

v + adv
v + prep + n/pron
1 [O] **the window, the door**
2 [O] **the day, the week, etc., life**
 = **survive sth**
3 = **pass sth**
4 [O] **a round, a stage**
5 [O] **Parliament**

NOTA Get through sth se puede utilizar en pasiva: *These difficult times just have to be got through.*

162

get through sth 1 (*esp GB*) usar, gastar algo: *We got through a fortune while we were on holiday!* ¡Nos gastamos una fortuna durante las vacaciones! ◊ *Have we got through all that milk already?* ¿Ya nos hemos bebido toda esa leche? **2** terminar, hacer algo: *I've got a lot of work to get through.* Tengo mucho trabajo que hacer. ◊ *I got through the novel in no time.* Me leí la novela en un periquete.
NOTA Get through sth se puede utilizar en pasiva: *There are a lot of jobs to be got through.*

v + prep + n/pron
1 = go through sth (6)
2 [0] work

get sb through; **get sb through sth 1** ayudar a algn a superar algo: *I'm depending on luck to get me through.* Espero que la suerte me ayude a superarlo. ◊ *She relies on alcohol to get her through the day.* Depende del alcohol para pasar el día. **2** ayudar a algn a que apruebe (algo): *My mum got me through my driving test.* Mi madre me ayudó a aprobar el examen de conducir. ◊ *These grades should just get me through.* Estas notas me ayudarán a aprobar justito. **3** ayudar a algn a pasar (algo): *He was responsible for getting them through (that round).* Fue él quien les ayudó a pasar (esa vuelta). ◊ *A stroke of luck got us through to the final.* Un golpe de suerte nos ayudó a pasar a la final.
NOTA Este *phrasal verb* no se puede utilizar en pasiva.

v + n/pron + adv
v + n/pron + prep + n/pron

get sth through 1 (**to sb/sth**) hacer llegar algo (a algn/algo): *I need to get a message through to them.* Necesito hacerles llegar un mensaje. **2** recibir algo: *Have you got the brochure through yet?* ¿Ya has recibido el folleto?
NOTA Get sth through no se utiliza en pasiva.

v + n/pron + adv
1 [0] **a message**, **information**

get sth through; **get sth through sth 1** hacer pasar algo (a través de algo): *Can you get your car through?* ¿Te cabe el coche? ◊ *My hair was so tangled that I couldn't get a comb through it.* Tenía el pelo tan enredado que no me podía pasar el peine. **2** hacer que se apruebe algo (en ...): *I'm still trying to get the proposal through.* Todavía estoy intentando hacer que se apruebe la propuesta. ◊ *Will he manage to get the bill through Parliament?* ¿Conseguirá que el proyecto de ley se apruebe en el parlamento?
NOTA Get sth through sth no se puede utilizar en pasiva.

v + n/pron + prep + n/pron

get it through to sb (**that ...**) (*coloq*) hacer entender a algn (que ...): *How can I get it through to him that he's wasting his life in that job?* ¿Cómo podría hacerle entender que está desperdiciando su vida en ese empleo?

v + it + adv + prep + n/pron

get to sb (*coloq*) fastidiar, afectar a algn: *His nagging is beginning to get to her.* Sus quejas están empezando a fastidiarla. ◊ *Seeing him so sad really got to me.* Me afectó mucho verlo tan triste.

v + prep + n/pron

☆ **get to sth 1** llegar a ...: *The train gets to London at 6 o'clock.* El tren llega a Londres a las 6. ◊ *It's got to the stage/point where I don't want to go home.* He llegado a un punto en que ya no quiero volver a casa. ◊ *I didn't get to bed until midnight.* No me fui a la cama hasta medianoche. ◊ *When you get to my age you're more relaxed about things.* Cuando uno tiene mi edad, se toma las cosas con más calma. ◊ *It got to 4 o'clock and she still hadn't arrived.* Ya eran las 4 y todavía no había llegado. **2** andar por ...: *I wonder where Kate's got to.* Me pregunto dónde andará Kate. **NOTA** En este sentido, **get to sth** siempre se utiliza en construcciones interrogativas con **where**.
LOC **get to the point** ir al grano: *Stop wasting my time and get to the point!* ¡No me hagas perder más el tiempo y ve al grano!

v + prep + n/pron
1 [0] **bed**, **this/that stage**, **the stage where/of ...** , **the point where/of ...**

get + to

get to doing sth (*coloq*) empezar a hacer algo: *He got to thinking that perhaps she wouldn't come after all.* Empezó a pensar que quizá, después de todo, no vendría.
    v + prep + -ing

get together (**with sb**) ☆ **1** reunirse (con algn): *We must get together for a drink some time.* A ver si nos reunimos algún día para tomar una copa. ◊ *He got together with some friends and formed a band.* Se juntó con unos amigos y formaron un grupo. **2** empezar a salir (con algn): *Did you two get together at university?* ¿Empezasteis a salir durante la carrera?
    v + adv

▶ **get-together** *n* (*coloq*) reunión: *a family get-together* una reunión familiar

get it together (*coloq*) **1** (**with sb**) (*GB*) tener un rollo (con algn): *I didn't know Bill and Gina had got it together!* ¡No sabía que Bill y Gina tenían un rollo! **2** (**with sb**) (*GB*) hacer el amor (con algn): *There was a couple getting it together in one of the bedrooms.* Había una pareja haciéndolo en uno de los dormitorios. **3** organizarse: *The team needs to get it together if they want to win the match.* El equipo tiene que organizarse si quieren ganar el partido.
    v + it + adv

NOTA Get it together no se puede utilizar en pasiva.

get sb together juntar, reunir a algn: *Let's get everyone together for a meeting.* A ver si juntamos a todos para hacer una reunión. ◊ *I was the one who got them together.* Yo fui quien los presentó.
    v + n/pron + adv
    v + adv + n (*menos frec*)

NOTA Get sb together no se puede utilizar en pasiva.

get sth together 1 reunir algo: *Can you get the money together by Friday?* ¿Puedes reunir todo el dinero para el viernes? ◊ *We'll need some time to get our ideas together.* Necesitamos tiempo para recopilar nuestras ideas. **2** organizar, preparar algo: *Do you think you can get together a proposal by Monday?* ¿Crees que podrás preparar una propuesta para el lunes? ◊ *I haven't got anything together for the holiday.* No tengo organizado nada para las vacaciones.
    v + n/pron + adv
    v + adv + n
    1 ◎ **your things, the/some money, your ideas**

LOC **get your act together** (*coloq*) organizarse

get yourself together controlarse, dominarse: *She paused outside the door to get herself together.* Se detuvo junto a la puerta para controlarse.
    v + reflex + adv
    = **pull yourself together**

be got up (**as/in sth**) (*GB*) vestirse, disfrazarse (de algo): *She was got up as an Indian princess.* Iba disfrazada de princesa india.
    be + v + adv

▶ **get-up** *n* (*coloq*, *antic*) atuendo, vestimenta

get up ☆ **1** subirse: *How did the cat get up there?* ¿Cómo se ha subido el gato allí? ☆ **2** levantarse, ponerse de pie: *Everyone got up when the President came in.* Todos se levantaron cuando entró el Presidente. ◊ *Get up off the floor!* ¡Levántate del suelo! ☆ **3** levantarse (*despertarse*): *I've got to get up early tomorrow.* Mañana me tengo que levantar pronto. **4** [**+adv/prep**] ir, venir … (*a algún lugar, generalmente hacia el norte*): *When are you going to get up to Glasgow for a visit?* ¿Cuándo vas a venir a Glasgow a visitarme? ◊ *I won't be able to get up there until Wednesday.* No podré ir allí hasta el viernes. **NOTA** Nótese que en este sentido, **get up** siempre va seguido de un complemento y se traduce por *ir* o por *venir*, según el contexto: *It takes hours to get up there by train.* Se tarda horas en ir allí en tren. ◊ *He doesn't get up to see me very often.* No me viene a ver muy a menudo. **5** (*viento*) levantarse: *It's cold when the wind gets up.* Hace frío cuando se levanta el viento.
    v + adv
    1 ≠ **get down** (1)
    2 ≠ **get down** (2)
    4 *v + adv + complemento*
    ≠ **get down** (3)
    5 ≠ **drop**

▶ **get-up-and-go** *n* (*coloq*) iniciativa, empuje: *She's got lots of get-up-and-go.* Tiene mucho empuje.

get up sth 1 subir algo: *He can't get up the stairs on his own.* No puede subir las escaleras él solo. **2** aumentar, coger algo (*velocidad*): *We'll be able to get up speed once we get onto the motorway.* Podremos coger velocidad en cuanto lleguemos a la autopista.

| 1 v + prep + n/pron |
| [0] **a hill**, **the stairs**, **the steps** |
| ≠ **get down sth** |
| 2 v + prep + n |
| [0] only **speed** |

get it up (*tabú*) empinársele, tener una erección
NOTA Get it up no se utiliza en pasiva.

v + it + adv

get sb up levantar a algn (*de la cama*), despertar a algn: *I hope I haven't got you up.* Espero no haberte levantado de la cama. ◊ *Could you get me up at 6.30 tomorrow?* ¿Me podrían despertar mañana a las 6.30?

v + n/pron + adv
= **wake sb up**, **wake yourself up** (1)

get sb/sth up 1 [+**adv/prep**] enviar, mandar a algn/algo a … (*a algún lugar, generalmente más al norte*): *We need to get somebody up there straight away.* Necesitamos mandar a alguien allí inmediatamente. ◊ *How can we get all our equipment up to Leeds?* ¿Cómo podemos llevar todo el material a Leeds? **NOTA** En este sentido, **get sb/sth up** siempre va seguido de un complemento. **2** (**onto** …) subir a algn/algo (a …): *Can you get me up onto the chair?* ¿Me puedes subir a la silla?
NOTA Get sb/sth up no se puede utilizar en pasiva.

1 v + n/pron + adv
v + n/pron + adv + complemento
≠ **get sb/sth down** (1)
2 v + n/pron + adv
≠ **get sb/sth down** (2)

get sth up (*coloq*) **1** levantar, montar algo: *They got the building up in just a few months.* Levantaron el edificio en solo unos meses. ◊ *We couldn't get the tent up.* No conseguimos montar la tienda. **2** aumentar algo: *I don't want to get your hopes up, but there will probably be a place on the course.* No quiero darte esperanzas, pero a lo mejor queda una plaza en el curso. **3** (*esp GB*) organizar algo: *They got up a petition against the park closure.* Organizaron una petición contra el cierre del parque. ◊ *We're getting up a party for her birthday.* Estamos organizando una fiesta para su cumpleaños.
NOTA En los sentidos 1 y 2, **get sth up** no se puede utilizar en pasiva.

1 v + n/pron + adv
2 v + n/pron + adv
[0] only **hopes**
3 v + adv + n
v + n/pron + adv (menos frec)

LOC get sb's back up (*coloq*) crispar los nervios a algn: *He gets my back up when he behaves like that!* ¡Cuando se comporta así, me crispa los nervios!

get yourself up (**as/in sth**) (*GB*) vestirse, disfrazarse (de algo): *The children had got themselves up as clowns.* Los niños se habían disfrazado de payasos.

v + reflex + adv

get sb/sth up sth subir a algn/algo por algo: *How did you get the bed up the stairs?* ¿Cómo subisteis la cama por las escaleras?

v + n/pron + prep + n/pron
≠ **get sb/sth down sth**

get up to sth 1 llegar hasta/a … : *We got up to page 72 last lesson.* En la última lección llegamos hasta la página 72. ◊ *I've got to get up to university standard in French by next year.* Antes del curso que viene, tengo que tener el nivel de francés que exigen en la universidad. **2** meterse en algo, hacer algo: *What on earth will he get up to next?* ¿En qué demonios se meterá la próxima vez? ◊ *I can't believe the things they got up to when they were kids!* ¡No puedo creer las cosas que hacían de pequeños! ◊ *What do you get up to at the weekends?* ¿A qué te dedicas los fines de semana? **NOTA** En este sentido, **get up to sth** se utiliza mucho en construcciones interrogativas con **what** …?

v + adv + prep + n/pron

ginger /'dʒɪndʒə(r)/

ginger sb/sth up (*GB*) animar, alegrar a algn/algo: *Some dancing would ginger up the party.* Un poco de baile animaría la fiesta.

v + adv + n
v + n/pron + adv

give

give /gɪv/ *pret* **gave** /geɪv/ *pp* **given** /'gɪvn/

give sb away **1** entregar a algn en matrimonio: *Her father gave her away.* Su padre fue el padrino de la boda. **2** (*GB*) dar a algn en adopción: *She had never understood why her mother had given her away.* Nunca había entendido por qué su madre la había dado en adopción. **3** delatar, descubrir a algn: *I promise not to give you away.* Te prometo que no te delataré. ◊ *It was his eyes that gave him away.* Fueron sus ojos los que le delataron.
▶ **giveaway** *n* Ver GIVE STH AWAY

v+n/pron+adv
v+adv+n
3 *v+pron+adv*
v+n+adv (*poco frec*)
= **betray sb** (*más formal*)

give sth away ☆ **1** regalar algo: *He gave most of his money away to charity.* Dio casi todo su dinero a obras de beneficencia. ◊ *In the last minute of the game we gave away a penalty.* Regalamos un penalti en el último minuto de juego. ◊ *We have 200 tickets to give away free to our viewers.* Tenemos 200 entradas para regalar a los televidentes. **2** revelar, descubrir algo: *His face gave nothing away.* Su cara no dejaba entrever nada. ◊ *She had given away state secrets to the enemy.* Había revelado secretos de estado al enemigo.
LOC **give the game away** descubrir el pastel: *Who gave the game away about the party?* ¿A quién se le escapó lo de la fiesta?
▶ **giveaway** *adj* [atrib] (*coloq*) (*precio*) de regalo
NOTA El adjetivo **giveaway** siempre se utiliza delante del sustantivo: *We have hundreds of televisions at giveaway prices!*
▶ **giveaway** *n* (*coloq*) **1** regalo, obsequio: *promotional give-aways* obsequios de promoción **2** *His accent was a dead giveaway!* ¡Su acento le delató en seguida!

v+n/pron+adv
v+adv+n
2 ⓪ **nothing, anything, little**
= **betray sth** (*más formal*), **reveal sth**

give yourself away delatarse, descubrirse: *I'm sure I'm going to give myself away by my accent.* Estoy segura de que mi acento me delatará.

v+reflex+adv

☆ **give sth back (to sb)** devolver algo (a algn): *Give it back!* ¡Devuélvemelo! ◊ *The new law gives some power back to the people.* Con la nueva ley el pueblo recupera algo de su poder.
NOTA **Give sth back (to sb)** aparece muchas veces como **give sb back sth** o **give sb sth back**: *Could you give me back my pen?* ◊ *Could you give me my pen back?* En lenguaje coloquial, cuando se utiliza con un pronombre personal, se puede decir *I'll give you it back tomorrow.* ◊ *I'll give it you back tomorrow.* En inglés más formal se diría *I'll give it back to you tomorrow.*

v+n/pron+adv
v+adv+n
= **hand sth back to sb** (2), **return sth**

☆ **give in 1 (to sb/sth)** ceder (a/ante algn/algo): *We mustn't give in to terrorist threats.* No debemos ceder a las amenazas terroristas. ◊ *Eventually I gave in to temptation and had an ice cream.* Al final cedí a la tentación y me comí un helado. ◊ *She gives in to the children all the time.* Deja que los niños se salgan siempre con la suya. **2** rendirse: *The rebels were forced to give in.* Forzaron a los rebeldes a rendirse. ◊ *I give in — what's the answer?* Me rindo. ¿Qué es?

v+adv
≠ **hold out** (3,4)

give sth in (to sb) entregar algo (a algn): *Please give your test in when you've finished.* Cuando acaben, entreguen el examen.

v+n/pron+adv
v+adv+n
= **hand sth in** (1)

give of sth; give of yourself (*formal*) dar algo, darse, entregarse (*sin esperar nada a cambio*): *She's always willing to give of her time to help the homeless.* Siempre está dispuesta a emplear su tiempo ayudando a las personas sin hogar. ◊ *The teacher encourages all the children to give of their best.* El profesor anima a todos los niños a dar lo mejor de sí mismos. ◊ *He had been taught to give of himself and not expect anything in return.* Le habían enseñado a darse sin esperar nada a cambio.

v+prep+n
v+prep+reflex
⓪ **your time, your best**

give off sth (*tb* **give it off** *menos frec*) **1** despedir, emitir algo: *The small fire was giving off more smoke than heat.* El pequeño fuego despedía más humo que calor. **2** (*persona*) irradiar algo: *She gave off an air of confidence.* Irradiaba confianza.

| *v + adv + n* |
| *v + pron + adv* (*menos frec*) |
| **1** ⓪ **a smell**, **an aroma**, **light** |

give onto sth; **give on to** sth dar a algo (*tener vistas a algo o servir de acceso a un sitio*): *French windows give onto a balcony.* Las cristaleras dan a un balcón.

| *v + prep + n/pron* |
| *v + adv + prep + n/pron* |

give out 1 agotarse, acabarse: *Her patience finally gave out.* Al final se le agotó la paciencia. ◊ *We were fine until the batteries in the torch gave out.* Todo iba bien hasta que se acabaron las pilas de la linterna. **2** (*mecanismo, aparato*) pararse, estropearse: *His heart gave out just before his eightieth birthday.* Se le paró el corazón justo antes de cumplir ochenta años.

| *v + adv* |
| **1** = **run out** (1) |
| **2** = **pack up** (2) (*GB*, *coloq*) |

give sth **out** ☆ **1** repartir, distribuir algo: *The teacher gave out the exam papers.* El profesor repartió los exámenes. **2** emitir algo: *That lamp doesn't give out a lot of light.* Esa lámpara no da mucha luz. **3** (*GB*) anunciar, dar a conocer algo **NOTA** En este sentido, **give** sth **out** se utiliza mucho en pasiva o en frases con *that ...* : *News of her death was given out on the radio.* ◊ *They gave out on the radio that she had died.*

| *v + adv + n* |
| *v + n/pron + adv* |
| **1** ⓪ **a leaflet**, **exam papers**, **free samples** |
| = **hand** sth **out** (1) |
| **2** ⓪ **light**, **heat**, **noise** |

give over! (*coloq*) ¡para!: *Give over! I can't work with you shouting like that.* ¡Para! No puedo trabajar con esos gritos. ◊ *'You know he fancies you.' 'Oh, give over!'* —Sabes que le gustas. —¡Venga ya! **NOTA** **Give over** se utiliza siempre en imperativo.

| *v + adv* |

give sth **over to** sb dejar algo al cuidado de algn: *We gave the house over to my uncle when we went to live abroad.* Cuando nos fuimos a vivir al extranjero dejamos la casa al cuidado de mi tío.

| *v + n/pron + adv + prep + n/pron* |
| *v + adv + n + prep + n/pron* |

give sth **over to** sth dedicar algo a algo: *The newspapers gave six pages over to the tragedy.* Los periódicos dedicaron seis páginas a la tragedia. ◊ *The village hall is given over to functions and meetings.* El salón de actos del pueblo se utiliza para recepciones y reuniones.
NOTA **Give** sth **over to** sth se utiliza mucho en pasiva: *Much of his time is given over to correspondence.*

| *v + n/pron + adv + prep + n/pron* |
| *v + adv + n + prep + n/pron* |

give yourself over/up to sth/**doing** sth entregarse de lleno a algo, dejarse llevar por algo, dedicarse a hacer algo: *After his wife's death, he seemed to give himself over to despair.* Tras la muerte de su mujer, parecía haberse entregado a la desesperación. ◊ *I want to give myself over to writing full-time.* Quiero entregarme única y exclusivamente a la escritura.

| *v + reflex + adv + prep + n/pron* |
| *v + reflex + adv + prep + -ing* |

☆ **give up 1** rendirse, abandonar: *She doesn't give up easily.* No se rinde fácilmente. ◊ *I give up — tell me what the answer is.* Me rindo, dime la respuesta. **2** dejar algo (*un vicio o hábito*): *Don't buy me any cigarettes. I've given up.* No me compres tabaco. Lo he dejado.

| *v + adv* |

give sb **up 1** (*amigo*) dejar de ver a algn: *I'm not going to give up all my friends just because I'm getting married.* No voy a dejar de ver a todos mis amigos simplemente porque me voy a casar. **2** (*novio*) dejar a algn: *He gave her up for a younger woman.* La dejó por una mujer más joven. **3** (*bebé, niño*) dar a algn (*en adopción*): *She gave the baby up for adoption.* Dio al bebé en adopción.
LOC **give** sb **up for lost/dead** dar a algn por desaparecido/muerto

| *v + n/pron + adv* |
| *v + adv + n* |

give

☆ **give sth up 1** (*tb* **give up doing sth**) dejar algo/de hacer algo: *It's about time you gave up smoking.* Ya va siendo hora de que dejes de fumar. ◊ *I've given up trying to understand her.* Yo ya no me molesto en tratar de entenderla. ◊ *I'm going to give up work.* Voy a dejar el trabajo. **2** (*idea, lucha*) abandonar algo: *She's given up the idea of becoming a model.* Ha abandonado la idea de hacerse modelo. **3** (*esperanza*) perder algo: *She'd given up all hope of seeing him.* Había perdido toda esperanza de volverlo a ver. **4 (to sb)** (*asiento, control*) ceder algo (a algn): *He gave up his seat to an old man.* Le cedió el asiento a un anciano. ◊ *After the merger, he was forced to give up control of the company.* Tras la fusión, le obligaron a ceder el control de la compañía. **5 (to do sth)** (*tiempo*) ceder algo (para hacer algo): *Thanks for giving up your time to come and help us.* Gracias por cedernos su tiempo y venir a ayudarnos. **6 (to sb)** entregar algo (a algn): *She had to give her passport up to the authorities.* Tuvo que entregar el pasaporte a las autoridades. **7 (for sb/to do sth)** renunciar a algo (por algn/para hacer algo): *I gave up everything for my family.* Renuncié a todo por mi familia. ◊ *She gave it all up to be with him.* Renunció a todo para estar con él. ◊ *I'll never give up my independence.* Nunca renunciaré a mi independencia.

NOTA Give sth up casi no se utiliza en pasiva.

v+adv+n
v+pron+adv
v+n+adv (*menos frec*)
1 *v+adv+n*
 v+pron+adv
 v+n+adv (*menos frec*)
 v+adv+-ing
 [O] **smoking, your job, work**
 = **pack sth up** (2) (*GB, coloq*)
2 [O] **the idea**
 = **abandon sth** (*más formal*)
3 *v+adv+n*
 v+pron+adv (*poco frec*)
 [O] **hope**
 = **abandon sth** (*más formal*)
5 [O] **your time, the morning, etc.**
6 *v+n/pron+adv*
 v+adv+n

give yourself up (**to sb/sth**) entregarse (a algn/algo): *After a week on the run he gave himself up (to the police).* Se entregó (a la policía) tras una semana huyendo de la justicia.

v+reflex+adv
= **surrender**

give up on sb (*coloq*) dejar a algn por imposible: *I've given up on her. She never replies to my letters.* La he dejado por imposible. Nunca contesta a mis cartas. ◊ *We'd given up on him but he turned up two hours later.* Creíamos que no vendría, pero apareció dos horas más tarde.

v+adv+prep+n/pron

give up on sth (*coloq*) dar algo por perdido: *I haven't given up on my marriage yet.* Aún no he dado mi matrimonio por perdido. ◊ *Have you given up on the idea of emigrating?* ¿Has desechado la idea de irte fuera?

v+adv+prep+n/pron

give yourself up to sth/doing sth *Ver* GIVE YOURSELF OVER/UP TO STH/DOING STH

v+reflex+adv+prep+n/pron
v+reflex+adv+prep+-ing

---

glance /glɑːns; *USA* glæns/

glance about/around/round; glance about/around/round sth (*esp GB*) echar una mirada/un vistazo (por algo): *As soon as I arrived, I glanced about to see if she was there.* En cuanto llegué, eché un vistazo para ver si estaba allí. ◊ *I glanced round the room to see who was there.* Eché una mirada por la habitación para ver quién estaba allí.

v+adv
v+prep+n/pron
= **look around, look around sth** (1)

glance back/round mirar hacia atrás rápidamente: *I heard a noise and glanced back to see what it was.* Oí un ruido y miré hacia atrás rápidamente a ver qué era.

v+adv

glance down bajar la vista rápidamente

v+adv
= **look down, in, out, etc.**

glance off sth rebotar en algo: *The ball glanced off the goalpost into the net.* El balón rebotó en el poste y entró.

v+prep+n/pron

glance over (at sb/sth) mirar rápidamente (hacia donde está algn/algo): *I noticed him glancing over (at me).* Noté que miraba rápidamente hacia donde yo estaba.

v + adv
= **look across/over**

glance over/through sth echar un vistazo a algo: *Could you glance over this document?* ¿Puedes echarle un vistazo a este documento? ◊ *I glanced through a magazine while I waited.* Eché un vistazo a una revista mientras esperaba.

v + prep + n/pron
◯ **a book, a list**

glance round *Ver* GLANCE BACK/ROUND

v + adv

glance round; **glance round** sth *Ver* GLANCE ABOUT/AROUND/ROUND; GLANCE ABOUT/AROUND/ROUND STH

v + adv
v + prep + n/pron

glance through sth *Ver* GLANCE OVER/THROUGH STH

v + prep + n/pron

glance up levantar la vista rápidamente

v + adv
= **look up** (1)

glaze /gleɪz/

glaze over 1 (*ojos*) ponerse vidriosos (*por cansancio o aburrimiento*): *Her eyes glazed over when they started talking about football.* Cuando empezaron a hablar de fútbol su mirada se perdió. **2** (*persona*) perder interés (*por cansancio o aburrimiento*): *I started to glaze over at that point.* Ahí empecé a perder interés.

v + adv

glom /glɒm; *USA* glɑːm/ **-mm-**

glom onto sth (*USA*, *coloq*) obsesionarse con algo: *The whole nation glommed onto the scandal.* Todo el país se obsesionó con el escándalo.

v + prep + n/pron

glory /ˈglɔːri/ *pret*, *pp* **gloried**

glory in sth (*formal*) **1** enorgullecerse de algo: *He gloried in his son's success.* Se enorgullecía del éxito de su hijo. **2** disfrutar de algo, regodearse con algo: *I gloried in the beauty of the scenery.* Disfruté de la belleza del paisaje. ◊ *She seemed to glory in his failure.* Parecía regodearse con su fracaso.

v + prep + n/pron
2 = **revel in sth/doing sth**

gloss /glɒs; *USA* glɔːs, glɑːs/

gloss over sth **1** quitar/restar importancia a algo: *The manager glossed over the team's recent defeat.* El manager le quitó importancia a la reciente derrota del equipo. **2** pasar algo por alto: *The real issues of the war are glossed over in the film.* En la película se pasan por alto las realidades de la guerra.
NOTA Gloss over sth se puede utilizar en pasiva: *This question has been glossed over by politicians.*

v + prep + n/pron

gnaw /nɔː/

gnaw at sb (*dudas*, *culpa*) atormentar, roer a algn: *These doubts had been gnawing at him for some time.* Estas dudas le habían estado atormentando durante algún tiempo.

v + prep + n/pron

gnaw away at sth destruir algo gradualmente: *His attitude towards her gnawed away at her confidence.* Su actitud hacia ella destruyó poco a poco su seguridad.

v + adv + prep + n/pron

GO

- 170 ~ about
  - ~ about sth
  - ~ about sth/doing sth
  - ~ about doing sth
  - ~ about with sb
  - ~ across
  - ~ across sth
  - ~ after sb/sth
- 171 ~ against sb
  - ~ against sb/sth
  - ~ against sth
  - ~ ahead
  - ~ along
  - ~ along sth
  - ~ along with sb/sth
  - ~ around
  - ~ around sth
- 172 ~ around sth
  - ~ around doing sth
  - ~ around with sb
  - ~ at sb
  - ~ at sth
  - ~ away
  - ~ back
- 173 ~ back...
  - ~ back on sth
  - ~ back over sth
  - ~ back to sth
  - ~ back to sth/doing sth
  - ~ before
  - ~ before sb/sth
  - ~ beyond sth
  - ~ by

- 174 ~ by sb/sth
  - ~ by sth
  - ~ down
- 175 ~ down sth
  - ~ down as sth
  - ~ down on sb
  - ~ down on sth
  - ~ down to sth
  - ~ down with sth
  - ~ for sb/sth
- 176 ~ for sth
  - ~ forward
  - ~ in
  - ~ in sth
  - ~ in for sth
- 177 ~ in for sth/doing sth
  - ~ in with sb
  - ~ into sth
- 178 ~ off
  - ~ off sb/sth
  - ~ off with sb
  - ~ off with sth
  - be going on sth
  - be going on for sth
  - ~ on
- 180 ~ on sth
  - ~ on sth/doing sth
  - ~ out
- 181 ~ out for sth
  - ~ out of sb/sth
  - ~ out to sb
  - ~ over
  - ~ over sth

- 182 ~ over to sb/sth
  - ~ over to sth
  - ~ past
  - ~ past sb/sth
  - ~ round
  - ~ round sb
  - ~ round sth
  - ~ round sb/sth
  - ~ round doing sth
  - ~ round/around/about with sb
  - ~ through
  - ~ through sb
  - ~ through sb/sth
- 183 ~ through sth
  - ~ through with sth
  - ~ to it
  - ~ to sb/sth
- 184 ~ to sth
  - ~ together
  - ~ towards sth/doing sth
  - ~ under
  - ~ under sth
  - ~ up
- 185 ~ up sth
  - ~ up against sb/sth
  - ~ up to sth
  - ~ with sb
  - ~ with sb/sth
  - ~ with sth
  - ~ without
  - ~ without sth

---

go /gəʊ; *USA* goʊ/ *pret* **went** /went/ *pp* **gone** /gɒn; *USA* gɔːn/

go about; **go about sth** *Ver* GO AROUND; GO AROUND STH (7,8)

v+adv
v+prep+n/pron

go about sth andar ocupado con algo: *Everybody was going about their business as usual.* Todo el mundo andaba ocupado con sus cosas como siempre.

v+prep+n
[0] **your business, the business of ... , your work**

go about sth/doing sth hacer algo: *How should I go about finding a job?* ¿Qué debo hacer para encontrar un trabajo? ◊ *You're not going about it the right way.* No lo estás haciendo bien. ◊ *That's no way to go about things.* Esa no es forma de hacer las cosas.

v+prep+n/pron
v+prep+-ing
[0] **things**
= **set about sth/doing sth** (2), **tackle sth** (*más formal*)

go about doing sth *Ver* GO AROUND DOING STH

v+prep+-ing

go about with sb *Ver* GO ROUND/AROUND/ABOUT WITH SB

v+adv+prep+n/pron

go across; **go across sth** cruzar (algo): *We borrowed a boat and went across to the island.* Pedimos prestado un bote y cruzamos hasta la isla. ◊ *Can you go across the road to the shop?* ¿Puedes cruzar a la tienda un momento?

v+adv
v+prep+n/pron

go after sb/sth **1** perseguir a algn/algo (*referido a persona o animal*): *He went after the burglars.* Persiguió a los ladrones. ◊ *Aren't you going to go after her to see if she's all right?* ¿Por qué no vas detrás de ella a ver si está bien? **2** andar detrás de algn/algo, tratar de conseguir a algn/algo: *We're both going after the same job.* Los dos andamos detrás del mismo puesto.

v+prep+n/pron

go + around

go against sb ir en contra de algn, ser desfavorable a algn: *The jury's verdict went against him.* El jurado falló en su contra. ◊ *The war is going against us.* En esta guerra las cosas están yendo en contra nuestra.

v + prep + n/pron

go against sb/sth actuar en contra de algn/algo: *Anyone who goes against me will be punished.* Todo el que no cumpla mis órdenes será castigado. ◊ *He went against his doctor's advice.* No hizo caso del consejo del médico.

v + prep + n/pron

go against sth ser contrario a algo, ir en contra de algo: *This goes against everything I believe in.* Esto va en contra de todas mis creencias.

v + prep + n/pron
[0] **the spirit of ... ,**
your principles

LOC **go against the grain** ir a contrapelo, ir contra la naturaleza de algn

go ahead ☆ **1** tener lugar, llevarse a cabo: *The building of the new bridge will go ahead as planned.* La construcción del nuevo puente se llevará a cabo tal y como estaba planeado. ☆ **2 (with sth)** seguir adelante (con algo): *Will she still go ahead with the project?* ¿Aún piensa seguir adelante con el proyecto? ◊ *'May I start now?' 'Yes, go ahead.'* —Sí, adelante. **3 (of sb)** ir delante (de algn): *She went ahead of him into the house.* Entró delante de él en la casa. ◊ *You go ahead and I'll follow on behind.* Id yendo, que yo iré en seguida.

v + adv
= **proceed** (*más formal*)

▶ **go-ahead** *adj* [gen atrib] (*esp GB*) emprendedor, progresista
NOTA El adjetivo **go-ahead** suele ir delante del sustantivo: *a go-ahead new company.*

▶ **the go-ahead** *n* [sing] luz verde, el visto bueno: *Has the boss given you the go-ahead for the project?* ¿Te ha dado el jefe luz verde para el proyecto?

go along 1 avanzar: *He made the story up as he went along.* Se inventó la historia sobre la marcha. ◊ *We'll monitor the situation as it goes along.* Iremos observando lo que pasa sobre la marcha. ◊ *Things are going along nicely.* Las cosas marchan bien. **NOTA** En este sentido, **go along** se utiliza mucho detrás de **as**: *You'll pick it up as you go along.* **2 (to sth)** ir (a ...): *I went along to the club a couple of times.* Fui al club un par de veces. ◊ *I agreed to go along to help.* Dije que iría a ayudar.

v + adv

go along; go along sth ir (por ...): *The trolley rattled as it went along.* El carrito iba traqueteando. ◊ *If you go along the beach, you'll get there quicker.* Si vas por la playa llegarás antes.

v + adv
v + prep + n/pron

go along with sb/sth estar de acuerdo con algn/algo: *I can't go along with you on that point.* No estoy de acuerdo contigo en ese punto. ◊ *Do you think they'll go along with the idea?* ¿Crees que les parecerá bien la idea?

v + adv + prep + n/pron
[0] **the plan, the idea**
= **fall in with sth** (*GB*)

go around (*esp USA*) Ver GO ROUND

v + adv

go around; go around sth (*GB tb* **go round, go round sth**) **1** ir (por ...), recorrer algo: *We spent all afternoon going around the shops.* Nos pasamos toda la tarde por las tiendas. ◊ *We're going around in circles in this argument.* Estamos yendo en círculos con esta discusión. ◊ *I'll go around and hand out drinks.* Iré pasando las bebidas. ◊ *They're saving up to go around the world.* Están ahorrando para ir a dar la vuelta al mundo. ◊ *How long does it take to go around the museum?* ¿Cuánto se tarda en recorrer el museo? **2** (*documento*) circular (por ...): *A memo went around the department.* Se hizo circular un memorándum por el departamento. ◊ *A card's going around for people to sign.* Están pasando una tarjeta

v + adv
v + prep + n/pron
8 *v + adv + complemento*
v + prep + n/pron + complemento

go+around

para que todos firmen. **3** dar la vuelta (a algo): *This belt goes around your waist.* Este cinturón se coloca alrededor de la cintura. **4** (*esquina*) doblar (algo): *The car screeched as it went around the corner.* El coche chirrió al doblar la esquina. **5** girar alrededor de algo: *The earth goes around the sun.* La tierra gira alrededor del sol. **6** rodear algo, dar un rodeo (por …): *We didn't go into the city. We went around it.* No entramos en la ciudad. La rodeamos. ◊ *Because of the flood, we had to go around by the country lanes.* A causa de las inundaciones, tuvimos que dar un rodeo por los caminos rurales. **7** (*GB tb* **go about**, **go about sth** …): circular (por …): *Have you heard the rumour that's going around?* ¿Has oído el rumor que circula por ahí? ◊ *There's a virus going around the school.* Hay un virus circulando por el colegio. **NOTA** En este sentido, **go around** se utiliza mucho en tiempos continuos. **8** [+adv] (*GB tb* **go about**, **go about sth** [+adv]) ir … (*descalzo, solo, etc.*) (por …): *She goes around barefoot most of the time.* Va descalza la mayor parte del tiempo. ◊ *It's not safe to go around the streets alone.* Es peligroso ir solo por las calles. **NOTA** En este sentido, este *phrasal verb* siempre va seguido de un complemento.

go around sb/sth (*GB tb* **go round sb/sth**) rodear a algn/algo: *I felt his arms going around me.* Sentí que me rodeaba con sus brazos.
v+prep+n/pron

go around doing sth (*tb esp GB* **go round doing sth**, **go about doing sth**) ir por ahí haciendo algo (*criticando, chismorreando, etc.*): *You can't go around spreading rumours like that.* No puedes ir por ahí contando chismes de esa forma.
v+prep+-ing

go around with sb *Ver* GO ROUND/AROUND/ABOUT WITH SB
v+adv+prep+n/pron

go at sb lanzarse sobre algn: *He went at me like a wild animal.* Se lanzó sobre mí como un animal salvaje.
v+prep+n/pron

go at sth (*coloq*) ponerse con algo, darle (a algo) con ganas (*a una actividad*): *They went at the job as if their lives depended on it.* Se metieron de lleno en el trabajo, como si sus vidas dependieran de ello. ◊ *She went at my hair with the scissors until there was virtually nothing left of it.* Se puso a cortarme el pelo con ganas hasta dejarme casi calva. ◊ *He really goes at it when he gets in the gym.* Le da con ganas cuando se mete en el gimnasio.
v+prep+n/pron

go away ☆ **1** irse: *Go away! You're annoying me!* ¡Vete! ¡Me estás molestando! ◊ *Go away and think about it a bit.* Vete y piénsatelo un poco. **2** viajar, salir fuera: *They went away for the weekend.* Pasaron el fin de semana fuera. ◊ *Are you going away on holiday this year?* ¿Te vas a algún sitio de vacaciones este año? ◊ *She goes away on business a lot.* Viaja mucho por cuestiones de negocios. **3** irse, desaparecer: *The smell still hasn't gone away.* Todavía no se ha ido el olor. ◊ *The feeling of loss never went away.* La sensación de vacío nunca le abandonó.
v+adv

go back ☆ **1** (**to** …) volver (a …): *Can we go back inside?* ¿Podemos volver adentro? ◊ *After he left, I went back to bed.* Cuando se fue, me volví a la cama. ◊ *When are you going back to Australia?* ¿Cuándo vuelves a Australia? **2** (**to sth**) volver (a algo) (*al trabajo, al colegio, etc., después de unas vacaciones*): *The children have to go back to school next week.* Los niños tienen que volver al colegio la semana que viene. ◊ *Is she going back to work after she's had the baby?* ¿Va a volver a trabajar después de tener el niño? **3** (**to sth**) volver atrás (a algo): *We can never go back to how it was before.* Las cosas ya no podrán ser como antes entre nosotros. ◊ *It's too late to go back now.* Ya es demasiado tarde para volver atrás. **4** (**to sth**) volver al trabajo (*tras una huelga*): *The strikers won't go back until*
v+adv
7 ≠ **go forward** (4)

172

they get a pay rise. Los huelguistas no volverán al trabajo hasta que no consigan un aumento salarial. **5** (**to sb**) volver (con algn) (*con un novio, etc.*): *He says they've split up for good, but I think he'll go back to her.* Dice que han roto para siempre, pero creo que volverá con ella. **6** (**to sth**) (*coloq*) volver, ser devuelto (a …) (*a la tienda donde se ha comprado, alquilado*): *This toaster will have to go back to the shop. It doesn't work properly.* Habrá que devolver esta tostadora a la tienda, no funciona bien. **7** (*relojes*) atrasarse: *The clocks go back tonight.* Esta noche se atrasan los relojes.

go back … (*tb* **go back to sth**) **1** ser amigos durante …: *We go back a long way.* Hace mucho tiempo que somos amigos. **2** remontarse a algo, venir de algo: *Our friendship goes back fifteen years.* Nuestra amistad viene de hace quince años. ◊ *This tradition goes back to medieval times.* Esta tradición se remonta a la época medieval. **3** retroceder …: *To trace the origins of the problem, we have to go back three hundred years.* Para determinar los orígenes del problema, tenemos que retroceder trescientos años en el tiempo. ◊ *I'm going back a few years now …* Esto pasó hace unos cuantos años …

v + adv
v + adv + prep + n

go back on sth faltar a algo, no cumplir algo: *She never goes back on her word.* Nunca falta a su palabra. ◊ *He went back on his promise.* Rompió su promesa. ◊ *I don't like to go back on what I said.* No me gusta volverme atrás en lo que dije.

v + adv + prep + n/pron
[0] **your word, your promise**

go back over sth repasar algo: *I went back over the day's events in my mind.* Repasé mentalmente los sucesos del día.

v + adv + prep + n/pron

go back to sth **1** volver a algo (*que se había dicho con anterioridad*): *To go back to what you were saying before …* Volviendo a lo que decías antes … **2** *Ver* GO BACK …

1 *v + adv + prep + n/pron*
2 *v + adv + prep + n*

go back to sth/doing sth volver a algo/hacer algo: *I wouldn't go back to living in the city.* No volvería a vivir en la ciudad. ◊ *Things haven't gone back to normal yet.* Las cosas todavía no han vuelto a la normalidad.

v + adv + prep + n/pron
v + adv + prep + -ing

go before (*formal*) tener lugar/producirse antes: *The present crisis is worse than any that have gone before.* La crisis actual es peor que cualquiera de las que se produjeron antes.
NOTA Go before se utiliza siempre en tiempos pasados. No se utiliza en tiempos continuos.

v + adv

go before sb/sth presentarse ante algn/algo: *When does his case go before the judge?* ¿Cuándo se presenta su caso ante el juez?

v + prep + n/pron
[0] **the judge**

go beyond sth ir más allá de algo, exceder algo: *This year's sales figures go beyond all our expectations.* Las cifras de ventas de este año exceden todas nuestras expectativas. ◊ *The matter has gone beyond a joke.* El asunto ha dejado de ser divertido.

v + prep + n/pron
= **exceed sth** (*más formal*)

go by ☆ **1** (*tiempo*) pasar: *The weeks went slowly by.* Las semanas pasaron despacio. ◊ *As time goes by, my memory seems to get worse.* Mi memoria va empeorando con el paso del tiempo. **2** (*comportamiento*) pasarse por alto: *I can't let behaviour like that go by.* No puedo pasar por alto ese tipo de comportamiento. **3 go by and do sth** (*USA*) pasarse: *I'll go by and see him on my way home.* Me pasaré a visitarle según voy para casa.

v + adv
1 = **pass by**
3 *v + adv + and + inf*

go+by

go by; **go by sb/sth** pasar (por delante de algn/algo): *Did you see a boy go by on a bicycle?* ¿Ha visto pasar a un niño en bicicleta? ◊ *We went by lots of factories on the way here.* Pasamos por muchas fábricas cuando veníamos para acá.

go by sth **1** guiarse por algo, basarse en algo: *That's a good rule to go by.* Es una buena regla. ◊ *Have we enough evidence to go by?* ¿Tenemos suficientes pruebas en las que basarnos? ◊ *If past experience is anything to go by, the plane will be late.* Si nos basamos en lo que ha sucedido en otras ocasiones, el avión llegará tarde. **2** (*tb* **go under sth**) ser conocido como/por algo: *For her work, she goes by the name of Monica.* En el trabajo se la conoce como Monica. **3** (*USA*) pasarse por ... : *We went by his apartment on our way home.* Nos pasamos por su apartamento según íbamos a casa.

go down ☆ **1** (**to** ...) (*GB tb* **go down sth** *coloq*) ir, bajar (a ...) (*a algún lugar, generalmente en dirección sur*): *We're going down to London next week.* La semana que viene vamos a Londres. ◊ *I'm going down to the shop for some milk.* Voy a bajar a la tienda a por leche. NOTA En inglés coloquial británico, con lugares públicos como **shop**, **pub**, **park**, etc., a veces se omite el **to**: *Are we going down (to) the pub tonight?* **Down town** o **down the town** se pueden utilizar para decir "al centro": *Did you go down town yesterday?* **2** bajar, ir abajo: *I must go down and see who's at the door.* Tengo que bajar a abrir la puerta. **3** caerse: *She tripped and went down with a bump.* Se tropezó y se cayó de golpe. ☆ **4** descender, bajar: *The flood waters are going down.* Están bajando las aguas de las inundaciones. ◊ *Membership numbers have gone down recently.* El número de socios ha descendido últimamente. ◊ *The swelling has gone down a little.* La hinchazón ha bajado un poco. ◊ *The price of petrol is going down.* El precio del petróleo está bajando. ◊ *The temperature went down by 10 degrees overnight.* La temperatura descendió diez grados durante la noche. **5** (*neumático*) desinflarse: *My tyre's gone down again.* Se me ha vuelto a desinflar la rueda. **6** [+**adv**] (*actuación, película*) tener (una) buena/mala acogida, ser recibido ... (*bien, mal, etc.*): *Did your performance go down all right?* ¿Tuvo buena acogida tu actuación? ◊ *The film went down well in America.* La película tuvo una buena acogida en América. NOTA En este sentido, **go down** siempre va seguido de un complemento. **7** (*sol*) ponerse: *We watched the sun go down.* Contemplamos la puesta de sol. **8** (*ordenador*) dejar de funcionar, apagarse: *I lost all my work when the computer went down.* Perdí todo el trabajo cuando se apagó el ordenador. **9** (*calidad*) bajar, descender, no ser/estar tan bueno, rico, etc.: *The quality of the product has gone down since he took over.* Desde que él se hizo cargo, ha descendido la calidad del producto. ◊ *He's certainly gone down in my estimation.* Le tengo en mucha menor estima. ◊ *The food's gone down since the restaurant changed hands.* La comida no es tan buena desde que el restaurante cambió de dueños. **10** (*comida*) bajar, digerir: *I want to let my food go down before I go swimming.* Quiero dejar que me baje la comida antes de darme un baño. **11** [+**adv/prep/noun**] (*comida, bebida*) pasar, entrar ... (*bien, mal, etc.*): *A glass of wine would go down nicely.* Un vaso de vino me sentaría de maravilla. ◊ *That piece of cake went down a treat.* Este trozo de pastel me ha sentado de maravilla. NOTA En este sentido, **go down** siempre va seguido de un complemento. **12** (*telón*) caer, bajar: *The audience were cheering as the curtain went down.* El público aplaudía según caía el telón. **13** (*luces*) irse

v+adv
v+prep+n/pron
= **pass by, pass by sb/sth**

v+prep+n/pron
2 [O] *only* **the name of** ...

v+adv
1 v+adv
 v+prep+n/pron
 ≠ **go up** (4)
2 = **go downstairs**
 ≠ **go up** (1)
3 = **fall down** (1)
5 [S] **a tyre**
6 v+adv+complemento
7 [S] **the sun**
 = **set**
8 [S] **the computer**
 = **crash**
9 = **drop**
10 = **your food**
11 v+adv+complemento
12 [S] **the curtain**
 ≠ **go up** (8)
13 [S] **the lights**
15 [S] **the carpet**
16 [S] **the plane**
17 = **sink**

apagando: *She quickly found a seat before the lights went down.* Encontró rápidamente un asiento antes de que se apagaran las luces. **14** (*GB, coloq*) ser encarcelado: *He's gone down for twenty years.* Le han caído veinte años. **15** (*moqueta*) ponerse: *It'll feel a lot warmer when the carpet goes down.* Hará mucho menos frío cuando esté puesta la moqueta. **16** (*avión*) caerse: *'The plane's going down!' he cried.* —¡El avión se está cayendo! —gritó. **17** (*barco, negocio*) hundirse, irse a pique: *Hundreds died when the ferry went down.* Cientos de personas murieron cuando se hundió el transbordador. ◊ *If the business goes down, we go down with it.* Si se va a pique el negocio, nosotros también. **18** ser derrotado: *Liverpool went down 2-0 to Everton.* El Liverpool perdió 2 a 0 frente al Everton. **19** (*esp GB*) descender en la clasificación: *We need to win the next two matches to avoid going down.* Tenemos que ganar los dos próximos partidos para evitar descender en la clasificación. **20** ser anotado: *Everything I said went down in his little book.* Apuntó en su libretita todo lo que dije. **21** (*esp USA, coloq*) pasar: *She always knows what's going down.* Siempre sabe lo que pasa.

go down; go down sth bajar (por algo): *One end of the seesaw goes up while the other goes down.* Cuando un extremo del balancín sube, el otro baja. ◊ *The pain goes down my arm.* El dolor me baja por el brazo. ◊ *You'll see it if you go down the road a bit.* Podrás verlo si vas un poco carretera abajo.

v+adv
v+prep+n/pron
[O] **the road, the stairs, the hill**

LOC **go down the drain** echarse a perder: *It's dreadful to see all that talent going down the drain.* Es horrible ver cómo se desperdicia todo ese talento.

go down as sth ser recordado, quedar registrado como algo: *1998 will go down as the company's best year.* 1998 quedará registrado como el mejor año de la empresa. ◊ *He will go down in history as a great statesman.* Pasará a la historia como un gran hombre de estado.

v+adv+prep+n

go down on sb (*tabú*) chupárselo/chupársela a algn (*genitales*)

v+adv+prep+n/pron

go down on sth ponerse a cuatro patas, ponerse a gatas: *I went down on my hands and knees to look for the pen.* Me puse a gatas para buscar el bolígrafo. ◊ *I'm not going to go down on my knees and beg him.* No pienso suplicarle de rodillas.

v+adv+prep+n
[O] **your knees, one knee, your hands and knees, all fours**

go down to sth llegar hasta/a algo: *The road goes down to the beach.* La carretera baja hasta la playa. ◊ *The jumper went down to my knees.* El jersey me llegaba hasta la rodilla.

v+adv+prep+n/pron

go down with sth (*esp GB*) cogerse algo (*una enfermedad*): *I think I'm going down with a cold.* Creo que me estoy cogiendo un catarro.

v+adv+prep+n/pron
[O] **a cold, chickenpox**
= **catch sth**

go for sb/sth 1 atacar a algn/algo, echarse encima de algn/algo: *She went for him with a knife.* Le atacó con un cuchillo. ◊ *The newspapers really went for him over his defence of terrorism.* Los periódicos se le echaron encima por la apología que hizo del terrorismo. ◊ *The dog went for his throat.* El perro se le tiró a la garganta. **2** aplicarse a algn/algo, ir por algn/algo: *What I said about Peter goes for you, too.* Lo que dije de Peter va también por ti. ◊ *The garden was very untidy and the same went for the house.* El jardín estaba desastroso y la casa ídem de ídem. **3** ir a buscar a algn/algo, ir a por algn/algo: *Shall I go for a doctor?* ¿Voy a por un médico? **4** sentirse atraído por algn/algo, ir a por algn/algo: *He's not the type I usually go for.* No es lo que se dice mi tipo.

v+prep+n/pron

go+for

LOC **have a lot, nothing, etc. going for it/you** tener mucho, nada, etc. a su favor: *This house has a lot going for it.* Esta casa tiene muchos puntos a su favor. ◊ *She hasn't got much going for her.* No tiene mucho a su favor.

go for sth **1** decidirse, optar por algo: *I think I'll go for the fruit salad.* Creo que me voy a decidir por la macedonia. **2** intentar conseguir algo, ir a por algo: *Did you go for that job?* ¿Pediste ese trabajo? ◊ *He's going for the world record.* Va a por el récord mundial. ◊ *Go for it! You've got nothing to lose.* ¡Inténtalo! No tienes nada que perder. **3** venderse por …: *These televisions usually go for £100.* Estos televisores normalmente se venden a 100 libras. ◊ *What did the house go for?* ¿Por cuánto se vendió la casa?

1	v+prep+n/pron
2	v+prep+n/pron
	[0] it
3	v+prep+n

go forward **1** (**to sth**) (*en una competición*) pasar (a algo) (*a otra fase*): *Which teams will go forward to the second round?* ¿Qué equipos pasarán a la segunda vuelta? **2** ser presentado/propuesto: *Her name has gone forward for the job.* Ha sido propuesta como candidata para el trabajo. **3** progresar, avanzar: *The project is going forward nicely.* El proyecto va progresando bien. **4** (*relojes*) adelantarse: *The clocks go forward tonight.* Esta noche se adelantan los relojes.

v+adv
4 ≠ **go back** (7)

go in **1** ir (*a trabajar, al centro de la ciudad, etc.*): *I've got to go to work tomorrow, but I can always go in late.* Mañana tengo que trabajar, pero podría ir más tarde. ◊ *I need some things from town. Are you going in today?* Necesito algunas cosas del centro. ¿Vas a ir hoy? **2** ingresar (*en el hospital*): *He's going in on Friday for the operation.* El viernes ingresa para la operación. **3** (*sol*) esconderse, meterse: *The sun went in and it grew colder.* Se metió el sol y refrescó. **4** (*ejército, policía*) intervenir: *The army are going in tonight.* Esta noche va a intervenir el ejército. **5** (*coloq*) (*lección, idea*) entrar (*en la cabeza*): *I keep studying, but these dates just won't go in.* Estoy venga a estudiar, pero estas fechas sencillamente no me entran. **6** ser instalado: *The kitchen will be finished once the fridge has gone in.* Una vez instalado el frigorífico, la cocina estará acabada. ◊ *The house is built, there's just the furniture to go in now.* La casa está construida, solo falta amueblarla. **7** (*Dep*) entrar (*la bola/pelota en la red, en el agujero, etc.*): *Did you see whether the ball went in?* ¿Has visto si ha entrado la pelota?

v+adv
2 ≠ **come out** (1)
3 [S] **the sun**
   ≠ **come out** (1)
4 ≠ **pull out** (2)
7 [S] **the ball**

go in; **go in sth** ☆ **1** entrar (en …): *He shivered and turned to go in.* Tiritó y se dio media vuelta para entrar. ◊ *She went in the shop to get some bread.* Entró en la tienda a comprar pan. ◊ *You have to pay £5 to go in.* Hay que pagar 5 libras para entrar. **2** (*coloq*) ingresar, entrar (en algo) (*en el ejército, la policía, etc.*): *He went in the army in 1990.* Ingresó en el ejército en 1990. **3** caber (en algo): *Will this big suitcase go in?* ¿Cabe esta maleta grande? ◊ *Will the leftovers go in the freezer?* ¿Caben las sobras en el congelador?

1	v+adv
	v+prep+n
2	v+adv
	v+prep+n
	[0] **the police force, the army**
3	v+adv
	v+prep+n/pron

go in for sth (*esp GB*) **1** participar, tomar parte en algo: *She goes in for all the competitions and never wins.* Toma parte en todas las competiciones y nunca gana. ◊ *She's going in for the Cambridge First Certificate.* Va a presentarse al Cambridge First Certificate. **2** dedicarse a algo, meterse en algo: *He decided to go in for politics.* Decidió dedicarse a la política.

v+adv+prep+n/pron
2 = **go into sth, take sth up**

go + into

go in for sth/doing sth gustar algo/hacer algo, tener costumbre de hacer algo: *The Romans went in for very decadent parties.* Los romanos celebraban fiestas muy decadentes. ◊ *They don't really go in for eating out.* No les gusta mucho comer fuera.

go in with sb asociarse con algn: *My brothers are opening a garage and they want me to go in with them.* Mis hermanos van a abrir un taller y quieren que me asocie con ellos. ◊ *I'll go in with you on Mary's present.* Yo también entraré en el regalo de Mary.

go into sth ☆ **1** entrar en … : *I'm just going into the shop to buy some milk.* Voy a entrar un momento en la tienda a comprar leche. ◊ *Some dust has gone into my eye.* Se me ha metido polvo en el ojo. **2** ir a … (*al centro de una ciudad, al trabajo, al colegio, etc.*): *Why don't we go into town?* ¿Qué tal si vamos al centro? ◊ *Are you going into work tomorrow?* ¿Vas a la oficina mañana? **3** ingresar en … (*en el hospital*): *When is she going into hospital?* ¿Cuándo ingresa en el hospital? **4** (*tb* **go into doing sth**) (*dinero, tiempo, esfuerzo*) ser destinado a algo/hacer algo: *A lot of time and effort has gone into this.* Se ha invertido mucho tiempo y esfuerzo en esto. ◊ *Years of work went into researching the book.* Se invirtieron años de trabajo en la investigación para el libro. **5** entrar en algo (*en un tema, en detalles, etc.*): *I won't go into the details now.* No entraré ahora en detalles. ◊ *We need to go into the question of costs.* Tenemos que tratar la cuestión del coste. **NOTA** En este sentido, **go into sth** se puede utilizar en pasiva: *The matter is being gone into.* **6** dedicarse a algo, meterse en algo (*en una profesión*): *When did you decide to go into politics?* ¿Cuándo decidió dedicarse a la política? **7** entrar en algo (*en el ejército, en una organización*): *He always wanted to go into the army.* Siempre quiso entrar en el ejército. ◊ *He's gone into business with his father.* Se ha metido en el negocio de su padre. ◊ *When did Britain go into Europe?* ¿Cuándo entró Gran Bretaña en la Unión Europea? **8** entrar en algo (*en estado de shock, en coma, etc.*): *She went into a coma after the accident.* Entró en coma después del accidente. ◊ *The country is going into a decline.* El país está en declive. ◊ *The company has gone into liquidation.* La empresa ha entrado en liquidación. ◊ *The family has gone into hiding.* La familia se ha ocultado. ◊ *They went into battle on the morning of the 18th.* Entraron en guerra la mañana del 18. **9** (*ejército, policía*) entrar en algo: *The army is going into the occupied area.* El ejército va a entrar en la zona ocupada. **10** chocar, irse contra algo: *The car skidded and went into a tree.* El coche patinó y se fue contra un árbol. **11** caber, entrar en algo: *Will these trousers go into the suitcase?* ¿Caben estos pantalones en la maleta? **12** empezar a hacer algo: *The lorry went into a spin on a patch of ice.* El camión patinó en el hielo y empezó a dar vueltas. ◊ *The car just wouldn't go into first gear.* La primera no entraba. **13** ponerse algo/a hacer algo (*histérico, a dar explicaciones, etc.*): *He went into a long explanation of the affair.* Se puso a dar una larga explicación sobre el asunto. ◊ *She went into hysterics when I told her.* Se puso histérica cuando se lo dije. **14** tomar parte en algo (*en una liga deportiva, etc.*), presentarse a algo (*a un examen, a un concurso, etc.*): *I can't go into the exam unprepared.* No puedo presentarme al examen sin habérmelo preparado. ◊ *The team are ready to go into the league.* El equipo está listo para jugar la liga. **15** (*Mat*) caber en algo (*un número en otro*): *5 goes into 125 twenty five times.* 125 dividido entre 5 da 25.

v + adv + prep + n/pron
v + adv + prep + -ing

v + adv + prep + n/pron

v + prep + n/pron
2 [O] **town, work, school**
3 [O] *only* **hospital**
≠ **come out of sth**
4 v + prep + n/pron
v + adv + -ing
[S] **effort, work**
5 [O] **details**
6 [O] **politics**
= **go in for sth** (2)
7 [O] **business, the army, the church**
8 [O] **liquidation, production, decline, hiding, exile, a coma**
11 = **fit into sth** (1)
13 [O] **hysterics, an explanation**

go + off

go off ☆ **1 (to ...)** irse, marcharse (a ...): *You go off and have fun.* Vete y pásatelo bien. ◊ *When are you going off on holiday?* ¿Cuándo te vas de vacaciones? ◊ *Have the children gone off to school yet?* ¿Ya se han ido los niños al colegio? **2** (*arma*) dispararse: *The gun went off by accident.* El arma se disparó accidentalmente. **3** (*bomba, granada*) estallar: *The bomb went off in a crowded street.* La bomba estalló en una calle llena de gente. **4** (*luz, calefacción*) apagarse: *Suddenly the lights went off.* De repente se apagaron las luces. ◊ *The heating comes on at 6 and goes off at 9.* La calefacción se enciende a las 6 y se apaga a las 9. **5** (*despertador, alarma*) sonar: *She got up as soon as the alarm clock went off.* Se levantó en cuanto sonó el despertador. **6 [+adv]** (*show, fiesta*) salir ... (*bien, mal, etc.*): *The show went off very well.* El show salió muy bien. ◊ *How did the concert go off?* ¿Qué tal el concierto? **NOTA** En este sentido, **go off** siempre va seguido de un complemento. **7** (*esp GB*) (*alimentos*) pasarse, estropearse: *This milk has gone off.* Esta leche está pasada. **8** (*esp GB*) empeorar (*en calidad*): *Her books have gone off in recent years.* Sus libros han empeorado en los últimos años. **9** (*esp GB, coloq*) dormirse, quedarse dormido: *Hasn't the baby gone off yet?* ¿Todavía no se ha dormido el niño? **10 [+adv]** desviarse a/hacia/por ... : *The track goes off to the right.* El camino se desvía hacia la derecha. ◊ *Whenever I have a discussion with her, she goes off at a tangent.* Cada vez que hablo de algo con ella, se sale por la tangente. **NOTA** En este sentido, **go off** siempre va seguido de un complemento. **11** (*jugador*) abandonar el campo: *Johnson went off at half-time.* Johnson fue sustituido en el descanso. ◊ *The goalkeeper went off injured.* El portero abandonó el campo lesionado. **12** (*Teatro*) abandonar el escenario: *Hamlet goes off in the middle of the scene.* Hamlet abandona el escenario en mitad de la escena. **13** (*coloq*) (*manifestación*) producirse, tener lugar: *There are demonstrations going off all over the country.* Se están celebrando manifestaciones por todo el país.

v + adv
2 [S] a gun
3 [S] a bomb
4 [S] the lights, the heating
≠ come on (3), go on (3)
5 [S] an alarm, an alarm clock, a fire alarm
6 v + adv + complemento
7 [S] milk, meat
9 = drop off (1)
10 v + adv + complemento
12 ≠ come on (7)

go off sb/sth (*esp GB, coloq*) perder interés por algn/algo: *I think she's going off me.* Creo que está perdiendo interés en mí. ◊ *He's gone off his food.* Ha perdido el apetito.

v + prep + n/pron

go off with sb (*coloq*) largarse con algn (*abandonando al marido, a la esposa, etc.*): *He went off with his wife's best friend.* Se largó con la mejor amiga de su mujer.

v + adv + prep + n/pron
= run off (3)

go off with sth (*coloq*) llevarse algo: *Who's gone off with my pen?* ¿Quién se ha llevado mi bolígrafo?

v + adv + prep + n/pron
= walk off/away with sth

be going on sth; be going on for sth (*GB, coloq*) **1** ir para algo (*una cierta edad*): *She must be going on forty.* Debe ir para los cuarenta. ◊ *He's eight, going on nine.* Tiene ocho años, casi nueve. **2** ser/haber cerca de/casi ... : *It was going on for 8 o'clock by the time we finished.* Para cuando terminamos, eran cerca de las ocho. ◊ *There were going on for 200 people at the party.* Había casi 200 personas en la fiesta.

be + v + prep + n
be + v + adv + prep + n/pron
= be getting on for sth (*esp GB*)

go on ☆ **1 (doing sth/with sth)** continuar, seguir (haciendo algo/con algo): *We can't let this dispute go on.* No podemos permitir que continúe esta disputa. ◊ *If you go on drinking like this you'll make yourself ill.* Si sigues bebiendo así, caerás enfermo. ◊ *He went on with his work.* Siguió trabajando. **2** durar: *The meeting went on for hours.* La reunión duró horas. **3** (*luz, calefacción*) encenderse: *Suddenly all the lights went on.* De repente se encendieron todas las luces. **4** (*tiempo, tarde*) pasar: *Things will improve as time goes on.* Las cosas mejorarán con el paso del tiempo. **5** seguir, proseguir (*hablando*): *'You know', he went on, 'I never liked her.'* —Si quieres

v + adv
1 = carry on (1)
3 [S] the lights
≠ go off (4)
4 [S] time
9 = keep on (*GB*)
10 = carry on (3)
16 = get away! (4)

que te diga la verdad —prosiguió—, nunca me cayó bien. ◊ *Go on then! What else do you know?* ¡A ver, sigue! ¿Qué más sabes? **6** pasar, ocurrir: *What's going on here?* ¿Qué pasa aquí? ◊ *Who knows what goes on when I'm away.* Dios sabe lo que pasa cuando estoy fuera. NOTA En este sentido, **go on** se utiliza mucho en tiempos continuos: *There's a lot going on this weekend.* **7** (**to sth/to do sth**) pasar (a algo/hacer algo) (*a otro punto, a otra etapa, etc.*): *Do all the students go on to work in catering?* ¿Todos los estudiantes trabajan después en catering? ◊ *Let's go on to the next item on the agenda.* Pasemos al siguiente punto del orden del día. ◊ *She hopes to go on to university.* Espera poder pasar a la universidad. **8 go on!** (*coloq*) ¡venga!, ¡vamos!: *Go on! Have another drink.* ¡Venga! Tómate otra copa. NOTA En este sentido, **go on** siempre se utiliza en imperativo. **9** (**about sb/sth**) (*coloq*) no parar de hablar (de algn/algo): *They keep going on about their holiday.* No paran de hablar de sus vacaciones. ◊ *What is she going on about?* ¿Qué rollo está metiendo? **10** (**at sb**) (**about sth/to do sth**) (*esp GB, coloq*) criticar, meterse (con algn) (por algo/para que haga algo): *My dad went on at me about not having a job.* Mi padre se estuvo metiendo conmigo por lo de no tener trabajo. ◊ *She keeps going on at me to grow a beard.* Siempre está dándome la lata para que me deje barba. **11** (**ahead/to ...**) seguir, irse (a/hacia ...): *He went on ahead.* Se adelantó. ◊ *I'm too tired to go on.* No puedo más de cansancio. ◊ *He went out for a few drinks and then went on to a party.* Salió a tomar unas copas y después se fue a una fiesta. **12** (*carretera, tierra*) seguir: *The desert seemed to go on forever.* Parecía que el desierto no se iba a acabar nunca. **13** (*Teatro*) entrar en escena, salir a escena: *She doesn't go on till Act 2.* No entra en escena hasta el segundo acto. **14** (*jugador*) salir al campo: *Allen went on (in place of Brown) just before half-time.* Allen salió al campo (sustituyendo a Brown) justo antes del descanso. **15 go on!** (*esp GB, coloq*) bueno: *'Are you sure you won't come?' 'Oh go on then, but I won't be able to stay long.'* —¿Estás seguro de que no quieres venir? —Bueno, está bien, pero no podré quedarme mucho rato. NOTA En este sentido, **go on** siempre se utiliza en imperativo. **16 go on!** (*GB, coloq, antic*) ¡anda ya!, ¡venga ya!: *Go on! You didn't eat it all yourself!* ¡Venga ya! ¡No te lo has comido todo tú solo! NOTA En este sentido, **go on** siempre se utiliza en imperativo. **17** caber: *I couldn't get the lid to go on.* No conseguí ponerle la tapa. ◊ *My foot was so swollen my shoe wouldn't go on.* Tenía el pie tan hinchado que no me cabía el zapato.

LOC **enough, plenty, etc. (sth/of sth) to be going on with** (*coloq*) suficiente (algo/de algo) por el momento: *'Do you need any more bread?' 'No, I think we've got enough to be going on with.'* —¿Necesitas más pan? —No, creo que tenemos suficiente de momento. ◊ *That should be enough food to be going on with.* Con esa comida debería bastar por el momento. ◊ *I've got plenty of work to be going on with.* De momento tengo trabajo más que suficiente.

▶ **goings-on** *n* [pl] (*coloq*) tejemanejes, sucesos

▶ **ongoing** *adj* **1** (*conversación, proceso*) en curso: *an ongoing process* un proceso en curso **2** que sigue existiendo: *an ongoing situation* una situación que sigue existiendo ◊ *The problem is ongoing.* El problema no ha sido resuelto.

go+on

go on sth 1 basarse en algo: *I'm only going on what she told me.* Me guío solo por lo que me dijo. **NOTA** En este sentido, **go on sth** se utiliza mucho en construcciones con **nothing, a lot, not much,** etc.: *The police don't have much evidence to go on.* **2** empezar algo: *I'm going on a diet on Monday.* El lunes me pongo a régimen. **3** entrar, caber en algo: *Does this lid go on that jar?* ¿Es esta la tapa de ese tarro? ◊ *The ring went on my finger without any problem.* El anillo me entró en el dedo sin ningún problema. **4** empezar a tomar algo (*un medicamento*): *When did you go on the pill?* ¿Cuándo empezaste a tomar la píldora? **5** empezar a cobrar algo (*del Estado*): *He didn't want to go on the dole.* No quería empezar a cobrar el paro.

go on sth/doing sth (*dinero, recursos*) irse en algo/hacer algo: *All his money goes on drink.* Todo el dinero se le va en la bebida.

go out ☆ **1 (of ...) (for/to sth/to do sth)** salir (de ...) (a por algo/ a hacer algo): *It's too cold to go out.* Hace demasiado frío para salir. ◊ *The talking started as soon as she went out of the room.* Empezaron a hablar en cuanto salió de la habitación. ◊ *Shall we go out for a meal tonight?* ¿Te apetece salir a cenar esta noche? ◊ *He goes out drinking most evenings.* La mayoría de las noches sale de copas. ◊ *She's just gone out to get a newspaper.* Acaba de salir a comprar el periódico. ◊ *She went out and spent £200 on a new coat.* Salió y se gastó 200 libras en un abrigo nuevo. ◊ *I need to go out for cigarettes.* Tengo que salir a por tabaco. **2 (with sb/together)** (*coloq*) salir (con algn/juntos): *She used to go out with Pete.* Antes salía con Pete. ◊ *They've been going out together for six weeks.* Llevan seis semanas saliendo juntos. **3** (*invitaciones, memorándum*) enviarse, mandarse: *Have the invitations gone out yet?* ¿Se han enviado ya las invitaciones? **4** (*publicación*) salir: *The magazine goes out six times a year.* La revista sale seis veces al año. **5** (*información, mensaje*) comunicarse: *Word went out that he had resigned.* Corrió la voz de que había dimitido. ◊ *This warning goes out to all troublemakers.* Este aviso va dirigido a todos los alborotadores. **6** (*esp GB*) (*programa de televisión/radio*) emitirse, transmitirse: *The first episode goes out next Friday at 8.00 pm.* El primer episodio se emite el próximo viernes a las 8 de la tarde. **7** apagarse: *The fire has gone out.* El fuego se ha extinguido. ◊ *All the lights went out.* Se apagaron todas las luces. **8** (*dinero*) salir (*de forma regular, en gastos fijos*): *We need to have more money coming in than going out.* Nos haría falta que entrase más dinero del que sale. **9 (to ...)** ir (a ...) (*al extranjero*): *We went out to see him when he was living in Australia.* Fuimos a verlo cuando vivía en Australia. ◊ *Have you been out to Spain recently?* ¿Has estado recientemente en España? **10 (of sth)** pasarse de moda: *That hairstyle went out (of fashion) years ago.* Ese peinado se pasó de moda hace años. ◊ *That term is rapidly going out of use.* Ese término está cayendo rápidamente en desuso. **11** (*marea*) bajar: *When does the tide go out?* ¿Cuándo baja la marea? **12** quedar eliminado: *She went out in the first round.* Quedó eliminada en la primera vuelta.

LOC go out like a light (*coloq*) quedarse frito/dormido.

▶ **outgoing** *adj* **1** extrovertido, sociable **2** [atrib] (*presidente, gobierno*) cesante, saliente. **3** [atrib] (*llamada telefónica*) hecha/realizada desde aquí (*en contraposición a la llamada que se recibe desde fuera*) **4** [atrib] (*correo*) para enviar: *Outgoing mail is collected and taken down to the post office.* El correo para enviar se recoge y se lleva a correos.

NOTA En los sentidos 2, 3 y 4 el adjetivo **outgoing** siempre se utiliza delante del sustantivo: *outgoing calls.*

▶ **outgoings** *n* [pl] gastos (*fijos*)

---

v+prep+n/pron
2 [O] **holiday, a course, a diet**
4 [O] **the pill**
≠ **come off sth** (3)
5 [O] **the dole**

v+prep+n/pron
v+prep+-ing

v+adv
7 [S] **the lights, the fire**
11 [S] **the tide**
= **ebb** (*más formal*)
≠ **come in**

go+over

go out for sth (*USA*) intentar ser elegido para algo (*para un equipo, etc.*): *Are you going out for the baseball team?* ¿Vas a intentar que te elijan para el equipo de béisbol?

v+adv+prep+n/pron

go out of sb/sth (*entusiasmo, espíritu de lucha*) desaparecer de algn/algo: *All the enthusiasm seems to have gone out of her violin playing.* Ha perdido por completo el entusiasmo con que tocaba el violín. ◊ *All the joy has gone out of our relationship.* La alegría ha desaparecido por completo de nuestra relación. ◊ *All the fight has gone out of him.* Ha perdido por completo el espíritu de lucha.

v+adv+prep+n/pron

go out to sb (*pésame*) ofrecerle, darle a algn: *Our hearts go out to relatives of the victims.* Ofrecemos nuestro más sentido pésame a los familiares de las víctimas.

v+adv+prep+n/pron
[S] **your heart, your sympathy**

go over 1 (**to sb/sth**) acercarse (a algn/algo): *He went over to the window for a closer look.* Se acercó a la ventana para verlo desde más cerca. ◊ *I went over and sat beside her.* Me acerqué y me senté a su lado. **2** (**to ...**) ir (a ...) (*a visitar a algn*): *I'm going over to my daughter's for lunch.* Voy a comer a casa de mi hija. **3** (**to ...**) ir (a ...) (*al extranjero*): *My family live in Belgium and I'm going over to see them.* Mi familia vive en Bélgica y yo voy a verlos.
4 (*avión*) pasar: *The fighter planes were going over all night.* Los bombarderos estuvieron pasando toda la noche.

v+adv
2 = **go round** (1)

go over sth 1 pasar por encima de algo: *These two straps go over your shoulder.* Estos dos tirantes van por encima de los hombros. ◊ *Did the ball go over the net?* ¿Pasó la pelota por encima de la red? **2** sobrepasar algo, salirse de algo (*de un límite, etc.*): *Don't go over the speed limit.* No sobrepases el límite de velocidad. ◊ *Did you go over budget?* ¿Te has salido del presupuesto? **3** repasar algo (*con un bolígrafo, etc.*): *I've gone over the original drawing in pen.* He repasado el dibujo original con bolígrafo. **4** revisar, repasar algo (*para comprobarlo*): *I'll go over the figures again to make sure they're right.* Repasaré otra vez las cifras para asegurarme de que están bien. ◊ *Go over your work carefully before you hand it in.* Revisa bien el trabajo antes de entregarlo. **5** repasar algo (*para estudiarlo, analizarlo, etc.*): *I've gone over and over what happened in my mind.* He repasado mentalmente lo ocurrido una y otra vez. ◊ *She went over her lines until she knew them perfectly.* Repasó su papel hasta que se lo aprendió perfectamente. **6** examinar, revisar algo: *Police went over the evidence with a fine-tooth comb.* La policía examinó las pruebas con lupa. **7** dar un repaso a algo, limpiar algo: *He went over the surfaces with a duster.* Dio una pasada a las superficies con un trapo del polvo.

v+prep+n/pron

NOTA En los sentidos 4, 5, 6 y 7, **go over sth** se puede utilizar en pasiva: *These details have been gone over already.*

▶ **going-over** *n* [sing] (*coloq*) **1** repaso, limpieza: *I've given the flat a very thorough going-over.* Le he dado un buen repaso al piso.
2 paliza

go + over

go over to sb/sth pasar a algn/algo: *Let's go over to the news desk for an important announcement.* Pasemos ahora a la sección de noticias para hacer un anuncio importante.   *v + adv + prep + n/pron*

go over to sth pasarse a algo (*de una opinión a otra, de un partido a otro, etc.*): *Two Conservative MPs went over to the opposition.* Dos diputados conservadores se pasaron a la oposición.   *v + adv + prep + n/pron*

go past (*tiempo*) pasar: *Half an hour went past while we were sitting there.* Pasamos media hora allí sentados.   *v + adv*

go past; go past sb/sth pasar (por delante de algn/algo): *I stood back to let him go past.* Me eché hacia atrás para dejarle pasar. ◊ *The shop is empty whenever I go past it.* Siempre que paso por delante de la tienda está vacía.   *v + adv*
v + prep + n/pron
= **move past sb/sth**

go round (*GB*) **1** (**to** ...) (*tb esp USA* **go around** (**to** ...)) pasarse (por ...), ir (a ...): *Why don't you go round to see her?* ¿Por qué no te pasas a verla? ◊ *I've got to go round to their house in the morning.* Mañana por la mañana tengo que ir a su casa. **2** (*tb esp USA* **go around**) (*rueda, idea*) dar vueltas: *When I found the bicycle, the wheels were still going round.* Cuando encontré la bicicleta, las ruedas todavía estaban dando vueltas. ◊ *The dog was going round in circles chasing his tail.* El perro daba vueltas intentando cogerse la cola.   *v + adv*
1 = **go over** (2)

go round; go round sb repartir (entre algn): *There aren't enough chairs to go round.* No hay suficientes sillas para todos. ◊ *Is there enough food to go round all the guests?* ¿Alcanza la comida para todos los invitados?   *v + adv*
v + prep + n/pron

go round; go round sth *Ver* GO AROUND; GO AROUND STH   *v + adv*
v + prep + n/pron

go round sb/sth *Ver* GO AROUND SB/STH   *v + prep + n/pron*

go round doing sth *Ver* GO AROUND DOING STH   *v + prep + -ing*

go round/around/about with sb (*GB*) ir con algn: *These are the people I used to go round with.* Esta es la gente con la que salía antes.   *v + adv + prep + n/pron*

go through 1 (**to** ...) pasar (a ...): *Shall we go through to my office?* ¿Pasamos a mi despacho? ◊ *The gates opened and we went through.* Se abrió la puerta y pasamos. ◊ *Four teams will go through to the semi-final.* Pasarán cuatro equipos a la semifinal. **2** (*proyecto de ley*) ser aprobado: *The bill went through without any objections.* El proyecto de ley fue aprobado sin ninguna objeción. **3** llevarse a cabo, cerrarse: *The deal went through in May.* El trato se cerró en mayo.   *v + adv*

go through sb (*escalofrío, estremecimiento*) recorrerle a algn de arriba a abajo: *A shudder went through her.* Sintió un escalofrío por todo el cuerpo.   *v + prep + n/pron*

go through sb/sth hacer algo a través de algn/algo: *If you want to book the cruise, you'll have to go through a travel agent.* La reserva para el crucero tendrás que hacerla a través de una agencia de viajes.   *v + prep + n/pron*

go through sth ☆ **1** pasar por algo, atravesar algo: *Lots of lorries go through the town.* Pasan muchos camiones por el centro. ◊ *The bolt goes through this hole here.* El cerrojo tiene que pasar por este agujero de aquí. ◊ *The bullet went straight through his skull.* La bala le atravesó el cráneo. ◊ *What went through your mind when you saw him there?* ¿Qué te pasó por la mente cuando le viste allí? ◊ *Have they gone through customs yet?* ¿Han pasado ya por la aduana? ☆ **2** pasar (por) algo, sufrir algo: *You don't realize what I've been through.* No te das cuenta de lo mucho que he sufrido. ◊ *She's been through a bad patch recently.* Últimamente lo ha pasado mal. ◊ *We've been through a lot together.* Hemos pasado mucho juntos. ◊ *She can't go through life always depending on her parents.* No puede pasarse la vida dependiendo de sus padres. **3** revisar algo: *Can you go through this pile of invoices for me?* ¿Puedes revisarme este montón de facturas? ◊ *I've gone through all my pockets but I can't find my keys.* He mirado en todos los bolsillos, pero no encuentro las llaves. **4** repasar algo: *Let's go through the arguments again.* Repasemos de nuevo los argumentos. ◊ *Could we go through Act 2 once more?* ¿Podríamos ensayar de nuevo el segundo acto? **5** seguir, realizar algo, someterse a algo (*a un proceso, etc.*): *All of our staff go through a training course.* Todos los miembros de nuestro personal siguen un curso de capacitación. ◊ *The timber goes through five different stages of processing.* La madera es sometida a un proceso que consta de cinco etapas distintas. **6** gastar algo: *I seem to be going through a lot of money at the moment.* Últimamente parece que estoy gastando un montón de dinero. ◊ *Have we gone through all that milk already?* ¿Ya nos hemos bebido toda esa leche? **7** desgastar algo: *I've gone through the elbows of my jumper.* Se me ha desgastado el jersey por los codos.
NOTA En los sentidos 3, 4 y 5, **go through sth** se puede utilizar en pasiva: *The formalities have to be gone through.*
LOC **go through the motions (of sth/doing sth) 1** fingir (algo/estar haciendo algo): *He just went through the motions of being devoted to her.* Fingió sentir devoción por ella. **2** cumplir con las formalidades (de algo/para hacer algo) **go through the roof 1** (*persona*) poner el grito en el cielo **2** (*precios*) ponerse por las nubes

v + prep + n/pron
1 ◌ **your mind**
2 ◌ **life, a phase, an experience, a bad, difficult, etc. patch**
3 ◌ **your pockets, sb's papers**
4 ◌ **a/the list**
 = **run through sth** (3)
5 ◌ **the process (of ...), your/the routine, the procedure**
6 = **get through sth** (1)

go through with sth seguir adelante con algo: *She decided not to go through with the operation.* Decidió no seguir adelante con lo de la operación.

v + adv + prep + n/pron

go to it (*esp USA, coloq*) ponerse manos a la obra, ponerse con/a ello: *You need to get it finished by 6. Go to it!* Tienes que acabarlo antes de las seis. ¡Ponte manos a la obra! ◊ *We'd better go to it before it gets dark.* Será mejor que nos pongamos con ello antes de que anochezca.
NOTA **Go to it** se utiliza mucho en imperativo.

v + prep + it

go to sb/sth 1 (*recaudación*) ser destinado a algn/algo: *Proceeds from the concert will go to charity.* Lo que se recaude en el concierto será destinado a obras de beneficencia. **2** ir a parar a manos de algn/algo, concederse a algn/algo: *The first prize went to Peter.* Se concedió el primer premio a Peter. ◊ *The contract has gone to a private firm.* El contrato ha ido a parar a manos de una empresa privada. **3** pasar a algn/algo: *The estate went to his eldest son.* El patrimonio pasó a su primogénito.

v + prep + n/pron

go + to

go to sth 1 ir a algo: *The two countries are set to go to war over the dispute.* Los dos países están decididos a ir a la guerra para resolver la disputa. ◊ *I hate to see food going to waste.* Odio que la comida se eche a perder. **2** meterse en algo: *Don't go to any trouble on my behalf.* Por mí no te molestes. ◊ *Why go to the expense of buying a car?* ¿Para qué meterse en el gasto de comprar un coche? ◊ *He went to great pains to persuade us.* Hizo verdaderos esfuerzos para convencernos. ◊ *It's amazing the lengths people will go to to get a job.* Es increíble de lo que es capaz la gente por conseguir un trabajo.
LOC **go to pieces** (*coloq*) quedarse hecho polvo: *He goes to pieces in a crisis.* Se queda hecho polvo cuando hay una crisis. **go to pot** (*coloq*) irse al traste: *He let the house go to pot after his wife left.* Dejó que la casa se fuese al traste cuando su mujer se marchó. **go to sleep** (*mano, pie, etc.*) dormirse **go to the dogs** (*coloq*) irse al garete: *Some people think this country is going to the dogs.* Algunos creen que este país se está yendo al garete. **go to the wall** (*empresa*) quebrar **go to town (on sth)** (*coloq*) tirar la casa por la ventana (con algo): *My parents really went to town on my birthday party.* Mis padres tiraron la casa por la ventana con mi fiesta de cumpleaños. **go to your head 1** (*vino*) pegar, subirse a la cabeza: *This wine's really going to my head.* Este vino me está pegando muchísimo. **2** subírsele a algn (a la cabeza): *Winning the beauty contest has really gone to her head.* Se le ha subido lo de ganar el concurso de belleza.

v+prep+n
1 [O] *only* **war, waste**
2 [O] *only* **trouble, expense, pains, lengths**

go together 1 ir de la mano (*estar asociados*): *Money and happiness don't always go together.* El dinero y la felicidad no van siempre de la mano. **2** (*colores, alimentos*) combinar, pegar: *These colours go together well.* Estos colores combinan bien. **3** (*tb* **go out (with sb/together)**) (*esp USA, antic*) salir juntos: *They haven't been going together long.* No llevan mucho tiempo saliendo juntos.
NOTA En los sentidos 1 y 2, **go together** no se utiliza en tiempos continuos.

v+adv

go towards sth/doing sth contribuir a algo/hacer algo: *The money will go towards buying a computer.* El dinero ayudará a comprar un ordenador. ◊ *All these marks go towards my final diploma.* Todas estas notas cuentan para el título.

v+prep+n/pron
v+prep+-ing

go under 1 (*coloq*) hundirse, irse a pique: *The firm will go under unless business improves.* Si no mejoran las cosas, la empresa se irá a pique. **2** (*bote*) hundirse: *They had to swim to shore when the boat went under.* Cuando se hundió el bote tuvieron que nadar hasta la orilla.

v+adv

go under sth (*tb* **go by sth**) ser conocido por/como algo (*un nombre*): *Does he go under any other names?* ¿Se le conoce por algún otro nombre?

v+prep+n
[O] **the name of ..., a different, etc. name, the title of ...**

go up 1 subir, ir arriba: *She's gone up to her room to change.* Ha subido a su habitación a cambiarse. ☆ **2** (*temperatura, precio, demanda*) subir, aumentar: *Cigarettes are going up (in price).* El tabaco va a subir (de precio). **3 (to sb/sth)** acercarse (a algn/algo): *He went up to the house and knocked on the door.* Se acercó a la casa y llamó a la puerta. ◊ *Let's go up and get her autograph.* Vamos a acercarnos a pedirle un autógrafo. **4 (to ...)** ir (a ...) (*a algún lugar, generalmente en dirección norte*): *She's gone up to Scotland to see her son.* Ha ido a Escocia a ver a su hijo. **5** levantarse, elevarse: *New office blocks are going up everywhere.* Están surgiendo bloques de oficinas por todas partes. **6** (*anuncio, cartel*) ponerse: *Notices have*

v+adv
1 = **go upstairs**
≠ **go down** (2)
2 [S] **a price, a temperature**
= **rise**
≠ **go down** (4), **come down** (2)
8 [S] **the curtain**
≠ **go down** (12)
9 [S] **a cheer, a cry**

gone up all over the university. Han puesto anuncios por toda la universidad. **7** estallar, explotar: *If one of those gas tanks goes up, there will be massive damage.* Si uno de esos tanques estalla, los daños serán enormes. ◊ *The whole building went up in flames.* Se incendió todo el edificio. **8** (*telón*) levantarse, subir: *The stage was empty when the curtain went up.* Cuando se levantó el telón, el escenario estaba vacío. **9** elevarse, alzarse: *A huge cheer went up (from the crowd).* Se elevó una gran ovación (desde la multitud). **10 (to/into sth)** ascender, subir (a algo): *Liverpool have gone up into the second division.* El Liverpool ha ascendido a segunda división. ◊ *Is she going up into the sixth form this year?* ¿Va a pasar este año a la última fase de la enseñanza secundaria?

go up; go up sth subir (por algo): *The lift goes up and down all day.* El ascensor está todo el día subiendo y bajando. ◊ *Go up the ladder.* Sube por la escalera de mano.

v + adv
v + prep + n/pron
[0] **the stairs, a hill, the road**

go up against sb/sth (*USA, coloq*) competir con algn/algo: *He went up against the champion in the second round.* En la segunda vuelta compitió con el campeón.

v + adv + prep + n/pron

go up to sth llegar hasta algo: *The road goes up to the school.* La carretera llega hasta el colegio. ◊ *This diary only goes up to November.* Esta agenda llega solo hasta noviembre.

v + adv + prep + n/pron

go with sb (*coloq, antic*) salir con algn, irse con algn (*y tener relaciones sexuales*): *She's been going with him quite a while.* Lleva bastante tiempo saliendo con él. ◊ *Does he go with other women?* ¿Va con otras mujeres?

v + prep + n/pron

go with sb/sth (*esp USA*) apoyar a algn/algo: *I'm prepared to go with her decision.* Estoy dispuesta a secundar su decisión. ◊ *I'll go with Ted on this one.* En esto estoy con Ted. ◊ *I like Bob's idea. Let's go with it.* Me gusta la idea de Bob. Hagámoslo.

v + prep + n/pron

go with sth 1 ir/quedar bien con algo: *This sauce goes well with lamb.* Esta salsa va muy bien con el cordero. ◊ *Does this skirt go with that jumper?* ¿Pega esta falda con ese jersey? **2** ir con algo, ser parte de algo: *A new car goes with the job.* Con el trabajo te dan un coche nuevo. ◊ *There's a hat that goes with the uniform.* Hay un sombrero que va con el uniforme. **3** ir ligado a algo: *Disease often goes with poverty.* La enfermedad va frecuentemente ligada a la pobreza. ◊ *She loves all the attention that goes with being famous.* Le encanta toda la atención que ser famoso trae consigo.

v + prep + n/pron

go without; go without sth pasar privaciones (de algo), pasarse sin algo: *I never want the children to have to go without.* No quiero que los niños pasen nunca privaciones. ◊ *She went without sleep for three days.* Pasó tres días sin dormir.

v + adv
v + prep + n/pron
= **do without,**
 do without sb/sth

goad /ɡəʊd; *USA* ɡoʊd/

goad sb on empujar, incitar a algn: *They goaded him on to break the window.* Lo incitaron a romper la ventana.

v + n/pron + adv

gobble /ˈɡɒbl; *USA* ˈɡɑːbl/

gobble sth up (*coloq*) **1** (*tb* **gobble sth down**) (*coloq*) (*lit*) engullir(se), tragar(se) algo: *He gobbled up his lunch in five minutes.* Se zampó la comida en cinco minutos. **2** (*fig*) tragarse, engullir algo: *The rent gobbles up half his earnings.* El alquiler se traga la mitad de lo que gana.

v + adv + n
v + n/pron + adv
1 = **wolf sth down**
2 = **swallow sth up** (2)

goof /gu:f/

goof around (*USA, coloq*) hacer el bobo: *Come on, quit goofing around — I'm serious.* Venga, deja de hacer el bobo, estoy hablando en serio.
   v+adv
   = **mess around** (2)

goof off (*USA, coloq*) holgazanear, gandulear
▶ **goof-off** *n* (*USA, coloq*) holgazán, gandul
   v+adv
   = **mess around** (2)

goof up (on sth) (*USA, coloq*) cagarla, meter la pata (en algo): *He always goofs up (on exams).* Siempre la caga (en los exámenes).
   v+adv

goof sth up (*USA, coloq*) cagarla, meter la pata en algo: *He goofed up his exam.* La cagó en el examen.
   v+adv+n
   v+n/pron+adv
   = **mess sth up**

gouge /gaʊdʒ/

gouge sth out sacar, arrancar algo: *I wanted to gouge her eyes out.* Me hubiera gustado arrancarle los ojos.
   v+n/pron+adv
   v+adv+n
   [O] **sb's eyes**

grab /græb/ -bb-

grab at sb/sth tratar de agarrar(se) a algn/algo (*con un movimiento rápido*): *She grabbed at the fence to steady herself.* Trató de agarrarse a la valla para recobrar el equilibrio.
   v+prep+n/pron

grab at sth (*oportunidad*) agarrar algo: *He grabbed at the chance to travel to America.* No dejó escapar la oportunidad de viajar a América.
   v+prep+n/pron
   = **leap at sth, seize sth**

grapple /ˈgræpl/

grapple with sth lidiar con algo: *I've spent all afternoon grappling with these accounts.* He pasado toda la tarde lidiando con estas cuentas.
NOTA Grapple with sth se puede utilizar en pasiva: *This is an issue that is being grappled with by the council.*
   v+prep+n/pron
   [O] **a problem, a question**
   = **wrestle with sth**

grasp /grɑ:sp; *USA* græsp/

grasp at sb/sth intentar aferrarse/agarrarse a algn/algo: *She grasped at his coat.* Intentó agarrarse a su abrigo.
   v+prep+n/pron
   = **catch at sth, clutch at sth**

grasp at sth aferrarse a algo: *He grasped at any hope of escape.* Se aferró a cualquier posibilidad de huida.
   v+prep+n/pron

LOC **grasp at straws** agarrarse a un clavo ardiendo

grass /grɑ:s; *USA* græs/

grass sth over plantar césped en algo (*cubriéndolo todo*): *The garden had been grassed over.* Habían plantado césped en el jardín.
NOTA Grass sth over se utiliza mucho en pasiva.
   v+adv+n
   v+n/pron+adv

grass sb up (*GB, coloq*) delatar a algn, chivarse de algn: *My girlfriend grassed me up.* Mi amiga se chivó de mí.
   v+n/pron+adv
   v+adv+n

grind /graɪnd/ *pret, pp* **ground** /graʊnd/

grind sb down oprimir a algn: *Don't let them grind you down!* ¡No te dejes avasallar!
- v+n/pron+adv
- v+adv+n
- = **wear sb down**

grind sth down limar algo
- v+n/pron+adv
- v+adv+n

grind on seguir, continuar (*monótonamente*): *The negotiations ground on for months.* Las negociaciones continuaron durante meses.
- v+adv

grind sth out (*poco frec*) **1** (*pey*) producir algo como churros: *He grinds out a novel a week.* Escribe una novela por semana. **2** apagar algo aplastándolo: *He ground out the cigarette with his heel.* Apagó el cigarro pisándolo con el tacón.
- v+adv+n
- v+n/pron+adv
- **1** = **churn sth out**
- **2** = **stub sth out**

---

grope /grəʊp; *USA* groʊp/

grope across, along, down, etc.; **grope across, along, down, etc. sth** cruzar, avanzar, bajar, etc. a tientas: *They groped (their way) along the corridor.* Avanzaban a tientas por el pasillo.
- v+adv
- v+prep+n/pron

grope for sth intentar encontrar algo: *He was groping for words.* Intentó encontrar palabras.
- v+prep+n/pron
- [O] **words, a reply**

---

gross /grəʊs; *USA* groʊs/

gross sb out (*esp USA, coloq*) dar asco a algn: *His greasy hair really grosses me out!* ¡Ese pelo grasiento que tiene me da asco!
- v+n/pron+adv
- v+adv+n (*menos frec*)

---

ground /graʊnd/

be grounded in/on sth basarse en algo: *Is the story grounded in fact?* ¿Es una historia basada en hechos reales?
- be+v+prep+n

---

grow /grəʊ; *USA* groʊ/ *pret* **grew** /gruː/ *pp* **grown** /grəʊn; *USA* groʊn/

grow apart distanciarse (*referido a una relación de amistad, etc.*): *He and his girlfriend had grown apart.* Su novia y él se habían distanciado.
- v+adv

grow away from sb distanciarse de algn (*en una relación*): *She has grown away from her parents.* Se ha distanciado de sus padres.
- v+adv+prep+n/pron
- [O] **your parents**

grow into sth 1 convertirse, transformarse en algo (*al hacerse mayor*): *She had grown into a beautiful young woman.* Se había convertido en una joven muy guapa. **2** (*ropa*) llenar algo: *It is too big for him now, but he'll grow into it.* Le queda grande ahora, pero ya lo llenará. **3** acostumbrarse a algo: *He needs time to grow into the job.* Necesita tiempo para acostumbrarse al trabajo.
- v+prep+n/pron
- **2** [O] **your coat, your trousers, etc.**
- ≠ **grow out of sth** (1)
- **3** [O] **a job, a part, a role**

grow on sb gustar cada vez más a algn: *That painting's really grown on me.* Ese cuadro me gusta cada vez más.
- v+prep+n/pron

grow out of sth 1 (*ropa*): *She grows out of her clothes so fast!* ¡La ropa le queda pequeña en seguida! **2** dejar de hacer/tener algo (*porque uno se ha hecho mayor*): *He grew out of his eczema as he got older.* Al hacerse mayor le desapareció el eccema. **3** surgir de algo, tener su origen en algo: *These laws grew out of a need to protect children.* Estas leyes surgieron de la necesidad de proteger a los niños.
- v+adv+prep+n/pron
- **1** [O] **your coat, your trousers, etc.**
- = **outgrow sth**
- ≠ **grow into sth** (2)
- **2** = **outgrow sth**

grow

grow up ☆ **1** hacerse mayor: *She's growing up fast.* Se está haciendo mayor muy deprisa. ◊ *Oh, grow up and stop sulking!* ¡Venga, no seas infantil y deja de poner caras largas! ◊ *He grew up to be a responsible adult.* Se convirtió en un adulto responsable.
☆ **2** criarse, crecer: *They grew up in the country.* Se criaron en el campo. ◊ *We grew up together.* Crecimos juntos. **3** ir surgiendo (*poco a poco*): *The town had grown up around the abbey.* La ciudad había ido surgiendo poco a poco alrededor de la abadía.
▶ **grown-up** *adj* **1** (*hijo*) mayor: *She felt very grown-up.* Se sentía muy mayor. **2** (*comportamiento*) maduro: *It felt like a grown-up thing to do.* Le parecía que era algo que una persona madura podría haber hecho perfectamente.
▶ **grown-up** *n* persona mayor, adulto

v+adv

grow up on sth crecer con algo: *She grew up on Enid Blyton books.* Creció con los libros de Enid Blyton.

v+adv+prep+n/pron

---

grub /ɡrʌb/ **-bb-**

grub about/around (**in sth**) escarbar, hurgar (en/entre algo): *He was grubbing about in the bin.* Estaba escarbando en el cubo de la basura.

v+adv
= **root around, root around sth**

---

guard /ɡɑːd; *USA* ɡɑːrd/

guard against sth/doing sth evitar, prevenir algo/hacer algo: *Clean the wound to guard against infection.* Limpiar bien la herida para que no se infecte. ◊ *We should guard against falling behind schedule.* Deberíamos evitar retrasarnos con respecto al programa. **NOTA** Guard against sth/doing sth se puede utilizar en pasiva: *This danger must be guarded against.*

v+prep+n/pron
v+prep+-ing
[O] **danger, risks, infection**

---

guess /ɡes/

guess at sth tratar de adivinar algo: *We can only guess at its value.* Solo podemos hacer conjeturas sobre su valor. **NOTA** Guess at sth se puede utilizar en pasiva: *Her feelings can only be guessed at.*

v+prep+n/pron

---

gulp /ɡʌlp/

gulp sth back (*poco frec*) tragarse algo: *She gulped back her tears.* Se tragó las lágrimas.

v+adv+n
v+n/pron+adv
[O] **your tears**

gulp sth down 1 beberse, tomarse algo de un trago: *He gulped down a glass of water.* Se bebió un vaso de agua de un trago. **2** engullir algo: *She began gulping down the food in huge mouthfuls.* Empezó a engullir la comida a grandes bocados.

v+adv+n
v+n/pron+adv
1 [O] **water, coffee, etc.**
= **swallow sth down** (1)

---

gum /ɡʌm/ **-mm-**

gum sth up (*GB, poco frec*) atascar algo (*con alguna sustancia pegajosa*) **NOTA** Gum sth up se usa mucho en pasiva: *My eyes were gummed up.*

v+n/pron+adv
v+adv+n

188

gun /gʌn/ -nn-

gun sb down (*coloq*) abatir a algn a tiros: *He was gunned down outside his home.* Fue abatido a tiros en la puerta de su casa.
NOTA Gun sb down se usa mucho en pasiva.

v+adv+n
v+pron+adv
v+n+adv (poco frec)
= **shoot sb**

gun for sb (*coloq*) tenérsela jurada a algn: *She's been gunning for me since I came to work here.* Me la tiene jurada desde que vine a trabajar aquí.
NOTA Gun for sb siempre se utiliza en tiempos continuos.

v+prep+n/pron

gun for sth (*coloq*) andar a la caza de algo: *They are both gunning for places in the championship.* Los dos andan a la caza de un puesto en el campeonato.

v+prep+n/pron

gussy /'gʌsi/ *pret, pp* gussied

be/get gussied up (*USA, coloq*) emperifollarse, ir/ponerse de punta en blanco: *He got all gussied up.* Se puso de punta en blanco.

be/get+v+adv
= **be/get dolled up**

gussy yourself up (*USA, coloq*) ponerse de punta en blanco: *She gussied herself up for the big party.* Se puso de punta en blanco para la gran fiesta.

v+reflex+adv
= **doll yourself up**

Hh

hack /hæk/

hack sth about (*GB, coloq*) cortar algo a tijeretazos: *The hairdressers have hacked her hair about a bit.* En la peluquería le han cortado el pelo a tijeretazos.

v+n/pron+adv

hack at sth darle golpes a algo (*para cortarlo*): *Don't hack at that rose bush! Cut it carefully!* ¡No le des esos golpes al rosal! ¡Córtalo con cuidado!

v+prep+n/pron
[0] **a tree, sb's hair**

hack sth down talar, cortar algo

v+n/pron+adv
v+adv+n
[0] **a tree**
= **chop sth down**

hack into sth (*Informát*) entrar en algo sin permiso: *She managed to hack into the bank's computer.* Consiguió entrar en el ordenador del banco sin permiso.

v+prep+n/pron
[0] **a computer system**

hack sb off (*GB, coloq*) (*USA* **burn sb out, tick sb off**) hartar a algn: *That kind of behaviour just hacks me off.* Esa forma de comportarse me pone mala.
▶ **hacked off** *adj* [pred] (*GB, coloq*) harto
NOTA El adjetivo **hacked off** solo se utiliza detrás de un verbo: *I felt really hacked off.*

v+n/pron+adv
v+adv+n

hack sth off; **hack sth off sth** cortar algo (de algo) (*a golpes*): *They hacked off the dead branches.* Cortaron a golpes las ramas muertas.

v + n/pron + adv
v + adv + n
v + n/pron + prep + n/pron
= **chop sth off, chop sth off sth**

hack through sth; **hack your way through sth** abrirse paso a través de algo (*cortando maleza, etc.*): *We hacked (our way) through the undergrowth.* Nos abrimos paso a machetazos a través de la maleza.

v + prep + n/pron
v + n + prep + n/pron
◐ **a forest, a jungle**

hail /heɪl/

hail from sth (*formal, ret*) ser de ..., proceder de ...: *Which part of Ireland does he hail from?* ¿De qué parte de Irlanda es?

v + prep + n/pron

ham /hæm/ **-mm-**

ham it up (*coloq*) actuar de forma exagerada: *The actors were really hamming it up.* Los actores estaban exagerando mucho la actuación.

v + it + adv

hammer /ˈhæmə(r)/

hammer away at sth insistir en algo: *He kept hammering away at the same point.* Siguió insistiendo en el mismo punto.

v + adv + prep + n/pron

hammer sth in; **hammer sth into sth** clavar algo (en algo) (*a martillazos*): *I'll hold it and you hammer the nail in.* Yo lo sujeto y tú clavas la punta.

v + n/pron + adv
v + adv + n
v + n/pron + prep + n/pron
◐ **a nail, a post**

hammer sth into sb meterle algo a algn en la cabeza a base de machacar: *They have had English grammar hammered into them.* Les han metido la gramática inglesa en la cabeza a base de machacar.

v + n/pron + prep + n/pron

hammer sth out **1** negociar algo (*con mucho toma y daca*): *It took weeks to hammer out an agreement.* Tardamos semanas en negociar un acuerdo. **2** (*Mús*) aporrear algo: *She hammered out 'Happy Birthday' on the piano.* Aporreó "Cumpleaños Feliz" en el piano. **3** (*abolladura*) alisar, quitar algo a martillazos

v + adv + n
v + n/pron + adv
1 ◐ **a deal, an agreement, a policy**

hand /hænd/

hand sth around (*esp USA*) Ver HAND STH ROUND

v + n/pron + adv
v + adv + n

hand sb back to sb/sth devolver la conexión a algn/algo: *Now I'll hand you back to Michael in the studio.* Devuelvo la conexión a Michael en el estudio.

v + n/pron + adv + prep + n/pron

hand sth back (to sb) **1** devolver, restituir algo (a algn): *The territory was handed back to Egypt.* El territorio fue restituido a Egipto. **2** devolver algo (a algn): *She looked quickly at my passport and then handed it back.* Echó un vistazo a mi pasaporte y después me lo devolvió. **NOTA** En lenguaje menos formal, en lugar de **hand sth back (to sb)** se puede decir **hand sb back sth**: *I handed Mary back her pen.*

v + n/pron + adv
v + adv + n
= **give sth back**
1 ◐ **money, control**
2 ◐ **a passport, a letter, a glass**

hand

hand sth down (to sb) **1** (*tb* **hand sth on (to sb)**) transmitir, pasar algo (a algn): *All my clothes were handed down to me by my brother.* Toda la ropa que tenía la heredé heredado de mi hermano. ◊ *These skills have been handed down from generation to generation.* Estas técnicas han sido transmitidas de generación en generación. **NOTA** En este sentido, **hand sth down** se utiliza mucho en pasiva. **2** (*esp USA*) (*veredicto*) emitir, decretar algo (a/para algn): *The judge handed down a sentence of six years.* El juez emitió una sentencia de seis años. **3** pasar algo (a algn) (*que está situado en una posición más baja*): *He handed the boxes down to me from the attic.* Me pasó las cajas del desván.
▶ **hand-me-down** *n* [gen pl] prenda usada o heredada

v + n/pron + adv	
v + adv + n	
1 ⓪ **a tradition, a custom, skills**	
= **pass sth down, pass sth on** (1)	
2 ⓪ **a decision, a judgement, a sentence, a verdict**	
= **announce sth**	

hand sth in (to sb) **1** entregar algo (a algn): *Have you handed your essay in yet?* ¿Has entregado ya el trabajo? ◊ *Make sure your homework is handed in on time.* Asegúrate de que entregas los deberes a tiempo. **2** (*dimisión*) presentar algo (a algn)

v + adv + n	
v + n/pron + adv	
1 ⓪ **an essay, your homework**	
= **give sth in**	
2 ⓪ *only* **your notice, your resignation**	
= **give sth in**	

hand sth on (to sb) **1** pasar algo (a algn): *The work has been handed on to me.* El trabajo ha pasado a mí. **2** (*tb* **hand sth down (to sb)**) transmitir, pasar algo (a algn): *The farm will be handed down from father to son.* La granja irá pasando de padres a hijos. **NOTA** En este sentido, **hand sth on** se utiliza mucho en pasiva.

1 *v + adv + n*	
v + n/pron + adv	
= **pass sth on** (1)	
2 *v + n/pron + adv*	
v + adv + n	
⓪ **a tradition, a custom, skills**	
= **pass sth on** (1)	

hand sth out (to sb) **1** repartir, distribuir algo (a algn): *She handed textbooks out to the new students.* Repartió libros de texto a los estudiantes nuevos. **2** (*consejos, críticas, castigo*) dar algo (a algn), repartir algo (entre algn): *The courts are handing out tough sentences to habitual offenders.* Los tribunales están repartiendo sentencias severas entre los delincuentes habituales.
▶ **handout** *n* **1** donativo, dádiva **2** hoja o fotocopia que reparte un profesor, un conferenciante, etc.

v + adv + n	
v + n/pron + adv	
1 ⓪ **leaflets, money**	
= **give sth out** (1), **distribute sth** (*más formal*)	
2 ⓪ **a sentence, criticism**	

hand over (to sb) **1** (*esp GB*) ceder la palabra (a algn): *I'll hand over to our guest speaker.* Cedo la palabra a nuestro conferenciante. **2** (*esp GB*) pasar el teléfono (a algn) **3** delegar (en algn): *I am resigning and handing over to my deputy.* Dimito y delego en mi vicepresidente.

v + adv

hand sb over (to sb) **1** entregar a algn (a algn) (*a las autoridades*): *They handed him over to the police.* Le entregaron a la policía. **2** pasar a algn (con algn): *I'll hand you over to Dad for a chat.* Te paso con papá para que hables con él.

1 *v + n/pron + adv*	
v + adv + n	
2 *v + n/pron + adv*	

hand sth over (to sb) **1** entregar algo (a algn): *He forced me to hand over the keys to the safe.* Me obligó a entregarle las llaves de la caja fuerte. **2** dejar algo (a algn): *My father has handed over the business to me.* Mi padre me ha dejado el negocio.
▶ **handover** *n* [gen sing] entrega, traspaso
NOTA Nótese que el sustantivo **handover** también puede utilizarse delante de otro sustantivo: *the handover period*.

v + adv + n
v + n/pron + adv

hand

hand sth round (*esp GB*) (*tb esp USA* **hand sth around**) pasar algo (*ofreciéndolo*): *Could you hand these biscuits round, please?* ¿Puedes pasar estas galletas, por favor?

	v + n/pron + adv *v + adv + n* = **pass sth round, pass sth round sth** (*esp GB*)

hang /hæŋ/ *pret, pp* **hung** /hʌŋ/

hang about 1 *Ver* HANG AROUND **2 hang about!** (*GB, coloq*) (*tb* **hang on!**) ¡espera un momento!, ¡un momento!: *Hang about! How much did you say it was?* ¡Espera un momento! ¿Cuánto has dicho que era? ◊ *Hang about! That's not what I said!* ¡Un momento! ¡Yo no dije eso! **NOTA** En este sentido, **hang about** se utiliza siempre en imperativo.

v + adv

hang about; hang about sth *Ver* HANG AROUND; HANG AROUND STH

v + adv
v + prep + n/pron

hang about with sb; hang about together *Ver* HANG AROUND WITH SB; HANG AROUND TOGETHER

v + adv + prep + n/pron
v + adv + adv

hang around (*coloq*) **1** (*tb esp GB* **hang about/round**) quedarse esperando: *Sorry to keep you hanging around for so long.* Siento haberte tenido esperando tanto rato. **2** (*tb esp GB* **hang about**) pensárselo demasiado: *You don't hang around do you?* No pierdes el tiempo, ¿verdad?

v + adv

hang around; hang around sth (*tb esp GB* **hang about/ round, hang about/round sth**) (*coloq*) dar vueltas, merodear (por ...) (*sin hacer nada o sin un propósito determinado*): *We spent most of the day hanging around doing nothing.* Pasamos la mayor parte del día dando vueltas sin hacer nada. ◊ *Why are they always hanging around here?* ¿Por qué están siempre merodeando por aquí?

v + adv
v + prep + n/pron

hang around with sb; hang around together (*tb esp GB* **hang about/round with sb, hang about/around together**) (*coloq*) ir/salir con algn, ir/salir juntos: *I don't like the kind of people she hangs about with.* No me gusta la clase de gente con la que va. ◊ *Bob and Tim hang around together.* Bob y Tim salen juntos.

v + adv + prep + n/pron
v + adv + adv
= **knock about/around with sb** (*GB*)

hang back 1 quedarse atrás: *She hung back, afraid to go near the dog.* Se quedó atrás, por miedo a acercarse al perro. **2** vacilar, dudar: *This is a great opportunity. We can't afford to hang back.* Es una gran oportunidad. No podemos mostrarnos indecisos.

v + adv

hang on ☆ **1** (*coloq*) esperar: *Hang on (a minute) — I'm nearly ready.* Espera (un momento), estoy casi lista. ◊ *The line's engaged. Would you like to hang on?* La línea está ocupada. ¿Quiere esperar? ☆ **2** agarrarse, sujetarse: *Hang on tight — we're off!* ¡Agárrate bien que nos vamos! *Ver tb* HANG ONTO SB/STH **3 hang on!** (*GB tb* **hang about!**) (*coloq*) ¡espera un momento!, ¡un momento!: *Hang on! How much did you say it was?* ¡Espera un momento! ¿Cuánto has dicho que era? ◊ *Hang on! That's not what I said!* ¡Un momento! ¡Yo no dije eso! **NOTA** En este sentido, **hang on** se utiliza siempre en imperativo. **4** resistir, aguantar: *How much longer can their troops hang on in that position?* ¿Cuánto tiempo más pueden resistir las tropas en esa posición?

v + adv
= **hold on**

LOC **hang (on) in there** (*coloq*) seguir al pie del cañón

hang

hang on sth depender de algo: *My whole future hung on his decision.* Todo mi futuro dependía de su decisión.

v + prep + n/pron
◯ **sb's decision**
= **depend on sb/sth** (2)

hang onto sb/sth; hang on to sb/sth 1 agarrarse a algn/algo: *Hang onto the rope and don't let go.* Agárrate a la cuerda y no te sueltes. **2** (*coloq*) conservar a algn/algo, no tirar, perder, etc. algo: *Hang onto the receipt in case you need to bring the dress back.* Guárdate el recibo por si necesitas devolver el vestido. ◊ *You can hang on to the book for a bit longer if you want.* Puedes quedarte el libro un poco más si quieres. ◊ *I hope she manages to hang onto her job.* Espero que no pierda el trabajo. ◊ *He's a great guy — you should hang on to him!* Es un tipo estupendo, ¡no deberías dejarle escapar!

v + prep + n/pron
v + adv + prep + n/pron
= **hold onto sb/sth,**
hold on to sb/sth
2 ◯ **a boyfriend,**
a girlfriend, a job

hang sth on sb (*esp USA, coloq*) cargarle algo a algn: *You can't hang this murder on me — I've got an alibi.* No podéis cargarme con ese asesinato, tengo una coartada.

v + n/pron + prep + n/pron

hang out 1 (**of sth**) colgar (de algo): *Your shirt's hanging out.* La camisa te cuelga por detrás. ◊ *She always has a cigarette hanging out of her mouth.* Siempre lleva un cigarro colgándole de la boca. **2** [+ **adv/prep**] (*coloq*) andar, ir ... : *Where does he hang out these days?* ¿Dónde se mete últimamente? ◊ *She used to hang out with the Beatles in the sixties.* En los sesenta solía andar con los Beatles. **NOTA** En este sentido, **hang out** siempre va seguido de un complemento: *They're always hanging out in bars.* **3** (*coloq*) estar sin hacer nada (*simplemente pasando el rato*): *We've just been hanging out and listening to music.* No hemos hecho nada especial, hemos escuchado un poco de música y tal.

v + adv
2 *v + adv + complemento*

▶ **hang-out** *n* (*coloq*): *This is a real artists' hang-out.* Este es un lugar muy frecuentado por artistas.

hang sth out colgar algo: *Have you hung the clothes out?* ¿Has tendido la ropa? ◊ *Many houses hung out a banner supporting the march.* De muchas de las casas colgaba una pancarta en favor de la manifestación.

v + n/pron + adv
v + adv + n
◯ **the washing, the clothes,**
a banner

be hung over tener resaca: *Don't talk too loudly. I'm hung over.* No hables muy alto. Tengo resaca.

be + v + adv

hang over sb/sth (*interrogante, nube, amenaza*) cernerse, pender sobre algn/algo: *A question mark hangs over the future of the club.* Un interrogante se cierne sobre el futuro del club. ◊ *The threat of dismissal hung over our heads.* La amenaza de despido pendía sobre nuestras cabezas.

v + prep + n/pron
◯ **sb's head, the future**

▶ **hangover** (**from sth**) *n* [gen sing] legado, reliquia (de algo): *a hangover from the past* una reliquia del pasado

hang round (*coloq*) *Ver* HANG AROUND (1)

v + adv

hang round; hang round sth *Ver* HANG AROUND; HANG AROUND STH

v + adv
v + prep + n/pron

hang

hang round with sb; **hang round together** Ver HANG AROUND WITH SB; HANG AROUND TOGETHER — *v+adv+prep+n/pron* / *v+adv+adv*

hang together ser coherente/consistente: *The book doesn't really hang together*. Al libro le falta coherencia. ◊ *His account of what happened doesn't hang together properly*. Su versión de lo que ocurrió es contradictoria. — *v+adv*

get hung up (*USA*) retrasarse: *I got hung up in traffic*. Me cogió un atasco. — *be/get+v+adv*

☆ **hang up 1** colgar: *My dress is hanging up in the wardrobe*. Mi vestido está colgado en el armario. **NOTA** En este sentido, **hang up** siempre se utiliza en tiempos continuos: *His coat was hanging up in the hall*. **2** (**on sb**) colgar (a algn) (*el teléfono, muchas veces de forma brusca*): *She hung up (on me)*. Me colgó el teléfono. — *v+adv* / **2** = **ring off** (*GB*)

hang sth up ☆ **1** colgar algo (*de una percha, etc.*): *Hang your coat up*. Cuelga tu abrigo. ◊ *He took off his suit and hung it up carefully*. Se quitó el traje y lo colgó con cuidado. ☆ **2** (*teléfono*) colgar algo: *I was so upset I hung up the phone*. Estaba tan alterado que colgué el teléfono. **3** (*deportista, bailarín, etc.*) colgar algo (*retirarse*): *After twenty years as a footballer, he's finally hanging up his boots*. Tras veinte años como futbolista, ha colgado finalmente las botas de fútbol. — *v+adv+n* / *v+n/pron+adv* / **1** ◯ **a coat, your/sb's clothes** / **2** ◯ **the phone, the receiver** / **3** ◯ **your boots**

hang with sb (*USA*) (*GB* **hang out [+adv/prep]**) (*coloq*) andar, ir con algn: *Are you still hanging with those guys?* ¿Todavía vas con esos? — *v+prep+n/pron*

hanker /ˈhæŋkə(r)/

hanker after/for sth ansiar algo: *He hankered after big city life*. Ansiaba la vida de la gran ciudad. — *v+prep+n/pron*

happen /ˈhæpən/

happen along/by (*coloq*) aparecer (*de improviso o por casualidad*): *A policeman happened along just at that moment*. Un policía apareció justo en ese momento. — *v+adv*

happen on/upon sb/sth (*formal*) toparse, encontrarse con algn/algo: *I happened upon the book in the library*. Me topé con el libro en la biblioteca. — *v+prep+n/pron* / = **come across sb/sth** (*menos formal*)

hare /heə(r); USA her/

hare off (*GB, coloq*) irse corriendo/con prisas: *She hared off to phone her mother*. Se fue corriendo a llamar a su madre. — *v+adv*

hark /hɑːk; USA hɑːrk/

hark at sb (*coloq*): '*I need to lose some weight.*' '*Hark at her! She's so thin I can hardly see her!*' —Tengo que adelgazar. —¡Qué cosas tiene! ¡Está tan delgada que casi ni se la ve! ◊ '*I really don't want to get dirty.*' '*Hark at you!*' —De verdad que no me quiero manchar. —¡Chica, qué finolis! — *v+prep+pron*

hark back to sth 1 rememorar, recordar algo: *You can't keep harking back to the past.* No puedes seguir rememorando continuamente el pasado. NOTA En este sentido, **hark back** se utiliza mucho en tiempos continuos. **2** (*GB*) evocar algo, traer recuerdos de algo: *The melody harks back to one of his earlier symphonies.* La melodía evoca una de sus primeras sinfonías. NOTA En este sentido, **hark back** nunca se utiliza en tiempos continuos.

v+adv+prep+n/pron
1 ◉ **the past, your youth**
2 ◉ **the days when … , a bygone era, the sixties**

harp /hɑːp; *USA* hɑːrp/

harp on (about sth) (*coloq*) repetir algo, insistir (sobre algo/en que …): *He's still harping on about having his bike stolen.* Insiste en que le robaron la bici.

v+adv
= **go on** (9)

harp on sth (*coloq*) repetir algo: *He's always harping on the same theme.* Siempre está repitiendo el mismo tema.

v+prep+n/pron
◉ **the theme, the subject**

hash /hæʃ/

hash sth out (*esp USA, coloq*) discutir algo: *They are still hashing out the details of the agreement.* Aún están discutiendo los detalles del acuerdo.

v+n/pron+adv
v+adv+n

hatch /hætʃ/

hatch out (*GB*) salir del cascarón: *The eggs/chicks hatch out after fifteen days.* Los polluelos salen del cascarón a los quince días.

v+adv

haul /hɔːl/

haul sb before/in front of sb/sth (*coloq*) llevar a algn ante algn/algo: *They were hauled before the courts.* Los llevaron a juicio. ◊ *They hauled her up in front of a disciplinary committee.* La llevaron ante un comité disciplinario.
NOTA Este *phrasal verb* se utiliza mucho en pasiva.

v+n/pron+prep+n/pron
= **bring sb/sth before sb/sth** (*más formal*)

haul sb/sth down, **off**, **up**, **etc.**; **haul sb/sth down**, **off**, **up**, **etc. sth** bajar, subir, etc. a algn/algo arrastrándolo: *They hauled the boats up onto the beach.* Arrastraron las barcas hasta la playa. ◊ *She hauled her case off the luggage rack.* Bajó la maleta de la rejilla de un tirón.

v+n/pron+adv
v+adv+n
v+n/pron+prep+n/pron

haul sb in (*coloq*) mandar llamar a algn (*para reñirle o interrogarle*): *She was hauled in to see the boss.* El jefe la mandó llamar para reñirla. ◊ *The police hauled him in last week.* La policía lo obligó a ir a la comisaría la semana pasada.

v+pron+adv
v+n+adv
v+adv+n

haul sb/sth in recoger a algn/algo (*tirando y arrastrando hacia uno*): *The fishermen hauled their nets in.* Los pescadores recogieron las redes. ◊ *She was hauled in from the water barely alive.* La recogieron del agua medio muerta.

v+n/pron+adv
v+adv+n
◉ **the nets, the catch**

haul sb off (to …) (*coloq*) llevarse a algn a la fuerza (a …): *They hauled him off to jail.* Se lo llevaron a la cárcel a la fuerza. *Ver tb* HAUL SB/STH DOWN, OFF, UP, ETC.

v+n/pron+adv
v+adv+n
= **cart sb/sth away/off**

haul sb up (*coloq*) llevar a algn a juicio: *He was hauled up on a charge of dangerous driving.* Lo llevaron a juicio por conducción temeraria.
NOTA **Haul sb up** se utiliza mucho en pasiva.

v+n/pron+adv
v+adv+n (*poco frec*)

have

have /hæv/ *pret, pp* **had** /hæd/

have sth against sb/sth (*tb* **have got sth against sb/sth**) tener algo contra algn/algo: *I have/I've got nothing against her.* No tengo nada en su contra.
NOTA Have sth against sb/sth no se puede utilizar en pasiva.

| v + n + prep + n/pron |
| [0] **nothing, anything, something** |

have sb around/over (*tb esp GB* **have sb round**) invitar a algn (a casa): *We're having people round for dinner.* Tenemos invitados a cenar.
NOTA Este *phrasal verb* no se puede utilizar en pasiva.

| v + n/pron + adv |

have it away (with sb) *Ver* HAVE IT OFF (WITH SB)

| v + it + adv |

have sth back recuperar algo (*que te pertenece*): *Can I have it back by Thursday?* ¿Me lo puedes devolver para el jueves? ◊ *Can you let me have my dictionary back before you go?* ¿Me puedes devolver el diccionario antes de irte?
NOTA Have sth back no se puede utilizar en pasiva.

| v + n/pron + adv |
| v + adv + n (poco frec) |

have sb down invitar a algn (a venir a casa), tener a algn de invitado (en casa) (*cuando se vive en una ciudad más al sur*): *They had some friends down for the weekend.* Tuvieron a unos amigos en casa el fin de semana.
NOTA Have sb down no se puede utilizar en pasiva.

| v + n/pron + adv |

have sb down as sth (*esp GB*) tener a algn por algo, creer/pensar que algn es … : *I didn't have you down as the jealous type.* No pensaba que fueses celoso.
NOTA Have sb down as sth no se puede utilizar en pasiva.

| v + n/pron + adv + prep + n |

have sb in tener a algn (*en casa, en la oficina, etc. para realizar un servicio*): *They've had the builders in all week.* Llevan toda la semana con los albañiles en casa. ◊ *We had the inspectors in on Tuesday.* Tuvimos a los inspectores el martes.
NOTA Have sb in no se puede utilizar en pasiva.

| v + n/pron + adv |

have sth in (*tb* **have got sth in**) tener algo (en casa, en el almacén, etc.): *Do we have enough food in?* ¿Tenemos suficiente comida en casa? ◊ *We went to get the new cards but they didn't have them in.* Fuimos a por los nuevos cromos pero no los tenían.
NOTA Have sth in no se puede utilizar en pasiva.

| v + n/pron + adv |

have it off (with sb) (*tb* **have it away (with sb)**) (*GB, coloq*) acostarse (con algn), tirarse a algn: *She had it off with her best friend's boyfriend.* Se acostó con el novio de su mejor amiga.

| v + it + adv |

have sb on (*coloq*) tomar el pelo a algn: *'We've won a new car!' 'You're having me on!'* —¡Hemos ganado un coche nuevo! —¡Me estás tomando el pelo!
NOTA Have sb on se utiliza casi siempre en tiempos continuos: *I think they've been having you on.*

| v + pron + adv |
| v + n + adv |

have sth on (*tb* **have got sth on**) ☆ **1** llevar algo puesto: *She had her best dress on.* Llevaba puesto su mejor vestido. ◊ *He had nothing on!* ¡Estaba desnudo! ◊ *He had on a blue and white checked shirt and jeans.* Llevaba puesta una camisa de cuadros blancos y azules y unos vaqueros. ☆ **2** tener algo enchufado/puesto: *I didn't hear you because I had the radio on.* No te oí porque tenía la radio puesta. **3** tener algo que hacer: *I've had a lot on recently.* He estado muy liado últimamente. ◊ *What do you have on for tomorrow?* ¿Qué planes tienes para mañana?
NOTA Have sth on no se puede utilizar en pasiva, ni en tiempos continuos.

| **1** v + n/pron + adv |
| v + adv + n (menos frec) |
| [0] **a coat, a hat, etc.** |
| = **wear sth** |
| **2** v + n/pron + adv |
| [0] **the television, the radio** |
| **3** v + n/pron + adv |
| [0] **nothing, something, a lot** |

have sth on sb/sth (*tb* **have got sth on sb/sth**) (*coloq*) tener algo contra algn/algo: *The police had nothing on him.* La policía no tenía pruebas contra él.
▶ NOTA **Have sth on sb/sth** no se puede utilizar en pasiva, ni en tiempos continuos.

have sth on/with you (*tb* **have got sth on/with you**) llevar algo (encima): *I didn't have any money on me.* No llevaba nada de dinero encima. ◊ *Have you got a pen on you?* ¿Tienes un boli? ◊ *I would give you his address but I haven't got it on me.* Te daría su dirección, pero no la tengo aquí.
▶ NOTA **Have sth on/with you** no se puede utilizar en pasiva, ni en tiempos continuos.

have sth out 1 hacer sacar, extirpar algo: *I had to have a tooth out.* Me tuvieron que sacar un diente. **2 have it out (with sb)** discutir, hablar (con algn) (*de un tema que ha causado problemas*): *She finally had it out with him.* Al final habló con él.
▶ NOTA **Have sth out** no se puede utilizar en pasiva.

have sb over/round *Ver* HAVE SB AROUND/OVER

have sb up 1 (for sth) (*GB, coloq*) (*policía*) empapelar, emplumar a algn (por algo): *He was had up for exceeding the speed limit.* Lo empapelaron por exceso de velocidad. ▶ NOTA En este sentido, **have sb up** se utiliza casi siempre en la construcción **be had up (for sth)**: *He was had up for assault.* **2** invitar a algn (a venir a casa), tener a algn de invitado (en casa): *We had people up for the weekend.* Tuvimos gente en casa el fin de semana. ▶ NOTA En este sentido, **have sb up** no se puede utilizar en pasiva.

have sth with you *Ver* HAVE STH ON/WITH YOU

hawk /hɔːk/

hawk sth about/around/round; **hawk sth about/around/ round sth** (*GB*) vender algo (puerta a puerta) (por …): *Pirate copies of their CD were being hawked around.* Circulaban copias piratas de su compacto.
▶ NOTA Este *phrasal verb* se utiliza mucho en pasiva.

head /hed/

head back (to/towards sb/sth) volver, regresar (a/hacia donde está algn/algo): *They're heading back to Manchester today.* Hoy regresan a Manchester. ◊ *We should be heading back.* Deberíamos volver.
▶ NOTA Nótese que la frase *They headed back towards the exit.* también se puede decir *They were headed back towards the exit.*

head down, into, towards, etc. sth (*tb* **head towards sb**) bajar por, dirigirse a/hacia, etc. algo: *They headed towards home.* Se pusieron camino de casa. ◊ *Most of the traffic was heading into the city centre.* La mayoría del tráfico iba hacia el centro. ◊ *Why don't we head down the hill and see if we can catch them up?* ¿Por qué no vamos monte abajo, a ver si los alcanzamos?
▶ NOTA Nótese que la frase *They headed for/towards the border.* también se puede decir *They were headed for/towards the border.*

head

be heading for/towards sth ir camino de algo, ir derecho a algo: *They're heading for disaster.* Van derechos al desatre. ◊ *Their marriage is heading for the rocks.* Su matrimonio se está yendo al garete. *Ver tb* HEAD DOWN, INTO, TOWARDS, ETC. STH
 | *be + v + prep + n/pron*
 | [0] **disaster, trouble, success, the rocks**

NOTA Nótese que la frase *He was heading towards a nervous breakdown.* también se puede decir *He was headed towards a nervous breakdown.* Si queremos utilizar este *phrasal verb* para referirnos a algo positivo (como el éxito, la fama, etc.), debemos utilizar la partícula *for*: *She was headed for success.*

head off (*USA tb* **head out**) marcharse: *It's time we headed off.* Deberíamos irnos.
 | *v + adv*

head sb/sth off 1 cortar el paso a algn/algo, interceptar algo: *Police tried to head off the demonstrators.* La policía intentó cortar el paso a los manifestantes. **2** evitar algo, impedir que algn haga algo: *Their attempts to head off criticism have failed.* Fallaron sus intentos de evitar toda crítica.
 | *v + n/pron + adv*
 | *v + adv + n*
 | **1** = **intercept sb/sth** (*más formal*)

head out (*USA*) *Ver* HEAD OFF
 | *v + adv*

head over acercarse (*a una persona o a un sitio, cruzando un espacio físico*): *He saw Julian and headed over to say hello.* Vio a Julian y fue derecho a saludarlo.
 | *v + adv*

head up sth; **head it/them up** estar al frente de, dirigir algo: *She heads up our finance division.* Ella está al frente de nuestra división financiera.
 | *v + adv + n*
 | *v + pron + adv*
 | [0] **the operation**

NOTA Este *phrasal verb* se puede utilizar en pasiva: *The new company will be headed up by Graham Hart.*

---

heal /hiːl/

heal up curarse, cicatrizar: *The wound has healed up now.* La herida ya se ha curado.
 | *v + adv*
 | = **heal**

---

heap /hiːp/

heap sth on sb/sth (*tb* **heap sth upon sb/sth** *más formal*) llover algo a algn/algo (*referido a críticas, comentarios negativos, etc.*), colmar a algn de algo (*referido a elogios, comentarios positivos, etc.*): *They heaped scorn upon his proposal.* Le llovieron las burlas por su propuesta. ◊ *Praise was heaped on the police for their handling of the case.* Colmaron a la policía de elogios por la forma en que llevó el caso.
 | *v + n/pron + prep + n/pron*
 | [0] **praise, scorn**

NOTA **Heap sth on/upon sb/sth** se utiliza mucho en pasiva.

heap sth up amontonar algo: *A huge pile of washing was heaped up in a corner.* Había una montaña de ropa sucia amontonada en un rincón.
 | *v + n/pron + adv*
 | *v + adv + n*
 | = **pile up, pile sth up**

heap sth upon sb/sth *Ver* HEAP STH ON SB/STH
 | *v + n/pron + prep + n/pron*

---

hear /hɪə(r); *USA* hɪr/ *pret, pp* **heard** /hɜːd; *USA* hɜːrd/

hear about sb/sth enterarse de lo de algn, enterarse de algo: *I'm so sorry to hear about your mother.* Siento mucho lo de tu madre.
 | *v + prep + n/pron*

hear from sb 1 tener noticias de algn: *Do you ever hear from any of your school friends?* ¿Mantienes algún tipo de contacto con los amigos del colegio? ◊ *You will be hearing from my solicitor about this.* Mi abogado se pondrá en contacto con usted. **2** (*buscando opiniones sobre un tema o testigos de un suceso*): *Can we hear from some of the women in the audience?* ¿Alguien entre las mujeres del público quiere dar su opinión? ◊ *The police would like to hear from anyone who witnessed the accident.* La policía está a la espera de noticias de cualquiera que haya presenciado el accidente.

v + prep + n/pron

hear of sb 1 oír hablar de algn: *I've never heard of him.* Nunca he oído hablar de él. NOTA En este sentido, **hear of sb** se utiliza mucho en pretérito perfecto. **2** saber de algn: *He was last heard of in Liverpool.* La última vez que se supo de él estaba en Liverpool. NOTA En este sentido, **hear of sb** se utiliza mucho en pasiva.

v + prep + n/pron

hear of sth oír hablar de algo: *We always take action when we hear of such cases.* Nunca nos quedamos pasivos cuando nos llegan noticias de casos así. ◊ *Who ever heard of eating it raw?* ¡Dónde se ha visto que se coma crudo!
▶ **unheard-of** *adj* inaudito, insólito

v + prep + n/pron

hear sth of sb/sth tener noticias de algn/algo: *Do you ever hear anything of Andy these days?* ¿Alguna vez tienes noticias de Andy?

v + n + prep + n/pron

not hear of sb doing sth; **not hear of sth** no querer ni oír hablar de que algn haga algo, no querer ni oír hablar de algo: *I offered to go but she wouldn't hear of it.* Me ofrecí a ir yo, pero no quiso ni oír hablar de ello. ◊ *They wouldn't hear of us postponing the trip.* No querían ni oír hablar de que retrasáramos el viaje.

v + prep + n/pron + -ing
v + prep + n/pron

hear sb out escuchar a algn (*hasta el final*): *I know you don't believe me, but please hear me out!* Sé que no me crees, pero ¡por favor, déjame terminar!

v + n/pron + adv

heat /hiːt/

heat up 1 calentarse: *This room takes a long time to heat up.* Esta habitación tarda mucho en calentarse. **2** (*debate, conflicto*) animarse, caldearse

v + adv

heat sth up calentar algo: *We can heat up the rest of the casserole for supper.* Para la cena podemos calentar lo que ha quedado del guiso.

v + adv + n
v + n/pron + adv
= **warm sth up** (1,4)

hedge /hedʒ/

hedge sth about/around/round with sth (*GB, formal*) acotar, limitar algo con algo: *The whole issue is hedged around with taboos.* Todo el asunto está limitado por tabús.
NOTA Este *phrasal verb* se utiliza casi siempre en pasiva.

v + n/pron + adv + prep + n/pron

help /help/

help sb along, down, out, etc.; **help sb along, down, out of, etc. sth** ayudar a algn a caminar, bajar, salir, etc.: *She took his arm and helped him along.* Le cogió del brazo y le ayudó a caminar.

v + n/pron + adv
v + n/pron + prep + n/pron

help sth along facilitar algo, ayudar a que algo progrese: *He's promised to help things along with money and contacts.* Ha prometido ayudar con dinero y contactos.

v + n/pron + adv
v + adv + n (*menos frec*)
[O] **things**

help

help sb off with sth ayudar a algn a quitarse algo: *Can I help you off with your coat?* ¿Te ayudo a quitarte el abrigo?

v + n/pron + adv + prep + n/pron
[0] **your coat**
≠ **help sb on with sth**

help sb on with sth ayudar a algn a ponerse algo: *He helped me on with my jacket.* Me ayudó a ponerme la chaqueta.

v + n/pron + adv + prep + n/pron
[0] **your coat**
≠ **help sb off with sth**

help out (with sth) ayudar, echar una mano (con algo): *Thank you for helping out.* Gracias por echarnos una mano.

v + adv
= **help**

help sb out (with sth) ayudar, echar una mano a algn (con algo): *The university will help you out with accommodation.* La universidad te ayudará con el alojamiento.

v + n/pron + adv
v + adv + n (poco frec)
= **help sb**

help sb to sth; help yourself to sth servir algo a algn, servirse algo: *Can I help anyone to more wine?* ¿Le sirvo más vino a alguien? ◊ *Please help yourselves to salad.* Por favor, sírvanse ensalada.

v + n/pron + prep + n/pron
v + reflex + prep + n/pron

help sb up ayudar a algn a levantarse: *She helped him up.* Le ayudó a levantarse.

v + n/pron + adv
v + adv + n

hem /hem/ -mm-

hem sb/sth in 1 rodear a algn/algo: *They realized they were hemmed in by police.* Se dieron cuenta de que estaban cercados por la policía. **2** constreñir, limitar a algn/algo: *We're hemmed in by restrictions.* Estamos limitados por restricciones.
NOTA Hem sb/sth in se utiliza mucho en pasiva.

v + n/pron + adv
v + adv + n
2 = **fence sb in**

hide /haɪd/ pret hid /hɪd/ pp hidden /ˈhɪdn/

hide away; hide yourself away esconderse, ocultarse: *She used to hide away in her room when she got depressed.* Solía esconderse en su habitación cuando se deprimía. ◊ *She hid herself away until the baby was born.* Estuvo escondida hasta que nació el niño.
▶ **hideaway** *n* Ver HIDE SB/STH AWAY

v + adv
v + reflex + adv

hide sb/sth away esconder, ocultar a algn/algo: *You won't find your present — I've hidden it away!* No vas a encontrar tu regalo, ¡lo he escondido!
▶ **hideaway** *n* escondite

v + n/pron + adv
v + adv + n (menos frec)

hide yourself away Ver HIDE AWAY; HIDE YOURSELF AWAY

v + reflex + adv

hide out esconderse, ocultarse: *He was hiding out in the woods.* Se estaba ocultando en el bosque.
▶ **hideout** *n* guarida, escondite: *This farm was the hideout used by the smugglers.* Esta granja era el escondite que utilizaban los contrabandistas.

v + adv

hike /haɪk/

hike sth up (*poco frec*) **1** (*coloq*) levantarse algo (*ropa*): *He hiked up his trousers and waded into the water.* Se levantó el pantalón y se metió en el agua. **2** subir, aumentar algo: *They hiked up the price by 40%.* Subieron el precio un 40%.

v + adv + n
v + pron + adv
v + n + adv (poco frec)
1 = **hitch sth up**
2 = **jack sth up** (2)

hinge /hɪndʒ/

hinge on sth (*tb* **hinge upon sth** *más formal*) **1** depender de algo: *My whole career could hinge on the results of these exams.* Toda mi carrera podría depender de los resultados de estos exámenes. **2** girar en torno a algo: *The story hinges on the relationship between four brothers.* La historia gira en torno a la relación entre cuatro hermanos.

v + prep + n/pron
= **pivot on sth**

hint /hɪnt/

hint at sth insinuar algo: *In his speech he hinted at an early election.* En su discurso insinuó que habría elecciones anticipadas. **NOTA** Hint at sth se puede utilizar en pasiva: *The problem was only hinted at.*

v + prep + n/pron

hire /ˈhaɪə(r)/

hire sb out proveer los servicios de algn, subcontratar a algn: *The agency hires out cleaning staff.* La agencia provee personal de limpieza.

v + adv + n
v + n/pron + adv

hire sth out (to sb) (*GB*) alquilar algo (a algn): *The club will hire out tennis rackets to guests.* El club alquila raquetas de tenis a los visitantes.

v + adv + n
v + n/pron + adv
◎ **equipment, a boat**

hire yourself out to sb ofrecer uno sus servicios para que algn le contrate: *He hires himself out to farmers at harvest time.* Ofrece sus servicios a los granjeros durante la cosecha.

v + reflex + adv + prep + n/pron

hit /hɪt/ -tt- *pret, pp* hit

hit back (at sb/sth) devolver el golpe, responder (a algn/algo): *In an interview he hit back at his critics.* Respondió a sus críticos en una entrevista.

v + adv
= **strike back**

hit sb for sth (*esp USA, coloq*) pedir algo a algn (*generalmente dinero*): *They hit us for a commission as well.* Nos pidieron también comisión.

v + n/pron + prep + n/pron
= **tap sb for sth** (*GB*)

hit it off (with sb) (*coloq*) congeniar (con algn): *We just hit it off from the start.* Congeniamos desde el principio.

v + it + adv

hit on sb (*USA, coloq*) intentar ligar con algn: *He was hitting on my girlfriend!* ¡Estaba intentando ligarse a mi novia!

v + prep + n/pron

hit on sth (*tb* **hit upon sth** *más formal*) dar con algo (*con una idea, solución, etc.*): *She hit on an idea for raising money.* Se le ocurrió una idea para recaudar fondos.

v + prep + n/pron
◎ **an idea, a scheme, a solution**
= **strike on/upon sth**

hit out (at sb/sth) 1 liarse a golpes (con algn/algo): *She hit out at the policeman as he tried to arrest her.* Se lió a golpes con el policía que intentaba arrestarla. **2** atacar (a algn/algo), arremeter contra algn/algo: *He hit out at the government's decision.* Atacó la decisión del gobierno.

v + adv
1 = **strike out** (1)
2 = **lash out**

hit upon sth *Ver* HIT ON STH

v + prep + n/pron

hitch /hɪtʃ/

hitch sth up subirse algo (*ropa*): *He hitched up his trousers before sitting down.* Se subió los pantalones antes de sentarse.

v+adv+n
v+n/pron+adv

hive /haɪv/

hive sth off (into/to sth) (*Com*) separar, traspasar algo (a algo): *Some of the firm's operations have been hived off into a separate company.* Algunas de las operaciones de la compañía se han traspasado a una empresa aparte.
NOTA Hive sth off se utiliza mucho en pasiva

v+adv+n
v+n/pron+adv
v+n+adv (*poco frec*)

hold /həʊld; USA hoʊld/ pret, pp held /held/

hold sth against sb (*coloq*) tener algo en cuenta a algn (*guardando rencor*): *Will you hold it against me if I break my promise?* ¿Me lo tendrás en cuenta si no cumplo mi promesa? ◊ *Do you hold any grudges against him?* ¿Le guardas rencor?

v+n/pron+prep+n/pron
◻ **a grudge, it**

hold back (from doing sth) 1 vacilar (al hacer algo), pensárselo, pensarse si hacer algo: *Don't hold back! This is a great opportunity!* ¡Ni te lo pienses! ¡Es una gran oportunidad! ◊ *Many companies have held back from investing.* Muchas compañías han dudado si invertir o no. **2** contenerse (y no hacer algo): *I nearly told him what I thought of him, but I held back.* Casi le dije lo que pensaba de él, pero me contuve.

v+adv

hold sb back 1 poner freno a algn, impedir progresar a algn: *Now that he's got this job, there'll be no holding him back.* Ahora que ha conseguido este trabajo, no habrá quién le pare. ◊ *Teaching all the children together can hold the brighter children back.* Tener a todos los niños juntos puede impedir el progreso de los más inteligentes. **2** contener, detener a algn: *The police cordon was unable to hold back the fans.* El cordón policial no pudo contener a los fans. **3** frenar a algn: *It's only fear that's holding them back.* Lo único que les frena es el miedo.

v+n/pron+adv
v+adv+n
3 *v+n/pron+adv*

hold sth back 1 contener algo: *The dam wasn't strong enough to hold back the flood waters.* El dique no era lo suficientemente resistente como para contener el agua de las inundaciones. ◊ *They couldn't hold back their laughter.* No pudieron aguantarse la risa. **2** (*información*) ocultar algo: *I think he's holding something back.* Creo que está ocultando algo. **3** poner freno a algo: *You can't hold back the tide of change.* No se puede poner freno a la corriente de cambio. **4** quedarse con algo, retener algo (*para utilizarlo más adelante*): *£1 000 of the grant will be held back until the project is completed.* Se retendrán mil libras de la subvención hasta que se finalice el proyecto. **NOTA** En este sentido, **hold sth back** se utiliza mucho en pasiva.

v+adv+n
v+n/pron+adv
1 ◻ **your tears, your laughter**
= **keep sth back** (3), **contain sth** (*más formal*)
2 ◻ **something, anything, information**
= **withhold sth**

hold back on sth privarse de algo: *We didn't hold back on the champagne at the party.* No nos privamos de champán en la fiesta.

v+adv+prep+n/pron
= **skimp on sth**

hold sb/sth down sujetar a algn/algo: *He was held down and kicked by the two men.* Los dos hombres le sujetaron y le pegaron patadas. ◊ *Hold the mouse button down as you move the cursor.* Mantén apretado el ratón mientras mueves el cursor.

v+n/pron+adv
v+adv+n

hold sth down 1 (*trabajo*) conservar, mantener algo: *He doesn't seem able to hold down a full-time job.* Parece que no puede conservar un trabajo a tiempo completo. **2** (*esp GB*) (*gastos, precios*) mantener algo bajo: *The rate of inflation must be held down.* Hay que mantener baja la tasa de inflación. **3** (*alimentos*) retener algo: *She hasn't been able to hold any food down since the operation.* Desde la operación lo ha estado vomitando todo. **4** (*USA, coloq*) (*ruido*): *Hold it down, will you? I'm trying to sleep!* No hagáis tanto ruido, ¿vale? ¡Estoy intentando dormir! NOTA En este sentido, **hold sth down** se utiliza mucho en imperativo.

v+adv+n
v+n/pron+adv
1 ⓞ a job
2 ⓞ **inflation, wages, costs, prices**
= **keep sth down** (1)
3 ⓞ **food**
= **keep sth down** (2)
4 ⓞ *only* **it, the noise**
= **keep sth down** (1)

hold forth (**on/about sth**) soltar un discurso/rollo (sobre algo): *He was holding forth about how successful his business is.* Estaba soltando un discurso sobre lo bien que le va el negocio.

v+adv

hold sth in 1 (*estómago, barriga*) meter algo: *I had to hold my stomach in to zip up my jeans.* Para subirme la cremallera de los vaqueros tuve que meter el estómago. **2** (*sentimientos*) contener algo: *I couldn't hold in my anger any longer.* Ya no pude controlarme más.

v+n/pron+adv
v+adv+n
1 ⓞ *only* **your stomach, your tummy**
2 ≠ **let sth out** (1)

hold off 1 (*lluvia*) no empezar: *I hope the rain holds off for the wedding.* Espero que la lluvia se espere a que pase la boda. **2** (*tb* **hold off sth/doing sth**) esperar (para hacer algo), aplazar algo: *The committee will hold off their decision until they receive the report.* El comité no tomará una decisión hasta recibir el informe. ◊ *I'm holding off buying a dress until the sales start.* Estoy esperando a que empiecen las rebajas para comprarme un vestido. ◊ *The creditors said they would hold off for a few days.* Los acreedores dijeron que esperarían unos días.

1 v+adv
Ⓢ **the rain**
= **keep off** (*esp GB*)
2 v+adv
v+adv+n
v+adv+-ing

hold sb/sth off 1 (*enemigo, ataque*) resistir a algn/algo: *How long do you think you can hold off the attack?* ¿Cuánto tiempo creen que pueden resistir el ataque? **2** (*Dep*) resistir, aguantar algo, derrotar a algn: *He held off a late challenge from Davies to win the race.* Resistió el intento de Davies de ganar la carrera en el último minuto. ◊ *She held off the champion to break the world record.* Derrotó al campeón y batió el récord mundial.

v+adv+n
v+n/pron+adv

hold on ☆ **1** (*coloq*) esperar: *Hold on a second while I get my breath back.* Espera un momento mientras recobro el aliento. ◊ *She's on the other line at the moment. Would you like to hold on?* En este momento está hablando por la otra línea. ¿Quiere usted esperar? **2** agarrarse: *Hold on tight — I'm about to speed up!* ¡Agárrate, que acelero! *Ver tb* HOLD ONTO SB/STH **3 hold on!**, **hold on a minute!** (*coloq*) ¡espera un momento!: *Hold on! I thought you said you would pay for this?* ¡Oye! ¿No habías dicho que tú pagarías esto? NOTA En este sentido, **hold on** y **hold on a minute** se utilizan siempre en imperativo. **4** aguantar: *They managed to hold on until help arrived.* Consiguieron aguantar hasta que les llegó ayuda.

v+adv
= **hang on**

hold sth on sujetar algo, mantener algo en su sitio: *These nuts and bolts hold the wheels on.* Estas tuercas y tornillos sujetan las ruedas.

v+n/pron+adv
v+adv+n

hold

hold onto sb/sth; hold on to sb/sth ☆ **1** agarrarse a algn/algo: *She held onto him tightly.* Se le agarró fuerte. ◊ *Hold on to your hat or it'll blow away.* Si no te agarras el sombrero, se volará. ◊ *Can you hold onto this for a minute?* ¿Me sujetas esto un momento? **2** conservar a algn/algo, no tirar, perder, etc. algo: *The party needs to hold onto its majority at the next election.* El partido debe conservar la mayoría en las próximas elecciones. ◊ *Hold on to the magazines for as long as you like.* Quédate con las revistas todo el tiempo que quieras. ◊ *She's a good worker. You should hold onto her.* Es una buena trabajadora. No deberías dejarla escapar.

v+prep+n/pron
v+adv+prep+n/pron
= hang onto sb/sth, hang on to sb/sth

hold out 1 durar: *I'm staying here for as long as my money holds out.* Me quedaré aquí hasta que se me acabe el dinero. ◊ *Do you think the fine weather will hold out?* ¿Crees que va a durar el buen tiempo? **2** aguantar: *I can't hold out any longer; I must find a toilet.* No aguanto más, tengo que encontrar un lavabo. **3 (against sb/sth)** (*bombardeo, ataque*) resistir (a algn/algo): *The town continues to hold out against enemy bombing.* La ciudad continúa resistiendo el bombardeo enemigo. **4 (against sth)** oponerse, resistirse (a algo): *We can't hold out against industrialization any longer.* No podemos seguir oponiéndonos a la industrialización.

▶ **holdout** *n* (*USA*) persona que se resiste a algn/algo: *She is the last holdout on the jury.* Es la última persona del jurado que se resiste.

v+adv
1 = last out (3)
2 = last out (2)
3 ≠ give in (1)
4 ≠ give in (2)

hold out sth dar, ofrecer algo: *He may come, but I don't hold out much hope.* Puede que venga, pero yo no tengo muchas esperanzas. ◊ *This method seems to hold out the greatest promise of success.* Este método parece ser el que más promete.

v+prep+n
◊ the promise/prospect of… , hope

hold sth out alargar, tender algo: *She held her cup out for more coffee.* Alargó la taza para que le pusieran más café. ◊ *'You must be Kate', he said, holding out his hand.* —Tú debes de ser Kate —dijo, tendiéndole la mano.

v+n/pron+adv
v+adv+n
◊ your hand

hold out for sth mantenerse firme, resistirse para conseguir algo: *Union leaders are holding out for a better deal.* Los líderes de los sindicatos se mantienen firmes para conseguir un acuerdo mejor.

v+adv+prep+n/pron

hold out on sb (*coloq*) **1** hacerse de rogar con algn: *You promised to give me the money. Stop holding out on me.* Me prometiste el dinero. No te hagas de rogar ahora. **2** ocultar información a algn: *I think he's holding out on us.* Creo que nos oculta algo.

v+adv+prep+n/pron

hold sth over 1 aplazar, postergar algo: *We decided to hold the matter over until the next meeting.* Decidimos aplazar el asunto hasta la próxima reunión. **2** (*USA*) (*espectáculo, obra*) mantener algo en cartel: *The show is being held over for another month.* El espectáculo va a seguir en cartel durante otro mes.

NOTA Hold sth over se utiliza mucho en pasiva.

v+n/pron+adv
v+adv+n

hold to sth permanecer/mantenerse fiel a algo: *She always holds to her principles.* Siempre permanece fiel a sus principios.

v+prep+n/pron
= keep to sth (2), stick to sth (2)

hold sb to sth 1 hacer que algn cumpla algo: *'I promise I'll take you out if we win.' 'I'll hold you to that!'* —Te prometo que te sacaré por ahí si ganamos. —¡Te tomo la palabra! ◊ *We must hold the contractor to his estimate.* Tenemos que exigir que el contratista se atenga al presupuesto que ha dado. **2** (*Dep*) conseguir que algn no pase de algo (*no dejar que el otro equipo pase de una puntuación, no dejar que ganen*): *Spain held France to a 1-1 draw.* España consiguió resistir ante Francia con un empate a uno.

v+n/pron+prep+n/pron

hold sth to sth poner algo en/cerca de algo: *He held a knife to her throat.* Le puso un cuchillo en la garganta.

v + n/pron + prep + n/pron

hold together 1 mantenerse unido: *The coalition has held together for longer than expected.* La coalición ha durado más de lo esperado. **2** (*idea, teoría*) ser coherente: *His ideas don't really hold together.* Sus ideas no acaban de ser coherentes. **3** conservarse de una pieza, no romperse: *It's a miracle that his car is still holding together.* Es un milagro que su coche siga de una pieza.

v + adv
1 = **stick together** (1)

hold sb/sth together mantener a algn/algo unido: *We need a strong leader to hold the nation together.* Necesitamos un líder fuerte que mantenga unida la nación.

v + n/pron + adv
v + adv + n

hold up 1 (*economía*) resistir, mantenerse: *The economy seems to be holding up well.* Parece que la economía resiste bien. ◊ *How did your tent hold up in the storm?* ¿Qué tal aguantó vuestra tienda la tormenta? **2** resultar válido: *His argument doesn't really hold up.* Su argumento no acaba de resultar válido.

v + adv
2 = **stand up** (3)

hold sb/sth up 1 levantar, alzar a algn/algo: *She held up her hand to stop him.* Levantó la mano para detenerle. ◊ *He held up his trophy as the crowd applauded.* Alzó el trofeo mientras la multitud aplaudía. **2** sujetar, sostener a algn/algo: *Her trousers were held up with braces.* Llevaba los pantalones sujetos con tirantes. ◊ *The two pillars hold the ceiling up.* Los dos pilares sujetan el tejado. **3** retrasar a algn/algo: *Roadworks on the motorway are holding up traffic.* Las obras de la autopista están produciendo retenciones de tráfico. ◊ *She phoned to say she'd been held up at the office.* Llamó para decir que algo la había retenido en la oficina. ◊ *I don't want to hold you up.* No quiero retrasarte. **4** atracar a algn/algo: *Have they caught the people who held up the bank?* ¿Han cogido a los que atracaron el banco?

v + n/pron + adv
v + adv + n
2 = **keep sth up** (2)
4 *v + adv + n*
v + pron + adv
v + n + adv (*poco frec*)
[0] **a bank**

▶ **hold-up** *n* **1** retraso: *What's the hold-up?* ¿A qué se debe el retraso? **2** atasco: *There was a hold-up on the motorway.* Hubo un atasco en la autopista. **3** atraco: *an armed hold-up* un atraco a mano armada

hold sb/sth up as sth poner a algn/algo como ejemplo de ... : *She's always holding up her children as models of good behaviour.* Siempre está poniendo a sus hijos como ejemplos de buen comportamiento.

v + n/pron + adv + prep + n

hold with sth estar de acuerdo con algo: *I don't hold with these new theories on education.* No estoy de acuerdo con estas nuevas teorías pedagógicas.

v + prep + n/pron

NOTA **Hold with sth** solo se usa en frases negativas o en preguntas.

hole /həʊl; *USA* hoʊl/

hole up; **be holed up** (*coloq*) esconderse: *The thieves holed up in an abandoned warehouse.* Los ladrones se escondieron en un almacén abandonado. ◊ *He has been holed up in his room for weeks.* Lleva semanas escondido en su cuarto.

v + adv
be + v + adv

hollow /ˈhɒləʊ; USA ˈhɑːloʊ/

hollow sth out 1 ahuecar, vaciar algo: *He hollowed out the pumpkin and put a candle in it.* Vació la calabaza y metió una vela dentro. **2** excavar, abrir algo (*cavando*): *The waves have hollowed out caves along the cliff.* Las olas han excavado cuevas a lo largo del acantilado.
▶ **hollowed-out** *adj* [atrib] hueco
NOTA Nótese que el adjetivo **hollowed-out** solo se utiliza delante de un sustantivo: *a hollowed-out tree*.

v + adv + n
v + pron + adv
v + n + adv (poco frec)
1 = **scoop sth out** (2)

home /həʊm; USA hoʊm/

home in 1 (on sb/sth) acercarse (a algn/algo), dirigirse hacia algn/algo: *She homed in on me as soon as she saw me.* En cuanto me vio, se dirigió hacia mí. **2 (on sth)** centrarse, concentrarse (en algo): *The lawyer homed in on the inconsistencies in her story.* El abogado se centró en las incoherencias de su historia.

v + adv

hook /hʊk/

hook sb into sth/doing sth (*USA, coloq*) enrollar, enganchar a algn para algo/que haga algo: *I didn't want to be involved but I got hooked into helping.* No me quería meter, pero al final me enrollaron para que ayudase.
NOTA **Hook sb into sth/doing sth** se utiliza sobre todo en pasiva.

v + n/pron + prep + n/pron
v + n/pron + prep + -ing

hook up 1 (to sth) conectarse (a algo): *All the speakers hook up to a single amplifier.* Todos los altavoces van conectados a un solo amplificador. **2 (with sb)** (*coloq*) asociarse (con algn): *We've hooked up with a firm in Ireland.* Nos hemos asociado con una firma irlandesa. **3 (with sb)** (*USA, coloq*) juntarse, hacer amistad (con algn): *On vacation we hooked up with some Texans.* Durante las vacaciones hicimos amistad con unos tejanos. **4 (with sb)** (*USA, coloq*) liarse (con algn): *They hooked up at Kyle's party.* Se liaron en la fiesta de Kyle. **5 (with sb)** (*USA, coloq*) quedar, verse (con algn): *Let's hook up when you get back.* ¿Por qué no quedamos cuando vuelvas?
▶ **hook-up** *n* Ver HOOK SB/STH UP (TO STH)

v + adv
5 = **meet up** (1) (*menos coloq*)

hook sb/sth up (to sth) conectar a algn/algo (a algo): *They hooked him up to a life-support machine.* Lo conectaron a una máquina que mantenía sus constantes vitales.
▶ **hook-up** *n* conexión

v + n/pron + adv
v + adv + n

hook sth up (to sth) enganchar algo (a algo): *We hooked the trailer up to the back of the truck.* Enganchamos el remolque al camión.
▶ **hook-up** *n* Ver HOOK SB/STH UP (TO STH)

v + n/pron + adv
v + adv + n

hoover /ˈhuːvə(r)/

hoover sth up 1 (*tb* **hoover up**) aspirar algo, limpiar algo con el aspirador: *I hope you're going to hoover those crumbs up.* Espero que aspires esas migas. **2** llevarse algo, quedarse con algo: *They soon hoovered up the profits.* En seguida se quedaron con los beneficios.

1 *v + n/pron + adv*
v + adv + n
2 *v + adv + n*
v + n/pron + adv

206

hop /hɒp; USA hɑːp/ -pp-

hop across/over; hop across/over sth atravesar algo: *We hopped across the stream.* Atravesamos el riachuelo. ◊ *We often hop across to Ireland.* A menudo hacemos una escapada a Irlanda.
v + adv
v + prep + n/pron

hop in, off, on, etc.; hop in/into, off, onto, etc. sth (*coloq*) meterse, bajarse, subirse, etc. de un salto: *Hop in, I'll give you a lift to the station.* Métete, que te llevo a la estación. ◊ *He hopped off the bus as it pulled away.* Se bajó del autobús de un salto cuando arrancaba.
v + adv
v + prep + n/pron

hop over; hop over sth Ver HOP ACROSS/OVER; HOP ACROSS/OVER STH
v + adv
v + prep + n/pron

horn /hɔːn; USA hɔːrn/

horn in (on sth) (*USA, coloq*) colarse, meterse (en algo): *She horned in on our party.* Se coló en nuestra fiesta.
v + adv
= muscle in

horse /hɔːs; USA hɔːrs/

horse about/around (*coloq*) hacer el bobo/indio: *If you two don't stop horsing around, they'll throw us out.* Si no dejáis de hacer el bobo, nos van a echar.
v + adv
= mess around (2)

hose /həʊz; USA hoʊz/

hose sth down lavar algo con una manguera: *I hosed the car down to get rid of the mud.* Lavé el coche con la manguera para quitar el barro.
v + n/pron + adv
v + adv + n

hot /hɒt; USA hɑːt/ -tt-

hot up (*GB, coloq*) **1** (*lit y fig*) ponerse al rojo vivo: *Things are hotting up as the election approaches.* Las cosas se están poniendo al rojo vivo con la proximidad de las elecciones. **2** intensificarse: *As the pace hotted up, he dropped back into third place.* Cuando el ritmo se intensificó, quedó relegado al tercer puesto.
v + adv

hound /haʊnd/

hound sb out (of ...) echar a algn, obligar a algn a irse (de ...): *They were hounded out of the village.* Los echaron del pueblo. **NOTA** Hound sb out se utiliza mucho en pasiva.
v + n/pron + adv
v + adv + n (*poco frec*)

huddle /'hʌdl/

huddle around sb/sth (*tb esp GB* **huddle round sb/sth**) apiñarse alrededor de algn/algo, apiñarse junto a algo: *They huddled around the fire.* Se apiñaron junto al fuego.
v + prep + n/pron
⓪ a fire, a bonfire

huddle together apiñarse: *We huddled together for warmth.* Nos apiñamos para darnos calor.
v + adv

huddle up (against/to sb/sth) arrimarse (a algn/algo): *She huddled up against him to keep warm.* Se arrimó a él en busca de calor.
v + adv

hunger /'hʌŋgə(r)/

hunger after/for sth (*formal*) anhelar, ansiar algo: *He hungered for a return to the way things were.* Anhelaba que las cosas volvieran a ser como antes.

v+prep+n/pron

hunker /'hʌŋkə(r)/

hunker down (*USA*) **1** sentarse en cuclillas (*doblando las piernas y apretándolas contra el cuerpo*): *We hunkered down around the fire.* Nos sentamos en cuclillas alrededor del fuego. **2** obcecarse: *The Democrats have hunkered down and won't be moved.* Los Demócratas se han obcecado y no cambiarán de opinión.

v+adv
1 = **squat**

hunt /hʌnt/

hunt sb/sth down perseguir, buscar a algn/algo (*referido a persona o animal, hasta encontrarlo*): *He vowed to hunt down the killer.* Juró perseguir al asesino hasta encontrarlo.

v+adv+n
v+n/pron+adv

hunt sth out encontrar algo (*después de buscar bastante tiempo*): *I managed to hunt out those files you wanted.* Conseguí encontrar esos expedientes que querías.

v+adv+n
v+pron+adv
v+n+adv (*poco frec*)
= **dig sth out** (1)

hunt sb/sth up (*poco frec*) buscar a algn/algo: *We hunted up anyone who might have known him.* Buscamos a todo aquel que pudiera haberlo conocido.

v+adv+n
v+pron+adv
v+n+adv (*poco frec*)

hurl /hɜːl; USA hɜːrl/

hurl sth around; **hurl sth around sth** (*tb esp GB* **hurl sth about/round**, **hurl sth about/round sth**) tirar algo por todas partes, tirar algo por … : *He was hurling his toys around the room.* Estaba tirando sus juguetes por toda la habitación.

v+n/pron+adv
v+adv+n
v+n/pron+prep+n/pron

hurry /'hʌri; USA 'hɜːri/ *pret, pp* hurried

hurry along, in, out, etc.; **hurry along, into, out of, etc. sth** ir, entrar, salir, etc. corriendo: *She hurried out to look for him.* Salió corriendo para ir a buscarlo.

v+adv
v+prep+n/pron

hurry sb along (*tb* **hurry sb up**) meter prisa, apresurar a algn: *Hurry the children along or we'll miss the train.* Mete prisa a los niños o perderemos el tren.

v+n/pron+adv

hurry sth along acelerar algo: *They tried to hurry things along.* Intentaron acelerar las cosas.

v+n/pron+adv

hurry away/off irse, alejarse deprisa: *He hurried away when he saw me.* Se alejó deprisa cuando me vio.

v+adv

hurry on 1 seguir adelante deprisa: *He paused to read the signpost, then hurried on.* Se detuvo un momento para leer el indicador y siguió adelante deprisa. **2 (to sth)** pasar a algo (*a otro tema*), seguir hablando: *She hurried on to the next topic before I could object.* Pasó al tema siguiente antes de que yo pudiera protestar. ◊ '*Just leave that to me,' she hurried on.* —Eso déjamelo a mí —dijo sin detenerse.

v+adv

☆ **hurry up** (*coloq*) darse prisa: *Hurry up, we have to leave in five minutes!* ¡Date prisa, que nos tenemos que ir dentro de cinco minutos!
NOTA Hurry up se utiliza mucho en imperativo.

v+adv

hurry sb up (*tb* **hurry sb along** *menos frec*) meterle prisa, apresurar a algn: *Hurry your brother up or we'll be late.* Métele prisa a tu hermano o llegaremos tarde.

v+n/pron+adv
v+adv+n (poco frec)

hurry sth up acelerar algo: *Is there no way of hurrying things up?* ¿Hay alguna forma de acelerar las cosas?

v+n/pron+adv
v+adv+n (poco frec)

hurtle /ˈhɜːtl; *USA* ˈhɜːrtl/

hurtle along, down, past, etc.; hurtle along, down, past, etc. sth (*tb* **hurtle past sb**) ir, bajar, pasar, etc. como un rayo: *He hurtled past at 90 miles an hour.* Pasó como un rayo a 90 millas por hora.

v+adv
v+prep+n/pron

hush /hʌʃ/

hush sth up silenciar, acallar algo: *He tried to hush the matter up.* Intentó silenciar el asunto.
NOTA Hush sth up se utiliza mucho en pasiva: *The scandal was hushed up.*

v+n/pron+adv
v+adv+n
[O] a matter, a scandal

hustle /ˈhʌsl/

hustle sb along, down, out, etc.; hustle sb along, down, out of, etc. sth llevar, bajar, sacar, etc. a algn a empujones: *She hustled them along the corridor.* Los llevó a empujones por el pasillo.

v+n/pron+adv
v+n/pron+prep+n

hustle sb away/off llevarse a algn a empujones: *He hustled her off before she could say any more.* Se la llevó a empujones antes de que pudiese decir nada más.

v+n/pron+adv
v+adv+n

hype /haɪp/

hype sb/sth up (*coloq*) anunciar a algn/algo exageradamente: *His latest movie is being hyped up by the media.* Los medios de comunicación están dando un bombo exagerado a su última película.
NOTA Hype sb/sth up se utiliza mucho en pasiva.
▶ **hyped up** *adj* (*coloq*) (*película, acontecimiento*) anunciado exageradamente
NOTA Nótese que cuando el adjetivo **hyped up** se utiliza delante de un sustantivo, suele escribirse con guión: *a hyped-up movie*.

v+n/pron+adv
v+adv+n

I i

ice /aɪs/

ice over/up helarse: *The road had iced over during the night.* La carretera se había helado durante la noche. ◊ *The windscreen had iced up.* La luna del coche se había helado.

v + adv
= **freeze over**

identify /aɪˈdentɪfaɪ/ *pret, pp* identified

identify with sb/sth identificarse con algn/algo: *He's a character that viewers feel they can identify with.* Es un personaje con el que los televidentes se sienten identificados.

v + prep + n/pron

identify sb/sth with sth relacionar, asociar a algn/algo con algo: *He was not the 'tough guy' the public identified him with.* No era el "tipo duro" con el que el público le asociaba.

v + n/pron + prep + n/pron

NOTA Identify sb/sth with sth se utiliza sobre todo en pasiva: *This policy is closely identified with the Prime Minister.*

identify yourself with sb/sth asociarse, identificarse con algn/algo: *He refused to identify himself with the new political party.* Se negó a identificarse con el nuevo partido político.

v + reflex + prep + n/pron

idle /ˈaɪdl/

idle sth away pasar algo (*el tiempo, sin hacer nada*): *They idled away their time watching TV.* Se pasaron las horas muertas viendo la televisión.

v + adv + n
v + n/pron + adv
[O] **your time**, **your days**

impact /ˈɪmpækt/

impact on sb/sth (*tb* **impact upon sb/sth** *más formal*) tener un impacto sobre algo, afectar a algn/algo: *Government cuts will impact directly on education.* Los recortes gubernamentales tendrán un impacto directo sobre la educación. ◊ *This decision may impact on the unemployed.* Esta decisión puede afectar a los parados.

v + prep + n/pron

impress /ɪmˈpres/

impress sth on sb (*tb* **impress sth upon sb** *más formal*) recalcar algo a algn: *I wanted to impress on him that it was a very serious offence.* Quería que le quedara grabado que era un delito muy serio.

v + n/pron + prep + n/pron

impress sth on sth (*tb* **impress sth upon sth** *más formal*) grabar algo en algo: *Every detail was impressed on my mind.* Tenía grabado cada detalle en mi mente.

v + n/pron + prep + n/pron

impress yourself on sb/sth (*tb* **impress yourself upon sb/sth** *más formal*) hacer mella en algn/algo: *His words impressed themselves on my memory.* Sus palabras se me quedaron grabadas en la memoria.

v + reflex + prep + n/pron

impress sth upon sb *Ver* IMPRESS STH ON SB

v + n/pron + prep + n/pron

impress sth upon sth *Ver* IMPRESS STH ON STH

v + n/pron + prep + n/pron

impress yourself upon sb/sth *Ver* IMPRESS YOURSELF ON SB/STH

v + reflex + prep + n/pron

inform

improve /ɪmˈpruːv/

improve on sth (*tb* **improve upon sth** *más formal*) mejorar, superar algo: *He mentioned a few points I might improve on.* Enumeró unas cuantas cosas donde yo podría mejorar.
NOTA Improve on/upon sth se puede utilizar en pasiva: *These results must be improved on.*

v + prep + n/pron

inch /ɪntʃ/

inch along, out, through, etc.; **inch along, out of, through,** etc. **sth** ir, salir, pasar, etc. paso a paso: *He inched (his way) along the window ledge.* Avanzó paso a paso por el alféizar.

v + adv
v + prep + n/pron

inch away (from sb/sth) alejarse poco a poco (de algn/algo): *She inched away (from him).* Se alejó (de él) poco a poco.

v + adv

incline /ɪnˈklaɪn/

incline to/towards sth (*formal*) **1** inclinarse por algo/a hacer algo: *I incline to the view that we should take no action.* Me inclino a pensar que no deberíamos actuar. **2** tener tendencia, ser dado a algo/hacer algo: *Young people incline towards individualistic behaviour.* Los jóvenes tienen tendencia al individualismo.

v + prep + n/pron
1 ◯ **a view**

include /ɪnˈkluːd/

include sb/sth out (*esp USA, coloq*) no contar con algn/algo: *If that's your plan, include me out!* Si ese es tu plan, ¡no cuentes conmigo!

v + n/pron + adv
= **count sb out**

indulge /ɪnˈdʌldʒ/

indulge in sth 1 disfrutar de algo, permitirse el lujo, darse el gusto de algo/hacer algo: *He now has time to indulge in his favourite hobby: photography.* Ahora tiene tiempo de disfrutar de su afición favorita, la fotografía. **2** tomar parte, participar en algo (*en una actividad ilegal o mal vista*)
NOTA Indulge in sth se puede utilizar en pasiva: *It's a luxury that can only be indulged in from time to time.*

v + prep + n/pron

inflict /ɪnˈflɪkt/

inflict sb/sth on sb (*tb* **inflict sb/sth upon sb** *más formal*) imponer algo a algn, imponer la presencia de algn a algn: *She doesn't try to inflict her beliefs on everyone.* No trata de imponer sus creencias a todos. ◊ *Are you going to inflict your family on me again?* ¿Me vas a obligar otra vez a aguantar a tu familia?

v + n/pron + prep + n/pron

inform /ɪnˈfɔːm; USA ɪnˈfɔːrm/

inform on sb delatar a algn: *One of the gang informed on the rest.* Uno de la banda delató al resto.

v + prep + n/pron

infringe /ɪnˈfrɪndʒ/

infringe on sth (*tb* **infringe upon sth** *más formal*) violar algo: *The media is accused of infringing on people's privacy.* Se acusa a los medios de comunicación de violar la intimidad de la gente.
NOTA Infringe on/upon sth se puede utilizar en pasiva.

v+prep+n/pron
[0] **your/sb's liberty, your/sb's rights**

ink /ɪŋk/

ink sb/sth in (*GB*) decidirse por algn/algo: *The company has inked in June 1st for the launch.* La compañía se ha decidido por el uno de junio para el lanzamiento.

v+n/pron+adv
v+adv+n

ink sth in (*GB*) pasar algo a tinta

v+n/pron+adv
v+adv+n

inquire /ɪnˈkwaɪə(r)/

inquire after sb/sth *Ver* ENQUIRE AFTER SB/STH

v+prep+n/pron

inquire into sth *Ver* ENQUIRE INTO STH

v+prep+n/pron
= **investigate sth**

insinuate /ɪnˈsɪnjueɪt/

insinuate yourself into sth introducirse en algo (*con astucia*): *She cleverly insinuated herself into the family.* Consiguió astutamente meterse en la familia.

v+reflex+prep+n/pron

insist /ɪnˈsɪst/

insist on sth/doing sth (*tb* **insist upon sth/doing sth** *más formal*) **1** insistir en algo/hacer algo, empeñarse en que se haga algo: *They are insisting on a meeting tomorrow.* Insisten en que nos reunamos mañana. ◊ *He insisted on walking her home.* Se empeñó en acompañarla a casa. **2** exigir algo/que se haga algo/hacer algo: *I always insist on skimmed milk.* Siempre exijo leche desnatada. ◊ *You should insist on seeing the manager.* Deberías exigir ver al director.
NOTA Insist on sth se puede utilizar en pasiva: *This format must be insisted on.*

v+prep+n/pron
v+prep+-ing

insure /ɪnˈʃʊə(r), -ˈʃɔː(r); *USA* -ˈʃʊr/

insure against sth 1 asegurar contra algo: *Everyone needs to insure against fire.* Todo el mundo debe asegurarse contra incendios. **2** evitar algo: *This is to insure against a repetition of previous disasters.* Esto garantiza que no se repitan desastres anteriores.

v+prep+n/pron

interfere /ˌɪntəˈfɪə(r); *USA* ˌɪntərˈfɪr/

interfere with sb (*GB, formal*) agredir sexualmente a algn: *She accused him of interfering with her daughter.* Le acusó de agredir sexualmente a su hija.
NOTA Interfere with sb se puede utilizar en pasiva.

v+prep+n/pron

interfere with sth 1 interponerse en algo, interferir (en) algo: *Don't let anything interfere with your training.* No dejes que nada se interponga en tu preparación. ◊ *We don't want to interfere with your plans.* No queremos interferir en vuestros planes. **2** enredar con algo, toquetear algo: *Who's been interfering with the clock?* ¿Quién ha estado toqueteando el reloj? **3** (*radio, retransmisión*) interferir con algo: *The computer is interfering with the radio.* Hay interferencias entre el ordenador y la radio.
NOTA **Interfere with sth** se puede utilizar en pasiva: *The evidence has been interfered with.*

v + prep + n/pron
2 = tamper with sth

invalid /ˈɪnvælɪd/

invalid sb out (of sth) (*GB*) dar la baja a algn (de/en algo) (*por invalidez*)
NOTA **Invalid sb out** se suele utilizar en pasiva: *He was invalided out of the army because of his injuries.*

v + n/pron + adv
v + adv + n

invest /ɪnˈvest/

invest sb/sth with sth (*formal*) revestir a algn/algo de algo, conferir algo a algn/algo: *The painting is invested with religious significance.* La pintura está dotada de significación religiosa.
NOTA **Invest sb/sth with sth** se utiliza mucho en la construcción **be invested with sth**.

v + n/pron + prep + n/pron

invite /ɪnˈvaɪt/

invite sb along invitar a algn: *Shall I invite Dave along to the concert?* ¿Invito a Dave al concierto?

v + n/pron + adv
v + adv + n (menos frec)

invite sb around (*esp USA*) Ver INVITE SB ROUND

v + n/pron + adv
v + adv + n (menos frec)

invite sb back (*esp GB*) invitar a algn (a casa) (*después de haber salido juntos a alguna parte*): *She was invited back to their flat for coffee.* Después la invitaron al piso a tomar café.
NOTA **Invite sb back** se utiliza mucho en pasiva.

v + n/pron + adv
v + adv + n (menos frec)
= ask sb back

invite sb in; invite sb into sth invitar a algn a pasar, invitar a algn a entrar en …: *Aren't you going to invite me in for a coffee?* ¿No vas a invitarme a pasar y tomar un café? ◊ *She invited the salesman into the house.* Invitó al vendedor a entrar en la casa.

v + n/pron + adv
v + adv + n (menos frec)
v + n/pron + prep + n/pron
= ask sb in, ask sb into sth

invite sb out invitar a algn a salir: *We've been invited out for dinner this evening.* Esta noche estamos invitados a cenar.

v + n/pron + adv
v + adv + n (menos frec)

invite sb over/round (*esp GB*) (*tb esp USA* **invite sb around**) invitar a algn a casa: *They invited us over for Sunday lunch.* Nos invitaron a comer en su casa el domingo.

v + n/pron + adv
v + adv + n (menos frec)
= ask sb over/round

iron /'aɪən; USA 'aɪərn/

iron sth out 1 quitar algo (*planchando*): *Iron out all the creases.* Quita todas las arrugas. **2** resolver, eliminar algo: *We must iron out the problems before next week.* Tenemos que resolver los problemas antes de la semana que viene.

v+adv+n
v+pron+adv
v+n+adv (*poco frec*)
1 ◉ the creases
2 ◉ the difficulties, the problems

issue /'ɪʃuː, 'ɪsjuː/

issue from sth (*formal*) salir de algo: *I could see smoke issuing from the window.* Veía humo saliendo de la ventana.

v+prep+n/pron

itch /ɪtʃ/

itch for sth morirse por (hacer) algo: *They were just itching for a fight.* Estaban que se morían por pelear.
NOTA Itch for sth suele utilizarse en tiempos continuos: *He's itching for a chance to prove himself.*

v+prep+n/pron
◉ a chance, a fight

Jj

jab /dʒæb/ -bb-

jab at sb/sth (with sth) dar, señalar, pinchar a algn/algo con el dedo, un palo, etc.: *He kept jabbing at the paper cup with his pencil.* No paraba de pinchar el vaso de papel con el lápiz.

v+prep+n/pron

jabber /'dʒæbə(r)/

jabber away (*coloq, pey*) parlotear, farfullar: *She jabbered away, trying to distract his attention.* Parloteaba, intentando distraerlo.

v+adv

jack /dʒæk/

jack sth in (*GB, coloq*) plantar, dejar algo: *She decided to jack in her job.* Decidió plantar el trabajo. ◊ *After such a bad day I feel like jacking it all in.* Después de un día tan horrible me dan ganas de mandarlo todo a paseo.
NOTA Jack sth in no se puede utilizar en pasiva.

v+n/pron+adv
v+adv+n
◉ your job
= pack sth in (1) (*GB*)

jack off (*USA, tabú*) masturbarse, machacársela

v+adv
= masturbate (*más formal*)

jack up (*argot coloquial juvenil*) pincharse (*heroína, etc.*)

v+adv

jack sth up 1 (*vehículo*) levantar algo con el gato **2** (*coloq*) aumentar, subir algo: *The wholesalers have jacked up their prices.* Los mayoristas han subido los precios.

v+adv+n
v+n/pron+adv
1 ◉ a car
2 ◉ the cost of ... , the price
= put sth up (4), increase sth (*más formal*)

jam /dʒæm/ -mm-

jam sth on accionar algo de golpe (*los frenos de un coche*): *A child ran into the road and she jammed on the brakes.* Un niño salió la carretera y ella frenó en seco.

v+adv+n
v+n/pron+adv
⓪ only **the brakes**, **the handbrake**
= **slam sth on**

be/get jammed up (with sth) (*esp GB*) estar/quedarse atascado (con algo): *That photocopier is always getting jammed up.* Esa fotocopiadora siempre se queda atascada.

be/get+v+adv

jazz /dʒæz/

jazz sth up (with sth) alegrar, animar algo (con algo): *Jazz up that plain dress with some jewellery.* Anima ese vestido tan soso con alguna joya.

v+adv+n
v+n/pron+adv
= **liven sb/sth up**

jerk /dʒɜːk; USA dʒɜːrk/

jerk sb around (*USA, coloq*) torear, tomar el pelo a algn (*cambiando de parecer, haciéndole esperar, etc.*): *He won't give us an answer — he keeps jerking us around.* No nos contesta, nos está tomando el pelo.

v+n/pron+adv
v+adv+n
= **mess sb about/around** (*GB*)

jerk off (*tabú*) (*USA* **jack off**) machacársela, masturbarse

v+adv
= **masturbate** (*más formal*)

jet /dʒet/ -tt-

jet off (to ...) volar (a ...): *They're jetting off to Florida tomorrow.* Mañana vuelan a Florida.

v+adv

jibe /dʒaɪb/

jibe with sth (*USA*) concordar con algo: *Her story didn't jibe with the witness's account.* Su versión no concordaba con la del testigo.

v+prep+n/pron

jockey /ˈdʒɒki; USA ˈdʒɑːki/

jockey for sth maniobrar para conseguir algo, competir por algo: *Several employees are jockeying for the manager's position.* Varios empleados se disputan el puesto de director.

v+prep+n
⓪ **a position**, **power**

jog /dʒɒg; USA dʒɑːg/ -gg-

jog along (*GB, coloq*) ir tirando: *For years the business just kept jogging along.* Durante años el negocio simplemente fue tirando.

v+adv

join /dʒɔɪn/

join in; **join in sth/doing sth** tomar parte, participar (en algo/haciendo algo): *Can I join in (the game)?* ¿Puedo jugar? ◊ *They all joined in singing the Christmas carols.* Todos participaron cantando villancicos.

v+adv
v+prep+n
v+prep+-ing
= **participate** (*más formal*)

join

join up 1 (with sb) unirse (a algn): *They joined up with the rest of the party later.* Se unieron al resto del grupo más tarde. **2 (with sth)** (*esp GB*) unirse, juntarse (con algo): *The dots join up to form a solid line.* Los puntos se juntan para formar una línea. **3** alistarse: *We both joined up in 1939.* Los dos nos alistamos en 1939.

join sth up (*esp GB*) unir, juntar algo: *Join up the dots to see the picture.* Une los puntos y descubre el dibujo.

▶ **joined-up** *adj* [gen atrib] (*esp GB*) **1** ligado, junto: *joined-up writing* escritura ligada **2** (*gobierno*) coherente

NOTA El adjetivo **joined-up** casi siempre se usa delante de un sustantivo: *joined-up writing*.

join with sb (in sth/doing sth) (*formal*) unirse a algn (en algo/para hacer algo): *I'm sure you'll join with me in congratulating Isla and Jake.* Estoy seguro de que se unirán a mí para dar la enhorabuena a Isla y Jake.

v + adv
3 = **enlist** (*más formal*)

v + n/pron + adv
v + adv + n
= **connect sth** (*más formal*)

v + prep + n/pron

---

jolly /'dʒɒli; *USA* 'dʒɑːli/ *pret, pp* **jollied**

jolly sb along (*coloq*) animar a algn: *She tried to jolly him along but he couldn't forget his problems.* Intentó animarle pero no podía olvidarse de sus problemas.

jolly sb/sth up (*GB*) animar, alegrar a algn/algo: *Do you think you can jolly her up a bit?* ¿Crees que puedes animarla un poco?

v + n/pron + adv

v + n/pron + adv
v + adv + n
= **cheer sb up, cheer yourself up, cheer sth up, liven sb/sth up**

---

jostle /'dʒɒsl; *USA* 'dʒɑːsl/

jostle for sth competir por algo: *People in the crowd were jostling for the best positions.* La gente del público estaba compitiendo por los mejores sitios.

v + prep + n/pron

---

jot /dʒɒt; *USA* dʒɑːt/ -tt-

jot sth down apuntar, anotar algo: *I'll jot down their address before I forget it.* Voy a apuntar su dirección antes de que se me olvide.

v + n/pron + adv
v + adv + n
= **get sth down** (2), **note sth down, take sth down** (5), **write sth down**

---

juice /dʒuːs/

juice sth up (*USA, coloq*) **1** aumentar la potencia de algo: *I could juice up the engine for you.* Le puedo aumentar la potencia a tu motor. **2** echar gasolina a algo: *We need to juice up the car before we leave.* Necesitamos echar gasolina al coche antes de salir.

v + n/pron + adv
v + adv + n
1 = **soup sth up**
2 🚗 **a car**
= **fill up** (2) (*menos coloq*)

---

jumble /'dʒʌmbl/

jumble sth up revolver algo: *Make sure you don't jumble everything up.* Asegúrate de que no lo revuelves todo.

NOTA **Jumble sth up** se utiliza mucho en pasiva: *All her papers had been jumbled up.*

v + n/pron + adv
v + adv + n
= **mix sth up** (1)

jump /dʒʌmp/

jump at sb (*USA*) *Ver* JUMP ON SB
v + prep + n/pron

jump at sth aceptar algo sin pensarlo: *I jumped at the chance of a trip to Italy.* No dudé en aprovechar la oportunidad de ir a Italia.
v + prep + n/pron
[O] **the chance of ... , the idea of ...**
= **leap at sth**

jump down bajarse de repente/de un salto: *He climbed onto the wall and jumped down the other side.* Trepó el muro y se bajó al otro lado de un salto.
v + adv
= **leap down**

jump in 1 entrar (*en un vehículo*): *A car drew up and the driver told us to jump in.* Paró un coche y el conductor nos dijo que nos montásemos. **2** saltar, tirarse (*al agua*): *Jump in! The water's lovely and warm!* ¡Tírate! ¡El agua está buenísima! **3** (**with sth**) interrumpir (*una conversación*) (con algo): *Before she could reply Peter jumped in with another objection.* Antes de que pudiese contestar, Peter interrumpió con otra protesta.
v + adv

jump on sb (*USA tb* **jump at sb**) (*coloq*) echarse encima de algn (*para criticarlo o censurarlo con dureza*): *She jumped on me before I had a chance to explain.* Se me echó encima y empezó a criticarme antes de que pudiese explicarme.
v + prep + n/pron

jump out at sb atraer inmediatamente la atención de algn (*normalmente referido a un texto escrito*): *The headline jumped out at me.* El titular me llamó la atención. ◊ *The mistakes are so obvious they jump out at you.* Los errores son tan obvios que saltan a la vista.
v + adv + prep + n/pron
= **leap out at sb**

jump up levantarse de repente/de un salto: *He jumped up off the floor.* De repente se levantó del suelo.
v + adv
= **leap up, spring up** (1)

jut /dʒʌt/ **-tt-**

jut out (**from/of sth**) sobresalir (de algo): *The tops of the flooded houses jutted out of the water.* Los tejados de las casas inundadas sobresalían del agua.
v + adv
= **stick out** (1)

Kk

keel /ki:l/

keel over 1 (*Náut*) volcar: *The boat keeled over in the strong winds.* El barco volcó por el fuerte viento. **2** (*coloq*) caer redondo, desplomarse: *After a few drinks, she just keeled over.* Después de unas cuantas copas, se desplomó.

v + adv **1** = **capsize**

keep /ki:p/ *pret, pp* **kept** /kept/

keep after sb (about sth/to do sth) (*USA*) dar la lata a algn (con algo/para que haga algo): *She keeps after me to fix the TV.* No hace más que darme la lata para que arregle la televisión.

v + prep + n/pron = **keep on at sb** (*GB*)

keep ahead (of sb/sth) mantenerse por delante de algn/algo, conservar la delantera: *We need to keep ahead of our competitors.* Necesitamos llevarle la delantera a nuestros competidores. ◊ *If you want to keep ahead in this industry, you have to be ruthless.* Si quieres conservar la delantera en esta industria, tienes que ser duro.

v + adv = **stay ahead**

keep at sb *Ver* KEEP ON AT SB

v + prep + n/pron

keep at sth perseverar en algo: *Keep at it, you've nearly finished!* ¡Sigue dándole, que casi has terminado!
NOTA Keep at sth se utiliza mucho en la construcción **keep at it**.

v + prep + n/pron [0] it = **stick at sth** (1)

keep sb at sth hacer que algn persevere en algo: *He kept them at the job until it was finished.* Los hizo continuar con el trabajo hasta terminarlo.

v + n/pron + prep + n/pron

keep away (from sb/sth) mantenerse alejado (de algn/algo), no acercarse (a algn/algo): *Keep away from me!* ¡No te me acerques! ◊ *The police told us to keep well away from the area.* La policía nos dijo que nos mantuviéramos alejados de la zona.

v + adv = **stay away** (1)

keep sb/sth away (from sb/sth) mantener a algn/algo alejado (de algn/algo): *Keep him away from the house while we make the birthday cake.* Mantenlo alejado de la casa mientras hacemos la tarta.

v + n/pron + adv

keep sth away prevenir, impedir algo: *A healthy diet can help keep colds and flu away.* Una dieta sana puede prevenir los resfriados y la gripe.

v + n/pron + adv *v + adv + n*

keep back (from sb/sth) no acercarse (a algn/algo), retirarse (de algn/algo): *Keep back or I'll shoot!* ¡Atrás o disparo! ◊ *I kept well back from the road.* Me mantuve bien alejado de la carretera.

v + adv = **stay back** (1)

keep sb back 1 (*USA tb* **keep sb behind**) (*alumno*) dejar castigado a algn: *I was kept back after school for being cheeky.* Me dejaron castigado después de las clases por descarado. **2** (*USA*) hacer repetir a algn: *Will you be kept back because you failed the exam?* ¿Te harán repetir curso por suspender el examen?

v + n/pron + adv *v + adv + n*

keep sb/sth back (from sb/sth) no dejar que algn/algo se acerque (a algn/algo): *Barricades were erected to keep back the crowds.* Levantaron barricadas para mantener alejada a la multitud. ◊ *Keep the children back from the fire.* No dejes que los niños se acerquen a la hoguera.

v + n/pron + adv *v + adv + n*

218

keep sth back 1 (*esp GB*) guardar, apartar algo (*para utilizarlo después*): *Have you kept some money back to pay the bills?* ¿Has apartado dinero para pagar las facturas? ◊ *Keep a piece of cake back for Alex.* Guarda un trozo de pastel para Alex. **2** (**from sb/sth**) ocultar algo (a algn/algo): *I'm sure she's keeping something back (from us).* Estoy segura de que (nos) oculta algo. **3** contener algo: *He could hardly keep back the tears.* Apenas podía contener las lágrimas.

1	v+n/pron+adv
	v+adv+n
2	v+n/pron+adv
	v+adv+n
	[0] **something, anything, nothing**
3	v+adv+n
	v+n/pron+adv
	[0] **the/your tears**
	= **hold sth back** (1), **restrain sth** (*más formal*)

keep sb behind (*USA*) Ver KEEP SB BACK

v+n/pron+adv

keep down agacharse: *Keep down! Don't let anybody see you.* ¡Agáchate! Que no te vean.

v+adv
= **stay down** (1)

keep sb down 1 (*alumno*) hacer repetir a algn: *I was kept down because I failed the exam.* Me hicieron repetir porque suspendí el examen. **2** oprimir a algn: *The people have been kept down for years by a brutal regime.* Durante años el pueblo ha sido oprimido por un régimen brutal.

1	v+n/pron+adv
2	v+n/pron+adv
	v+adv+n
	= **repress sb**

keep sth down ☆ **1** (*voz, precio, gastos*) controlar algo, mantener bajo algo: *We're trying to keep costs down.* Estamos intentando controlar los costos. ◊ *He exercises a lot to keep his weight down.* Hace mucho ejercicio para controlar su peso. ◊ *Keep your voice down!* ¡Baja la voz! ◊ *Keep it down! I'm trying to concentrate.* ¡No hagas tanto ruido! Estoy intentando concentrarme. **2** (*alimentos*) retener, tolerar algo: *He can't keep anything down.* Lo vomita todo. **3** no levantar algo, mantener algo bajo: *Raise your arms, but keep your shoulders down.* Levanta los brazos, pero no los hombros. ◊ *She kept her eyes down while he was talking.* Mantuvo la vista baja mientras él hablaba.

1	v+n/pron+adv
	v+adv+n
	[0] **your voice, costs, prices, the noise**
2	v+n/pron+adv
	v+adv+n
	[0] **food**
	= **hold sth down** (3)
3	v+n/pron+adv
	[0] **your eyes, your head, your face**

NOTA En los sentidos 2 y 3, **keep sth down** no se puede utilizar en pasiva.

LOC **keep your head down** no llamar la atención, pasar desapercibido

keep from doing sth evitar hacer algo: *She bit her lip to keep from laughing.* Se mordió el labio para no reírse.

v+prep+-ing

keep sb from sth distraer a algn de algo, interrumpir algo a algn: *Don't let me keep you from your work.* No te quiero distraer de tu trabajo.

v+n/pron+prep+n/pron

NOTA Keep sb from sth no se utiliza en pasiva.

keep sb/sth from doing sth impedir que algn/algo haga algo: *He couldn't keep his voice from shaking.* No pudo evitar que le temblara la voz.

v+n/pron+prep+-ing

NOTA Keep sb/sth from doing sth no se utiliza en pasiva.

keep sth from sb ocultar algo a algn: *I think he's keeping secrets from me.* Creo que hay algo que no me está diciendo. ◊ *Are you keeping something from us?* ¿Nos estás ocultando algo?

v+n/pron+prep+n/pron
[0] **secrets, something**

keep yourself from doing sth evitar hacer algo: *She couldn't keep herself from trembling.* No pudo evitar ponerse a temblar.

v+reflex+prep+-ing

keep

keep sb in (*GB*) **1** (*alumno*) dejar castigado a algn: *The teacher kept them all in after school.* El profesor los castigó a todos después de las clases. **2** no dejar salir a algn: *I'm keeping the children in because it's raining outside.* Como está lloviendo, no voy a dejar salir a los niños. **3** dejar ingresado a algn (*en el hospital*): *She's much better, but they're keeping her in overnight.* Está mucho mejor, pero la dejan ingresada esta noche.

v + n/pron + adv

keep sth in 1 contener algo: *He could hardly keep his anger in.* Apenas podía contener su enfado. **2** retener algo: *Close the door to keep in the warmth.* Cierra la puerta para que no se vaya el calor. ◊ *She wanted to cut the sex scene, but we kept it in.* Ella quería cortar la escena de sexo pero nosotros la conservamos. **3** (*animal*) no dejar salir algo
LOC keep your hand in no perder la práctica

v + n/pron + adv
v + adv + n
1 = **restrain sth** (*más formal*)
2 [O] **the warmth, the heat**

keep sb in sth (*coloq*) darle a algn para algo: *His part-time job keeps him in beer and cigarettes.* Ese trabajo a tiempo parcial le da para cerveza y cigarrillos.

v + n/pron + prep + n

keep in with sb (*coloq*) congraciarse, mantener buenas relaciones con algn (*generalmente para sacar algún provecho*): *He keeps in with anyone who might be useful to him.* Se congracia con quienquiera que le pueda ser útil.

v + adv + prep + n/pron

keep off (*esp GB*) (*lluvia*) no empezar: *The party will go ahead provided the rain keeps off.* La fiesta se celebrará siempre y cuando no llueva.

v + adv
[S] **the rain**
= **hold off** (1)

keep off; **keep off sth** no acercarse (a algo): *Keep off (the grass)!* Prohibido pisar el césped. ◊ *We kept off the main roads.* Evitamos las carreteras nacionales.

v + adv
v + prep + n/pron
[O] **the grass**

keep off sth 1 (*bebida, tabaco*) no consumir/probar algo: *The doctor's told me to keep off the alcohol.* El médico me ha dicho que no pruebe el alcohol. **2** (*tema*) no mencionar algo: *Please keep off (the subject of) politics with my father.* Por favor, no hables de política con mi padre.

v + prep + n/pron
1 [O] **alcohol**
= **stay off sth** (1)
2 [O] **the subject of ...**

keep sb off sth no dejar que algn mencione algo: *Keep her off the subject of religion.* No dejes que saque el tema de la religión.

v + n/pron + prep + n/pron

keep sb/sth off; **keep sb/sth off sb/sth** mantener a algn/algo alejado (de algn/algo), no dejar que algn/algo se acerque a algn/algo: *Keep your animals off my land!* ¡No deje que sus animales se acerquen a mis tierras! ◊ *He covered the sandwiches to keep the flies off.* Tapó los sandwiches para que no se posasen las moscas. ◊ *Keep your hands off me!* ¡No me toques! ◊ *Working helps keep my mind off my problems.* El trabajo me ayuda a no pensar en mis problemas.

v + n/pron + adv
v + adv + n
v + n/pron + prep + n/pron
[O] **the flies, your hands, your mind, your eyes**

keep on ☆ **1** (**doing sth**) seguir (haciendo algo): *He'll get in trouble if he keeps on like this!* ¡Como siga así se meterá en un lío! ◊ *Keep on trying — don't give up!* Sigue intentándolo, no te rindas. **2** (**about sb/sth**) (*GB*) no parar de hablar/dar la tabarra (sobre algn/con algo): *Don't keep on (about it)!* ¡Deja de dar la tabarra (con eso)!

v + adv
1 = **carry on** (1)
2 = **go on** (9), **nag**

keep on; **keep on sth** seguir recto, seguir (por) algo: *Keep on until you come to a roundabout.* Siga recto hasta que llegue a una rotonda. ◊ *Keep on the path until you come to a clearing.* Siga por el sendero hasta que llegue a un claro.

v + adv
v + prep + n/pron
[O] **the path**

keep sb on mantener a algn (*en el puesto de trabajo*), no despedir a algn: *How many of the staff are you keeping on?* ¿A cuántos empleados vas a mantener?

v + n/pron + adv
v + adv + n (*menos frec*)

keep sth on 1 dejar(se) puesto algo, no quitar(se) algo: *It was so cold that we kept our socks on in bed.* Hacía tanto frío que nos metimos en la cama con calcetines. ◊ *Keep the lid on while the tea is brewing.* Deja puesta la tapa mientras se hace el té. **2** dejar encendido algo, no apagar algo: *Do you keep the heating on all day?* ¿Dejas encendida la calefacción todo el día? **3** sujetar algo: *How do you keep that bandage on?* ¿Cómo sujetas ese vendaje? **4** conservar algo, quedarse con algo: *Can you afford to keep this place on while you're abroad?* ¿Te puedes permitir conservar esta casa mientras estás en el extranjero?
LOC **keep your hair on!** (*GB, coloq*) ¡no pierdas los estribos!

| v+n/pron+adv |
| v+adv+n (menos frec) |
| 1 ≠ take sth off (1) |
| 2 = leave sth on (2) |
| ≠ switch sth off (1) |

keep sth on sb/sth mantener algo sobre algn/algo (*la vista, la atención*): *I can't keep my mind on my work today.* Hoy no me puedo concentrar en mi trabajo. ◊ *She kept one eye on the traffic and the other on the map.* Tenía un ojo en la carretera y el otro en el mapa. ◊ *Keep your attention on the ball.* No perdáis de vista el balón.
LOC **keep an eye on sb/sth** (*coloq*) vigilar a algn/algo: *Will you keep an eye on the baby?* ¿Puedes vigilar al bebé?

| v+n/pron+prep+n/pron |
| ◎ your mind, your attention, your eye |

keep on at sb (**about sb/sth/to do sth**) (*tb* **keep at sb** (**about sb/sth/to do sth**)) (*GB*) dar la tabarra/paliza a algn (sobre algn/con algo/para que haga algo): *My mum keeps on at me to cut my hair.* Mi madre me da la tabarra para que me corte el pelo.

| v+adv+prep+n/pron |
| v+prep+n/pron |

keep out; keep out of sth no entrar (en …): *There was a sign saying 'Keep out!'.* Había un cartel que decía "Prohibido el paso". ◊ *Please keep out of the office while I'm working.* Por favor, no entréis en la oficina mientras estoy trabajando.

| v+adv |
| v+adv+prep+n/pron |

keep sb/sth out; keep sb/sth out of sth 1 no dejar que algn/algo entre (en algo): *Keep that dog out of my study!* ¡No dejes que ese perro entre en mi oficina! ◊ *We hung a curtain at the door to keep out the cold.* Pusimos una cortina en la puerta para que no pasara el frío. ◊ *She tried to keep the anger out of her voice.* Intentó que no se le notase el enfado en la voz. **2** no meter a algn/algo en algo: *Keep me out of this!* ¡A mí no me metas en esto!

| v+n/pron+adv |
| v+adv+n |
| v+n/pron+adv+prep+n/pron |

keep sth out no guardar algo, dejar algo fuera: *Keep the jam out for your dad's breakfast.* Deja la mermelada fuera para el desayuno de tu padre.

| v+n/pron+adv |
| v+adv+n (menos frec) |
| ≠ put sth away (1) |

keep out of sth 1 evitar algo, mantenerse lejos de algo: *The doctor has advised me to keep out of the sun.* El médico me ha recomendado que no me dé el sol. ◊ *He's kept out of trouble since he came out of prison.* Desde que salió de la cárcel no se ha metido en líos. ◊ *I try to keep out of his way.* Procuro evitarle. **2** no meterse en algo: *Keep out of this! It's got nothing to do with you!* ¡No te metas en esto, que no tiene nada que ver contigo!

| v+adv+prep+n/pron |
| = stay out of sth |
| 1 ◎ trouble, sb's/the way, the sun, sight |

keep sb out of sth mantener a algn alejado de algo: *Keep the children out of my way.* Quítame a los niños de en medio. ◊ *His sister keeps him out of trouble.* Gracias a su hermana no se mete en líos.

| v+n/pron+adv+prep+n/pron |

keep to sth 1 no salirse de algo: *Keep to the footpath.* No se salga del sendero. ◊ *Will you please keep to the subject under discussion!* ¡No os apartéis del tema que estamos discutiendo, por favor! **2** atenerse, ceñirse a algo: *We must keep to the schedule.* Debemos ceñirnos al calendario. ◊ *He never keeps to the speed limit.* Nunca respeta los límites de velocidad.
NOTA Keep to sth se puede utilizar en pasiva: *Was the agenda kept to at the meeting?*

| v+prep+n/pron |
| = stick to sth |
| 1 ◎ the path, the subject, the point |
| 2 ◎ the rules, the agreement |
| = adhere to sth (1) (*más formal*), hold to sth |

keep

keep sth to sth limitar algo a algo: *I'm trying to keep the number of guests to a minimum.* Estoy intentando limitar el número de invitados todo lo posible.

v + n/pron + prep + n

keep sth to yourself guardarse algo (para sí): *I know who's won, but I'm keeping it to myself.* Yo sé quién ha ganado pero me lo guardo. ◊ *Keep your opinions to yourself in future!* ¡En el futuro guárdate tus opiniones! ◊ *Keep your hands to yourself!* ¡No me toques!

v + n/pron + prep + reflex
[0] **your opinions, your hands**

keep to yourself; **keep yourself to yourself** guardar las distancias, ser muy reservado: *He keeps (himself) to himself and nobody knows very much about him.* Es muy reservado y nadie sabe demasiado sobre él.

v + prep + reflex
v + reflex + prep + reflex

keep together mantenerse juntos, no separarse: *Keep together, children, when we cross the road.* Niños, cuando crucemos la calle no os separéis.

v + adv

keep sb/sth together mantener a algn/algo juntos: *Use a paper clip to keep your papers together.* Utiliza un clip para que no se separen tus papeles.

v + n/pron + adv
v + adv + n (menos frec)

keep sb under (GB) oprimir a algn: *The local people are kept under by the army.* El ejército mantiene oprimido al pueblo.

v + n/pron + adv

keep up 1 continuar, seguir: *The rain kept up all afternoon.* Siguió lloviendo toda la tarde. **2 (with sb)** mantener el mismo ritmo (que algn): *I had to run to keep up with him.* Tuve que correr para mantener su ritmo. ◊ *She's having trouble keeping up with the rest of the class.* Tiene dificultad en seguir el mismo ritmo (de trabajo) que el resto de la clase. **3 (with sth)** subir al mismo ritmo (que algo): *Salaries are not keeping up with inflation.* Los salarios no están subiendo a la par que la inflación. ◊ *We're finding it hard to keep up with demand.* Nos resulta difícil responder a la demanda.

v + adv
2 ≠ **fall behind, fall behind sb/sth**

keep sb up mantener despierto a algn: *I hope we're not keeping you up.* Espero que no estés levantado por nosotros. ◊ *The baby kept us up half the night.* El bebé nos tuvo media noche despiertos.

v + n/pron + adv

keep sth up ☆**1** mantener, seguir haciendo algo: *Keep up the good work!* ¡Muy bien, sigue así! ◊ *We kept up a brisk pace all the way.* Mantuvimos un buen paso todo el camino. ◊ *We're having difficulty keeping up our mortgage payments.* Nos resulta difícil mantener al día los plazos de la hipoteca. ◊ *Do you still keep up your Portuguese?* ¿Aún sigues con el portugués? **2** sujetar, sostener algo: *You'll have to wear a belt to keep your trousers up.* Tendrás que ponerte un cinturón para sujetar los pantalones. **3** mantener algo alto: *The high cost of raw materials is keeping prices up.* El elevado coste de la materia prima mantiene los precios altos. ◊ *They sang songs to keep their spirits up.* Cantaron canciones para mantener el ánimo. **4** mantener algo (en buen estado): *The house is becoming too expensive for them to keep up.* Mantener la casa en buen estado les está resultando demasiado caro.

v + n/pron + adv
v + adv + n
1 *v + adv + n*
    v + n/pron + adv
    [0] **it, the pace, the pressure, a pretence, a tradition**
2 [0] **your trousers**
    = **hold sb/sth up (2)**
3 [0] **a price, your/sb's spirits, your/sb's strength, your/sb's morale**
4 = **maintain sth**

LOC keep up appearances guardar las apariencias **keep your chin up!** (*coloq*) ¡ánimo!

▶ **upkeep** *n* mantenimiento (*de la casa, el jardín, etc.*)

kick

keep up with sb mantener el contacto con algn: *I try to keep up with my old school friends.* Intento mantener el contacto con mis antiguos compañeros de clase.

v + adv + prep + n/pron

keep up with sth mantenerse al día en algo: *I try to keep up with current affairs.* Procuro mantenerme al día en los temas de actualidad. ◊ *He couldn't keep up with the repayments on the loan.* No pudo mantenerse al día en los pagos del préstamo.

v + adv + prep + n/pron

key /kiː/

key sth in; **key sth into sth 1** (*datos*) introducir, meter algo (en algo): *All the information has been keyed into the computer.* Se ha metido toda la información en el ordenador. **2** (*contraseña, etc.*) teclear algo (en algo): *You need to key in your personal number.* Tienes que teclear tu número personal.

v + n/pron + adv
v + adv + n
v + n/pron + prep + n/pron
= **punch sth in, punch sth into sth, type sth in, type sth into sth, enter sth, enter sth into sth**
1 ⓪ **data, information**

key into sth (*base de datos*) entrar en algo, acceder a algo: *He keyed into the ministry's computer system.* Entró en la red informática del ministerio.

v + prep + n/pron
⓪ **a database**
= **access sth** (*más formal*)

key sth to sth ajustar, acomodar algo a algo: *The farm was keyed to the needs of the local people.* La granja se acomodaba a las necesidades de la gente del lugar.
NOTA Key sth to sth se utiliza mucho en pasiva.

v + n/pron + prep + n/pron

be keyed up (*coloq*) estar excitado, estar nervioso: *We were all keyed up before the big match.* Todos estábamos excitados antes del gran encuentro.

be + v + adv

kick /kɪk/

kick about/around; **kick about/around sth** (*coloq*) rondar (por …): *His letter is kicking about somewhere.* Su carta anda por alguna parte.
NOTA Kick about/around y kick about/around sth siempre se usan en tiempos continuos.

v + adv
v + prep + n/pron
= **knock about/around, knock about/around sth**

kick about/around sth (*coloq*) vagar, dar vueltas por … (*sin un plan/propósito determinado*): *She's been kicking around Europe for the last few months.* Durante los últimos meses ha estado trotando por Europa.

v + prep + n/pron
= **knock about/around, knock about/around sth**

kick sb about/around (*coloq*) tratar a algn a patadas: *Don't let them kick you about.* No dejes que te traten a patadas.

v + n/pron + adv

kick sth about/around 1 jugar con algo (*dándole patadas*): *They were kicking a ball about in the street.* Estaban dando unos balonazos en la calle. **2** (*coloq*) (*idea*) dar vueltas a algo: *They're kicking around the idea of a merger.* Le están dando vueltas a la idea de una fusión.

v + n/pron + adv
v + adv + n
1 ⓪ **a ball**
= **knock sth about/around** (2) (*GB*)
2 ⓪ **an idea**
= **knock sth about/around** (3), **discuss sth** (*más formal*)

kick against sth rebelarse contra algo: *It's no use kicking against the system.* No sirve de nada rebelarse contra el sistema.

v + prep + n/pron

223

kick

kick back (*USA*, *coloq*) relajarse: *I went home and kicked back to watch the Cosby Show.* Me fui a casa y me dispuse a ver tranquilamente Los Cosby.
   v+adv

kick sth back (to sb) (*USA*) pagar algo (a algn) (*porque te ayudó a conseguir un dinero ilegalmente*)
   v+adv+n
   v+n/pron+adv
▶ **kickback** *n* (*esp USA*, *coloq*) soborno: *Ministers were accused of taking kickbacks worth millions.* Se acusó a los ministros de aceptar sobornos de millones.

kick sth down echar algo abajo, derribar algo a patadas: *If you don't open up, we'll kick the door down.* Si no abre, echaremos la puerta abajo a patadas.
   v+n/pron+adv
   v+adv+n
   [O] the door

kick in (*coloq*) **1** (*mecanismo*) ponerse en marcha **2** surtir efecto: *You'll feel better when the drugs kick in.* Te encontrarás mejor cuando los medicamentos surtan efecto.
   v+adv
   1 = **cut in** (3) (*menos coloq*)

kick sth in echar algo abajo, derribar algo a patadas: *They had kicked the front door in.* Habían echado abajo la puerta principal a patadas.
   v+n/pron+adv
   v+adv+n (*menos frec*)
   [O] the door
LOC **kick sb's head/teeth in** (*coloq*) romperle la crisma/los dientes a algn

kick off **1** (*partido de fútbol/rugby*) hacer el saque inicial, comenzar: *The match kicks off at 7.30.* El partido comienza a las siete y media. **2** (**with sth**) (*coloq*) comenzar (con algo): *The tour kicks off with a concert in Nottingham.* La gira comienza con un concierto en Nottingham.
   v+adv
   1 [S] the match, the game
   2 [S] the tour
▶ **kick-off** *n* saque inicial, comienzo (*de un partido de fútbol/rugby*): *It's an afternoon kick-off.* El partido comienza por la tarde.

kick sth off **1** quitarse algo (*de un puntapié*): *She kicked off her shoes and lay down.* Se quitó los zapatos de un puntapié y se tumbó. **2** (**with sth**) comenzar algo (con algo): *Who's going to kick off the discussion?* ¿Quién va a iniciar el debate?
   v+n/pron+adv
   v+adv+n

kick out (**at sb/sth**) dar patadas (a algn/algo): *She kicked out at him as he tried to grab her.* Cuando intentó agarrarla, empezó a darle patadas.
   v+adv

kick sb out (of ...) (*coloq*) echar a algn (de algo): *They were kicked out of the nightclub for fighting.* Los echaron de la discoteca por montar bronca.
   v+n/pron+adv
   v+adv+n
   = **boot sb out** (*esp GB*),
   throw sb out (1),
   turn sb out
NOTA Kick sb out se utiliza mucho en pasiva.

kick sth over volcar algo (*de una patada*): *She almost kicked the bucket over.* Casi vuelca el cubo de una patada.
   v+n/pron+adv
   v+adv+n
   = **knock sb/sth over**

kick sth up (*poco frec*) levantar algo (*polvo, arena, etc. al andar/pasar*): *The horse kicked up a cloud of dust.* El caballo levantó una nube de polvo.
   v+n/pron+adv
   v+adv+n
   [O] dirt, dust
LOC **kick up a fuss/stink (about sth)** (*coloq*) armar follón, montar un cirio (por algo)

kid /kɪd/ **-dd-**

kid about/around (*coloq*) bromear: *I'm just kidding around — I like your new hat really.* Solo estoy bromeando, me encanta tu sombrero nuevo.
   v+adv
   = **mess around** (2)

kill /kɪl/

kill sb/sth off acabar con algn/algo, eliminar a algn/algo: *The hero is killed off in the last chapter.* Al protagonista se lo cargan en el último capítulo.

v + adv + n
v + pron + adv
v + n + adv (poco frec)

kip /kɪp/ -pp-

kip down (*GB, coloq*) dormir, pasar la noche (*fuera de casa*): *Is there anywhere to kip down for the night?* ¿Hay algún sitio donde pasar la noche?

v + adv

kiss /kɪs/

kiss up to sb (*USA, coloq*) hacerle la pelota a algn

v + adv + prep + n/pron
= **suck up to sb**

kit /kɪt/ -tt-

kit sb/sth out (**in/with sth**) (*tb* **kit sb/sth up** (**in/with sth**) *menos frec*) (*GB*) equipar a algn/algo (con algo): *They're all kitted out for the new school year.* Están totalmente equipados para el nuevo año escolar.
NOTA Kit sb/sth out se utiliza mucho en pasiva.

v + n/pron + adv
v + adv + n

kneel /ni:l/ *pret, pp* knelt /nelt/

kneel down arrodillarse, ponerse de rodillas: *He knelt down beside the chair.* Se arrodilló junto a la silla. ◊ *She was kneeling down, looking for something on the floor.* Estaba de rodillas, buscando algo en el suelo.

v + adv

knit /nɪt/ -tt-

knit together (*huesos*) soldarse: *The ribs are broken, but they'll knit together.* Las costillas están rotas, pero se soldarán.

v + adv

knock /nɒk; *USA* nɑːk/

knock about/around; knock about/around sth (*coloq*)
1 (*esp GB*) rondar (por …): *These chocolates have been knocking about since Christmas.* Estos bombones llevan rondando desde Navidad. ◊ *His book was knocking around the lounge for ages.* Su libro estuvo rondando por el salón un montón de tiempo. **NOTA** En este sentido, este *phrasal verb* siempre se utiliza en tiempos continuos. **2** viajar (por …): *He spent a few years knocking about Europe.* Pasó unos cuantos años viajando por Europa.

v + adv
v + prep + n
= **kick about/around, kick about/around sth**

knock sb about/around (*coloq*) pegar, maltratar a algn: *Her husband knocks her about.* Su marido la maltrata.

v + n/pron + adv
= **slap sb about/around**

knock sth about/around **1** tratar algo a golpes, maltratar algo: *The car's been knocked around a bit, but it still goes.* El coche está un poco maltratado pero aún funciona. **2** (*GB*) jugar con algo (*dándole patadas*): *We spent a few hours knocking a ball about.* Estuvimos unas horas dando patadas a un balón. **3** (*coloq*) discutir algo, dar vueltas a algo: *We knocked a few ideas about at the meeting.* En la reunión discutimos varias ideas.

v + n/pron + adv
v + adv + n
2 [0] **a ball**
= **kick sth about/around** (1)
3 [0] **an idea**
= **kick sth about/around** (2)

knock

knock about/around with sb; knock about/around together (*GB, coloq*) ir/salir con algn, ir/salir juntos: *He knocks about with some strange people!* ¡Sale con una gente muy rara! ◊ *She and Sahan knock around together.* Ella y Sahan salen juntos.

v+adv+prep+n/pron
v+adv+adv
= hang around with sb

knock sb/sth back (*GB*) rechazar, echar por tierra a algn/algo: *All my suggestions were knocked back.* Echaron por tierra todas mis sugerencias. ◊ *I can't face being knocked back again.* No puedo soportar que me rechacen otra vez.
▶ **knock-back** *n* (*GB, coloq*) rechazo: *I don't think I could stand another knock-back.* No creo que pudiese soportar otro rechazo.

v+n/pron+adv
v+adv+n

knock sth back (*coloq*) beber algo (de un trago): *He knocked back two pints of beer.* Se bebió dos pintas de cerveza en un momento.

v+adv+n
v+n/pron+adv
[0] a beer, a coffee, etc.
= put sth back (5),
throw sth back (5)

knock sb back sth (*GB, coloq*) costar a algn algo: *Those books knocked me back £50.* Esos libros me costaron 50 libras. ◊ *That car must have knocked you back a bit!* ¡Ese coche te debe de haber costado lo suyo!
NOTA Knock sb back sth no se puede utilizar en pasiva.

v+n/pron+adv+n
= set sb back,
set sb back sth

knock sb down ☆ **1** (*tb* **knock sb over**) atropellar a algn: *She was knocked down by a bus.* La atropelló un autobús. **NOTA** En este sentido, **knock sb down** se utiliza mucho en pasiva. **2** derribar, tumbar a algn: *The wind was strong enough to knock you down.* El viento era tan fuerte que te tumbaba. ◊ *He knocked down his opponent in the first round.* Derribó a su contrincante en el primer asalto. **3** (**sth/to sth/from sth to sth**) conseguir que algn haga una rebaja, bajarle el precio a algn: *We should be able to knock them down* (*a few pounds*). Seguro que conseguimos una rebaja (de unas libras). ◊ *He knocked Simon down to £5.* Consiguió que Simon se lo dejase en 5 libras. ◊ *How did you manage to knock them down from £50 to £30?* ¿Cómo conseguiste que te lo rebajase de 50 libras a 30 libras?

1 v+n/pron+adv
v+adv+n
= run sb/sth down (1),
run sb/sth over
2 v+n/pron+adv
v+adv+n
3 v+n/pron+adv
v+adv+n (*menos frec*)
= beat sb down

knock sth down 1 derribar algo: *If you don't open up, I'm going to knock the door down.* Si no me abres, tiro la puerta abajo. ◊ *These old houses are going to be knocked down.* Van a derribar estas casas viejas. **2** (**to sb**) (*en una subasta*) adjudicar algo (a algn): *The painting was knocked down to me for £5 000.* Me adjudicaron el cuadro por 5.000 libras. **3** (*USA*) desmontar algo: *They knocked down the desk and took it with them.* Desmontaron la mesa y se la llevaron. **4** (**sth/to sth/from sth to sth**) rebajar algo (*un precio*): *He knocked the price down five dollars.* Rebajó cinco dólares. ◊ *We knocked the price down to £10.* Lo dejamos en 10 libras. ◊ *Did you manage to knock the price down from 350 to 320?* ¿Conseguiste que te rebajasen el precio de 350 a 320?
▶ **knock-down** *adj* [atrib] (*coloq*) (*precio*) muy bajo
NOTA El adjetivo **knock-down** siempre se utiliza delante de un sustantivo: *a knock-down price.*

v+n/pron+adv
v+adv+n
1 [0] a house, a door
4 v+n/pron+adv
v+adv+n (*menos frec*)
[0] *only* the price
= beat sth down (1)

knock sth in; knock sth in/into sth 1 clavar algo (en algo): *She knocked some nails into the wall.* Clavó unos clavos en la pared. **2** (*gol, pelota*) meter algo (en algo): *Figo knocked in two goals.* Figo metió dos goles. ◊ *She knocked the ball into the net.* Metió el balón en la red.

v+n/pron+adv
v+adv+n
v+n/pron+prep+n/pron
1 [0] a nail
2 [0] a goal, the ball

226

knock

knock sth in sth abrir algo en algo: *They knocked a hole in the wall for the window.* Abrieron un agujero en la pared para poner la ventana.

v+n/pron+prep+n/pron
[0] **a hole**

knock off; **knock off sth** (*coloq*) terminar (algo) (*el trabajo*): *What time do you knock off (work)?* ¿A qué hora sales de trabajar?

v+adv
v+prep+n
[0] **work**

knock it off! (*coloq*) ¡para!: *Knock it off! I'm trying to concentrate!* ¡Para ya! Estoy intentando concentrarme.
NOTA **Knock it off** se utiliza siempre en imperativo.

v+it+adv

knock sb off (*muy coloq*) **1** asesinar, cargarse a algn: *He was knocked off by the other gang.* La otra banda se lo cargó. **2** (*GB*) tirarse a algn, acostarse con algn: *He's been knocking off the boss's wife.* Se ha estado tirando a la mujer del jefe.

v+n/pron+adv
v+adv+n
1 = **bump sb off** (1)

knock sb off; **knock sb off sth** derribar, tirar a algn (de algo): *I was knocked off my bike this morning.* Esta mañana me tiraron de la bici.

v+n/pron+adv
v+n/pron+prep+n/pron

knock sth off 1 (*coloq*) producir algo muy deprisa: *They expect me to knock off a thousand words a day.* Esperan que escriba mil palabras al día. **2** (*GB, muy coloq*) birlar, afanar algo: *He's knocking off video recorders.* Anda birlando aparatos de vídeo. **3** (*USA, coloq*) piratear, copiar algo
▶ **knockoff** *n* (*USA, coloq*) copia pirata, objeto de imitación
NOTA Nótese que el sustantivo **knockoff** también se puede utilizar delante de otro sustantivo: *knockoff designer clothes*.

v+n/pron+adv
v+adv+n
1 = **churn sth out**

knock sth off; **knock sth off sth 1** descontar algo (de algo): *We've knocked £20 off the price.* Hemos descontado 20 libras del precio. **2** quitar algo (a algo) (*tiempo, años, etc.*): *The short cut knocks about half an hour off the journey.* Yendo por ese atajo se gana media hora. ◊ *That hairstyle knocks years off your age.* Ese corte de pelo te quita años de encima. **3** tirar algo (de algo): *Who knocked that glass off the table?* ¿Quién ha tirado ese vaso de la mesa? ◊ *She knocked my glasses off.* Me tiró las gafas.
LOC **knock sb's block/head off** (*GB, coloq*) romperle la crisma a algn

v+n/pron+adv
v+adv+n
v+n/pron+prep+n/pron
1 ≠ **put sth on sth** (1)
2 v+n/pron+adv
v+adv+n
v+n+prep+n/pron

be knocked out quedar inservible: *Our radios were knocked out by heavy shelling.* Un fuerte bombardeo dejó inservibles nuestras radios.

be+v+adv

knock sb out 1 dejar a algn inconsciente/sin sentido: *The bump on the head knocked me out cold.* El golpe en la cabeza me dejó inconsciente. ◊ *He was knocked out in the seventh round.* Quedó fuera de combate en el séptimo asalto. **2** dejar a algn agotado: *The course completely knocked me out.* El curso me dejó completamente agotado. **3** (*coloq*) dejar a algn boquiabierto/asombrado: *The film was fantastic. It knocked me out.* Fue una película estupenda. Me dejó boquiabierta. **4** (**of sth**) (*Dep*) eliminar a algn (de algo): *France knocked Belgium out of the European Cup.* Francia eliminó a Bélgica de la Copa de Europa.
▶ **knockout** *n* **1** (*Boxeo*) K.O., fuera de combate **2** (*coloq*) maravilla: *Her daughter's an absolute knockout.* Su hija es guapísima. **3** (*esp GB*) (*Dep*) eliminatoria: *the European cup knockout* la eliminatoria de la Copa de Europa
NOTA Nótese que el sustantivo **knockout** también puede usarse delante de otro sustantivo: *a knockout competition*.

v+n/pron+adv
v+adv+n (menos frec)
3 v+n/pron+adv
4 v+n/pron+adv
v+adv+n

knock

knock sth out 1 (*coloq*) producir algo (*deprisa y sin mucho esfuerzo*): *Can you knock out a quick report for me?* ¿Me puedes hacer un informe rápido? **2** romper, partir algo (*de un golpe*): *She knocked out her front teeth in the fall.* Se rompió las paletas cuando se cayó.

v+n/pron+adv
v+adv+n
2 [0] **your/sb's teeth**

knock sth out of sb (*respiración*) cortar algo a algn: *The force of the impact knocked the breath out of her.* La fuerza del impacto le cortó la respiración.

v+n+adv+prep+n/pron
[0] **the breath, the wind**

LOC knock the stuffing out of sb dejar a algn para el arrastre, dejar a algn sin ánimo

knock yourself out 1 quedarse inconsciente: *He ran straight into a lamppost, knocking himself out.* Se estrelló contra una farola y se quedó inconsciente. **2** (*coloq*) agotarse: *She's knocking herself out with all that work.* Se está agotando con todo ese trabajo. **3** (*coloq, joc*): *You want to help? Great, knock yourself out!* ¿Quieres ayudar? ¡Estupendo, adelante! **NOTA** En este sentido, **knock yourself out** se utiliza sobre todo en imperativo.

v+reflex+adv

knock sb over (*tb* **knock sb down**) atropellar a algn: *He was/got knocked over by a lorry.* Lo atropelló un camión.
NOTA Knock sb over se utiliza mucho en pasiva.

v+n/pron+adv
v+adv+n
= **run sb/sth down** (1), **run sb/sth over**

knock sb/sth over tirar a algn/algo: *You've knocked my drink over!* ¡Me has tirado la copa! ◊ *The dogs almost knocked her over.* Los perros casi la tiraron.

v+n/pron+adv
v+adv+n

knock together (*esp GB*) chocar(se): *His knees were knocking together with fright.* Le chocaban las rodillas del miedo.

v+adv

knock sth together 1 (*coloq*) (*tb* **knock sth up**) improvisar algo: *I'll quickly knock some lunch together.* Improvisaré algo para comer en un periquete. **2** (*GB*) unir algo (*para agrandarlo*): *They've knocked the two rooms together to make a big one.* Han unido las dos habitaciones para hacer una grande.

v+n/pron+adv
v+adv+n

knock up (*GB*) (*Dep*) calentar: *We knocked up for a few minutes before the match.* Calentamos un rato antes del partido.
▶ **knock-up** *n* (*GB*) (*Dep*) calentamiento: *They had a five-minute knock-up.* Tuvieron cinco minutos de calentamiento.

v+adv

knock sb up (*coloq*) **1** dejar embarazada a algn: *He knocked up his friend's daughter.* Dejó embarazada a la hija de su amigo. **2** (*GB*) despertar a algn (*llamando a la puerta*): *Would you like me to knock you up in the morning?* ¿Te despierto mañana por la mañana?

v+n/pron+adv
v+adv+n

knock sth up (*tb* **knock sth together** *coloq*) improvisar algo: *She knocked up a fantastic meal in ten minutes.* Improvisó una cena estupenda en diez minutos.

v+adv+n
v+n/pron+adv

---

know /nəʊ; *USA* noʊ/ *pret* **knew** /njuː; *USA* nuː/ *pp* **known** /nəʊn; *USA* noʊn/

be known as sth conocerse como algo: *She is known to her friends as Beth.* Sus amigos la llaman Beth.

be+v+prep+n

know sth from sth saber distinguir, diferenciar algo de algo: *She doesn't know a Rolls Royce from a Renault.* No sabe distinguir un Rolls Royce de un Renault.
NOTA Know sth from sth no se puede utilizar en pasiva.

v+n/pron+prep+n

228

know of sb/sth saber de algn/algo: *'Has he ever been in trouble with the police?' 'Not that I know of.'* —¿Ha tenido alguna vez problemas con la policía? —Que yo sepa, no. ◊ *Do you know of any way to cure hiccups?* ¿Sabes de algo que quite el hipo?

v + prep + n/pron

knuckle /'nʌkl/

knuckle down (to sth) (*coloq*) poner(se) manos a la obra (con algo), ponerse en serio a hacer algo: *It's time to knuckle down (to some hard work).* Es hora de poner manos a la obra (y trabajar duro).

v + adv
= **buckle down**

knuckle under (to sb/sth) (*coloq*) doblegarse (ante algn/algo): *Those who refused to knuckle under were imprisoned.* Metieron en la cárcel a los que se negaron a doblegarse.

v + adv

kowtow /ˌkaʊ'taʊ/

kowtow to sb/sth (*coloq*) rendir pleitesía a algn/algo, hacer reverencias a algn/algo: *I refuse to kowtow to anyone.* Me niego a rendirle pleitesía a nadie.

v + prep + n/pron

Ll

labour (*USA* labor) /'leɪbə(r)/

labour under sth (*formal*) **1** dejarse engañar por algo: *We had been labouring under a misapprehension.* Nos dejamos engañar por un malentendido. **2** sufrir, padecer por/a causa de algo: *The new government is labouring under the burden of a huge debt.* El nuevo gobierno está padeciendo por el peso de una enorme deuda.

v + prep + n/pron
1 ◎ **a misapprehension, a delusion**

lace /leɪs/

lace sth up atarse algo (*con un lazo*): *She laced her shoes up.* Se ató los cordones de los zapatos.
▶ **lace-up** *n* [gen pl] (*GB*) zapato de cordones
NOTA Nótese que el sustantivo **lace-up** también puede utilizarse delante de otro sustantivo: *lace-up shoes*.

v + n/pron + adv
v + adv + n
◎ **your/sb's shoes, your/sb's boots**
= **do sth up** (2)

lace sth with sth (*esp GB*) llenar, impregnar algo de algo: *The show is laced with black humour.* El espectáculo está repleto de humor negro. ◊ *They laced my drink with whisky.* Me cargaron mucho de whisky la copa.
NOTA **Lace sth with sth** se utiliza sobre todo en pasiva.

v + n/pron + prep + n/pron

ladle /'leɪdl/

ladle sth out servir algo con cucharón: *He ladled out the soup.* Sirvió la sopa con el cucharón.

v + n/pron + adv
v + adv + n

lag /læg/ -gg-

lag behind; **lag behind sb/sth** **1** quedarse atrás (con respecto a algn/algo): *Susie lagged behind the other children.* Susie se quedó atrás con respecto a los otros niños. **2 (in sth/doing sth)** quedarse/ir a la zaga (de algn), ir/quedarse rezagado (en algo/a la hora de hacer algo): *Britain is lagging behind in dealing with this problem.* Gran Bretaña se queda a la zaga a la hora de resolver este problema. ◊ *We are lagging behind our European competitors.* Vamos a la zaga de nuestros competidores europeos.

v + adv
v + prep + n/pron

land /lænd/

land in sth (*coloq*) meterse, acabar en algo: *She landed in court for stealing a car.* Acabó en el juzgado por robar un coche. ◊ *The company has landed in difficulties.* La compañía se ha metido en dificultades.

v + prep + n
[O] **trouble, court, jail**

land sb in sth; **land yourself in sth** (*coloq*) meter a algn en algo, meterse en algo: *Being too outspoken landed her in trouble.* Se metió en problemas por no tener pelos en la lengua. ◊ *How did I land myself in such a mess?* ¿Cómo me metí en semejante lío? ◊ *He really landed us in it!* ¡Nos metió en un buen lío!

v + n/pron + prep + n/pron
v + reflex + prep + n/pron
[O] **it, trouble, court, a mess**

land up (*GB, coloq*) **1** [+**adv/prep**] ir a parar a/en ... : *The train was diverted and we landed up in York.* Desviaron el tren y fuimos a parar a York. ◊ *The dish slipped out of my hands and landed up on the floor.* Se me resbaló la fuente y fue a parar al suelo. NOTA En este sentido, **land up** siempre va seguido de un complemento: *How did I land up here?* **2 land up doing sth** acabar haciendo algo: *They landed up paying for the damage.* Acabaron pagando los daños. NOTA En este sentido, **land up** siempre va seguido de una forma en **-ing**: *We landed up spending the night at the airport.*

1 *v + adv + complemento*
= **end up** (1), **finish up** (1)
2 *v + adv + -ing*
= **end up** (2), **finish up** (2)

land sb with sb/sth/doing sth; **land yourself with sb/sth/doing sth** (*esp GB, coloq*) cargar a algn con algn/algo/hacer algo, cargarse con algn/algo/hacer algo: *I got landed with clearing up the mess.* Me tocó a mí recogerlo todo. ◊ *We've landed ourselves with the most boring job of the lot.* Nos hemos cargado con el trabajo más aburrido de todos.
NOTA **Land sb with sb/sth/doing sth** se utiliza mucho en pasiva, sobre todo con **get**: *Guess who got landed with the washing-up?*

v + n/pron + prep + n/pron
v + n/pron + prep + -ing
v + reflex + prep + n/pron
v + reflex + prep + -ing
= **saddle sb with sb/sth/doing sth, saddle yourself with sb/sth/doing sth**

lap /læp/ -pp-

lap sth up **1** lamer algo: *The cat lapped up the milk.* El gato lamió la leche. **2** recibir algo con gusto: *He lapped up the attention.* Recibió gustoso la atención que le daban. ◊ *All the sordid details were lapped up by the public.* El público recibió gustoso los sórdidos detalles.

v + adv + n
v + pron + adv
v + n + adv (*menos frec*)

lapse /læps/

lapse into sth caer en algo (*en un estado, situación, etc.*): *The country lapsed into chaos.* El país cayó en el caos. ◊ *They lapsed into silence.* Se quedaron en silencio. ◊ *She lapses into French when she can't think of the word in English.* Cuando no encuentra la palabra en inglés, se pasa al francés.

v + prep + n/pron
[O] **silence, unconsciousness**

lark /lɑːk; USA lɑːrk/

lark about/around (*GB*, *coloq*) hacer el indio: *Some kids were larking about in the shopping centre.* Algunos niños estaban haciendo el indio en el centro comercial.

v+adv
= **mess around** (2)

lash /læʃ/

lash down (*lluvia*) caer con fuerza: *The rain lashed down.* Llovía a cántaros.

v+adv
[S] **the rain**

lash sth down amarrar, sujetar algo (*con cuerdas, etc.*): *The driver hadn't lashed his load down properly.* El conductor no había sujetado bien la carga.

v+n/pron+adv
v+adv+n
= **tie sb/sth down**

lash out (at sb/sth) atacar (a algn/algo), arremeter contra algn/algo (*física o verbalmente*): *He lashed out at us.* Nos atacó de repente. ◇ *She lashed out in self-defence.* Se lanzó al ataque en defensa propia. ◇ *She lashed out at the tobacco industry.* Lanzó un ataque contra la industria del tabaco.

v+adv
= **hit out** (2)

last /lɑːst; USA læst/

last out 1 sobrevivir: *How long can we last out without water?* ¿Cuánto tiempo podemos sobrevivir sin agua? **2** aguantar, resistir: *He made it to the summit, but at one point I thought he wasn't going to last out.* Consiguió llegar a la cima, pero hubo un momento en que pensé que no aguantaría. **3** durar: *Our supplies should last out until the end of the month.* Nuestras reservas deberían durar hasta finales de mes.

v+adv
= **last**

last sth out 1 sobrevivir a algo: *She may not last out the winter.* Puede que no sobreviva al invierno. **2** aguantar, resistir algo: *Can you last out a day without phoning her?* ¿Puedes aguantar un día sin llamarla? **3** llegar al final de algo: *That box of chocolates won't last out the evening with John around!* ¡Esa caja de bombones no llegará a esta noche con John por ahí!
NOTA *Last sth out* no se puede utilizar en pasiva.

v+adv+n
v+pron+adv
v+n+adv (*menos frec*)
[O] **the morning, the week, etc.**
= **last**

latch /lætʃ/

latch on; latch onto sb (*tb* **latch on to sb**) (*coloq*) pegarse a algn: *He latched onto us and we couldn't get rid of him.* Se nos pegó y no pudimos librarnos de él.

v+adv
v+prep+n/pron
v+adv+prep+n/pron

latch on; latch onto sth (*tb* **latch on to sth**) **1** pegarse, adherirse a algo: *The virus latches onto the red blood cells.* El virus se adhiere a los glóbulos rojos. **2** aferrarse, agarrarse a algo: *The government have latched onto environmental issues to win votes.* El gobierno se ha aferrado a cuestiones ambientales para ganar votos. ◇ *Young children latch onto phrases and repeat them over and over.* Los niños pequeños cogen frases y las repiten una y otra vez. **3** (*GB*, *coloq*) entender, captar algo: *It took him a while to latch onto their style of humour.* Le llevó un rato entender el tipo de humor que tenían. ◇ *She soon latched on to the idea.* En seguida captó la idea.

v+adv
v+prep+n/pron
v+adv+prep+n/pron
2 = **fasten on/onto sth** (2)

laugh

laugh /lɑːf; *USA* læf/

☆ **laugh at sb**; **laugh at yourself** reírse, burlarse de algn, reírse de uno mismo, no tomarse en serio: *They were laughing at him behind his back.* Se reían de él a sus espaldas. ◊ *They still manage to laugh at themselves.* Todavía encuentran la forma de reírse de sí mismos. **NOTA** Laugh at sb se puede utilizar en pasiva: *Nobody likes to be laughed at.*

v + prep + n/pron
v + prep + reflex
= **ridicule sb, ridicule yourself** (*más formal*)

☆ **laugh at sth 1** reírse con algo: *You never laugh at my jokes.* Nunca te ríes con mis chistes. **2** reírse, burlarse de algo: *He was laughing at my accent.* Se burlaba de mi acento. **NOTA** Laugh at sth se puede utilizar en pasiva: *He doesn't like his ideas being laughed at.*

v + prep + n/pron
2 = **ridicule sth** (*más formal*)

laugh sth off (*coloq*) tomarse algo a broma: *It was an embarrassing situation, but she managed to laugh it off.* Era una situación violenta, pero consiguió tomárselo a broma.

v + adv + n
v + pron + adv
v + n + adv (*menos frec*)

launch /lɔːntʃ/

launch into sth 1 (*tb* **launch yourself into sth**) embarcarse en algo (*con entusiasmo*): *She launched into an explanation of how the machine worked.* Se embarcó en una explicación de cómo funcionaba la máquina. ◊ *That evening he launched himself into his painting.* Esa tarde se puso a pintar con entusiasmo. **2** ponerse a cantar/tocar algo (*con entusiasmo*): *The band launched into one of their best known songs.* El grupo se lanzó a tocar una de sus canciones más conocidas.

1 *v + prep + n/pron*
v + reflex + prep + n/pron
[O] **a speech,**
a discussion,
an explanation,
a challenge
2 *v + prep + n/pron*

launch out (**into sth**) lanzarse (a algo): *She's launching out on her own.* Se lanza por su propia cuenta.

v + adv

lavish /'lævɪʃ/

lavish sth on sb/sth (*tb* **lavish sth upon sb/sth** *más formal*) **1** prodigar algo a algn/algo, colmar a algn de algo: *He was jealous of the attention lavished on his sister.* Estaba celoso de la atención que se le prodigaba a su hermana. ◊ *They lavished such care on that house!* ¡Le prodigaron tantos cuidados a esa casa! **2** gastar, derrochar algo en algn/algo: *Millions of pounds were lavished on restoring the building.* Se gastaron millones de libras en restaurar el edificio. **NOTA** Lavish sth on/upon sb/sth se utiliza mucho en pasiva.

v + n/pron + prep + n/pron
1 [O] **attention, praise, care**
2 [O] **money**

lay /leɪ/ *pret, pp* **laid** /leɪd/

lay about sb (**with sth**) (*esp GB, antic*) emprenderla con algn (utilizando algo), arremeter contra algn (con algo): *He started to lay about me with his walking stick.* Se puso a darme golpes con el bastón.

v + prep + n/pron

lay sth aside (*formal*) **1** dejar algo a un lado: *I laid the book aside and picked up the letter.* Dejé a un lado el libro y cogí la carta. **2** dejar algo de lado, ignorar algo: *They laid aside their differences until the crisis was over.* Dejaron de lado sus diferencias hasta que pasara la crisis. **3** (*tb* **lay sth by** *menos frec*) ahorrar, apartar algo: *Have you laid anything aside for your old age?* ¿Tienes algo ahorrado para la vejez?

v + n/pron + adv
v + adv + n
= **put sth aside,**
set sth aside

lay

lay sb down (**on sth**) dejar a algn sobre algo, poner a algn encima (de algo): *She laid the child down on the bed.* Dejó al niño sobre la cama. | *v+n/pron+adv*

lay sth down 1 (**on sth**) poner algo en la mesa, en el suelo, etc., poner/depositar algo en algo: *He stopped writing and laid down his pen.* Dejó de escribir y puso el bolígrafo sobre la mesa. ◊ *She laid the cards down on the table.* Puso las cartas sobre la mesa. **2** establecer, estipular algo: *They have laid down new guidelines.* Han establecido nuevas pautas. **3** (*armas*) deponer algo: *They refused to lay down their arms.* Se negaron a deponer las armas. **4** (*vía, cimientos*) poner algo: *They're laying down a new railway line.* Están poniendo una nueva línea ferroviaria. **5** (*GB, formal*) almacenar, guardar algo: *The bottles should be laid down in a cool place.* Deberíamos guardar las botellas en un sitio fresco.
[LOC] **lay down the law** dictar las reglas, mandar **lay down your life** (**for sb/sth**) dar la vida (por algn/algo)
| *v+adv+n*
v+pron+adv
v+n+adv (*poco frec*)
1 *v+adv+n*
v+n/pron+adv
[0] **a pen, cards**
= **put sth down** (1)
2 [0] **guidelines, rules, conditions**
3 [0] **arms**

lay sth in (*formal*) aprovisionarse, proveerse de algo: *I've laid in enough logs for the winter.* Me he hecho con suficiente leña para el invierno. | *v+adv+n*
v+n/pron+adv

lay into sb/sth (**with sth**) (*coloq*) arremeter contra algn/algo (con algo): *She laid into him with her fists.* Arremetió contra él a puñetazos. | *v+prep+n/pron*
= **rip into sb/sth**

lay off (*coloq*) parar: *Lay off! You're messing up my homework!* ¡Para! ¡Estás estropeando mis deberes!
[NOTA] **Lay off** se utiliza mucho en imperativo.
| *v+adv*

lay off sb (*coloq*) dejar a algn en paz: *Lay off him, he's still learning.* Déjalo en paz, todavía está aprendiendo. | *v+prep+n/pron*

lay off sth/doing sth (*coloq*) dejar algo/de hacer algo: *You should lay off alcohol/drinking for a while.* Deberías dejar de beber una temporada. | *v+prep+n/pron*
v+prep+-ing

lay sb off despedir a algn (*por falta de trabajo*): *We've had to lay off hundreds of workers.* Hemos tenido que despedir a cientos de trabajadores.
▶ **lay-off** *n* despido (*por falta de trabajo*): *The crisis has caused thousands of lay-offs.* La crisis ha ocasionado miles de despidos.
| *v+adv+n*
v+n/pron+adv
= **make sb redundant**

lay it on (*coloq*) exagerar las cosas: *Calling him a genius is laying it on a bit (thick)!* ¡Llamarle genio es exagerar las cosas! | *v+it+adv*

lay sth on (*GB, coloq*) organizar, preparar algo: *Extra buses were laid on during the train strike.* Durante la huelga de trenes pusieron servicios adicionales de autobuses. ◊ *She had laid on a buffet for the footballers.* Había preparado un bufé para los futbolistas. | *v+adv+n*
v+n/pron+adv

lay sth on sb (*coloq*) **1** imponer algo a algn: *I'm sorry to lay all this work on you.* Siento endosarte todo este trabajo. **2** (*esp USA*) decir algo a algn (*generalmente malas noticias*): *Sorry to lay this on you, but he's not coming back.* Siento tener que decírtelo, pero no va a volver. | *v+n/pron+prep+n/pron*
[0] **this**

lay sb out 1 amortajar a algn **2** (*coloq*) dejar a algn sin sentido/fuera de combate: *He laid his opponent out with a single blow.* De un solo golpe dejó a su contrincante fuera de combate. | *v+n/pron+adv*
v+adv+n

233

lay

lay sth out 1 extender algo (*preparándolo para un fin*): *Lay out all the clothes you want to take*. Extiende toda la ropa que quieres llevarte. ◊ *Lay all the cards out on the table*. Extiende todas las cartas sobre la mesa. **2** componer, diseñar algo: *His CV was not very clearly laid out*. La composición de su currículum no era muy clara. ◊ *They laid the streets out on a grid pattern*. Hicieron el trazado de las calles en una cuadrícula. **3** presentar, exponer algo: *At the meeting, he laid out his plans for the company*. En la reunión presentó sus planes para la empresa. **4 (on sth)** (*coloq*) gastar algo (en algo): *He laid out thousands renovating the house*. Se gastó una millonada en renovar la casa.
▶ **layout** *n* [gen sing] **1** distribución: *He still recalled the layout of the house perfectly*. Aún recordaba la distribución de la casa perfectamente. **2** (*de una página, revista*) composición, diseño.
▶ **outlay (on sth)** *n* gasto/desembolso inicial: *an outlay of $800* un gasto inicial de 800 dólares ◊ *What was your initial outlay on equipment?* ¿Cuánto gastaste al principio en material?

v + adv + n
v + n/pron + adv
3 = **set sth out** (2)

lay sb up (*coloq*) obligar a algn a guardar cama: *I was laid up for a month with a broken leg*. Estuve un mes en cama con una pierna rota.
NOTA **Lay sb up** se utiliza casi siempre en la construcción **be laid up**.

v + n/pron + adv
v + adv + n

lay sth up 1 almacenar, guardar algo: *We laid up supplies of firewood*. Nos hicimos con reservas de leña. **2 (for yourself)** (*GB*) crear(se) problemas, buscar(se) problemas: *You're laying up problems for yourself by not tackling this now*. Te estás buscando problemas por no solucionarlo ahora. **3** poner algo fuera de circulación (*por una temporada*): *The frigate has been laid up for repairs*. Han puesto a la fragata fuera de circulación para repararla. **NOTA** En este sentido, **lay sth up** se utiliza mucho en pasiva.

v + adv + n
v + n/pron + adv
2 [0] **problems**

laze /leɪz/

laze about/around; laze about/around sth estar sin hacer nada (por/en …): *He lazed about (the house) all day*. Estuvo holgazaneando (por la casa) todo el día.

v + adv
v + prep + n/pron
= **lie about/around,
lie about/around sth** (1)

lead /liːd/ *pret, pp* **led** /led/

lead sb/sth away/off llevarse a algn/algo (*referido a persona o animal*): *A policeman led them away/off*. Un policía se los llevó.

v + n/pron + adv
v + adv + n

lead sb/sth down, in, out, etc.; lead sb/sth down, into, out of, etc. sth llevar a algn/algo hacia abajo, hacia adentro, hacia afuera, etc. (*referido a persona o animal, agarrándolo para mostrarle el camino*): *She took his hand and led him out to the garden*. Le cogió de la mano y le llevó al jardín. ◊ *He led the horses down the hill*. Llevó los caballos colina abajo.

v + n/pron + adv
v + adv + n
v + n/pron + prep + n/pron

lead into sth 1 conducir, llevar a algo: *This led into a discussion on gender differences*. Esto dio pie a un debate sobre las diferencias entre los sexos. **2** dar a algo (*servir de acceso a un sitio*): *The conservatory leads into a pretty garden*. La galería da a un bonito jardín.
▶ **lead-in (to sth)** *n* introducción (a algo): *We want a striking lead-in to the programme*. Queremos que el programa se inicie de forma impactante.
NOTA Nótese que el sustantivo **lead-in** también se puede utilizar delante de otro sustantivo: *a long lead-in period*.

v + prep + n/pron

lead off (with sth) empezar, comenzar (con algo): *Everyone will have a chance to speak. Would you like to lead off?* Todos tendrán la posibilidad de decir algo. ¿Querría empezar usted?

lead sb/sth off *Ver* LEAD SB/STH AWAY/OFF

lead off sth salir de algo: *He pointed to a street leading off the square where they were standing.* Señaló a una calle que salía de la plaza donde ellos estaban.

lead sb on (*coloq*) dar falsas esperanzas a algn: *You shouldn't have led him on.* No deberías haberle dado falsas esperanzas.

lead onto sth (*GB*) (*tb* **lead to sth**) conducir, llevar a algo: *I hope this work might lead onto a permanent job.* Espero que este trabajo me lleve a un puesto fijo.

lead sb onto sth (*esp GB*) llevar, conducir a algn a algo: *Your mention of education leads me onto my next point…* Su mención del tema de la educación me lleva al siguiente punto …

☆ **lead to sth** (*tb* **lead onto sth** *menos frec*) conducir, llevar a algo: *Living in damp conditions can lead to serious health problems.* Vivir en un ambiente húmedo puede ocasionar graves problemas de salud. ◊ *One thing led to another and before long we were engaged.* Una cosa llevó a la otra y al poco tiempo estábamos prometidos.

lead up to sth 1 preceder a algo: *The book describes the period leading up to the start of the war.* El libro describe el periodo que precedió al comienzo de la guerra. **2** conducir, llevar a algo: *Police are investigating the chain of events that led up to her death.* La policía está investigando los acontecimientos que llevaron a su muerte. **3** (*referido a una conversación*) ir a parar a algo: *What exactly are you leading up to?* ¿A dónde quieres ir a parar exactamente?

▶ **lead-up (to sth)** *n* (*GB*) periodo previo (a algo): *in the lead-up to the election* en el periodo anterior a las elecciones

leaf /liːf/

leaf through sth hojear algo: *She picked up a brochure and leafed through it.* Cogió un folleto y lo hojeó.

leak /liːk/

leak out (*noticias, información*) filtrarse: *He was worried about what might happen if the news leaked out.* Le preocupaba lo que podría ocurrir si se filtraba la noticia.

lean /liːn/ *pret, pp* leaned /liːnd/ (*GB tb*) leant /lent/

lean across, out, over, etc.; **lean across, out of, over, etc. sth** inclinarse hacia un lado, hacia afuera, hacia delante, etc.: *Don't lean out of the window.* No te asomes a la ventana.

lean back echarse hacia atrás: *She leaned back in her seat and smiled.* Se echó hacia atrás en el asiento y sonrió.

lean

lean forward inclinarse hacia delante: *He leant forward and whispered in her ear.* Se inclinó hacia delante y le susurró algo al oído. | *v+adv*

lean on sb (*coloq*) presionar a algn: *They are leaning on him to make him withdraw his complaints.* Están presionándole para que retire las quejas.
NOTA **Lean on sb** se puede utilizar en pasiva: *I was being leaned on.* | *v+prep+n/pron*

lean on sb/sth (*tb* **lean upon sb/sth** *más formal*) apoyarse en algn/algo: *It's reassuring to have someone to lean on.* Tranquiliza tener a alguien en quien apoyarse. | *v+prep+n/pron*

lean towards sth (*USA tb* **lean toward sth**) inclinarse por algo: *I'm not sure how I'm going to vote but I'm leaning towards Labour.* No estoy segura de a quién voy a votar pero me inclino por los laboristas. | *v+prep+n/pron*
= **tend towards sth**

lean upon sb/sth *Ver* LEAN ON SB/STH | *v+prep+n/pron*

leap /liːp/ *pret, pp* **leaped** /liːpt/ o **leapt** /lept/

leap at sth aprovechar algo sin dudarlo: *She leapt at the chance of working in Paris.* No dejó pasar la oportunidad de trabajar en París. | *v+prep+n/pron*
[0] **a chance, an opportunity**
= **jump at sth**

leap down bajarse de repente/de un salto: *The cat leapt down from the tree as soon as it saw the bird.* El gato se bajó del árbol de un salto, en cuanto vio al pájaro. | *v+adv*
= **jump down**

leap on sth (*tb* **leap upon sth** *más formal*) (*esp GB*) aferrarse, agarrarse a algo: *The press leapt on the story.* La prensa se agarró a la noticia. | *v+prep+n/pron*

leap out at sb atraer inmediatamente la atención de algn (*normalmente referido a un texto escrito*): *His name leapt out at me from the page.* Su nombre me llamó la atención inmediatamente, en cuanto lo leí. | *v+adv+prep+n/pron*
= **jump out at sb**

leap up (from sth) levantarse de un salto/rápidamente (de algo): *He leapt up and ran to answer the door.* Se levantó de un salto y corrió a abrir la puerta. | *v+adv*
= **jump up, spring up** (1)

leap upon sth *Ver* LEAP ON STH | *v+prep+n/pron*

leave /liːv/ *pret, pp* **left** /left/

leave sth aside dejar algo de lado: *Let us leave aside the question of costs for the moment.* De momento dejemos de lado la cuestión de los costos. ◊ *Leaving that aside…* Aparte de eso…
NOTA **Leave sth aside** se utiliza mucho en gerundio: *Leaving aside the weather, do you think it's a good place for a holiday?* | *v+adv+n*
v+pron+adv
v+n+adv (*menos frec*)
[0] **the question of…, that, this**

leave sb behind dejar a algn atrás: *This model is going to leave the competition far behind.* Este modelo va a dejar muy atrás a la competencia. | *v+n/pron+adv*

leave sb/sth behind ☆ **1** olvidarse de algn/algo, dejarse a algn/algo: *Somebody has left their umbrella behind.* Alguien se ha dejado el paraguas. ◊ *Wait — don't leave me behind!* ¡Esperad, no me dejéis! **2** dejar a algn/algo: *He died of an overdose leaving behind a wife and two children.* Murió de una sobredosis dejando esposa y dos hijos. ◊ *They wore gloves so as not to leave any fingerprints behind.* Llevaban guantes para no dejar huellas. | *v+n/pron+adv*
v+adv+n

236

leave sth behind (tb **leave sth behind sb**) dejar algo atrás: *He was anxious to leave the past behind (him).* Quería dejar atrás el pasado a toda costa.

v+n/pron+adv
v+adv+n
v+n/pron+prep+pron

leave sth in dejar algo, no omitir/quitar algo: *Make sure you leave that paragraph in.* No quites ese párrafo.

v+n/pron+adv
v+adv+n
≠ **leave sth out** (1)

leave off; **leave off sth/doing sth** (GB, coloq) dejar algo/de hacer algo: *He swore that he would leave off the drink for good this time.* Juró que esta vez dejaría la bebida para siempre. ◊ *We're going to try and pick up where they left off.* Vamos a intentar continuar con su trabajo. ◊ *'Will you leave off nagging?' he shouted.* —¿Vas a dejar de refunfuñar? —gritó.

v+adv
v+prep+n/pron
v+prep+-ing

NOTA **Leave off** se utiliza mucho en imperativo: *Leave off! You've made your point.*

leave sb/sth off; **leave sb/sth off sth** no incluir a algn/algo (en algo): *Have I left anyone off the list?* ¿Falta alguien en la lista?

v+n/pron+adv
v+adv+n
v+n/pron+prep+n/pron

leave sth off 1 (*ropa*) no ponerse algo, no poner algo a algn: *It's too hot to wear socks. Leave them off.* Hace demasiado calor para calcetines. No te los pongas. 2 dejar algo sin poner: *He always leaves the lid off.* Nunca pone la tapa. ◊ *You've left the handbrake off.* No has puesto el freno de mano. 3 (*aparato*) dejar algo apagado, no encender algo: *Leave the light off.* Deja la luz apagada.

v+n/pron+adv
v+adv+n
≠ **leave sth on**
2 ⓪ **the lid, the top**

leave sth on 1 (*ropa*) dejarse algo puesto: *Leave your shoes on.* No te quites los zapatos. 2 (*aparato*) dejar algo encendido: *I found the television had been left on all night.* Me encontré con que habían dejado la televisión encendida toda la noche.

v+n/pron+adv
v+adv+n
≠ **leave sth off**
1 ⓪ **your socks**
2 ⓪ **the light**
= **keep sth on** (2)

leave sb out (**of sth**) excluir a algn (de algo): *There was an outcry when he was left out of the team.* Hubo protestas cuando quedó excluido del equipo. *Ver tb* LEAVE SB/STH OUT OF STH
▶ **left out** *adj* [pred] excluido: *I felt a bit left out.* Me sentí un poco apartada.

v+n/pron+adv
v+adv+n
= **exclude sb** (*más formal*)

NOTA El adjetivo **left out** siempre se utiliza detrás de un verbo.

leave sb/sth out of sth no meter a algn/algo en algo, dejar a algn/algo fuera de algo: *Leave my brother out of this — he had nothing to do with it.* No metas a mi hermano en esto, él no tuvo nada que ver. *Ver tb* LEAVE SB/STH OUT (OF STH)

v+n/pron+adv+prep+n/pron

leave sth out ☆ **1** omitir algo: *You can leave out the gory details.* Puedes ahorrarte los detalles sangrientos. ◊ *This is spelt wrongly. You've left out the 'e'.* Esto está mal escrito. Te has dejado la "e". **2** dejar algo fuera: *We left a drink out for Father Christmas.* Dejamos una copita para Papá Noel. **3** dejar algo sin recoger: *She's left all her toys out again.* Ha vuelto a dejar los juguetes sin recoger.

v+n/pron+adv
v+adv+n
1 v+adv+n
v+n/pron+adv
= **omit sth** (*más formal*)
≠ **leave sth in**

leave it out! (GB, coloq) **1** ¡para!, ¡basta!: *Leave it out, you idiots!* ¡Ya basta, imbéciles! **2** ¡venga ya!, ¡anda ya!: *Two million dollars? Leave it out!* ¿Dos millones de dólares? ¡Venga ya!

v+it+adv

NOTA **Leave it out** se utiliza siempre en imperativo.

leave

be left over quedar, sobrar: *We could make sandwiches with the chicken that's left over.* Se pueden hacer unos sandwiches con el pollo que sobre. | *be + v + adv*
▶ **leftover** *adj* [atrib] que ha sobrado: *What do you want to do with these leftover vegetables?* ¿Qué quieres hacer con estas verduras que han sobrado?
NOTA Nótese que el adjetivo **leftover** siempre se utiliza delante de un sustantivo: *What shall we do with the leftover wool?*
▶ **leftover** *n* **1 (from sth)** (*GB*) vestigio (de algo) **2 leftovers** *n* [pl] sobras (*de comida*)

leave sb to sth (irse y) dejar a algn que haga algo: *If you don't need me any more, I'll leave you to it.* Si no me necesitas más, te dejo que sigas. ◊ *I'll leave you to your lunch.* Me voy, te dejo que comas. | *v + n/pron + prep + n/pron*
NOTA **Leave sb to sth** se utiliza mucho en la construcción **leave sb to it**.

---

lend /lend/ *pret, pp* **lent** /lent/

lend sth out (to sb) (*biblioteca, banco*) prestar algo (a algn): *The reference books cannot be lent out.* Los libros de consulta no pueden sacarse. | *v + n/pron + adv*
v + adv + n

lend itself/themselves to sth (*formal*) prestarse a algo: *Her novels lend themselves well to serialization for television.* Sus novelas se prestan fácilmente a adaptaciones para televisión. | *v + reflex + prep + n/pron*

---

let /let/ **-tt-** *pret, pp* **let**

let sb down ☆**1** defraudar, decepcionar a algn: *It's important our decision doesn't let down our customers.* Es importante que nuestra decisión no defraude a nuestros clientes. ◊ *He trudged home feeling lonely and let down.* Se fue despacio a casa sintiéndose solo y defraudado. ☆**2** (*tb* **let yourself down**) fallarle a algn, quedar mal: *She said she would help, but let them down at the last minute.* Dijo que ayudaría pero les falló en el último instante. ◊ *This machine won't let you down.* Esta máquina no le fallará. ◊ *I know I let myself down by not doing the work.* Yo sé que quedo mal por no hacer el trabajo. ◊ *She speaks French very fluently, but her pronunciation lets her down.* Habla muy bien francés, pero le falla la pronunciación. **3** amortiguar el golpe a algn, dar las malas noticias a algn con tiento: *When I heard the trip had been cancelled, I tried to let the children down gently.* Cuando me enteré de que habían anulado el viaje, intenté decírselo a los niños con mucho tiento.
LOC **let the side down** (*GB*) fallar a los demás: *I let the side down by coming last.* Fallé a los demás llegando el último.
▶ **let-down** *n* [gen sing] decepción, chasco: *He was a bit of a let-down when I met him.* Me llevé un poco de chasco cuando le conocí. | **1** *v + n/pron + adv*
v + adv + n
2 *v + adv + n*
v + n/pron + adv
v + reflex + adv
3 *v + n/pron + adv*
v + adv + n

let sth down **1** bajar algo: *We let the bucket down on a rope.* Bajamos el cubo con una cuerda. **2** (*dobladillo*) sacar, bajar algo: *I'm going to let the hem down a couple of centimetres.* Voy a sacar el bajo un par de centímetros. **3** (*GB*) deshinchar, desinflar algo: *The tyres on his car had been let down during the night.* Le deshincharon las ruedas del coche durante la noche. | *v + n/pron + adv*
v + adv + n
1 = **lower sth** (*más formal*)
2 ◯ **a hem**
≠ **take sth up** (3), **turn sth up** (2)
3 ◯ **a tyre**
= **deflate sth** (*más formal*)
≠ **blow sth up** (1)
LOC **let your hair down** (*coloq*) soltarse la melena: *There's nothing wrong in letting your hair down from time to time.* No hay nada de malo en soltarse la melena de vez en cuando.

let yourself down *Ver* LET SB DOWN (2) | *v + reflex + adv*

☆ **let sb/sth in**; **let sb/sth into sth** dejar entrar a algn/algo (en algo): *The guard refuses to let anyone in without a security pass.* El guardia no deja entrar a nadie sin el pase de seguridad. ◊ *He was let into the building by another resident.* Otro residente le abrió la puerta.

v+n/pron+adv
v+adv+n
v+n/pron+prep+n

☆ **let sth in** dejar entrar/pasar algo: *There was a hole in the roof that let the rain in.* Había un agujero en el tejado por donde entraba el agua de la lluvia. ◊ *I drew the curtains to let in some light.* Descorrí las cortinas para dejar entrar la luz.
NOTA Let sth in no se puede utilizar en pasiva.
▶ **inlet** *n* **1** brazo (*de mar, río, etc.*), ensenada **2** entrada: *fuel inlet* entrada de combustible **NOTA** Este sentido del sustantivo **inlet** también puede utilizarse delante de otro sustantivo: *an inlet pipe*.

v+n/pron+adv
v+adv+n
[0] **the light, the rain**

let yourself in; **let yourself into sth** entrar (en algo): *She let herself into the flat.* Abrió la puerta y entró en el piso.

v+reflex+adv
v+reflex+prep+n

let sb in for sth; **let yourself in for sth** (*coloq*) meter a algn en algo, meterse en algo: *If I'd known what I was letting myself in for, I'd never have agreed to help.* Si hubiera sabido en lo que me estaba metiendo, no habría accedido a ayudar.
NOTA Let sb in for sth se utiliza mucho en construcciones interrogativas con **what**: *What have you let me in for?*

v+n/pron+adv+prep+n/pron
v+reflex+adv+prep+n/pron

let sb in on sth (*GB tb* **let sb into sth**) (*coloq*) contar, confiar algo a algn: *Are you going to let them in on the plans?* ¿Les vas a contar los planes? ◊ *I'll let you into a secret ...* Te voy a confiar un secreto ...

v+n/pron+adv+prep+n/pron
v+n/pron+prep+n/pron
[0] **a secret**

let off (*GB, coloq*) tirarse un pedo

v+adv

let sb off 1 (**with sth**) perdonar a algn (*no castigarlo*), dejar escapar a algn (con algo) (*con un castigo leve*): *I'll let you off this time, but don't do it again.* Por esta vez te perdono, pero no lo vuelvas a hacer. ◊ *She was let off with a fine.* Solo le pusieron una multa. **2** (*tb* **let sb off sth**) perdonar a algn (algo) (*una obligación o tarea*), librar a algn (de algo): *I usually help with the shopping, but Dad let me off because I was going out.* Normalmente ayudo con la compra, pero mi padre me perdonó porque iba a salir. ◊ *Mum let me off the housework during the exam period.* Mamá me perdonó las tareas de casa durante los exámenes. ◊ *We were let off because the teacher was ill.* No tuvimos clase porque el profesor estaba enfermo. **3** dejar salir/bajar a algn: *Can you let me off at the next stop, please?* ¿Me deja salir en la siguiente parada, por favor?
LOC **let sb off the hook** dejar que algn se libre (*de hacer una labor, de pasar por una situación difícil, etc.*): *I thought I'd have to help but John volunteered so I was let off the hook.* Pensé que tendría que ayudar, pero John se ofreció voluntario y me libré.

v+n/pron+adv
2 *v+n/pron+adv*
v+n/pron+prep+n/pron

let sth off 1 hacer estallar algo: *They were letting off fireworks.* Hacían estallar fuegos artificiales. **2** disparar, lanzar algo: *He let off a warning shot.* Hizo un disparo de advertencia.
LOC **let off steam** desfogarse

v+adv+n
v+n/pron+adv
1 [0] **a firework**
2 [0] **a shot**

let on (**to sb**) (**about sth/that ...**) (*coloq*) contarle, decirle (a algn) (algo/que ...) (*un secreto*): *Don't let on, will you?* No se lo dirás a nadie, ¿verdad? ◊ *Don't let on to your mother about the party.* No le cuentes a tu madre lo de la fiesta. ◊ *Don't let on that I told you.* No le digas a nadie que te lo dije.

v+adv

let out (*USA*) terminar (*y dejar salir a la gente*): *School lets out at 3 o'clock.* El colegio termina a las tres.

v+adv

let

let sb out (of sth) **1** eximir a algn (de algo): *My boss has refused to let me out of my contract.* Mi jefe se ha negado a eximirme del contrato. **2** eliminar a algn (de algo): *They think the attacker was very tall, so that lets you out.* Creen que el agresor era muy alto, así que eso te elimina.
▸ **let-out** *n* [sing] (*esp GB*) escapatoria: *Good — we have a let-out now.* Fenomenal, ya tenemos escapatoria.
<u>NOTA</u> Nótese que el sustantivo **let-out** también se puede utilizar delante de otro sustantivo: *a let-out clause*.

v + n/pron + adv
v + adv + n

☆ **let sb/sth out; let yourself out (of sth)** dejar salir a algn/algo (*referido a persona o animal*) (de algo), salir: *Here's the key, so you can let yourself out of the house.* Toma la llave para que puedas salir de casa. ◊ *The teacher let us out early.* La profesora nos dejó salir temprano. ◊ *I was amazed they let her out of hospital so soon.* Me sorprendió que la dieran el alta tan pronto.
<u>LOC</u> **let the cat out of the bag** levantar la liebre, descubrir el pastel

v + n/pron + adv
v + adv + n
v + reflex + adv

let sth out **1** dejar escapar, soltar algo: *She let out a scream of terror.* Dejó escapar un grito de terror. ◊ *He let out a sigh of relief.* Exhaló un suspiro de alivio. **2** revelar algo (*por descuido*): *He's the only person who could have let the secret out.* Es el único que puede haber revelado el secreto. **3 (to sb)** (*GB*) alquilar algo (a algn): *The flat's been let out to a German couple.* Han alquilado el piso a una pareja de alemanes. **4** (*prenda de vestir*) sacar algo (*para hacerlo más grande*): *His trousers have had to be let out round the waist.* Ha habido que sacarle la cintura del pantalón. **5 (of sth)** dejar salir algo (de algo): *We need to let the air out of the radiator.* Hace falta dejar salir el aire del radiador.
▸ **outlet** *n* **1 (for sth)** desahogo, salida (a algo): *Children need an outlet for all their energy.* Los niños necesitan dar salida a toda su energía. **2** desagüe, salida <u>NOTA</u> Nótese que en este sentido, el sustantivo **outlet** también puede utilizarse delante de otro sustantivo: *an outlet pipe*. **3** (*USA*) toma de corriente, enchufe

v + adv + n
v + n/pron + adv

1 [0] a cry, a breath, a sigh
≠ hold sth in (2)
2 [0] a secret
= reveal sth (*más formal*)
3 [0] a flat, a house
= rent sth out
4 [0] a skirt, a pair of trousers, etc.
≠ take sth in (7)

let sb/sth through **1** dejar que algn/algo pase: *The crowd moved aside to let the ambulance through.* La gente se hizo a un lado para dejar pasar la ambulancia. ◊ *These blinds don't let much light through.* Estas persianas no dejan entrar mucha luz. **2** (*esp GB*) aprobar a algn/algo: *I'm not a confident driver, but the examiner let me through.* No conduzco con seguridad, pero el examinador me aprobó. ◊ *We were worried they wouldn't let the contract through.* Estábamos preocupados por si no aprobaban el contrato.

v + n/pron + adv
v + adv + n (poco frec)

let up **1** amainar: *The weather didn't let up.* El tiempo no mejoró. ◊ *Will the wind ever let up?* ¿Amainará de una vez el viento? **2** cejar, desistir: *We mustn't let up, even though we're winning.* No debemos bajar la guardia a pesar de que vamos ganando. ◊ *Doesn't she ever let up? She's been moaning all day.* ¿Es que no ceja nunca? Lleva todo el día quejándose.
▸ **let-up** *n* [sing] interrupción, disminución, tregua: *There can be no let-up in the war against drugs.* No se puede dar tregua a la lucha contra las drogas. ◊ *The rain continued all afternoon with no let-up.* Siguió lloviendo toda la tarde, sin interrupción.

v + adv
1 [S] the rain

level /'levl/ -ll- (USA) -l-

level sth against/at sb/sth dirigir algo a/contra algn/algo: *The charges levelled against him are unjust.* Los cargos contra él son injustos.

NOTA Level sth against/at sb/sth se utiliza mucho en pasiva: *Accusations of incompetence have been levelled at the headteacher.*

v+n+prep+n/pron
[O] **a charge, a criticism, an accusation**

level sth at sb/sth 1 apuntar con algo a algn/algo: *She levelled the pistol at his head.* Le apuntó a la cabeza con la pistola. **2** *Ver* LEVEL STH AGAINST/AT SB/STH

1 v+n/pron+prep+n/pron
2 v+n+prep+n/pron

level sth down bajar algo, bajar el nivel de algo: *Teachers are accused of levelling standards down to suit the needs of less able students.* Se acusa a los profesores de bajar el nivel para acomodar las necesidades de los alumnos menos capaces.

v+n/pron+adv
v+adv+n
≠ **level sth up**

level off/out 1 estabilizarse: *House prices showed no sign of levelling off.* El precio de las casas no daba señales de estabilizarse. **2** (*carretera, terreno, avión*) nivelarse: *The road began to level off as we approached the coast.* La carretera empezó a nivelarse según nos aproximábamos a la costa. ◊ *The plane levelled off at 20 000 feet.* El avión se niveló a 20.000 pies.

v+adv
= **even out**

level sth off/out (*superficie, terreno*) nivelar algo

v+n/pron+adv
v+adv+n

level out *Ver* LEVEL OFF/OUT

v+adv

level sth out *Ver* LEVEL STH OFF/OUT

v+n/pron+adv
v+adv+n

level sth up subir algo, subir el nivel de algo

v+n/pron+adv
v+adv+n
≠ **level sth down**

level with sb (*coloq*) ser sincero/franco con algn: *I've got the feeling that he's not levelling with me.* Tengo la impresión de que no está siendo sincero conmigo.

v+prep+n/pron

lick /lɪk/

lick sth off; lick sth off sth chupar algo (de algo) (*para quitarlo*): *She licked the jam off (the spoon).* Chupó la mermelada (de la cuchara).

v+n/pron+adv
v+adv+n
v+n/pron+prep+n/pron

lick sth up chupar algo (*para quitarlo*): *The cat licked the milk up off the floor.* El gato chupó la leche del suelo.

v+n/pron+adv
v+adv+n

lie /laɪ/ *pret* lay /leɪ/ *pp* lain /leɪn/ *part pres* lying

lie about/around; lie about/around sth 1 estar tumbado (en …) (*sin hacer nada*): *She's been lying around the house all day doing nothing.* Ha estado todo el día tumbada por la casa sin hacer nada. **2** estar tirado/esparcido (por …): *His clothes lay around all over the floor.* Su ropa estaba tirada por todas partes. ◊ *'Have you seen my purse?' 'It was lying about in the kitchen when I last saw it.'* —¿Has visto mi monedero? —La última vez que lo vi estaba por ahí en la cocina. **NOTA** En este sentido, este *phrasal verb* se utiliza mucho en la frase **leave sth lying about/around**: *He left his camera lying around and somebody stole it.*

v+adv
v+prep+n
1 = **laze about/around, laze about/around sth, lounge about/around, lounge about/around sth**

lie

lie ahead (of sb) aguardarle, esperarle a algn (*en un futuro*): *Who knows what problems lie ahead of us?* ¡Quién sabe qué problemas nos aguardan! ◊ *Great opportunities lie ahead.* Nos esperan grandes oportunidades.
v+adv
[5] **problems, challenges, tasks**

lie back (in/on sth) recostarse (en/sobre algo): *She lay back on the pillows and closed her eyes.* Se recostó sobre las almohadas y cerró los ojos. ◊ *Just lie back and relax.* Échate para atrás y relájate.
v+adv

lie before sb (*formal*) **1** estar delante de algn: *A terrible sight lay before them.* La escena que tenían delante era horrible. **2** aguardarle, esperarle a algn (*en un futuro*): *Our whole future lies before us.* Tenemos todo el futuro por delante.
v+prep+n/pron

lie behind sth haber detrás de algo: *She understood the feelings that lay behind his outburst.* Entendía los sentimientos que había detrás de su arrebato. ◊ *This was the thinking that lay behind the plan.* Esto era lo que se pretendía con el plan.
v+prep+n/pron

☆ **lie down** echarse, acostarse: *Go and lie down for a while.* Vete a echarte un rato. ◊ *He lay down on the sofa and soon fell asleep.* Se acostó en el sofá y se quedó dormido en seguida. ◊ *The coughing is worse when he's lying down.* Le da más tos cuando está acostado.
v+adv

LOC **take sth lying down** aguantar algo sin rechistar: *She refuses to take this criticism lying down.* Se niega a aguantar esta crítica sin rechistar.

▶ **lie-down** *n* [sing] (*GB, coloq*) siesta: *to have a lie-down* echarse/acostarse un rato

lie in (*GB, coloq*) levantarse tarde, quedarse en la cama: *It's Saturday tomorrow, so you can lie in.* Mañana es sábado, así que podrás levantarte tarde.
v+adv
= **sleep in**

▶ **lie-in** *n* (*GB, coloq*): *to have a lie-in* levantarse tarde

lie up (*GB*) esconderse, ocultarse: *The fugitives lay up in the caves until it got dark.* Los fugitivos se escondieron en las cuevas hasta el anochecer.
v+adv

lie with sb (to do sth) (*formal*) (*culpa, responsabilidad, decisión*) corresponder a algn, estar en manos de algn (hacer algo): *The public is convinced that the blame lies with the police.* La gente está convencida de que la culpa la tiene la policía. ◊ *It lies with you to accept or reject the proposal.* A usted le corresponde aceptar o rechazar la propuesta. ◊ *The decision on whether to proceed lies with the minister.* La decisión de proceder está en manos del ministro.
v+prep+n/pron
= **rest with sb**

lie with sb/sth (*problema*) radicar, estar en algn/algo: *The real problem lies with the way the law is interpreted.* El verdadero problema radica en la interpretación de la ley.
v+prep+n/pron

lift /lɪft/

lift off (*cohete*) despegar: *The rocket lifts off next Monday.* El cohete despegará el próximo lunes.
v+adv
= **blast off**

▶ **lift-off** *n* despegue: *Ten minutes to lift-off.* Diez minutos para el despegue.

lift sb/sth up; lift yourself up levantar a algn/algo, levantarse: *I can't lift you up — you're too heavy!* No puedo levantarte, ¡pesas demasiado! ◊ *She lifted herself up on one elbow.* Se levantó apoyándose en el codo. ◊ *Lift your chin up so I can fasten your helmet.* Levanta la barbilla para que te pueda abrochar el casco.
v+n/pron+adv
v+adv+n
v+reflex+adv

light /laɪt/ pret, pp lit /lɪt/

light on/upon sb/sth (*formal*) **1** (*mirada, vista*) posarse en algn/algo: *Her gaze lighted on her daughter.* Su mirada se posó en su hija. **2** dar con algn/algo, descubrir a algn/algo: *They have lit upon important new material.* Han dado con importante material nuevo.
NOTA Para formar el pasado y el participio pasado de **light on/upon sb/sth** se pueden utilizar las formas **lighted** y **lit**.

v + prep + n/pron
= **alight on/upon sb/sth**
2 = **hit on/upon sb/sth**

light up 1 iluminarse, encenderse: *She switched the monitor on and the screen lit up.* Encendió el monitor y la pantalla se iluminó. **2 (with sth)** (*cara, ojos*) iluminarse (de algo): *Her eyes lit up when she saw them.* Se le iluminaron los ojos cuando los vio. **3** (*coloq*) encender un cigarrillo, una pipa, etc.: *She took out a cigarette and lit up.* Sacó un cigarrillo y lo encendió.

v + adv
2 ⑤ sb's face, sb's eyes

light sth up 1 iluminar algo: *Flashes of lightning lit up the sky.* La luz de los relámpagos iluminó el cielo. **2** iluminar, alegrar algo: *A smile of delight lit up her face.* Una sonrisa de placer le iluminó la cara. **3** encender algo (*para fumar*): *She lit up one cigarette after another.* Encendía un cigarrillo detrás de otro.

v + adv + n
v + pron + adv
v + n + adv (*menos frec*)
1 = **illuminate sth** (*más formal*)
2 ⓪ sb's face, the stage
= **illuminate sth** (*más formal*)
3 ⓪ a cigarette, a pipe

light upon sb/sth Ver LIGHT ON/UPON SB/STH

v + prep + n/pron

lighten /'laɪtn/

lighten up (*coloq*) relajarse: *Lighten up!* ¡Relájate!
NOTA **Lighten up** se utiliza mucho en imperativo.

v + adv

lighten sth up (*coloq*) animar algo, darle un tono menos serio a algo: *He did his best to lighten things up.* Hizo lo que pudo para animar las cosas. ◊ *She had lightened up her speech with a couple of anecdotes.* Había animado el discurso con un par de anécdotas.

v + n/pron + adv
v + adv + n

liken /'laɪkən/

liken sb/sth to sb/sth comparar a algn/algo con algn/algo: *He has been likened to a young George Best.* Se le ha comparado con George Best de joven.
NOTA **Liken sb/sth to sb/sth** se utiliza mucho en pasiva.

v + n/pron + prep + n/pron

limber /'lɪmbə(r)/

limber up (for sth) 1 (*Dep*) calentar, calentarse (para algo): *The players were limbering up for the match.* Los jugadores estaban calentado para el partido. **2** prepararse (para algo): *Both parties have been limbering up for the big event.* Los dos partidos han estado preparándose para el gran acontecimiento.

v + adv
= **warm up** (3,4)

limit /'lɪmɪt/

limit sth to sb/sth limitar algo a algn/algo: *Violent crime is not limited to big cities.* La criminalidad no se limita a las grandes ciudades.
NOTA **Limit sth to sb/sth** se utiliza mucho en pasiva: *The teaching of history should not be limited to dates and figures.*

v + n/pron + prep + n/pron

line /laɪn/

line up 1 (for sth/to do sth) ponerse en fila, hacer cola (para algo/hacer algo): *A group of people were lining up for tickets.* Había un grupo de gente haciendo cola para sacar entradas. ◊ *They lined up to shake the Prime Minister's hand.* Hicieron cola para dar la mano al Primer Ministro. **2 (for sth)** alinearse (para algo): *The runners lined up at the starting line.* Los corredores se alinearon en la salida. **3** aunarse: *Local groups are lining up against the new development.* Los grupos locales están cerrando filas contra la nueva urbanización. ◊ *Several newspapers lined up to demand his resignation.* Varios periódicos se aunaron para pedir su dimisión. **4 (with sth)** casar, coincidir (con algo): *The tiles should line up with the edge of the bath.* Los azulejos deben coincidir con el borde de la bañera.
▶ **line-up** *n* [gen sing] **1** ronda de identificación: *The police have organized a line-up for tomorrow.* La policía ha organizado una ronda de identificación para mañana. **2** (*Dep*) alineación **3** (*Mús*) componentes (*de un grupo*) **4** lista, serie (*de programas, personas, etc.*)

v+adv

line sb/sth up 1 alinear a algn/algo, poner a algn/algo en fila: *She lined the children up for the photograph.* Puso a los niños en fila para la foto. ◊ *His CDs were lined up on the shelf.* Tenía los compacts alineados en el estante. **2 (for sb/sth)** organizar algo (para algn/algo), buscar a algn (para algn/algo): *He's lined up a band for the party.* Ha buscado un grupo musical para la fiesta. ◊ *We've lined up a few things for the weekend.* Hemos organizado unas cuantas cosas para el fin de semana. ◊ *They already had a potential buyer lined up.* Ya tenían localizado un posible comprador.
▶ **line-up** *n Ver* LINE UP

v+adv+n
v+n/pron+adv

line sth up (with sth) hacer coincidir, alinear, casar algo (con algo): *Line the paper up with these arrows.* Pon el papel de forma que coincida con estas flechas.

v+n/pron+adv
v+adv+n

linger /ˈlɪŋɡə(r)/

linger on 1 (*recuerdo*) perdurar: *The memory of that day lingers on in the minds of local people.* El recuerdo de aquel día aún perdura en la mente de los habitantes. **2** (*olor*) permanecer: *The smell lingered on for days after.* El olor permaneció durante días. **3** (*enfermo*) tardar en morirse: *We should be thankful that she didn't linger on.* Gracias a Dios, no tardó demasiado en morirse.

v+adv

link /lɪŋk/

link up 1 (with sb) conectar (con algn): *We are trying to link up with other charities working in the area.* Estamos intentando conectar con otras organizaciones benéficas de la zona. **2 (with sth)** (*Transportes*) empalmar (con algo): *The two spacecraft will link up in orbit.* Las dos naves espaciales se acoplarán estando en órbita.
▶ **link-up** *n Ver* LINK SB/STH UP (TO STH)

v+adv

link sb/sth up (to sth) conectar a algn/algo (a/con algo): *The alarm is linked up to the police station.* La alarma está conectada a la comisaría. ◊ *The new network can link us up to similar organizations around the country.* Gracias a la nueva red podemos conectar con organizaciones similares en todo el país.
▶ **link-up** *n* enlace, conexión: *There was a live satellite link-up with the show.* Conectaron vía satélite en directo con el espectáculo.

v+n/pron+adv
v+adv+n

liquor /ˈlɪkə(r)/

be/get liquored up (*USA, coloq*) emborracharse, mamarse: *They got liquored up on Saturday night.* El sábado por la noche se emborracharon.

be/get + v + adv

listen /ˈlɪsn/

listen for sb/sth escuchar atentamente intentando oír a algn/algo: *She held her breath and listened for a sound from downstairs.* Contuvo la respiración y escuchó atentamente a ver si oía ruidos abajo.

v + prep + n/pron

listen in 1 (on/to sth) escuchar (algo) (*a hurtadillas*): *She had been listening in on my phone calls.* Había estado escuchando mis llamadas. ◊ *They were sure that the police were listening in to their conversations.* Estaban convencidos de que la policía escuchaba sus conversaciones. **2 (to sth)** (*Radio, TV*) escuchar (algo): *They listened in to the match on the radio.* Escucharon el partido por la radio. ◊ *Listen in on Friday for our interview with George Michael.* No se pierdan nuestra entrevista con George Michael el viernes.

v + adv

listen out for sb/sth estar atento al ruido de algo: *Will you listen out for the phone while I'm in the bath?* ¿Puedes estar atento al teléfono mientras me baño?

v + adv + prep + n/pron
[0] **the sound of** ... ,
the doorbell, the phone

listen up! (*esp USA, coloq*) ¡atiende!: *Listen up you lot, this is important!* ¡Atended, esto es importante!
NOTA Listen up se utiliza siempre en imperativo.

v + adv

live /lɪv/

live by sth vivir de acuerdo a algo: *His proposition went against the principles she tried to live by.* Su propuesta iba contra los principios de acuerdo a los cuales ella intentaba vivir.
LOC **live by your wits** vivir del cuento

v + prep + n/pron
[0] **principles, standards**

live sth down lograr que se olvide algo (*escandaloso, embarazoso*): *It was so embarrassing they never lived it down.* Fue tan embarazoso que nunca lograron que se olvidase.
NOTA Live sth down no se puede utilizar en pasiva. Se usa mucho en la construcción **never live it down**: *I'll never live it down.*

v + n/pron + adv
v + adv + n

live for sb/sth vivir para algn/algo: *She lives for her work.* Vive para su trabajo.

v + prep + n/pron

live in ser interno, vivir en el lugar donde se trabaja o estudia: *They have a nanny living in.* Tienen una niñera que vive con ellos. ◊ *Most students live in during their first year.* La mayoría de los estudiantes son internos el primer año.
▶ **lived-in** *adj* acogedor, hogareño: *The house had a lived-in feel.* La casa era muy acogedora. ◊ *Well, the house certainly looks lived-in!* Desde luego es una casa muy acogedora.
▶ **live-in** *adj* [atrib] que vive en el mismo sitio: *He has decided to marry his live-in lover.* Ha decidido casarse con la amante con la que vive.
NOTA El adjetivo live-in siempre se usa delante de un sustantivo.

v + adv
≠ **live out**

live off sb/sth vivir de algn/algo, vivir a costa de algn: *He had to live off his savings.* Tuvo que vivir de sus ahorros. ◊ *You can't live off your parents forever!* ¡No puedes vivir a costa de tus padres toda la vida!

v + prep + n/pron

live

live off sth (*tb* **live on sth**) alimentarse, vivir de algo: *When I was a student I lived off bread and cheese.* Cuando era estudiante vivía de pan y queso. | v+prep+n/pron
LOC **live off the land** vivir de la tierra

live on seguir viviendo, perdurar: *He may be dead but his music lives on.* Estará muerto, pero su música perdura. | v+adv

live on sth 1 vivir de algo: *How did you manage to live on a student grant?* ¿Cómo te las arreglaste para vivir de una beca? **2** (*tb* **live off sth**) alimentarse de algo: *She was living on fruit and vegetables.* Se alimentaba de fruta y verdura. | v+prep+n/pron
1 ⓪ **a pension, the interest**

live out (*GB*) ser externo, vivir fuera del lugar donde se trabaja o estudia: *I lived out during my final year.* Durante el último curso estuve externo. | v+adv
≠ **live in**

live out sth; **live it/them out 1** realizar algo, convertir algo en realidad: *On holiday in Texas I lived out my childhood fantasy of being a cowboy.* Durante mis vacaciones en Texas pude realizar mi sueño de niño, ser un vaquero. **2** vivir el resto de algo: *She lived out the rest of her life in poverty.* Vivió el resto de su vida en la miseria. | v+adv+n
v+pron+adv
1 ⓪ **a fantasy, a dream**
2 ⓪ **your life, your days**

live through sth sobrevivir a algo: *He lived through both world wars.* Sobrevivió a las dos guerras mundiales. | v+prep+n/pron

live together convivir, vivir juntos: *There are six students living together in the house.* En la casa conviven seis estudiantes. ◊ *We lived together for a while before we got married.* Vivimos juntos una temporada antes de casarnos. | v+adv

live it up vivir a lo grande: *He was living it up in the Caribbean.* Estaba viviendo a lo grande en el Caribe. | v+it+adv

live up to sth estar a la altura de algo: *The holiday failed to live up to expectations.* Las vacaciones no estuvieron a la altura de lo que se esperaba. | v+adv+prep+n/pron
⓪ **expectations, your name, your reputation**

live with sb vivir con algn: *She went to live with her boyfriend.* Se fue a vivir con su novio. ◊ *He lived with his parents until he got married.* Vivió con sus padres hasta que se casó. | v+prep+n/pron

live with sth; **live with yourself** aceptar algo, aceptarse a uno mismo: *You might not like the situation, but you'll have to learn to live with it.* Puede que no te guste la situación, pero tendrás que aprender a aceptarla. ◊ *She wouldn't be able to live with herself if she betrayed him.* No podría aceptarse a sí misma si lo traicionase. | v+prep+n/pron
v+prep+reflex

liven /ˈlaɪvn/

liven up animarse: *She livened up when Alan asked her to dance.* Se animó cuando Alan la sacó a bailar. | v+adv

liven sb/sth up alegrar, animar a algn/algo: *Put some music on to liven things up.* Pon algo de música para alegrar el ambiente. | v+n/pron+adv
v+adv+n

load /ləʊd; *USA* loʊd/

load sb/sth down (with sth) **1** cargar a algn/algo (de/con algo): *She was loaded down with books.* Iba cargada de libros hasta los topes. ◊ *He was accused of loading the economy down with taxes.* Se le acusó de cargar la economía de impuestos. **2** agobiar a algn/algo (de/con algo): *We've been loaded down with work recently.* Recientemente hemos estado agobiados de trabajo.
NOTA **Load sb/sth down** se utiliza mucho en la construcción **be loaded down (with sth)**: *The lorry was loaded down with all their possessions.*
v+n/pron+adv
v+adv+n

load up (with sth) cargar (con algo): *The lorry was loading up outside the warehouse.* El camión estaba cargando fuera del almacén.
v+adv

load sth up (with sth) cargar algo (con algo): *They loaded up the van with all my possessions.* Cargaron la camioneta con todas mis pertenencias.
v+n/pron+adv
v+adv+n
◎ **a car, a van**

---

loaf /ləʊf; *USA* loʊf/

loaf around; loaf around sth (*GB tb* **loaf about, loaf about sth**) (*coloq*) holgazanear, vaguear (por …): *It sounds like an excuse to loaf around to me.* A mí me parece una excusa para holgazanear. ◊ *She just loafs around the streets all day.* Se pasa el día holgazaneando por ahí.
v+adv
v+prep+n/pron

---

loan /ləʊn; *USA* loʊn/

loan sth out (to sb) prestar algo (a algn): *Sometimes we loan out these buses to other companies.* A veces prestamos estos autobuses a otras compañías.
v+adv+n
v+n/pron+adv

---

lock /lɒk; *USA* lɑːk/

lock sb away (*tb* **lock sb up**) encerrar a algn: *He was locked away for the rest of his life.* Lo encerraron para el resto de su vida.
v+n/pron+adv
v+adv+n

lock sth away (*tb* **lock sth up**) guardar algo bajo llave: *She locked the money away in a cupboard.* Guardó el dinero bajo llave en un armario.
NOTA **Lock sth away** se utiliza mucho en pasiva: *The tools are locked away in one of the sheds.*
v+n/pron+adv
v+adv+n

lock yourself away encerrarse: *He locked himself away until he'd finished his work.* Se encerró hasta que terminó el trabajo.
v+reflex+adv
= **shut sb away, shut yourself away**

lock sb/sth in; lock yourself in encerrar a algn/algo bajo/con llave (*referido a persona o animal*), encerrarse bajo/con llave: *The prisoners are locked in every night.* A los prisioneros se los encierra bajo llave cada noche. ◊ *He retreated to his bedroom and locked himself in.* Se refugió en su habitación y se encerró con llave.
▶ **lock-in** *n* (*GB*) tiempo que la gente pasa en un bar, bebiendo después de las horas legales de apertura del negocio
v+n/pron+adv
v+adv+n
v+reflex+adv

lock

lock onto sth (*radar, misil*) localizar algo (y engancharlo/acoplarlo): *The missile can lock onto a target from a kilometre away.* El misil localiza el objetivo y lo engancha a un kilómetro de distancia.
NOTA **Lock onto sth** se puede utilizar en la construcción pasiva: *The missile was locked onto the target.*

v + prep + n/pron
⓪ **a target**

lock sb/sth out 1 (**of sth**) dejar a algn/algo fuera (*referido a persona o animal*) (de algo): *I arrived home to find I was locked out.* Llegué a casa y me encontré con que no podía entrar. **2** (*empleador, patronal*) prohibir la entrada a algn (*hasta que el trabajador acepte las condiciones de la empresa*): *The management will lock out anyone who refuses to sign the new contract.* La dirección prohibirá la entrada a cualquiera que se niegue a firmar el nuevo contrato.
▶ **lockout** *n* cierre patronal

v + n/pron + adv
v + adv + n

lock yourself out (**of sth**) dejarse las llaves dentro (de algo): *How did you manage to lock yourself out?* ¿Cómo conseguiste dejarte las llaves dentro? ◊ *He locked himself out of the car.* Se dejó las llaves dentro del coche.

v + reflex + adv
= **shut yourself out**

lock up cerrar con llave: *Make sure you lock up before you leave.* Asegúrate de cerrar con llave cuando salgas.

v + adv

lock sb up (*tb* **lock sb away**) encerrar a algn: *People like that should be locked up!* ¡Deberían encerrar a la gente así!
LOC **lock sb up and throw away the key** encerrar a algn y tirar la llave al río
▶ **lock-up** *n Ver* LOCK STH UP

v + n/pron + adv
v + adv + n

lock sth up 1 cerrar algo con llave: *She locked the shop up and went home.* Cerró la tienda con llave y se marchó a casa. **2** (*tb* **lock sth away**) guardar algo bajo llave: *Lock your valuables up in the safe.* Guarda tus objetos de valor en la caja fuerte. **3** (**in sth**) (*Fin*) inmovilizar algo (en algo): *All their investments are locked up in long-term bonds.* Tienen todas sus inversiones inmovilizadas en bonos a largo plazo. NOTA En este sentido, **lock sth up** se usa casi siempre en pasiva.
▶ **lock-up** *n* **1** (*tb* **lock-up garage**) (*GB*) garaje **2** (*GB*) local comercial, tienda **3** cárcel, calabozo
NOTA Nótese que el sustantivo **lock-up** también puede utilizarse delante de otro sustantivo: *a lock-up shop.*

v + n/pron + adv
v + adv + n
1 ⓪ **a shop, a house**
2 ⓪ **your valuables**
3 ⓪ **capital, money**
= **tie sth up** (3)

log /lɒg; *USA* lɔːg, lɑːg/ **-gg-**

log in/on; **log into/onto sth** (*Informát*) entrar en el sistema, entrar en … : *I got an error message when I tried to log in.* Recibí un mensaje de "error" cuando intenté entrar en el sistema.
NOTA **Log into/onto sth** se puede utilizar en pasiva: *I was logged onto the computer.*

v + adv
v + prep + n/pron
⓪ **a computer, a system**
≠ **log off/out,**
log off/out of sth

log off/out; **log off/out of sth** (*Informát*) salir del sistema, salir de … : *Try logging out now.* Intenta salir del sistema ahora.
NOTA **Log off/out of sth** se puede utilizar en pasiva: *All the users are logged out of the system.*

v + adv
v + prep + n/pron
v + adv + prep + n/pron
⓪ **a computer, a system**
≠ **log in/on,**
log into/onto sth

log on; **log onto sth** *Ver* LOG IN/ON; LOG INTO/ONTO STH

v + adv
v + prep + n/pron

log out; **log out of sth** *Ver* LOG OFF/OUT; LOG OFF/OUT OF STH

v + adv
v + adv + prep + n/pron

look

loll /lɒl; *USA* lɑːl/

loll about/around; **loll about/around sth** holgazanear, hacer el vago (por ...): *He spent his time just lolling around.* Se pasaba el tiempo haciendo el vago.

v+adv
v+prep+n/pron

---

look /lʊk/

look about; **look about sth** Ver LOOK AROUND; LOOK AROUND STH (1)

v+adv
v+prep+n

look across/over (at/to sb/sth) mirar (hacia donde está algn/algo): *I looked across to where they were sitting.* Miré hacia donde estaban sentados. ◊ *She knew I was there, but she didn't look over.* Sabía que yo estaba allí, pero no miró.

v+adv
= **glance over at sb/sth**

look after sb/sth (*esp GB*) ☆ **1** cuidar de/a algn/algo, ocuparse de algn/algo: *She doesn't look after her things.* No cuida nada sus cosas. ◊ *Sophie will look after the visitors.* Sophie atenderá a las visitas. ◊ *His parents are looking after the children for the weekend.* Sus padres se quedan con los niños el fin de semana. **2** vigilar a algn/algo: *Would you mind looking after my bag for a minute?* ¿Te importaría vigilarme el bolso un momento? **3** proteger a algn/algo, velar por algn/algo: *He's good at looking after his own interests.* Se le da bien lo de mirar por sus propios intereses.
NOTA Look after sb/sth se puede utilizar en pasiva: *He needs to be properly looked after.*

v+prep+n/pron
1 = **care for sb/sth** (1)

look after sth (*GB*) ocuparse, encargarse de algo: *Their accountant looks after the financial side of things.* Su contable se ocupa del aspecto financiero.
NOTA Look after sth se puede utilizar en pasiva: *Everything's being looked after.*

v+prep+n/pron
= **attend to sth** (*más formal*)

look after yourself (*GB*) **1** cuidarse: *He's always ill because he doesn't look after himself properly.* Siempre está enfermo porque no se cuida como debiera. **2** arreglárselas, apañárselas: *They're old enough to look after themselves now.* Ahora ya son mayorcitos y pueden apañarse solos.

v+prep+reflex

look ahead (to sth) pensar en el futuro (en relación a algo): *The team is looking ahead to next season.* El equipo tiene las miras puestas en la próxima temporada. ◊ *Looking ahead to the weekend, the weather will stay fine.* De cara al fin de semana, el tiempo va a permanecer bueno.

v+adv

look around (*tb esp GB* **look round**) ☆ **1 (at sb/sth)** volverse a mirar (a algn/algo): *The people in front kept looking around at us.* La gente que estaba delante de nosotros no paró de volverse a mirarnos. ◊ *He looked around to see if I was still there.* Se giró para ver si yo todavía estaba allí. **2 (for sb/sth)** mirar (*para encontrar a algn/algo*), buscar (a algn/algo): *We're looking around for a new car.* Estamos mirando para comprar un coche nuevo.

v+adv

look around; **look around sth** (*tb esp GB* **look round, look round sth**) **1** (*GB tb* **look about, look about sth**) mirar alrededor, mirar por algo: *He looked around the classroom in dismay.* Consternado, paseó la vista por la clase. ◊ *She came into the room, looked around, then went out.* Entró en la habitación, miró a su alrededor, después salió. **2** ver algo: *They've gone to look around the cathedral.* Han ido a ver la catedral. ◊ *I spent the afternoon looking around the shops.* Pasé la tarde viendo tiendas.

v+adv
v+prep+n
1 = **glance about/around/round**

look

☆ **look at sb/sth 1** mirar a algn/algo: *Don't look at me like that!* ¡No me mires así! ◊ *Not everyone who's rich is happy —just look at Mark and Jane.* No todo el que es rico es feliz, solo tienes que mirar a Mark y Jane. **2** ver, examinar a algn/algo: *I'd like the doctor to look at him.* Me gustaría que lo examinara el médico. ◊ *Can you look at this watch for me? I think it might be broken.* ¿Puede echarle un vistazo a este reloj? Creo que está estropeado. **NOTA** En este sentido, **look at sb/sth** se puede utilizar en pasiva: *I took the car to the garage to be looked at.* **3** considerar a algn/algo, estar dispuesto a aceptar algo: *He won't look at anything under £1 000 for the car.* No considerará menos de mil libras por el coche. **NOTA** En este sentido, **look at sb/sth** se utiliza casi siempre en frases negativas. — v+prep+n/pron **2** = **examine sb/sth** (*más formal*)

look at sth 1 mirar, leer algo: *She sat in the waiting room, looking at a magazine.* Se sentó en la sala de espera, leyendo una revista. **NOTA** En este sentido, **look at sth** se puede utilizar en pasiva: *Don't hand the form in until it's been looked at by a teacher.* **2** considerar, examinar algo: *Have you looked at the possibility of adopting a child?* ¿Habéis considerado la posibilidad de adoptar un niño? ◊ *The film looks at the events leading up to the war.* La película examina los sucesos que condujeron a la guerra. **NOTA** En este sentido, **look at sth** se puede utilizar en pasiva: *Four possible routes were looked at for the new road.* **3** ver algo (*desde una perspectiva determinada*): *If you look at it like that, it's a good thing we didn't go.* Visto así, menos mal que no fuimos. **4** (*coloq*): *You're looking at £600 to get the car fixed.* Calcula que te costará unas 600 libras arreglar el coche. ◊ *If he's found guilty he's looking at a six-year prison sentence.* Si le declaran culpable, le caerán unos seis años de cárcel. **NOTA** En este sentido, **look at sth** siempre se utiliza en tiempos continuos. — v+prep+n/pron

look away (**from sb/sth**) apartar la vista/mirada (de algn/algo): *He mumbled a reply and looked away from me.* Farfulló una respuesta y miró para otro lado. ◊ *She was unable to look away.* No podía apartar la mirada. — v+adv

look back (**at/on/to sth**) pensar en el pasado, recordar algo: *Looking back, I'm not surprised she left.* Pensándolo ahora, no me sorprende que se fuese. ◊ *He looked back on his time there with a sense of nostalgia.* Recordaba el tiempo que pasó allí con una sensación de nostalgia. ◊ *Since I made the decision, I've never looked back.* Desde que tomé la decisión, todo ha ido sobre ruedas. — v+adv

look down, in, out, etc.; **look down, in/into, out of, etc. sth** mirar hacia abajo, hacia adentro, hacia afuera, etc.: *Don't look down!* ¡No mires hacia abajo! ◊ *She went over to the window and looked out.* Fue hasta la ventana y miró fuera. ◊ *He opened the back door and looked in the kitchen.* Abrió la puerta de atrás y miró en la cocina. ◊ *They looked out across the valley.* Miraron hacia el otro lado del valle. — v+adv v+prep+n/pron

look down 1 bajar la vista/los ojos: *The little boy blushed and looked down.* El niño se puso rojo y bajó los ojos. ◊ *She looked down at her hands.* Se puso a mirarse las manos. **2** (*tb* **look down sth**) *Ver* LOOK DOWN, IN, OUT, ETC.; LOOK DOWN, IN/INTO, OUT OF, ETC. STH — **1** v+adv **2** v+adv v+prep+n/pron

look down on sb/sth mirar a algn por encima del hombro, menospreciar a algn/algo: *She looks down on people who haven't been to university.* Mira por encima del hombro a la gente que no ha ido a la universidad. ◊ *They looked down on our little house.* Nuestra casita les pareció poca cosa. **NOTA** **Look down on sb/sth** se puede utilizar en pasiva: *He was looked down on at school.* — v+adv+prep+n/pron

look

☆ **look for sb/sth** buscar a algn/algo: *Sue's been looking for you.* Sue te ha estado buscando. ◊ *'Can I help you?' 'Yes, I'm looking for a fountain pen.'* —¿Desea algo? —Sí, quería una pluma. | v+prep+n/pron

look for sth 1 esperar algo: *The examiners will be looking for an original approach to the subject.* Los examinadores esperan un enfoque original del tema. ◊ *This could be just the opportunity he's been looking for.* Esta podría ser la oportunidad que ha estado esperando. **2** buscar algo: *They were looking for trouble.* Estaban buscando bronca.
▶ **unlooked-for** *adj* [atrib] inesperado, imprevisto
NOTA El adjetivo **unlooked-for** siempre se utiliza delante de un sustantivo: *unlooked-for success*. | v+prep+n/pron

☆ **look forward to sth/doing sth** tener ganas de algo/hacer algo, esperar algo con ilusión: *Are you looking forward to your holiday?* ¿Tienes ganas de que lleguen las vacaciones? ◊ *I'm not looking forward to going to the dentist.* No me apetece nada ir al dentista. ◊ *We're looking forward to the party!* ¡Estamos deseando ir a la fiesta! ◊ *I look forward to hearing from you.* A la espera de tener noticias suyas.
NOTA Look forward to sth/doing sth se puede utilizar en pasiva: *It's something to be looked forward to.* | v+adv+prep+n/pron
v+adv+prep+-ing

look in 1 (on sb) pasarse (a ver a algn): *I asked Sarah to look in on her grandmother.* Le pedí a Sarah que se pasara a ver a su abuela. ◊ *The doctor will look in again this evening.* El médico se pasará otra vez esta tarde. **2** (*tb* **look into sth**) *Ver* LOOK DOWN, IN, OUT, ETC.; LOOK DOWN, IN/INTO, OUT OF, ETC. STH | **1** v+adv
2 v+adv
v+prep+n/pron

look into sth 1 investigar algo: *The committee is looking into the matter.* El comité está estudiando el asunto. **2** considerar algo: *Have you looked into other possibilities?* ¿Has considerado otras posibilidades? **3** *Ver* LOOK DOWN, IN, OUT, ETC.; LOOK DOWN, IN/INTO, OUT OF, ETC. STH
NOTA Look into sth se puede utilizar en pasiva: *This situation should be looked into.* | v+prep+n/pron
1 ⓪ **the matter**
= **investigate sth** (*más formal*)
2 ⓪ **the possibility**

look on 1 mirar (*sin intervenir*): *People looked on in alarm as the car began to roll down the hill.* La gente vio alarmada cómo el coche se deslizaba cuesta abajo. ◊ *Passers-by just looked on as he was attacked.* Los transeúntes se limitaron a mirar cómo le atacaban. **2 (with sb)** (*USA*) compartir (con algn): *There aren't enough books so you'll have to look on with your neighbor.* No hay suficientes libros, así que tendrás que compartir el de tu compañero.
▶ **onlooker** *n* espectador (*circunstancial*): *A crowd of onlookers formed around him.* Una multitud de curiosos le rodeó. | v+adv

look on sb/sth [+adv] (*tb* **look upon sb/sth** [+adv] *más formal*) considerar, ver a algn/algo como ... : *They look on you as a friend.* Te consideran su amigo. ◊ *She looked upon the assignment as a challenge.* Veía el trabajo como un reto.
NOTA Look on/upon sb/sth siempre va seguido de un complemento y se puede usar en pasiva: *The job was looked upon as glamorous.* | v+prep+n/pron+complemento

look

☆ **look out 1** tener cuidado: *Look out! There's a car coming.* ¡Cuidado! Viene un coche. ◊ *You're going to burn that food if you don't look out.* Si no tienes cuidado vas a quemar la comida. **NOTA** En este sentido, **look out** se utiliza mucho en imperativo. **2** (*tb* **look out of sth**) *Ver* LOOK DOWN, IN, OUT, ETC.; LOOK DOWN, IN/INTO, OUT OF, ETC. STH

▶ **lookout** *n* **1** puesto de observación, atalaya **NOTA** En este sentido, el sustantivo **lookout** también se puede utilizar delante de otro sustantivo: *There are lookout towers along the perimeter wall.* **2** vigía: *The burglars posted a lookout outside the house.* Los ladrones apostaron un vigía fuera de la casa.

look sth out (for sb/sth) (*GB*) buscar algo (para algn/algo) (*mirando en los armarios, etc.*): *I'll look out that book for you.* Te buscaré ese libro. **NOTA** **Look sth out** no se puede utilizar en pasiva.

look out for sb; **look out for yourself** cuidar de algn, cuidar de uno mismo: *Once he was in London he had to look out for himself.* Una vez que llegó a Londres tuvo que cuidar de sí mismo. ◊ *The new boys looked out for each other.* Los alumnos nuevos se cuidaban unos a otros.

look out for sb/sth estar atento a algn/algo, vigilar por si se ve a algn/algo: *I was looking out for Pete but I didn't see him.* Estuve atento por si veía a Pete, pero no lo vi. ◊ *Look out for pickpockets.* Tenga cuidado con los carteristas.

look out for yourself *Ver* LOOK OUT FOR SB; LOOK OUT FOR YOURSELF

look out on/over sth (*habitación, ventana*) dar a algo: *Our room looked out over the square.* Nuestra habitación daba a la plaza. ◊ *The house looks out over the sea.* La casa tiene vistas al mar.

look over (at/to sb/sth) *Ver* LOOK ACROSS/OVER (AT/TO SB/STH)

look over sth 1 ver, visitar algo: *We were invited to look over the new classrooms.* Nos invitaron a ver las nuevas aulas. **2** dar un repaso a algo: *I need to look over my notes before the test.* Tengo que dar un repaso a mis apuntes antes del examen. **3** echar una ojeada a algo: *She didn't even have time to look over the report.* Ni siquiera tuvo tiempo de echarle una ojeada al informe.

look sb/sth over examinar a algn/algo: *He looked the painting over carefully.* Examinó el cuadro detenidamente. ◊ *I'd like the doctor to look him over.* Me gustaría que lo examinara el médico. **NOTA** Nótese que con **look sb/sth over**, cuando los pronombres **it/them** se refieren a cosas, aparecen a veces detrás de la partícula: *We'd like a mechanic to look over it for us.*

look round *Ver* LOOK AROUND

look round; **look round sth** *Ver* LOOK AROUND; LOOK AROUND STH

look through sb ignorar, mirar a alguien como si no se le viera: *I smiled at him, but he just looked straight through me.* Le sonreí, pero solo me miró como si no me viera.

look through sth 1 dar un repaso a algo: *She looked through her notes before the exam.* Dio un repaso a los apuntes antes del examen. **2** echar una ojeada a algo: *I looked through the paper while I was waiting.* Mientras esperaba le eché una ojeada al periódico. **3** mirar (en) algo: *What are you doing looking through my bag?* ¿Qué haces mirando en mi bolso?

---

1 *v + adv* = **watch out** **2** *v + adv* *v + adv + prep + n/pron*	
v + adv + n *v + n/pron + adv*	
v + adv + prep + n/pron *v + adv + prep + reflex*	
v + adv + prep + n/pron = **watch out for sb/sth** (2)	
v + adv + prep + reflex	
v + adv + prep + n/pron	
v + adv	
v + prep + n/pron	
v + n/pron + adv *v + adv + n*	
v + adv	
v + adv *v + prep + n/pron*	
v + prep + n/pron	
v + prep + n/pron **2** = **browse through sth**	

look to sb/sth (**for sth/to do sth**) recurrir a algn/algo (para algo/que haga algo): *They looked to us for help.* Recurrieron a nosotros para que les ayudáramos. ◊ *We must look to other means to generate the funds we need.* Debemos recurrir a otros medios para conseguir los fondos que necesitamos.

v + prep + n/pron
= **turn to sb** (2),
turn to sth (2)

look to sth (*esp GB*) **1** tener las miras puestas en algo, pensar en algo: *We are looking to the future with confidence.* Miramos hacia el futuro con confianza. **2** preocuparse de algo, cuidar algo: *You should look to your own behaviour before criticizing others.* Deberías preocuparte de tu propio comportamiento antes de criticar a los demás.

v + prep + n/pron
1 ⓪ **the future**

look up ☆ **1** (**from sth**) levantar, alzar la vista/los ojos (de algo): *She looked up from her book and smiled.* Levantó la vista del libro y sonrió. **2** (*coloq*) mejorar, ir mejor: *Things started to look up for me after I got a job.* Las cosas empezaron a irme mejor después de conseguí trabajo. NOTA En este sentido, **look up** se utiliza sobre todo en tiempos continuos y en la frase: *Things are looking up.*

v + adv
1 = **glance up**

look sb up (*coloq*) ir a ver a algn: *Look me up next time you're in London.* Ven a verme la próxima vez que estés en Londres.
LOC **look sb up and down** mirar a algn de arriba abajo

v + n/pron + adv
v + adv + n (*menos frec*)

look sth up buscar, consultar algo (*en un libro*): *I looked the word up in the dictionary.* Busqué la palabra en el diccionario. ◊ *Hang on, I'll just look up her telephone number.* Un momento, buscaré su número de teléfono.

v + n/pron + adv
v + adv + n
⓪ **a word**

look up to sb admirar, respetar a algn: *She always looked up to her older sister.* Siempre admiró a su hermana mayor.
NOTA **Look up to sb** se puede utilizar en pasiva: *She was looked up to by the rest of her family.*

v + adv + prep + n/pron

look upon sb/sth [+**adv**] *Ver* LOOK ON SB/STH [+ADV]

v + prep + n/pron + complemento

---

loom /luːm/

loom ahead avecinarse: *Further problems are looming ahead.* Se avecinan más problemas.

v + adv

loom up [+**adv/prep**] surgir (de …) (*de forma amenazadora*): *The church tower loomed up out of the fog.* La torre de la iglesia se erguía imponente a través de la niebla.
NOTA **Loom up** generalmente va seguido de un complemento: *A man loomed up out of the darkness.*

v + adv + complemento
v + adv (*poco frec*)

---

loosen /ˈluːsn/

loosen up 1 calentar los músculos (*haciendo ejercicio*): *The dancers loosen up before the rehearsal.* Los bailarines calientan los músculos antes del ensayo. **2** (*coloq*) relajarse: *After a glass of wine he began to loosen up.* Después de un vino empezó a relajarse.

v + adv

loosen sb up hacer que algn se relaje: *A massage will help loosen you up.* Un masaje te relajará.

v + n/pron + adv
v + adv + n

loosen sth up desentumecer, relajar algo: *These exercises will loosen up your shoulders.* Estos ejercicios te desentumecerán los hombros.

v + adv + n
v + n/pron + adv

lop /lɒp; USA lɑːp/ -pp-

lop sth off; **lop sth off sth** (*coloq*) **1** cortar algo (de algo): *Several branches had been lopped off (the tree).* Habían podado varias ramas (del árbol). **2** quitar algo (de algo): *The new rail link has lopped an hour off the journey.* La nueva conexión ferroviaria ahorra una hora de viaje.

v + n/pron + adv
v + adv + n
v + n/pron + prep + n/pron
1 = **cut sth off** (1), **cut sth off sth** (*menos coloq*)
2 = **knock sth off**, **knock sth off sth** (*menos coloq*)

lord /lɔːd; USA lɔːrd/

lord it over sb (*pey*) ser muy mandón con algn, tratar a algn con prepotencia

v + it + prep + n/pron

lose /luːz/ *pret, pp* **lost** /lɒst; USA lɔːst/

lose yourself in sth sumergirse, ensimismarse en algo: *I soon lost myself in the excitement of the play.* En seguida me sumergí en la obra.

v + reflex + prep + n/pron

lose out (on sth) salir perdiendo, resultar perjudicado, perder algo, quedarse sin algo: *If things go wrong, I'm the one who'll lose out.* Si las cosas salen mal, soy yo el que saldrá perdiendo. ◊ *You could be losing out on promotion.* Podrías quedarte sin el ascenso.

v + adv

lose out to sb/sth perder terreno frente a algn/algo: *Small shops are losing out to the big supermarkets.* Las tiendas pequeñas están perdiendo terreno frente a los grandes supermercados.

v + adv + prep + n/pron

lounge /laʊndʒ/

lounge about/around; **lounge about/around sth** estar sin hacer nada (por/en …), holgazanear (por …): *They were lounging around the hotel pool.* Andaban por la piscina del hotel sin hacer nada.

v + adv
v + prep + n/pron
= **laze about/around, laze about/around sth, lie about/around, lie about/around sth** (1)

louse /laʊs/

louse sth up (*coloq*) echar a perder algo: *He loused up my promotion chances.* Echó por tierra todas mis posibilidades de ascenso.

v + adv + n
v + n/pron + adv
= **mess sth up**

luck /lʌk/

luck into sth (*USA, coloq*) tener la suerte de hacerse con algo: *I lucked into some free tickets.* Tuve la suerte de hacerme con entradas gratis.

v + prep + n/pron

luck out (*USA, coloq*) tener mucha suerte: *We lucked out in a big way.* Tuvimos una suerte enorme.

v + adv

lumber /'lʌmbə(r)/

lumber sb with sb/sth; lumber yourself with sb/sth (*GB*, *coloq*) endilgarle a algn algn/algo, cargarle a algn con algn/algo, cargarse con algn/algo: *They lumbered me with him.* Me lo endilgaron. ◊ *Don't lumber yourself with lots of old furniture.* No te cargues con montones de muebles viejos.
NOTA Lumber sb with sb/sth se utiliza mucho en la construcción **be lumbered with sb/sth**: *We were lumbered with her all day.*

v+n/pron+prep+n/pron
v+reflex+prep+n/pron

lump /lʌmp/

lump sb/sth together poner a algn/algo juntos: *You can't lump all Latin American writers together.* No se puede considerar a todos los escritores latinoamericanos como un solo grupo.
NOTA Lump sb/sth together se utiliza mucho en pasiva: *The elderly and disabled were lumped together under one heading.*

v+n/pron+adv
v+adv+n

lust /lʌst/

lust after sb morirse por algn, desear mucho a algn (*sexualmente*): *She'd lusted after him for ages.* Hacía siglos que se moría por él.
NOTA Lust after sb se puede utilizar en pasiva: *a pop star who is lusted after by women everywhere.*

v+prep+n/pron

lust after/for sth ansiar algo: *She was lusting after/for revenge.* Tenía ansias de venganza.
NOTA Lust after/for sth se puede utilizar en pasiva.

v+prep+n/pron

luxuriate /lʌg'ʒʊərieɪt; *USA* -'ʒʊr-/

luxuriate in sth (*formal*) disfrutar de/con algo, deleitarse con algo: *I luxuriated in a long hot bath.* Me deleité con un buen baño caliente.

v+prep+n/pron

M m

mail /meɪl/

mail sth off (*esp USA*) enviar, mandar algo (*por correo*): *I mailed off an application the next day.* Envié una solicitud al día siguiente.

v+n/pron+adv
v+adv+n
[O] **a letter, a package**
= **get sth off** (1), **post sth off** (*GB*), **send sth off**

mail sth out (*esp USA*) enviar algo (*a mucha gente*): *Catalogues will be mailed out next week.* Los catálogos se enviarán la semana que viene.

v+n/pron+adv
v+adv+n
= **send sth out** (1)

major /ˈmeɪdʒə(r)/

major in sth (*USA*) licenciarse en algo: *He majored in Chemistry.* Se licenció en Químicas.

v+prep+n/pron

make /meɪk/ *pret, pp* **made** /meɪd/

make after sb/sth salir detrás de algn/algo: *We made after the thief.* Salimos detrás del ladrón.

v+prep+n/pron

make for sb/sth ir, dirigirse a/hacia algn/algo: *He jumped up and made for the door.* Se levantó de un salto y se dirigió hacia la puerta. ◊ *She made straight for me.* Vino derecha a mí.

v+prep+n/pron

make for sth contribuir a algo: *The two-hour journey makes for a long day.* Las dos horas de viaje hacen que el día se haga largo.

v+prep+n

make sb/sth into sth transformar, convertir a algn/algo en algo: *They made the dining room into a bedroom.* Transformaron el comedor en dormitorio. ◊ *You're trying to make her into something she isn't.* Estás intentando hacer de ella algo que no es.

v+n/pron+prep+n/pron
= **turn sb/sth into sth**

make sth of sb/sth opinar algo de algn/algo: *What did you make of the film?* ¿Qué te pareció la película? ◊ *I never knew quite what to make of Nick.* Nunca supe muy bien qué pensar de Nick. **NOTA** Make sth of sb/sth se utiliza mucho en construcciones interrogativas con **what ... ?**

v+n/pron+prep+n/pron

make off (**with sth**) (*coloq*) salir corriendo, largarse (con algo): *The youths made off in a stolen car.* Los jóvenes se largaron en un coche robado. ◊ *Two boys made off with our bags.* Dos chavales se largaron corriendo con nuestros bolsos.

v+adv

make out (*coloq*) **1** *How are you making out in your new flat?* ¿Cómo te va en el piso nuevo? ◊ *Are you making out all right on your own?* ¿Te las arreglas bien tú solo? **NOTA** En este sentido, **make out** se utiliza mucho en preguntas con **how ... ? 2 (with sb)** (*USA*) morrearse (con algn): *I saw her making out with Billy.* La vi morreándose con Billy. **3 (that ...)** querer creer, dar a entender (que ...): *She made out that she was earning a fortune.* Dio a entender que estaba ganando una fortuna. ◊ *Things aren't as bad as he makes out.* Las cosas no están tan mal como nos quiere hacer creer.

v+adv

256

make

make sb/sth out 1 distinguir a algn/algo: *I could just make out a figure in the darkness.* Apenas podía distinguir una silueta en la oscuridad. ◊ *Can you make out his handwriting?* ¿Puedes descifrar su letra? **2** entender, comprender a algn/algo: *I can't make her out at all.* No logro entenderla. ◊ *He couldn't make out the instructions at all.* No entendía nada de las instrucciones. NOTA En este sentido, **make sb/sth out** no se puede utilizar en pasiva.

1	v + adv + n
	v + pron + adv
	v + n + adv (menos frec)
2	v + n/pron + adv
	v + adv + n

make sb/sth out to be ... ; **make yourself out to be ...** dar la impresión de que algn/algo es ... , querer dar la impresión de ser ...: *The brochure made the place out to be a quiet little village.* Por el folleto daba la impresión de ser un pueblecito tranquilo. ◊ *He makes himself out to be poor.* Quiere dar la impresión de que es pobre.

v + n/pron + adv + to inf
v + reflex + adv + to inf

make sth out 1 (to sb) extender algo (a nombre de algn): *He made the cheque out to you.* Extendió el cheque a tu nombre. ◊ *Shall I make the invoice out to the company?* ¿Hago la factura a nombre de la empresa? NOTA En este sentido, **make sth out (to sb)** aparece muchas veces como **make sb out sth** o **make sb sth out**: *The doctor made me out a prescription.* o *The doctor made me a prescription out.* **2** escribir algo: *We made out a list of the jobs that needed doing.* Hicimos una lista de los trabajos pendientes.

	v + n/pron + adv
	v + adv + n
1	[0] **a cheque, a prescription**
2	[0] **a list**

make yourself out to be ... Ver MAKE SB/STH OUT TO BE ...; MAKE YOURSELF OUT TO BE ...

v + reflex + adv + to inf

make sb/sth over (*coloq*) transformar a algn/algo: *They made over the whole house when they moved in.* Reformaron la casa entera cuando se mudaron.
▶ **makeover** *n* **1** sesión de maquillaje y peluquería **2** reforma: *The property is in need of a makeover.* El sitio necesita una reforma.

v + n/pron + adv
v + adv + n

make sth over to sb pasar, transferir algo (a algn): *The estate was made over to the eldest son.* El patrimonio pasó al hijo mayor.

v + n/pron + adv + prep + n/pron
v + adv + n + prep + n/pron
[0] **an estate, money**

make towards sb/sth ir, dirigirse a/hacia algn/algo: *I saw them making towards the exit.* Los vi dirigirse hacia la salida.

v + prep + n/pron

make up 1 (*GB*) maquillarse: *It takes her an hour to make up before going on stage.* Tarda una hora en maquillarse antes de salir a escena. **2 (with sb)** (*GB tb* **make it up (with sb)**) hacer las paces (con algn): *Have you made up with your sister yet?* ¿Ya has hecho las paces con tu hermana? ◊ *He's made it up with his parents.* Ha hecho las paces con sus padres.
▶ **made-up** *adj* Ver MAKE SB/STH UP; MAKE YOURSELF UP
▶ **make-up** *n* Ver MAKE SB/STH UP; MAKE YOURSELF UP

1	v + adv
2	v + adv
	v + it + adv

make sb/sth up; **make yourself up** maquillar a algn/algo, maquillarse: *She spent ages making herself up.* Se pasó horas maquillándose.
▶ **made-up** *adj* maquillado: *a heavily made-up woman* una mujer muy maquillada
▶ **make-up** *n* maquillaje: *to put your make-up on* maquillarse

v + n/pron + adv
v + adv + n
v + reflex + adv

make sth up ☆ **1** inventar algo: *He was making up stories for the children.* Estaba inventando cuentos para los niños. ◊ *She made up an excuse for being late.* Se inventó una excusa por haber llegado tarde. **2 make up sth**, **make it/them up** formar, constituir algo: *Protein is made up of amino acids.* Las proteínas están formadas por aminoácidos. ◊ *Women make up 55% of the student population.* Las mujeres constituyen el 55% de la población estudiantil. **3** completar algo: *We need one more player to make up a team.* Nos falta un

	v + n/pron + adv
	v + adv + n
1	[0] **a story, an excuse**
2	v + adv + n
	v + pron + adv
	= **constitute sth** (*más formal*)

257

make

jugador para completar el equipo. **4** recuperar, compensar algo: *We need to make up lost time.* Necesitaremos recuperar el tiempo perdido. **5** preparar, hacer algo: *The pharmacist made up the prescription.* El farmacéutico preparó la receta. ◊ *She made up a basket of food for the picnic.* Preparó una cesta de comida para la merienda. ◊ *The bed's already made up.* La cama ya está hecha.
▶ **made-up** *adj* [gen atrib] (*historia*) inventado
NOTA El adjetivo **made-up** generalmente se utiliza delante de un sustantivo: *made-up words.* Nótese que cuando aparece detrás de un verbo, se escribe sin guión: *His story was completely made up.*
▶ **make-up** *n* estructura, composición: *Aggression is part of our genetic make-up.* La agresión forma parte de nuestra estructura genética.

make yourself up *Ver* MAKE SB/STH UP; MAKE YOURSELF UP | *v + reflex + adv*

☆ **make up for sth/doing sth** compensar algo/por haber hecho algo: *I bought myself a new dress to make up for not getting that job.* Me compré un vestido para compensar por no haber conseguido aquel trabajo. ◊ *Her parents would never let her go out, so now she's making up for lost time.* Sus padres nunca la dejaban salir, así que está recuperando el tiempo perdido. | *v + adv + prep + n/pron* *v + adv + prep + -ing* = **compensate for sth/doing sth** (*más formal*)

make up to sb (*coloq*) hacerle la pelota a algn: *He's always making up to the boss.* Siempre está haciéndole la pelota al jefe. | *v + adv + prep + n/pron* = **suck up to sb**

make it up to sb (*coloq*) pagar, compensar a algn: *He said he was sorry and promised to make it up to her.* Dijo que estaba arrepentido y que la compensaría. ◊ *You've done me a real favour — I don't know how to make it up to you.* Me has hecho un gran favor, no sé cómo te lo voy a pagar. | *v + it + adv + prep + n/pron*

map /mæp/ -pp-

map sth out planear, organizar algo: *I've mapped out a route for you.* Te he organizado una ruta. ◊ *She felt as though her future had been mapped out for her.* Tenía la impresión de que le habían planeado el futuro. | *v + adv + n* *v + pron + adv* *v + n + adv* (*poco frec*) **⓪ your/sb's future**

march /mɑːtʃ; *USA* mɑːrtʃ/

march away/off irse, marcharse con decisión: *She turned round and marched off.* Dio media vuelta y se marchó decidida. | *v + adv*

march sb away/off llevarse a algn: *Two policemen marched him away.* Dos policías se lo llevaron. | *v + n/pron + adv*

march in, **out**, **up**, etc.; **march into**, **out of**, **up**, etc. **sth** entrar, salir, subir, etc. con decisión: *She threw open the door and marched out.* Abrió la puerta de golpe y salió decidida. ◊ *They marched up the steps and hammered on the door.* Subieron decididos escaleras arriba y derribaron la puerta a golpes. | *v + adv* *v + prep + n/pron*

march sb in, **out**, etc.; **march sb into**, **out of**, etc. **sth** hacer entrar, salir etc. a algn: *I was marched into the manager's office.* Me hicieron entrar a la oficina del gerente. | *v + n/pron + adv* *v + n/pron + prep + n/pron*

march off *Ver* MARCH AWAY/OFF | *v + adv*

march sb off *Ver* MARCH SB AWAY/OFF | *v + n/pron + adv*

mark

march on 1 seguir andando deprisa: *I tried to speak to her but she just marched on.* Intenté hablar con ella pero siguió andando. **2** seguir pasando, continuar: *Time marched on and we still hadn't finished.* El tiempo pasaba y aún no habíamos terminado.	*v+adv* **2** [S] **time**
march on sth dirigirse a/hacia ... (*con decisión, para atacar, manifestarse, etc.*): *Demonstrators marched on the American embassy.* Los manifestantes se dirigieron hacia la embajada americana.	*v+prep+n/pron*
march past; **march past sb** desfilar (ante algn): *At 11 o'clock the army began to march past.* A las once en punto el ejército empezó a desfilar. ▶ **march past** *n* [sing] desfile (*militar*)	*v+adv* *v+prep+n/pron*

mark /mɑːk; *USA* mɑːrk/

mark sb/sth down calificar a algn/algo por lo bajo, bajarle la nota a algn/algo: *She was marked down for poor grammar.* Le bajaron la nota por la gramática.	*v+n/pron+adv* *v+adv+n*
mark sb down as sth (*GB*) considerar a algn algo: *I had him marked down as a promising player from the start.* Desde el principio lo consideré una promesa.	*v+n/pron+adv+prep+n/pron*
mark sth down 1 apuntar, anotar algo: *She was marking down the titles of the books on some cards.* Estaba anotando los títulos de los libros en unas tarjetas. **2** reducir, rebajar algo, reducir el precio de algo: *All goods have been marked down by 15%.* Toda la mercancía está rebajada un 15%. ▶ **markdown** *n* [gen sing] descuento: *a mark-down of 12%* un descuento del 12%	*v+n/pron+adv* *v+adv+n* **2** [O] **shares, prices** = **reduce sth** ≠ **mark sth up** (1)
mark sb/sth off *Ver* MARK SB/STH OUT	*v+n/pron+adv* *v+adv+n*
mark sth off 1 delimitar, señalar algo: *We've marked the playing area off with a white line.* Hemos delimitado el área de juego con una línea blanca. **2** marcar algo (*con una señal, una cruz, etc.*): *The students I want to see are marked off on the list.* Los estudiantes que quiero ver están señalados en la lista.	*v+n/pron+adv* *v+adv+n*
mark sb/sth out (*GB tb* **mark sb/sth off** *menos frec*) hacer diferente, diferenciar a algn/algo: *There was something about her which marked her out from the others.* Había algo en ella que la diferenciaba de las demás.	*v+n/pron+adv* *v+adv+n*
mark sth out delimitar, señalar algo: *She marked out a circle on the ground.* Dibujó un círculo en el suelo.	*v+adv+n* *v+n/pron+adv*
mark sth up 1 aumentar algo, aumentar el precio de algo: *Shares were marked up by 8%.* El precio de las acciones aumentó en un 8%. **2** (*texto*) marcar algo: *The text had already been marked up with corrections.* En el texto ya se habían marcado las correcciones. NOTA **Mark sth up** se utiliza mucho en pasiva. ▶ **mark-up** *n* [gen sing] margen (*ganancia respecto al precio de coste*): *The mark-up on clothing is enormous.* El porcentaje de beneficios en el precio de la ropa es enorme.	*v+n/pron+adv* *v+adv+n* **1** [O] **shares, prices** ≠ **mark sth down** (2)

marry /'mæri/ pret, pp married

marry beneath you/yourself casarse con alguien de condición social inferior
v + prep + pron
v + prep + reflex

marry into sth casarse con un miembro de algo: *She married into the royal family.* Se casó con un miembro de la realeza.
v + prep + n/pron
[0] **a family, the aristocracy**

marry sb off (to sb) (*pey*) casar a algn (con algn): *He had married his daughter off to a man twice her age.* Había casado a su hija con un hombre que le doblaba la edad.
v + n/pron + adv
v + adv + n

marry up (with sth) (*GB*) **1** encajar (con algo): *The two halves of the structure didn't marry up.* Las dos mitades de la estructura no encajaban. **2** coincidir, casar (con algo): *The two versions of the story don't quite marry up.* Las dos versiones de la historia no acaban de coincidir.
v + adv
= **tally**

marry sth up (with sth) (*GB*) **1** encajar algo (con algo): *He couldn't marry up the two halves of the lock.* No pudo encajar las dos piezas de la cerradura. **2** hacer coincidir algo (con algo): *The aim was to marry up the release of the single with their tour.* Se trataba de hacer coincidir la publicación del sencillo con su gira.
v + adv + n
v + n/pron + adv

match /mætʃ/

match sb/sth against sb/sth enfrentar a algn/algo con algn/algo, hacer que algn/algo compita con algn/algo: *Jobson will be matched against a far more experienced player.* Enfrentarán a Jobson con un jugador mucho más experimentado. ◊ *Match your skill against the experts in our weekly quiz.* Midan su habilidad con la de los expertos en nuestro concurso semanal.
v + n/pron + prep + n/pron

NOTA Match sb/sth against sb/sth se utiliza mucho en pasiva.

match sth against sth comparar, confrontar algo con algo: *Police matched mud on his shoes against samples taken from the scene of the crime.* La policía comparó el barro de sus zapatos con muestras tomadas en la escena del crimen.
v + n/pron + prep + n/pron

match up 1 (with sth) coincidir (con algo): *Do their names match up with any in our database?* ¿Coinciden sus nombres con alguno de los que tenemos en la base de datos? **2 (to sb/sth)** (*esp GB*) estar a la altura (de algn/algo): *The film didn't match up to my expectations.* La película no era tan buena como había esperado.
v + adv
1 = **tally**
2 = **measure up** (2)

match sb/sth up (with sb/sth) hacer coincidir a algn/algo (con algn/algo): *Match up the pattern when you put on the next piece of wallpaper.* Haga coincidir el dibujo cuando ponga el siguiente trozo de papel. ◊ *The employment agency matched us up with a suitable person.* La agencia de empleo nos encontró a alguien adecuado.
v + n/pron + adv
v + adv + n

max /mæks/

max out (*USA, coloq*) alcanzar el máximo/límite: *The car maxed out at 180 mph.* El coche alcanzó su máximo a 180 millas por hora.
v + adv

measure /'meʒə(r)/

measure sb/sth against sb/sth; measure yourself against sb/sth 1 evaluar a algn/algo comparándolo con algn/algo, evaluarse tomando a algn/algo como referencia: *The quality of the water is measured against EU standards.* La calidad del agua se mide tomando como referencia los estándares de la UE. ◊ *We have nothing to measure our performance against.* No tenemos ningún punto de referencia para evaluar nuestra actuación. **2** comparar a algn/algo con algn/algo, compararse con algn/algo: *I had no one to measure myself against.* No tenía a nadie con quien compararme.

v + n/pron + prep + n/pron
v + reflex + prep + n/pron

measure sth off medir algo (*una distancia o longitud*): *She measured off two metres of cloth.* Midió dos metros de tela.

v + adv + n
v + pron + adv
v + n + adv (menos frec)

measure sth out medir, pesar algo (*generalmente una cantidad*): *He measured out the ingredients for the cake.* Pesó los ingredientes del pastel.

v + adv + n
v + pron + adv
v + n + adv (menos frec)

measure up 1 (for sth) (*esp GB*) tomar medidas (para algo): *They've come to measure up for the new carpet.* Han venido a tomar medidas para la moqueta nueva. **2 (to sb/sth)** (*coloq*) estar a la altura (de algn/algo), dar la talla: *The new assistant didn't measure up, so we had to replace him.* El nuevo ayudante no daba la talla, así es que tuvimos que reemplazarlo. ◊ *The procedures don't measure up to today's standards.* Los procedimientos no están a la altura de los criterios actuales. **NOTA** En este sentido, **measure up** se utiliza mucho en frases negativas.

v + adv
2 = **match up** (2) (*esp GB*)

measure sth up (for sth) (*esp GB*) tomar medidas de algo, medir algo (para algo/hacer algo): *We measured the window up for curtains.* Medimos la ventana para poner cortinas.

v + n/pron + adv
v + adv + n

meet /miːt/ *pret, pp* met /met/

meet up ☆ 1 (with sb) encontrarse, quedar (con algn): *We're meeting up with Gary, if you want to come.* Si quieres venir, hemos quedado con Gary. ☆ **2 (with sb)** encontrarse, coincidir (con algn): *It was lucky we met up with them.* Fue una suerte encontrárnoslos. ◊ *I expect we'll meet up again some time.* Supongo que coincidiremos de nuevo alguna vez. **3 (with sth)** (*camino, río*) juntarse, empalmar (con algo): *The two paths meet up just below the summit.* Los dos senderos se juntan justo antes de la cumbre. ◊ *This road eventually meets up with the A40.* Al final esta carretera empalma con la A40.

v + adv
3 = **join up** (2)

meet with sb reunirse con algn: *The Prime Minister met with other European leaders this morning.* El primer ministro se reunió esta mañana con otros líderes europeos.

v + prep + n/pron

meet with sth encontrarse, topar con algo: *Our attempts to save her met with failure.* Nuestros intentos de salvarla fracasaron. ◊ *The proposal met with considerable opposition.* Un número considerable de gente se opuso a la propuesta. ◊ *My explanation met with a blank stare.* La respuesta a mis explicaciones fue una mirada perdida.

v + prep + n/pron
[0] **an accident, opposition, approval, hostility, resistance**

meet sth with sth reaccionar ante algo con algo: *His suggestion was met with howls of protest.* Su sugerencia fue recibida con gritos de protesta.

v + n/pron + prep + n/pron

mellow /ˈmeləʊ; USA -loʊ/

mellow out (*esp USA, coloq*) relajarse: *We could just put on some music and mellow out.* Podríamos poner un poco de música y relajarnos.
v+adv
= chill out

mellow sb out (*esp USA, coloq*) relajar a algn: *A week on the beach should mellow him out.* Una semana en la playa le relajará.
v+n/pron+adv
v+adv+n

melt /melt/

melt away 1 derretirse (*por completo*): *The snow had all melted away.* Toda la nieve se había derretido. **2** desaparecer: *His anger melted away.* Todo su enojo desapareció. ◊ *The crowd dispersed, melting away into the side streets.* La multitud se dispersó y desapareció por las callejuelas.
v+adv

melt sth away derretir algo: *The warmth of the sun melted the ice away.* El calor del sol derritió el hielo.
v+n/pron+adv
v+adv+n
[0] snow, ice

melt sth down fundir algo (*hasta hacerlo líquido*): *Aluminium cans can be melted down and recycled.* Las latas de aluminio se pueden fundir y reciclar.
▶ **meltdown** *n* fusión del núcleo
v+n/pron+adv
v+adv+n
[0] gold, silver, etc.

mess /mes/

mess about *Ver* MESS AROUND
v+adv

mess sb about/around (*GB, coloq*) torear, tomar el pelo a algn (*cambiando de parecer, haciéndole esperar, etc.*): *They messed us around so much, I wrote to complain.* Nos torearon de tal forma que escribí quejándome. ◊ *I don't like being messed about.* No me gusta que me tomen el pelo.
v+n/pron+adv
= muck sb about/around (*GB*)

mess about with sb *Ver* MESS AROUND WITH SB
v+adv+prep+n/pron

mess about with sth *Ver* MESS AROUND WITH STH
v+adv+prep+n/pron

☆ **mess around** (*GB tb* **mess about**) (*coloq*) **1** (**with sb/sth**) pasar el rato (con algn/algo) (*sin hacer nada especial, jugando, etc.*): *We just messed around at home all day.* Estuvimos todo el día en casa, sin hacer nada especial. ◊ *Children love to mess around in water.* A los críos les encanta jugar en el agua. **2** (**with sb/sth**) hacer el indio, perder el tiempo (con algn/algo) (*haciendo tonterías en vez de trabajar, estudiar, etc.*): *He got told off for messing around in class.* Le riñeron por hacer el tonto en clase. ◊ *She messed around all year and failed her exams.* Se pasó el curso perdiendo el tiempo y suspendió. ◊ *'They fixed that quickly!' 'Yeah, they don't mess around.'* —¡Sí que lo han arreglado deprisa! —Sí, estos no andan perdiendo el tiempo! **3** decir bobadas, bromear: *I'm not messing around, it's true!* No bromeo, ¡es verdad!
v+adv
= muck about/around (*GB*)
2 = fool about/around

☆ **mess sb around** *Ver* MESS SB ABOUT/AROUND
v+n/pron+adv

mess around with sb (*GB tb* **mess about with sb**) (*coloq*) tener un lío con algn: *She's been messing around with someone from work.* Ha tenido un lío con alguien del trabajo.
v+adv+prep+n/pron

mess around with sth (*GB tb* **mess about with sth**) (*coloq*)
1 andar tocando algo, enredar con algo: *Stop messing around with the video!* ¡Deja ya el vídeo en paz! ◊ *Don't mess around with your food like that!* ¡Deja de enredar con la comida! **2** cambiar, alterar algo: *Who knows what might happen if we mess around with nature?* Quién sabe lo que puede pasar si manipulamos la naturaleza. **3** meterse, involucrarse, enredarse en algo: *He started messing around with drugs when he was just a kid.* Empezó a meterse en las drogas cuando solo era un niño.
NOTA En los sentidos 1 y 2, **mess around with sth** se puede utilizar en pasiva: *This package has been messed around with.*

v + adv + prep + n/pron
= **muck about/around with sth** (*GB*)

mess up (*esp USA*, *coloq*) fastidiarla: *I was so nervous I totally messed up at the interview.* Estaba tan nerviosa en la entrevista que la fastidié.

v + adv

mess sb up (*coloq*) traumatizar, estropear a algn: *His parents really messed him up.* Sus padres le estropearon completamente. ◊ *He came back into her life and messed her up again.* Volvió a inmiscuirse en su vida y la destrozó de nuevo.
▸ **messed up** *adj* (*coloq*) hecho un lío, descentrado

v + n/pron + adv
v + adv + n

mess sth up 1 estropear, desordenar algo: *She comes in, messes the place up and then goes out again.* Viene, lo desordena todo y se larga. ◊ *The wind is going to mess up my hair.* El viento me va a estropear el peinado. **2** (*coloq*) fastidiar, arruinar algo, echar algo a perder: *He felt that he'd messed up his life.* Sintió que había echado a perder su vida. ◊ *He messed up all our arrangements by arriving late.* Llegó tarde y estropeó todos los planes. ◊ *You've really messed things up for me.* Me lo has fastidiado todo.

v + n/pron + adv
v + adv + n
= **muck sth up** (2,3)
2 ⓪ **things**
= **foul sth up**

mess with sb (*coloq*) **1** meterse con algn, provocar a algn: *I wouldn't mess with Frank if I were you.* Yo que tú no me metería con Frank. **2** (*poco frec*) tener un lío con algn

v + prep + n/pron

mess with sth (*esp USA*, *coloq*) **1** andar tocando algo, enredar con algo: *Who's been messing with the answer machine?* ¿Quién ha estado andando en el contestador? **2** cambiar, alterar algo: *Somebody's messed with these figures.* Alguien ha cambiado estas cifras. **3** meterse, involucrarse, enredarse en algo: *He started messing with drugs and dropped out of school.* Empezó a involucrarse en el mundo de las drogas y dejó el colegio.

v + prep + n/pron
3 ⓪ **drugs**

mete /miːt/

mete sth out (to sb) (*formal*) administrar, imponer algo (a algn): *Schools should not mete out physical punishment to children.* Las escuelas no deberían imponer castigos corporales a los niños. ◊ *The elders of the tribe are responsible for meting out justice.* Los ancianos de la tribu son los responsables de administrar justicia.
NOTA **Mete sth out** se utiliza mucho en pasiva: *Severe penalties were meted out to the offenders.*

v + adv + n
v + pron + adv
v + n + adv (*poco frec*)
⓪ **punishment**, **treatment**, **justice**

militate /ˈmɪlɪteɪt/

militate against sth (*formal*) perjudicar algo, influir/incidir negativamente en algo: *Lack of funds militated against the success of the campaign.* La falta de fondos incidió negativamente en el éxito de la campaña.

v + prep + n/pron

mill /mɪl/

mill around; **mill around sb/sth** (*GB tb* **mill about**, **mill about sb/sth**) arremolinarse (alrededor de algn/algo): *Photographers milled around, waiting for the princess to appear.* Los fotógrafos se arremolinaron, esperando que apareciera la princesa. ◊ *Crowds of people milled around us.* Montones de gente se arremolinaron a nuestro alrededor.

v+adv
v+prep+n/pron

mind /maɪnd/

mind out! (*GB*) **1** ¡cuidado!, ¡ten cuidado!: *Mind out! You nearly knocked me off my bike!* ¡Ten cuidado, casi me tiras de la bici! **2** (*coloq*) ¡quítate!: *Mind out Joe, you're in the way!* ¡Joe, deja pasar, estás en el medio!
NOTA Mind out se utiliza siempre en imperativo.

v+adv
1 = watch out

minister /'mɪnɪstə(r)/

minister to sb/sth (*formal*) cuidar de algn/algo, atender a algn/algo: *She felt it was her vocation to minister to the sick.* Sentía que su vocación era cuidar de los enfermos. ◊ *Servants ministered to his needs.* Unos sirvientes atendían a sus necesidades.
NOTA Minister to sb/sth se puede utilizar en pasiva: *He would not be ministered to by strangers.*

v+prep+n/pron
[0] sb's needs, the sick

minor /'maɪnə(r)/

minor in sth (*USA*) estudiar algo como asignatura secundaria: *He minored in Art History.* Estudió Historia del Arte como asignatura secundaria.

v+prep+n/pron

miss /mɪs/

miss out (**on sth**) perder la oportunidad (de hacer algo), perderse algo: *I felt I missed out because I didn't go to university.* Me parecía que no haber ido a la universidad me había perjudicado. ◊ *She missed out on the school trip.* Perdió la oportunidad de ir a la excursión del colegio.

v+adv

miss sb/sth out (*GB*) olvidarse a algn/algo, pasar algo por alto, saltarse a algn/algo: *Have I missed anybody out?* ¿He nombrado a todos? ◊ *You've missed out the most important piece of information!* ¡Has pasado por alto la información más importante! ◊ *She missed out a few chapters in the middle.* Se saltó unos capítulos del medio.

v+n/pron+adv
v+adv+n

mist /mɪst/

mist over 1 (*tb* **mist up**) (*cristal, gafas*) empañarse: *As soon as I stepped inside, my glasses misted over.* En cuanto entré se me empañaron las gafas. **2** (*ojos*) humedecerse, empañarse (*con lágrimas*): *His eyes misted over.* Se le empañaron los ojos. **3** cubrirse de neblina: *The landscape misted over.* El paisaje se cubrió de neblina.

v+adv
1 = fog up, steam up
2 [S] your/sb's eyes

mist up (*tb* **mist over**) (*cristal, gafas*) empañarse: *The windscreen had misted up.* Se había empañado el parabrisas.

v+adv
[S] the windows

mistake /mɪˈsteɪk/ *pret* **mistook** /mɪˈstʊk/ *pp* **mistaken** /mɪˈsteɪkən/

mistake sb/sth for sb/sth confundir a algn/algo con algn/algo: *I mistook him for his brother.* Lo confundí con su hermano. ◊ *That bowl could be mistaken for an ashtray.* Se puede pensar que ese cuenco es un cenicero.

v+n/pron+prep+n/pron

---

mix /mɪks/

mix sth in; **mix sth in/into sth** (*tb* **mix sth in with sth**) añadir algo (a algo) (*mezclándolo*): *Mix the eggs in slowly.* Añada los huevos despacio y mézclelos. ◊ *Mix a little cream into/in with the sauce.* Incorpore un poco de nata a la salsa.

v+n/pron+adv
v+adv+n
v+n/pron+prep+n/pron
v+n/pron+adv+prep+n/pron
= **stir sth in, stir sth into sth**

mix sb up confundir a algn: *Now you've mixed me up completely!* ¡Ahora sí me has confundido por completo!
NOTA **Mix sb up** se utiliza mucho en pasiva con el verbo **get**: *I think you're getting mixed up.*
▶ **mixed up** *adj* **1** [gen pred] confuso, desconcertado
NOTA En este sentido, el adjetivo **mixed up** generalmente se utiliza detrás de un verbo: *I'm all mixed up now.* **2** (*coloq*) hecho un lío, descentrado: *She's a very mixed-up child.* Es una niña muy descentrada.
NOTA Nótese que cuando el adjetivo **mixed up** se utiliza delante de un sustantivo, suele escribirse con guión: *a mixed-up teenager.*

v+n/pron+adv
v+adv+n
= **confuse sb** (*más formal*), **muddle sb up** (*esp GB*)

mix sb/sth up (with sb/sth) confundir a algn/algo (con algn/algo): *You're mixing Portsmouth up with Bournemouth.* Estás confundiendo Portsmouth con Bournemouth.
NOTA **Mix sb/sth up** se utiliza mucho en pasiva con el verbo **get**: *Mind you don't get the tickets mixed up.*
▶ **mix-up** *n* (*coloq*) confusión: *There was a mix-up over the tickets.* Hubo una confusión con las entradas.

v+n/pron+adv
v+adv+n
= **muddle sb/sth up** (*esp GB*)

mix sth up (with sth) **1** mezclar algo (con algo), revolver, desordenar algo: *All my files got mixed up somehow.* No sé cómo, pero mis documentos acabaron todos revueltos. **2** mezclar algo (con algo) (*revolviendo con una cuchara, etc.*): *Put all the ingredients in a bowl then mix them up.* Ponga todos los ingredientes en un recipiente y mézclelos.
▶ **mixed up** *adj* [gen pred] desordenado, mezclado
NOTA Nótese que el adjetivo **mixed up** generalmente se utiliza detrás de un verbo: *My papers were all mixed up.*

v+n/pron+adv
v+adv+n
1 = **jumble sth up, muddle sth up** (*esp GB*)

be/get mixed up in sth estar metido, meterse en algo: *He was mixed up in something shady.* Estaba metido en un asunto turbio. ◊ *How did you get mixed up in the scandal?* ¿Cómo te metiste en el escándalo?

be/get+v+adv+prep+n/pron

be/get mixed up with sb mezclarse, andar con algn: *I'll never understand how she got mixed up with Phil.* Nunca entenderé cómo se pudo enredar con Phil. ◊ *He was mixed up with the wrong crowd.* Andaba en malas compañías.

be/get+v+adv+prep+n/pron

mix it with sb (*GB, coloq*) **1** competir con algn: *He'll be mixing it with the world's best players.* Competirá con los mejores jugadores del mundo. **2** alternar, relacionarse con algn: *She loves mixing it with the rich and famous.* Le encanta codearse con los ricos y los famosos. **3** luchar, pelear con algn: *He can mix it with the best of them.* Puede pelear con el mejor de ellos.

v+it+prep+n/pron

mock /mɒk/

mock sth up hacer un modelo/una maqueta de algo: *We mocked up the front page to see how it would look.* Hicimos una maqueta de la primera página para ver cómo quedaba.
▶ **mock-up** *n* maqueta, modelo: *a mock-up of the next day's front page* una maqueta de la primera página del periódico

v + adv + n
v + n/pron + adv

model /'mɒdl; USA 'mɑːdl/ -ll- (USA) -l-

model sb/sth on sb/sth; model yourself on sb/sth (*tb* **model sb/sth upon sb/sth, model yourself upon sb/sth** *más formal*) tomar a algn/algo como modelo de algn/algo, tomar a algn/algo como modelo, inspirarse en algn/algo: *The house was modelled on a French chateau.* Se inspiraron en un castillo francés para hacer la casa. ◊ *He models himself on Elvis.* Toma a Elvis como modelo.
NOTA Model sb/sth on sb/sth se utiliza mucho en pasiva.

v + n/pron + prep + n/pron
v + reflex + prep + n/pron

monkey /'mʌŋki/

monkey about/around (*coloq*) tontear, hacer el indio: *They were monkeying around in class.* Estaban tonteando en clase.

v + adv

monkey about/around with sth (*coloq*) enredar con algo, andar tocando algo: *They were monkeying about with the fire extinguisher.* Estaban enredando con el extintor.

v + adv + prep + n/pron
= **mess around with sth** (1)

mooch /muːtʃ/

mooch about/around; mooch about/around sth (*esp GB, coloq*) (*USA* **poke around, poke around sth**) andar, deambular (por …) (*sin hacer nada en especial*): *We went into town and mooched about for a while.* Fuimos al centro y anduvimos por ahí pasando el rato. ◊ *They spent an hour mooching around the shops.* Pasaron una hora deambulando por las tiendas.

v + adv
v + prep + n/pron
[0] **the house**

moon /muːn/

moon about/around; moon about/around sth (*coloq*) andar por ahí, pasear por … (*sin hacer nada en especial, generalmente porque se está triste*): *He mooned around the city, hoping to see her.* Paseaba por la ciudad, con la esperanza de verla.

v + adv
v + prep + n/pron

moon over sb (*coloq*) soñar con algn: *He spends most of his time mooning over Helen.* Se pasa casi todo el tiempo soñando con Helen.

v + prep + n/pron

mop /mɒp; USA mɑːp/ -pp-

mop up pasar un trapo, pasar la fregona: *I always have to mop up after he's had a shower.* Siempre tengo que pasar la fregona cuando se ducha.

v + adv

mop sb/sth up acabar con algn/algo: *The army mopped up some isolated pockets of resistance.* El ejército acabó con algunos puntos de resistencia aislados.

v + adv + n
v + pron + adv
v + n + adv (*menos frec*)

move

mop sth up 1 limpiar, fregar algo (*con una fregona, un trapo, etc.*): *He mopped up the water on the bathroom floor.* Recogió el agua del suelo del cuarto de baño con la fregona. ◊ *Who's going to mop up the floor?* ¿Quién va a fregar el suelo? 2 rebañar algo: *She mopped up her gravy with a piece of bread.* Rebañó la salsa con un trozo de pan. 3 absorber algo: *The campaign mopped up what was left of the budget.* La campaña absorbió lo que quedaba del presupuesto.

v+adv+n
v+pron+adv
v+n+adv (menos frec)
1 [0] **water, the mess, the floor**
2 [0] **the sauce, the juices**

---

mope /məʊp; *USA* moʊp/

mope about/around; mope about/around sth andar deprimido/alicaído (por …): *He's been moping about all day.* Ha andado alicaído todo el día.

v+adv
v+prep+n/pron

---

mount /maʊnt/

mount up (to sth) ascender (a algo) (*una cantidad*), acumularse, crecer: *The paperwork soon mounts up if you don't deal with it immediately.* El papeleo se acumula en seguida si no te ocupas de él inmediatamente. ◊ *My debts have mounted up to over a thousand dollars.* Mis deudas ascienden a más de mil dólares.

v+adv

---

mouth /maʊθ/

mouth off (at/about sb/sth) (*coloq*) despotricar, protestar (contra algn/por algo): *I could hear him mouthing off about how they should have won.* Se le oía protestar diciendo que tenían que haber ganado.

v+adv

---

move /muːv/

move about; move about sth Ver MOVE AROUND; MOVE AROUND STH

v+adv
v+prep+n/pron

move sb/sth about Ver MOVE SB/STH AROUND

v+n/pron+adv

move across; move across sth cruzar (algo): *He moved across to the window and looked out.* Se acercó a la ventana y miró fuera.

v+adv
v+prep+n/pron
[0] **a room**

move ahead seguir adelante, continuar (*después de un retraso*): *The project is moving ahead again now.* El proyecto sigue adelante de nuevo.

v+adv
= **proceed** (*más formal*)

move ahead of sb/sth adelantar a algn/algo: *Our foreign competitors are moving ahead of us.* Nuestros competidores extranjeros nos están adelantando.

v+adv+prep+n/pron
= **overtake sb/sth**

move along 1 circular: *Move along now. You're blocking the entrance.* Vamos, circulen. Están bloqueando la entrada. **NOTA** En este sentido, **move along** se utiliza mucho en imperativo. 2 avanzar, progresar: *How can we get things to move along a bit faster?* ¿Cómo podríamos hacer que las cosas avanzasen algo más deprisa? 3 hacer sitio, correrse: *'Move along, please,' said the bus driver.* Hagan sitio, dijo el conductor del autobús.

v+adv

move along; move along sth avanzar, ir (por algo): *The convoy was moving slowly along the road.* El convoy avanzaba despacio por la carretera.

v+adv
v+prep+n/pron
[0] **the road**

move sb along/on hacer circular a algn: *The police came to move the demonstrators on.* Vino la policía para hacer circular a los manifestantes.

v+n/pron+adv

267

move

move sb/sth along; move sb/sth along sth (*esp USA*) mover a algn/algo (por algo): *Could you move your car along the road a bit?* ¿Puede poner su coche un poco más para allá? ◊ *Police were trying to move the crowd along.* La policía intentaba mover a la gente.

| v+n/pron+adv |
| v+n/pron+prep+n/pron |

move apart separarse, alejarse: *The two sides in the dispute are moving further and further apart.* Las dos partes involucradas en el conflicto se están alejando cada vez más.

| v+adv |

☆ **move around; move around sth** (*tb esp GB* **move about/ round, move about/round sth**) trasladarse (de un lugar a otro), moverse (de acá para allá): *Use the mouse to move around the screen.* Utiliza el ratón para moverte de un lado a otro de la pantalla. ◊ *I have to move around the country a lot with my job.* Debido a mi trabajo tengo que viajar por todo el país con mucha frecuencia.

| v+adv |
| v+prep+n/pron |

move sb/sth around (*tb esp GB* **move sb/sth about/round**) mover a algn/algo de acá para allá, trasladar a algn/algo (de acá para allá): *It's not fair to keep moving the children around from school to school.* No es justo estar siempre trasladando a los niños de una escuela a otra. ◊ *The chair is light and easy to move around.* La silla es ligera y fácil de trasladar.

| v+n/pron+adv |

move around sth (*tb esp GB* **move round sth**) moverse, dar la vuelta alrededor de algo: *She moved around the table to open the window.* Dio la vuelta alrededor de la mesa para abrir la ventana.

| v+prep+n/pron |

move aside apartarse: *I moved aside to let her go past.* Me aparté para dejarla pasar.

| v+adv |
| = **step aside** (1) |

move sb/sth aside echar a algn/algo a un lado, apartar a algn/algo: *We moved the tables aside so that we could dance.* Apartamos las mesas para poder bailar.

| v+n/pron+adv |

move away ☆ **1** (**from sb/sth**) alejarse (de algn/algo): *She let go of his hand and moved away (from him).* Le soltó la mano y se alejó (de él). **2** (**from sth**) irse, mudarse (de …): *All her friends have moved away from the area.* Todos sus amigos se han ido de la zona.

| v+adv |

move sth away (**from sb/sth**) alejar, apartar algo (de algn/algo): *Move the scissors away from Johnny.* Aparta las tijeras de Johnny.

| v+n/pron+adv |
| v+adv+n |

move away from sth dejar algo de lado: *The party seems to be moving away from its original aims.* El partido parece haber dejado de lado sus objetivos originales.

| v+adv+prep+n/pron |

move back ☆ **1** retroceder: *She moved back a few steps.* Retrocedió un poco. **2** (**to sth**) volver a vivir (en …): *Will you ever move back to the city?* ¿Volverás alguna vez a vivir en la ciudad? **3** (**to sb/sth**) volver (a algn/algo): *His eyes moved back to her face.* Sus ojos volvieron a fijarse en su cara.

| v+adv |
| 1 ≠ **move forward** (1) |
| 2 = **return** |
| 3 = **return** |

move sth back 1 echar algo para atrás: *She moved her chair back from the fire.* Echó la silla para atrás, lejos del fuego. **2** volver a poner algo en su sitio: *It took a long time to move the furniture back.* Llevó mucho tiempo volver a poner los muebles en su sitio. ◊ *Move the cursor back to the beginning of the document.* Vuelva a poner el cursor al principio del documento. **3** posponer algo: *They've moved back the date of the wedding.* Han pospuesto la boda.

| v+n/pron+adv |
| v+adv+n (*poco frec*) |
| 1 ≠ **move sth forward** (1) |
| 3 v+n/pron+adv |
| v+adv+n |
| [0] **a date** |
| = **put sth back** (2) |
| ≠ **move sth forward** (2) |

move down **1 (to ...)** irse, mudarse (a ...) (*hacia el sur*): *He's decided to move down to London.* Ha decidido mudarse a Londres. **2** correrse, hacer sitio: *If we all move down, three more will fit in.* Si todos nos corremos, cabrán otros tres. **3** (*cantidad, nivel*) descender, bajar: *Prices move up and down according to demand.* Los precios suben o bajan según la demanda. **4 (to ...)** (*curso*) retroceder (a/hasta ...): *After failing my exams, I moved down to the year below.* Después de suspender los exámenes, retrocedí un curso.

v+adv
≠ **move up**

move down; **move down sth** bajar, descender (algo): *I watched her move nervously down the slope.* La observé descender nerviosamente la cuesta.

v+adv
v+prep+n/pron
⓪ **the hill, the ladder**
≠ **move up, move up sth**

move sb down (to sth) poner a algn en un curso inferior: *If you don't work harder, you'll be moved down (to the class below).* Si no trabajas más duro, te pondrán en el curso inferior.

v+n/pron+adv
≠ **move sb up**

move sb/sth down; **move sb/sth down sth** bajar a algn/algo (de algo): *Move the boxes down from the top of the wardrobe.* Baja las cajas de encima del armario.

v+n/pron+adv
v+n/pron+prep+n/pron

move forward **1** avanzar: *The car began to move forward slowly.* El coche empezó a avanzar despacio. ◊ *The story then moves forward to 1956.* Entonces la historia avanza hasta 1956. ◊ *The company must keep moving forward.* La compañía debe seguir avanzando. **2** aplazarse: *The exhibition has moved forward to next month.* La exhibición se ha aplazado para el mes que viene.

v+adv
1 ≠ **move back** (1)

move sth forward **1** mover algo hacia adelante: *Can you move your chair forward?* ¿Puedes mover tu silla hacia adelante? **2** aplazar algo: *The date of the party has been moved forward again.* Han vuelto a aplazar la fiesta. **3** hacer avanzar/progresar algo: *He wants to move the party forward.* Quiere hacer que el partido progrese.

v+n/pron+adv
1 ≠ **move sth back** (1)
2 ⓪ **a date**
≠ **move sth back** (3)

move in ☆ **1** mudarse: *How soon can you move in?* ¿Cuándo podéis mudaros? ◊ *The new lodger moved in yesterday.* El nuevo inquilino se instaló ayer. **2** llegar: *The first of the workmen have moved in.* Han llegado los primeros trabajadores. **3 (on sb/sth)** avanzar (hacia algn/algo) (*para atacar, etc.*): *I watched the lion move in for the kill.* Observé al león acercarse para matar. ◊ *Police moved in on the house in the early hours of the morning.* La policía empezó a rodear la casa a primeras horas de la madrugada. **4 (on sth)** hacerse con el control (de algo): *She's trying to move in on my project.* Está intentando hacerse con el control de mi proyecto.

v+adv
1 ≠ **move out** (1)

🔲 **move in together** irse a vivir juntos: *They're moving in together.* Van a irse a vivir juntos.

move in sth frecuentar algo: *She moves in very different circles from me.* Frecuenta círculos muy diferentes a los míos.

v+prep+n/pron
⓪ **circles, society**

move sb in hacer intervenir a algn (*a la policía, etc.*): *Troops were quickly moved in.* Las tropas intervinieron rápidamente.

v+n/pron+adv
v+adv+n
⓪ **troops, the army**

move in with sb irse a vivir con algn: *She's moved in with her boyfriend.* Se ha ido a vivir con su novio.

v+adv+prep+n/pron

move

move into sth ☆ **1** (*casa, local, zona*) instalarse en ... : *When did you move into this flat?* ¿Cuándo os instalasteis en este piso? **2** meterse en algo: *The company is looking to move into new markets.* La compañía busca nuevos mercados. ◊ *After teaching for ten years he moved into industry.* Después de diez años enseñando, se metió en la industria. **3** pasar a algo, ir camino de algo: *The project is now moving into its second year.* El proyecto ya va camino de su segundo año. ◊ *The team has moved into fourth place after their victory.* El equipo ha pasado a cuarto lugar después de su victoria. **4** (*ejército, policía*) desplazarse a ... (*para intervenir*): *The army has moved into the north of the country.* El ejército se ha desplazado al norte del país.

v + prep + n/pron
1 ⓪ **a flat, a house, an area** ≠ **move out** (1)

v + n/pron + prep + n/pron

move sb/sth into sth trasladar a algn/algo a ... : *The doctors have moved him into a private hospital room.* Los médicos lo han trasladado a un hospital privado. ◊ *I've moved my savings into a different bank account.* He transferido mis ahorros a otra cuenta bancaria.

move off (*esp GB*) ponerse en marcha: *She waited until the car moved off.* Se quedó esperando hasta que el coche arrancó.

v + adv = **pull off**

move off sth irse de ... : *Farmers are rapidly moving off the land.* Los granjeros se están yendo de las tierras muy deprisa.

v + prep + n/pron

move sb/sth off sth quitar a algn/algo de algo: *Can you move your car off the drive?* ¿Puedes quitar el coche de la entrada?

v + n/pron + prep + n/pron

move on 1 seguir: *Let's move on before somebody sees us.* Sigamos antes de que nos vea alguien. **2** (*ideas, creencias*) cambiar, progresar: *Things have moved on a lot since those days.* Las cosas han cambiado mucho desde aquella época. ◊ *This debate does not seem to have moved on much.* Esta polémica no parece haber progresado mucho. **3** (**to sth**) pasar a otra cosa, pasar a algo: *If we're agreed on that point, shall we move on?* Si estamos de acuerdo en ese punto, ¿podemos pasar a otra cosa? ◊ *Let's move on to the next item on the agenda.* Pasemos al siguiente punto del orden del día. **4** cambiar de trabajo/actividad: *She moved on to become senior editor of a magazine.* Cambió de trabajo y se convirtió en jefa de redacción de una revista. **5** (*tiempo*) transcurrir, pasar: *As time moved on, his strength grew.* Con el paso del tiempo, se fortaleció.

v + adv **3** = **pass on** (1) (*GB*)

move sb on Ver MOVE SB ALONG/ON

v + n/pron + adv

move out (**of** ...) ☆ **1** irse (de ...): *The lodger moved out yesterday.* El inquilino se fue ayer. ◊ *He wants to move out of London.* Se quiere ir fuera de Londres. **2** (*tropas*) retirarse (de ...): *The troops moved out yesterday.* Las tropas se retiraron ayer. Ver tb MOVE OUT OF STH

v + adv ≠ **move in** (1), **move into sth** (1) **2** = **withdraw** (*más formal*)

move sb out (**of** ...) **1** desalojar a algn (de ...): *The landlord is moving the tenants out.* El casero va a desalojar a los inquilinos. ◊ *The emergency services are moving people out of their homes.* El servicio de emergencias está sacando a la gente de sus casas. **2** (*soldados*) retirar a algn (de ...): *Many countries are moving their troops out of the area.* Muchos países están retirando sus tropas de la zona.

v + n/pron + adv v + adv + n (*menos frec*) **2** = **withdraw sb**

move sth out (**of sth**) sacar algo (de algo): *When can you move your belongings out (of the flat)?* ¿Cuándo podrías sacar tus pertenencias (del piso)? ◊ *That table will have to be moved out of the way.* Habrá que quitar esa mesa de en medio.

v + n/pron + adv v + adv + n (*menos frec*)

move

move out of sth 1 salir de algo: *We watched the boat moving out of the harbour.* Vimos cómo salía el barco del puerto. ◊ *The country is moving out of recession.* El país está saliendo de la recesión. **2** abandonar, dejar algo: *Many people have been forced to move out of farming.* Mucha gente se ha visto obligada a dejar la agricultura.

v + adv + prep + n/pron

move over 1 (to sb/sth) acercarse (a algn/algo): *He moved over to her.* Se acercó a ella. **2 (to sth)** (*esp GB*) cambiarse, pasarse (a algo): *We've just moved over to a new computing system.* Acabamos de cambiarnos a un sistema nuevo de ordenadores. ◊ *I'm an interpreter, but I'd like to move over to translation work.* Soy intérprete, pero me gustaría pasarme a la traducción. **3** echarse/hacerse a un lado, apartarse: *I wish the car in front would move over and let me overtake.* Ojalá el coche de delante se echase a un lado para poder adelantar. ◊ *Older managers should move over to make room for younger people.* Los gerentes mayores deberían hacerse a un lado para dejar paso a la gente joven. **4** hacer sitio, correrse: *Move over so that we can all fit in!* ¡Córrete para que quepamos todos!

v + adv

move over sth 1 desplazarse por algo: *The tank adapts to the ground it is moving over.* El tanque se adapta al terreno por el que se desplaza. **2** (*ojos*) recorrer algo: *His eyes moved over her face.* Sus ojos recorrieron su cara.

v + prep + n/pron

move sb/sth over mover a algn/algo: *Move that chair over so that I can get through.* Corre la silla para que pueda pasar.

v + n/pron + adv

move sth over sth mover, desplazar algo por algo: *She moved her hands over his shoulders.* Le pasó las manos por los hombros.

v + n/pron + prep + n/pron

move past sb/sth pasar por delante de algn/algo: *He moved past her into the hall.* Pasó por delante de ella y entró en el hall.

v + prep + n/pron
= go past, go past sb/sth

move round; **move round sth** Ver MOVE AROUND; MOVE AROUND STH

v + adv
v + prep + n/pron

move sb/sth round Ver MOVE SB/STH AROUND

v + n/pron + adv

move round sth Ver MOVE AROUND STH

v + prep + n/pron

move towards sb/sth acercarse a algn/algo: *She began to run as the car moved towards her.* Echó a correr cuando se le acercó el coche.

v + prep + n/pron

move towards sth/doing sth aproximarse, acercarse a algo/hacer algo: *We are moving towards a better understanding of the situation.* Nos estamos acercando a un mejor entendimiento de la situación. ◊ *Is the group moving towards finding a solution?* ¿Se está aproximando el grupo a una solución?
NOTA Este *phrasal verb* se usa mucho en tiempos continuos.

v + prep + n/pron
v + prep + -ing
[O] **an understanding, a settlement**

move up 1 (to ...) irse, mudarse (a ...) (*más al norte*): *When are you moving up to Scotland?* ¿Cuándo te mudas a Escocia? **2** ascender, subir: *What will we do if interest rates move up?* ¿Qué haremos si suben las tasas de interés? **3** ascender (*de nivel o categoría*): *When are you moving up into the top class?* ¿Cuándo pasas a la clase superior? ◊ *She's due to move up and become an inspector soon.* Pronto le toca ascender y pasar a ser inspector. **4** hacer sitio, correrse: *Could you move up so I can sit down?* ¿Te puedes correr un poco para que pueda sentarme, por favor?

v + adv
≠ move down
2 = go up (2)
≠ go down (4)

move up; **move up sth** ascender, subir (algo/a algo): *Hold the ladder tightly and move up a rung at a time.* Sujétate bien a la escalera de mano y sube un peldaño tras otro. ◊ *This is your chance to move up the ladder and get a better job.* Esta es tu oportunidad de ascender y conseguir un trabajo mejor.

v + adv
v + prep + n/pron
= go up, go up sth
≠ go down, go down sth, move down, move down sth

move

move sb up subir a algn (*de nivel o categoría*): *She's been moved up into the top class.* La han pasado a la clase superior.

v+n/pron+adv
≠ **move sb down**

move sb/sth up; **move sb/sth up sth** subir a algn/algo (por algo): *Move your hand up and down.* Sube y baja la mano. ◊ *We had to move the boxes up the stairs.* Tuvimos que subir las cajas por la escalera.

v+n/pron+adv
v+n/pron+prep+n/pron

mow /məʊ; *USA* moʊ/ *pret* **mowed** /məʊd; *USA* moʊd/ *pp* **mown** /məʊn; *USA* moʊn/ o **mowed**

mow sb down 1 acribillar a algn (a tiros): *The demonstrators were mown down by the soldiers.* Los manifestantes fueron acribillados a tiros por los soldados. 2 (*vehículo*) arrollar a algn: *She was mown down by a bus.* La arrolló un autobús.

v+adv+n
v+n/pron+adv
2 = **run sb/sth down** (1)

muck /mʌk/

muck about/around (*GB, coloq*) 1 (**with sb/sth**) pasar el rato (con algn/algo) (*sin hacer nada especial, jugando, etc.*): *They were mucking about outside, kicking a ball around.* Se entretenían fuera, dando patadas a una pelota. 2 (**with sb/sth**) (*USA* **screw around**) hacer el indio, perder el tiempo (con algn/algo) (*haciendo tonterías en vez de trabajar, estudiar, etc.*): *Stop mucking around and go to bed.* Dejad de hacer el indio e iros a la cama. ◊ *She mucked around all year and failed her exams.* Se pasó el curso perdiendo el tiempo y suspendió los exámenes. 3 decir bobadas, bromear: *I thought he was mucking about until I saw the blood on his face.* Pensé que bromeaba, hasta que vi que tenía sangre en la cara.

v+adv
= **mess around**

muck sb about/around (*GB, coloq*) torear a algn (*cambiando de parecer, haciéndole esperar, etc.*): *I'm sick of being mucked about by employers.* Estoy hasta el gorro de que los jefes me toreen.

v+n/pron+adv
= **mess sb about/around** (*GB*)

muck about/around with sth (*GB, coloq*) 1 andar tocando algo, enredar con algo: *Who's been mucking about with my computer?* ¿Quién ha estado tocando mi ordenador? 2 cambiar, alterar algo: *Don't muck around with the lyrics — they're fine.* No cambies la letra, está bien.

v+adv+prep+n/pron
= **mess around with sth**

muck around *Ver* MUCK ABOUT/AROUND

v+adv

muck sb around *Ver* MUCK SB ABOUT/AROUND

v+n/pron+adv

muck around with sb *Ver* MUCK ABOUT/AROUND WITH SB

v+adv+prep+n/pron

muck in (*GB, coloq*) echar una mano: *If we all muck in, we'll soon get it finished.* Si todos echamos una mano, pronto terminaremos.

v+adv

muck out limpiar una cuadra/un establo (*sacando estiércol, etc.*): *It's your turn to muck out today.* Hoy te toca a ti limpiar las cuadras.

v+adv

muck sth out limpiar algo (*sacando estiércol, etc.*): *He was mucking out the horses/stables when I arrived.* Cuando llegué, estaba limpiando los establos.

v+adv+n
v+n/pron+adv

muck sth up (*esp GB, coloq*) 1 ensuciar algo: *Take your shoes off! You're mucking up my floor!* ¡Quítate los zapatos! ¡Estás ensuciándome el suelo! 2 desordenar algo: *Stop that, you're mucking up my hair.* Para ya, me estás despeinando. 3 fastidiar, arruinar algo, echar algo a perder: *This is your last chance, so don't muck it up.* Esta es tu última oportunidad, así que no la eches a perder.

v+adv+n
v+n/pron+adv
= **mess sth up**
3 ⓪ **an exam, an interview, sb's plans, sb's holiday**

muddle /ˈmʌdl/

muddle along (*esp GB*) (*tb* **muddle on** *menos frec*) ir tirando, continuar como buenamente se puede: *We muddle along from day to day.* Vamos tirando, de día en día.
v+adv

muddle through arreglárselas: *I'll muddle through somehow.* De algún modo me las arreglaré.
v+adv

muddle sb up (*esp GB*) liar, confundir a algn: *You're muddling me up!* Me estás liando. ◊ *I got muddled up and took the wrong turning.* Me confundí y me metí por donde no era.
v+n/pron+adv
v+adv+n
= **confuse sb** (*más formal*), **mix sb up**

NOTA Muddle sb up se utiliza mucho en pasiva con el verbo **get**.

muddle sb/sth up (**with sb/sth**) (*esp GB*) confundir a algn/algo (con algn/algo): *I keep muddling her up with her sister.* Siempre la confundo con su hermana.
v+n/pron+adv
v+adv+n
= **mix sb/sth up**

muddle sth up (**with sth**) (*esp GB*) revolver, mezclar algo (con algo): *Try not to muddle my papers up with yours.* Procura no mezclar mis papeles con los tuyos.
v+n/pron+adv
v+adv+n
= **mix sth up** (1)

mug /mʌg/ -gg-

mug up (**on sth**) (*GB, coloq*) empollar (algo), darle duro a algo: *He spent the whole night mugging up for the exam.* Se pasó toda la noche empollando para el examen.
v+adv
= **swot up** (*GB*)

mug sth up (*GB, coloq*) empollar algo: *She's been mugging up her irregular verbs.* Ha estado empollando los verbos irregulares.
v+adv+n
v+n/pron+adv

mull /mʌl/

mull sth over darle vueltas a algo: *I've been mulling over what you said last night.* He estado dándole vueltas a lo que me dijiste anoche.
v+n/pron+adv
v+adv+n
= **think sth over, turn sth over** (3)

muscle /ˈmʌsl/

muscle in (**on sth**) (*coloq, pey*) inmiscuirse, meterse por medio (en algo) (*muchas veces para sacar provecho*): *I don't want Matt muscling in on our deal.* No quiero que Matt se meta por medio en el trato.
v+adv

muss /mʌs/

muss sth up (*USA*) estropear algo (*desordenándolo, arrugándolo, despeinándolo, etc.*): *My skirt got mussed up when I sat down.* Se me chafó toda la falda cuando me senté.
v+n/pron+adv
v+adv+n
= **mess sth up** (1)

NOTA Muss sth up se utiliza mucho en pasiva.

muster /ˈmʌstə(r)/

muster sth up conseguir reunir algo: *She could barely muster up the strength to get out of bed.* Apenas podía reunir fuerzas para levantarse de la cama.
v+adv+n
v+n/pron+adv
[0] **strength, energy**
= **summon sth up** (1)

N n

naff /næf/

naff off! (*GB, coloq*) ¡lárgate!: *Just naff off and leave me alone!* ¡Lárgate y déjame en paz!
<u>NOTA</u> **Naff off** se utiliza siempre en imperativo.

v + adv
= **clear off** (*esp GB*)

---

nag /næg/ **-gg-**

nag at sb 1 dar la lata a algn: *He keeps nagging at me to get more exercise.* No deja de darme la lata para que haga más ejercicio. **2** (*pensamientos, dudas*) preocupar, agobiar a algn: *The suspicion that she was lying continued to nag at him.* Le seguía preocupando la sospecha de que ella estaba mintiendo.

v + prep + n/pron

---

nail /neɪl/

nail sb down (to sth) hacer que algn dé una respuesta concreta, hacer que algn se comprometa (a algo): *He says he'll come, but I can't nail him down to a date.* Dice que vendrá, pero no consigo que me diga una fecha concreta.

v + n/pron + adv
v + adv + n
= **pin sb down** (2)

nail sth down 1 fijar algo con clavos, clavar algo: *She got him to nail the loose floorboard down.* Hizo que fijase con clavos la tabla del suelo que estaba suelta. **2** establecer, determinar algo: *The psychiatrist can't nail down what's wrong with her.* El psiquiatra no consigue establecer qué le pasa. **3** concretar algo: *All the parties seem anxious to nail down a ceasefire.* Todas las partes parecen ansiosas por concretar un alto el fuego.

1 *v + n/pron + adv*
v + adv + n
2 *v + adv + n*
v + n/pron + adv
= **pin sth down**
3 *v + adv + n*
v + n/pron + adv

nail sth up 1 poner algo con clavos (*en una pared, etc.*): *I nailed up a notice saying: Keep out!* Clavé un cartel que ponía: No entrar. **2** fijar algo con clavos, condenar algo (*para que no se abra*).

v + n/pron + adv
v + adv + n

---

name /neɪm/

name sb/sth after sb (*USA tb* **name sb/sth for sb**) llamar a algn/algo como algn/algo, poner a algn/algo el nombre de algn/algo: *We named her after her grandmother.* La llamamos como su abuela.

v + n/pron + prep + n/pron

---

narrow /'næroʊ; *USA* -roʊ/

narrow sth down (to sth) reducir algo (a algo): *We narrowed the list of candidates down to three.* Redujimos la lista de candidatos a tres.

v + n/pron + adv
v + adv + n

---

nestle /'nesl/

nestle against sb/sth apoyarse sobre algn/algo (*buscando calor o protección*): *She nestled against him and fell asleep.* Se apoyó en él y se quedó dormida.

v + prep + n/pron

nestle up (to sb/sth) (*poco frec*) acurrucarse (contra algn/algo).

v + adv

---

nibble /'nɪbl/

nibble at sth 1 mordisquear, picotear algo: *The mouse nibbled at the cheese.* El ratón mordisqueaba el queso. **2** mostrar algo de interés por algo: *Several companies have nibbled at our offer.* Varias compañías han mostrado un cierto interés por nuestra oferta.

v + prep + n/pron

nibble away at sth (*esp GB*) menoscabar, mermar algo: *Inflation began to nibble away at their savings.* La inflación empezó a mermar sus ahorros.

v+adv+prep+n/pron

---

nip /nɪp/ -pp-

nip across, down, over, etc.; **nip across, down, over, etc. sth (to …)** (*esp GB, coloq*) cruzar, bajar, ir, etc. un momento (a …): *He's just nipped across to the pub.* Ha cruzado un momento al bar. ◊ *She nipped over to France for the weekend.* Se fue a Francia para el fin de semana.

v+adv
v+prep+n/pron

nip sth off cortar algo (*con los dedos o con tijeras*): *She nipped off the dead leaves.* Cortó las hojas secas.

v+n/pron+adv
v+adv+n
= **cut sth off** (1)

---

nod /nɒd; *USA* nɑːd/ -dd-

nod off (*coloq*) quedarse dormido: *She nodded off in front of the television.* Se quedó dormida delante de la televisión.

v+adv
= **drop off** (*esp GB*), **doze off, drift off** (2)

---

nose /nəʊz; *USA* noʊz/

nose about/around (for sth) (*coloq*) husmear (buscando algo): *I'm nosing about for clues.* Estoy husmeando por si hay pistas.

v+adv

nose sb out (*coloq*) ganar a algn por un estrecho margen: *She was nosed out of first place by her old rival.* Su antigua rival le arrebató el primer puesto por un estrecho margen.

v+n/pron+adv
v+adv+n

nose sth out (*coloq*) enterarse de algo, descubrir algo: *That man can nose a news story out anywhere.* Ese hombre descubre una noticia en cualquier parte.

v+n/pron+adv
v+adv+n
= **sniff sb/sth out** (2)

---

notch /nɒtʃ; *USA* nɑːtʃ/

notch sth up (*coloq*) anotarse, apuntarse algo: *He notched up ten points in the first five minutes of the game.* Se apuntó diez puntos en los primeros cinco minutos de juego.

v+adv+n
v+n/pron+adv
⓪ **a victory, points**

---

note /nəʊt; *USA* noʊt/

note sth down anotar, apuntar algo: *The class noted down every word she said.* La clase apuntó todo lo que dijo.

v+adv+n
v+n/pron+adv
= **get sth down** (2), **jot sth down, take sth down** (5), **write sth down**

---

number /ˈnʌmbə(r)/

number sb/sth among sth (*formal*) considerar a algn/algo como/entre algo: *I number her among my closest friends.* La considero una de mis mejores amigas. ◊ *He is numbered among the world's top experts.* Figura entre los mejores expertos mundiales.

v+n/pron+prep+n/pron
= **count sb/sth among sth**

---

nuzzle /ˈnʌzl/

nuzzle up against/to sb/sth arrimarse a algn/algo, acurrucarse contra algn/algo: *He nuzzled up to her with a contented sigh.* Se acurrucó contra ella con un suspiro de felicidad.

v+adv+prep+n/pron

O o

occur /əˈkɜː(r)/

occur to sb ocurrírsele a algn: *It had never occurred to her to complain.* Nunca se le había ocurrido quejarse.

v + prep + n/pron

offend /əˈfend/

offend against sth (*formal*) atentar contra algo: *The film offends against good taste.* La película atenta contra el buen gusto.

v + prep + n/pron

offer /ˈɒfə(r); *USA* ˈɔːf-, ˈɑːf-/

offer sth up (for sth) (*formal*) ofrecer algo (por algo): *She offered up a prayer for her husband's safe return.* Elevó una plegaria por el buen retorno de su marido.

v + adv + n
v + n/pron + adv
[O] **a prayer, a sacrifice**

ooze /uːz/

ooze out (of sth) rezumar, salir (de algo): *When he cut it, blood oozed out of the steak.* Cuando cortó el filete, salió sangre.

v + adv

open /ˈəʊpən; *USA* ˈoʊ-/

open into/onto sth; open on to sth abrirse, dar a algo: *The door opened into/onto the garden.* La puerta se abría al jardín.

v + prep + n/pron
v + adv + prep + n/pron

open off sth dar, salir directamente a algo: *The offices opened off the reception area.* Las oficinas salían directamente al área de recepción.

v + prep + n/pron

open onto sth *Ver* OPEN INTO/ONTO STH

v + prep + n/pron

open out 1 (into/onto sth) (*calle, etc.*) ensancharse (y dar a …): *The lane opened out into a field.* El camino se ensanchaba y daba a un campo. **2** aparecer, extenderse: *The valley opened out in front of us.* El valle se extendía ante nosotros. **3** (*desplegarse*) abrirse, extenderse: *The table opens out so you can seat more people.* La mesa se abre para que quepa más gente. **4 (to sb)** (*GB*) (*tb* **open up (to sb)**) (*persona*) abrirse (a algn), desinhibirse: *He only opened out to her very slowly.* Se abrió a ella, pero muy poco a poco.

v + adv

open sth out abrir, desplegar, desdoblar algo: *He opened the map out.* Desplegó el mapa.

v + n/pron + adv
v + adv + n

open up 1 abrir: *Open up or we'll break the door down!* ¡Abran o echamos la puerta abajo! ◊ *There's a new Thai restaurant opening up in town.* Van a abrir un nuevo restaurante tailandés en la ciudad. **2** abrirse: *The country is now opening up to foreign investment.* El país se está abriendo a la inversión extranjera. ◊ *A whole range of possibilities opened up.* Se nos abrió toda una gama de posibilidades. **3 (to sb)** (*GB tb* **open out (to sb)**) abrirse (a algn), desinhibirse: *After a few drinks he began to open up.* Empezó a desinhibirse después de unas copas. **4** (*arma*) empezar a disparar: *The anti-aircraft guns opened up.* Los cañones antiaéreos empezaron a disparar. **5** surgir, abrirse: *A clear gap had opened up between the two leaders.* Una clara diferencia había surgido entre los dos líderes.

v + adv
2 [S] **possibilities, an opportunity**
5 [S] **a gap**

open sth up ☆ **1** abrir algo: *He opened up the boot of the car.* Abrió el maletero del coche. ◊ *The whole region has been opened up for trade by the new rail link.* Las nuevas líneas férreas han abierto la región entera al comercio. ◊ *The department store is opening up a branch in the town.* Los grandes almacenes van a abrir una sucursal en la ciudad. **2** (*herida, paisaje*) abrirse: *Coughing like that might open up your wound.* Si sigues tosiendo así, se te puede abrir la herida. ◊ *Cutting down the trees opened up the view from the house.* Al talar los árboles, la vista desde la casa se abrió. **3** *United have opened up a three-point lead at the top.* El United va en cabeza por tres puntos.

v + n/pron + adv
v + adv + n
2 ⓪ **a/your wound**

---

opt /ɒpt; *USA* ɑːpt/

opt for sth optar por algo: *More students are opting for computer science courses.* Cada vez más estudiantes optan por los cursos de informática.

v + prep + n/pron

opt in; opt into sth (optar por) participar (en algo): *All members have the chance to opt in.* Todos los miembros tienen opción a participar. ◊ *The government decided to opt into the new European treaty.* El gobierno decidió participar en el nuevo tratado europeo.

v + adv
v + prep + n/pron
≠ **opt out, opt out of sth**

opt out; opt out of sth 1 (optar por) no participar (en algo): *You can opt out of the pension scheme.* Puedes optar por no participar en el plan de pensiones. **2** (*GB*) (*escuela, hospital*) (optar por) independizarse (de algo) (*del control de las autoridades locales, pasando a depender directamente del gobierno central*)
▸ **opt-out** *n* **1** no participación: *Britain's opt-out from the treaty* la no participación de Gran Bretaña en el tratado **2** (*GB*) independencia (*de una escuela, de un hospital*)
NOTA Nótese que el sustantivo **opt-out** también puede utilizarse delante de otro sustantivo: *an opt-out clause.*
▸ **opted-out** *adj* [atrib] (*GB*) (*escuela, hospital*) que se ha independizado (*del control de los gobiernos locales*)
NOTA Nótese que el adjetivo **opted-out** siempre se utiliza delante de un sustantivo: *an opted-out hospital.*

v + adv
v + adv + prep + n/pron
≠ **opt in, opt into sth**

---

order /ˈɔːdə(r); *USA* ˈɔːrd-/

order sb about/around (*pey*) dar órdenes a algn: *Stop ordering me about!* ¡Deja de darme órdenes!

v + n/pron + adv

order in (*USA*) comprar comida lista para llevar: *I'm too tired to cook — let's order in.* Estoy muy cansada y no quiero cocinar, prefiero encargar algo hecho.

v + adv

order in sth (*USA*) mandar traer comida preparada: *Let's order in a Chinese.* Pidamos un chino.

v + prep + n
⓪ **a pizza, a Chinese**

order out (for sth) (*USA*) pedir comida preparada, pedir (algo) (*comida preparada*): *We could order out for a Chinese.* Podríamos pedir un chino.

v + adv

---

own /əʊn; *USA* oʊn/

own up (to sth/doing sth) confesar, reconocer (algo/haber hecho algo): *Nobody owned up to breaking the window.* Nadie confesó haber roto la ventana.

v + adv
= **confess** (*más formal*)

Pp

pace /peɪs/

pace sth off/out medir algo a pasos: *She paced out the length of the room.* Midió a pasos el largo de la habitación.

v+adv+n
v+n/pron+adv

---

pack /pæk/

pack sth away 1 guardar algo: *The doctor was packing his instruments away when I arrived.* El médico estaba guardando su instrumental cuando yo llegué. **2** (*coloq*) tragar, zampar algo: *He managed to pack away the whole cake!* ¡Fue capaz de zamparse todo el pastel! ◊ *She can certainly pack it away!* ¡Tiene buenas tragaderas!

v+n/pron+adv
v+adv+n
= **put sth away** (1,3)

pack sb in 1 (*espectáculo*) atraer a algn (*mucha gente*): *The film is still packing in the crowds.* Aún hay llenos para ver la película. **2** (*GB, coloq*) dejar a algn: *Her boyfriend has packed her in.* Su novio la ha dejado.

v+adv+n
v+pron+adv
v+n+adv (*menos frec*)
1 ⓪ the crowds
2 ⓪ your boyfriend, your girlfriend
= **finish with sb** (*GB*)

pack sb/sth in; pack sb/sth in/into sth meter a algn/algo (en ...) (*con dificultad*): *How many chairs can you pack into this room?* ¿Cuántas sillas caben en esta habitación? ◊ *We packed in a lot yesterday afternoon.* Hicimos muchas cosas ayer por la tarde. ◊ *Somehow we managed to pack everyone in.* No sé cómo, pero conseguimos meterlos a todos.

v+n/pron+adv
v+adv+n
v+n/pron+prep+n/pron
= **cram sb/sth in, cram sb/sth in/into sth**

pack sth in (*GB, coloq*) **1** dejar algo: *She's packed in her job as a teacher.* Ha dejado el trabajo de profesora. ◊ *Smoking's bad for you. You ought to pack it in.* Fumar es malo, deberías dejarlo. **2 pack it in** dejarlo: *Just pack it in, will you?* Dejadlo ya, ¿vale? NOTA **Pack it in** se utiliza mucho en imperativo.

1 *v+n/pron+adv*
v+adv+n
⓪ your job
= **chuck sth in/up** (*GB*), **jack sth in** (*GB*)
2 *v+it+adv*

pack into sth apiñarse, apretujarse en algo: *All six of us packed into the tiny car.* Los seis nos apiñamos en el minúsculo coche.

v+prep+n/pron
= **cram into sth**

pack sb off (**to sth**) (*coloq*) mandar a algn (a ...): *She was packed off to boarding school at the age of eight.* A los ocho años la mandaron a un internado.
NOTA **Pack sb off** se utiliza mucho en pasiva.

v+n/pron+adv
v+adv+n
⓪ the children
= **bundle sb off** (1) (*coloq*)

pack sth out (*GB*) atestar, abarrotar algo: *The band packs out venues all over the country.* La banda consigue llenos en todo el país.
NOTA **Pack sth out** se utiliza mucho en pasiva: *The town is packed out in the summer with tourists.*
▶ **packed out** *adj* [gen pred] (*GB, coloq*) atestado, abarrotado
NOTA Nótese que el adjetivo **packed out** generalmente se utiliza detrás de un verbo: *The theatre was absolutely packed out.*

v+adv+n
v+n/pron+adv

pack up 1 recoger: *OK, children, it's time to pack up and go home now.* Vamos, niños, es hora de recoger e irse a casa. **2** (*GB, coloq*) escacharrarse: *My car's packed up.* Se me ha escacharrado el coche. **3** (*GB, coloq*) (*actividad*) dejarlo: *He used to play football but had to pack up through injury.* Solía jugar al fútbol pero lo tuvo que dejar debido a una lesión.

v+adv
2 = **break down** (1) (*menos coloq*)

pack sth up 1 guardar algo (*en cajas, etc.*), embalar algo: *All our possessions were packed up waiting to be moved.* Todas nuestras posesiones estaban embaladas esperando la mudanza. **2** (*GB, coloq*) dejar algo/de hacer algo: *You'd feel better if you packed up smoking.* Te encontrarías mejor si dejaras de fumar.

1 *v+adv+n*
v+n/pron+adv
[o] **your things**
2 *v+adv+n*
v+pron+adv
v+n+adv (*menos frec*)
[o] **smoking**
= **give sth up** (1) (*menos coloq*)

package /ˈpækɪdʒ/

package sth up embalar, empaquetar algo: *She packaged up his books and mailed them to him.* Embaló sus libros y se los envió.

v+adv+n
v+n/pron+adv
= **parcel sth up** (*GB*)

pad /pæd/ -dd-

pad across, around, in, etc.; pad across, around, into etc. sth cruzar, andar, entrar, etc. sin hacer ruido: *She was padding around the house in her dressing gown.* Andaba en bata por la casa sin hacer ruido.

v+adv
v+prep+n

pad sth out (with sth) 1 acolchar algo (con algo): *She padded the costume out with foam.* Acolchó el disfraz con espuma. **2** (*libro, discurso*) meter paja a algo, rellenar algo (con algo): *I padded out the essay with lots of quotations.* Rellené el ensayo con muchas citas.

v+adv+n
v+pron+adv
v+n+adv (*menos frec*)

page /peɪdʒ/

page through sth (*USA*) pasar las hojas de algo, hojear algo: *She paged through the report looking for her name.* Pasó las hojas del informe buscando su nombre.

v+prep+n/pron
= **leaf through sth**

paint /peɪnt/

paint sth out (*esp GB*) tapar, cubrir algo con pintura

v+adv+n
v+pron+adv
v+n+adv (*menos frec*)

paint over sth tapar algo con pintura: *We'll have to paint over the dirty marks on the wall.* Habrá que tapar con pintura las manchas de la pared.
NOTA **Paint over sth** se puede utilizar en pasiva: *The name had been painted over.*

v+prep+n/pron

pair /peə(r); USA per/

pair off (with sb) emparejarse, liarse (con algn): *By the end of the course, everyone had paired off.* Al final del curso todo el mundo se había emparejado.

v+adv

pair sb off (with sb) (*esp GB*) emparejar a algn (con algn): *They tried to pair their daughter off with the neighbour.* Intentaron emparejar a su hija con el vecino.

v+n/pron+adv
v+adv+n

pair up (with sb/sth) emparejarse (con algn/algo) (*para trabajar, jugar, etc.*): *The job is a lot easier if you pair up with someone else.* El trabajo resulta mucho más fácil si te emparejas con alguien.

v+adv

pal /pæl/ -ll-

pal around (with sb) (*esp USA, coloq*) ir, salir (con algn): *I used to pal around with Graham.* Solía salir con Graham.
v + adv
= **hang out** (2)

pal up (with sb) (*GB, coloq*) hacerse amigo (de algn): *They palled up during the summer.* Se hicieron amigos en verano.
v + adv
= **chum up** (*GB*)

palm /pɑːm/

palm sb off (with sth) (*coloq*) **1** engañar, engatusar a algn (con algo): *Don't let him palm you off with an excuse.* No le permitas que te engatuse con alguna excusa. **2** endosar, endilgar a algn algo (*de mala calidad*): *Make sure he doesn't palm you off with faulty goods.* Ten cuidado, no te vaya a endosar artículos en mal estado.
v + n/pron + adv
v + adv + n
= **fob sb off** (*GB*)

palm sth off as sth (*coloq*) hacer pasar algo por algo: *She was trying to palm copies off as original paintings.* Intentaba hacer pasar copias por cuadros originales.
v + n/pron + adv + prep + n

palm sb/sth off on/onto sb (*coloq*) endosar, endilgar a algn/algo a algn: *She palmed off the necklace on/onto some old lady.* Le endilgó el collar a una viejecita.
v + n/pron + adv + prep + n/pron
v + adv + n + prep + n/pron

pan /pæn/ -nn-

pan out (*coloq*) resultar, salir: *It all depends how things pan out.* Todo depende de cómo salgan las cosas.
v + adv
= **turn out** (1), **work out** (1)

pander /'pændə(r)/

pander to sb/sth (*pey*) complacer a algn/algo: *He panders to her every whim.* La complace en todos sus caprichos.
v + prep + n/pron

NOTA Pander to sb/sth se puede utilizar en pasiva: *I don't think children should be pandered to.*

panic /'pænɪk/ -ck-

panic sb into sth/doing sth forzar a algn para que haga algo (*metiéndole miedo*): *Don't let them panic you into a hasty decision.* No dejes que te fuercen a tomar una decisión precipitada.
v + n/pron + prep + n/pron
v + n/pron + prep + -ing

NOTA Panic sb into sth/doing sth se utiliza mucho en pasiva: *She refused to be panicked into making rash promises.*

pant /pænt/

pant for sth anhelar algo, tener ganas de algo: *The end of the novel leaves you panting for more.* El final del libro te deja con ganas de seguir leyendo.
v + prep + n

paper /'peɪpə(r)/

paper over sth 1 tapar algo empapelándolo: *We papered over the stains on the wall.* Tapamos las manchas de la pared con papel pintado. **2** ocultar algo: *Their divisions had been papered over during the election campaign.* Habían ocultado sus divisiones durante la campaña electoral.
v + prep + n/pron

NOTA Paper over sth se puede utilizar en pasiva.

LOC **paper over the cracks (in sth)** ocultar los problemas (de algo): *They attempted to paper over the cracks in their marriage.* Intentaron ocultar los problemas en su matrimonio.

parcel /'pɑːsl; *USA* 'pɑːrsl/ **-ll-** (*USA*)**-l-**

parcel sth out 1 parcelar algo: *They parcelled out the land into small plots.* Parcelaron la tierra en lotes pequeños. **2** repartir algo: *The work was parcelled out among the staff.* Se repartió el trabajo entre el personal.

v+adv+n
v+pron+adv
v+n+adv (menos frec)

parcel sth up (*GB*) embalar, empaquetar algo: *She parcelled up the books.* Empaquetó los libros.

v+adv+n
v+n/pron+adv
= **package sth up**

---

pare /peə(r); *USA* per/

pare sth down (to sth) (*tb* **pare sth back (to sth)** *menos frec*) reducir algo (a algo): *We've pared our expenses down to a minimum.* Hemos reducido nuestros gastos al mínimo.

v+n/pron+adv
v+adv+n
= **cut sth down**

pare sth off; **pare sth off sth 1** pelar, quitar algo (de algo): *Pare the rind off the orange using a sharp knife.* Pele la cáscara de la naranja usando un cuchillo afilado. **2** reducir, recortar algo (de algo): *The company is paring off any unnecessary expenditure.* La empresa está recortando todo gasto innecesario.

v+n/pron+adv
v+adv+n
v+n/pron+prep+n/pron

---

parlay /'pɑːleɪ; *USA* 'pɑːrleɪ/

parlay sth into sth (*USA, coloq*) servirse/valerse de algo para hacer algo: *He parlayed his relationship with his boss into an important job.* Se sirvió de su relación con el jefe para conseguir un trabajo importante.

v+n/pron+prep+n/pron

---

part /pɑːt; *USA* pɑːrt/

part with sth desprenderse de algo: *I won't be sorry to part with that old sofa.* No me dará ninguna pena deshacerme de ese viejo sofá. ◊ *He hates parting with his money.* Odia gastar dinero.

v+prep+n/pron
[0] **money**

---

partake /pɑː'teɪk; *USA* pɑːr't-/ *pret* **partook** /-'tʊk/ *pp* **partaken** /-'teɪkən/

partake of sth (*formal, poco frec*) **1** (*antic*) tomar algo: *Would you care to partake of some refreshment?* ¿Le apetece tomar un refresco? **2** presentar elementos de algo: *The book partakes of the spy thriller tradition.* El libro presenta elementos de la novela tradicional de espionaje.

v+prep+n/pron

---

partition /pɑː'tɪʃn; *USA* pɑːr't-/

partition sth off separar, dividir algo (*mediante un tabique, etc.*): *The dining area is partitioned off with screens.* La zona del comedor está separada del resto con biombos.
NOTA Partition sth off se utiliza mucho en pasiva.

v+adv+n
v+n/pron+adv

---

pass /pɑːs; *USA* pæs/

pass along, beneath, down, etc. sth pasar por algo, por debajo de algo, etc.: *The boat passed beneath the bridge.* El barco pasó por debajo del puente.

v+prep+n/pron

pass sth around; **pass sth around sth** *Ver* PASS STH ROUND; PASS STH ROUND STH

v+n/pron+adv
v+adv+n
v+n/pron+prep+n/pron

pass

pass as sb/sth (*poco frec*) Ver PASS FOR SB/STH — *v + prep + n/pron*

pass away 1 (*tb* **pass on**) fallecer, pasar a mejor vida: *His mother passed away last year.* Su madre falleció el año pasado. **2** desaparecer, pasar a la historia: *Many of these customs have passed away.* Muchas de estas costumbres han desaparecido. — *v + adv*

pass by (*tiempo*) pasar: *The weeks passed by and she didn't call.* Pasaban las semanas y ella no llamaba. — *v + adv* / [S] time / = **go by** (1), **pass**

pass by; pass by sb/sth pasar (por delante de algn/algo): *He saw the procession pass by.* Vio pasar a la procesión. ◊ *I pass by that shop on my way to work.* Paso por delante de esa tienda cuando voy a la oficina. — *v + adv* / *v + prep + n/pron* / = **go by, go by sb/sth, pass, pass sb/sth**

NOTA Nótese que con **pass by sb/sth**, el pronombre puede aparecer entre el verbo y la partícula: *He nodded as he passed them by.*

▶ **bypass** *n* **1** (*esp GB*) carretera de circunvalación, ronda **2** (*Med*) by-pass NOTA Nótese que en este sentido, el sustantivo **bypass** puede utilizarse delante de otro sustantivo: *a bypass operation*.

▶ **passer-by** *n* (*pl* **passers-by**) transeúnte

pass by; pass by sth (*GB*) pasarse (por …): *I passed by my grandmother's to see how she was.* Me pasé por casa de mi abuela a ver cómo estaba. ◊ *I'll pass by with those clothes later this evening.* Esta misma tarde me pasaré con esa ropa. — *v + adv* / *v + prep + n/pron* / = **drop by/round**

pass sb by (*suceso, oportunidad*) pasar por delante de algn sin que se aproveche: *She felt that life was passing her by.* Sentía que no estaba disfrutando de la vida. ◊ *The whole business passed him by.* Todo ese asunto le pasó desapercibido. — *v + n/pron + adv*

pass sth by pasar por algo sin que se vea afectado por ello: *Time seemed to have passed the place by.* Parecía que el tiempo no hubiera pasado por el lugar. — *v + n/pron + adv*

pass sth down (to sb) pasar, transmitir algo (a algn) (*de generación en generación*): *This old bible has been passed down through the family.* Esta vieja biblia ha pasado de generación en generación en la familia. ◊ *These stories were passed down from one generation to the next.* Estas historias se transmitían de generación en generación. — *v + n/pron + adv* / *v + adv + n* / = **hand sth down** (1)

NOTA **Pass sth down** se utiliza mucho en pasiva.

pass for sb/sth (*tb* **pass as sb/sth** *poco frec*) pasar por algn/algo: *He speaks French well enough to pass for a Frenchman.* Habla francés tan bien que podría pasar por francés. ◊ *Is this what passes for beer round here?* ¿Es a esto a lo que llaman aquí cerveza? — *v + prep + n/pron*

pass into sth pasar a formar parte de algo: *Many foreign words have passed into English.* Muchas palabras extranjeras han pasado a formar parte del inglés. — *v + prep + n/pron* / [O] history, law

pass off (*GB*) **1** [+**adv/prep**] (*huelga, manifestación*) transcurrir, celebrarse … : *The demonstration passed off without incident.* La manifestación transcurrió sin incidentes. NOTA En este sentido, **pass off** siempre va seguido de un complemento. **2** (*efectos, dolor*) desaparecer: *The symptoms should pass off within 24 hours.* Los síntomas deberían desaparecer en 24 horas. — **1** *v + adv + complemento* / **2** *v + adv* / = **wear off**

282

pass

pass sth off [+adv] dar la impresión de ... (*de que algo no es tan serio como en realidad es*): *She tried to pass it off as a joke*. Quiso dar la impresión de que había sido solo una broma. ◊ *He tried to pass it off lightly*. Intentó quitarle importancia.
NOTA **Pass sth off** siempre va seguido de un complemento.

v+n/pron+adv+ complemento

pass sb/sth off as sb/sth; **pass yourself off as sb/sth** hacer pasar a algn/algo por algn/algo, hacerse pasar por algn/algo: *She tried to pass the picture off as an original*. Intentó hacer pasar el cuadro por un original. ◊ *He escaped by passing himself off as a guard*. Escapó haciéndose pasar por un vigilante.

v+n/pron+adv+prep+n
v+reflex+adv+prep+n

pass on 1 (to sth) (*GB*) seguir adelante, pasar (a algo): *Let's pass on to the next item on the agenda*. Pasemos al siguiente punto del orden del día. **2** (*tb* **pass away**) fallecer, pasar a mejor vida

v+adv
1 = **move on** (3)

pass sth on (to sb) 1 pasar algo (a algn): *I'll pass this book on to you when I've finished with it*. Te pasaré este libro cuando lo haya acabado. **2** (*recado, noticia*) dar, pasar algo (a algn): *She forgot to pass my message on*. Se le olvidó dar mi recado. ◊ *I'll pass on your news to the rest of the family*. Contaré tus novedades al resto de la familia. **3** contagiar, pegar algo (a algn): *Don't pass your cold on to me!* ¡No me pegues el catarro! **4** transmitir algo (a algn): *Parents pass these attitudes on to their children*. Los hijos heredan este tipo de actitudes de los padres. **5** (*costos, beneficios*) pasar algo (a algn) (*perjudicándolo o beneficiándolo*): *The increased costs of production will be passed on to the consumer*. La subida de los costos de producción la pagará el consumidor.

v+n/pron+adv
v+adv+n
1 = **hand sth on** (1)
2 [0] **a message, the news, information**
3 [0] **a cough, a cold, etc.**

pass sb onto sb 1 (*llamada telefónica*) pasar, poner a algn con algn: *If you hold the line, I'll pass you onto my colleague*. Si espera un momento, le paso con mi compañero. **2** poner a algn en contacto con algn: *I'll pass you onto a builder I know*. Te pondré en contacto con un albañil que conozco.

v+n/pron+prep+n/pron

pass out 1 desmayarse, perder el conocimiento: *He almost passed out with the pain*. Casi se desmaya del dolor. **2 (of ...)** (*GB*) acabar el curso de formación (en ...) (*en una academia militar*): *He passed out of Sandhurst last year*. El año pasado acabó el curso de formación en la academia militar de Sandhurst.

v+adv
1 = **black out, faint**

pass sth out (to sb) repartir algo (entre algn): *The teacher asked me to pass the books out*. El profesor me pidió que repartiera los libros.

v+n/pron+adv
v+adv+n
= **hand sth out** (1)

pass over sth pasar algo por alto, ignorar algo: *They chose to pass over her rude remarks*. Optaron por pasar por alto las groserías que dijo. ◊ *For years this painting was passed over by experts*. Durante años los expertos ignoraron este cuadro.
NOTA **Pass over sth** se puede utilizar en pasiva.

v+prep+n/pron

pass sb over (for sth) pasar a algn por alto (para algo) (*un ascenso*): *I was passed over for promotion*. Me pasaron por alto y le dieron el ascenso a otro. ◊ *He was passed over in favour of a younger man*. Ascendieron a un hombre más joven, en vez de a él.
NOTA **Pass sb over** se utiliza mucho en pasiva.

v+n/pron+adv
v+adv+n

pass sth round; **pass sth round sth** (*esp GB*) (*tb* **pass sth around, pass sth around sth**) hacer circular algo (por ...): *Would you mind passing the sandwiches round?* ¿Te importa pasar los bocadillos, por favor? ◊ *A picture was passed round the class*. Hicieron circular una foto por la clase.

v+n/pron+adv
v+adv+n
v+n/pron+prep+n/pron
= **hand sth round** (*esp GB*)

pass

pass through; **pass through sth** pasar (por ...): *We're not staying here, we're just passing through.* No nos quedamos, solo estamos de paso. ◊ *We passed through Lincoln on our way to Norfolk.* Pasamos por Lincoln camino de Norfolk.

v + adv
v + prep + n/pron

pass through sth (*esp GB*) pasar por algo, sufrir algo: *She passed through a difficult period after her divorce.* Después del divorcio pasó por un periodo difícil.

v + prep + n/pron
[0] **a period, a stage**
= **go through sth** (2)

pass sth up (*coloq*) dejar pasar, desperdiciar algo: *She passed up the chance of a trip to Rome.* Dejó pasar la oportunidad de hacer un viaje a Roma. ◊ *Imagine passing up an offer like that!* ¡Imagínate, rechazar una oferta así!

v + adv + n
v + pron + adv
v + n + adv (*menos frec*)
[0] **an opportunity, a chance, an offer**
= **throw sth up** (4)

patch /pætʃ/

patch sth together apañar, arreglar algo (*de cualquier manera*): *An interim government was quickly patched together.* En un momento apañaron un gobierno interino.

v + adv + n
v + n/pron + adv

patch sb/sth up curar provisionalmente a algn/algo: *They patched him up and sent him back onto the pitch.* Le hicieron una cura provisional y lo mandaron de nuevo al campo. ◊ *The doctor did the best he could to patch up her wounds.* El médico hizo lo que pudo para curarle provisionalmente las heridas.

v + n/pron + adv
v + adv + n
[0] **a wound, a cut**

patch sth up 1 hacer un apaño a algo: *The car was patched up and resold.* Le hicieron un apaño al coche y lo volvieron a vender. **2** solventar, arreglar algo: *They patched up their differences.* Solventaron sus diferencias. ◊ *Can't you two try to patch things up?* ¿No podéis intentar arreglar las cosas?

1 *v + n/pron + adv*
v + adv + n
2 *v + adv + n*
v + n/pron + adv
[0] **your differences, a quarrel, things**

patter /'pætə(r)/

patter across, along, down, etc.; **patter across, along, down, etc. sth** cruzar, pasar, bajar, etc. con pasos ligeros: *He pattered down the stairs.* Bajó las escaleras con pasos ligeros.

v + adv
v + prep + n

paw /pɔː/

paw at sb (*coloq*) manosear, toquetear a algn: *A drunken man was pawing at her.* Un borracho la estaba manoseando.

v + prep + n/pron

paw at sth 1 (*perro, gato*) tocar algo con la pata: *The dog was pawing at the door.* El perro daba golpecitos a la puerta con la pata. **2** (*caballo*) piafar contra algo, golpear algo con la pata: *The horse pawed at the ground.* El caballo piafó contra la tierra.

v + prep + n/pron

pay /peɪ/ *pret, pp* **paid** /peɪd/

pay sb back; **pay sb back sth** pagar (algo) a algn, devolver algo a algn: *I'll pay you back next week.* Te devolveré el dinero la semana que viene. ◊ *Have you paid her back the money you owe her yet?* ¿Ya le has devuelto el dinero que le debes?
▶ **payback** *n* Ver PAY STH BACK (TO SB)

v + n/pron + adv
v + adv + n
v + n/pron + prep + n
= **repay sb, repay sb sth**
(*más formal*)

pay sb back (for sth) vengarse de algn, hacer pagar a algn (por algo): *I'll pay him back for getting me into trouble!* ¡Me las pagará por haberme metido en problemas!
▸ **payback** *n* (*coloq*) venganza

v + n/pron + adv
v + adv + n (*menos frec*)
= **get sb back** (2)

pay sth back (to sb) pagar, devolver algo (a algn): *They're paying the loan back in monthly instalments.* Están pagando el préstamo en plazos mensuales.
▸ **payback** *n* **1** beneficio: *I'm waiting to get the maximum payback on my investment.* Estoy esperando para obtener el máximo beneficio de la inversión. **2** periodo de restitución: *a ten-year payback* un periodo de restitución de diez años
NOTA Nótese que el sustantivo **payback** también puede utilizarse delante de otro sustantivo: *a short payback period*.

v + n/pron + adv
v + adv + n
[0] **money, a loan**
= **repay sth** (*más formal*)

pay sth in; **pay sth into sth** depositar, ingresar algo (en algo): *I had to go to the bank to pay a cheque in.* Tuve que ir al banco a ingresar un cheque. ◊ *Her wages are paid directly into her account.* Le ingresan el sueldo directamente en la cuenta.

v + n/pron + adv
v + adv + n
v + n/pron + prep + n/pron
[0] **a cheque, money**
= **put sth in, put sth in/into sth** (2), **deposit sth** (*más formal*)

pay off dar fruto/resultado: *The gamble paid off.* La jugada dio resultado. ◊ *Their hard work is beginning to pay off.* Su arduo trabajo está empezando a dar fruto.
▸ **pay-off** *n* (*coloq*) recompensa, beneficio: *What are the pay-offs of working at home?* ¿Cuáles son los beneficios de trabajar en casa?

v + adv

pay sb off 1 sobornar a algn: *She refused to be paid off.* Se negó a que la sobornaran. **2** pagar la liquidación y despedir a algn: *The remaining employees were paid off.* Al resto de los empleados se les pagó la liquidación y se les despidió. **3** pagar (del todo) a algn: *He used the money to pay off his creditors.* Utilizó el dinero para pagar a sus acreedores.
▸ **pay-off** *n* (*coloq*) **1** soborno **2** liquidación (*de un empleado*): *She received a £10 000 pay-off.* Recibió 10.000 libras en concepto de liquidación.

v + n/pron + adv
v + adv + n
1 = **buy sb off**
3 [0] **your creditors**

pay sth off 1 (terminar de) pagar, liquidar algo: *I used the money to pay off my overdraft.* Utilicé el dinero para liquidar el descubierto de la cuenta. ◊ *They're still paying off their mortgage.* Aún están pagando la hipoteca. **2** (*esp GB*) pagar algo (*un taxi*): *She paid the taxi off and walked the rest of the way.* Pagó el taxi y caminó el trozo que le quedaba.

1 *v + adv + n*
v + pron + adv
v + n + adv (*menos frec*)
[0] **a mortgage, a loan, your debts**
= **repay sth** (*más formal*)
2 *v + n/pron + adv*
v + adv + n
[0] **a taxi, a cab**

pay out (for sth) (*esp GB*) pagar, desembolsar (por algo): *The insurance company refused to pay out.* El seguro se negó a pagar. ◊ *I can't afford to pay out for new trainers every month!* ¡No puedo pagar unas zapatillas de deportes nuevas todos los meses!
▸ **payout** *n Ver* PAY STH OUT

v + adv

pay sth out 1 pagar, desembolsar algo: *You'll be paying out hundreds in interest on the loan.* Pagarás un montón de intereses por el préstamo. **2** (*GB*) (*cable, cuerda*) soltar algo: *He started paying out the rope.* Empezó a soltar la cuerda.
▸ **payout** *n* indemnización, pago

v + adv + n
v + pron + adv
v + n + adv (*poco frec*)
1 [0] **money**

pay up (*coloq*) pagar (*lo que se debe*): *In the end we threatened to take them to court and they paid up.* Al final los amenazamos con llevarlos a juicio y pagaron.
▶ **paid-up** *adj* [gen atrib] (*miembro de un club*) con las cuotas pagadas al día
NOTA El adjetivo **paid-up** se utiliza casi siempre delante de un sustantivo: *paid-up members*.

v + adv

peck /pek/

peck at sth (*comida*) picotear algo (*con desgana*): *He was so nervous he only pecked at his lunch.* Estaba tan nervioso que solo picoteó la comida.

v + prep + n/pron

pedal /'pedl/ -ll- (*USA tb*) -l-

pedal along, down, up, etc.; pedal along, down, up, etc. sth ir, bajar, subir, etc. en bicicleta: *She was pedalling along on her bike.* Iba por ahí en bicicleta. ◊ *He pedalled slowly up the hill.* Subió despacio la cuesta en bicicleta.

v + adv
v + prep + n

pedal sth along, down, up, etc. sth darle a los pedales de algo para ir, bajar, subir, etc. algo: *She pedalled her bike up the hill.* Le daba a los pedales de la bicicleta para subir la cuesta.

v + n/pron + prep + n/pron
[O] **a bike**

peel /piːl/

peel away (from sth) **1** (*papel pintado*) desprenderse, despegarse (de algo): *The wallpaper had started to peel away.* El papel pintado había empezado a despegarse. **2** (*pintura*) desconcharse (de algo): *The paint was peeling away from the wood.* La pintura de la madera se estaba desconchando.

v + adv
1 [S] **the paper**

peel sth away (from sth) **1** quitar, despegar algo (de algo): *He peeled away the plastic wrapping.* Quitó la envoltura de plástico. **2** (*pintura*) desconchar algo (de algo)

v + n/pron + adv
v + adv + n

peel off **1** quitarse, despegarse: *The wallpaper was peeling off.* El papel pintado se estaba desprendiendo. **2** (*pintura*) desconcharse: *The paint had started to peel off.* La pintura había empezado a desconcharse. **3** (*piel*) pelarse: *The skin on my back was peeling off.* Se me estaba pelando la espalda. **4** (*avión, coche*) separarse (del grupo): *The planes peeled off, one by one.* Uno a uno los aviones se separaron del grupo.

v + adv
1 [S] **the paper**
2 [S] **the paint**
3 [S] **your skin**

peel sth off **1** (*ropa*) quitarse algo: *He peeled off his wet clothes.* Se quitó la ropa mojada. **2** sacar algo de un fajo de billetes: *He peeled off two hundred dollars and handed them to her.* Sacó doscientos dólares del fajo y se los dio.

v + adv + n
v + pron + adv
v + n + adv (*menos frec*)
1 [O] **your gloves, your T-shirt, your swimsuit, etc.**

peel sth off; peel sth off sth quitar, despegar algo (de algo): *He peeled off the sweet wrapper.* Quitó la envoltura del caramelo. ◊ *She peeled all the wallpaper off the bathroom ceiling.* Despegó el papel pintado del techo del baño.

v + n/pron + adv
v + adv + n
v + n/pron + prep + n/pron
[O] **wallpaper, paint, a wrapper**

peg /peg/ -gg-

peg away (at sth) (*coloq*) darle duro (a algo): *He keeps pegging away at his novel.* Sigue dándole duro a su novela.
v+adv

peg out (*GB, coloq*) estirar la pata, palmarla: *I thought she was going to peg out right in front of me!* ¡Creí que iba a palmarla allí mismo, delante de mí!
v+adv

peg sth out (*GB*) tender algo (*para que se seque*): *He was outside, pegging the washing out.* Estaba fuera tendiendo la ropa.
v+n/pron+adv
v+adv+n
[O] **the washing, the clothes**
= **hang sth out**

pelt /pelt/

pelt across, down, out, etc.; **pelt across, down, out of, etc. sth** (*coloq*) atravesar, bajar, salir, etc. a todo meter: *She pelted across to where they were sitting.* Cruzó a todo meter a donde estaban ellos. ◊ *He pelted down the hill on his bike.* Bajó la cuesta a todo meter en la bici.
v+adv
v+prep+n/pron

pelt down (*coloq*) **1** llover a cántaros, jarrear: *It's pelting down (with rain) outside.* Afuera está lloviendo a cántaros. **2** (*tb* **pelt down sth**) *Ver* PELT ACROSS, DOWN, OUT, ETC.
1 *v+adv*
[S] **it, the rain**
= **pour down**
2 *v+adv*
v+prep+n/pron

pen /pen/ -nn-

pen sb/sth in; **pen sb/sth in sth** encerrar a algn/algo (en algo) (*referido a persona o animal*): *We penned the sheep in the yard.* Encerramos las ovejas en el corral. ◊ *The troublemakers were penned in by the police.* La policía encerró a los alborotadores.
NOTA Este *phrasal verb* se utiliza mucho en pasiva.
v+n/pron+adv
v+adv+n
v+n/pron+prep+n/pron

pen sb/sth up (*esp GB*) encerrar a algn/algo (*referido a persona o animal*): *It was good to go outside after being penned up in the house all day.* Nos hizo bien salir después de estar encerrados todo el día en la casa.
NOTA **Pen sb/sth up** se utiliza sobre todo en pasiva.
v+n/pron+adv
v+adv+n

pencil /'pensl/ -ll- (*USA*) -l-

pencil sb/sth in (for sth) anotar, apuntar a algn/algo de forma provisional (para algo): *Let's pencil in the third of May for the meeting.* Apuntemos provisionalmente el tres de mayo para la reunión.
v+n/pron+adv
v+adv+n

pension /'penʃn/

pension sb off jubilar a algn: *She was pensioned off at the age of 56.* La jubilaron a los 56 años.
NOTA **Pension sb off** se utiliza mucho en pasiva.
v+n/pron+adv
v+adv+n

pep /pep/ -pp-

pep sb up animar a algn: *She needs something to pep her up a bit.* Necesita algo que la anime un poco.

v+pron+adv
v+adv+n
v+n+adv

pep sth up animar algo, dar más vida a algo: *The company needs to pep up its image a bit.* La compañía necesita alegrar un poco su imagen.

v+adv+n
v+pron+adv
v+n+adv (menos frec)

pepper /ˈpepə(r)/

pepper sb/sth with sth acribillar a algn/algo a/con algo: *The wall had been peppered with bullets.* Habían acribillado la pared a balazos. ◊ *The interviewer peppered her with questions.* El entrevistador la acribilló a preguntas.
NOTA Pepper sb/sth with sth se utiliza mucho en pasiva.

v+n/pron+prep+n/pron

pepper sth with sth salpicar algo de algo: *She peppers her conversation with references to famous people.* Salpica su conversación de referencias a personas famosas.
NOTA Pepper sth with sth se utiliza mucho en la construcción **be peppered with sth**.

v+n/pron+prep+n/pron

perk /pɜːk; *USA* pɜːrk/

perk up (*coloq*) **1** animarse: *You've perked up since this morning.* Estás más animada que esta mañana. **2** mejorar: *The housing market is expected to perk up.* Se espera que mejore el mercado inmobiliario.

v+adv
1 = **liven up** (*menos coloq*)
2 = **pick up** (1) (*menos coloq*)

perk sb/sth up (*coloq*) animar a algn/algo: *A shower would perk you up.* Una ducha te reanimaría. ◊ *Perk up a drab kitchen with a coat of paint.* Anima una cocina sin gracia con una capa de pintura.

v+n/pron+adv
v+adv+n
= **liven sb/sth up** (*menos coloq*)

permit /pəˈmɪt; *USA* pərˈm-/ -tt-

permit of sth (*formal*) permitir, admitir algo: *The situation does not permit of any delay.* La situación no admite retrasos.
NOTA Permit of sth se utiliza mucho en construcciones negativas.

v+prep+n/pron

pertain /pəˈteɪn; *USA* pərˈt-/

pertain to sb/sth (*formal*) estar relacionado con algn/algo: *The head must be consulted on all matters pertaining to the children.* Hay que consultar al director en todo lo concerniente a los niños.

v+prep+n/pron

peter /ˈpiːtə(r)/

peter out 1 (**into sth**) desaparecer, desvanecerse (*poco a poco*) (para dar paso a algo): *The road petered out into a dirt track.* La carretera iba desapareciendo para dar paso a un sendero de tierra. **2** (*sonido*) apagarse (*poco a poco*) **3** (*entusiasmo*) decaer: *By midday their enthusiasm had petered out.* Al mediodía su entusiasmo había decaído.

v+adv

phone

phase /feɪz/

phase sth in introducir algo paulatinamente/de forma escalonada: *The government will phase in the new tax.* El gobierno irá introduciendo paulatinamente el nuevo impuesto.
NOTA Phase sth in se utiliza mucho en pasiva: *The scheme will be phased in over 15 years.*

v+adv+n
v+n/pron+adv
≠ phase sth out

phase sth out retirar algo paulatinamente/de forma escalonada: *They agreed to phase out chemical weapons.* Acordaron retirar las armas químicas de forma gradual.
NOTA Phase sth out se utiliza mucho en pasiva: *The old system is being phased out.*

v+adv+n
v+n/pron+adv
≠ phase sth in

phone /fəʊn; *USA* foʊn/

phone around/round; **phone around/round sb/sth** (*esp GB*) (*USA* **call around**) llamar, telefonear (a algn/a ...) (*a varias personas o lugares*): *He phoned round to tell everyone about the meeting.* Llamó a todos para informarles de la reunión. ◊ *I spent the morning phoning round hotels.* Me pasé la mañana llamando a hoteles.

v+adv
v+prep+n/pron
= ring around/round, ring around/round sb/sth (*GB*)

☆ **phone back** (*esp GB*) **1** devolver una llamada: *I left a message but they never phoned back.* Dejé un mensaje, pero no llamaron. **2** volver a llamar: *It's engaged — I'll phone back later.* Está comunicando, volveré a llamar más tarde.

v+adv
= ring back (*GB*), call back

☆ **phone sb back** (*esp GB*) **1** devolver una llamada a algn: *Sam called, could you phone him back?* Ha llamado Sam, ¿podrías llamarle tú? **2** volver a llamar a algn: *I'm busy at the moment — could you phone me back later?* En este momento estoy ocupada, ¿me puedes llamar más tarde?

v+n/pron+adv
v+adv+n (*menos frec*)
= ring sb back (*GB*), call sb back (1), call sb back (2)

phone in (*esp GB*) llamar, telefonear (*al lugar de trabajo o a un programa de radio o televisión*): *He phoned in sick this morning.* Ha llamado esta mañana para decir que está enfermo. ◊ *Hundreds of listeners phoned in to complain.* Llamaron centenares de oyentes para quejarse.
▶ **phone-in** *n* (*esp GB*) programa radiofónico o televisivo en el que el público participa por teléfono
NOTA Nótese que el sustantivo **phone-in** también puede utilizarse delante de otro sustantivo: *a phone-in programme*.

v+adv
= ring in (*GB*), call in (2), call in (3)

phone sth in (*esp GB*) mandar/dar algo por teléfono (*un informe, etc., llamando al lugar de trabajo*): *Our reporter phoned the story in this afternoon.* Nuestro corresponsal ha mandado la historia por teléfono esta misma tarde.

v+n/pron+adv
v+adv+n

phone round; **phone round sb/sth** Ver PHONE AROUND/ROUND; PHONE AROUND/ROUND SB/STH

v+adv
v+prep+n/pron

phone sth through (*esp GB*) llamar por teléfono para dar detalles o información sobre algo: *Phone your order through to the store.* Llama a la tienda con tu pedido.

v+n/pron+adv
v+adv+n

☆ **phone up**; **phone sb/sth up** (*esp GB*) (*tb esp USA* **call up**, **call sb/sth up**) llamar, telefonear (a algn/a ...): *I'll phone up and cancel my appointment.* Llamaré para anular mi cita. ◊ *Phone Mike up and ask him if he wants to come.* Llama a Mike y pregúntale si quiere venir. ◊ *I phoned up the bank this morning.* Esta mañana he llamado al banco.

v+adv
v+n/pron+adv
v+adv+n
= ring up, ring sb/sth up (*GB*)

pick /pɪk/

pick at sth 1 andarse, hurgarse en algo: *He never stopped picking at his fingernails.* Siempre estaba andándose en las uñas. **2** picar algo (*comiendo con desgana*): *She picked at her food for a while, then left the table.* Picó la comida un rato, luego se levantó de la mesa.

v + prep + n/pron
2 [O] **your food, your meal**

pick sb/sth off cargarse/liquidar a algn/algo a tiros (*referido a persona o animal*): *One of our men was picked off by a sniper.* Uno de nuestros hombres fue abatido por un francotirador.

v + adv + n
v + n/pron + adv

pick sth off; **pick sth off sth** quitar, desprender algo (de algo): *She was picking her nail varnish off.* Se estaba quitando el esmalte de las uñas.

v + n/pron + adv
v + adv + n
v + n/pron + prep + n/pron

pick on sb 1 meterse con algn: *The other children picked on him.* Los otros niños se metían con él. **2** (*esp GB*) elegir a algn (*para hacer algo desagradable*): *The teacher always picked on Tom to answer the difficult questions.* El profesor siempre elegía a Tom para contestar las preguntas difíciles.
NOTA **Pick on sb** se puede utilizar en pasiva: *She was picked on at school.*

v + prep + n/pron
1 = **get at sb** (1) (*GB, coloq*)

pick sb/sth out 1 elegir, escoger a algn/algo: *He picked out the most expensive suit in the shop.* Escogió el traje más caro de la tienda. ◊ *The first ten names picked out of the hat will win a prize.* Los diez primeros nombres que se saquen del sombrero ganarán un premio. **2** identificar, reconocer a algn/algo: *The suspect was picked out at an identity parade.* Reconocieron al sospechoso en una rueda de identificación. **3** distinguir, divisar a algn/algo: *We could just pick out a car in the distance.* Apenas podíamos distinguir un coche en la distancia. **4** (*luz*) alumbrar, iluminar a algn/algo: *The car's headlights picked out a road sign.* Las luces del coche iluminaron una señal de tráfico.

v + adv + n
v + n/pron + adv

pick sth out 1 identificar algo (*después de haber realizado un estudio o análisis*): *She picked out the main ideas behind the essay.* Identificó las principales ideas del ensayo. **2** (*Mús*) tocar algo sin partitura/de memoria (*especialmente despacio, vacilando*): *He picked out the tune on the piano.* Tocó la canción al piano. **3** (*GB*) destacar, hacer resaltar algo: *Fine details were picked out in gold paint.* Los detalles delicados estaban resaltados con pintura dorada.
NOTA En este sentido **pick sth out** se utiliza mucho en pasiva.

v + adv + n
v + n/pron + adv
2 [O] **a melody, a tune**

pick sth over 1 examinar algo (*antes de escoger*): *He picked over the plums, checking for bruises.* Examinó las ciruelas por si estaban golpeadas. **2** (*esp GB*) analizar, examinar algo: *We spent the meeting picking over last month's results.* Nos pasamos la reunión analizando los resultados del mes pasado.

v + adv + n
v + pron + adv
v + n + adv (*menos frec*)

pick up 1 mejorar: *We're waiting until the weather picks up a bit.* Estamos esperando a que el tiempo mejore un poco. **2** (*viento*) soplar más fuerte: *The wind picked up in the night.* El viento sopló más fuerte por la noche. **3** continuar, seguir: *The new series picks up where the old one left off.* La nueva serie sigue donde se quedó la anterior. **4** (*autobús, etc.*) tener parada: *The bus picks up outside the post office.* El autobús tiene parada frente a correos.

v + adv
1 [S] **the weather**
2 [S] **the wind**

▶ **pickup** *n* mejora: *There has been a slight pickup in house sales.* La venta de casas ha experimentado una ligera mejora.

pick sb up ☆ **1** recoger a algn: *I'll pick you up at seven o'clock.* Te recojo a las siete. ◊ *He picked up a hitch-hiker.* Recogió a un autoestopista. **2** rescatar a algn: *Lifeboats picked up all the survivors.* Los botes salvavidas rescataron a todos los supervivientes. **3** arrestar, detener a algn: *She was picked up by the police and taken for questioning.* La policía la arrestó y se la llevó para interrogarla. **4** (*coloq*) ligarse a algn, ligar con algn: *He picked her up at a club.* Se la ligó en una sala de fiestas.
▶ **pickup** *n* **1** (*tb* **pickup truck**) camioneta **2** recogida **3** ligue: *He thought I was an easy pickup.* Pensó que yo era un ligue fácil. ◊ *a pickup joint* un bar de alterne.
NOTA Nótese que en los sentidos 2 y 3, el sustantivo **pickup** también puede utilizarse delante de otro sustantivo: *Be at the pickup point at ten o'clock.*

v+n/pron+adv
v+adv+n

pick sb/sth up ☆ **1** coger a algn/algo: *I picked your bag up by mistake.* Cogí tu bolso por equivocación. ◊ *Pick me up, Daddy!* ¡Cógeme aúpa, papá! ◊ *She picked up the phone and dialled his number.* Cogió el teléfono y marcó su número. **2** (*radio, etc.*) captar a algn/algo: *The microphone picks up every sound.* El micrófono capta hasta el menor sonido. ◊ *We were able to pick them up on our radio.* Pudimos captarlos en nuestra radio.
LOC **pick up the pieces** solucionar los problemas, rehacer tu vida

v+n/pron+adv
v+adv+n

pick sth up ☆ **1** recoger algo: *We can pick up the tickets an hour before the show starts.* Podemos recoger las entradas una hora antes de que empiece la función. **2** (*enfermedad, acento, etc.*) coger(se) algo: *He picked up a virus at school.* Cogió un virus en el colegio. ◊ *We don't want him picking up any bad habits.* No queremos que adquiera malas costumbres. **3** aprender algo: *She picks up languages really easily.* Aprende idiomas con mucha facilidad. **4** enterarse de algo: *He picked up an interesting piece of news.* Se enteró de una noticia muy interesante. **5** detectar algo: *The early signs of the disease were not picked up.* Los primeros síntomas de la enfermedad no fueron detectados. **6** conseguir algo: *He picked up some amazing bargains in the sales.* Consiguió unas gangas estupendas en las rebajas. **7** (*premio, etc.*) ganar algo: *The film picked up several awards.* La película ganó varios premios. **8** (*coloq*) pagar algo: *We ended up picking up the bill.* Acabamos pagando la cuenta. **9** (*pista, rastro*) encontrar algo (*y seguirlo*): *A police dog picked up his scent.* Un perro de la policía identificó el olor. **10** reanudar, retomar algo: *Can I just pick up the point you made earlier?* ¿Puedo retomar el punto que mencionaste antes? ◊ *We pick the story up in London, five years later.* La historia se reanuda en Londres cinco años más tarde. **11** (*USA*) recoger, ordenar algo: *Pick up your room before you go out.* Recoge tu cuarto antes de salir.
LOC **pick up speed/momentum** (*lit y fig*) cobrar/coger velocidad
▶ **pickup** *n* Ver PICK SB UP

v+adv+n
v+n/pron+adv
2 ⓪ **a cold, a habit, a tip**
3 ⓪ **languages, French, Italian, etc.**
4 ⓪ **information**
5 ⓪ **signs**
6 ⓪ **a bargain**
7 ⓪ **an award, a cheque**
8 v+adv+n
v+pron+adv
v+n+adv (*poco frec*)
⓪ **the bill, the tab**
9 ⓪ **a trail, a scent**
10 ⓪ **a point, a story**
= **take sth up** (6)
11 ⓪ **your room**
= **tidy sth up** (1) (*esp GB*)

pick yourself up **1** levantarse: *She picked herself up and stumbled on.* Se levantó y fue dando tumbos. **2** recuperarse: *We have to pick ourselves up after yesterday's defeat and start again.* Tenemos que recuperarnos después de la derrota de ayer y empezar de nuevo.

v+reflex+adv

pick up on sth **1** apercibirse, darse cuenta de algo: *He picked up on her feelings of unease.* Se dio cuenta de que se sentía inquieta. **2** retomar algo, volver a algo: *I'd like to pick up on Mr Finlay's point.* Me gustaría volver al asunto que mencionó el señor Finlay.

v+adv+prep+n/pron
2 ⓪ **a/sb's point**

pick sb up on sth (*GB*) corregirle algo a algn: *If you make a mistake, he always picks you up on it.* Si cometes un error, siempre te lo corrige.

v+n/pron+adv+prep+n/pron
= **take sb up on sth** (2)

piece /piːs/

piece sth together 1 recomponer algo: *Archaeologists have worked for years to piece together the mosaic.* Los arqueólogos han trabajado durante años para recomponer el mosaico. **2** reconstruir algo: *Detectives are piecing together the events of the last hours of his life.* Los detectives están intentando reconstruir lo que ocurrió en las últimas horas de su vida.

v + adv + n
v + pron + adv
v + n + adv (menos frec)
2 [O] **the evidence, a story, events**

pig /pɪɡ/ -gg-

pig out (on sth) (*coloq*) darse un atracón (de algo), ponerse morado (a algo): *We pigged out on biscuits and cakes.* Nos dimos un atracón de galletas y pasteles.
▶ **pig-out** *n* (*coloq*) atracón: *We had a real pig-out last night.* Nos pegamos un auténtico atracón anoche.

v + adv

pile /paɪl/

pile in; pile into sth entrar en tropel (en ...): *The taxi arrived and we all piled in.* Llegó el taxi y nos metimos en tropel.

v + adv
v + prep + n/pron
[O] **a car, a taxi, a room**
≠ pile out, pile out of sth

pile into sb/sth chocar(se) contra algn/algo: *She stopped dead in the middle of the pavement and we all piled into her.* Se paró en seco en mitad de la acera y todos nos chocamos contra ella.

v + prep + n/pron

pile sth on 1 aumentar algo: *United piled the pressure on in the second half.* El United aumentó la presión en el segundo tiempo. ◊ *Things aren't that bad. She does tend to pile it on.* Las cosas no están tan mal. Ella siempre tiende a exagerar. **2** (*peso, kilos*) acumular algo: *As soon as she stops dieting she piles on the pounds.* En cuanto deja el régimen empieza a coger peso.

v + adv + n
v + n/pron + adv
1 [O] **the pressure, the guilt**
2 [O] **the pounds, the weight**

LOC **pile on the agony** (*esp GB, coloq*) empeorar las cosas

pile out; pile out of sth salir en tropel (de ...): *Crowds of children piled out of the building.* Miles de niños salían en tropel del edificio.

v + adv
v + adv + prep + n/pron
[O] **a car, a taxi, a room**
≠ pile in, pile into sth

pile up; pile sth up acumularse, amontonarse, acumular, amontonar algo: *Rubbish was piling up in the streets.* La basura se amontonaba en las calles. ◊ *They piled the bricks up in a corner of the garden.* Amontonaron los ladrillos en un rincón del jardín. ◊ *We have piled up debts of over a million.* Hemos acumulado deudas de más de un millón.

v + adv
v + n/pron + adv
v + adv + n
= heap sth up

pin /pɪn/ -nn-

pin sb down 1 inmovilizar a algn: *The older boy had pinned him down on the floor.* El chico mayor lo había inmovilizado en el suelo. ◊ *The enemy were pinned down just south of the border.* El enemigo fue inmovilizado justo al sur de la frontera. **2** (**to sth/doing sth**) hacer que algn se comprometa (a algo/hacer algo): *You'll find it difficult to pin him down to a price.* Te costará conseguir que concrete un precio. ◊ *They pinned them down to finishing by June.* Hicieron que se comprometieran a terminar antes de junio.

v + n/pron + adv
v + adv + n
= nail sb down to sth

pin sth down precisar, concretar algo: *There's something wrong with this drawing but I can't quite pin it down.* Hay algo raro en este dibujo, pero no puedo precisar qué es. ◊ *Doctors have been unable to pin down the cause of her symptoms.* Los médicos han sido incapaces de concretar la causa de sus síntomas.

v + n/pron + adv
v + adv + n
= **nail sth down** (2)

pin sth on sb echar la culpa de algo a algn: *They tried to pin the blame on me!* ¡Intentaron echarme la culpa!

LOC **pin your hopes/faith on sb/sth** poner todas tus esperanzas en algn/algo

v + n/pron + prep + n/pron
[O] **the blame**

pin sth up **1** poner, sujetar algo (*con chinchetas*): *He pinned up a notice on the board.* Sujetó con chinchetas una nota en el tablero. **2** (*pelo*) sujetarse algo (*con horquillas*): *She was pinning her hair up in front of the mirror.* Estaba sujetándose el pelo con horquillas frente al espejo.

▶ **pin-up** *n* **1** foto, póster (*de una persona atractiva, con poca ropa*) **NOTA** Nótese que en este sentido, el sustantivo **pin-up** también puede aparecer delante de otro sustantivo: *a pin-up girl.* **2** sex symbol

v + n/pron + adv
v + adv + n
2 [O] **your hair**

pine /paɪn/

pine away languidecer, consumirse (*de pena*): *After his wife died, he just pined away.* Tras la muerte de su esposa, languideció.

v + adv

pipe /paɪp/

pipe down (*coloq*) callarse: *OK, everybody pipe down!* Muy bien, ¡a callar todo el mundo!
NOTA **Pipe down** se utiliza mucho en imperativo.

v + adv

pipe up (with sth) (*coloq*) decir, saltar (algo) (*de repente*): *Debbie piped up with 'I've seen this film before!'* Debbie va y salta —¡Yo he visto antes esta película!

v + adv

piss /pɪs/

piss about/around (*GB*, *tabú*) hacer el tonto: *We haven't got time to piss about.* No tenemos tiempo de hacer el tonto.

v + adv
= **mess around** (2) (*coloq*)

piss sb about/around (*GB*, *tabú*) jorobar, torear a algn (*cambiando de parecer, haciéndole esperar, etc.*): *Don't piss me about, just tell me the truth!* ¡Deja de jorobarme y dime la verdad!

v + n/pron + adv
= **mess sb about/around** (*GB, coloq*)

piss down; **piss it down** (*GB*, *tabú*) caer chuzos, llover a cántaros: *It's still pissing (it) down out there.* Siguen cayendo chuzos ahí fuera.
NOTA **Piss down** y **piss it down** siempre se utilizan con el sujeto *it*.

v + adv
v + it + adv
[S] *only* **it**
= **pour down** (*menos coloq*)

piss off (*esp GB*, *tabú*) irse a tomar por culo: *I told him to piss off.* Le dije que se fuese a tomar por culo. ◊ *Piss off and leave me alone!* ¡Vete a la mierda y déjame en paz!
NOTA **Piss off** se utiliza mucho en imperativo.

v + adv
= **clear off** (*coloq*)

piss sb off (*tabú*) cabrear, joder a algn: *It really pisses me off when I see people behaving like that.* Me jode mucho que la gente se comporte así.

▶ **pissed off** *adj* [pred] (*tabú*) cabreado: *Everybody's pissed off with what's going on.* Todo el mundo está cabreado con lo que está pasando.
NOTA El adjetivo **pissed off** siempre aparece detrás de un verbo.

v + n/pron + adv
v + adv + n

be/get pissed up (*tabú*) mamarse: *We went to the King's Arms last night and got really pissed up.* Anoche fuimos al King's Arms y nos mamamos.
▸ **piss-up** *n* (*tabú*): *Why don't we have a piss-up at my place tomorrow?* ¿Qué tal si vamos a mi casa mañana y nos mamamos?

be/get + v + adv

pit /pɪt/ -tt-

pit sb/sth against sb/sth; pit yourself against sb/sth enfrentar a algn/algo con algn/algo, enfrentarse a algn/algo, medir las fuerzas con algn: *It's a chance to pit yourself against the champion.* Es una oportunidad para que midas tus fuerzas con el campeón. ◊ *I'd like to pit my wits against the best in the country.* Me gustaría enfrentarme a los mejores del país.

v + n/pron + prep + n/pron
v + reflex + prep + n/pron
[O] **your wits, your strength**

pitch /pɪtʃ/

pitch in (with sth) (*coloq*) participar (con algo): *We all pitched in and soon finished the job.* Todos echamos una mano y terminamos en seguida. ◊ *Lots of people pitched in with advice.* Muchísima gente participó dando consejos.

v + adv

pitch into sb (*esp GB, coloq*) arremeter contra algn (*verbalmente*): *They really pitched into me when I refused to cooperate.* Arremetieron contra mí cuando me negué a cooperar.

v + prep + n/pron

pitch into sth (*esp GB, coloq*) **1** ponerse con algo/a hacer algo: *I rolled up my sleeves and pitched into the cleaning.* Me remangué y me puse a limpiar. **2** meterse, intervenir en algo: *All of them pitched into the fight.* Todos se metieron en la pelea.

v + prep + n/pron

pivot /ˈpɪvət/

pivot on sth 1 depender de algo: *The success of the project pivots on investment from abroad.* El éxito del proyecto depende de la inversión extranjera. **2** girar en torno a algo: *The whole novel pivots on this one incident.* Toda la novela gira en torno a este único incidente.

v + prep + n/pron
= **hinge on sth**

plan /plæn/ -nn-

plan ahead (for sth) planificar, hacer planes (para algo): *It's impossible to plan ahead when things keep changing!* ¡No se puede planificar cuando se cambia todo constantemente! ◊ *We need to plan ahead for our retirement.* Tenemos que hacer planes para cuando nos jubilemos.

v + adv

plan on sth/doing sth ☆ **1** tener pensado algo/hacer algo: *I'd planned on having a quiet evening at home.* Tenía pensado pasar una tarde tranquila en casa. **NOTA** En este sentido, **plan on sth/doing sth** se utiliza mucho en tiempos continuos: *Are you planning on having a break?* **2** contar con algo/hacer algo: *She hadn't planned on getting up early.* No había contado con tener que madrugar. **NOTA** En este sentido, **plan on sth/doing sth** se utiliza mucho en frases negativas.

v + prep + n/pron
v + prep + -ing

plan sth out planificar algo: *Plan out your route before you go.* Planifica tu ruta antes de salir.

v + n/pron + adv
v + adv + n

plant /plɑːnt; *USA* plænt/

plant sth out (*planta*) trasplantar algo (*de un tiesto a la tierra*)

v + adv + n
v + pron + adv
v + n + adv (*menos frec*)

---

plaster /ˈplɑːstə(r); *USA* ˈplæs-/

plaster over sth cubrir algo con yeso, enyesar algo
NOTA Plaster over sth se puede utilizar en pasiva: *The old brick had been plastered over.*

v + prep + n/pron

---

play /pleɪ/

play about/around 1 (**with sth**) enredar, hacer el tonto (con algo): *Stop playing about and get on with your work!* ¡Deja de hacer el tonto y trabaja! ◊ *Don't play around with matches!* ¡No juegues con cerillas! **2** (**with sb**) (*coloq*) tener un lío, acostarse (con algn): *She's playing around with her sister's boyfriend.* Tiene un lío con el novio de su hermana. ◊ *Her husband is always playing around.* Su marido siempre anda con unas y con otras.

v + adv

play about/around with sth 1 darle vueltas a algo, pensarse algo: *We haven't decided yet — we're still playing around with ideas.* Todavía no nos hemos decidido, aún estamos dando vueltas a algunas ideas. **2** ir probando algo: *Play around with the paints until you get a colour you like.* Vete probando distintas pinturas hasta que encuentres un color que te guste.

v + adv + prep + n/pron
1 [0] **an idea**

play along (**with sb/sth**) seguir(le) el juego (a algn/y continuar con algo): *I decided to play along with the charade.* Decidí seguir el juego y continuar con la farsa. ◊ *I knew he was lying, but I played along with him for a while.* Sabía que estaba mintiendo, pero le seguí el juego un rato.

v + adv

play around *Ver* PLAY ABOUT/AROUND

v + adv

play around with sth *Ver* PLAY ABOUT/AROUND WITH STH

v + adv + prep + n/pron

play at sth/doing sth (*esp GB*) **1** jugar a algo: *They play at cops and robbers all the time.* Siempre juegan a policías y ladrones. **2** (*gen pey*) no tomarse algo en serio: *He's just playing at being in love.* Lo de su enamoramiento no es serio.
LOC **what are you, is he, etc. playing at?** (*coloq*) ¿a qué juegas, juega, etc.?: *What on earth are you playing at?* ¿A qué demonios estás jugando?

v + prep + n/pron
v + prep + -ing

play sth back (**to sb**) poner algo (a algn) (*una grabación*): *Can you play back what we've just recorded?* ¿Puedes poner lo que acabamos de grabar?
▶ **playback** *n* reproducción (*de una grabación*): *The quality of playback is very good.* La calidad de la grabación es muy buena.

v + n/pron + adv
v + adv + n
[0] **a tape**

play sth down quitarle/restarle importancia a algo: *The government is trying to play down its involvement in the affair.* El gobierno está tratando de restarle importancia a su participación en el asunto.

v + adv + n
v + pron + adv
v + n + adv (*poco frec*)
≠ **play sth up**

play

play off (*esp GB*) jugar el desempate: *The two Germans played off for a place in the final.* Los dos alemanes jugaron el desempate para ver quién pasaba a la final.   *v + adv*
▶ **play-off** *n* desempate, final
NOTA Nótese que el sustantivo **play-off** también puede utilizarse delante de otro sustantivo: *a play-off match.*

play sb off sb (*USA*) Ver PLAY SB OFF AGAINST SB   *v + n/pron + prep + n/pron*

play sb off against sb (*GB*) (*USA* **play sb off sb**) enfrentar a algn contra algn: *He tries to play one parent off against the other.* Intenta enfrentar a sus padres.   *v + n/pron + adv + prep + n/pron*

play on 1 (*Dep*) seguir jugando: *They claimed a penalty but the referee told them to play on.* Se quejaron de que había sido penalti, pero el árbitro dijo que siguieran jugando. **2** seguir tocando: *Despite the uproar, the musicians played on.* A pesar del alboroto, los músicos siguieron tocando.   *v + adv*

play on sth (*tb* **play upon sth** *más formal*) aprovecharse de algo: *He played on my feelings of guilt to make me stay.* Se aprovechó de mi sentimiento de culpabilidad para hacer que me quedase.   *v + prep + n/pron*   [O] **sb's feelings, sb's fears**   = **exploit sth**

LOC **play on your mind** (*cuestión, asunto*) preocuparte: *This question has been playing on my mind for years.* Llevo años dándole vueltas a este asunto.

play out (*coloq*) dar un concierto/recital, actuar: *Serious bands should be playing out regularly.* Los grupos que vayan en serio deberían dar actuaciones con regularidad.   *v + adv*

play itself/themselves out (*formal*) **1** ocurrir, pasar: *The same scenario has played itself out hundreds of times.* El mismo panorama se ha repetido cientos de veces. ◊ *All sorts of scenes were playing themselves out in his head.* Por su mente pasaban todo tipo de escenas. **2** extinguirse, pasar por sí solo: *We'll have to wait until events have played themselves out.* Tendremos que esperar hasta que los acontecimientos hayan pasado.   *v + reflex + adv*

play sth out 1 (*lucha*) llevar algo a cabo: *A power struggle is being played out by the rival factions.* Las facciones rivales están llevando a cabo una lucha por el poder. **NOTA** En este sentido, **play sth out** se utiliza mucho en pasiva. **2** hacer que algo cobre realidad, representar algo: *Writing was a way for him to play out his fantasies.* Escribir era una forma de hacer que sus propios sueños cobraran realidad.   *v + adv + n*   *v + pron + adv*   *v + n + adv (poco frec)*   = **enact sth** (*formal*)
▶ **played out** *adj* [pred] (*coloq*) acabado
NOTA Nótese que el adjetivo **played out** siempre se utiliza detrás de un verbo: *The story is far from played out.*

play up (*esp GB, coloq*) **1** dar guerra, dar la lata, fastidiar: *My leg's playing up again.* La pierna me está dando la lata otra vez. ◊ *The children have been playing up all day.* Los niños han estado dando guerra todo el día. **2** (*motor, máquina*) ir mal, hacer de las suyas: *The car started playing up about six months ago.* El coche empezó a hacer de las suyas hace unos seis meses.   *v + adv*   = **act up**
NOTA **Play up** se utiliza mucho en tiempos continuos.

play sb up (*GB, coloq*) dar guerra, dar la lata, fastidiar a algn: *My back plays me up from time to time.* La espalda me da la lata de vez en cuando. ◊ *All kids play new teachers up.* Todos los niños dan la lata a los profesores nuevos.

v + n/pron + adv
v + adv + n

play sth up exagerar algo: *She played up her achievements in an attempt to impress us.* Exageró sus logros para impresionarnos.

v + adv + n
v + n/pron + adv
= **overplay sth**
≠ **play sth down**

play up to sb (*GB*) halagar, dar coba a algn: *She played up to him all night.* Estuvo toda la noche dándole coba.

v + adv + prep + n/pron

play up to sth (*esp GB*) representar el papel de algo: *When she's with people she plays up to her image.* Cuando está con gente representa el papel que se le ha atribuido.

v + adv + prep + n/pron

play upon sth *Ver* PLAY ON STH

v + prep + n/pron

play with sb/sth jugar con algn/algo: *She was just playing with my emotions.* Solamente estaba jugando con mis sentimientos. **NOTA** Play with sb/sth se utiliza mucho en tiempos continuos.

v + prep + n/pron
[0] **sb's feelings**

play with sth darle vueltas a algo, considerar algo: *She's playing with the idea of starting her own business.* Le está dando vueltas a la idea de montar su propio negocio.

v + prep + n/pron
[0] **an idea**
= **toy with sth** (1)

play with yourself (*coloq*) masturbarse, toquetearse

v + prep + reflex
= **masturbate** (*menos coloq*)

---

plod /plɒd; *USA* plɑːd/ **-dd-**

plod along/on avanzar penosamente: *Jack plodded along in the driving rain.* Jack avanzaba penosamente bajo la inclemente lluvia. ◊ *Keep plodding on — you'll soon be finished!* ¡Sigue, ya te queda poco!

v + adv

plod away (**at sth**) trabajar con empeño (en algo): *He plodded away all night at his essay to get it done.* Trabajó con empeño toda la noche en el trabajo hasta terminarlo.

v + adv

plod on *Ver* PLOD ALONG/ON

v + adv

---

plonk /plɒŋk; *USA* plɑːŋk, plɔːŋk/ (*USA* **plunk**)

plonk down; plonk yourself down (*USA tb* **plunk down, plunk yourself down**) (*coloq*) dejarse caer: *She plonked herself down in front of the telly.* Se dejó caer frente a la tele.

v + adv
v + reflex + adv
= **plump down, plump yourself down**

plonk sb/sth down [+**prep/adv**] (*USA tb* **plunk sb/sth down** [+**prep/adv**]) (*coloq*) colocar/poner a algn/algo sin cuidado en … , plantificar a algn/algo en … : *She plonked the food down in front of them.* Les plantificó la comida delante. ◊ *Don't just plonk the baby down on the floor.* No plantifiques al niño en el suelo así. **NOTA** Plonk sb/sth down siempre va seguido de un complemento.

v + n/pron + adv + complemento

plonk yourself down *Ver* PLONK DOWN; PLONK YOURSELF DOWN

v + reflex + adv

plough

plough (*USA* **plow**) /plaʊ/

plough sth back (into sth) (*tb* **plough sth back in**) (*USA tb* **plow sth back (into sth)**, **plow sth back in**) reinvertir algo (en algo): *All the profits are ploughed back into the company.* Todas las ganancias se reinvierten en la compañía.
NOTA **Plough sth back** se utiliza mucho en pasiva.

v+n/pron+adv
v+adv+n
v+n/pron+adv+adv
⓪ **profits, money**

plough into sb/sth (*USA tb* **plow into sb/sth**) chocar contra algn/algo: *The car hit a lamp post before ploughing into a wall.* El coche golpeó una farola antes de chocar contra la pared.
NOTA **Plough into sb/sth** se puede utilizar en pasiva: *Her car was ploughed into by a bus.*

v+prep+n/pron
⓪ **a wall, a car**

plough sth into sth (*USA tb* **plow sth into sth**) invertir algo en algo: *$50 million will be ploughed into the area.* Se invertirán 50 millones de dólares en la zona.

v+n/pron+prep+n/pron
= **sink sth into sth**

plough on (with sth) (*USA tb* **plow on (with sth)**) seguir, continuar (con algo): *No one was listening to him but he ploughed on regardless.* Nadie le escuchaba, pero él continuó como si nada.

v+adv

plough through sth; **plough your way through sth** (*USA tb* **plow through sth**, **plow your way through sth**) **1** abrirse paso por/entre/a través de algo: *She ploughed (her way) through the crowds.* Se abrió paso entre la gente. **2** arrasar, destrozar algo: *The car ploughed through the hedge.* El coche destrozó el seto. **3** *It took me hours to plough (my way) through all the mail.* Me llevó horas abrir toda la correspondencia. ◊ *How did he manage to plough through that mountain of pasta?* ¿Cómo pudo comerse toda esa montaña de pasta?

v+prep+n/pron
v+n+prep+n/pron

plough sth up (*USA tb* **plow sth up**) **1** arar algo **2** destrozar algo (*césped, camino, etc.*): *The paths get all ploughed up by motorbikes.* Las motos destrozan completamente los caminos.

v+n/pron+adv
v+adv+n
1 ⓪ **land**

plow (*USA*) /plaʊ/

plow sth back (into sth) (*tb* **plow sth back in**) (*USA*) Ver PLOUGH STH BACK (INTO STH)

v+n/pron+adv
v+adv+n
v+n/pron+adv+adv

plow into sb/sth (*USA*) Ver PLOUGH INTO SB/STH

v+prep+n/pron

plow sth into sth (*USA*) Ver PLOUGH STH INTO STH

v+n/pron+prep+n/pron

plow on (with sth) (*USA*) Ver PLOUGH ON (WITH STH)

v+adv

pluck /plʌk/

pluck at sth tirar de algo (*con insistencia*): *He plucked at my sleeve.* Me tiraba de la manga.

v+prep+n/pron

plug /plʌg/ **-gg-**

plug away (at sth) (*coloq*) bregar (con algo), perseverar (en algo): *Scientists have been plugging away at the problem for years.* Los científicos llevan años bregando con este problema.

v+adv

plug sth in; **plug sth into sth** enchufar algo (a algo): *Where can I plug in my hairdryer?* ¿Dónde puedo enchufar el secador?
▶ **plug-in** *n* (*Informát*) conector

v+n/pron+adv
v+adv+n
v+n/pron+prep+n/pron
≠ **unplug sth**

plug into sth 1 enchufarse a/en algo: *The guitar plugs into this amplifier.* La guitarra se enchufa a este amplificador. **2** meterse, participar en algo: *The company hopes to plug into new markets in Asia.* La empresa espera introducirse en nuevos mercados en Asia.

v + prep + n/pron

plug sth up tapar algo: *She plugged up all the holes to keep the wind out.* Tapó todos los agujeros para que no entrase aire.

v + n/pron + adv
v + adv + n
◎ **a hole**
= **block sth up**

plumb /plʌm/

plumb sth in (*GB*) instalar algo (*fontanería*): *He's plumbed in the washing machine for me.* Me ha instalado la lavadora.

v + n/pron + adv
v + adv + n

plump /plʌmp/

plump down; plump yourself down (*coloq, poco frec*) dejarse caer, desplomarse: *She plumped herself down in the armchair.* Se dejó caer en el sillón.

v + adv
v + reflex + adv
= **plonk down,
plonk yourself down**

plump sth down (*coloq, poco frec*) soltar, dejar caer algo: *He plumped his books down on the table.* Dejó caer los libros en la mesa.

v + n/pron + adv
v + adv + n

plump yourself down *Ver* PLUMP DOWN; PLUMP YOURSELF DOWN

v + reflex + adv

plump for sb/sth (*GB, coloq*) decidirse, optar por algn/algo: *I think I'll plump for the steak.* Creo que me decidiré por el entrecot.

v + prep + n/pron

plump sth up ahuecar algo: *Let me plump up your pillow for you.* Deja que te ahueque la almohada.

v + adv + n
v + n/pron + adv
◎ **a cushion, a pillow**

plunge /plʌndʒ/

plunge in; plunge into sth 1 tirarse (a algo), lanzarse a/por algo: *He plunged into the pool.* Se tiró a la piscina. **2** lanzarse (a hacer algo), ponerse con algo/a hacer algo: *He plunged into the task of clearing the office.* Se puso a vaciar la oficina. ◊ *I plunged in and started telling him all about it.* Me lancé y empecé a contárselo.

v + adv
v + prep + n/pron

plunge sth in; plunge sth in/into sth hundir, meter algo (en algo): *She plunged the knife into his leg.* Hundió el cuchillo en su pierna. ◊ *He opened the sack and plunged his arm in.* Abrió el saco y metió el brazo.

v + n/pron + adv
v + adv + n
v + n/pron + prep + n/pron
◎ **a knife, your hand**

plunge into sth sumirse, caer en algo: *The country plunged into recession.* El país se vio sumido en la recesión.

v + prep + n/pron
◎ **recession, despair**

plunge sb/sth into sth sumir a algn/algo en algo: *The city was plunged into chaos as a result of the strike.* A consecuencia de la huelga, la ciudad se vio sumida en el caos. ◊ *The room was suddenly plunged into darkness.* De pronto la habitación quedó a oscuras. **NOTA** Plunge sb/sth into sth se utiliza mucho en pasiva.

v + n/pron + prep + n/pron

plunk /plʌŋk/

plunk sb/sth down (*USA, coloq*) *Ver* PLONK SB/STH DOWN

v + n/pron + adv
v + adv + n

plunk yourself down (*USA, coloq*) *Ver* PLONK DOWN; PLONK YOURSELF DOWN

v + reflex + adv

ply

ply /plaɪ/ *pret, pp* **plied** /plaɪd/

ply sb with sth 1 ofrecer, dar algo a algn (*comida o bebida, en abundancia*): *They plied us with tea and cake.* Nos dieron un montón de té y pasteles. **2** asediar, acosar a algn a algo (*a preguntas*): *They plied me with questions about my visit.* Me acosaron a preguntas sobre mi visita.

v + n/pron + prep + n/pron
1 ◎ **drink**
2 ◎ **questions**

point /pɔɪnt/

point sb/sth out (to sb) señalar a algn/algo (a algn): *Will you point her out to me if you see her?* ¿Me dirás quién es si la ves?

v + n/pron + adv
v + adv + n

☆ **point sth out (to sb)** señalar algo (a algn): *It must be pointed out that this new drug is not a miracle cure.* Hay que señalar que esta nueva droga no es una cura milagrosa. ◊ *He pointed out the dangers of becoming complacent.* Advirtió de los peligros de dormirse en los laureles.

v + adv + n
v + n/pron + adv

point to sth 1 mencionar, señalar algo: *She pointed to unemployment as a reason for rising crime.* Mencionó el desempleo como una de las causas del aumento de la delincuencia. **2** indicar algo, apuntar a algo: *The facts seem to point to him having been murdered.* Los hechos parecen indicar que fue asesinado.

v + prep + n/pron

point up sth; **point it/them up** (*GB, formal*) poner algo de relieve, resaltar algo: *This incident points up the hostility between the two sides.* Este incidente pone de relieve la hostilidad existente entre las dos partes.

v + adv + n
v + pron + adv

poke /pəʊk; *USA* poʊk/

poke about/around (*coloq*) rebuscar, fisgar: *They were poking around in the bushes, looking for their ball.* Estaban rebuscando entre los matorrales buscando su balón. ◊ *What were you doing poking about in my room?* ¿Qué hacías fisgoneando en mi habitación? ◊ *He had been poking around, trying to discover something in her past.* Había estado fisgando, intentando descubrir algo en su pasado.

v + adv

poke around; **poke around sth** (*USA, coloq*) curiosear (por …): *I was just poking around in town all morning.* Estuve curioseando por el centro toda la mañana.

v + adv
v + prep + n/pron
= **mooch about/around**, **mooch about/around sth** (*esp GB*)

poke at sth pinchar algo (*con un dedo, un palo, etc.*): *She poked at her salad without eating anything.* Pinchó la ensalada con desgana y no comió nada.

v + prep + n/pron
= **prod at sth**

poke out asomar, sobresalir: *Two feet poked out from under the bed.* Asomaron dos pies por debajo de la cama.

v + adv
= **stick out** (1)

poke sth out sacar, asomar algo: *She poked her tongue out at me.* Me sacó la lengua. ◊ *The door opened and Max poked his head out.* Se abrió la puerta y Max asomó la cabeza.

v + n/pron + adv
v + adv + n (*menos frec*)
◎ **your head, your tongue**
= **stick sth out** (1)

poke up asomar: *A few daffodils were already poking up.* Ya asomaban algunos narcisos.

v + adv
= **stick up**

polish /'pɒlɪʃ; USA 'pɑːl/

polish sb off (*esp USA*, *coloq*) cepillarse, cargarse a algn: *She hired an assassin to polish him off.* Contrató a un asesino para que se lo cargasen.
v + n/pron + adv
v + adv + n

polish sth off (*coloq*) cepillarse, terminar algo: *They polished off the pudding in no time.* Se cepillaron el postre en un santiamén.
v + adv + n
v + n/pron + adv

polish sth up 1 (*esp GB*) pulir algo (*para que brille*): *They were polishing up the silverware, ready for the party.* Estaban puliendo la plata para la fiesta. **2** perfeccionar, pulir algo: *The school needs to polish up its image.* La escuela necesita pulir su imagen. **3** dar un repaso a algo: *She went on a course to polish up her German.* Hizo un curso para dar un repaso a su alemán.
1 *v + n/pron + adv*
v + adv + n
2 *v + adv + n*
v + pron + adv
v + n + adv (*poco frec*)
◎ **your act, your image**
3 *v + adv + n*
v + pron + adv
v + n + adv (*poco frec*)
◎ **your French, your Italian, etc.**
= **brush sth up** (*esp GB*)

ponce /pɒns; USA pɑːns/

ponce about/around (*GB*, *coloq*, *pey*) **1** chulear, pavonearse: *He ponces around on the set, interviewing members of the audience.* Se exhibe por el plató entrevistando a los miembros del público. **2** perder el tiempo: *I could have finished that job while you've been poncing around!* ¡Yo podría haber terminado ese trabajo en lo que tú has estado perdiendo el tiempo!
v + adv
2 = **mess around** (2)

poop /puːp/

poop out (**on/of sth**) (*USA*, *coloq*) echarse atrás (y no hacer algo): *I was supposed to go out last night but I pooped out.* Iba a salir anoche pero me eché atrás.
v + adv

poop sb out (*USA*, *coloq*) agotar a algn: *A long day at the office poops me out.* Un día entero en la oficina me agota.
▶ **pooped out** *adj* [pred] (*USA*, *coloq*) agotado
NOTA Nótese que el adjetivo **pooped out** siempre se utiliza detrás de un verbo: *I was pooped out after the long drive.*
v + n/pron + adv
= **wear sb out**,
wear yourself out (*menos coloq*)

pop /pɒp; USA pɑːp/ **-pp-**

pop across, **into**, **over**, **etc. sth** (*esp GB*, *coloq*) cruzar, entrar, pasar, etc. un momento a … /por … : *She's just popped across the road to see Julia.* Ha cruzado enfrente un momento a ver a Julia. ◊ *Can you pop into the library on your way home?* ¿Puedes pasar un momento por la biblioteca según vas a casa?
v + prep + n

pop back, **down**, **in**, **out**, **etc**. (*esp GB*, *coloq*) volver, bajar, entrar, salir, etc. un momento: *He's just popped down to the shops.* Ha bajado un momento a las tiendas. ◊ *She said she'd pop back later on.* Dijo que después volvería un momento. ◊ *She often pops in for coffee.* Suele venir un rato a tomar café.
v + adv

pop sth in/round (*GB*) llevar, traer algo: *I'll pop the library books in on my way home.* Llevaré los libros de la biblioteca según voy a casa. ◊ *Could you pop those photos round later?* ¿Puedes traer esas fotos más tarde?
v + n/pron + adv
= **drop sth in** (*esp GB*)

pop off (*esp GB, coloq*) **1** ir, salir un momento: *I'm going to pop off early, if it's all right with you.* Voy a salir pronto, si no tienes inconveniente. **2** (*antic*) diñarla, cascar: *When I pop off, all the money goes to you.* Cuando la diñe, todo el dinero será para ti. — *v+adv*

pop out (*coloq*) **1** (**of sth**) salir repentinamente (de algo): *He just popped out from behind a tree.* Salió de repente de detrás de un árbol. ◊ *I didn't mean to tell them — it just popped out before I realized.* No fue mi intención decírselo, me salió antes de que me diera cuenta. ◊ *His eyes nearly popped out of his head when he saw what she was wearing.* Casi se le salen los ojos de las órbitas cuando vio lo que llevaba puesto. **2** (*esp GB*) *Ver* POP BACK, DOWN, IN, OUT, ETC. — *v+adv*

pop sth round *Ver* POP STH IN/ROUND — *v+n/pron+adv*

pop up (*coloq*) aparecer: *He seems to pop up in the most unlikely places.* Aparece en los lugares más insospechados. — *v+adv*
▸ **pop-up** *adj* [atrib] **1** (*libro*) con ilustraciones en tres dimensiones **2** (*Informát*) que aparece al hacer clic con el ratón
NOTA Nótese que el adjetivo **pop-up** siempre se utiliza delante de un sustantivo: *a pop-up book*.

pore /pɔː(r)/

pore over sth estudiar algo detenidamente: *She was poring over an old map.* Estaba estudiando detenidamente un viejo mapa. — *v+prep+n/pron*

post /pəʊst; USA poʊst/

post sth off (**to sb**) (*GB*) (*tb esp USA* **mail sth off**) enviar, mandar algo por correo (a algn): *I posted a letter off to you this morning.* Esta mañana te mandé una carta por correo.
v+n/pron+adv
v+adv+n
[0] **a letter, a parcel**
= **get sth off** (1), **send sth off**

potter /'pɒtə(r)/ (USA **putter**)

potter about/around; potter about/around sth (*GB*) (*USA* **putter around, putter around sth**) pulular por ahí, andar por … (*haciendo trabajos sencillos y que uno disfruta*): *She was happy just pottering around the house.* Era feliz simplemente haciendo cosillas por la casa. ◊ *They spent the day pottering about by the river.* Pasaron el día pululando por el río.
v+adv
v+prep+n
[0] **the house, the garden**

pounce /paʊns/

pounce on sb/sth (*tb* **pounce upon sb/sth** *más formal*) saltar para criticar a algn/algo: *As soon as I opened my mouth, she pounced on me.* En cuanto abrí la boca, saltó para criticarme.
NOTA **Pounce on/upon sb/sth** se puede utilizar en pasiva: *His mistake was pounced on by the press.*
v+prep+n/pron
[0] **a mistake**

pounce on sth (*tb* **pounce upon sth** *más formal*) aferrarse a algo: *She pounced on the opportunity to work with them.* Se aferró a la oportunidad de trabajar con ellos.
v+prep+n/pron
[0] **an opportunity**
= **seize on sth**, **seize sth** (*más formal*)

pound /paʊnd/

pound along, down, up, etc.; pound along, down, up, etc. sth avanzar, bajar, subir, etc. con pasos pesados: *He heard footsteps pounding up the stairs.* Oyó unos pasos pesados que subían las escaleras. ◊ *They pounded along behind him.* Avanzaban con pasos pesados detrás de él.

v+adv
v+prep+n/pron

pour /pɔː(r)/

pour sth away verter, tirar algo: *He poured the water away after he finished washing up.* Tiró el agua cuando acabó de fregar.

v+n/pron+adv
v+adv+n

pour down diluviar, llover a cántaros: *It's pouring down.* Está diluviando. ◊ *The rain poured down all weekend.* Estuvo todo el fin de semana lloviendo a cántaros.

v+adv
[S] **the rain, it**
= **pelt down** (1) (*coloq*), **teem down**

▶ **downpour** *n* [gen sing] aguacero, chaparrón

pour in; pour into sth llegar en grandes cantidades (a …), entrar a raudales (en …): *Complaints poured in after last week's episode.* Tras el episodio de la semana pasada llegó una avalancha de quejas. ◊ *Sunlight poured in through the windows.* La luz del sol entraba a raudales por las ventanas. ◊ *Fans were still pouring into the stadium.* Multitud de fans seguían llegando al estadio.

v+adv
v+prep+n/pron
= **flood in, flood into sth**

pour sth into sth invertir algo en algo (*grandes cantidades de dinero*): *The council has been pouring money into the area.* El ayuntamiento ha estado invirtiendo dinero en la zona.

v+n/pron+prep+n/pron
[O] **money, thousands, millions**

pour out 1 (of sth) (*agua, gente, etc.*) salir en grandes cantidades/ a raudales (de algo): *Black smoke poured out of the engine.* El motor despedía una humareda negra. ◊ *People poured out through the gates.* La gente salía en tropel por las puertas. **2** (*palabras, etc.*) fluir: *All her feelings of resentment just came pouring out.* Dio rienda suelta a todo su resentimiento. ◊ *The whole story then came pouring out.* Entonces nos reveló toda la historia.

v+adv

▶ **outpouring** *n Ver* POUR STH OUT

pour sth out 1 servir algo (*líquidos*): *Should I pour the tea out?* ¿Sirvo el té? **2 (to sb)** explicar algo (a algn) (*a modo de desahogo*): *He poured out his troubles to me.* Me explicó todos sus problemas. ◊ *She poured her heart out to them.* Les abrió su corazón. **3** desprender, despedir algo: *Factory chimneys poured out smoke.* Las chimeneas de las fábricas despedían humo.

1 *v+n/pron+adv*
v+adv+n
= **serve sth**
2 *v+adv+n*
v+pron+adv
v+n+adv (*menos frec*)
[O] **your heart, your troubles**
3 *v+adv+n*
v+pron+adv
v+n+adv (*menos frec*)

▶ **outpouring** *n* **1** [gen pl] confesión (*de sentimientos*), desahogo: *He listened to her outpourings without comment.* La escuchaba desahogarse sin decir nada. **2** efusión, estallido (*de protestas, ideas, etc.*): *There was an outpouring of anger and protest at the decision.* La decisión provocó un estallido de ira y protestas.

power /'paʊə(r)/

power up ponerse en marcha: *Switch on the computer then wait for it to power up.* Enciende el ordenador y espera a que se ponga en marcha.

v+adv

power sth up poner algo en marcha: *This switch will power up the monitor.* Este interruptor hará que se encienda el monitor.

v+adv+n
v+n/pron+adv

predispose

predispose /ˌpriːdɪˈspəʊz; *USA* -ˈspoʊz/

predispose sb to sth (*tb* **predispose sb towards sth** *menos frec*) (*formal*) predisponer a algn a algo/hacer algo: *His lifestyle predisposed him to high blood pressure.* Su estilo de vida le predispuso a tener la tensión alta.
NOTA Predispose sb to sth se utiliza mucho en la construcción **be predisposed to/towards sth**: *He believes that some people are predisposed to criminal behaviour.*

v + n/pron + prep + n/pron

preside /prɪˈzaɪd/

preside over sth (*formal*) **1** (*reunión, investigación*) presidir algo, estar a cargo de algo: *She presided over the meeting.* Ella presidió la reunión. **2** ser responsable de algo: *His government presided over a massive increase in unemployment.* Su gobierno fue responsable de un aumento masivo del paro.
NOTA Preside over sth se puede utilizar en pasiva: *The court is presided over by a single judge.*

v + prep + n/pron

press /pres/

press ahead/on (with sth) (*tb* **press forward (with sth)** *menos frec*) seguir adelante (con algo): *He pressed on, even though it was now dark.* Siguió adelante, a pesar de que había oscurecido.
◊ *They decided to press ahead with their plans.* Decidieron seguir adelante con sus planes.

v + adv
= **forge ahead** (2)

press for sth presionar para conseguir algo: *The unions are pressing for a pay rise.* Los sindicatos están ejerciendo presión para conseguir un aumento salarial.

v + prep + n/pron
= **push for sth**

press forward (with sth) *Ver* PRESS AHEAD/ON

v + adv

press in (on/upon sb/sth) venírsele encima (a algn/algo): *He felt as if the walls were pressing in on him.* Le parecía que las paredes se le venían encima.

v + adv
= **close in** (1)

press on (with sth) *Ver* PRESS AHEAD/ON

v + adv

press sth on sb insistir para que algn acepte algo: *She pressed cake and tea on us.* Insistió para que tomásemos té y pastel.

v + n/pron + prep + n/pron

presume /prɪˈzjuːm; *USA* -ˈzuːm/

presume on/upon sth (*formal*) abusar de algo: *I don't want to presume on your generosity.* No quiero abusar de tu generosidad.
NOTA Presume on/upon sth se puede utilizar en pasiva: *She feels her good nature has been presumed upon too often.*

v + prep + n/pron
[O] **sb's hospitality,
sb's friendship**

pretend /prɪˈtend/

pretend to sth (*formal*) pretender tener/hacer algo: *I don't pretend to any great knowledge of the situation.* No pretendo conocer la situación en profundidad.

v + prep + n

prevail /prɪˈveɪl/

prevail on/upon sb (to do sth) (*formal*) convencer a algn (para que haga algo): *Can I prevail on you to address the meeting?* Le ruego que tome la palabra.
NOTA Prevail on/upon sb se puede utilizar en pasiva: *She was prevailed upon to give one final performance.*

`v + prep + n/pron`

prey /preɪ/

prey on sb (*tb* **prey upon sb** *más formal*) aprovecharse de algn: *He preys on young girls living away from home.* Explota a chicas jóvenes que viven fuera.
NOTA Prey on/upon sb se puede utilizar en pasiva: *They had been preyed on by unscrupulous salesmen.*

`v + prep + n/pron`

prey on sth (*tb* **prey upon sth** *más formal*) (*animales, pájaros*) vivir a expensas de algo, alimentarse de algo: *They prey on small mammals.* Se alimentan de pequeños mamíferos.
NOTA Prey on/upon sth se puede utilizar en pasiva: *They are preyed on by owls.*

`v + prep + n/pron`

pride /praɪd/

pride yourself on sth preciarse, enorgullecerse de algo: *She had always prided herself on her appearance.* Siempre se había preciado de su físico.

`v + reflex + prep + n/pron`

print /prɪnt/

print sth off/out (*Informát*) imprimir algo: *He printed off five copies for us to take home.* Imprimió cinco copias para que nos las llevásemos a casa.
▶ **printout** *n* copia impresa

`v + n/pron + adv`
`v + adv + n`
`[0] a copy`

prise (*USA* prize) /praɪz/

prise sth out of sb (*USA tb* **prize sth out of sb**) sonsacarle, arrancarle algo a algn: *I finally managed to prise his new address out of her.* Finalmente conseguí sonsacarle su nueva dirección.

`v + n/pron + adv + prep + n/pron`

prize (*USA*) /praɪz/

prize sth out of sb *Ver* PRISE STH OUT OF SB

`v + n/pron + adv + prep + n/pron`

proceed /prəˈsiːd, proʊ-/

proceed against sb (*formal*) (*Jur*) proceder contra algn, demandar a algn: *We shall be proceeding against the contractor.* Procederemos contra el contratista.
NOTA Proceed against sb se puede utilizar en pasiva: *They were proceeded against by the police.*

`v + prep + n/pron`

proceed from sth (*formal*) provenir, proceder de algo: *The dispute proceeded from a wrong interpretation of the law.* La disputa provenía de una interpretación errónea de la ley.

`v + prep + n`

prod

prod /prɒd; *USA* prɑːd/ **-dd-**

prod at sth pinchar algo: *I prodded at the mound to see what would happen.* Pinché el montículo a ver qué pasaba.

v + prep + n/pron
= **poke at sth**

project /ˈprɒdʒekt/

project sth onto sb (*Psic*) **1** proyectar algo en algn (*problemas, etc., en vez de verlos en uno mismo*): *She projects her own faults onto others.* Proyecta sus errores en los demás, cuando en realidad son suyos. **2** contagiarle algo a algn (*problemas, miedos, etc.*)

v + n/pron + prep + n/pron

pronounce /prəˈnaʊns/

pronounce on/upon sth (*formal*) pronunciarse sobre algo: *The minister will pronounce on the situation today.* El ministro se pronunciará hoy sobre la situación.

v + prep + n/pron

prop /prɒp; *USA* prɑːp/ **-pp-**

prop sth up 1 (with sth) sujetar algo (con algo), recostar algo (sobre algo): *The lid had been propped up with a stick.* Habían sujetado la tapa con un palo. **2** respaldar algo: *The regime is being propped up by foreign aid.* El régimen está siendo respaldado por ayuda extranjera.

v + n/pron + adv
v + adv + n

prop sb up; prop yourself up sujetar a algn, apoyarse, recostarse: *He tried to prop himself up on his elbow.* Intentó apoyarse en el codo. ◊ *We propped her up with a pillow.* Le pusimos una almohada para que se recostase.

v + n/pron + adv
v + adv + n
v + reflex + adv

provide /prəˈvaɪd/

provide against sth (*formal*) **1** prevenir algo, tomar precauciones contra algo: *He took measures to provide against this happening again.* Tomó medidas para prevenir que esto ocurriera otra vez. **2** (*seguro*) proporcionar cobertura contra algo: *Does your insurance provide against loss of income?* ¿Tu seguro cubre la perdida de ganancias?

v + prep + n/pron

NOTA **Provide against sth** se puede utilizar en pasiva: *This disaster should have been provided against.*

provide for sb 1 mantener a algn: *How will she provide for six children?* ¿Cómo mantendrá a seis niños? **2** asegurar el bienestar económico de algn: *He provided for his wife in his will.* En su testamento aseguró el bienestar económico de su esposa.

v + prep + n/pron
[O] **your children, your family**

NOTA **Provide for sb** se puede utilizar en pasiva: *He ensured in his will that they would be provided for.*

provide for sth (*formal*) **1** prever algo: *The budget provides for rising inflation.* El presupuesto prevé la continua inflación. **2** (*Jur*) contemplar algo: *European legislation provides for expansion of the EU.* La legislación europea contempla la expansión de la Unión Europea.

v + prep + n/pron

NOTA **Provide for sth** se puede utilizar en pasiva: *All eventualities have been provided for.*

prowl /praʊl/

prowl around; **prowl around sth** (*tb esp GB* **prowl about/round**, **prowl about/round sth**) merodear (por …): *I could hear someone prowling around in the kitchen.* Oí a alguien merodeando por la cocina.

v+adv
v+prep+n

psych /saɪk/

psych sb out (*coloq, poco frec*) poner nervioso a algn: *The other team tried to psych us out before the game started.* El otro equipo intentó ponernos nerviosos antes del partido.

v+n/pron+adv
v+adv+n

psych sb up; **psych yourself up (for sth)** (*coloq*) mentalizar a algn, mentalizarse (de/para algo): *I need to psych myself up for the fight.* Necesito mentalizarme para el combate.

v+n/pron+adv
v+adv+n
v+reflex+adv

puff /pʌf/

puff away (at/on sth) (*coloq*) fumar como una colacha, dar caladas a algo: *He kept puffing away at his cigar.* Siguió dando caladas al puro.

v+adv

puff out (of sth) (*humo, vapor*) salir a bocanadas (de algo): *Clouds of steam puffed out of the open window.* De la ventana abierta salían bocanadas de vapor.

v+adv

puff sth out inflar, hinchar algo: *She puffed out her cheeks in exasperation.* Hinchó los mofletes de la desesperación.

v+adv+n
v+n/pron+adv
[O] **your cheeks, your chest**

puff up hincharse: *The allergic reaction made my face puff up.* La reacción alérgica hizo que se me hinchara la cara.

v+adv

puff sth up hinchar algo: *The medicine puffs up my ankles.* El medicamento me hincha los tobillos.

v+adv+n
v+n/pron+adv

[LOC] **be puffed up with pride, self-importance, etc.** hincharse de orgullo, etc.

pull /pʊl/

pull ahead (of sb/sth) tomar la delantera (a algn/algo): *I pulled ahead of the other runners on the last straight.* En la última recta tomé la delantera a los otros corredores.

v+adv

pull sb/sth along, down, in, etc.; **pull sb/sth along, down, into, etc. sth** llevar, bajar, meter, etc. a algn/algo a rastras: *He pulled the cart along with a rope.* Arrastró el carro con una cuerda. ◊ *He pulled the trunk into the hall.* Metió el baúl en el hall a rastras.

v+n/pron+adv
v+adv+n
v+n/pron+prep+n/pron

pull sb/sth apart 1 separar a algn/algo: *It took several of us to pull them apart.* Tuvimos que intervenir varios para separarlos. **2** poner a algn/algo por los suelos: *She pulled my essay apart and told me to do it again.* Dijo que el trabajo estaba fatal y que volviera a hacerlo.

v+n/pron+adv
v+adv+n (*menos frec*)
1 = **separate sb/sth** (*más formal*)

pull sth apart destrozar algo, hacer algo pedazos: *He pulled my book apart.* Me destrozó el libro.

v+n/pron+adv
v+adv+n (*menos frec*)

pull

pull sb aside llevar algn aparte/a un lado: *I pulled him aside to warn him about her.* Lo llevé a un lado para prevenirle sobre ella.

pull sth aside apartar, retirar algo: *She pulled the curtain aside to reveal a small door.* Apartó la cortina dejando al descubierto una puerta pequeña.

pull at sth dar tirones a algo, tirar de algo: *The little boy pulled anxiously at her sleeve.* El niño le tiraba ansiosamente de la manga.

pull away 1 (*tren, coche*) arrancar, salir: *The train was pulling away as we reached the station.* Cuando llegamos a la estación el tren estaba saliendo. **2** (**from sb/sth**) adelantarse (a algn/algo): *The other car pulled away from us and disappeared round the bend.* El otro coche nos adelantó y desapareció al doblar la curva. **3** (**from sb/sth**) apartarse (de algn/algo): *She pulled away when she saw what was in the basket.* Se apartó cuando vio lo que había en la cesta.

pull sb/sth away (**from sb/sth**) apartar a algn/algo (de algn/algo): *I pulled her away from the edge.* La aparté del borde.

pull back 1 (**from sb/sth**) apartarse (de algn/algo), echarse atrás: *He pulled back and stared at her in disbelief.* Se echó atrás y clavó los ojos en ella, incrédulo. **2** (*Mil*) retirarse: *We pulled back to await reinforcements.* Nos retiramos a la espera de refuerzos. **3** echarse atrás, decidir no participar: *Their sponsors pulled back at the last minute.* Sus patrocinadores se echaron atrás en el último momento. **4** (*GB*) (*Dep*) remontar: *Rangers pulled back to 4–3.* El Rangers remontó a 4–3.

pull sb/sth back 1 retirar, apartar a algn/algo: *I pulled the child back from the edge.* Aparté al niño del borde. **2** (*Mil*) retirar a algn/algo: *We pulled our tanks back.* Retiramos nuestros tanques.

pull sth back (*GB*) (*goles, puntos*) conseguir marcar algo (*remontando posiciones cuando se va perdiendo*): *They pulled back a goal just before half-time.* Marcaron un gol justo antes del descanso.

pull sb down 1 (*esp USA, coloq*) dejar a algn para el arrastre: *The stress at work is pulling me down.* El estrés de la oficina me está dejando para el arrastre. **2** (*tb* **pull sb down sth**) *Ver* PULL SB/STH ALONG, DOWN, IN, ETC.

pull sth down 1 bajar algo: *She pulled down the blinds and locked the door.* Bajó las persianas y cerró la puerta. **2** (*esp GB*) echar algo abajo, derribar algo: *My old school has been pulled down.* Han echado abajo mi antigua escuela. **3** (*GB*) (*tb* **pull sth in**) (*coloq*) sacar, ganar algo: *He must be pulling down a hundred thousand.* Debe de sacarse unas cien mil. **4** (*tb* **pull sth down sth**) *Ver* PULL SB/STH ALONG, DOWN, IN, ETC.

▶ **pull-down** *adj* [atrib] que se baja: *a pull-down menu* un menú desplegable

NOTA El adjetivo **pull-down** siempre se utiliza delante de un sustantivo: *a pull-down bed.*

---

v+n/pron+adv
= **draw sb aside, take sb aside**

v+n/pron+adv
v+adv+n
[O] **a curtain**

v+prep+n/pron
= **tug at sth**

v+adv
1 [S] **the car**

v+n/pron+adv
v+adv+n

v+adv
1 = **draw back**
2 = **withdraw** (*más formal*)
3 = **draw back, withdraw** (*más formal*)

v+n/pron+adv
v+adv+n
2 = **withdraw sb/sth** (*más formal*)

v+adv+n
v+n/pron+adv
[O] **a goal**

1 *v+n/pron+adv*
  v+adv+n
2 *v+n/pron+adv*
  v+adv+n
  v+n/pron+prep+n/pron

1 *v+n/pron+adv*
  v+adv+n
  [O] **the blinds, your/sb's trousers**
2 *v+n/pron+adv*
  v+adv+n
  [O] **a house**
  = **tear sth down, demolish sth** (*más formal*)
3 *v+adv+n*
  v+n/pron+adv (*poco frec*)
  = **earn sth**
4 *v+n/pron+adv*
  v+adv+n
  v+n/pron+prep+n/pron

308

pull for sb (*USA, coloq*) apoyar a algn: *Hang in there, we're all pulling for you!* ¡Adelante, estamos contigo!

pull in; **pull into sth 1** llegar (a …) (*a la estación, a la terminal, etc.*): *The express pulled in on time.* El expreso llegó puntual. **2** (*GB*) (*conductor*) detenerse, parar (en …) (*a un lado de la carretera, en la calle, etc.*): *He pulled into a lay-by and turned off the engine.* Paró en un área de descanso y apagó el motor.

pull sb in 1 (*coloq*) detener a algn: *The police have pulled him in for questioning.* La policía le ha detenido para interrogarle. **2** atraer a algn (*grandes cantidades de gente*): *The show is still pulling in the crowds.* El espectáculo todavía atrae al público. **3** (*tb* **pull sb into sth**) *Ver* PULL SB/STH ALONG, DOWN, IN, ETC.

pull sth in 1 (*GB tb* **pull sth down**) sacar, ganar algo: *His wife is pulling in a fortune.* Su mujer gana una fortuna. **2** (*tb* **pull sth into sth**) *Ver* PULL SB/STH ALONG, DOWN, IN, ETC.

pull off (*vehículo*) salir: *The limousine pulled off silently.* La limusina salió silenciosamente.

pull off; **pull off sth** (*vehículo*) salir (de …) y parar: *I pulled off the main road and stopped.* Salí de la carretera principal y paré.

pull sb/sth off; **pull sb/sth off sb/sth** quitar a algn/algo de encima (de algn/algo) (*referido a persona o animal*): *She had to be pulled off him by two policemen.* Fueron necesarios dos policías para quitársela de encima. ◊ *Pull your dog off or I'll break his neck.* Quíteme a su perro de encima o le rompo el cuello.

pull sth off 1 (*ropa*) quitar(se), sacar(se) algo (*con dificultad o con prisas*): *She pulled off her hat and gloves.* Se quitó el sombrero y los guantes. **2** (*coloq*) conseguir, lograr algo: *I never thought you'd manage to pull it off.* Jamás pensé que lo conseguirías. ◊ *The goalie pulled off a terrific save.* El portero hizo una gran parada. **NOTA** En este sentido, **pull sth off** se utiliza mucho en la construcción **pull it off**.

pull sth on ponerse algo (*con dificultad o con prisas*): *I pulled my shorts on and ran out.* Me puse las bermudas y salí corriendo.

pull on sth dar una calada a algo: *She pulled on her cigar.* Dio una calada al puro.

pull out 1 (*vehículo*) salir: *I pulled out onto the main road.* Salí a la carretera principal. ◊ *The train pulled out from the station on time.* El tren salió de la estación a su hora. ◊ *A van suddenly pulled out in front of me.* De repente se me metió delante una furgoneta. **2** (**of sth**) retirarse (de algo): *We pulled out of the village under heavy bombardment.* Nos retiramos del pueblo bajo un intenso bombardeo. ◊ *They pulled out of the tournament.* Se retiraron del torneo.
▶ **pull-out** *n* retirada

pull

pull sb/sth out (of sth) retirar a algn/algo (de algo): *They've pulled Smythe out of the competition.* Han retirado a Smythe del concurso.
▸ **pull-out** *n* Ver PULL OUT

v+n/pron+adv
v+adv+n
= **withdraw sb/sth** (*más formal*)

pull sth out (of sth) 1 sacar algo (de algo): *He pulled an envelope out of his pocket.* Sacó un sobre del bolsillo. ◊ *The police pulled out the details of all the local criminals.* La policía extrajo la información referente a todos los delincuentes de la zona. **2** arrancar algo (de algo): *I pulled out the middle page to show him.* Arranqué la página central para enseñársela.
▸ **pull-out** *n* suplemento (*de periódico, revista, etc. que se puede separar fácilmente*)
NOTA Nótese que el sustantivo **pull-out** también puede utilizarse delante de otro sustantivo: *a pull-out guide.*

v+n/pron+adv
v+adv+n

pull over (*vehículo*) parar/hacerse a un lado (*de la carretera, de la calle*): *He pulled over and jumped out of the car.* Paró a un lado de la carretera y saltó del coche. ◊ *I pulled over to let the ambulance pass.* Me hice a un lado para dejar pasar a la ambulancia.

v+adv

pull sb/sth over parar a algn/algo (*referido al conductor o al vehículo*): *A police car pulled me over near Exeter.* Un coche de la policía me paró cerca de Exeter.

v+n/pron+adv
v+adv+n

pull through; pull through sth 1 recuperarse (de algo): *Few people expected him to pull through after the accident.* Muy pocos esperaban que se recuperase después del accidente. **2** salir adelante (y superar algo): *It was difficult but somehow we managed to pull through that difficult period.* No fue fácil, pero de alguna forma logramos salir adelante y superar esa racha.

v+adv
v+prep+n/pron

pull sth to cerrar algo (*una puerta, una ventana, etc.*): *Pull the door to on your way out.* Cierra la puerta cuando salgas.

v+n/pron+adv
[0] **the door, the window**
= **close sth**

pull together cooperar, trabajar codo con codo: *If we all pull together, we'll finish by Friday.* Si todos cooperamos, acabaremos para el viernes.

v+adv

pull sth together 1 dar cohesión a algo: *His inspired leadership pulled the party together.* Su acertado liderazgo dio cohesión al partido. **2** reunir algo: *This essay pulls together several theories.* Este ensayo reúne varias teorías.

1 *v+n/pron+adv*
v+adv+n
2 *v+adv+n*
v+n/pron+adv

pull yourself together calmarse, sobreponerse: *Stop crying and pull yourself together!* ¡Deja de llorar y cálmate!

v+reflex+adv

pull sb/sth under arrastrar a algn/algo hacia el fondo: *He felt the current pulling him under.* Notaba que la corriente le arrastraba hacia el fondo.

v+n/pron+adv

pull up (*vehículo*) parar, detenerse: *He pulled up alongside me at the traffic lights.* Se paró a mi lado en el semáforo.

v+adv
= **draw up**

pull sb up (*coloq*) **1 (on/for sth/for doing sth)** (*GB*) reñir a algn (por algo/hacer algo): *She pulled him up on his untidy handwriting.* Le riñó por su mala letra. ◊ *I was pulled up for not using the correct procedure.* Me riñeron por no usar el procedimiento correcto. **2** parar a algn: *His question pulled me up short.* Su pregunta me paró en seco. **NOTA** En este sentido, **pull sb up** se utiliza mucho con los adverbios **short** y **sharp**.

v+n/pron+adv
v+adv+n

pull sth up 1 subir(se) algo: *She pulled her shorts up and put a T-shirt on.* Se subió las bermudas y se puso una camiseta. **2** (*planta*) arrancar algo: *The vandals pulled all the shrubs up.* Los gamberros arrancaron todos los arbustos. **3** (**to sth**) acercar algo (a algo): *Pull up a chair and sit down.* Acerca una silla y siéntate.
LOC **pull your socks up** (*GB*) esforzarse más, tomárselo más en serio
▶ **pull-up** *n* [gen pl] (*Gimnasia*) flexión

v+n/pron+adv
v+adv+n
2 = rip sth up (2),
 tear sth up (3)
3 v+adv+n
 v+n/pron+adv
 ◎ a chair
 = draw sth up (3)

pump /pʌmp/

pump sth in; **pump sth into sth** (*coloq*) invertir algo (en algo) (*grandes cantidades de dinero o recursos*): *Millions have been pumped into this industry.* Se han invertido millones en esta industria.

v+n/pron+adv
v+adv+n
v+n/pron+prep+n/pron
◎ **millions, hundreds, etc.**

pump out (**of sth**) (*ruido, música*) salir incesantemente (de algo): *Heavy metal was pumping out of huge speakers.* De unos altavoces enormes salía rock duro sin parar.

v+adv

pump sth out 1 (**of sth**) (*agua, etc.*) sacar algo con una bomba (de algo): *The fire brigade pumped the water out of the basement.* Los bomberos utilizaron bombas para sacar el agua del sótano. **2** producir algo: *The loudspeakers were pumping out reggae music.* Salía música reggae de los altavoces. ◊ *Our cars are pumping out tons of pollutants every year.* Los coches producen toneladas de agentes contaminantes cada año.

v+adv+n
v+n/pron+adv

pump sb up; **pump yourself up** (*esp USA, coloq*) mentalizar a algn, mentalizarse: *I was really pumped up for the race.* Estaba realmente mentalizada para la carrera.
NOTA Pump sb up se usa mucho en la construcción **be pumped up**.

v+adv+n
v+n/pron+adv
v+reflex+adv
= psych sb up,
 psych yourself up

pump sth up 1 inflar, hinchar algo: *Pump your tyres up before you set off.* Hincha los neumáticos antes de salir. **2** (*esp GB, coloq*) aumentar, inflar algo: *They always pump their prices up before Christmas.* Siempre inflan los precios antes de Navidad.

v+n/pron+adv
v+adv+n
1 ◎ a tyre

pump yourself up Ver PUMP SB UP; PUMP YOURSELF UP

v+reflex+adv

punch /pʌntʃ/

punch in (*USA*) fichar (*al llegar al trabajo*): *He punched in ten minutes late.* Fichó diez minutos tarde.

v+adv
= clock in/on (*GB*)
≠ punch out (*USA*)

punch sb in (*USA*) fichar por algn (*al llegar al trabajo*): *Would you punch me in? I'm going to be late.* ¿Puedes fichar por mí? Llegaré tarde.

v+n/pron+adv
≠ punch sb out (2) (*USA*)

punch sth in; **punch sth into sth** teclear algo, meter algo (en algo) (*en un ordenador*): *She punched in the security code and the door opened.* Tecleó el código de seguridad y se abrió la puerta.

v+adv+n
v+n/pron+adv
v+n/pron+prep+n/pron
= key sth in, key sth into sth

punch out (*USA*) fichar (*al salir del trabajo*): *I was in such a hurry that I forgot to punch out.* Tenía tanta prisa que se me olvidó fichar.

v+adv
= clock off/out (*GB*)
≠ punch in (*USA*)

punch sb out (*USA*) **1** (*coloq*) tumbar a algn de un puñetazo: *Touch my car and I'll punch you out.* Si tocas mi coche te tumbo de un puñetazo. **2** fichar por algn (*al salir del trabajo*): *I need to leave early. Would you punch me out?* Tengo que salir antes. ¿Puedes fichar por mí?

v + n/pron + adv
1 = **beat sb up**
2 ≠ **punch sb in** (*USA*)

punch sth out (*esp USA*) teclear, meter algo: *He picked up the phone and punched out Donna's number.* Cogió el teléfono y tecleó el número de Donna.

v + adv + n
v + n/pron + adv

push /pʊʃ/

push sb about/around (*tb* **push sb round** *menos frec*) (*coloq*) andar mandando a algn (*de forma abusona*), mangonear a algn: *Don't let him push you around.* No dejes que te mangonee.

v + n/pron + adv

push sb/sth across, along, up, etc.; **push sb/sth across, along, up, etc. sth** empujar a algn/algo al otro lado, hacia arriba, etc.: *They pushed him along in a wheelchair.* Lo llevaron empujándolo en una silla de ruedas. ◊ *She pushed her bike up the hill.* Subió la cuesta empujando la bicicleta.

v + n/pron + adv
v + adv + n
v + n/pron + prep + n/pron

push ahead/forward/on 1 continuar, seguir viaje: *We decided to push on to Cuenca.* Decidimos seguir viaje hasta Cuenca. **2** (**with sth**) seguir adelante (con algo): *They pushed ahead with the modernization programme.* Siguieron adelante con el plan de modernización.

v + adv

push sb around *Ver* PUSH SB ABOUT/AROUND

v + n/pron + adv

push sb/sth aside 1 apartar a algn/algo (*de un empujón*): *He pushed her aside and grabbed the letter.* La apartó de un empujón y cogió la carta. **2** dejar a algn/algo de lado, ignorar a algn/algo: *She pushed aside her own needs.* Dejó de lado sus propias necesidades.

v + n/pron + adv
v + adv + n

push sb/sth away apartar a algn/algo de un empujón (*rechazándolo*): *He offered to help, but she pushed him away.* Se ofreció a ayudar, pero ella le apartó de un empujón.

v + n/pron + adv
v + adv + n

push sb back hacer retroceder a algn: *The police pushed the protesters back.* La policía hizo retroceder a los manifestantes.

v + n/pron + adv
v + adv + n

push sth back retrasar algo: *The start of the game was pushed back.* Retrasaron el comienzo del partido.

v + n/pron + adv
v + adv + n

push by/past; **push by/past sb** pasar (al lado de algn) dando empujones: *He pushed past, knocking her to the ground.* Pasó dando empujones y la tiró al suelo. ◊ *She pushed by me without saying a word.* Me dio un empujón para pasar a mi lado sin decir ni palabra.

v + adv
v + prep + n/pron

push for sth presionar para que se haga algo: *We are pushing for electoral reform.* Estamos presionando para que se lleve a cabo una reforma electoral.

v + prep + n/pron
= **press for sth**

push sb for sth presionar a algn para que haga algo: *They're pushing me for an answer.* Me están presionando para que dé una respuesta.

v + n/pron + prep + n/pron

push forward 1 avanzar (*con decisión*): *She pushed forward through the crowd.* Avanzó decidida entre la multitud. **2** *Ver* PUSH AHEAD/FORWARD/ON

v + adv

push yourself forward hacerse notar: *He's not the sort of person who pushes himself forward.* No es la típica persona que se hace notar.

☆ **push in** (*GB*, *coloq*) (*USA* **cut in**) colarse: *Stop pushing in!* ¡No te cueles!

push off 1 (*esp GB*, *coloq*) largarse, irse: *Push off and leave me in peace!* ¡Lárgate y déjame en paz! **NOTA** En este sentido, **push off** se utiliza mucho en imperativo. **2 (from sth)** apartarse (de algo) (*nadando o en un barco*): *He pushed off from the edge and rowed downstream.* Se apartó de la orilla y empezó a remar río abajo.

push on *Ver* PUSH AHEAD/FORWARD/ON

push sth on/onto sb presionar a algn para que se quede con algo, cargarle a algn con algo: *She tried to push her problem on me!* ¡Intentó cargarme con su problema!

push sb out (of sth) presionar a algn para que deje algo (*un puesto, una actividad*): *He was pushed out of office.* Lo presionaron para que dejase el cargo.

push sb/sth over derribar a algn/algo (*de un empujón*): *I was pushed over in the playground.* Me empujaron y me tiraron en el patio.

push past; **push past sb** *Ver* PUSH BY/PAST; PUSH BY/PAST SB

push sb round *Ver* PUSH SB ABOUT/AROUND

push through; **push through sth** (*tb* **push your way through**, **push your way through sth**) abrirse paso (a empujones) (por entre algo): *He pushed (his way) through to the door.* Se abrió paso a empujones hacia la puerta.

push sth through; **push sth through sth** (*proyecto de ley, propuesta*) conseguir que algo se apruebe (en …): *We're trying to push through the changes as quickly as possible.* Estamos intentando que se aprueben los cambios cuanto antes. ◊ *She promised to push the bill through Parliament.* Prometió que se aprobaría la ley en el Parlamento.

push sth to (*puerta, ventana*) empujar algo para cerrarlo: *I pushed the door to.* Empujé la puerta para cerrarla.

push sb towards sth/doing sth llevar a algn a algo/a hacer algo: *The need for aid finally pushed them towards cooperation with the USA.* La necesidad de recibir ayuda les llevó finalmente a cooperar con los Estados Unidos.

push sth up 1 hacer que algo suba: *A shortage of land pushed property prices up.* La escasez de terreno hizo que subiera el valor de la propiedad. **2** (*tb* **push sth up sth**) *Ver* PUSH SB/STH ACROSS, ALONG, UP, ETC.

▶ **push-up** *n* [gen pl] (*Gimnasia*) flexión

PUT

314 ~ sth about	~ in	~ sb out
~ sb/sth above sb/sth	~ in sth	~ sth out
~ sth across	~ sb in	323 ~ yourself out
~ yourself across	~ sb in/into sth	~ sth over
~ sth around	~ sth in	~ yourself over
~ sth aside	319 ~ sth in/into sth	~ sth over on sb
315 ~ sth at sth	~ into...	~ sth past sb
~ sb away	~ sb into sth	~ sth round
~ sth away	~ sth into sth	~ sb through sth
~ sth back	~ sth into doing sth	~ sb/sth through
316 ~ sb/sth before/above sb/sth	~ in for sth	~ sb/sth through sth
~ sth before sb/sth	~ sb/sth in for sth	~ sth through
~ sth behind you	~ yourself in for sth	~ sth through sth
~ sth by	~ off doing sth	~ yourself through sth
~ down	~ sb off	~ sb to sth
~ sb down	320 ~ sb off sb/sth/doing sth	324 ~ sth to sb
~ sth down	~ sb off sth	~ sth together
~ yourself down	~ sth off	~ sth towards sth
317 ~ sb down as sth	~ it on	~ sb under
~ sb down for sth	~ sb on	~ up
~ yourself down for sth	~ sb on sth	~ up sth
~ sth down on sb	321 ~ sth on	~ sb up
~ sth down to sth	~ sth on sth	325 ~ sth up
~ sth forth	~ sb onto sb	~ up with sb/sth
~ sb/sth forward	~ sb onto sb/sth	~ sb up to sth/doing sth
318 ~ sth forward	322 be put out	~ upon sb
~ yourself forward	~ out	

put /pʊt/ **-tt-** *pret, pp* **put**

put sth about (*tb* **put sth around/round**) (*esp GB, coloq*) difundir, hacer correr/circular algo: *Someone has been putting it about that you're leaving.* Alguien ha estado corriendo la voz de que te vas. **NOTA** Put sth about se utiliza mucho en pasiva: *Rumours were put about that the shop was closing.*

v+n/pron+adv
v+adv+n
[0] **a rumour, an idea, it**

put sb/sth above sb/sth *Ver* PUT SB/STH BEFORE/ABOVE SB/STH

v+n/pron+prep+n/pron

put sth across (to sb) (*esp GB*) (*GB tb* **put sth over (to sb)**) hacer entender, comunicar, transmitir algo (a algn): *The campaign failed to put the message across.* La campaña no transmitió el mensaje. ◊ *She's very good at putting her ideas across.* Es muy buena a la hora de comunicar sus ideas.

v+n/pron+adv
v+adv+n
[0] **a message, an idea, a point**
= **get sth across**

put yourself across [+adv/prep] (*esp GB*) (*GB tb* **put yourself over** [+adv/prep]) causar una impresión ... (*buena, mala, etc.*): *She puts herself across well at interviews.* Causa muy buena impresión en las entrevistas. ◊ *How does he put himself across?* ¿Qué impresión causa? **NOTA** Put yourself across siempre va seguido de un complemento.

v+reflex+adv+ complemento

put sth around *Ver* PUT STH ABOUT

v+n/pron+adv
v+adv+n

put sth aside 1 poner/dejar algo a un lado, apartar algo: *She put the newspaper aside.* Dejó el periódico a un lado. **2** apartar, reservar, guardar algo: *I asked them to put the suit aside for me.* Les pedí que me reservasen el traje. ◊ *We need to put aside some time to deal with this.* Necesitamos dejar un tiempo para tratar esto. **3** (*tb* **put sth by, put sth away**) ahorrar algo (*dinero*): *He had been putting some money aside every month.* Había estado ahorrando un poco cada mes. **4** dejar de lado, ignorar algo: *She put her feelings aside.* Dejó de lado sus sentimientos.

v+n/pron+adv
v+adv+n
1 = **lay sth aside** (1), **set sth aside** (1)
2 [0] **time**
= **set sth aside** (2)
3 [0] **money**
= **lay sth aside** (3), **set sth aside** (2)
4 = **lay sth aside** (2), **set sth aside** (3), **disregard sth** (*más formal*)

314

put + back

put sth at sth estimar, calcular algo en … : *I'd put his age at about sixty.* Yo le calcularía unos sesenta años. ◊ *The cost of the project is put at two million pounds.* El coste del proyecto se calcula en dos millones de libras.

put sb away (*coloq*) **1** encarcelar, encerrar a algn: *He was put away for 15 years.* Lo encarcelaron por 15 años. NOTA En este sentido, **put sb away** se utiliza mucho en pasiva. **2** (*USA*) cargarse, matar a algn: *He was ordered to put the hostage away.* Le ordenaron matar al rehén.

put sth away ☆ **1** guardar algo, poner algo en su sitio: *He washed the dishes and put them away.* Fregó los platos y los puso en su sitio. ◊ *I'm just going to put the car away.* Voy a guardar el coche. **2** (*tb* **put sth by**, **put sth aside**) ahorrar algo (*dinero*): *She's putting some money away for our holidays.* Está ahorrando para nuestras vacaciones. **3** (*coloq*) (*comida, bebida*) cepillarse algo, meterse algo entre pecho y espalda: *They put away five bottles of wine between them!* ¡Se metieron cinco botellas de vino entre pecho y espalda! ◊ *I don't know how he manages to put it all away!* ¡No me explico cómo puede comer tanto!

put sth back ☆ **1** guardar/volver a poner algo (donde estaba), devolver algo: *He uses my things and never puts them back.* Utiliza mis cosas y nunca las guarda. **2** (to …) (*tb* **put sth back …**) posponer, aplazar algo (a/hasta …): *The meeting has been put back to next week.* Han aplazado la reunión hasta la semana que viene. ◊ *The game has been put back 24 hours.* El partido ha sido aplazado 24 horas. **3** retrasar, demorar algo: *The strike has put back our deliveries by over a month.* La huelga ha retrasado las entregas más de un mes. **4** (*tb* **put sth back …**) retrasar algo, atrasar algo … (*cambiar el reloj*): *We forgot to put the clocks back.* Nos olvidamos de cambiar la hora. **5** (*coloq*) (*bebida*) cepillarse algo, meterse algo entre pecho y espalda: *He managed to put back a whole bottle of whisky.* Consiguió cepillarse una botella entera de whisky. **6** dar algo a cambio: *This school has been so good to me. I really want to put something back.* Este colegio ha sido estupendo para mí. Quiero dar algo a cambio. **7** reinvertir algo: *First year profits will all have to be put back into the business.* Habrá que reinvertir en el negocio los beneficios del primer año.

LOC **put the clock back** dar marcha atrás, volver al pasado: *I wish I could put the clock back and give our marriage another chance.* Ojalá pudiese dar marcha atrás y dar a nuestro matrimonio otra oportunidad.

---

v+n/pron+prep+n
[O] **the figure, the cost, sb's age**

v+n/pron+adv
v+adv+n
1 = **send sb down** (*GB, coloq*)

1 v+n/pron+adv
v+adv+n
= **pack sth away** (1)
≠ **keep sth out**
2 v+n/pron+adv
v+adv+n
[O] **money**
3 v+adv+n
v+pron+adv
v+n+adv
= **pack sth away** (2), **tuck sth away** (*GB*)

1 v+n/pron+adv
v+adv+n
= **replace sth** (*más formal*)
2 v+n/pron+adv
v+adv+n
v+n/pron+adv+n
v+adv+n+n
= **move sth back** (3), **postpone sth** (*más formal*)
≠ **bring sth forward** (2)
3 v+adv+n
v+n/pron+adv
= **set sb/sth back**
4 v+n/pron+adv
v+adv+n
v+n/pron+adv+n
v+adv+n+n
[O] **the clocks, your watch**
≠ **put sth forward** (3)
5 v+adv+n
v+n/pron+adv
= **knock sth back**
6 v+n/pron+adv
v+adv+n
[O] **something**
7 v+n/pron+adv
v+adv+n

put + before

put sb/sth before/above sb/sth anteponer a algn/algo a algn/algo, dar más importancia a algn/algo que a algn/algo, poner a algn/algo por encima de algo: *They have always put business before pleasure.* Siempre han puesto los negocios antes que la diversión. ◊ *He puts his children above anyone else.* Antepone a sus hijos a cualquiera.

put sth before sb/sth exponer, presentar algo ante algn/algo: *She will be able to put her arguments before the committee.* Podrá exponer sus argumentos ante el comité.

put sth behind you dejar algo atrás, olvidar algo: *She wanted to put the past behind her.* Quería dejar atrás su pasado.

put sth by (*tb* **put sth away**, **put sth aside**) (*esp GB*) ahorrar algo: *He puts a few pounds by every week.* Ahorra unas libras todas las semanas. ◊ *She's got some money put by.* Tiene algún dinero ahorrado.

put down (*esp GB*) (*avión, piloto*) aterrizar: *The plane put down at Manchester.* El avión aterrizó en Manchester.

put sb down ☆ **1** bajar a algn, dejar a algn (*en el suelo*): *Put me down!* ¡Bájame! **2** (*GB*) (*transporte público*) dejar bajar a algn: *The bus stopped to put down some passengers.* El autobús paró para dejar bajar a algunos pasajeros. ◊ *Ask the driver to put you down outside the Town Hall.* Pide al conductor que te deje en el Ayuntamiento. **3** poner a algn en la cuna: *She's just put the baby down.* Acaba de poner al bebé en la cuna.

put sb down; put yourself down 1 despreciar, humillar a algn, despreciarse, menospreciarse: *Don't put yourself down!* ¡No te hagas de menos! ◊ *She's always putting people down.* Siempre está humillando a la gente. **2** (**as/for sth/to do sth**) apuntar a algn, apuntarse (de/a/en algo/para hacer algo): *We've been put down to serve teas.* Nos han apuntado para servir las meriendas. ◊ *They've put their son down for the local school.* Han apuntado a su hijo en el colegio del barrio. ◊ *I've put myself down as a helper for Sunday.* Me he apuntado de ayudante para el domingo.

▶ **put-down** *n* (*coloq*) desprecio, humillación, desaire

put sth down ☆ **1** bajar algo, dejar algo (*en el suelo, en la mesa, etc.*): *She put her bag down by the door.* Dejó el bolso al lado de la puerta. ◊ *It's a great book. I couldn't put it down!* Es un libro fantástico. ¡Me resultó imposible dejarlo! ◊ *Put your feet down, please!* ¡Baja los pies, por favor! **2** (*tb esp GB* **put sth down on sb**) colgar algo (*el teléfono*): *If there is no dialling tone, put the receiver down then try again.* Si no da línea, cuelgue e inténtelo de nuevo. ◊ *She put the phone down on me!* ¡Me colgó el teléfono! **3** (*paraguas*) cerrar algo: *The rain stopped so she put her umbrella down.* Dejó de llover, así que cerró el paraguas. **4** (*persiana*) bajar algo: *The sun's in my eyes — can I put the blind down?* Me da el sol en los ojos. ¿Puedo bajar la persiana? **5** anotar algo: *I'll put it down in my diary.* Lo voy a apuntar en mi agenda. ◊ *I've put some ideas down on paper.* He apuntado algunas ideas. ◊ *Could you put down in writing what you feel?* ¿Podrías poner lo que sientes por escrito? **6** pagar, dar, entregar algo (*un dinero como entrada o fianza*): *I've put down a deposit on our holiday.* He entregado una fianza para las vacaciones. **7** (*animal*) sacrificar algo (*por enfermedad o vejez*): *The horse was injured and had to be put down.* El caballo estaba herido y hubo que sacrificarlo. ◊ *We had to have our cat put down.* Tuvimos que sacrificar al gato. **NOTA** En este sentido, **put sth down** se utiliza mucho en pasiva. **8** poner, colocar algo: *We decorated and*

---

v + n/pron + prep + n/pron

v + n/pron + prep + n/pron
[0] **a proposal**, **evidence**, **a plan**

v + n/pron + prep + pron
[0] **your past**, **your problems**

v + n/pron + adv
v + adv + n
[0] **money**

v + adv
= **set down, land**

v + n/pron + adv
v + adv + n
2 [0] **passengers**
= **set sb down** (*GB*)
≠ **pick sb up** (1)
3 [0] **the baby**

1 *v + n/pron + adv*
  v + adv + n (*poco frec*)
  v + reflex + adv
= **do sb down, do yourself down** (*GB, coloq*)
2 *v + n/pron + adv*
  v + adv + n
  v + reflex + adv

v + n/pron + adv
v + adv + n
1 = **lay sth down** (1), **set sth down** (1)
2 *v + n/pron + adv*
  v + adv + n
  v + n/pron + adv + prep + n/pron
  [0] **the phone, the receiver**
6 [0] **a deposit**
7 [0] **a dog, a horse, etc.**
8 [0] **a carpet**
9 [0] **weedkiller, poison**
10 [0] **a card, an ace, etc.**
11 [0] **a rebellion, an uprising, a revolt**
= **suppress sth, crush sth**

put new carpets down. Pintamos y pusimos moquetas nuevas.
9 echar algo (*un producto, veneno, etc.*): *I need to put some weedkiller down on the patio.* Tengo que echar herbicida en el patio.
10 (*Naipes*) tirar, jugar algo: *She put down the ace of spades.* Tiró el as de picas. **11** reprimir, sofocar algo: *Troops were enlisted to put down the rebellion.* Alistaron a las tropas para sofocar la rebelión.
LOC **put your foot down 1** pisar el acelerador **2** plantarse: *You'll just have to put your foot down and say no.* Simplemente tendrás que plantarte y decir que no. **put your head down** acostarse, echarse

put yourself down Ver PUT SB DOWN; PUT YOURSELF DOWN

	v + reflex + adv

put sb down as sth catalogar a algn de/como algo, pensar que algn es algo: *I put him down as a troublemaker as soon as I saw him.* Lo catalogué de alborotador en cuanto lo vi. ◊ *I had put them both down as retired teachers.* Pensé que eran profesores jubilados.

	v + n/pron + adv + prep + n

put sb down for sth; **put yourself down for sth** apuntar a algn/apuntarse algo, apuntar a algn/apuntarse con algo: *Put me down for three tickets for Saturday.* Apúntame tres entradas para el sábado. ◊ *I've put myself down for five pounds.* Me he apuntado con cinco libras.

	v + n/pron + adv + prep + n *v + reflex + adv + prep + n*

put sth down on sb (*esp GB*) (*tb* **put sth down**) colgarle algo a algn (*el teléfono*): *She put the phone down on me!* ¡Me colgó el teléfono!

	v + n/pron + adv + prep + n/pron *v + n/pron + adv* *v + adv + n* 0 **the phone**

put sth down to sth achacar, atribuir algo a algo: *She tends to put everything down to fate.* Tiende a atribuirlo todo al destino.

	v + n/pron + adv + prep + n/pron

put sth forth (*formal*) **1** (*tb* **put sth out** *menos formal*) (*Bot*) dar, echar algo: *The plant put forth new leaves.* La planta echó hojas nuevas. **2** poner algo de manifiesto, exponer algo: *Several arguments were put forth in favour of the plan.* Se expusieron varios argumentos a favor del plan. **3** (*USA*) (*esfuerzo*) poner, hacer algo: *He isn't putting forth the necessary effort.* No está haciendo el esfuerzo necesario.

	v + adv + n *v + n/pron + adv* (*poco frec*) **1** 0 **leaves, blossom** **2** 0 **an argument** **3** 0 **effort**

put sb/sth forward; **put yourself forward (for/as sth)** presentar/proponer a algn/algo, presentarse (para/a/como algo) (*para un puesto o cargo*): *My name was put forward by the head teacher.* El director propuso mi nombre. ◊ *Only one woman has put herself forward as a candidate.* Solo una mujer se ha presentado como candidata. ◊ *I would like to put you forward as head of department.* Me gustaría proponerte como jefe del departamento.

	v + n/pron + adv *v + adv + n* *v + reflex + adv* 0 **your/sb's name**

put+forward

put sth forward 1 presentar, proponer algo: *She put forward several ideas for new projects.* Propuso varias ideas para proyectos nuevos. **2** (*tb* **put sth forward** ...) adelantar algo: *We've put the meeting forward a couple of days.* Hemos adelantado la reunión un par de días. **3** (*tb* **put sth forward** ...) (*reloj*) adelantar algo: *We forgot to put the clocks forward.* Se nos olvidó adelantar los relojes.

1 v+adv+n
v+n/pron+adv
[0] **an argument, a proposal, an idea**
= **bring sth forward** (3)
2 v+n/pron+adv
v+adv+n
v+n/pron+adv+n
v+adv+n+n
= **bring sth forward** (2)
3 v+n/pron+adv
v+adv+n (*menos frec*)
v+n/pron+adv+n
v+adv+n+n
[0] **the clocks, your watch**
≠ **put sth back** (4)

put yourself forward *Ver* PUT SB/STH FORWARD; PUT YOURSELF FORWARD

v+reflex+adv

put in (at ...) (*tb* **put into** ...) (*GB*) (*barco, pasajeros*) hacer escala en ... , atracar (en ...): *The ship put in at Lìsbon.* El barco hizo escala en Lisboa. ◊ *The captain was instructed to put into Calais.* El capitán recibió órdenes de hacer escala en Calais.

v+adv
v+prep+n
≠ **put out** (1) (*GB*)

put in sth decir algo (*interrumpiendo*): *'But what about us?' he put in.* —¿Y nosotros, qué? —interrumpió. ◊ *Could I put in a word?* ¿Puedo decir algo?

v+prep+n

put sb in (*esp GB*) **1** elegir, nombrar, votar a algn: *The electorate put the Conservatives in with a large majority.* El electorado eligió a los conservadores por una gran mayoría. **2** contratar a algn: *The firm have decided to put in a security guard.* La empresa ha decidido contratar a un guardia de seguridad.

v+n/pron+adv
v+adv+n

put sb in/into sth 1 meter, ingresar a algn en ... : *We had to put her in/into a nursing home.* La tuvimos que ingresar en una residencia de ancianos. ◊ *He was put in prison for five years.* Lo metieron cinco años en la cárcel. **NOTA** Nótese que con **hospital** y **prison**, es más frecuente utilizar **in**: *put sb in hospital/prison*. **2** (*trabajo*) poner a algn en algo: *We put her in/into sales and she did really well.* La pusimos en ventas y le fue muy bien.

v+n/pron+prep+n

LOC **put sb in the picture** poner a algn al corriente, informar a algn de lo que pasa: *You should put Mary in the picture as soon as possible.* Deberías informar a Mary de lo que pasa cuanto antes. **put sb in their place** poner a algn en su sitio, bajarle los humos a algn

put sth in 1 instalar algo: *He put the shower in himself.* Él mismo instaló la ducha. **2** plantar algo: *Have you put any bulbs in this autumn?* ¿Has plantado bulbos este otoño? **3** presentar algo: *They've put in an offer on the house.* Han hecho una oferta para comprar la casa. ◊ *I've put in a request for some extra funding.* He presentado una solicitud para conseguir más dinero. **4** poner, dar algo, contribuir con algo: *We all put in five pounds for the present.* Todos pusimos cinco libras para el regalo. **5** (*periodo de tiempo*) hacer, trabajar algo: *She often puts in ten hours' work a day.* A menudo trabaja diez horas diarias.

LOC **put in an appearance** aparecer, hacer acto de presencia (*en una fiesta, etc.*)

v+n/pron+adv
v+adv+n
1 = **install sth**
2 [0] **bulbs, seeds**
3 [0] **an offer, a claim**

put sth in; **put sth in/into sth 1** poner, incluir algo (en algo): *He didn't put anything in his letter about coming to stay.* No dijo nada en su carta de que venía a quedarse. ◊ *When you write the report, make sure you put in the latest figures.* Cuando escriba el informe, asegúrese de que incluye las últimas cifras. **2** ingresar algo (en algo): *He put £500 into his account.* Ingresó 500 libras en su cuenta. **3** (*tb* **put sth into doing sth**) dedicar algo (a/en algo/hacer algo): *She's put a lot of effort into improving her French.* Ha puesto mucho esfuerzo en mejorar su francés. ◊ *Thank you for all the hard work you've put in.* Te agradezco todo el trabajo que has hecho. **4** (*tb* **put sth into doing sth**) invertir algo (en algo/hacer algo): *The school has put a lot of money into new equipment.* La escuela ha invertido mucho dinero en el equipo nuevo. ◊ *He's put all his savings into buying that house.* Ha invertido todos sus ahorros en comprar esa casa.

▸ **input** *n* **1** aportación, contribución: *Nurses should have more input into the way patients are treated.* Las enfermeras deberían opinar más sobre cómo tratar a los pacientes. **2** (*Informát*) entrada: *quick and simple data input* la introducción rápida y sencilla de datos

▸ **input** *vt* (**-tt-** *pret, pp* **input** o **inputted**) (*Informát*) introducir (*información en un ordenador*): *The results of the survey are inputted into a database.* Los resultados de la encuesta se introducen en la base de datos.

put into ... *Ver* PUT IN

put sb into sth *Ver* PUT SB IN/INTO STH

put sth into sth 1 poner algo en algo: *He put as much feeling into his voice as he could.* Puso todo el sentimiento que pudo en su voz. **2** *Ver* PUT STH IN; PUT STH IN/INTO STHV + N/PRON + PREP + N/PRON

put sth into doing sth (*tb* **put sth in**, **put sth in/into sth**) **1** dedicar algo a hacer algo: *She's put a lot of effort into improving her French.* Ha dedicado mucho esfuerzo a mejorar su francés. ◊ *Thank you for all the hard work you've put in.* Te agradezco todo el trabajo que has hecho. **2** invertir algo en algo: *He's put all his savings into buying that house.* Ha invertido todos sus ahorros en comprar esa casa.

put in for sth (*esp GB*) pedir, solicitar algo: *Are you going to put in for that job?* ¿Vas a pedir ese trabajo?

put sb/sth in for sth; **put yourself in for sth** inscribir/apuntar a algn en algo, presentar a algn/algo a algo, inscribirse en algo, apuntarse/presentarse a algo: *She's put herself in for the 100 metres.* Se ha inscrito en los 100 metros. ◊ *You should put that photo in for the competition.* Deberías presentar esa foto al concurso.

put off doing sth (*tb* **put sth off**) posponer, aplazar hacer algo, posponer, aplazar algo: *He keeps putting off going to the dentist.* Siempre está aplazando la visita al dentista.

put sb off 1 decir a algn que no venga, cancelar/anular una cita con algn: *He was supposed to come yesterday, but I put him off.* Iba a venir ayer, pero cancelé la cita. **2** (*GB*) dejar bajar a algn: *I asked the bus driver to put me off near the town centre.* Le pedí al conductor del autobús que me dejara cerca del centro.

---

put + off

v + n/pron + adv
v + adv + n
v + n/pron + prep + n/pron
2 v + n/pron + adv
v + adv + n
v + n/pron + prep + n/pron
[0] **money**
= **pay sth in,
pay sth into sth**
3 v + n/pron + adv
v + adv + n
v + n/pron + prep + n/pron
v + n/pron + prep + -ing
[0] **effort**
4 v + n/pron + adv
v + adv + n
v + n/pron + prep + n/pron
v + n/pron + prep + -ing
[0] **money, resources**
= **invest sth**

v + prep + n

v + n/pron + prep + n

v + n/pron + prep + -ing
v + n/pron + adv
v + adv + n
v + n/pron + prep + n/pron

v + adv + prep + n/pron
[0] **a transfer, a job**

v + n/pron + adv + prep + n/pron
v + reflex + adv + prep + n/pron

v + adv + -ing
v + n/pron + adv
v + adv + n

v + n/pron + adv
v + adv + n (*menos frec*)

put + off

☆ **put sb off**; **put sb off sb/sth/doing sth** desanimar a algn, hacer que algn rechace/repudie a algn, quitarle a algn las ganas de algo/hacer algo: *His manner tends to put people off*. Sus modales hacen muchas veces que la gente lo rechace. ◊ *You're putting me off my food!* ¡Me estás quitando el apetito! ◊ *The accident put her off driving for life*. El accidente le quitó las ganas de conducir de por vida. ◊ *The way he treated his wife really put me off him*. La forma en que trataba a su mujer hizo que le repudiase.
▶ **off-putting** *adj* (*coloq*) **1** (*situación*) desalentador, desmoralizante **2** (*olor, aspecto*) desagradable **3** (*persona*) poco amable, difícil

v + n/pron + adv
v + adv + n (menos frec)
v + n/pron + prep + n/pron
v + n/pron + prep + -ing

put sb off; **put sb off sth** distraer a algn (de algo): *The sudden noise put her off her game*. El estruendo la distrajo del juego. ◊ *Don't put me off when I'm trying to concentrate*. No me distraigas cuando estoy intentando concentrarme.
▶ **off-putting** *adj* Ver PUT SB OFF; PUT SB OFF SB/STH/DOING STH

v + n/pron + adv
v + adv + n (menos frec)
v + n/pron + prep + n/pron

put sth off ☆ **1** (*tb* **put off doing sth**) posponer, aplazar algo/hacer algo: *We'll have to put the meeting off until next week*. Tendremos que aplazar la reunión hasta la semana que viene. ◊ *He keeps putting off going to the dentist*. Siempre está aplazando la visita al dentista. **2** (*esp GB*) desconectar, apagar algo: *Could you put the lights off before you leave?* ¿Puedes apagar las luces antes de irte?

1 v + n/pron + adv
v + adv + n
v + adv + -ing
= delay sth
2 v + n/pron + adv
v + adv + n (menos frec)
◎ the light, the television, etc.
= switch sth off (1), turn sth off (1)

put it on (*esp GB*) fingir: *She isn't really upset — she's just putting it on*. En realidad no está disgustada, solo está fingiendo.
NOTA **Put it on** se utiliza sobre todo en tiempos continuos.

v + it + adv

put sb on (*USA, coloq*) tomarle el pelo a algn: *I thought she was putting me on!* ¡Pensé que me estaba tomando el pelo!
NOTA **Put sb on** se utiliza sobre todo en tiempos continuos. No se puede utilizar en pasiva.
▶ **put-on** *n* [gen sing] (*USA, coloq*) tomadura de pelo, broma

v + n/pron + adv
= have sb on

put sb on; **put sb on sth** (*teléfono*) pasarle, darle (algo) a algn (*el auricular*): *She put Tim on the phone*. Le pasó el teléfono a Tim. ◊ *Put Jane on for a minute, will you?* Pásame a Jane un momento, ¿quieres?

v + n/pron + adv
v + adv + n (menos frec)
v + n/pron + prep + n

put sb on sth **1** poner, montar a algn en algo (*en un tren, etc.*): *We put her on the bus to Carlisle*. La pusimos en el autobús a Carlisle. **2** recetarle algo a algn, poner a algn algo (*un régimen*): *The doctor put him on antibiotics*. El médico le ha recetado antibióticos. ◊ *They've put him on a special diet*. Le han puesto un régimen especial. **3** poner a algn en algo (*a cargo de algo*): *They're going to put someone else on that project*. Van a poner a otro en ese proyecto.

v + n/pron + prep + n/pron
2 = take sb off sth (1)

put sth on ☆**1** ponerse algo (*ropa, etc.*): *Aren't you going to put your coat on?* ¿No te vas a poner el abrigo? ◊ *Hang on, I'll just put my glasses on.* Espera, me voy a poner las gafas. ◊ *Have you put your seat belt on?* ¿Te has puesto el cinturón de seguridad? ☆**2** (*tb* **put sth on sth**) aplicarse, ponerse algo (en algo) (*en la piel*): *She's putting her make-up on.* Se está maquillando. ◊ *Put this ointment on your cut.* Ponte esta pomada en la herida. ☆**3** (*esp GB*) encender, poner algo: *Shall I put the light on?* ¿Enciendo la luz? ◊ *Let's put the kettle on and have a cup of tea.* Pongamos agua a hervir y tomemos un té. ◊ *Have you put the oven on for the bread?* ¿Has encendido el horno para el pan? **4** poner algo (a cocer/a calentar), meter algo (en el horno): *I need to get home and put the dinner on.* Tengo que ir a casa y hacer la cena. ◊ *You could put the chicken on now.* Ya puedes meter el pollo. **5** poner algo (*en la tele, el aparato de música, etc.*): *Do you mind if I put some music on?* ¿Te importa si pongo música? **6** hacer funcionar, poner algo: *Don't forget to put the handbrake on.* Acuérdate de poner el freno de mano. **7** engordar ...: *He's put a lot of weight on since I last saw him.* Ha engordado mucho desde la última vez que lo vi. ◊ *I've put on four kilos in two weeks.* He engordado cuatro kilos en dos semanas. NOTA Este sentido de **put sth on** nunca se utiliza en pasiva. **8** (*transporte público*) poner algo: *They put on extra trains during the holiday period.* Pusieron más trenes durante el periodo de vacaciones. **9** montar, representar, poner algo (*una obra de teatro, etc.*): *The local drama group are putting on 'Macbeth'.* El grupo de teatro local está representando "Macbeth". **10** fingir algo, poner cara de algo: *He put on a hurt expression.* Puso cara de que le dolía. ◊ *She put on an American accent.* Puso acento americano.

▶ **put on** *adj* [gen pred] (*esp GB*) fingido
NOTA Nótese que el adjetivo **put on** generalmente se utiliza detrás de un verbo: *He seemed upset, but it was all put on.*

▶ **put-on** *n* [gen sing] (*USA, coloq*) fingimiento

put sth on sth 1 aumentar el precio de algo (en) algo, añadir algo a algo: *The new tax put 15 pence on a packet of cigarettes.* El nuevo impuesto aumentó (en) 15 peniques el precio de la cajetilla de tabaco. **2** apostar algo a/por algo: *I've put £10 on Sultan's Promise in the next race.* He apostado diez libras por Sultan's Promise en la próxima carrera. **3** (*tb* **put sth on**) ponerse algo en algo (*en la piel*): *Put this ointment on your cut.* Ponte esta pomada en la herida.

put sb onto sb pasar, poner a algn con algn (*al teléfono*): *Could you put me onto the manager, please?* ¿Me puede poner con el director, por favor?

put sb onto sb/sth 1 recomendar algn a algn, darle el nombre de algn/algo a algn, recomendar a algn algo: *Could you put me onto a good accountant?* ¿Me podrías recomendar un buen contable? ◊ *Who put you onto this restaurant?* ¿Quién te recomendó este restaurante? **2** informar a algn sobre algn/de lo que hace algn, poner a algn sobre la pista de algn/algo: *He put the police onto them.* Informó a la policía de lo que hacían. ◊ *What put the authorities onto the scam?* ¿Qué puso a la policía sobre la pista del timo?

---

put + onto

v + n/pron + adv
v + adv + n
1 ⓪ **your coat, your shoes, your glasses, etc.**
= **get sth on** (1)
≠ **take sth off** (1)
2 v + n/pron + adv
v + adv + n
v + n/pron + prep + n/pron
⓪ **lipstick, make-up, perfume**
= **apply sth**
3 ⓪ **the light, the heating, the radio, the kettle**
= **get sth on** (3), **switch sth on** (1), **turn sth on** (1)
4 ⓪ **the lunch, the dinner**
= **get sth on** (2)
5 ⓪ **some music, a CD, a tape, a video**
6 ⓪ **only the brakes, the handbrake**
= **apply sth** (*más formal*)
7 ⓪ **weight**
= **gain sth** (*más formal*)
≠ **lose sth**
8 ⓪ **a bus, a train**
= **lay sth on** (*GB, coloq*)
≠ **take sth off** (2)
9 ⓪ **a play**
= **stage sth** (*más formal*)
10 ⓪ **an accent, an expression**

v + n/pron + prep + n/pron
1 ≠ **knock sth off, knock sth off sth** (1)
2 ⓪ **a bet, money**
3 v + n/pron + prep + n/pron
v + n/pron + adv
v + adv + n
⓪ **lipstick, make-up, perfume**

v + n/pron + prep + n/pron

v + n/pron + prep + n/pron
2 ⓪ **the police**

put + out

be put out (by sth/that ...) sentirse ofendido/disgustado (por algo/porque ...): *He wasn't at all put out by what she said.* No se sintió ofendido en absoluto por lo que dijo.
▸ **put out** *adj* [pred] ofendido
NOTA El adjetivo **put out** se utiliza siempre detrás de un verbo: *I don't know why you're looking so put out!*

put out 1 (to/from ...) (*GB*) (*barco, pasajeros*) salir, zarpar (rumbo a/de ...): *The ship put out to sea by night.* El barco se hizo a la mar de noche. ◊ *We put out from Liverpool.* Zarpamos de Liverpool. **2** (*USA, muy coloq*) dejarse llevar a la cama (*para tener relaciones sexuales*): *She won't put out on a first date.* No se dejará llevar a la cama el primer día.

put sb out 1 causar molestias, molestar a algn: *I hope our arriving late didn't put them out.* Espero que el que llegásemos tarde no les causase molestias. **2** (*coloq*) anestesiar, dormir a algn: *These pills should put him out for a few hours.* Estas pastillas deberían dormirle un par de horas.

☆ **put sth out 1** apagar algo (*que está ardiendo*): *Firemen soon put the fire out.* Los bomberos apagaron el fuego en seguida. **2** (*esp GB*) apagar algo (*que está encendido*): *Put the light out before you come to bed.* Apaga la luz antes de acostarte. **3** sacar algo (*fuera de casa*): *Have you put the cat out yet?* ¿Ya has sacado al gato? ◊ *She put the washing out to dry.* Tendió la ropa fuera. **4** colocar, sacar algo (*para que la gente lo utilice, lo coma, etc.*): *Have you put out clean towels for the guests?* ¿Has sacado toallas limpias para los invitados? **5** (*parte del cuerpo*) alargar, extender, sacar algo: *He put his hand out to shake mine.* Alargó la mano para estrechar la mía. ◊ *The little boy put his tongue out at me.* El niño me sacó la lengua. ◊ *She opened the window and put her head out.* Abrió la ventana y asomó la cabeza. **6** (*GB*) retransmitir, emitir algo: *The programme will be put out on Channel Four.* Retransmitirán el programa en el Canal Cuatro. ◊ *A gale warning was put out on the radio this morning.* Esta mañana la radio emitió un aviso de temporal. **7** hacer público, publicar algo: *Police have put out a description of the man.* La policía ha hecho pública una descripción del hombre. **8** (*coloq*) sacar, producir algo: *The plant puts out 500 new cars a week.* La planta produce 500 coches nuevos a la semana. **9** (*tb* **put sth forth** *más formal*) (*Bot*) dar, echar algo: *The trees are beginning to put out shoots.* Los árboles están empezando a echar brotes. **10** desbaratar algo, echar algo por tierra: *A price increase put our estimates out by a thousand pounds.* Una subida de precios nos desbarató los presupuestos en mil libras. **11 (to sb)** dar, contratar algo (*para que se haga fuera de la empresa*), subcontratar algo (a algn): *A lot of editing is put out to freelancers.* Gran parte de la edición se da a trabajadores independientes. **12** (*coloq*) dislocarse algo: *She fell off her horse and put her shoulder out.* Se cayó del caballo y se dislocó el hombro.
▸ **output** *n* **1** producción, rendimiento **2** (*Informát*) salida de datos
▸ **output** *vt* (**-tt-** *pret, pp* **output**) (*Informát*) sacar: *The software can output your results in the form of a chart.* El software puede sacar los resultados en forma de gráfico.

---

be + v + adv

v + adv
1 ≠ **put in** (*GB*)

v + n/pron + adv
v + adv + n (*menos frec*)

v + n/pron + adv
v + adv + n
1 [O] **a fire, a cigarette, a candle**
 = **extinguish sth**
2 [O] **the light**
 = **switch sth off** (1), **turn sth off** (1)
3 [O] **the washing, the dustbin**
 ≠ **bring sb/sth in** (1)
4 = **lay sth out** (1)
5 [O] **your hand, your tongue, your head**
7 [O] **a statement**
 = **broadcast sth**
8 = **produce sth**
9 *v + adv + n*
 v + n/pron + adv (*menos frec*)
 [O] **flowers, shoots**
11 [O] **work**
12 [O] **your back**
 = **dislocate sth**

put + to

put yourself out tomarse molestias, molestarse: *Please don't put yourself out on our account.* Por favor, no se moleste por nosotros.
    v + reflex + adv

put sth over (to sb) Ver PUT STH ACROSS (TO SB)
    v + n/pron + adv
    v + adv + n

put yourself over [+ adv/prep] Ver PUT YOURSELF ACROSS
    v + reflex + adv + complemento

put sth over on sb (*coloq*) engañar, tomarle el pelo a algn: *I knew he was trying to put one over on me.* Sabía que estaba intentando tomarme el pelo.
NOTA Put sth over on sb no se utiliza en pasiva.
    v + n + adv + prep + n/pron
    [0] *only* **one, something**

put sth past sb (to do sth): *I wouldn't put it past her to go behind our backs.* No me sorprendería que lo hiciese a nuestras espaldas.
NOTA Put sth past sb se utiliza siempre con el objeto **it** y en construcciones negativas como: *I wouldn't put it past him, her, them, etc.* Nótese que no se puede utilizar en pasiva.
    v + n/pron + prep + n/pron
    [0] *only* **it**

put sth round Ver PUT STH ABOUT
    v + n/pron + adv
    v + adv + n

put sb through sth; put yourself through sth **1** hacer que algn pase por algo, exponerse a pasar por algo (*por una experiencia desagradable*): *He put his parents through hell.* Se las hizo pasar canutas a sus padres. ◊ *Why put yourself through it?* ¿Por qué exponerte a pasarlo mal? ◊ *She never forgot the horrific ordeal he had put her through.* Nunca olvidó el trago que le había hecho pasar.
2 pagar, costear algo a algn, pagarse, costearse algo: *She worked part-time to put herself through university.* Trabajaba por horas para costearse la universidad.
    v + n/pron + prep + n/pron
    v + reflex + prep + n/pron

put sb/sth through (to sb/to …) comunicar, pasar, poner a algn/algo (con algn/con …) (*por teléfono*): *Could you put me through to the manager, please?* Por favor, ¿me pasa con el gerente? ◊ *The call was put through to the wrong extension.* Pasaron la llamada a la extensión equivocada. ◊ *Hold the line, I'm putting you through.* No cuelgue, ya le paso.
    v + n/pron + adv
    v + adv + n (*menos frec*)
    [0] **a call**

put sb/sth through sth someter a algn/algo a algo: *All new staff are put through a training course.* Todos los empleados nuevos tienen que hacer un curso de formación. ◊ *We put the machines through a series of tests.* Sometemos las máquinas a varias pruebas.
LOC **put sb/sth through their/its paces** poner a algn/algo a prueba
    v + n/pron + prep + n/pron

put sth through cerrar algo, llevar algo a cabo: *This was the last deal he put through.* Este fue el último trato que cerró.
    v + n/pron + adv
    v + adv + n

put sth through sth pasar algo por algo (*por una máquina o un proceso*): *She put some oranges through the juicer.* Exprimió algunas naranjas. ◊ *The ham is then put through the smoking process.* Luego, se procede a ahumar el jamón.
▶ **throughput** *n* (*formal*) movimiento (*de personas, datos, etc.*)
    v + n/pron + prep + n/pron

put yourself through sth Ver PUT SB THROUGH STH; PUT YOURSELF THROUGH STH
    v + reflex + prep + n/pron

put sb to sth causarle algo a algn (*problemas, molestias, etc.*): *I hope we're not putting you to too much trouble.* Espero que no te estemos causando demasiadas molestias.
    v + n/pron + prep + n

put+to

put sth to sb 1 exponer, proponer algo a algn: *Your proposal will be put to the board of directors.* Su propuesta será presentada ante la junta directiva. ◊ *Let me put the situation to you simply.* Deja que te exponga la situación de forma sencilla. **2** preguntar algo a algn: *The audience are invited to put questions to the panel.* Se invita al público a que haga preguntas al panel.

v+n/pron+prep+n/pron
1 [0] **a proposal, an idea, a view, a case**
2 [0] **a question**

put sth together 1 armar, montar algo: *He took the radio apart and couldn't put it together again.* Desmontó la radio y luego no la pudo volver a montar. **2** hacer, preparar algo: *He's putting together a travel guide for the British Isles.* Está haciendo una guía turística de las Islas Británicas. ◊ *She was instrumental in putting the deal together.* Su intervención fue decisiva en la preparación del trato. **3** reunir, juntar algo: *What reaction will we get if we put these two chemicals together?* ¿Qué reacción obtendremos si combinamos estos dos elementos químicos? ◊ *She put a few things together and left.* Cogió varias cosas y se fue.

LOC **more, better, etc. than ... put together** (*coloq*) más, mejor, etc. que ... juntos: *He eats more than all the others put together.* Come más que todos los demás juntos. ◊ *This painting is worth more than all the rest put together.* Este cuadro vale más que todos los demás juntos. **put our/your/their heads together** discutirlo: *We put our heads together and decided what had to be done.* Lo discutimos y decidimos lo que había que hacer.

1 *v+n/pron+adv*
v+adv+n (*menos frec*)
= **assemble sth** (*más formal*)
≠ **take sth apart**
2 *v+adv+n*
v+n/pron+adv
3 *v+n/pron+adv*
v+adv+n (*menos frec*)

put sth towards sth poner algo para pagar parte de algo: *If there's any money left over, I'll put it towards my holiday.* Si queda algo de dinero, lo utilizaré para pagar parte de las vacaciones. ◊ *The council will put £5 000 towards equipment for the nursery.* El ayuntamiento pondrá 5.000 libras para pagar parte del material para la guardería infantil.

v+n/pron+prep+n/pron
[0] **money**

put sb under (*esp USA, coloq*) dormir, anestesiar a algn: *We'll need to put you under for the operation.* Necesitaremos anestesiarte para la operación.

v+n/pron+adv

put up [+adv/prep] (*esp GB, antic*) hospedarse en ... : *We put up at a hotel.* Nos hospedamos en un hotel.

NOTA Put up siempre va seguido de un complemento.

v+adv+complemento

put up sth 1 oponer algo: *They didn't put up much of a fight.* No opusieron mucha resistencia. **2** ofrecer algo: *The team put up a great performance.* El equipo tuvo una actuación excelente. ◊ *He always puts up a good show, even when he's losing the game.* Siempre ofrece un buen espectáculo, aunque vaya perdiendo. **3** presentar, exponer algo: *She put up a good case for not accepting the proposal.* Expuso un buen argumento para no aceptar la propuesta.

v+prep+n
1 [0] **a fight, resistance**
2 [0] **a performance, a show**
3 [0] **a case, arguments**

put sb up 1 alojar a algn: *We can put you up for the night.* Puedes pasar la noche en nuestra casa. ◊ *They put us up at a hotel in town.* Nos alojaron en un hotel del centro. **2 (for sth)** proponer a algn (para algo): *We want to put you up for club treasurer.* Queremos proponerte para tesorero del club.

1 *v+n/pron+adv*
v+adv+n (*menos frec*)
2 *v+n/pron+adv*
v+adv+n
[0] **candidates**

put sth up 1 levantar, subir algo: *Put your hand up if you want to ask a question.* Levantad la mano si queréis hacer alguna pregunta. ◊ *It started raining so I put my umbrella up.* Como empezó a llover, abrí el paraguas. ◊ *Can you help me put my hair up?* ¿Me ayudas a recogerme el pelo? **2** poner, colocar algo: *Several warning signs have been put up.* Han puesto varias señales de peligro. ◊ *They put the exam results up on the noticeboard.* Pusieron los resultados de los exámenes en el tablón de anuncios. ◊ *I haven't put the curtains up yet.* Aún no he colgado las cortinas. ◊ *We need to put some shelves up in here.* Necesitamos poner unos estantes aquí. **3** erigir, levantar algo: *These flats were put up in the sixties.* Estos pisos se construyeron en los años sesenta. ◊ *They had trouble putting the tent up.* Se las vieron negras para montar la tienda. ◊ *We're having a fence put up in the back garden.* Vamos a poner una valla en el jardín de atrás. ☆ **4** (*precio*) aumentar, subir algo: *The theatre has put up ticket prices.* Han subido los precios de las entradas del teatro. **5** (*coloq*) (*dinero*) dar, poner algo: *James put up half the money.* James puso la mitad del dinero.

[LOC] **put your feet up** descansar

| v+n/pron+adv |
| v+adv+n |
| **1** ⓞ **your hand, your hair** |
| **2** ⓞ **a sign, posters, curtains, shelves, a notice** |
| ≠ **take sth down** (2) |
| **3** ⓞ **a tent, a fence** |
| ≠ **take sth down** (4) |
| **4** ⓞ **prices** |
| = **raise sth** |
| ≠ **bring sth down** (1) |
| **5** v+adv+n |
| v+pron+adv |
| v+n+adv (*menos frec*) |
| ⓞ **money** |

☆ **put up with sb/sth** soportar, aguantar a algn/algo: *I don't know how your parents put up with you!* ¡No sé cómo te aguantan tus padres! ◊ *I don't see why I should put up with being spoken to like that.* No veo por qué tengo que soportar que me hable de ese modo. ◊ *I can put up with the rain. It's the cold I don't like.* Soporto la lluvia, es el frío lo que no me gusta.

| v+adv+prep+n/pron |
| = **tolerate sth** (*más formal*) |

put sb up to sth/doing sth (*coloq*) incitar a algn a algo/hacer algo: *Some of the older boys must have put him up to it.* Algunos de los mayores lo deben de haber incitado a hacerlo.

| v+n/pron+adv+prep+n/pron |
| v+n/pron+adv+prep+-ing |

put upon sb (*GB*) abusar de la confianza/amabilidad de algn: *We felt that she had been put upon.* Nos pareció que habían abusado de su confianza.

[NOTA] **Put upon sb** se utiliza mucho en pasiva.

▶ **put-upon** *adj* (*persona*) utilizado, explotado

| v+prep+n/pron |

putter /ˈpʌtə(r)/ (*USA*)

putter around; putter around sth (*USA*) Ver POTTER ABOUT/AROUND; POTTER ABOUT/AROUND STH

| v+adv |
| v+prep+n/pron |

putz /pʌts/

putz around (*USA, argot coloquial juvenil*) matar la mosca, holgazanear: *I spent the morning putzing around with the new video game.* Me pasé la mañana matando la mosca con el nuevo juego de la videoconsola.

| v+adv |
| = **laze about/around, laze about/around sth** |

puzzle /ˈpʌzl/

puzzle about sth Ver PUZZLE OVER/ABOUT STH

| v+prep+n/pron |

puzzle sth out dar con algo, explicarse, averiguar algo: *She couldn't puzzle out where the bag might have gone.* No se explicaba dónde podía estar la bolsa.

[NOTA] **Puzzle sth out** se usa mucho en construcciones interrogativas con **how, what, why**, etc. No se puede utilizar en pasiva.

| v+adv+n |
| v+pron+adv |
| v+n+adv (*menos frec*) |
| = **work sth out** (2) |

puzzle over/about sth darle vueltas a algo (*para intentar resolverlo*): *Police are still puzzling over the incident.* La policía aún está tratando de resolver el incidente.

| v+prep+n/pron |

Qq

quarrel /ˈkwɒrəl; *USA* ˈkwɔːr-, ˈkwɑːr-/ **-ll-** (*USA*) **-l-**

quarrel with sth (*esp GB*) discutir algo, oponerse a algo: *Few would quarrel with the principle of free education.* Pocos se opondrían al principio de una educación gratuita.

v + prep + n/pron

---

queue /kjuː/ *part pres* **queuing** o **queueing**

be queuing up for sth; **be queing up to do sth** pegarse, pelearse, morirse por algo/hacer algo: *Actors are queuing up to work with this company.* Los actores se mueren por trabajar con esta compañía. ◊ *They're queuing up for a chance to work with him.* Se pegan por tener la oportunidad de trabajar con él.

be + v + adv + prep + n/pron
be + v + adv + to inf

queue up (for sth/to do sth) (*GB*) hacer cola (para algo/hacer algo): *They spent four hours queuing up for their documents.* Hicieron cuatro horas de cola para recoger sus documentos.

v + adv
= **queue**

---

quieten /ˈkwaɪətn/ (*esp USA* **quiet** /ˈkwaɪət/)

quieten down tranquilizarse, calmarse: *Tell those children to quieten down.* Di a esos niños que se calmen.

v + adv

quieten sb down tranquilizar, calmar a algn: *He was hysterical. I couldn't quieten him down.* Estaba histérico, no pude calmarlo.

v + n/pron + adv
v + adv + n

---

quit /kwɪt/ **-tt-** *pret, pp* **quit** o **quitted**

quit on sb (*USA, coloq*) **1** dejar a algn en la estacada, abandonar a algn: *You can't quit on me now, we're almost there!* ¡No me puedes dejar en la estacada ahora que casi lo hemos conseguido! **2** fallarle a algn: *The air conditioning quit on us in the middle of July.* El aire acondicionado nos falló en pleno julio.

v + prep + n/pron

Rr

rabbit /'ræbɪt/

rabbit on (about sb/sth) (*GB*, *coloq*) rajar, cascar (sobre algn/algo): *What's he rabbiting on about?* ¿Qué rollo está metiendo ahora?

v+adv
= **go on** (9) (*menos coloq*)

race /reɪs/

race around; **race around sth** (*tb esp GB* **race about/round**, **race about/round sth**) correr de acá para allá, recorrer algo de arriba a abajo: *I've been racing about organizing the party.* He estado corriendo de acá para allá organizando la fiesta.

v+adv
v+prep+n
= **dash about/around, rush around, rush around sth**

race away/off irse/marcharse corriendo: *The children raced off across the field.* Los chavales se marcharon corriendo por el campo.

v+adv
= **dash away/off, rush away/off**

race in, past, up, etc.; **race into, past, up, etc. sth** (*tb* **race past sb**) entrar, pasar, subir, etc. a toda velocidad: *He raced past (us) without saying a word.* Pasó por delante (de nosotros) a toda velocidad sin decir una palabra.

v+adv
v+prep+n/pron

race off *Ver* RACE AWAY/OFF

v+adv

race round; **race round sth** *Ver* RACE AROUND; RACE AROUND STH

v+adv
v+prep+n

race up 1 (to sb/sth) acercarse apresuradamente (a algn/algo) **2** (*tb* **race up sth**) *Ver* RACE IN, PAST, UP, ETC.

1 *v+adv*
2 *v+adv*
v+prep+n/pron

rack /ræk/

rack sth up (*esp USA*, *coloq*) acumular algo: *They racked up fifty points in the first half.* Acumularon cincuenta puntos en la primera mitad.

v+adv+n
v+pron+adv
v+n+adv (*menos frec*)

raffle /'ræfl/

raffle sth off rifar algo: *He raffled off some of his books to raise money.* Rifó algunos de sus libros para recaudar dinero.

v+adv+n
v+n/pron+adv

rail /reɪl/

rail against/at sb/sth (*formal*) clamar, protestar contra algn/algo: *There's no point railing against the decision.* No vale la pena protestar contra la decisión.

v+prep+n/pron

rain /reɪn/

rain down (on/upon sb/sth) (*escombros, etc.*) caer (sobre algn/algo), lloverle a algn: *Huge boulders rained down on us.* Nos cayeron unas enormes rocas encima. ◊ *Bottles and cans rained down on the police.* A la policía le llovieron botellas y latas.

v+adv

be rained off (*USA tb* **be rained out**) (*coloq*) ser cancelado/suspendido a causa de la lluvia: *The game was rained off.* El partido fue cancelado a causa de la lluvia.

be+v+adv

rake /reɪk/

rake sth in (*coloq*) (*dinero*) acumular, ganar algo (*grandes cantidades de dinero*): *The pharmaceutical companies are raking in huge profits.* Las compañías farmacéuticas están acumulando enormes ganancias. ◊ *Since she moved to London, she's been raking it in.* Desde que se mudó a Londres, se está forrando.
NOTA Rake sth in se utiliza mucho en tiempos continuos.

v+adv+n
v+n/pron+adv
◊ **profits, it**

rake over sth (*GB*) darle vueltas a algo: *She had no desire to rake over the past.* No tenía ningún interés en darle vueltas al pasado.

v+prep+n
◊ **the past**

rake sth up 1 rastrillar algo, amontonar algo con un rastrillo: *I raked up all the leaves.* Rastrillé todas las hojas. **2** (*pasado*) desenterrar, remover algo: *The investigation raked up embarrassing details about her past.* La investigación removió detalles embarazosos de su pasado.

v+adv+n
v+n/pron+adv
1 ◊ **leaves**
2 ◊ **sb's past**

rally /'ræli/ *pret, pp* rallied

rally round; rally round sb (*esp GB*) (*esp USA* **rally around, rally around sb**) juntarse (en torno a algn) (*para ayudarle*): *The neighbours all rallied round to help us.* Los vecinos se juntaron para ayudarnos.

v+adv
v+prep+n/pron

ram /ræm/ -mm-

ram into sb/sth chocar con/contra algn/algo: *He was going too fast and rammed into the hedge.* Iba demasiado deprisa y chocó contra el seto.

v+prep+n/pron

ramble /'ræmbl/

ramble on (about sb/sth) divagar, enrollarse (sobre algn/algo): *What is she rambling on about?* ¿De qué va el rollo que está metiendo? ◊ *The headmaster seemed to ramble on for hours.* El director se enrolló muchísimo.

v+adv

range /reɪndʒ/

be ranged against sb/sth (*formal*) oponerse a algn/algo, estar en contra de algn/algo: *He felt as though the whole family was ranged against him.* Le pareció como si toda la familia estuviera en contra suya.

be+v+prep+n/pron

rap /ræp/ -pp-

rap sth out decir algo bruscamente: *The officer rapped out orders.* El oficial dio órdenes con brusquedad.

v+adv+n
v+pron+adv
v+n+adv (*poco frec*)
◊ **a command, an order**

rat /ræt/ -tt-

rat on sb (*coloq*) delatar a algn, chivarse de algn: *A member of the gang ratted on them.* Un miembro de la banda los delató.

v+prep+n/pron

rat on sth (*GB, coloq*) incumplir algo: *They accused the government of ratting on promises to the disabled.* Acusaron al gobierno de incumplir sus promesas a los discapacitados.

v+prep+n/pron
◊ **a promise, a pledge**

ratchet /'rætʃɪt/

ratchet sth up (*poco frec*) aumentar, incrementar algo: *We expect public service standards to be ratcheted up.* Esperamos que se mejore la calidad de los servicios públicos. ◊ *Everyone is ratcheting up their efforts to finish on time.* Todos están haciendo más esfuerzos para acabar a tiempo.

v + adv + n
v + n/pron + adv

rattle /'rætl/

rattle along, down, past, etc.; rattle along, down, past, etc, sth (*tb* **rattle past sb**) ir, bajar, pasar, etc. traqueteando: *A train rattled past them.* Un tren pasó traqueteando a su lado. ◊ *We rattled along at 60 miles an hour.* Íbamos traqueteando a 60 millas por hora.

v + adv
v + prep + n/pron

rattle around sth; rattle around in sth (*coloq*) perderse en … (*en un sitio, por ser demasiado grande*): *There are only two of us rattling around in this massive office.* Solo somos dos y nos perdemos en esta oficina tan grande. ◊ *They're rattling around that house now that the children have left.* Ahora que los hijos se han ido, la casa se les ha quedado grande.

v + prep + n/pron
v + adv + prep + n/pron

rattle sth off soltar algo de carrerilla, recitar algo de un tirón: *She rattled off a list of things she wanted for Christmas.* Dijo de carrerilla todas las cosas que quería para Navidad.

v + adv + n
v + pron + adv
v + n + adv (*poco frec*)
[0] **a list**
= **reel sth off**

rattle on (**about sth**) (*coloq*) soltar un rollo, cascar (sobre algo): *He rattled on about his job for over an hour.* Soltó un rollo de más de una hora sobre su trabajo.

v + adv
= **go on** (9) (*menos coloq*), **waffle on** (*esp GB*)

rattle through sth (*GB*, *coloq*) hacer algo rápidamente: *He rattled through his homework and then went out.* Hizo los deberes rápidamente y salió.

v + prep + n/pron

reach /riːtʃ/

reach sth down (**for sb**) bajar algo, bajarle algo a algn: *She reached down a box from the top shelf.* Bajó una caja del último estante. ◊ *Could you reach that vase down for me?* ¿Me puedes bajar ese jarrón?

v + n/pron + adv
v + adv + n

NOTA Reach sth down (for sb) aparece muchas veces como **reach sb down sth**: *Could you reach me down that vase?*

reach out alargar la mano/el brazo: *He reached out to switch on the light.* Alargó el brazo para encender la luz. ◊ *She reached out and grabbed my arm.* Alargó la mano y me cogió del brazo.

v + adv
= **stretch out** (2)

reach sth out alargar, estirar algo: *He reached out a hand to touch her face.* Alargó la mano para tocarle la cara.

v + adv + n
v + pron + adv
v + n + adv (*poco frec*)
[0] **a hand, an arm**
= **stretch sth out** (1)

reach

reach out to sb **1** llegar a algn: *The church needs to find new ways of reaching out to young people.* La iglesia necesita encontrar nuevas formas de llegar a los jóvenes. ◊ *They aim to reach out to the poor.* Quieren llegar a los pobres. **2** pedir ayuda a algn: *She felt there was no one she could reach out to.* Sintió que no había nadie a quien pudiera pedir ayuda.
▶ **outreach** *n* [gen atrib] ayuda social a domicilio
NOTA Nótese que el sustantivo **outreach** se utiliza mucho delante de otro sustantivo: *He did outreach work in the local community.*

v + adv + prep + n/pron

read /riːd/ *pret, pp* **read** /red/

read sth back leer algo en alto: *She read the message back to me to check it was right.* Me leyó el mensaje en alto para comprobar que estaba bien.

v + n/pron + adv
v + adv + n

read sth into sth atribuirle algo a algo (*demasiada importancia*): *You're reading too much into his decision.* Le estás dando demasiada importancia a su decisión. ◊ *Did I read something into his words which was not really there?* ¿Le atribuí a sus palabras un significado que realmente no tenían?

v + n + prep + n/pron
[O] **too much, something, anything**

read sth off; **read sth off sth** leer algo (que hay en algo): *He read the number off the phone.* Leyó el número que había en el teléfono. ◊ *She passed the tape around his waist and read off the measurement.* Le puso la cinta métrica alrededor de la cintura y leyó lo que medía.

v + adv + n
v + n/pron + adv
v + n/pron + prep + n/pron

read on seguir leyendo: *The book was so exciting he read on until dawn.* El libro estaba tan interesante que siguió leyendo hasta el amanecer.

v + adv

read sth out (to sb) leer algo (en voz alta) (a algn): *She read out a list of names.* Leyó una lista de nombres. ◊ *The teacher read his essay out to the class.* La profesora leyó el ensayo en voz alta a la clase.
▶ **read-out** *n* registro: *The meter gives a read-out of the amount of water you have used.* El contador registra la cantidad de agua que has usado.

v + n/pron + adv
v + adv + n
[O] **a letter, a story, etc.**

read sth over Ver READ STH THROUGH

v + adv + n
v + n/pron + adv

read sth through (*tb* **read sth over** *menos frec*) leer algo (*de principio a fin*): *I read through my translation, checking for mistakes.* Leí la traducción buscando errores. ◊ *He read the letter through several times.* Leyó la carta varias veces.

v + adv + n
v + n/pron + adv

read up on sb/sth (*tb* **read up about sb/sth** *menos frec*) estudiar a algn/algo, leer mucho sobre algn/algo: *I've been reading up on the history of the island.* He estado estudiando la historia de la isla.

v + adv + prep + n/pron

rear /rɪə(r); *USA* rɪr/

rear up **1** (*caballo, etc.*) encabritarse: *The horse reared up and she fell off.* El caballo se encabritó y ella se cayó. **2** (*edificio, acantilado*) erguirse, alzarse: *The cliff reared up before them.* El acantilado se erguía ante ellos.

v + adv
1 [S] **the horse**

reason /ˈriːzn/

reason sth out entender algo (*a base de razonarlo*): *Let's try to reason out why he would behave like he did.* Intentemos entender qué pudo hacer que se comportase de ese modo.

v+n/pron+adv
v+adv+n
= **figure sb/sth out, work sth out** (2)

reason with sb razonar con algn: *I tried to reason with her, but she wouldn't listen.* Intenté razonar con ella, pero no me escuchó. NOTA **Reason with sb** se puede utilizar en pasiva: *He can't be reasoned with.*

v+prep+n/pron

rebound /rɪˈbaʊnd/

rebound on sb (*tb* **rebound upon sb** *más formal, poco frec*) repercutir en algn (*perjudicándolo*): *His little trick seems to have rebounded on him.* Parece que le salió el tiro por la culata con la bromita. ◊ *These measures could rebound on the poorest families.* Estas medidas podrían repercutir en las familias más pobres.

v+prep+n/pron

reckon /ˈrekən/

reckon on sb/sth/doing sth; reckon on sb/sth doing sth contar con algn/algo/hacer algo, confiar en que algn/algo haga algo: *We hadn't reckoned on them arriving so early.* No habíamos contado con que llegasen tan pronto. ◊ *You can't always reckon on good weather.* No siempre se puede contar con que haga bueno.

v+prep+n/pron
v+prep+-ing
v+prep+n/pron+-ing
⇐ **bank on sb/sth/doing sth, bank on sb/sth doing sth, count on sb/sth/doing sth, count on sb/sth doing sth**

reckon sth up (*esp GB*) sumar, calcular algo: *That'll be 735, if I've reckoned it up correctly.* Serán 735 si lo he calculado bien.

v+n/pron+adv
v+adv+n
= **add sth up, calculate sth** (*más formal*)

reckon with sb/sth **1** contar con algn/algo, tener en cuenta a algn/algo: *Unfortunately, we hadn't reckoned with Emily.* Por desgracia, no habíamos tenido en cuenta a Emily. NOTA En este sentido, **reckon with sb/sth** se utiliza mucho en construcciones negativas. **2** vérselas, lidiar con algn/algo: *He had to reckon with a great deal of opposition.* Tuvo que vérselas con mucha gente que estaba en contra. NOTA **Reckon with sb/sth** se puede utilizar en pasiva: *They are a force to be reckoned with.*

v+prep+n/pron
1 ≠ **reckon without sb/sth**

reckon without sb/sth (*esp GB*) no contar con algn/algo, no tener en cuenta a algn/algo: *We allowed an hour to get there, but we'd reckoned without the traffic.* Calculamos una hora para llegar, pero no habíamos tenido en cuenta el tráfico.

v+prep+n/pron
≠ **reckon with sb/sth**

reconcile /ˈrekənsaɪl/

reconcile sb to sth/doing sth hacer que algn se haga a la idea de algo/hacer algo, hacer que algn se resigne a algo/hacer algo: *They were reconciled to the fact that he wouldn't be coming back.* Se hicieron a la idea de que no volvería.

v+n/pron+prep+n/pron
v+n/pron+prep+-ing

reconcile yourself to sth/doing sth hacerse a la idea de algo/hacer algo, resignarse a algo/hacer algo: *I've reconciled myself to having no money.* Me he resignado a no tener dinero.

v+reflex+prep+n/pron
v+reflex+prep+-ing

reduce /rɪ'dju:s; *USA* -'du:s/

reduce sb to sth llevar a algn a algo (*a un estado de confusión, lágrimas, etc.*): *She was reduced to tears by their criticism.* Sus críticas la hicieron llorar. ◊ *Her questioning reduced him to a state of confusion.* Sus preguntas lo sumieron en un estado de confusión.

v + n/pron + prep + n/pron
[0] **tears, a state of** ...

reduce sb to doing sth obligar a algn a hacer algo (*de lo que se avergüenza*): *I was reduced to borrowing money from friends.* Me vi obligado a pedir dinero a los amigos.
NOTA Reduce sb to doing sth se utiliza sobre todo en pasiva.

v + n/pron + prep + -ing

reduce sth to sth 1 hacer que algo quede reducido a algo: *The building was reduced to a heap of rubble.* El edificio quedó reducido a un montón de escombros. **NOTA** En este sentido, **reduce sth to sth** se utiliza mucho en pasiva. **2** resumir, condensar algo en algo: *His arguments can be reduced to four points* ... Sus argumentos pueden resumirse en cuatro puntos ...

v + n/pron + prep + n

reek /ri:k/

reek of sth rezumar algo (*desagradable o sospechoso*): *His statement reeks of hypocrisy.* Su declaración huele que apesta a hipocresía.

v + prep + n/pron

reel /ri:l/

reel around, out, past, etc.; reel around, out of, past, etc. sth (*tb* **reel past sb**) ir, salir, pasar, etc. tambaleándose: *A man reeled past us and collapsed on the pavement.* Pasó por delante de nosotros un hombre tambaleándose y se desplomó en la acera. ◊ *He was reeling around drunkenly.* Andaba por ahí tambaleándose, totalmente borracho.

v + adv
v + prep + n/pron

reel sth in 1 (*Pesca*) sacar algo del agua enrollando el sedal: *He slowly reeled the fish in.* Despacio, sacó el pez del agua enrollando el sedal. **2** enrollar algo: *The line snagged on something as he reeled it in.* La cuerda se enganchó en algo según la enroscaba.

v + adv + n
v + n/pron + adv
1 [0] **a fish**
2 [0] **a line**

reel sth off 1 recitar algo de un tirón: *He reeled off the names of the people he'd invited.* Recitó de un tirón los nombres de la gente que había invitado. **2** (*USA, coloq*) (*Dep*) apuntarse algo (*varios puntos, juegos, goles, etc. seguidos*): *The Bulls reeled off nine consecutive points.* El Bulls se apuntó nueve tantos seguidos.

v + adv + n
v + pron + adv
v + n + adv (*menos frec*)
1 [0] **a list, names, figures**
= **rattle sth off**
2 [0] **points, goals**

refer /rɪ'fɜ:(r)/ -rr-

☆ **refer to sb/sth 1 (as sth)** hacer referencia a algn/algo, aludir a algn/algo (como algo): *She never referred to the incident again.* Nunca volvió a hacer referencia al incidente. ◊ *Passengers are now referred to as 'customers'.* A los pasajeros se les llama ahora "clientes". **2** referirse a algn/algo: *This paragraph refers to the events of last year.* Este párrafo se refiere a los sucesos del pasado año. ◊ *This phenomenon is referred to in detail in chapter nine.* Este fenómeno se trata detalladamente en el capítulo nueve.
NOTA Refer to sb/sth se puede utilizar en pasiva.

v + prep + n/pron
= **allude to sb/sth** (*más formal*)

refer to sth consultar algo, remitirse a algo: *We were not allowed to refer to a dictionary.* No se nos permitía consultar diccionarios. **NOTA** Refer to sth se puede utilizar en pasiva: *It is important to provide a record that can be referred to.*

v + prep + n/pron
[0] **a book, a dictionary, a manual, instructions**
= **consult sth**

relate

refer sb/sth to sb/sth remitir a algn/algo a algn/algo: *The case was referred to the Court of Appeal.* Se remitió el caso al Tribunal de Apelación. ◊ *She referred me to a psychologist.* Me mandó a un psicólogo.

v + n/pron + prep + n/pron
[O] **a matter, a case**

reflect /rɪˈflekt/

reflect on sb/sth (*tb* **reflect upon sb/sth** *más formal*) repercutir en algn/algo: *When the department performs badly, it reflects on me as manager.* Cuando el departamento no va bien, eso me desacredita como director. ◊ *This incident reflects badly on everyone involved.* El incidente deja mal a todos los involucrados.
NOTA Reflect on/upon sb/sth se utiliza mucho con los adverbios **well** y **badly**: *The team's performance has reflected well on the manager.*

v + prep + n/pron

regale /rɪˈgeɪl/

regale sb with sth entretener a algn con algo (*con historias, chistes, etc.*): *She was regaling us with tales of her youth.* Nos tuvo entretenidos contándonos historias de su juventud.

v + n/pron + prep + n/pron

rein /reɪn/

rein sb/sth back *Ver* REIN SB/STH IN

v + adv + n
v + pron + adv
v + n + adv (*menos frec*)

rein in (*tb* **rein back** *menos frec*) tirar de las riendas (*para que el caballo frene o vaya más despacio*)

v + adv

rein sb/sth in (*tb* **rein sb/sth back** *menos frec*) controlar con más rigor a algn/algo, poner freno a algn/algo: *We need to rein in public spending.* Hace falta poner freno al gasto público. ◊ *The new President is faced with the task of reining in the military.* El nuevo Presidente se enfrenta a la tarea de establecer un mayor control sobre el ejército.

v + adv + n
v + pron + adv
v + n + adv (*menos frec*)

rein sth in (*tb* **rein sth back** *menos frec*) frenar algo (*referido a un caballo, tirando de las riendas*): *She reined in her horse and waited for him.* Frenó el caballo le esperó.

v + adv + n
v + pron + adv
v + n + adv (*menos frec*)
[O] *only* **horse**

relate /rɪˈleɪt/

relate to sb entenderse (bien), compenetrarse con algn: *I find him very difficult to relate to.* Me resulta muy difícil entenderme con él.

v + prep + n/pron

relate to sb/sth 1 estar relacionado con algn/algo: *All the documents relating to the matter were destroyed.* Se destruyeron todos los documentos relacionados con el asunto. ◊ *This information relates to the patient and is confidential.* Esta es información relativa al paciente y, por lo tanto, confidencial. **2** afectar a algn/algo: *The new law relates only to children born after 1996.* La nueva ley afecta solo a niños nacidos después de 1996.

v + prep + n/pron

relate to sth identificarse con algo: *She was able to relate to his feelings of guilt.* Podía entender su sentimiento de culpabilidad. ◊ *I just couldn't relate to that film at all.* No pude identificarme en absoluto con esa película.

v + prep + n/pron

relieve /rɪ'liːv/

relieve sb of sth 1 ayudar a algn con algo: *The new secretary will relieve us of some of the paperwork.* La nueva secretaria se hará cargo de parte del papeleo. **2** relevar, eximir a algn de algo: *He was relieved of his post as manager.* Fue relevado de su puesto de director. **NOTA** En este sentido, **relieve sb of sth** se utiliza mucho en pasiva. **3** coger algo a algn: *Let me relieve you of your coat.* Deja que te coja el abrigo. **4** (*coloq, joc*) despojar a algn de algo, quitar algo a algn: *The thief relieved him of his wallet.* El ladrón le birló la cartera.

v + n/pron + prep + n/pron

rely /rɪ'laɪ/ *pret, pp* relied

☆ **rely on sb/sth** (*tb* **rely upon sb/sth** *más formal*) **1** (**for sth**) depender de algn/algo (para algo): *He relies on public transport to get around.* Para desplazarse depende del transporte público. ◊ *She relies on her parents for money.* Depende económicamente de sus padres. **2** (**to do sth**) confiar en algn/algo (para que haga algo): *I hope I can rely on you to be discreet.* Espero poder contar con tu discreción. ◊ *You can rely on Jon to turn up late!* ¡Puedes contar con que Jon llegará tarde!
NOTA **Rely on/upon sb/sth** se puede utilizar en pasiva: *She cannot be relied on to tell the truth.*

v + prep + n/pron
1 = **depend on sb/sth** (1)
2 = **depend on sb/sth** (3)

remember /rɪ'membə(r)/

remember sb to sb (*GB*) dar recuerdos a algn de parte de algn: *Remember me to your mother.* Dale recuerdos a tu madre de mi parte.
NOTA **Remember sb to sb** no se utiliza en tiempos continuos.

v + n/pron + prep + n/pron

remind /rɪ'maɪnd/

☆ **remind sb of sb/sth** recordarle a algn a algn/algo: *That smell reminds me of home.* Ese olor me recuerda a mi casa. ◊ *He reminds me of his father.* Me recuerda a su padre.
NOTA **Remind sb of sb/sth** no se utiliza en tiempos continuos, pero se puede utilizar en pasiva: *Listening to her, he was reminded of Helen.*

v + n/pron + prep + n/pron

rent /rent/

rent sth out (to sb) alquilar algo (a algn): *They rented the house out to students.* Alquilaron la casa a estudiantes.

v + n/pron + adv
v + adv + n
[O] **a room, a house, etc.**
= **let sth out** (3) (*GB*)

repair /rɪ'peə(r)/; *USA* -'per/

repair to sth (*formal, joc*) ir, retirarse a ... : *After dinner, they repaired to the bar.* Tras la cena, se retiraron al bar.

v + prep + n

report /rɪˈpɔːt; *USA* rɪˈpɔːrt/

report back 1 (to sb) (on sb/sth) presentar un informe, informar (a algn) (sobre algn/algo): *I have to report back to the manager on our progress.* Tengo que presentar un informe al director sobre nuestros progresos. **2 (to ...)** volver, regresar (a ...): *Report back to base at 22 00 hours.* Regresen a la base a las 22 00 horas. *v + adv*

report to sb rendir cuentas a algn: *She reports directly to the chief executive.* Está bajo las órdenes directas del director ejecutivo. *v + prep + n/pron*

reside /rɪˈzaɪd/

reside in sb/sth (*formal*) residir en algn/algo: *The source of the problem resides in the fact that the currency is too strong.* La raíz del problema reside en que la moneda es demasiado fuerte. *v + prep + n/pron*

reside in/with sb (*formal*) (*poder, autoridad*) residir en algn, estar en manos de algn/algo: *Supreme authority resides in the President.* La autoridad suprema reside en el Presidente. *v + prep + n/pron*
[S] **power, authority**

resign /rɪˈzaɪn/

resign yourself to sth/doing sth resignarse a algo/hacer algo: *They resigned themselves to being defeated.* Se resignaron a la derrota. ◊ *She resigned herself to her fate.* Se resignó a su suerte. *v + reflex + prep + n/pron*
v + reflex + prep + -ing

resolve /rɪˈzɒlv; *USA* rɪˈzɑːlv/

resolve into sth; resolve itself/themselves into sth 1 resultar ser algo (*al verse, oírse con mayor claridad*): *The grey shape resolved into a group of walkers.* La sombra gris adquirió la forma de un grupo de caminantes. ◊ *The white light resolved itself into the headlights of a car.* La luz blanca resultó ser los faros de un coche. **2** convertirse, centrarse en algo (*después de un periodo de discusión, investigación, etc.*): *The discussion eventually resolved itself into two main issues.* Al final el debate se centró en dos temas. *v + prep + n*
v + reflex + prep + n

resort /rɪˈzɔːt; *USA* rɪˈzɔːrt/

resort to sth/doing sth recurrir a algo/hacer algo: *They resorted to bribery to get what they wanted.* Recurrieron al soborno para conseguir lo que querían. *v + prep + n/pron*
v + prep + -ing
[O] **violence, blackmail**

NOTA Resort to sth/doing sth se puede utilizar en pasiva: *Various measures were resorted to.*

rest /rest/

rest on sb/sth (*tb* **rest upon sb/sth** *más formal*) **1** (*esperanza*) estar puesto en algn/algo: *Britain's hopes of a medal now rest on Henderson.* Ahora Gran Bretaña tiene puestas en Henderson las esperanzas de conseguir una medalla. **2** (*ojos, mirada*) posarse en algo: *Her eyes rested on a photograph on the desk.* Sus ojos se posaron en una fotografía que había en la mesa. *v + prep + n/pron*

rest on sth (*tb* **rest upon sth** *más formal*) basarse en algo: *His argument rested on a false assumption.* Su argumento se basaba en una suposición falsa. *v + prep + n/pron*

rest

rest up 1 (*esp GB*) descansar (*después de una enfermedad*): *He was advised to rest up for a week after his fall.* Tras su caída le aconsejaron que descansara durante una semana. **2** (*esp USA*) descansar (*preparándose para una carrera, partido, etc.*): *You should rest up if you're going to be fit for the game.* Deberías descansar si quieres estar en forma para el partido.
v+adv
= **rest**

rest upon sb/sth *Ver* REST ON SB/STH
v+prep+n/pron

rest upon sth *Ver* REST ON STH
v+prep+n/pron

rest with sb (*formal*) (*decisión, responsabilidad, culpa, poder*) estar en manos de algn, corresponder a algn: *The decision rests with you.* La decisión está en tus manos. ◊ *Responsibility for the accident rests with the bus company.* La responsabilidad del accidente recae sobre la compañía de autobuses.
NOTA Rest with sb no se utiliza en tiempos continuos.
v+prep+n/pron
= **lie with sb**

result /rɪˈzʌlt/

result in sth dar algo como resultado, resultar en algo: *The accident resulted in 67 deaths.* El accidente tuvo un balance de 67 muertos. ◊ *These changes resulted in an increase in prices.* Estos cambios se tradujeron en una subida de los precios.
v+prep+n/pron
[0] **an increase, a/sb's death, a loss**

rev /rev/ **-vv-**

rev up 1 (*coche, motor*) acelerar (*sin desplazarse*): *The car revved up and roared away.* El coche dio unos acelerones y se alejó a toda prisa. **2 (for sth)** (*esp USA*) calentar motores: *The team are revving up for next week's game.* El equipo está calentando motores para el partido de la semana que viene.
v+adv

rev sb/sth up (*esp USA*) preparar a algn/algo: *It's his job to rev the audience up before the show starts.* Su trabajo consiste en hacer que el público entre en calor antes de que comience el espectáculo.
v+n/pron+adv
v+adv+n

rev sth up acelerar algo (*sin desplazarse*): *She revved the engine up.* Aceleró el motor.
v+adv+n
v+n/pron+adv
[0] **an engine, a car, a motorbike, etc.**

revel /ˈrevl/ **-ll-** (*USA*) **-l-**

revel in sth/doing sth disfrutar de algo/haciendo algo, deleitarse con algo/haciendo algo: *I think he's secretly revelling in all the attention.* Creo que en el fondo está disfrutando de toda la atención. ◊ *They revel in annoying people.* Se deleitan molestando a la gente.
v+prep+n/pron
v+prep+-ing
= **glory in sth** (2)

revert /rɪˈvɜːt; *USA* rɪˈvɜːrt/

revert to sb revertir a algn, volver a manos de algn: *After his death the house reverted to its original owner.* Tras su muerte, la casa revirtió a su dueño original.
v+prep+n/pron

revert to sth/doing sth volver a algo/hacer algo: *To revert to your earlier question* ... Volviendo a su pregunta ... ◊ *Manufacturers have reverted to using more natural materials.* Los fabricantes vuelven a usar más materiales naturales.
LOC **revert to type** volver a las andadas: *After a good year the team reverted to type in their last game.* Después de haber tenido una buena temporada, el equipo volvió a las andadas en el último partido.

v + prep + n/pron
v + prep + -ing

revolve /rɪˈvɒlv; *USA* rɪˈvɑːlv/

revolve around sb/sth/doing sth (*tb esp GB* **revolve round sb/sth/doing sth**) girar en torno a algn/algo/hacer algo: *You think the whole world revolves around you.* Te crees que el mundo entero gira a tu alrededor. ◊ *His whole life revolved around clubbing.* Su vida consistía únicamente en ir de discotecas.

v + prep + n/pron
v + prep + -ing

rid /rɪd/ **-dd-** *pret, pp* **rid**

rid sb/sth of sb/sth; **rid yourself of sb/sth** (*formal*) librar a algn/algo de algn/algo, librarse de algn/algo: *The government pledged to rid the country of nuclear weapons.* El gobierno prometió librar al país de las armas nucleares. ◊ *How could she rid herself of Charles?* ¿Cómo podría quitarse a Charles de encima?

v + n/pron + prep + n/pron
v + reflex + prep + n/pron

riddle /ˈrɪdl/

be riddled with sth estar lleno de algo: *The whole organization is riddled with corruption.* La corrupción ha llegado a todos los niveles de la organización.

be + v + prep + n/pron

riddle sb/sth with sth acribillar a algn/algo a algo (*a balazos, a tiros*): *His body was riddled with bullets.* Tenía el cuerpo acribillado a balazos.
NOTA Riddle sb/sth with sth se utiliza mucho en pasiva.

v + n/pron + prep + n/pron

ride /raɪd/ *pret* **rode** /rəʊd; *USA* roʊd/ *pp* **ridden** /ˈrɪdn/

ride on sth depender de algo: *My whole future is riding on this interview.* Todo mi futuro depende de esta entrevista.
NOTA Ride on sth se utiliza mucho en tiempos continuos: *There are thousands of pounds riding on this.*

v + prep + n/pron

ride sth out aguantar, sobrellevar algo: *Do you think the President will be able to ride out this latest crisis?* ¿Crees que el Presidente será capaz de sobrellevar esta última crisis?
LOC **ride out the storm** aguantar la marea: *The company has no choice but to ride out the storm.* La empresa no tiene más remedio que aguantar la marea.

v + adv + n
v + n/pron + adv
[0] **a recession**

ride up subirse: *Her nightdress had ridden up around her waist.* Se le había subido el camisón hasta la cintura.

v + adv

rifle /ˈraɪfl/

rifle through sth revolver algo (*buscando algo, con la intención de robar*): *Somebody had rifled through all the drawers and cupboards.* Alguien había estado revolviendo en todos los cajones y armarios. ◊ *He picked up the letters and began to rifle through them.* Cogió las cartas y empezó a rebuscar entre ellas.
NOTA Rifle through sth se puede utilizar en pasiva: *The drawers had been rifled through.*

v + prep + n/pron

rig /rɪɡ/ -gg-

rig sb/sth out (in/with sth) (*GB, antic*) equipar a algn/algo (con algo): *They went shopping to rig out the children for the new school year.* Fueron de compras con el fin de equipar a los niños para el nuevo año escolar.
NOTA Rig sb/sth out se utiliza mucho en pasiva: *The van was rigged out with a small bed in the back.*

v + adv + n
v + n/pron + adv
= **kit sb/sth out** (*GB*)

rig sth up instalar algo (*de forma provisional*): *We've rigged up speakers in the garden for the party.* Hemos instalado altavoces en el jardín para la fiesta.

v + n/pron + adv
v + adv + n
[0] a device, a shelter

ring /rɪŋ/ *pret* rang /ræŋ/ *pp* rung /rʌŋ/

ring around/round; ring around/round sb/sth (*GB*) (*USA* **call around**) llamar, telefonear (a algn/a ...) (*a varias personas o lugares*): *I've spent the morning ringing round travel agents.* Me he pasado la mañana llamando a agencias de viajes.

v + adv
v + prep + n/pron
= **phone around/round, phone around/round sb/sth** (*esp GB*)

☆ **ring back** (*GB*) **1** devolver una llamada: *The lawyer called. He wants you to ring back.* Llamó el abogado. Quiere que le llames. **2** volver a llamar (*por teléfono*): *If he phones while I'm out, tell him to ring back later.* Si llama mientras estoy fuera, dile que vuelva a llamar más tarde.

v + adv
= **phone back** (*esp GB*), **call back**

☆ **ring sb back** (*GB*) **1** devolver una llamada a algn: *We're just about to eat. Can I ring you back?* Estamos a punto de cenar. ¿Te llamo más tarde? **2** volver a llamar a algn (*por teléfono*): *He rang us back later with more details.* Volvió a llamarnos más tarde con más detalles.

v + n/pron + adv
v + adv + n (poco frec)
= **phone sb back** (*esp GB*), **call sb back** (1, 2)

ring in (*GB*) llamar, telefonear (*al lugar de trabajo o a un programa de radio o televisión*): *She felt so exhausted she rang in sick.* Estaba tan cansada que llamó para decir que estaba enferma. ◊ *Listeners were asked to ring in with their opinions.* Se pidió a los oyentes que llamaran para dar su opinión.

v + adv
= **phone in** (*esp GB*), **call in** (2, 3)

ring off (*GB*) colgar (*el teléfono*): *He rang off before I could explain.* Colgó antes de que pudiera darle una explicación.

v + adv
= **hang up** (1)

ring out resonar: *His clear voice rang out across the hall.* Su clara voz resonó por toda de la sala. ◊ *Suddenly shots rang out nearby.* De pronto se oyeron unos disparos cerca.

v + adv

ring round; ring round sb/sth *Ver* RING AROUND/ROUND; RING AROUND/ROUND SB/STH

v + adv
v + prep + n/pron

ring through (to sb/sth) (*GB*) llamar (a algn/a ...) (*a una persona o un departamento dentro del mismo edificio*): *Reception rang through to say my visitor had arrived.* Llamaron de recepción para decir que la visita había llegado.

v + adv

☆ **ring up**; **ring sb/sth up** (*GB*) (*tb esp USA* **call up, call sb/sth up**) llamar, telefonear (a algn/a ...): *He rang up to apologize.* Llamó para disculparse. ◊ *We must ring Jenny up tonight.* Tenemos que llamar a Jenny esta noche. ◊ *Can you ring up the station to check the train times?* ¿Puedes llamar a la estación para comprobar el horario de los trenes?

v+adv
v+n/pron+adv
v+adv+n
= **phone up, phone sb/sth up** (*esp GB*)

ring sth up registrar algo (*una cantidad de dinero*): *She rang up the drinks on the till.* Marcó las bebidas en la caja. ◊ *The company rang up profits of $160 million.* La compañía registró beneficios de 160 millones de dólares.

v+n/pron+adv
v+adv+n

rinse /rɪns/

rinse sth out 1 enjuagar algo: *Shall I rinse your cup out for you?* ¿Te enjuago la taza? ◊ *Rinse your mouth out to get rid of the taste.* Enjuágate la boca para quitarte el sabor. **2 (of sth)** quitar algo (de algo): *She rinsed out the soap in plenty of warm water.* Quitó el jabón con mucha agua templada.

v+n/pron+adv
v+adv+n
1 ⓞ **a cup, your mouth**
= **rinse sth**
2 ⓞ **soap**
= **wash sth out** (3)

rip /rɪp/ -pp-

rip sth apart 1 (*tb* **rip sb apart**) descuartizar, destrozar a algn/algo: *That animal could rip a man apart.* Ese animal podría descuartizar a un hombre. **2** destrozar algo: *The building was ripped apart by the storm.* La tormenta destrozó el edificio. **3** arruinar algo: *The country is being ripped apart by fighting.* Las luchas están arruinando el país.

v+n/pron+adv
v+adv+n
= **tear sth apart**

rip into sb/sth (for sth/doing sth) (*coloq*) echarse encima de algn/algo, arremeter contra algn/algo (por algo/hacer algo) (*criticándole o hablándole con enfado*): *He ripped into me for being late.* Se me echó encima por llegar tarde.

v+prep+n/pron
= **lay into sb/sth**

NOTA **Rip into sb/sth** se puede utilizar en pasiva: *He was ripped into by the party chairman.*

rip sb off (*coloq*) timar, estafar a algn: *The travel company ripped us off.* La agencia de viajes nos timó.

v+n/pron+adv
v+adv+n

NOTA **Rip sb off** se utiliza mucho en pasiva: *You've been ripped off.*
▶ **rip-off** *n* [gen sing] (*coloq*) timo, estafa: *That restaurant is a total rip-off.* Ese restaurante es un verdadero timo.
NOTA Nótese que el sustantivo **rip-off** también puede utilizarse delante de otro sustantivo: *rip-off prices*.

rip sb/sth off (*coloq*) plagiar a algn/algo: *Another band has ripped off our song.* Otro grupo nos ha plagiado la canción.
▶ **rip-off (of sth)** *n* (*coloq*) plagio (de algo)

v+n/pron+adv
v+adv+n

rip sth off (*muy coloq*) birlar, robar algo: *Thieves broke in and ripped off five computers.* Entraron unos ladrones y robaron cinco ordenadores.
▶ **rip-off** *n* (*coloq*) robo

v+n/pron+adv
v+adv+n
= **nick sth** (*GB, coloq*)

rip sth off; **rip sth off sb/sth** arrancar algo (de algn/algo): *The fans were trying to rip his clothes off.* Las fans estaban intentando arrancarle la ropa.

v+n/pron+adv
v+adv+n
= **tear sth off**

rip through sth (*explosión, fuego*) expandirse rápida y violentamente por algo: *The fire ripped through their home.* El fuego se expandió a toda velocidad por la casa.

v+prep+n/pron

rip sth up ☆ **1** romper algo en pedazos, hacer algo pedazos: *I ripped the letter up without reading it.* Rompí la carta en pedazos sin leerla. **2** arrancar, levantar algo: *They ripped up the floorboards in their search.* En el registro arrancaron los tablones del suelo.

v+n/pron+adv
v+adv+n
1 ◯ **a letter**
  = **tear sth up** (1)
2 ◯ **floorboards, a carpet**
  = **pull sth up** (2),
    tear sth up (3)

---

rise /raɪz/ *pret* **rose** /rəʊz; *USA* roʊz/ *pp* **risen** /ˈrɪzn/

rise above sth 1 estar por encima de algo, pasar de algo: *I try to rise above the criticism.* Intento pasar de las críticas. **2** superar algo: *She was able to rise above her disability.* Supo superar su discapacidad.

v+prep+n/pron

rise to sth 1 estar a la altura de algo: *He was determined to rise to the challenge.* Estaba decidido a estar a la altura del reto. **2** reaccionar frente a algo *(enfadándose)*: *I refuse to rise to that sort of comment.* Me niego a reaccionar a ese tipo de comentario.

v+prep+n/pron
1 ◯ **a challenge, the occasion**

rise up 1 (against sb/sth) levantarse, alzarse (contra algn/algo): *The people rose up against the invaders.* El pueblo se levantó contra los invasores. **2** levantarse, alzarse, erguirse: *A magnificent palace rose up before her.* Frente a ella se alzaba un espléndido palacio.
▶ **uprising** *n* levantamiento, alzamiento (*contra la autoridad*)

v+adv

---

roar /rɔː(r)/

roar along, down, past, etc.; **roar along, down, past, etc. sth** (*tb* **roar past sb**) avanzar, bajar, pasar, etc. con gran estruendo: *Cars roared past (the house).* Los coches pasaban (por delante de la casa) haciendo un ruido infernal.

v+adv
v+prep+n/pron

roar away/off irse con gran estruendo: *The bikes revved up and roared away.* Las motos aceleraron y se fueron con gran estruendo.

v+adv

---

roll /rəʊl; *USA* roʊl/

roll about *Ver* ROLL AROUND (1)

v+adv

roll along, down, off, etc.; **roll along, down, off, etc. sth** deslizarse, bajar, irse, etc. con suavidad: *Tears were rolling down his cheeks.* Las lágrimas le corrían por las mejillas.

v+adv
v+prep+n/pron

roll around (*tb esp GB* **roll round**) (*coloq*) **1** (*GB tb* **roll about**) revolcarse: *Her speech had everyone rolling around with laughter.* Su discurso hizo que la gente se revolcara de risa. **2** llegar de nuevo (*algo que se repite con regularidad*): *We have to be ready when election time rolls around again.* Tenemos que estar preparados para cuando lleguen de nuevo las elecciones.

v+adv
1 = **fall about**
2 = **come round** (3)

roll sth back 1 reducir poder a algo (*a un organismo*): *They were determined to roll back union power.* Estaban decididos a restar poder a los sindicatos. **2** ensanchar algo: *to roll back the frontiers of space* ensanchar las fronteras del espacio **3** (*USA*) bajar, reducir algo (*el coste o precio*): *We must roll back inflation.* Debemos reducir la inflación.
▶ **rollback (of sth)** *n* (*esp USA*) bajada, reducción (de algo): *a rollback of taxes* una reducción de los impuestos

v+adv+n
v+pron+adv
v+n+adv (*poco frec*)
2 ◯ **the frontiers of ...**
3 = **bring sth down** (1)

roll

roll sth down 1 bajar algo (*que estaba doblado o remangado*): *She rolled down her sleeves and buttoned the cuffs.* Se bajó las mangas y se abrochó los puños. **2** bajar algo (*para abrirlo*): *He rolled down the car window and waved.* Bajó la ventanilla y saludó con la mano.

v+n/pron+adv
v+adv+n
1 ◎ **your sleeves**
≠ **roll sth up** (1)
2 ◎ **the window**
≠ **roll sth up** (3)

roll in (*coloq*) **1** llegar en grandes cantidades, llover: *Offers of help continue to roll in.* Continúan lloviéndonos las ofertas de ayuda. **2** aparecer, presentarse: *Rob finally rolled in at lunch time.* Rob apareció al final a la hora de comer.

v+adv

roll on 1 (*tiempo, años*) pasar: *As the years rolled on the painful memories began to fade.* Con el correr de los años empezaron a desvanecerse los dolorosos recuerdos. **2** continuar, seguir adelante: *For the next few weeks the debate rolled on.* El debate continuó durante las semanas siguientes. **3 roll on ... !** (*GB, coloq*) ¡que llegue/lleguen ... !: *Roll on the holidays!* ¡Que lleguen pronto las vacaciones! **NOTA** En este sentido, **roll on** siempre se utiliza en imperativo.

v+adv

roll sb/sth out (*esp USA, coloq*) utilizar a algn/algo (*para obtener un beneficio*)

v+n/pron+adv
v+adv+n

roll sth out 1 extender algo (*con un rodillo de amasar*): *Roll out the pastry.* Extienda la masa con un rodillo. **2** desenrollar algo: *They rolled the new carpet out.* Desenrollaron la alfombra nueva. **3** sacar, lanzar algo (*un nuevo producto*): *The company is due to roll out their latest prototype in May.* La compañía tiene previsto sacar su último prototipo en mayo.

v+adv+n
v+n/pron+adv
1 ◎ **pastry**
3 = **launch sth** (*más formal*)

▶ **roll-out** *n* lanzamiento (*de un producto*)

roll over 1 darse la vuelta: *She rolled over onto her back.* Se dio la vuelta y se puso boca arriba. **2** volcar: *The car rolled over into a ditch.* El coche volcó y fue a parar a una zanja.

v+adv
= **turn over** (1)

roll sb/sth over dar la vuelta a algn/algo: *The nurse rolled him over onto his stomach.* La enfermera le dio la vuelta y lo puso boca abajo.

v+n/pron+adv
v+adv+n
= **turn sb/sth over**

roll sth over 1 aplazar el pago de algo: *The government agreed to roll over the debt.* El gobierno accedió a extender el plazo de pago de la deuda. **2** (*GB*) acumular algo (*en la lotería nacional*): *The jackpot will be rolled over until next week.* El premio se acumula para la semana próxima.

v+adv+n
v+n/pron+adv
1 ◎ **a debt, a loan**

▶ **rollover** *n* (*GB*) premio acumulado, bote (*en la lotería nacional, la primitiva, etc.*)

NOTA El sustantivo **rollover** también puede utilizarse delante de otro sustantivo: *a rollover week*.

roll round *Ver* ROLL AROUND

v+adv

roll up (*coloq*) **1** aparecer, presentarse: *He finally rolled up an hour late.* Al final apareció una hora tarde. **2 roll up!** ¡entren/acérquense y vean!: *Roll up! Roll up for the greatest show on earth!* ¡Entren! ¡Acérquense y vean el mayor espectáculo del mundo! **NOTA** En este sentido, **roll up** siempre se utiliza en imperativo.

v+adv
1 = **turn up** (1) (*menos coloq*)

341

roll

roll sth up **1** remangarse algo: *He rolled up his sleeves and started washing up.* Se remangó y se puso a fregar. **2** enrollar algo: *She rolled up the sleeping bag.* Enrolló el saco de dormir. **3** subir algo (*para cerrarlo*): *She rolled up the window and drove off.* Subió la ventanilla y se fue.
▶ **roll-up** *n* (*GB, coloq*) pitillo liado a mano

v+n/pron+adv
v+adv+n
1 [O] **your sleeves, your trousers**
≠ **roll sth down** (1)
3 [O] **a window**
≠ **roll sth down** (2)

---

romp /rɒmp; *USA* rɑːmp, rɔːmp/

romp through sth (*GB, coloq*) hacer algo con facilidad: *She romped through the exam questions.* Hizo las preguntas del examen con facilidad.

v+prep+n/pron
= **sail through, sail through sth**

---

root /ruːt/

root around; root around sth (for sth) (*tb esp GB* **root about/round, root about/round sth**) hurgar (en algo) (buscando algo): *He was rooting about in the drawer for his keys.* Estaba hurgando en el cajón buscando las llaves.

v+adv
v+prep+n/pron

root for sb/sth (*coloq*) animar a algn/algo: *Good luck — I'll be rooting for you!* ¡Suerte! ¡Estaré animándote!
NOTA **Root for sb** se utiliza casi siempre en tiempos continuos.

v+prep+n/pron

root sb/sth out **1** erradicar algo, eliminar a algn/algo: *We need to root out corruption at all levels.* Tenemos que erradicar la corrupción en todos los niveles. **2** (*coloq*) buscar a algn/algo, encontrar a algn/algo: *See if you can root out any witnesses.* A ver si puedes encontrar testigos. ◊ *I'll root out the photo for you.* Te buscaré la foto.

v+adv+n
v+pron+adv
v+n+adv (menos frec)
1 [O] **corruption**

root round; root round sth *Ver* ROOT AROUND; ROOT AROUND STH

v+adv
v+prep+n/pron

root sth up sacar, arrancar algo de raíz

v+n/pron+adv
v+adv+n
[O] **a plant**

---

rope /rəʊp; *USA* roʊp/

rope sb in; rope sb into sth/doing sth (*coloq*) enganchar a algn (para hacer algo): *We'll rope Colin in to help us.* Engancharemos a Colin para que nos ayude. ◊ *I got roped into making a cake for the party.* Me engancharon para que hiciese un pastel para la fiesta.
NOTA Este *phrasal verb* se utiliza mucho en pasiva.

v+adv+n
v+n/pron+adv
v+n/pron+prep+n/pron
v+n/pron+prep+-ing

rope sth off acordonar algo: *The scene of the crime had been roped off.* Habían acordonado el lugar del crimen.
NOTA **Rope sth off** se utiliza mucho en pasiva.

v+n/pron+adv
v+adv+n
[O] **an area**

---

rot /rɒt; *USA* rɑːt/ **-tt-**

rot away pudrirse: *The window frame had rotted away.* El marco de la ventana se había podrido.

v+adv

---

rough /rʌf/

rough sth out bosquejar, esbozar algo, hacer un boceto de algo: *She roughed out a sketch of the layout of the house.* Hizo un boceto de la distribución de la casa.

v+adv+n
v+pron+adv
v+n+adv (menos frec)
[O] **a sketch**

rough sb up (*coloq*) pegar una paliza a algn: *He was roughed up by some drunken soldiers.* Unos soldados borrachos le pegaron una paliza.

v+n/pron+adv
v+adv+n

round /raʊnd/

round sth down (**to sth**) redondear algo (en algo) (*por defecto*): *He rounded the price down to five hundred.* Redondeó el precio y lo dejó en quinientas.

v+n/pron+adv
v+adv+n
◉ **a price, the total**
≠ **round sth up**

round sth off (**with sth**) **1** (*USA tb* **round sth out** (**with sth**)) terminar, rematar algo (con algo): *We rounded off the meal with a coffee.* Rematamos la comida con un café. **2** redondear algo: *I rounded off the corners with sandpaper.* Redondeé las esquinas con papel de lija.

v+adv+n
v+n/pron+adv
1 ◉ **the day, the evening, the meal**

round on sb volverse contra algn: *He rounded on her and told her to keep her mouth shut.* Se volvió contra ella y le dijo que se callara.

v+prep+n/pron

round sth out (*USA*) *Ver* ROUND STH OFF (1)

v+adv+n
v+n/pron+adv

round sb/sth up reunir, juntar a algn/algo (*referido a personas y animales*): *Round up all the children and get on the bus.* Reúne a todos los niños y subid al autobús. ◊ *to round up cattle* reunir el ganado ◊ *A number of suspects were rounded up and questioned.* Reunieron a varios sospechosos para interrogarlos.

v+adv+n
v+n/pron+adv

▶ **round-up** *n* [gen sing] **1** (*Radio, TV*) resumen, síntesis: *a news round-up* un resumen de las noticias **2** reunión (*de gente*) **3** rodeo (*de animales*)

round sth up (**to sth**) redondear algo (en algo) (*por exceso*): *He rounded the price up to nine hundred.* Redondeó el precio y lo subió a novecientas.

v+n/pron+adv
v+adv+n
◉ **a price, the total**
≠ **round sth down**

---

rub /rʌb/ **-bb-**

rub along (**with sb/together**) (*GB, coloq*) llevarse bien (con algn/ entre ellos): *Are you rubbing along all right with your new neighbours?* ¿Te llevas bien con tus nuevos vecinos?

v+adv
= **get along** (1), **get on** (1)

rub sb/sth down; **rub yourself down** secar a algn/algo frotando, secarse frotando: *She rubbed herself down with a towel.* Se secó frotándose con una toalla.

v+n/pron+adv
v+adv+n
v+reflex+adv

rub sth down lijar algo, alisar algo frotando: *He rubbed the woodwork down with sandpaper.* Alisó la madera con papel de lija.

v+n/pron+adv
v+adv+n

rub yourself down *Ver* RUB SB/STH DOWN; RUB YOURSELF DOWN

v+reflex+adv

rub sth in restregar algo por las narices: *I already know it was my fault, there's no need to rub it in.* Ya sé que es culpa mía, no hace falta que me lo restriegues por las narices.
NOTA Rub sth in se utiliza sobre todo con el pronombre **it**: *Stop rubbing it in!*

v+n/pron+adv
v+adv+n
◉ **it**

rub

rub sth in; **rub sth into sth** aplicar algo (en algo) frotando (*para que penetre*): *Rub the lotion into your skin.* Apliquese la loción, frotando para que penetre.
LOC **rub sb's nose in it** restregárselo a algn por las narices: *She's already very embarrassed. Don't rub her nose in it.* Ya está lo suficientemente avergonzada. No se lo restriegues más por las narices.

v+n/pron+adv
v+adv+n
v+n/pron+prep+n/pron
[0] **a cream, a lotion**

rub off 1 (on/onto sth) quitarse, desprenderse: *The gold paint had all rubbed off.* Toda la pintura dorada se había quitado. **2 (on/onto sb)** pegársele (a algn): *Let's hope some of his good luck rubs off on me!* ¡A ver si se me pega algo de su buena suerte!

v+adv

rub sth off; **rub sth off sth** borrar algo (de algo): *If you write on the blackboard, rub it off at the end of the lesson.* Si escribes en la pizarra, bórralo cuando se acabe la clase.

v+n/pron+adv
v+adv+n
v+n/pron+prep+n/pron

rub sb out (*USA, muy coloq*) cargarse a algn: *He was rubbed out before he could talk.* Se lo cargaron antes de que pudiese hablar.
NOTA Rub sb out se utiliza mucho en pasiva.

v+n/pron+adv
v+adv+n
= **knock sb off** (1), **murder sb** (*más formal*)

☆ **rub sth out** (*GB*) borrar algo: *The list had been rubbed out.* Habían borrado la lista.

v+n/pron+adv
v+adv+n
[0] **a mistake**
= **erase sth** (*más formal*)

rub up against sb/sth restregarse contra algn/algo: *The cat was rubbing up against her leg.* El gato se restregaba contra su pierna.

v+adv+prep+n/pron

ruck /rʌk/

be rucked up; **ruck up** (*GB*) arrugarse: *Your blouse has rucked up at the back.* Se te ha arrugado la blusa por detrás. ◊ *Her skirt was rucked up.* Tenía la falda arrugada.

be+v+adv
v+adv

rule /ru:l/

rule sb/sth out excluir a algn/algo (*de una lista de posibilidades*): *Birmingham has been ruled out of the list of locations.* Han excluido a Birmingham de la lista de emplazamientos. ◊ *Police have not ruled out the possibility that the man was murdered.* La policía no ha excluido la posibilidad de que el hombre fuese asesinado. ◊ *The proposed solution was ruled out as too expensive.* Rechazaron la solución propuesta por ser demasiado cara.

v+adv+n
v+n/pron+adv
[0] **a possibility**

rule sth out hacer algo imposible: *The latest developments rule out the chance of a lasting peace.* Los últimos cambios han hecho imposible la posibilidad de una paz duradera.

v+adv+n
v+n/pron+adv
= **exclude sth**

rumble /'rʌmbl/

rumble on (*esp GB*) alargarse, durar: *The dispute has rumbled on for years.* La disputa se ha alargado durante años.

v+adv

run /rʌn/ **-nn-** *pret* **ran** /ræn/ *pp* **run**

run about; **run about sth** *Ver* RUN AROUND; RUN AROUND STH
▶ **runabout** *n* (*GB, coloq*) coche pequeño/para ciudad

v+adv
v+prep+n/pron

☆ **run across, down, in, out, etc.**; **run across, down, into, out of, etc. sth** cruzar, bajar, entrar, salir, etc. corriendo: *He turned and ran into the house.* Dio media vuelta y entró corriendo en casa. ◊ *Will you run down to the shop for me?* ¿Puedes bajar corriendo a la tienda? ◊ *A spider ran across his hand.* Una araña le cruzó corriendo la mano. *Ver tb* RUN ALONG, AROUND, OVER, THROUGH, ETC. STH

v + adv
v + prep + n/pron

run across sb/sth toparse con algn/algo (*por casualidad*): *I ran across Mary in town yesterday.* Ayer me topé con Mary en el centro.

v + prep + n/pron
= **come across sb/sth**

run after sb (*coloq*) andar/ir detrás de algn: *He's constantly running after younger women.* Se pasa la vida detrás de las jovencitas. ◊ *She's too proud to run after a man.* Es demasiado orgullosa para ir detrás de un hombre.

v + prep + n/pron

☆ **run after sb/sth** perseguir a algn/algo: *They ran after the thief but he got away.* Persiguieron al ladrón pero se les escapó. ◊ *The car set off and we went running after it.* El coche arrancó y salimos a perseguirlo.

v + prep + n/pron

run along (*coloq, antic*) irse: *Run along now, children, I'm busy.* Marchaos, niños, estoy muy ocupada.
NOTA Run along se utiliza generalmente en imperativo.

v + adv

run along, around, over, through, etc. sth pasar por algo: *The bridge runs over the railway.* El puente pasa por encima de la vía. ◊ *A hedge runs along each side of the building.* Hay un seto a ambos lados del edificio. ◊ *Does the river run through the village?* ¿Pasa el río por el pueblo? *Ver tb* RUN ACROSS, DOWN, IN, OUT, ETC.

v + prep + n/pron

run around; **run around sth** (*tb esp GB* **run about/round**, **run about/round sth**) ☆ **1** corretear (por …): *The children were running around the house with no clothes on.* Los niños correteaban desnudos por la casa. ◊ *They stopped the car to let the dogs run around a bit.* Pararon el coche para que los perros correteasen un poco. **2** correr de un lado para otro (por …) (*muy ocupado*): *I ran around like a mad thing all day.* Corrí de un lado para otro todo el día como loco. ◊ *He's been running about the place organizing the party.* Ha estado corriendo de un lado para otro por aquí organizando la fiesta.

v + adv
v + prep + n/pron

run around sth (*tb esp GB* **run round sth**) recorrer algo: *A murmur of approval ran around the group.* Un murmullo de aprobación recorrió el grupo. ◊ *Her eyes ran around the room.* Recorrió la habitación con la mirada.

v + prep + n/pron

run around after sb (*tb esp GB* **run round after sb**) correr de aquí para allá atendiendo a algn: *His mother shouldn't have to run around after him.* Su madre no tendría que estar corriendo de aquí para allá haciéndole todo.

v + adv + prep + n/pron

run around with sb (*gen pey*) salir con algn: *I don't know why her parents let her run around with that lot.* No me explico cómo sus padres la dejan salir con esos.

v + adv + prep + n/pron

run at sb abalanzarse sobre algn (*para atacarle*): *He ran at me with a knife.* Se abalanzó sobre mí con un cuchillo.

v + prep + n/pron

run at sth estar en … : *Interest rates are running at record levels.* Los tipos de interés están alcanzando niveles sin precedentes. ◊ *Unemployment is running at 8%.* El nivel de paro está en un 8%.
NOTA Run at sth se utiliza mucho en tiempos continuos.

v + prep + n

run

run away ☆**1 (from sb/from ...)** salir corriendo (y alejarse de algn/de ...): *A man was seen running away from the shop.* Vieron a un hombre salir corriendo de la tienda. ◊ *His first instinct was to run away.* Su primer impulso fue salir corriendo. ☆**2 (from ...)** escaparse, huir, irse (de ...): *She ran away from home at the age of thirteen.* Se escapó de casa a los trece años. ◊ *I often felt like running away from that place.* Muchas veces me daban ganas de escaparme de allí. **3 (with sb/together)** (*tb* **run off (with sb/together)**) fugarse (con algn/juntos): *She ran away with the man she loved.* Se fugó con el hombre al que amaba. ◊ *Let's run away together to Scotland.* Fuguémonos juntos a Escocia.
▶ **runaway** *adj* [atrib] **1** (*persona*) fugitivo: *runaway teenagers* adolescentes que se van de casa **2** (*caballo*) desbocado
NOTA Nótese que el adjetivo **runaway** siempre se utiliza delante de un sustantivo: *a runaway horse.*
▶ **runaway** *n* fugitivo: *a 15 year-old runaway* un quinceañero que se va de casa

run away from sth eludir, evadir algo: *He is running away from his responsibilities.* Está evadiendo sus responsabilidades.

run away with sb (*sentimientos, emociones*) dominar a algn: *Her imagination tends to run away with her.* Tiende a dejarse llevar por la imaginación. ◊ *My tongue ran away with me and I said things I regretted.* Me fui de la lengua y dije cosas de las que me arrepentí.

run away with sth 1 ganar algo fácilmente: *Their team are running away with the championship.* Su equipo está ganando el campeonato sin ningún problema. **2** (*esp USA*) (*robar*) largarse, huir con algo: *The treasurer ran away with all the funds.* El tesorero huyó con todos los fondos. **3** ser la estrella de algo: *She ran away with the show.* Fue la estrella del espectáculo. **4** (*coloq*) pensar, imaginarse algo: *I don't want you to run away with the impression that all I do is sign cheques all day.* No quiero que te pienses que lo único que hago es firmar cheques todo el día. NOTA En este sentido, **run away with sth** se utiliza mucho en construcciones negativas.

☆ **run back** volver corriendo: *She ran back into the house to answer the phone.* Volvió corriendo a la casa para contestar el teléfono.

run sth by/past sb (*coloq*) comentar, consultar algo a algn: *I've got a few ideas I'd like to run by you.* Tengo unas ideas que me gustaría consultarte. ◊ *Run that past me again.* Vuelve a contarme eso.

run down 1 (*pilas*) descargarse, acabarse, gastarse: *I think the batteries are running down.* Creo que las pilas se están acabando. **2** (*GB*) decaer: *British manufacturing industry has been running down for years.* La industria manufacturera británica lleva años en decadencia. **3** *Ver* RUN ACROSS, DOWN, IN, OUT, ETC.
▶ **run-down** *adj Ver* RUN STH DOWN

run down sth 1 echarle un vistazo a algo: *Her eyes ran down the figures on the page.* Le echó un vistazo a las cifras que había en la página. ◊ *He saw his name immediately as he ran down the list.* Vio su nombre en cuanto echó un vistazo a la lista. **2** escurrirse por algo: *Tears were running down his cheeks.* Las lágrimas rodaban por sus mejillas. ◊ *You've got blood running down your leg.* Te corre sangre por la pierna. **3** *Ver* RUN ACROSS, DOWN, IN, OUT, ETC.

---

v+adv	
v+adv+prep+n/pron [O] **your responsibilities**	
v+adv+prep+n/pron [S] **imagination, tongue**	

v+adv+prep+n/pron
1 [O] **the championship**
4 *v+adv+prep+n*
    [O] **the idea that ...,**
    the impression that ...	

v+adv	
v+n/pron+prep+n/pron	
v+adv **1** [S] **battery**	
v+prep+n/pron **2** [S] **tears, blood**	

run

run sb/sth down 1 (*tb* **run sb/sth over**) atropellar a algn/algo (*referido a persona o animal*): *The cyclist was run down by a lorry.* El ciclista fue atropellado por un camión. NOTA En este sentido, **run sb/sth down** se utiliza mucho en pasiva. **2** criticar a algn/algo, hablar mal de algn/algo: *She's always running her husband down in public.* Siempre está criticando a su marido en público. **3** (*esp GB*) encontrar a algn/algo: *I finally ran the book down in the university library.* Al final di con el libro en la biblioteca de la universidad. NOTA En este sentido, **run sb/sth down** no se utiliza en pasiva.

run sth down 1 (*GB*) recortar, reducir algo: *They have begun to run down their armies.* Han empezado a reducir el número de tropas. ◊ *The hospital is being run down with a view to closing it.* Se están haciendo recortes en el hospital con vistas a cerrarlo. ◊ *They have run down oil reserves.* Han reducido las reservas de petróleo. **2** descargar algo: *If you leave your headlights on you'll run the battery down.* Si te dejas las luces encendidas, se te descargará la batería.

▸ **run-down** *adj* **1** en un estado de abandono, ruinoso: *a run-down area of East London* una ruinosa zona del Este de Londres ◊ *They've let the house get very run-down.* Tienen la casa muy abandonada. **2** (*GB*) en decadencia: *run-down transport services* servicios de transporte en decadencia

▸ **rundown** (**in/of sth**) *n* [gen sing] (*GB*) reducción, disminución (de algo)

run sth down sth pasar algo de arriba abajo por algo: *She ran her finger down the page.* Pasó el dedo por la página de arriba abajo. NOTA Run sth down sth no se utiliza en pasiva.

run yourself down menospreciarse: *You mustn't keep running yourself down!* ¡No debes menospreciarte todo el tiempo!

run sb in 1 (*coloq, antic*) llevar preso, detener a algn NOTA En este sentido, **run sb in** se utiliza mucho en pasiva: *She was run in for shoplifting.* **2** (*coloq*) llevar a algn (*a algún sitio, en coche*): *I need to go into town. Can you run me in?* Necesito ir al centro, ¿me llevas?

run sth in (*GB*) (*USA* **break sth in**) (*vehículo*) hacer el rodaje a algo: *I'm not going on motorways until I've run the car in.* No saldré a la autopista hasta que le haya hecho el rodaje al coche.

run into sb toparse, encontrarse con algn (*por casualidad*): *Guess who I ran into today?* Adivina con quién me topé hoy.

run into sth ☆ **1** (*vehículo*) chocar con/contra algo: *The car went out of control and ran into a tree.* El coche perdió el control y chocó con un árbol. **2** entrar en algo: *The rain was running into my eyes.* La lluvia me entraba en los ojos. ◊ *At this point the river runs into the sea.* En este punto el río desemboca en el mar. **3** encontrarse, toparse con algo: *We ran into problems right from the beginning.* Nos encontramos con problemas desde el principio. ◊ *We ran into a patch of thick fog just outside Edinburgh.* Justo a las afueras de Edimburgo nos encontramos con una zona de niebla espesa. **4** alcanzar algo: *Her income runs into six figures.* Sus ingresos alcanzan cantidades de seis cifras. ◊ *The bill will run into hundreds of pounds.* La factura ascenderá a cientos de libras. *Ver tb* RUN ACROSS, DOWN, IN, OUT, ETC.

---

v + n/pron + adv
v + adv + n
1 = **knock sb down** (1), **knock sb over**
3 = **track sb/sth down**, **trace sb/sth**

1 *v + adv + n*
v + n/pron + adv (*poco frec*)
◯ **stocks, reserves**
2 *v + n/pron + adv*
v + adv + n
◯ **a battery**

v + n/pron + prep + n/pron

v + reflex + adv

1 *v + n/pron + adv*
v + adv + n (*poco frec*)
2 *v + n/pron + adv*

v + n/pron + adv
v + adv + n

v + prep + n/pron
= **bump into sb** (*coloq*)

v + prep + n/pron
3 ◯ **trouble, difficulties, problems, opposition, bad weather**

run

run off ☆ **1** irse corriendo: *The thief ran off down a side street.* El ladrón se fue corriendo por una bocacalle. ☆ **2** escaparse, huir: *She ran off in the middle of the night.* Huyó en mitad de la noche. **3** (**with sb/together**) (*tb* **run away** (**with sb/together**)) fugarse (con algn/juntos): *She ran off with the man she loved.* Se fugó con el hombre al que amaba. ◊ *They ran off and got married.* Se fugaron y se casaron. **4 run off and do sth** (*esp GB*) irse/marcharse a hacer algo: *They told me to run off and play.* Me dijeron que me fuera a jugar. **NOTA** En este sentido, **run off and do sth** se utiliza mucho en imperativo. **5** (**to ...**) ir (hacia ...): *Can you see that road running off to the right?* ¿Ve esa calle que va hacia la derecha?

run off sb/sth (*agua, sudor*) correr: *Water runs off the fields into the valley.* El agua fluye de los campos al valle. ◊ *Sweat was running off her.* Estaba empapada en sudor.

run off sth funcionar con algo: *The outboard motor runs off an ordinary car battery.* El fueraborda funciona con una simple batería de coche.

run sth off 1 copiar algo, hacer/sacar copias de algo: *They ran off hundreds of copies of the leaflet.* Hicieron cientos de copias del folleto. **2** (*Dep*) *The heats of the 200 metres will be run off tomorrow.* Mañana se corren las eliminatorias de los 200 metros.

run sth off sth hacer funcionar algo con algo: *You can run the fridge off gas.* El frigorífico puede funcionar con gas.

run off with sth (*robar*) llevarse algo: *Someone's run off with my glass of wine!* ¡Alguien se ha llevado mi copa de vino!

run on 1 seguir corriendo: *I'll stop here, you run on ahead.* Yo me paro aquí, tú sigue corriendo. **2** prolongarse, alargarse: *I don't want the meeting to run on.* No quiero que se prolongue la reunión. **3** (**about sth**) (*esp USA*) enrollarse (sobre/con algo), hablar sin parar (de algo): *She does tend to run on!* ¡Suele enrollarse mucho! ◊ *He ran on about his new business.* Se enrolló con lo de su nuevo negocio. **4** [+**adv/prep**] (*camino*) prolongarse, continuar hasta/por ... : *The road runs on into the desert.* La carretera se prolonga hasta el desierto. **NOTA** En este sentido, **run on** siempre va seguido de un complemento.

run on sth funcionar con algo: *The engine can be modified to run on unleaded petrol.* El motor se puede modificar para que funcione con gasolina sin plomo.

run out ☆ **1** acabarse, agotarse: *Supplies have nearly run out.* Casi se han agotado las provisiones. ◊ *Our time is running out.* Se nos está acabando el tiempo. ☆ **2** (**of sth**) quedarse sin algo: *We're running out of money.* Nos estamos quedando sin dinero. ◊ *Could you get some more milk? We've run out.* ¿Puedes comprar leche? Se nos ha acabado. **3** (*documento, contrato*) caducar, vencer: *Our lease runs out in April.* El contrato de arrendamiento vence en abril. **4** salir corriendo: *As I was driving along, a dog ran out in front of me.* Iba conduciendo y un perro salió corriendo delante del coche. *Ver tb* RUN ACROSS, DOWN, IN, OUT, ETC. **5** (*líquido*) salir, fluir: *Blood ran out of the corner of his mouth.* La sangre le fluía por la comisura de la boca.

LOC **run out of steam** (*coloq*) perder el ímpetu

run sb out of sth obligar a algn a marcharse de ... : *He vowed to run me out of town.* Juró que me obligaría a marcharme del pueblo.

v + adv	
4 *v + adv + and + inf*	
v + prep + n/pron	
v + prep + n/pron	
v + adv + n	
v + n/pron + adv	
v + n/pron + prep + n/pron	
v + adv + prep + n/pron	
v + adv	
= **go on**	
4 *v + adv + complemento*	
v + prep + n/pron	
v + adv	
3 = **expire** (*más formal*)	
v + n/pron + prep + n	

run out on sb (*coloq*) dejar a algn plantado, abandonar a algn: *He ran out on her when she got pregnant.* La abandonó cuando se quedó embarazada.

run over 1 (*líquido*) rebosar, derramarse: *His tea ran over into the saucer.* El té rebosó y cayó al platito. **2** (*recipiente*) rebosar(se), desbordarse: *The bath began to run over.* La bañera empezó a desbordarse. **3** alargarse más de la cuenta, pasarse del tiempo previsto: *We've already run over so let's try to end the meeting soon.* Ya nos hemos alargado más de la cuenta, así que intentemos acabar la reunión cuanto antes. **4** *Ver* RUN ACROSS, DOWN, IN, OUT, ETC.

run over sb/sth recorrer, acariciar a algn/algo: *I let the cold water run over me.* Dejé que el agua fría me recorriera el cuerpo. ◊ *Her fingers ran over his chest.* Sus dedos le acariciaron el pecho.

run over sth 1 repasar, revisar algo: *Let's run over the plans again.* Revisemos los planes de nuevo. ◊ *I ran over all the possibilities in my mind.* Repasé mentalmente todas las posibilidades. **2** *Ver* RUN ACROSS, DOWN, IN, OUT, ETC.

☆ **run sb/sth over** (*tb* **run sb/sth down**) atropellar a algn/algo (*referido a persona o animal*): *Two children were run over by a lorry and killed.* Un camión atropelló a dos niños y los mató.

run sth over sth pasar algo por algo, recorrer algo con algo: *He ran his fingers over her back.* Le recorrió la espalda con los dedos. ◊ *She ran her eye over the figures on the page.* Recorrió las cifras de la página con la mirada.

NOTA Run sth over sth no se puede utilizar en pasiva.

run sth past sb *Ver* RUN STH BY/PAST SB

run round; **run round sth** *Ver* RUN AROUND; RUN AROUND STH

run round sth *Ver* RUN AROUND STH

run round after sb *Ver* RUN AROUND AFTER SB

run through sb/sth invadir a algn/algo: *A thrill of excitement ran through her.* Un escalofrío de emoción la invadió. ◊ *A shudder ran through his body.* Todo su cuerpo se estremeció. ◊ *His words kept running through her mind.* No podía quitarse de la cabeza lo que le había dicho.

run through sth 1 estar presente, percibirse en algo: *This is a common theme running through all of her novels.* Este es un tema común que está presente en todas sus novelas. **2** echarle un vistazo a algo, leer/ver algo por encima: *He ran through his checklist one more time.* Leyó la lista por encima otra vez. ◊ *Can you run through some of these figures with me?* ¿Puedes echarle un vistazo a estas cifras conmigo? **3** repasar algo: *Let's run through what I'm meant to do again.* Repasemos de nuevo lo que se supone que debo hacer. **4** (*Teatro*) ensayar algo: *Could we run through Act 3 again, please?* ¿Podemos ensayar de nuevo el tercer acto? **5** (*coloq*) derrochar algo: *She ran through a lot of money in her first term at university.* Derrochó mucho dinero en su primer trimestre en la universidad. **6** *Ver* RUN ALONG, AROUND, OVER, THROUGH, ETC. STH

NOTA En los sentidos 2, 3, 4 y 5, **run through sth** se puede utilizar en pasiva: *That scene's been run through plenty of times.*

▶ **run-through** *n* ensayo

---

v + adv + prep + n/pron	
v + adv **1** = overflow **2** = overflow	
v + prep + n/pron	
v + prep + n/pron **1** = go over sth (4), run through sth (3)	
v + n/pron + adv *v + adv + n* = knock sb down (1), knock sb over	
v + n/pron + prep + n/pron	
v + n/pron + prep + n/pron	
v + adv *v + prep + n/pron*	
v + prep + n/pron	
v + adv + prep + n/pron	
v + prep + n/pron	
v + prep + n/pron **2** = go through sth (3) **3** = run over sth (1), go through sth (4) **4** = go through sth (4) **5** = go through sth (6)	

run sth through pasar, poner algo: *Could we run that sequence through again?* ¿Podemos poner esa secuencia otra vez?

run to sb acudir a algn: *If you get hurt, don't come running to me.* Si te haces daño, no vengas a mí.

run to sth 1 ascender a algo (*cantidad*): *The total cost runs to hundreds of pounds.* El coste total asciende a cientos de libras. **2** ocupar, alcanzar algo (*extensión*): *The report already runs to 800 pages.* El informe ya ocupa 800 páginas. **3** (*GB*) (*recursos, dinero*) llegar, alcanzar para algo (*tener suficiente*): *The budget won't run to champagne.* El presupuesto no nos llega para champán. **NOTA** En este sentido, **run to sth** suele utilizarse en construcciones negativas. **4** (*persona*) poder permitirse algo: *We can't run to a holiday abroad this year.* Este año no nos podemos permitir unas vacaciones en el extranjero. **NOTA** En este sentido, **run to sth** suele utilizarse en construcciones negativas. **5** (*gen pey*) (*gustos, imaginación*) incluir algo, dar para algo: *Her imagination wouldn't run to anything so elaborate.* La imaginación no le da para algo tan complicado. ◊ *His taste in music runs to pop and jazz, but that's about it.* Sus gustos musicales son el pop y el jazz, y para de contar.

run up ☆ **1** correr: *She ran up to me, smiling.* Corrió hacia mí sonriendo. **2** (*Dep*) coger carrerilla, acelerar: *Hadlee is now running up to bowl.* Hadlee está acelerando ahora para lanzar la bola.
▶ **run-up** *n* (*GB*) **1** (*Dep*) carrerilla: *to take a run-up* coger carrerilla. **2** (**to sth**) periodo previo (a algo): *The run-up to Christmas is an expensive time.* El periodo previo a la Navidad sale caro.

run up sth; **run up to sth** ir por/hasta ... : *A scar ran up her arm.* Tenía una cicatriz por todo el brazo. ◊ *Does the road run up that way?* ¿Va la carretera hacia allí? ◊ *This muscle runs up to the base of the skull.* Este músculo va a la base del cráneo.

run sth up 1 acumular algo: *I ran up a few debts while I was abroad.* Acumulé unas cuantas deudas cuando estuve en el extranjero. ◊ *He's run up a huge bill on his credit card.* Debe mucho dinero a la tarjeta de crédito. **2** (**for sb**) (*GB*) hacer, coser algo: *I'll run up some new dresses for the girls.* Haré unos vestidos nuevos para las niñas. **3** izar algo: *They ran up a white flag and surrendered.* Izaron una bandera blanca y se rindieron. **4** conseguir algo: *The team have run up their best victory yet.* El equipo ha conseguido su mejor victoria hasta ahora.

run up against sb/sth encontrarse, toparse, tropezar con algn/algo: *The project keeps running up against the problem of lack of funds.* El proyecto se topa una y otra vez con el problema de la falta de fondos. ◊ *In this round, he will run up against the previous year's champion.* En esta vuelta se enfrentará al campeón del año pasado.

---

rush /rʌʃ/

rush about; **rush about sth** *Ver* RUSH AROUND; RUSH AROUND STH

rush across, in, out, up, etc.; **rush across, into, out of, up, etc. sth** cruzar, entrar, salir, subir, etc. corriendo: *She rushed across the street without looking.* Cruzó la calle corriendo sin mirar. ◊ *She rushed in, grabbed her bag, and rushed out again.* Entró corriendo, cogió el bolso y salió corriendo de nuevo.

rush around; **rush around sth** (*tb esp GB* **rush about/round**, **rush about/round sth**) correr de acá para alla: *I've been rushing around all day.* Llevo todo el día corriendo de acá para allá. ◊ *He rushed about the room tidying.* Ordenó la habitación deprisa y corriendo.

v+adv
v+prep+n/pron
= **dash about/around, race around, race around sth**

rush away/off marcharse/irse corriendo: *He rushed away before I had a chance to speak to him.* Se fue corriendo antes de que tuviera la oportunidad de hablar con él.

v+adv
= **dash away/off, race away/off**

rush in 1 precipitarse: *He's very wary of rushing in and committing himself.* Tiene miedo de precipitarse y comprometerse. **2** (*tb* **rush into sth**) *Ver* RUSH ACROSS, IN, OUT, UP, ETC.

1 *v+adv*
2 *v+adv*
v+prep+n/pron

rush into sth/doing sth hacer algo sin pensarlo bien: *Don't go rushing into anything.* No hagas nada sin pensártelo bien. ◊ *You can't rush into buying a house.* No puedes comprar una casa sin pensarlo bien.

v+prep+n/pron
v+prep+-ing

NOTA Rush into sth se puede utilizar en pasiva: *The decision has been rushed into without any thought.*

rush sb in; **rush sb into sth** ingresar a algn en el hospital, llevar a algn a ... a toda prisa: *They rushed him in for an operation.* Lo ingresaron a toda prisa para operarlo. ◊ *She was rushed into hospital.* La llevaron al hospital a toda prisa.

v+n/pron+adv
v+adv+n (*poco frec*)
v+n/pron+prep+n
[0] **hospital**

rush sb into sth/doing sth meterle prisas a algn para que haga algo: *She won't be rushed into a decision.* No la harán tomar una decisión precipitadamente. ◊ *Don't let anyone rush you into accepting the job.* No dejes que nadie te meta prisas para que aceptes el trabajo.

v+n/pron+prep+n/pron
v+n/pron+prep+-ing

rush off *Ver* RUSH AWAY/OFF

v+adv

rush sth out hacer/sacar algo rápidamente: *They rushed the catalogue out in time for Christmas.* Sacaron el catálogo rápidamente, a tiempo para las Navidades.

v+n/pron+adv
v+adv+n

rush round; **rush round sth** *Ver* RUSH AROUND; RUSH AROUND STH

v+adv
v+prep+n/pron

rush sth through 1 (*tb* **rush sth through sth**) (*Jur*) aprobar algo (en ...) a toda prisa (*en el Parlamento, en un tribunal, etc.*): *The legislation has been rushed through.* Han aprobado la ley a toda prisa. ◊ *They rushed the bill through Parliament.* Aprobaron el proyecto de ley en el Parlamento a toda prisa. **2** (*Com*) producir algo a toda prisa: *The toy was rushed through without adequate safety testing.* Produjeron el juguete a toda prisa, sin las pruebas de seguridad necesarias.

1 *v+n/pron+adv*
v+adv+n (*poco frec*)
v+n/pron+prep+n/pron
[0] **a bill, legislation**
2 *v+n/pron+adv*
v+adv+n (*poco frec*)

rustle /ˈrʌsl/

rustle sb/sth up (*coloq*) improvisar algo, conseguir a algn/algo: *I'll rustle some lunch up for you.* Te improvisaré algo de comer. ◊ *I rustled up a few helpers to hand out leaflets.* Conseguí unos cuantos ayudantes para repartir folletos. ◊ *I'll see what I can rustle up.* Veré lo que puedo conseguir.

v+n/pron+adv
v+adv+n

S s

sack /sæk/

sack out (*USA*, *coloq*) tumbarse, desfallecer: *We sacked out on the couch and watched a video.* Nos tumbamos en el sofá y vimos un vídeo.

v + adv
= **crash out** (*esp GB*)

saddle /'sædl/

saddle up; **saddle sth up** ensillar algo (*un caballo*): *Have you saddled up the horses yet?* ¿Ya has ensillado los caballos? ◊ *Saddle up, we're leaving right away.* Ensilla el caballo que nos vamos en seguida.

v + adv
v + adv + n
v + n/pron + adv
[0] **a horse**

saddle sb with sb/sth/doing sth; **saddle yourself with sb/sth/doing sth** cargar a algn con algn/algo/hacer algo, cargarse con algn/algo/hacer algo: *I've been saddled with the kids for the weekend.* Me han cargado con los niños este fin de semana. ◊ *He had saddled himself with huge debts.* Se había cargado de deudas.
NOTA Saddle sb with sb/sth/doing sth se utiliza mucho en pasiva.

v + n/pron + prep + n/pron
v + n/pron + prep + -ing
v + reflex + prep + n/pron
v + reflex + prep + -ing
= **land sb with sb/sth/doing sth**, **land yourself with sb/sth/doing sth** (*esp GB*, *coloq*)

safeguard /'seɪfɡɑːd; *USA* -ɡɑːrd/

safeguard against sth (*formal*) proteger(se) contra algo: *Safeguard against theft by installing a burglar alarm.* Protéjase contra robos instalando una alarma.

v + prep + n/pron

sail /seɪl/

sail across, **in**, **past**, etc.; **sail across**, **into**, **past**, etc. **sth** (*tb* **sail past sb**) cruzar, entrar, pasar, etc. tranquilamente: *Clouds sailed across the sky.* Las nubes cruzaban tranquilamente el cielo. ◊ *The door opened and the headmistress sailed in.* Se abrió la puerta y la directora entró con tranquilidad.

v + adv
v + prep + n/pron

sail through; **sail through sth** hacer algo sin dificultad: *She sailed through her finals.* Aprobó los exámenes finales sin problemas. ◊ *Don't worry, you'll sail through.* No te preocupes, te resultará facilísimo.

v + adv
v + prep + n/pron
[0] **an exam**

sally /'sæli/ *pret*, *pp* **sallied**

sally forth (*tb* **sally out** *menos frec*) (*formal*) salir: *After lunch she sallied forth for a short walk.* Después de comer salió a dar un paseo.

v + adv

salt /sɔːlt, sɒlt/

salt sth away guardar algo, poner algo a buen recaudo: *He had salted away millions before the fraud was discovered.* Había puesto millones a buen recaudo antes de que se descubriera el fraude.

v + adv + n
v + n/pron + adv
[0] **money**

sand /sænd/

sand sth down lijar algo: *Sand the doors down before you paint them.* Lija las puertas antes de pintarlas.

v + n/pron + adv
v + adv + n
= **sand sth**

sandwich /ˈsænwɪtʃ, -wɪdʒ/

sandwich sb/sth between sb/sth apretujar a algn/algo entre algn/algo: *I was sandwiched between two fat men on the back seat.* Estaba apretujado entre dos hombres gordos en el asiento de atrás. ◊ *The shop is sandwiched between a bank and a chapel.* La tienda está encajonada entre un banco y una capilla.
NOTA **Sandwich sb/sth between sb/sth** se utiliza sobre todo en la construcción **be sandwiched between sb/sth**.

v+n/pron+prep+n/pron

save /seɪv/

save on sth economizar, ahorrar algo: *He saved on electricity by using candles.* Economizaba electricidad utilizando velas.

v+prep+n/pron
[O] **costs**

save up (for sth/to do sth) ahorrar (para algo/hacer algo): *She's saving up for a new computer.* Está ahorrando para un ordenador nuevo.

v+adv
= **save**

save sth up 1 ahorrar algo: *She saved up all her wages to buy him a watch.* Ahorró todos los sueldos para comprarle un reloj. **2** guardar algo: *I save up the week's newspapers to read at weekends.* Guardo los periódicos de la semana para leerlos los fines de semana.

v+adv+n
v+n/pron+adv
= **save sth**
1 [O] **money**

saw /sɔː/ *pret* **sawed**, *pp* **sawn** /sɔːn/ (*USA*) **sawed**

saw sth down serrar algo, derribar algo con la sierra: *We had to saw down two trees.* Tuvimos que serrar dos árboles.

v+adv+n
v+n/pron+adv
[O] **a tree**

saw sth off; saw sth off sth serrar algo (de algo), cortar algo (de algo) con la sierra: *I sawed the lower branches off the apple tree.* Serré las ramas más bajas del manzano.
▶ **sawn-off** (*GB*) (*USA* **sawed-off**) *adj* [atrib] (*arma*) de cañón recortado

v+n/pron+adv
v+adv+n
v+n/pron+prep+n/pron
[O] **a branch**

saw sth up (into sth) serrar algo (en algo) (*en trozos*): *All the trees were sawn up into logs.* Serraron todos los árboles para hacer leña.

v+adv+n
v+n/pron+adv

scale /skeɪl/

scale sth down (*USA tb* **scale sth back**) recortar, reducir algo: *Production has been scaled down because of the recession.* Han reducido la producción debido a la recesión.
▶ **scaled-down** *adj* [atrib] reducido (a escala): *This is a scaled-down model of the cathedral.* Esta es una maqueta a escala de la catedral.
NOTA Nótese que el adjetivo **scaled-down** siempre se utiliza delante de un sustantivo: *a scaled-down plan of the city*.

v+adv+n
v+n/pron+adv
[O] **a programme, a project**

scare /skeə(r)/; *USA* sker/

scare sb away/off alarmar, preocupar a algn: *Many investors were scared off by the rumours.* Los rumores alarmaron a muchos inversores.

v+n/pron+adv
v+adv+n
= **frighten sb away/off**

scare sb/sth away/off espantar, ahuyentar a algn/algo (*referido a persona o animal*): *The noise had scared the birds away.* El ruido había espantado a los pájaros.

v+n/pron+adv
v+adv+n
= **frighten sb/sth away/off**

scare

scare sb into sth/doing sth intimidar a algn para que haga algo: *He was scared into signing a confession*. Lo intimidaron para que firmase una confesión. ◊ *Her threats finally scared him into action*. Al final actuó intimidado por sus amenazas.

v+n/pron+prep+n/pron
v+n/pron+prep+-ing

scare sb off Ver SCARE SB AWAY/OFF

v+n/pron+adv
v+adv+n

scare sb/sth off Ver SCARE SB/STH AWAY/OFF

v+n/pron+adv
v+adv+n

scare sb/sth up (*USA, coloq*) conseguir, agenciarse a algn/algo: *I'll see if I can scare up enough chairs for us all*. A ver si puedo agenciarme sillas para todos.

v+adv+n
v+pron+adv (menos frec)

scatter /'skætə(r)/

scatter sth around; scatter sth around sth (*tb esp GB* **scatter about/round, scatter about/round sth**) desparramar, esparcir algo (por algo): *His papers had been scattered around the room*. Habían desparramado sus papeles por la habitación.

v+n/pron+adv
v+adv+n
v+n/pron+prep+n/pron

scoop /sku:p/

scoop sth out 1 (of sth) sacar algo (de algo) (*con la mano, una cuchara, etc.*): *Scoop all the seeds out of the fruit*. Saca todas las semillas de la fruta. **2** vaciar algo (*con una cuchara, etc.*): *First scoop out the melon using a spoon*. Primero vacíe el melón con una cuchara.

1 v+n/pron+adv
v+adv+n
[O] the seeds, the flesh
2 v+adv+n
v+n/pron+adv
= hollow sth out (1)

scoop sb/sth up coger a algn/algo (*como con pala*): *I scooped up a handful of sweets*. Cogí un puñado de caramelos. ◊ *She scooped the baby up into her arms*. Cogió al niño en brazos.

v+adv+n
v+n/pron+adv

scoop sth up llevarse algo: *His party scooped up four fifths of the seats*. Su partido se llevó cuatro quintos de los escaños.

v+adv+n
v+n/pron+adv
[O] the prizes, the seats

scoot /sku:t/

scoot over (*USA, coloq*) correrse (*para dejar sitio*): *Scoot over and make room for your sister*. Córrete y deja sitio a tu hermana.

v+adv
= move over (4) (menos coloq), move up (4) (menos coloq), shove up (GB), budge up (GB)

scope /skəʊp; *USA* skoʊp/

scope sb/sth out (*USA, coloq*) buscar a algn/algo (*que sea interesante*): *We scoped out a place to spend the weekend*. Buscamos un sitio para pasar el fin de semana.

v+adv+n
v+n/pron+adv

score /skɔ:(r)/

score off sb (*esp GB*) quedar por encima de algn: *He's always trying to score off his colleagues*. Siempre está intentando quedar por encima de sus compañeros.

v+prep+n/pron

score sth out (*GB*) tachar algo: *The last paragraph had been scored out*. Habían tachado el último párrafo.

v+adv+n
v+n/pron+adv
= cross sth out

scout /skaʊt/

scout around; **scout around sth** (**for sb/sth**) (*tb esp GB* **scout round** (**for sb/sth**)) ir por ahí, ir por ... (en busca de algn/algo): *I'll go and scout around for some firewood.* Voy a salir por ahí a ver si encuentro leña.
v + adv
v + prep + n

scout sth out 1 explorar, reconocer algo (*un terreno*): *We went ahead to scout out the lie of the land.* Nos adelantamos para explorar el terreno. **2** buscar algo: *The company is scouting out business opportunities in Vietnam.* La empresa está investigando las oportunidades comerciales en Vietnam.
v + adv + n
v + n/pron + adv

scout round; **scout round sth** *Ver* SCOUT AROUND/ROUND; SCOUT AROUND/ROUND STH
v + adv
v + prep + n

scrabble /ˈskræbl/

scrabble around (**for sth**) (*tb esp GB* **scrabble about/round** (**for sth**)) hurgar, escarbar (buscando algo): *She scrabbled around in her bag for her glasses.* Hurgó en el bolso buscando las gafas.
v + adv

scrape /skreɪp/

scrape by (**on sth**) pasar, apañárselas (con algo): *I can just scrape by on what my parents give me.* Con lo que me dan mis padres consigo apañármelas.
v + adv

scrape in; **scrape into sth** (*GB*) entrar (en algo), pasar (a algo) por los pelos, conseguir algo de milagro: *He just managed to scrape into university.* Consiguió entrar en la universidad por los pelos.
v + adv
v + prep + n/pron

scrape sth off; **scrape sth off sth** quitar algo (de algo) raspando: *He spent all day scraping paint off the walls.* Se pasó el día raspando la pintura de las paredes.
v + n/pron + adv
v + adv + n
v + n/pron + prep + n/pron
[0] **paint**

scrape sth out 1 (**of sth**) sacar, quitar algo (de algo) (*con un cuchillo, etc.*): *I scraped all the seeds out of the melon.* Le quité todas las pepitas al melón. **2** limpiar algo: *He scraped out the bowl with a teaspoon.* Limpió el cuenco con una cucharilla.
v + adv + n
v + n/pron + adv

scrape through; **scrape through sth** aprobar (algo) por los pelos: *I might scrape through the exam if I'm lucky.* Si tengo suerte puede que apruebe el examen.
v + adv
v + prep + n/pron
[0] **an exam**

scrape sth together (*tb* **scrape sth up** *menos frec*) juntar, reunir algo a duras penas: *We scraped together enough to pay the deposit.* A duras penas juntamos suficiente dinero para pagar la fianza.
v + adv + n
v + n/pron + adv
[0] **money**

scratch /skrætʃ/

scratch around (**for sth**) (*GB tb* **scratch about** (**for sth**)) escarbar (buscando algo): *He was scratching around on the ground for clues.* Estaba escarbando en el suelo buscando pistas.
v + adv

scratch sth off; **scratch sth off sth** rascar, raspar algo (de algo): *She scratched the paint off to see what was underneath.* Raspó la pintura para ver qué había debajo.
v + n/pron + adv
v + adv + n
v + n/pron + prep + n/pron

scream /skri:m/

scream out saltar a la vista: *The mistakes just scream out at you.* Los errores saltan a la vista.
v + adv

scream out for sth/to be ... pedir algo a gritos, pedir a gritos que se haga algo: *The cake was screaming out to be eaten.* El pastel decía cómeme a gritos. ◊ *This room is screaming out for attention.* Esta habitación está pidiendo cuidados a gritos.
v + adv + prep + n/pron
v + adv + to inf

screen /skri:n/

screen sth off tapar, separar algo (*con un biombo, etc.*): *Part of the room had been screened off.* Habían separado parte de la sala con un biombo.
v + n/pron + adv
v + adv + n

NOTA Screen sth off se utiliza mucho en pasiva.

screen sb out eliminar a algn: *Unsuitable candidates were screened out.* Se eliminó a los candidatos no aptos.
v + adv + n
v + n/pron + adv

screen sth out filtrar algo (*para eliminarlo*): *The ozone layer screens out dangerous ultraviolet rays.* La capa de ozono filtra los rayos ultravioletas que son peligrosos.
v + adv + n
v + n/pron + adv

screw /skru:/

screw around **1** (*tabú*) acostarse con todo el mundo: *She discovered he'd been screwing around for years.* Descubrió que durante años se había estado acostando con todo el mundo. **2** (*USA, muy coloq*) hacer el tonto, perder el tiempo: *Stop screwing around and do some work!* ¡Deja de hacer el tonto y ponte a trabajar!
v + adv
1 = **sleep around** (*coloq*)
2 = **mess about/around** (2) (*coloq*), **muck about/around** (2) (*GB, coloq*)

screw sb around (*GB, muy coloq*) torear, tomar el pelo a algn (*cambiando de parecer, haciéndole esperar, etc.*): *Stop screwing me around and tell me the truth!* ¡Deja de tomarme el pelo y dime la verdad!
v + n/pron + adv
= **mess sb about/around** (*GB, coloq*), **muck sb about/around** (*GB, coloq*)

screw sth down atornillar algo: *Screw the lid of the box down securely.* Atornilla bien la tapa de la caja.
v + n/pron + adv
v + adv + n
[O] **a lid, a top**
≠ **unscrew sth**

screw sth on; screw sth onto sth enroscar algo: *Is the top screwed on tightly?* ¿Está la tapa bien enroscada?
LOC **have (got) your head screwed on (right/the right way)** tener la cabeza sobre los hombros, ser sensato
v + n/pron + adv
v + adv + n
v + n/pron + prep + n/pron
[O] **a lid, a top**

screw sb out of sth (*esp USA, muy coloq*) joderle a algn quitándole algo (*con engaños*): *She tried to screw him out of his winnings.* Intentó joderle quitándole todas sus ganancias.
v + n/pron + adv + prep + n/pron

screw sth out of sb (*GB, muy coloq*) sacar algo a/de algn (*a la fuerza*): *They screwed the money out of her by threatening her.* Le sacaron el dinero con amenazas.
v + n/pron + adv + prep + n/pron

screw sb over (*USA, muy coloq*) estafar, timar a algn: *He screwed her over and took all her money.* La estafó y le quitó todo el dinero.
v + n/pron + adv
v + adv + n

screw up (*esp USA, muy coloq*) cagarla: *I was trying to be helpful, but I screwed up again.* Estaba intentando ayudar pero la volví a cagar.
v + adv

▶ **screw-up** *n* (*esp USA, muy coloq*) lío, cacao: *There was a screw-up over the bookings.* Hubo una confusión con las reservas.

356

screw sb up (*muy coloq*) estropear, trastornar a algn (*creándole muchos complejos, etc.*): *Her parents have really screwed her up.* Sus padres han hecho que tenga muchos complejos y problemas.
▸ **screwed-up** *adj* (*muy coloq*) trastornado, con problemas (*por algo que ha ocurrido en el pasado*): *a screwed-up kid* un chico con problemas

v+n/pron+adv
v+adv+n
= **mess sb up** (*coloq*)

screw sth up 1 (*GB*) hacer una pelota/bola con algo: *She screwed up the note and threw it away.* Hizo una pelota con la nota y la tiró. **2** (*cara*) torcer algo: *He screwed up his face in disgust.* Torció la cara del asco. **3** (*ojos*) arrugar algo: *She screwed up her eyes against the strong sunlight.* La fuerte luz del sol le hizo arrugar los ojos. **4** (*muy coloq*) jorobar, fastidiar algo: *She screwed up all the arrangements.* Jorobó todos los planes.
LOC **screw up your courage** (*esp GB*) armarse de valor
▸ **screwed-up** *adj* (*esp GB*) hecho una pelota/bola: *a screwed-up tissue* un pañuelo de papel hecho una bola

v+adv+n
v+n/pron+adv
1 [0] a letter
 = **scrunch sth up** (2)
2 [0] your face
3 [0] your eyes
4 = **mess sth up** (2) (*coloq*)

scribble /ˈskrɪbl/

scribble sth down escribir algo rápidamente, garabatear algo: *She scribbled down the details on her pad.* Garabateó los detalles en su bloc de notas.

v+adv+n
v+n/pron+adv

scroll /skrəʊl; *USA* skroʊl/

scroll down (*Informát*) desplazarse hacia abajo: *She scrolled down to the end of the document.* Se desplazó hasta el final del documento.

v+adv

scroll up (*Informát*) desplazarse hacia arriba

v+adv

scrounge /skraʊndʒ/

scrounge around (**for sth**) (*USA, coloq*) buscar/rebuscar por ahí (*para ver si se encuentra algo*): *He scrounged around in his desk drawer for a paper clip.* Rebuscó en el cajón de su mesa para ver si encontraba un sujetapapeles.

v+adv

scrub /skrʌb/ -bb-

scrub sth off; **scrub sth off sth** limpiar algo (de algo) restregando: *Scrub all that mud off the walls.* Restriegue las paredes para limpiar el barro.

v+n/pron+adv
v+adv+n
v+n/pron+prep+n/pron

scrub sth out fregar algo a fondo: *He scrubbed out the pans and left them to drain.* Fregó bien las cazuelas y las dejó escurriendo.

v+adv+n
v+n/pron+adv

scrub up (*cirujano*) lavarse (*antes de una intervención*)
LOC **scrub up well** (*coloq*) saber ponerse elegante: *He's usually very scruffy, but he scrubs up well when he makes the effort.* Normalmente es muy dejado, pero sabe ponerse elegante cuando quiere.

v+adv

scrunch /ˈskrʌntʃ/

scrunch sth up (*coloq*) **1** hacer una pelota/bola con algo: *He scrunched up the piece of paper and threw it at me.* Hizo una pelota con el papel y me la tiró. **2** arrugar algo: *He scrunched up his face, trying to concentrate.* Arrugó la cara, intentando concentrarse.

v+adv+n
v+n/pron+adv
1 [0] a piece of paper
 = **screw sth up** (1)
2 [0] your face
 = **screw sth up** (2)

seal

seal /siːl/

seal sth in conservar, retener algo (*precintándolo*): *The foil packet seals in the flavour.* El envase de aluminio conserva el sabor.

v+adv+n
v+n/pron+adv

seal sth off acordonar algo: *The police have sealed off the town centre.* La policía ha acordonado el centro de la ciudad. ◊ *Seal off all the exits!* ¡Cierren todas las salidas!

v+adv+n
v+n/pron+adv
[0] **an area, a road, a building**

seal sth up 1 cerrar algo: *He sealed up the envelope and wrote the address.* Cerró el sobre y puso la dirección. **2** cerrar, tapiar algo (*una entrada, de forma que no se pueda utilizar*): *The tunnel was sealed up years ago.* Hace años que cerraron el túnel.

v+adv+n
v+n/pron+adv
1 [0] **an envelope**
2 [0] **a window, a room**

search /sɜːtʃ; *USA* sɜːrtʃ/

search sb/sth out buscar a algn/algo (*hasta localizarlo*): *He went into the kitchen to search out some biscuits.* Fue a la cocina para buscar galletas. ◊ *She wanted to search out her real parents.* Quería localizar a sus verdaderos padres.

v+adv+n
v+n/pron+adv
= **seek sb/sth out**

see /siː/ *pret* **saw** /sɔː/ *pp* **seen** /siːn/

see about sth/doing sth ocuparse, encargarse de algo/hacer algo: *I must see about lunch.* Tengo que ocuparme de la comida. ◊ *I must see about getting that leak fixed.* Tengo que ocuparme de que arreglen esa gotera.

v+prep+n/pron
v+prep+-ing

see sth in celebrar la llegada de algo: *They saw in the New Year with friends.* Celebraron el Año Nuevo con los amigos. ◊ *He lived long enough to see in the new century.* Vivió lo suficiente para ver el nuevo siglo.

v+adv+n
v+n/pron+adv
[0] **the New Year**

see sth in sb/sth ver algo en algn/algo: *I don't know what she sees in him.* No sé qué es lo que ve en él.

v+n/pron+prep+n/pron

see sb off 1 despedir a algn: *We all went to the airport to see her off.* Fuimos todos al aeropuerto a despedirla. **2** (*GB*) echar, ahuyentar a algn: *The dogs soon saw off the trespassers.* Los perros ahuyentaron a los intrusos. **3** (*GB*) derrotar, vencer a algn: *She saw off her nearest rival to win the series.* Derrotó a su rival más cercana y ganó la serie.

v+n/pron+adv
v+adv+n
3 v+adv+n
v+n/pron+adv

see sth off (*GB*) resistir algo: *The company saw off the threat of a takeover.* La empresa resistió la amenaza de una adquisición.

v+adv+n
v+n/pron+adv

see sb out; see yourself out acompañar a algn (a …): *My secretary will see you out.* Mi secretaria le acompañará a la puerta. ◊ *I'll see myself out.* No hace falta que me acompañe a la salida.

v+n/pron+adv
v+adv+n
v+reflex+adv

see sth out 1 quedarse hasta el final de algo: *She promised to see out the rest of her contract.* Prometió quedarse hasta el final del contrato. **2** durar hasta el final de algo: *We have enough fuel to see the winter out.* Este combustible nos durará todo el invierno.
NOTA *See sth out* no se puede utilizar en pasiva.

v+adv+n
v+n/pron+adv

see yourself out *Ver* SEE SB OUT; SEE YOURSELF OUT

v+reflex+adv

see over/round sth (*GB*) ver, examinar algo: *We'd like to see over the house again.* Nos gustaría ver la casa otra vez.

v+prep+n/pron
[0] **a house**
= **look around, look around sth** (2)

see through sb/sth calar a algn/algo: *We saw through him straight away*. Lo calamos en seguida. ◊ *I can see through your little game*. Veo lo que pretendes.

see sth through terminar, acabar algo: *She's determined to see the job through*. Está decidida a terminar el trabajo.

see sb through; **see sb through sth 1** ayudar a algn a sobrellevar algo: *She saw him through the months after his accident*. Lo ayudó a sobrellevar los meses que siguieron al accidente. **2** (*dinero, existencias*) bastarle a algn: *I only have $20 to see me through the week*. Solo tengo 20 dólares para toda la semana.

see to sb/sth ocuparse, encargarse de algn/algo: *I must see to that leaky tap*. Me tengo que ocupar de ese grifo que gotea. ◊ *Don't worry, I'll see to it*. No te preocupes, yo me encargaré de ello.
NOTA See to sb/sth se puede utilizar en pasiva: *We must get that door seen to*.

v+prep+n/pron

v+n/pron+adv

v+n/pron+adv
v+n/pron+prep+n/pron

v+prep+n/pron
= **attend to sb/sth** (*formal*)

---

seek /siːk/ *pret, pp* **sought** /sɔːt/

seek sb/sth out buscar a algn/algo (*con empeño*): *He sought her out to ask her advice*. La buscó para pedirle consejo.

v+adv+n
v+n/pron+adv
[0] **opportunities, information**
= **search sb/sth out**

---

seep /siːp/

seep in, out, through, etc.; **seep into, out of, through**, etc. **sth** (*líquidos*) entrar, salirse, filtrarse, etc.: *Water was seeping through the roof*. El agua se filtraba por el techo. ◊ *The oil is seeping out through a crack*. El petróleo se sale por una grieta.

v+adv
v+prep+n/pron

---

seize /siːz/

seize on sth (*tb* **seize upon sth** *más formal*) aprovecharse de algo, no dejar escapar algo (*que te puede beneficiar*): *The scandal was seized on by the press*. La prensa no dejó escapar el escándalo.
NOTA Seize on/upon sth se puede utilizar en pasiva.

v+prep+n/pron
= **pounce on sth**

seize up 1 atascarse: *The engine suddenly seized up*. El motor se atascó de repente. ◊ *The whole city seized up during the blizzard*. La ciudad entera se paralizó durante la ventisca de nieve. **2** agarrotarse: *My legs were beginning to seize up*. Se me empezaron a agarrotar las piernas.

v+adv

seize upon sth *Ver* SEIZE ON STH

v+prep+n/pron

---

sell /sel/ *pret, pp* **sold** /səʊld; *USA* soʊld/

sell sth off vender, liquidar algo (*generalmente a bajo precio*): *The land next to the farm was sold off*. Vendieron la tierra que da a la granja. ◊ *They're selling off the old stock*. Están rematando las existencias viejas.
▶ **sell-off** *n* (*GB*) venta (*de acciones, empresas estatales, etc.*)

v+adv+n
v+n/pron+adv
[0] **your/sb's assets, land, a business**

be sold on sth (*coloq*) entusiasmarse por algo: *I'm not completely sold on the idea*. No me acaba de entusiasmar la idea.

be+v+prep+n/pron
[0] **an idea**

sell sth on (to sb) revender, volver a vender algo (a algn): *She managed the business for a year and then sold it on*. Llevó el negocio durante un año y luego lo volvió a vender.

v+n/pron+adv
v+adv+n
[0] **goods**

sell out 1 (of sth) vender todas las existencias (de algo), agotarse algo: *I'm afraid we've sold out of milk.* Me temo que se nos ha agotado la leche. ◊ *The baker's had sold out by midday.* La panadería ya había vendido todo al mediodía. **2** agotarse las entradas/localidades: *The concert has sold out.* Se han agotado las entradas para el concierto. **3 (to sb/sth)** (*pey*) (*persona*) venderse barato (a algn/algo) (*para sacar más beneficios*): *He's a talented screenwriter who has sold out to TV soap operas.* Es un guionista con talento que se ha vendido barato a los culebrones de televisión. **4 (to sb)** vender (a algn): *They sold out to a multinational company.* Vendieron a una compañía multinacional.

NOTA En los sentidos 1 y 2, **sell out** también se puede utilizar en construcciones pasivas: *Tomorrow's performance is completely sold out.*

▶ **sell-out** *n* [gen sing] lleno, éxito de taquilla
NOTA Nótese que el sustantivo **sell-out** también puede utilizarse delante de otro sustantivo: *a sell-out tour*.

sell sb out (to sb) traicionar a algn, vender a algn a algn: *They tried to discover who had sold them out to the enemy.* Intentaron descubrir quién les había vendido al enemigo.

▶ **sell-out** *n* [gen sing] traición: *The deal is a sell-out to America.* El trato con América es una traición.

sell up venderlo todo: *They sold up and moved away.* Vendieron todo y se fueron.

v+adv

v+n/pron+adv
v+adv+n

v+adv

---

send /send/ *pret, pp* **sent** /sent/

send away for sth (*esp USA*) Ver SEND OFF FOR STH

send sb away 1 despedir, despachar a algn: *The reporters were sent away empty-handed.* Despacharon a los periodistas con las manos vacías. **2 (to ...)** mandar a algn a ... , largar a algn: *He was sent away to boarding school.* Lo mandaron a un internado.

send sb back (to ...) hacer volver a algn, volver a mandar a algn (a ...): *The refugees were sent back to their own country.* Hicieron volver a los refugiados a su país.

send sth back (to sb/to ...) devolver algo (a algn/a ...): *You can send the goods back if you're not satisfied.* Si no queda satisfecho, puede devolver la mercancía. ◊ *I was so disgusted, I sent it back to the shop.* Estaba tan indignada que lo devolví a la tienda.

send sb down (*GB*) **1** (*coloq*) mandar a algn a la cárcel, meter preso a algn: *He was sent down for ten years.* Lo mandaron diez años a la cárcel. **2** (*formal, poco frec*) expulsar a algn: *She was sent down from Oxford.* La expulsaron de la Universidad de Oxford.
NOTA **Send sb down** se utiliza mucho en pasiva.

send for sb llamar a algn (*para que venga*): *Send for a doctor.* Llama a un médico.
NOTA **Send for sb** se puede usar en pasiva: *The police were sent for.*

send for sth pedir algo: *Send for an ambulance.* Pide una ambulancia. ◊ *Have you sent for an application form?* ¿Has pedido que te manden una solicitud?
NOTA **Send for sth** se puede utilizar en pasiva: *More equipment has been sent for.*

v+adv+prep+n/pron

v+n/pron+adv

v+n/pron+adv
v+adv+n

v+n/pron+adv
v+adv+n

v+n/pron+adv
v+adv+n
1 = **put sb away** (1) (*coloq*)
2 ⓞ **a student**
   = **expel sb**

v+prep+n/pron
ⓞ **a doctor, the police**

v+prep+n/pron
ⓞ **an ambulance, details, help**

send sb in **1** mandar, enviar a algn: *Troops were sent in to restore order.* Enviaron tropas para restablecer el orden. **2** hacer entrar a algn: *Send the next candidate in, please.* Haz entrar al siguiente candidato, por favor.

v+n/pron+adv
v+adv+n
1 [0] **troops, the police, the army**

send sth in mandar, enviar algo (*por correo*): *Have you sent in your application form yet?* ¿Has mandado ya tu solicitud?

v+n/pron+adv
v+adv+n
[0] **a form, an application, a letter**

send off for sth (*tb esp USA* **send away for sth**) pedir que manden algo, encargar algo (*por correo*): *She sent off for a free booklet.* Pidió que le enviasen un folleto gratis.

v+adv+prep+n/pron
= **write away/off for sth**

send sb off **1** (**for sth/doing sth**) (*GB*) (*Dep*) expulsar a algn (por algo/hacer algo): *He was sent off for a foul.* Lo expulsaron por cometer una falta. NOTA En este sentido, **send sb off** se utiliza mucho en pasiva. **2** (**to sb/to ...**) mandar, enviar a algn (con algn/ a ...): *They sent her off to hospital.* La mandaron al hospital. ◊ *They sent their son off to relatives in the country.* Enviaron a su hijo con unos familiares que vivían en el campo. ◊ *He sent them off, telling them to look for the village.* Los mandó irse, diciéndoles que buscasen el pueblo.
▶ **sending-off** *n* (*pl* **sendings-off**) (*GB*) (*Dep*) expulsión: *The match saw three penalties and two sendings-off.* En el partido hubo tres penaltis y dos expulsiones.
▶ **send-off** *n* (*coloq*) despedida (*reunión o fiesta*): *She was given a good send-off by her colleagues.* Sus colegas le dieron una calurosa despedida.

1 v+n/pron+adv
v+adv+n
[0] **a player**
2 v+n/pron+adv

send sth off (**to sb**) enviar algo, mandar algo por correo (a algn): *Have you sent that letter off yet?* ¿Ya has echado la carta?

v+n/pron+adv
v+adv+n
[0] **a letter, a parcel**
= **get sth off** (1),
post sth off (*GB*)

send sth on **1** (**to ...**) remitir algo (a ...) (*a la nueva dirección*): *I've asked a neighbour to send on any letters that arrive.* Le he pedido a una vecina que me remita las cartas que lleguen. **2** mandar algo (*para que llegue antes que el remitente*): *We sent our furniture on by ship.* Antes de salir, mandamos los muebles por barco. ◊ *We've arranged for your belongings to be sent on.* Hemos organizado el envío de sus pertenencias.

v+n/pron+adv
v+adv+n
1 [0] **a letter**
= **forward sth**
(*más formal*)

send sth out **1** enviar algo (*a mucha gente*): *I sent out fifty invitations.* Envié cincuenta invitaciones. **2** emitir algo: *The sun sends out light and heat.* El sol emite luz y calor.

v+n/pron+adv
v+adv+n
1 [0] **a letter, information**
2 [0] **a signal**
= **emit sth** (*más formal*)

send out for sth mandar traer algo (*de un restaurante, de una tienda*): *We could send out for a takeaway.* Podíamos mandar traer comida preparada.

v+adv+prep+n/pron
[0] **a takeaway**

send sb/sth up (*GB*, *coloq*) burlarse de algn/algo, imitar, parodiar a algn/algo: *In the commercial he sends up the Prime Minister.* En el anuncio imita al Primer Ministro.
▶ **send-up** *n* (*GB*, *coloq*) parodia: *It's a send-up of the Hollywood western.* Es una parodia de las películas del oeste.

v+adv+n
v+pron+adv
v+n+adv (*poco frec*)

separate

separate /ˈsepəreɪt/

separate sb/sth out (from sth) separar a algn/algo (de algo): *Please separate out aluminium cans for recycling.* Por favor separen las latas de aluminio para el reciclado.

v+adv+n
v+pron+adv
v+n+adv (poco frec)

serve /sɜːv; *USA* sɜːrv/

serve as/for sth servir de, hacer (las veces) de algo: *An old box served as a table.* Una caja vieja hizo de mesa.

v+prep+n/pron

serve sth on sb (*tb* **serve sth upon sb** *más formal*) (*Jur*) hacer entrega de algo a algn, presentar algo a algn: *The police have served a summons on Mr Jackson.* La policía ha enviado una citación a Mr Jackson.

v+n/pron+prep+n/pron
[0] **a summons, a notice**

serve sth out 1 (*esp GB*) servir algo: *Gran served out the vegetables.* La abuela sirvió las verduras. **2** cumplir, hacer algo (*un periodo de tiempo de contrato, una sentencia, etc.*): *She served out the rest of her sentence in an open prison.* Cumplió el resto de la condena en una cárcel de régimen abierto. ◊ *They didn't want me to serve out my notice.* No quisieron que cumpliese con el periodo de preaviso antes de irme. **NOTA** En este sentido, **serve sth out** no se puede utilizar en pasiva.

1 v+n/pron+adv
   v+adv+n
   [0] **food**
   = **dish sth out**
2 v+adv+n
   v+pron+adv
   v+n+adv (poco frec)
   [0] **your notice, your sentence, your term**

serve sth up 1 servir algo: *He served up a delicious meal.* Sirvió una comida riquísima. **2** ofrecer algo: *All of the channels served up the usual rubbish at Christmas.* Todos los canales echaban lo mismo de siempre por Navidad.

v+n/pron+adv
v+adv+n
1 [0] **food**
  = **dish sth up** (1)

set /set/ **-tt-** *pret, pp* **set**

set about sb (with sth) (*GB, antic*) atacar a algn (con algo): *He set about me with a stick.* Me atacó con un palo.

v+prep+n/pron

set about sth/doing sth 1 ponerse con algo/a hacer algo: *We set about cleaning the flat.* Nos pusimos a limpiar el piso. **2** (*problema*) enfocar, abordar algo: *You've set about this problem the wrong way.* Has enfocado mal este problema. ◊ *How should I set about finding a job?* ¿Qué debo hacer para encontrar un trabajo?

v+prep+n/pron
v+prep+-ing
2 [0] **a problem**
  = **go about sth/doing sth**

set sb against sb poner a algn en contra de algn: *The civil war set brother against brother.* La guerra civil enfrentó a hermano con hermano.

v+n/pron+prep+n/pron

set sth against sth 1 contraponer algo a algo (*para elaborar un juicio*): *Set against the benefits of the new technology is the possibility that jobs will be lost.* A las ventajas de la nueva tecnología hay que contraponer la posibilidad de que se pierdan puestos de trabajo. **2** (*tb* **set sth off against sth**) (*Fin*) deducir algo de algo (*al pagar impuestos*): *He set the cost against tax as business expenditure.* Dedujo el coste de los impuestos como gastos de empresa. **3** poner algo frente a/contra algo (*para contrastarlos*): *Set against a white background, her complexion seemed even darker.* Puesta contra un fondo blanco, su tez parecía aún más oscura. **4** situar algo con algo como fondo: *The story is set against the backdrop of World War Two.* La historia tiene la segunda Guerra Mundial como telón de fondo. **NOTA** **Set sth against sth** se utiliza mucho en pasiva.

v+n/pron+prep+n/pron
2 v+n/pron+prep+n/pron
  v+n/pron+adv+prep+n/pron

set sth ahead (*USA*) (*reloj*) adelantar algo: *Don't forget to set your clocks ahead tonight.* No te olvides de adelantar los relojes esta noche.

v + n/pron + adv
⓪ **your clock, your watch**
= **put sth forward** (3)
≠ **set sth back** (*USA*)

set sb/sth apart (**from sb/sth**) distinguir a algn/algo (de algn/algo): *His confidence sets him apart from his classmates.* Su seguridad le distingue de sus compañeros de clase.

v + n/pron + adv
v + adv + n (*menos frec*)

set sth apart (*esp GB*) reservar, dejar algo: *Two rooms were set apart for use as studies.* Se reservaron dos cuartos para utilizarlos de estudio.

v + adv + n
v + pron + adv
v + n + adv (*menos frec*)

set sth aside **1** poner algo a un lado, apartar algo: *I set her letter aside meaning to read it later.* Aparté su carta con la intención de leerla más tarde. **2** apartar, reservar, ahorrar algo: *She sets aside thirty pounds every month for a holiday.* Todos los meses aparta treinta libras para unas vacaciones. ◊ *We need to set aside some time to deal with this.* Necesitamos reservar un tiempo para tratar esto. **3** (*diferencias, sentimientos*) dejar algo de lado: *We decided to set our differences aside.* Decidimos dejar de lado nuestras diferencias. **4** anular algo: *The verdict was set aside by the Appeal Court.* El tribunal de apelación anuló el veredicto.
▶ **set-aside** *n* retirada de tierras (*pagada por las autoridades*)
NOTA Nótese que el sustantivo **set-aside** también puede utilizarse delante de otro sustantivo: *a set-aside scheme*.

v + adv + n
v + n/pron + adv
1 = **lay sth aside**,
 put sth aside
2 ⓪ **money, time, an area**
 = **lay sth aside**,
 put sth aside
3 ⓪ **your differences**
 = **lay sth aside**,
 put sth aside
4 ⓪ **a decision, a conviction**

be set back (**from sth**) estar apartado de la carretera: *Their house is the only one that's set back (from the road).* Su casa es la única que está apartada de la carretera.

be + v + adv

set sb back; **set sb back sth** (*coloq*) costarle lo suyo a algn, costar algo a algn (*una cantidad de dinero*): *This watch set me back £200.* Este reloj me costó 200 libras. ◊ *That new house must have set her back.* Esa casa nueva tiene que haberle costado lo suyo.
NOTA **Set sb back** no se puede utilizar en pasiva.

v + n/pron + adv
v + n/pron + adv + n
= **knock sb back sth** (*GB*)

set sb/sth back retrasar a algn/algo: *The hurricane set the building programme back by several weeks.* El huracán retrasó el plan de construcción varias semanas. ◊ *Her resignation has set us back.* Su dimisión nos ha retrasado.
▶ **setback** *n* revés, contratiempo: *to suffer a setback* sufrir un contratiempo

v + n/pron + adv
v + adv + n
= **put sb back** (3),
 delay sb/sth

set sth back (*USA*) (*reloj*) atrasar algo: *I forgot to set my watch back.* Se me olvidó atrasar el reloj.

v + n/pron + adv
v + adv + n
⓪ **your clock, your watch**
= **put sth back** (4),
≠ **set sth ahead** (*USA*)

set down (*piloto, avión*) aterrizar: *We set down on the beach.* Aterrizamos en la playa.

v + adv
= **put down** (*esp GB*), **land**

set sb down (*GB*) dejar a algn (*al pasajero de un vehículo*): *The taxi set me down at the end of the road.* El taxi me dejó al final de la calle.

v + n/pron + adv
v + adv + n
= **put sb down** (2) (*GB*)

set sth down **1** (**on sth**) dejar, poner algo en algo: *She made space so that I could set the tray down.* Hizo sitio para que pudiese dejar la bandeja. ◊ *He set down his suitcase on the ground.* Puso la maleta en el suelo. **2** poner algo por escrito: *I wanted to set my thoughts down (on paper) immediately.* Quería poner mis ideas por escrito en seguida. **3** aterrizar algo: *The pilot set the helicopter down gently.* El piloto aterrizó el helicóptero con suavidad. **4** establecer, fijar algo: *The committee has set down some general guidelines.* El comité ha establecido unas directrices generales.

1 v+n/pron+adv v+adv+n = **put sth down** (1),
2 v+n/pron+adv v+adv+n = **put sth down** (5)
3 v+n/pron+adv v+adv+n
4 v+n/pron+adv v+pron+adv v+n+adv (*poco frec*)

set forth (**for/on ...**) (*formal*) (*tb* **set out**, **set off** (**for/on ...**) *menos formal*) partir, emprender viaje (a ...): *They set forth for Crete.* Partieron hacia Creta. ◊ *He planned to set forth in the morning.* Planeó emprender viaje por la mañana.

v+adv

set forth sth; **set it/them forth** (*formal*) exponer algo: *The President set forth his views clearly.* El Presidente expuso sus opiniones con claridad.

NOTA Este *phrasal verb* se puede utilizar en pasiva: *Her beliefs have been set forth quite clearly.*

v+adv+n v+pron+adv = **set off**, **set out** (1)

set in **1** empezar, entrar: *I need to mend the roof before winter sets in.* Tengo que arreglar el tejado antes de que llegue el invierno. ◊ *Panic set in when she realized how much work there was to do.* Le entró el pánico cuando se dio cuenta de todo lo que había que hacer. **2** (*infección*) declararse: *We must treat the wound before infection sets in.* Tenemos que curar la herida antes de que se infecte.

v+adv **1** [S] **panic, rot, winter, the rain** **2** [S] **an infection**

set sth in/into sth empotrar, incrustar algo en algo: *A small safe had been set into the wall.* Había una pequeña caja fuerte empotrada en la pared.

NOTA Set sth in/into sth se utiliza mucho en pasiva.

▶ **inset** *n* incrustación: *a silver brooch with ruby insets* un broche de plata con incrustaciones de rubíes

v+n/pron+prep+n/pron

☆ **set off** (**for/on ...**) (*tb* **set out**, **set forth** (**for/on ...**) *más formal*) salir, partir (hacia ...): *I set off for work at seven.* A las siete salgo hacia el trabajo. ◊ *Check your oil before setting off on a long journey.* Mira el aceite antes de emprender un viaje largo.

v+adv = **start out** (1)

set sb off (**doing sth**) (*esp GB*, *coloq*) hacer que algn empiece (*a llorar, a hablar de algo, etc.*): *Those photos always set her off (crying).* Cada vez que ve esas fotos empieza otra vez (a llorar). ◊ *Just seeing him laughing sets me off!* ¡Solo verle reír hace que empiece yo!

v+n/pron+adv = **start sb off** (2)

set sth off **1** hacer explotar algo: *They set the bomb off as soon as they were out of range.* Hicieron explotar la bomba en cuanto estuvieron fuera de alcance. **2** hacer que salte algo: *The burglars set the alarm off.* Los ladrones hicieron que saltase la alarma. **3** lanzar, tirar algo: *They set off a flare to attract help.* Lanzaron una bengala para pedir ayuda. **4** desencadenar algo, dar lugar a algo: *The news set off a wave of panic on world markets.* La noticia desencadenó una ola de pánico en los mercados mundiales. **5** hacer resaltar algo: *That scarf sets off the blue of her eyes.* Ese pañuelo resalta el azul de sus ojos.

v+n/pron+adv v+adv+n **1** [O] **a bomb** **2** [O] **an alarm** **3** [O] **fireworks, a flare** **4** v+adv+n v+n/pron+adv **5** v+adv+n v+n/pron+adv

set sth off against sth (*tb* **set sth against sth**) (*Fin*) deducir algo de algo (*al pagar impuestos*): *to set capital costs off against tax* deducir los gastos de capital de los impuestos

v+n/pron+adv+prep+n/pron v+n/pron+prep+n/pron

set on/upon sb (*formal*) atacar a algn: *I was set upon by a bunch of hooligans.* Me atacó una panda de gamberros.
NOTA Set on/upon sb se utiliza mucho en pasiva.

set sb/sth on sb (*tb* **set sb/sth upon sb** *más formal*) echar a algn/algo a algn (*referido a persona o animal*): *The farmer threatened to set his dogs on us.* El granjero amenazó con echarnos a los perros.

set out 1 (**for/on ...**) (*tb* **set off**, **set forth** (**for/on ...**) *más formal*) partir, emprender viaje (hacia ...): *They set out on the last stage of their journey.* Emprendieron la última etapa del viaje. ◊ *We set out at dawn.* Partimos al amanecer. **2** (**to do sth**) ponerse en marcha, empezar (*con un objetivo marcado*), proponerse hacer/conseguir algo: *She set out to break the world record.* Se propuso batir el récord del mundo. ◊ *I didn't set out with the aim of breaking his heart.* No empecé con la intención de romperle el corazón.
▶ **outset** *n* principio: *We knew the danger at/from the outset.* Conocíamos el peligro desde el principio.

set sth out 1 colocar, disponer algo: *I set the chairs out in a circle.* Coloqué las sillas en círculo. **2** exponer algo: *The document sets out our objections.* En el documento se exponen nuestras objeciones.

set to (*esp GB, coloq, antic*) **1** ponerse con ganas/a ello (*con una actividad*): *She set to with a scrubbing brush.* Se puso con ganas con el cepillo. **2** empezar a pelear: *They took off their jackets and set to.* Se quitaron las chaquetas y empezaron a pelear.
▶ **set-to** *n* [sing] (*esp GB, coloq*) agarrada, pelea: *to have a set-to with somebody* tener una agarrada con alguien

set up 1 montarlo todo: *He helped me to carry my equipment in and set up.* Me ayudó a meter el equipo y a montarlo todo. **2** (*tb* **set yourself up**) (**as sth**) establecerse (como algo) (*por cuenta propia*): *He left the firm and set up in business on his own.* Dejó la empresa y montó un negocio por su cuenta. ◊ *She set herself up as an aromatherapist.* Se estableció como aromaterapeuta.

set sb up 1 establecer a algn, ponerle un negocio a algn: *A bank loan helped to set her up in business.* Un préstamo del banco le ayudó a montarse su propio negocio. **2** (*coloq*) tenderle una trampa a algn (*para hacerle parecer culpable*): *He claimed he had been set up by the police.* Aseguraba que la policía le había tendido una trampa. **3** (**with sb**) (*coloq*) organizarle un lío/rollo a algn (con algn): *He set me up with his sister.* Me organizó un lío con su hermana. **4** (*coloq*) reanimar a algn, dejar a algn como nuevo: *A large breakfast will set you up for the day.* Un buen desayuno te dejará listo para el resto del día.
▶ **set-up** *n* [gen sing] (*coloq*) trampa, montaje (*para hacer que algn parezca culpable*): *I didn't do it, this is a set-up!* No fui yo, ¡me han tendido una trampa!

---

v+prep+n/pron

v+n/pron+prep+n/pron

v+adv
2 = **start out to do sth, start out doing sth**

1 v+n/pron+adv
  v+adv+n
2 v+adv+n
  v+pron+adv
  v+n+adv (*poco frec*)
[0] **terms, policies, conditions, reasons** = **lay sth out** (3)

v+adv

1 v+adv
2 v+adv
  v+reflex+adv

v+n/pron+adv
v+adv+n
4 v+adv+n
  v+pron+adv
  v+n+adv (*poco frec*)

set

set sth up 1 establecer, crear algo: *She gave a talk on setting up a business.* Dio una charla sobre cómo establecer un negocio. ◊ *A committee was set up to investigate the problem.* Se creó un comité para investigar el problema. **2** poner algo: *The police set up roadblocks on all main roads.* La policía puso controles en todas las carreteras principales. **3** montar, armar algo: *It took hours to set up all the equipment.* Nos llevó horas montar todo el equipo. **4** organizar algo: *I've set up a meeting for next Thursday.* He organizado una reunión para el jueves que viene. **5** producir algo, dar lugar a algo: *The crisis set up a chain reaction in other European stock markets.* La crisis dio lugar a una reacción en cadena en otros mercados europeos.
▶ **set-up** n [gen sing] (*coloq*) sistema, organización: *The set-up here is friendlier than at head office.* La organización de aquí resulta más agradable que la de la oficina central.

| v+adv+n |
| v+n/pron+adv |
| **1** ◯ **a business, a committee, a system** |
| **3** ◯ **equipment, a machine** |
| **4** ◯ **a meeting** |

set yourself up (as sth) *Ver* SET UP (2)

| v+reflex+adv |

set yourself up as sth erigirse en algo: *He seems to have set himself up as judge over the rest of us.* Parece haberse erigido en juez de todos nosotros.

| v+reflex+adv+prep+n |

set upon sb *Ver* SET ON/UPON SB

| v+prep+n/pron |

set sb/sth upon sb *Ver* SET SB/STH ON SB

| v+n/pron+prep+n/pron |

settle /ˈsetl/

settle down 1 acomodarse: *She settled down in an armchair to read.* Se acomodó en un sillón a leer. **2** asentarse, echar raíces: *He got married and settled down.* Se casó y sentó la cabeza. **3** adaptarse, acostumbrarse: *She's settling down well in her new job.* Se está adaptando bien en su nuevo trabajo. ◊ *We've settled down into a routine now.* Ya nos hemos acostumbrado a una rutina. **4** calmarse, tranquilizarse: *Wait until the children settle down before you start.* Espera a que los niños se tranquilicen antes de empezar. **5** estabilizarse: *The housing market seems to have settled down.* Parece que el mercado de la vivienda se ha estabilizado.

| v+adv |

settle sb down calmar, tranquilizar a algn: *The teacher had trouble settling the children down.* La profesora tuvo problemas para calmar a los niños.

| v+n/pron+adv |

settle down to sth (*GB tb* **settle to sth**) ponerse con algo/a hacer algo, concentrarse en algo: *They had just settled down to dinner when the phone rang.* Acababan de ponerse a cenar cuando sonó el teléfono. ◊ *They settled down to a game of chess.* Se pusieron a jugar al ajedrez.

| v+adv+prep+n/pron |
| v+prep+n/pron |
| ◯ **work, lunch, dinner** |

settle for sth/doing sth aceptar algo, conformarse con algo/hacer algo: *Both teams were happy to settle for a draw.* Ambos equipos aceptaron felizmente el empate. ◊ *We had to settle for eating in the staff dining room.* Tuvimos que conformarnos con comer en el comedor de la empresa. ◊ *I won't settle for (anything) less.* No me conformaré con menos.

| v+prep+n/pron |
| v+prep+-ing |
| ◯ **less** |

settle in; settle into sth adaptarse (a algo): *She soon settled in at school.* Pronto se adaptó al colegio. ◊ *It took her a while to settle into her new job.* Tardó bastante en adaptarse al nuevo trabajo.

| v+adv |
| v+prep+n/pron |
| ◯ **a routine, a school, a job** |

settle on sth (*tb* **settle upon sth** *más formal*) decidirse por algo: *We couldn't decide where to go but we eventually settled on Italy.* No sabíamos a dónde ir pero al final nos decidimos por Italia. **NOTA** Settle on/upon sth se puede utilizar en pasiva: *A date was finally settled on.*

v + prep + n/pron
= **decide on sb/sth, fix on sb/sth**

settle sth on/upon sb (*formal*) (*Jur*) transferir, traspasar, ceder algo a algn: *He settled his entire estate on his son.* Traspasó todo su patrimonio a su hijo.

v + n/pron + prep + n/pron
[0] **money, your estate**

settle to sth *Ver* SETTLE DOWN TO STH

v + prep + n/pron

settle up (with sb) arreglar (las) cuentas (con algn): *We need to settle up with them for the hire of the room.* Tenemos que arreglar cuentas con ellos por el alquiler de la habitación. ◊ *I'll pay now — we can settle up later.* Ya pago yo, luego arreglamos cuentas.

v + adv
= **square up** (2)

settle upon sth *Ver* SETTLE ON STH

v + prep + n/pron

settle sth upon sb *Ver* SETTLE STH ON/UPON SB

v + n/pron + prep + n/pron

---

sew /səʊ; *USA* soʊ/ *pret* **sewed** *pp* **sewn** /səʊn; *USA* soʊn/ o **sewed**

sew sth on; sew sth onto sth coser algo (a algo): *Will you sew this button on for me?* ¿Me coses este botón?

v + n/pron + adv
v + adv + n
v + n/pron + prep + n/pron
[0] **a button**
= **stitch sth on, stitch sth onto sth**

sew sth up 1 coser algo: *Sew up the tear before it gets any worse.* Zurce el rasgón antes de que se haga más grande. ◊ *They cleaned the wound and sewed it up.* Limpiaron la herida y la suturaron. **2** (*coloq*) arreglar algo: *They'd sewn the deal up by midday.* Antes del mediodía ya habían cerrado el trato. **3** (*coloq*) ganar, dominar algo: *Her company have got the market sewn up.* Su empresa tiene el mercado dominado. **NOTA** En los sentidos 2 y 3, **sew sth up** se utiliza mucho en pasiva, sobre todo en la frase **to have sth sewn up**: *By half time they had the match sewn up.*

v + n/pron + adv
v + adv + n
1 [0] **a seam, a tear**
2 [0] **a deal**
3 [0] **a match, the market**

---

shack /ʃæk/

shack up with sb; shack up together (*coloq*) arrejuntarse (con algn): *He shacked up with a girl he met on holiday.* Se arrejuntó con una chica que conoció durante las vacaciones.

v + adv + prep + n/pron
v + adv + adv

---

shade /ʃeɪd/

shade sth in sombrear algo (*un dibujo*): *He shaded in part of the graph.* Sombreó parte del gráfico.

v + adv + n
v + n/pron + adv

---

shake /ʃeɪk/ *pret* **shook** /ʃʊk/ *pp* **shaken** /ˈʃeɪkən/

shake down (*coloq, poco frec*) asentarse: *Once the team shakes down, results should improve.* Una vez que el equipo se asiente, los resultados deberían mejorar.

v + adv

shake sb down (*USA, coloq*) sacarle la pasta a algn (*con amenazas, a la fuerza*), atracar a algn: *The gang shook him down outside the club.* La banda le sacó la pasta a la salida de la sala de fiestas.

v + n/pron + adv
v + adv + n (*poco frec*)

▶ **shakedown** *n* (*USA, coloq*) asalto, atraco

shake

shake sb/sth down (*USA, coloq*) registrar a algn/algo: *Police shook down the club, looking for drugs*. La policía registró la sala de fiestas en busca de drogas.
▶ **shakedown** *n* (*USA, coloq*) registro: *a police shakedown of the area* un registro policial de la zona

v+adv+n
v+n/pron+adv

shake sb off deshacerse de algn, quitarse a algn de encima: *He couldn't shake off his pursuer*. No podía quitarse de encima a su perseguidor.

v+adv+n
v+n/pron+adv

shake sth off librarse, deshacerse de algo: *I can't shake off this cold*. No puedo deshacerme de este resfriado.

v+adv+n
v+n/pron+adv
◎ **a cold, an injury, a feeling**

shake on sth confirmar algo con un apretón de manos: *Let's shake on it*. Cerremos el trato con un apretón de manos.

v+prep+n/pron
◎ **a deal, an agreement, it**

shake sth out 1 desplegar algo sacudiéndolo: *He shook the blanket out and spread it on the grass*. Desplegó la manta sacudiéndola y la puso sobre la hierba. **2** sacudir algo (*para quitar el polvo, las migas, etc.*): *She went outside to shake out the tablecloth*. Salió a sacudir el mantel.

v+n/pron+adv
v+adv+n

shake sb up 1 impresionar, afectar a algn: *She has been badly shaken up by the experience*. La experiencia la ha afectado mucho. **NOTA** En este sentido, **shake sb up** se utiliza mucho en pasiva. **2** espabilar a algn: *Seeing how much she was hurting her mum really shook her up*. Ver el daño que le estaba haciendo a su madre la espabiló.

v+n/pron+adv
v+adv+n

shake sth up 1 agitar algo (*para mezclarlo*): *Shake the dressing up before you put it on the salad*. Agite el aliño antes de añadirlo a la ensalada. **2** reorganizar algo totalmente: *The company needs shaking up*. La compañía necesita una completa reorganización.
▶ **shake-up** (**in/of sth**) *n* reorganización (de algo): *a shake-up in the police force* una reorganización de la fuerza policial

v+n/pron+adv
v+adv+n

shame /ʃeɪm/

shame sb into sth/doing sth avergonzar a algn y obligarle a algo/hacer algo: *They shamed him into apologizing*. Lo avergonzaron tanto que pidió perdón.

v+n/pron+prep+n/pron
v+n/pron+prep+-ing

shape /ʃeɪp/

shape up (*coloq*) **1** [+**adv/prep**] desarrollarse... (*bien, mal, etc.*): *Our plans are shaping up nicely*. Nuestros planes se desarrollan bien. ◇ *How's the new team shaping up?* ¿Cómo va el nuevo equipo? **NOTA** En este sentido, **shape up** siempre va seguido de un complemento: *The new recruit is shaping up well*. **2** superarse, mejorar: *If you don't shape up, you'll lose your job*. Si no te superas, vas a perder el trabajo. **3** (*esp GB*) ponerse en forma: *He has a month to shape up or he's out of the squad*. Tiene un mes para ponerse en forma o lo sacan del equipo.

v+adv

LOC **shape up or ship out** (*USA, coloq*) o te pones las pilas y espabilas, o te largas

share /ʃeə(r); USA ʃer/

share sth out (among/between sb) repartir algo (entre algn): *They tried to share out the work equally.* Intentaron repartir el trabajo a partes iguales. ◊ *The food was shared out and we sat down to eat.* Se repartió la comida y nos sentamos a comer.

v+adv+n
v+n/pron+adv
[0] **money, food, work**

sharpen /'ʃɑːpən; USA 'ʃɑːrpən/

sharpen up mejorar, superarse: *She needs to sharpen up before next month's competition.* Necesita superarse antes de la competición del mes que viene.

v+adv

sharpen sb/sth up mejorar a algn/algo: *Plenty of practice will sharpen up your technique.* Con mucha práctica mejorarás tu técnica. ◊ *We've got ten days training to sharpen us up before the match.* Tenemos diez días de entrenamiento para prepararnos antes del partido.

v+adv+n
v+n/pron+adv
[0] **your technique, your skills**

shave /ʃeɪv/

shave sth off afeitar(se) algo: *He's shaved his beard off.* Se ha afeitado la barba. ◊ *She shocked everyone by shaving all her hair off.* Asombró a todo el mundo rapándose la cabeza.

v+n/pron+adv
v+adv+n
[0] **your/sb's beard, your/sb's moustache, your/sb's hair**

shave sth off; shave sth off sth 1 lijar algo (de algo): *I had to shave a few millimetres off the door to make it shut.* Tuve que rebajar la puerta unos milímetros para que cerrase. **2** reducir algo (de algo), ganarle/sacarle a (a algo): *We managed to shave 5% off the cost.* Conseguimos reducir un 5% del coste. ◊ *He shaved half a second off the record.* Le ganó medio segundo al récord.

v+n/pron+adv
v+adv+n
v+n/pron+prep+n/pron

shell /ʃel/

shell out (for sth) (*coloq*) pagar (algo), soltar la pasta (para algo) (*a regañadientes*): *I'm not shelling out for another computer.* No voy a soltar la pasta para otro ordenador.

v+adv
= **fork out**

shell sth out (for sth) (*coloq*) aflojar, apoquinar algo (*dinero, a regañadientes*) (por algo): *I had to shell out forty pounds for the train fare.* Tuve que apoquinar cuarenta libras por el billete de tren.

v+adv+n
v+pron+adv
v+n+adv (*menos frec*)
[0] **money**
= **fork sth out**

shin /ʃɪn/ -nn- (*USA* shinny /'ʃɪni/)

shin down; shin down sth (*GB*) (*USA* **shinny down, shinny down sth**) (*coloq*) bajar, deslizarse (por algo): *He shinned down the drainpipe.* Se deslizó por la tubería de desagüe.

v+adv
v+prep+n/pron
[0] **a drainpipe, a rope**

shin up; shin up sth (*GB*) (*USA* **shinny up, shinny up sth**) (*coloq*) trepar, subir (a/por algo): *You might be able to see if you shin up that tree.* Puede que veas si te subes a ese árbol.

v+adv
v+prep+n/pron
[0] **a drainpipe, a rope, a tree**

shine

shine /ʃaɪn/ *pret, pp* **shone** /ʃɒn; *USA* ʃoʊn/

shine out **1** brillar, resplandecer: *A light shone out across the field.* Una luz brillaba a través del campo. **2** destacar, sobresalir: *She seemed to shine out from the rest.* Parecía sobresalir de los demás. — *v + adv*

shine through; **shine through sth** manifestarse claramente (en algo): *His love of life shines through the pages of his book.* Su amor por la vida se manifiesta claramente en el libro. ◊ *In the last game her talent really shone through.* En el último partido, su talento se manifestó claramente. — *v + adv* / *v + prep + n/pron*

shinny /'ʃɪni/ (*USA*) *pret, pp* **shinnied**

shinny down; **shinny down sth** (*USA*) Ver SHIN DOWN; SHIN DOWN STH — *v + adv* / *v + prep + n/pron*

shinny up; **shinny up sth** (*USA*) Ver SHIN UP; SHIN UP STH — *v + adv* / *v + prep + n/pron*

ship /ʃɪp/ -pp-

ship sb off (to …) (*coloq*) enviar, mandar a algn (a …) (*a un lugar distinto de donde está el hablante*): *They shipped the children off to boarding school.* Enviaron a los niños a un internado. NOTA *Ship sb off* se utiliza mucho en pasiva: *I was shipped off to Canada.* — *v + n/pron + adv* / *v + adv + n* / = **send sb off** (2) (*más formal*)

ship sb/sth off (to …) enviar a algn/algo por barco (a …), despachar algo (a …): *They shipped all their possessions off to Australia.* Enviaron todas sus pertenencias por barco a Australia. NOTA *Ship sb/sth off* se utiliza mucho en pasiva: *The goods were shipped off last week.* — *v + n/pron + adv* / *v + adv + n*

ship sb/sth out (to …) enviar a algn/algo por barco (a …), mandar/despachar algo (a …): *They shipped the sculpture out to the States.* Enviaron la escultura por barco a Estados Unidos. NOTA *Ship sb/sth out* se utiliza mucho en pasiva: *Fresh supplies were shipped out.* — *v + n/pron + adv* / *v + adv + n*

shoot /ʃuːt/ *pret, pp* **shot** /ʃɒt; *USA* ʃɑːt/

shoot sb down **1** matar a algn a tiros: *They were shot down in cold blood.* Los mataron a tiros a sangre fría. **2** (*coloq*) echar por tierra las ideas/opiniones de algn: *When I made a suggestion they shot me down.* Cuando hice una sugerencia, me la echaron por tierra. — *v + adv + n* / *v + n/pron + adv*

shoot sth down **1** derribar algo a tiros: *They shot down a civilian aircraft by mistake.* Derribaron un avión civil por equivocación. **2** (*coloq*) (*teoría*) echar algo por tierra: *His latest theory has been shot down in flames.* Han echado totalmente por tierra su última teoría. — *v + adv + n* / *v + n/pron + adv* / **1** ◎ **a plane, a missile**

shoot for sth (*USA, coloq*) aspirar a algo, intentar conseguir algo: *They're shooting for the championship this year.* Este año van a por el campeonato. — *v + prep + n/pron*

shoot in, out, past, etc.; shoot into, out of, past, etc. sth (tb **shoot past sb**) entrar, salir, pasar, etc. disparado: *She shot past on her bike.* Pasó zumbando en la bici. ◊ *The cat shot out of the house and into the garden.* El gato salió disparado de la casa al jardín.

v+adv
v+prep+n/pron

shoot off (coloq) irse, salir disparado: *She had to shoot off to meet someone.* Tuvo que irse disparada porque había quedado con alguien.

v+adv

shoot off; shoot off sth salir disparado (de algo): *The top shot off the bottle.* El tapón salió disparado de la botella.

v+adv
v+prep+n/pron

shoot sth off romper, volar algo a tiros/de un tiro: *They shot the lock off.* Rompieron el candado a tiros.

v+n/pron+adv
v+adv+n

shoot out 1 aparecer/salir de repente: *His hand shot out and grabbed me.* De repente apareció su mano y me cogió. **2** (tb **shoot out of sth**) Ver SHOOT IN, OUT, PAST, ETC.

1 *v+adv*
  [S] a/sb's hand, an/sb's arm
2 *v+adv*
  v+prep+n/pron

shoot sth out lanzar, sacar algo: *She shot out a hand to stop him.* Sacó una mano con rapidez para detenerlo.

v+n/pron+adv
v+adv+n
[O] your hand, your arm

shoot up 1 (to ...) (precios) dispararse (a ...): *The inflation rate has shot up to 20%.* La inflación se ha disparado al 20%. **2** (niños) pegar un/el estirón, crecer con rapidez: *She's shot up in the last few months.* Ha pegado un estirón en los últimos meses. **3** (mano, cejas) elevarse de repente: *His hand shot up to answer the teacher's question.* Su mano se elevó de repente para contestar a la profesora. **4** (muy coloq) (drogadicto) chutarse, pincharse, picarse: *He went off into a back room to shoot up.* Se fue a una habitación trasera a picarse.

v+adv

shoot sb/sth up (poco frec) ametrallar a algn/algo: *An armed gang shot up the club.* Una banda armada ametralló el club.

v+adv+n
v+n/pron+adv
[O] a house, a bar

shoot up sth (muy coloq) inyectar, picarse algo (droga)

v+prep+n/pron
[O] heroin, drugs

---

shop /ʃɒp; *USA* ʃɑːp/ **-pp-**

shop around (for sth) mirar en varios sitios (*comparando precios, etc.*) (buscando algo): *If you're buying a new hi-fi, shop around for the best price.* Si vas a comprar un estéreo nuevo, mira en varios sitios buscando el mejor precio. ◊ *When you open a bank account, it's a good idea to shop around first.* Cuando se abre una cuenta bancaria, es buena idea mirar primero en varios sitios.

v+adv

---

shore /ʃɔː(r)/

shore sth up 1 apuntalar algo: *The building was shored up to make it safe.* Apuntalaron el edificio por motivos de seguridad. **2** reforzar algo: *They tried to shore up the economy.* Intentaron reforzar la economía.

v+adv+n
v+pron+adv
v+n+adv (menos frec)

shout

shout /ʃaʊt/

shout sb down hacer callar a algn a gritos: *I tried to explain but they just shouted me down.* Intenté explicárselo pero me hicieron callar a gritos.

v+n/pron+adv
v+adv+n

shout out (to sb) gritar, dar/pegar gritos (a algn): *I shouted out to them but they didn't hear me.* Les grité pero no me oyeron.

v+adv
= **call out (to sb)**

shout sth out gritar algo, decir algo a gritos: *She shouted out my name.* Gritó mi nombre. ◊ *He shouted out: 'Over here!'* ¡Aquí! —gritó.

v+adv+n
v+n/pron+adv
[O] a name, an answer
= **call sth out**

shove /ʃʌv/

shove off (*GB*, *coloq*) largarse: *Just shove off and leave me alone!* ¡Lárgate y déjame en paz!
NOTA Shove off se utiliza mucho en imperativo.

v+adv
= **clear off** (*esp GB*), **push off** (*esp GB*)

shove up (*GB*, *coloq*) (*USA* **scoot over**) moverse, correrse: *We can get one more in if you shove up.* Si os corréis, cabrá uno más.
NOTA Shove up se utiliza mucho en imperativo: *Shove up, will you!*

v+adv
= **budge up** (*GB*), **move over** (4) (*menos coloq*), **move up, move over** (4) (*menos coloq*)

show /ʃəʊ; *USA* ʃoʊ/ *pret* **showed** *pp* **shown** /ʃəʊn; *USA* ʃoʊn/ o **showed**

show sb around; **show sb around sth** (*GB tb* **show sb round, show sb round sth**) enseñar a algn el sitio, enseñar a algn algo: *Come on, I'll show you around the house.* Ven, te enseño la casa. ◊ *There are guides in the cathedral who show visitors around.* En la catedral hay guías que enseñan el sitio a los visitantes.

v+n/pron+adv
v+n/pron+prep+n/pron
= **take sb around, take sb around sth**

show sb in; **show sb into sth** hacer pasar a algn (a ...): *Sarah showed the visitors in.* Sarah hizo pasar a los visitantes. ◊ *I was shown into a waiting room.* Me hicieron pasar a una sala de espera.

v+n/pron+adv
v+adv+n
v+n/pron+prep+n/pron
≠ **show sb out, show sb out of sth**

show off (*coloq*, *pey*) fardar, lucirse: *Stop showing off!* ¡Deja de lucirte! ◊ *He was showing off to his friends.* Estaba fardando delante de los amigos.

v+adv

▶ **show-off** *n* (*coloq*, *pey*) chulo: *You're such a show-off!* ¡Tú eres un chulo!

show sb/sth off (to sb) presumir de algn/algo, lucir a algn/algo (delante de algn): *He was showing his CD collection off to his friends.* Estaba presumiendo de su colección de discos compactos delante de sus amigos.

v+n/pron+adv
v+adv+n

show sth off resaltar algo: *That dress really shows off your figure.* Ese vestido resalta tu figura.

v+n/pron+adv
v+adv+n

show sb out; **show sb out of sth** acompañar a algn a la puerta (de ...): *I'll show you out.* Te acompaño a la puerta.

v+n/pron+adv
v+adv+n
v+n/pron+adv+prep+n/pron
≠ **show sb in, show sb into sth**

show sb over sth (*GB*) acompañar a algn a ver algo, enseñarle a algn algo: *They showed me over the house.* Me enseñaron la casa.	*v + n/pron + prep + n/pron*
show sb round; **show sb round sth** Ver SHOW SB AROUND; SHOW SB AROUND STH	*v + n/pron + adv* *v + n/pron + prep + n/pron*
show through; **show through sth** **1** transparentarse, verse (a través de algo): *This paper is so thin the ink shows through.* Este papel es tan fino que la tinta se transparenta. ◊ *Those pants will show through your white trousers.* Esas bragas se te transparentarán con los pantalones blancos. **2** resultar/ser evidente, verse a través de algo: *When he spoke, his bitterness showed through.* Cuando habló, su amargura era evidente.	*v + adv* *v + prep + n/pron*
show up 1 (*coloq*) presentarse, aparecer: *She finally showed up at lunchtime.* Al final se presentó a la hora de comer. **2** verse: *Something odd has shown up on the X-ray.* Han visto algo raro en la radiografía.	*v + adv* **1** = **turn up** (1) (*menos coloq*)
show sb up (*coloq*) avergonzar a algn, dejar a algn en ridículo/en evidencia: *My mum really showed me up with her stories.* Mi madre me avergonzó totalmente con sus historias. ◊ *Their little boy showed me up and beat me at chess!* ¡Su hijo pequeño me dejó en evidencia ganándome al ajedrez!	*v + n/pron + adv* *v + adv + n*
show sth up (*esp GB*) poner algo de manifiesto, resaltar algo: *White curtains really show up the dirt.* Las cortinas blancas resaltan la suciedad. ◊ *Her lack of experience was shown up by the test.* El test puso de manifiesto su falta de experiencia.	*v + adv + n* *v + n/pron + adv*
show sb/sth up as/for sth (*gen pey*) mostrar a algn/algo como algo: *His biography shows her up for what she really is: a fraud.* Su biografía la muestra como realmente es, una impostora.	*v + n/pron + adv + prep + n*

shrink /ʃrɪŋk/ *pret* **shrank** /ʃræŋk/ o **shrunk** /ʃrʌŋk/ *pp* **shrunk**

shrink away/back (from sb/sth) retroceder (ante algn/algo): *She shrank away from him in horror.* Retrocedió horrorizada ante él.	*v + adv*
shrink from sth/doing sth mostrarse reacio a algo/hacer algo, acobardarse ante algo: *He shrank from confronting him face to face.* Se mostró reacio a enfrentarse a él cara a cara. ◊ *She recognized her responsibility and did not shrink from it.* Admitió su responsabilidad y no se acobardó ante ella. **NOTA** Shrink from sth/doing sth se utiliza mucho en construcciones negativas: *She did not shrink from the task.*	*v + prep + n/pron* *v + prep + -ing* ◻ **a task, a duty**

shrivel /ˈʃrɪvl/ **-ll-** (*USA*) **-l-**

shrivel up (*planta*) marchitarse, secarse: *The plants shrivelled up from lack of water.* Las plantas se marchitaron por falta de agua.	*v + adv* = **shrivel**

shrug /ʃrʌg/ -gg-

shrug sth off (tb **shrug sth away** *menos frec*) **1** quitarse algo moviendo los hombros: *She shrugged off her jacket.* Se quitó la chaqueta moviendo los hombros. ◊ *She put her hand on his arm but he shrugged it off.* Le tocó el brazo pero él le quitó la mano moviendo el hombro. **2** (tb **shrug sth aside** *menos frec*) hacer caso omiso de algo: *He shrugged off all the objections I raised.* Hizo caso omiso de todas mis objeciones. ◊ *He shrugged off the criticisms as minor.* Descartó las críticas como secundarias.

v+adv+n
v+n/pron+adv
1 [O] your jacket, your coat, your clothes
2 [O] the criticism
= dismiss sth (*más formal*)

shuffle /'ʃʌfl/

shuffle along, down, out, etc.; **shuffle along, down, out of, etc. sth** pasar, bajar, salir, etc. despacio, arrastrando los pies: *He shuffled slowly out of the room.* Salió de la habitación despacio, arrastrando los pies.

v+adv
v+prep+n/pron

shuffle away/off irse despacio, arrastrando los pies: *The old woman shuffled off down the street.* La viejecita andaba despacio calle abajo, arrastrando los pies.

v+adv

shut /ʃʌt/ -tt- *pret, pp* shut

shut sb away; **shut yourself away** encerrar, recluir a algn, encerrarse, aislarse: *He was shut away for his own safety.* Lo encerraron por su propia seguridad. ◊ *You can't just shut yourself away from the world.* No puedes simplemente aislarte del mundo.

v+n/pron+adv
v+adv+n
v+reflex+adv
= lock yourself away

shut sth away encerrar algo: *He shut the files away in the safe.* Puso los documentos en la caja fuerte.

v+n/pron+adv
v+adv+n

shut yourself away *Ver* SHUT SB AWAY; SHUT YOURSELF AWAY

v+reflex+adv

shut down 1 (*fábrica, empresa*) cerrar: *The mine shut down last month.* Cerraron la mina el mes pasado. **2** (*máquina, motor*) apagarse: *The system shuts down if there's an overload.* El sistema se apaga si hay una sobrecarga.
▶ **shutdown** *n* **1** (*de una fábrica, etc.*) cierre **2** (*de una máquina*) parada

v+adv
1 [S] a factory, a business
= close down (1)
2 [S] an engine, a system, a machine
= shut off (1)

shut sth down 1 cerrar, clausurar algo: *The club was shut down by the police.* La policía clausuró el club. **2** apagar algo: *The computer system will be shut down over the weekend.* El sistema de ordenadores se apagará durante el fin de semana.
▶ **shutdown** *n Ver* SHUT DOWN

v+adv+n
v+n/pron+adv
1 [O] a factory, a business
= close sth down

shut sb/sth in; **shut sb/sth in sth** encerrar a algn/algo (en ...) (*referido a persona o animal*): *They shut me in my room and locked the door.* Me encerraron en mi cuarto y cerraron la puerta con llave.

v+n/pron+adv
v+adv+n
v+n/pron+prep+n/pron

shut sth in sth pillarse algo con algo: *I shut my finger in the car door.* Me pillé el dedo con la puerta del coche.

v+n/pron+prep+n/pron
[O] your finger

shut yourself in; **shut yourself in sth** encerrarse (en ...): *He shut himself in and refused to leave.* Se encerró y se negó a salir.

v+reflex+adv
v+reflex+prep+n/pron

shut off 1 (*motor, máquina*) desconectarse, apagarse: *The central heating shuts off automatically.* La calefacción central se apaga automáticamente. **2** (*suministro*) cortarse: *The water shuts off automatically when the tank is full.* El agua se corta automáticamente cuando el depósito está lleno.

v+adv
1 = shut down (2), switch off
≠ switch on (1)
2 = cut off

shut sb/sth off (**from sth**) aislar a algn/algo (de algo): *The new reservoir will shut the village off from the rest of the province.* El nuevo embalse aislará el pueblo del resto de la provincia.

v+n/pron+adv
v+adv+n

shut sth off 1 (*motor, máquina*) desconectar, apagar algo: *She shut off the engine.* Desconectó el motor. **2** (*suministro*) cortar algo: *The water supply had been shut off.* Habían cortado el agua.

v+n/pron+adv
v+adv+n
= **turn sth off**
≠ **turn sth on**
1 ◉ an engine, a machine
2 ◉ the water, the supply

shut yourself off (**from sb/sth**) aislarse (de algn/algo): *She just wanted to shut herself off from the world.* Solo quería aislarse del mundo.

v+reflex+adv
= **cut yourself off**

shut sb out 1 (**of sth**) excluir a algn, dejar a algn fuera (de algo): *Don't shut me out — I want to help you.* No me excluyas, quiero ayudarte. ◊ *I was shut out of the decision-making process.* Me dejaron fuera de la toma de decisiones. **2** (*USA, coloq*) impedir que algn marque (*en un partido, en una competición, etc.*): *They shut out the Mets in their last game.* Impidieron que el Mets marcase en el último partido.
▶ **shut-out** *n* (*USA, coloq*) partido ganado sin que marque el contrario: *The game was a shut-out.* El partido fue una victoria aplastante.
NOTA Nótese que el sustantivo **shut-out** también puede utilizarse delante de otro sustantivo: *a shut-out bid*.

v+n/pron+adv
v+adv+n
1 = **exclude sb** (*más formal*)

shut sb/sth out (**of sth**) impedir que algn/algo entre (en algo): *I drew the curtains to shut out the light.* Corrí las cortinas para impedir que entrase la luz. ◊ *They shut us out of the room.* Impidieron que entrásemos en la habitación. ◊ *We're installing double glazing to shut out the noise from the road.* Estamos poniendo doble ventana para que se oiga menos el ruido de la carretera.

v+adv+n
v+n/pron+adv
◉ the light, the noise

shut sth out borrar algo de la mente, evitar algo: *She tried to shut out all the painful memories.* Intentó borrar de su mente todos los recuerdos dolorosos.

v+adv+n
v+n/pron+adv
◉ the pain, the memories
= **block sth out** (2)

shut yourself out (**of sth**) dejarse las llaves dentro (de algo): *I shut myself out of the house.* Me dejé las llaves dentro de casa.

v+reflex+adv
= **lock yourself out**

☆ **shut up** (*muy coloq*) callarse: *Shut up and go away!* ¡Calla y lárgate!
NOTA **Shut up** se utiliza mucho en imperativo.

v+adv
= **belt up** (*GB*)

shut sb up (*coloq*) hacer que algn se calle: *I couldn't shut them up!* ¡No conseguí que se callasen!

v+n/pron+adv

shut sb/sth up (**in sth**) encerrar a algn/algo (*referido a persona o animal*) (en ...): *He had been shut up in a cell for ten years.* Había estado encerrado en una celda diez años.

v+n/pron+adv
v+adv+n

shut sth up (*esp GB*) cerrar algo: *We shut the summer house up for another year.* Un año más cerramos la casa de verano.

v+n/pron+adv
v+adv+n

LOC **shut up shop** (*GB, coloq*) cerrar el negocio: *After two years of heavy losses he finally shut up shop.* Después de dos años de grandes pérdidas, finalmente cerró el negocio.

= **close sth up**

shy /ʃaɪ/ *pret, pp* **shied** /ʃaɪd/

shy away (from sth/doing sth) huir (de algo/para evitar hacer algo): *She shies away from close friendships.* Huye de las amistades íntimas.
    v + adv

sic /sɪk, siːk/ -cc-

sic sth on sb (*USA, coloq*) echarle algo (encima) a algn (*referido a un perro*): *Back off or I'll sic the dog on you.* Retrocede o te echo el perro.
    v + n/pron + prep + n/pron
    ◎ **a dog**
    = **set sb/sth on sb**

sick /sɪk/

sick sth up (*GB, coloq*) (*bebé*) devolver, vomitar algo: *She sicked up her milk.* Vomitó la leche.
    v + adv + n
    v + n/pron + adv
    = **throw sth up** (6) (*más formal*)

sicken /'sɪkən/

sicken for sth (*GB*) estar incubando algo (*una enfermedad*): *I feel as if I'm sickening for something.* Me encuentro como si fuese a caer enfermo.
    v + prep + n/pron
    ◎ **something**

NOTA Sicken for sth se utiliza mucho en tiempos continuos.

side /saɪd/

side against sb ponerse en contra de algn: *Even his mother sided against him.* Hasta su madre se puso en contra suya.
    v + prep + n/pron
    ≠ **side with sb**

side with sb ponerse de parte/del lado de algn: *The children always sided with their mother.* Los niños siempre se pusieron del lado de su madre.
    v + prep + n/pron
    ≠ **side against sb**

sidle /'saɪdl/

sidle in, out, past, etc.; sidle into, out of, past, etc. sth (*tb* **sidle past sb**) entrar, salir, pasar, etc. furtivamente: *He sidled into the room.* Entró furtivamente en la habitación.
    v + adv
    v + prep + n/pron

sidle over/up (to sb) acercarse (*furtiva o sigilosamente*) (a algn): *She sidled up to him and whispered in his ear.* Se le acercó sigilosamente y le dijo algo al oído.
    v + adv

sift /sɪft/

sift sth out deshechar algo, hacer una criba para eliminar algo: *We need to sift out unsuitable applications.* Tenemos que deshechar las solicitudes que no son aptas.
    v + adv + n
    v + n/pron + adv

sift through sth (for sth) examinar algo cuidadosamente (en busca de algo): *I sifted through his papers for clues.* Examiné sus papeles cuidadosamente en busca de pistas.
    v + prep + n/pron

NOTA Sift through sth se puede utilizar en pasiva: *This pile of reports needs to be sifted through.*

sign /saɪn/

sign sth away firmar la cesión de algo: *Without realizing it he had signed away his rights.* Sin darse cuenta había firmado la cesión de todos sus derechos.
v+adv+n
v+n/pron+adv
◎ **your rights**

sign for sth firmar el recibí de algo: *The postman asked me to sign for the parcel.* El cartero me pidió que firmara el recibí del paquete. **NOTA** Sign for sth se puede utilizar en pasiva: *This letter hasn't been signed for.*
v+prep+n/pron
◎ **a parcel**

sign in firmar (*al llegar a un sitio*): *All visitors must sign in on arrival.* Todos los visitantes deben firmar cuando llegan.
v+adv
≠ **sign out**

sign sb in firmar para que permitan la entrada de algn: *You have to be signed in by a member.* Para que te permitan la entrada, un miembro tiene que firmar.
v+n/pron+adv
v+adv+n
≠ **sign sb out**

sign off 1 (*GB*) despedirse (*en una carta*): *I'll sign off now and post this.* Me despido ahora para echar la carta al correo. ◊ *She signed off with 'Lots of love, Janet'.* Se despidió con "Con todo cariño, Janet". **2** (*Radio, TV*) finalizar (*la emisión*): *I'll sign off with a reminder to tune in again tomorrow.* Finalizo recordándoles que nos sintonicen de nuevo mañana.
v+adv

sign sb off (*GB*) (*médico*) dar la baja (por enfermedad) a algn: *The doctor signed him off for a week.* El médico le dio una semana de baja.
v+n/pron+adv
v+adv+n

sign sth off (*GB*) firmar (*aprobando un documento, solicitud, etc.*): *She signed off all the invoices.* Firmó todas las facturas.
v+adv+n
v+n/pron+adv

sign off on sth (*USA, coloq*) firmar algo: *The President hasn't signed off on this report.* El Presidente no ha firmado este informe.
v+adv+prep+n/pron

sign on 1 (*GB, coloq*) apuntarse al paro: *He signed on the day the factory closed.* Se apuntó al paro el día que cerró la fábrica. **2** (*GB, coloq*) firmar en la oficina de desempleo (*certificando que se continúa en paro*): *I sign on every other Tuesday.* Tengo que ir a la oficina de desempleo a firmar cada dos martes. **3** (*USA*) (*Radio*) iniciar la emisión: *This is Jack Grainger signing on.* Les habla Jack Grainger iniciando la emisión. **4** *Ver* SIGN UP
v+adv

sign sb on *Ver* SIGN SB UP
v+adv+n
v+n/pron+adv

sign out firmar (*al salir de un sitio*): *Don't forget to sign out when you leave.* Acuérdate de firmar cuando te vayas.
v+adv
≠ **sign in**

sign sb out firmar para permitir la salida de algn: *You must sign guests out when they leave the club.* Debe firmar cuando sus invitados dejen el club.
v+n/pron+adv
≠ **sign sb in**

sign sth out firmar la salida/retirada de algo: *She signed out the keys to the van.* Firmó la salida de las llaves de la furgoneta.
v+n/pron+adv
v+adv+n

sign sth over (to sb) ceder algo legalmente (a algn): *He signed the house over to his daughter.* Le cedió la casa legalmente a su hija.
v+n/pron+adv
v+adv+n

sign up (*tb* **sign on** *menos frec*) **1 (with sb)** firmar un contrato (con algn): *She's signed up with an employment agency.* Ha firmado un contrato con una agencia de empleo. **2 (for sth)** inscribirse, matricularse (en algo): *I've signed up for a pottery course.* Me he matriculado en un curso de cerámica. **3** alistarse: *She went to the recruitment office and signed up.* Fue a la oficina de reclutamiento y se alistó.
v+adv

sign sb up (*tb* **sign sb on** *menos frec*) contratar, fichar a algn: *Sean Connery has been signed up to star in the new film.* Han contratado a Sean Connery para protagonizar la nueva película. ◊ *We've signed up three new players.* Hemos fichado a tres nuevos jugadores.
v+adv+n
v+n/pron+adv

silt /sɪlt/

silt up encenagarse, enfangarse: *The river has silted up.* El río se ha encenagado.
v+adv

silt sth up encenagar, enfangar algo: *Mud is silting up the stream.* El barro está enfangando el riachuelo.
v+adv+n
v+n/pron+adv

simmer /'sɪmə(r)/

simmer down (*coloq*) tranquilizarse, calmarse: *Just simmer down and we'll discuss this calmly.* Tranquilízate y discutiremos esto con calma.
v+adv
= **cool down** (3) (*menos coloq*)

sing /sɪŋ/ *pret* sang /sæŋ/ *pp* sung /sʌŋ/

sing along (with sb/sth) cantar con algn/algo: *He sang along with the CD.* Cantó a la par que el disco compacto. ◊ *Sing along with us if you know the words.* Canta con nosotros si te sabes la letra.
▶ **singalong** *n* ocasión en que la gente canta para divertirse: *We had a great singalong in the pub last night.* Anoche en el bar nos pusimos todos a cantar.
v+adv

sing out 1 cantar fuerte: *Sing out so that everyone can hear.* Canta fuerte para que te oigan todos. **2** (*GB, coloq*) pegar un grito: *If you need anything, just sing out.* Si necesitas algo, pégame un grito.
v+adv

sing sth out (*coloq*) vocear algo: *'I'm coming!' she sang out.* ¡Ya voy! —voceó.
v+adv+n
v+n/pron+adv

sing up (*GB*) cantar más fuerte: *Sing up, I can't hear you.* Cantad más fuerte que no os oigo.
v+adv
NOTA Sing up suele utilizarse en imperativo.

single /'sɪŋɡl/

single sb/sth out (for sth) escoger a algn/algo (para algo): *They singled her out for particular criticism.* La criticaron a ella en particular.
v+adv+n
v+n/pron+adv
NOTA Single sb/sth out se utiliza mucho en pasiva: *Why had he been singled out for special treatment?*

sink /sɪŋk/ *pret* sank /sæŋk/ *pp* sunk /sʌŋk/

sink back (into sth) ponerse cómodo, apoltronarse, acomodarse (en algo): *She sank back into her chair.* Se apoltronó en el sillón.
v+adv

sink down (into/on sth) dejarse caer (en algo): *He sank down on the bed.* Se dejó caer en la cama.
v+adv

be sunk in sth (*tristeza, pensamientos*) estar sumido en algo: *She was sunk in thought.* Estaba sumida en sus pensamientos.
be+v+prep+n

sink in 1 ser absorbido, penetrar: *Apply the moisturiser and let it sink in.* Aplicar la crema hidratante y dejar que penetre. **2** (*noticias, palabras*) ser asimilado: *It took a while for the news to sink in.* Llevó un tiempo asimilar la noticia. ◊ *It hasn't really sunk in yet.* Todavía no me lo creo.
v+adv
2 ⑤ **sb's words**

sink into sth 1 penetrar (en) algo: *The rain sank into the dry ground.* La lluvia penetró la tierra seca. **2** hundirse en algo: *We were sinking deeper and deeper into the mud.* Cada vez nos hundíamos más en el barro. **3** dejarse caer, apoltronarse en algo: *Sinking wearily into the chair, she closed her eyes.* Cerró los ojos apoltronándose en el sillón. **4** sumirse, caer en algo: *She sank into a deep sleep.* Se sumió en un sueño profundo. ◊ *He sank deeper into depression.* Fue cayendo en una depresión.

v+prep+n/pron
1 [O] **the ground, the mud**
3 [O] **a chair, a sofa**
4 [O] **depression, oblivion**

sink sth into sth 1 clavar, hincar algo en algo: *The dog sank its teeth into my leg.* El perro me clavó los dientes en la pierna. **2** invertir algo en algo: *We sank all our savings into the new company.* Invertimos todos nuestros ahorros en la nueva empresa.

v+n/pron+prep+n/pron
1 [O] **your teeth, a knife**
2 [O] **a fortune**
= **plough sth into sth**

sip /sɪp/ **-pp-**

sip at sth dar un sorbo a algo: *She sipped at her coffee.* Dio un sorbo al café.

v+prep+n/pron
[O] **a drink**

siphon (*tb* **syphon**) /ˈsaɪfn/

siphon sth off (from sth) (*coloq*) desviar algo (de algo) (*normalmente de forma ilegal*): *She siphoned off profits into her own bank account.* Desvió beneficios a su cuenta bancaria.

v+adv+n
v+n/pron+adv
[O] **money, funds**

sit /sɪt/ **-tt-** *pret, pp* **sat** /sæt/

sit around; **sit around sth** (*tb esp GB* **sit about/round**, **sit about/round sth**) (*gen pey*) estar sentado (en/por …) (*sin hacer nada*): *I'm far too busy to sit around here all day.* Estoy demasiado ocupado para estar aquí sentado todo el día. ◊ *We sat around talking for most of the day.* Nos sentamos a charlar casi todo el día.

v+adv
v+prep+n/pron

sit back 1 recostarse, ponerse cómodo: *He sat back in his chair and started to read.* Se recostó en el sillón y empezó a leer. ◊ *Sit back and relax.* Ponte cómodo y relájate. **2 sit back and do sth** cruzarse de brazos y hacer algo: *Now all the work's done we can sit back and enjoy things!* ¡Ahora que está todo hecho, podemos cruzarnos de brazos y disfrutar! ◊ *Are you going to sit back and let me do everything?* ¿Vas a cruzarte de brazos y mirar como lo hago yo todo?

1 v+adv
2 v+adv+and+inf

sit by (and do sth) quedarse sentado/de brazos cruzados (y hacer algo): *We cannot just sit by and watch this tragedy happen.* No podemos quedarnos de brazos cruzados y contemplar esta tragedia.

v+adv
= **stand by** (1)

sit down ☆ **1** sentarse: *Please sit down!* ¡Siéntese, por favor! ◊ *We sat down on the sofa.* Nos sentamos en el sofá. ◊ *When everyone was sitting down, he began.* Cuando todos se sentaron, empezó. ◊ *We sat down together to look at his homework.* Nos sentamos juntos para ver sus deberes. **2 sit down and do sth** sentarse a discutir algo: *We've never actually sat down and talked it through.* En realidad nunca lo hemos discutido despacio.

1 v+adv
2 v+adv+and+inf

▶ **sit-down** *adj* [atrib] **1** (*comida, cena*) servida en la mesa: *a sit-down meal* una comida servida en la mesa **2** (*huelga, protesta*) de brazos caídos: *a sit-down protest* una sentada

NOTA Nótese que el adjetivo **sit-down** se utiliza siempre delante de un sustantivo: *a sit-down strike*.

▶ **sit-down** *n* **1** sentada (*en señal de protesta*): *to stage a sit-down* hacer una sentada **2** [sing] (*GB, coloq*) descanso: *I need a sit-down.* Necesito sentarme a descansar un rato.

sit

sit sb down 1 hacer que algn se siente: *She sat him down in front of the fire.* Hizo que se sentase al lado del fuego. **2 sit sb down and do sth** sentarse con algn y ... : *We need to sit him down and explain the situation.* Tenemos que sentarnos con él y explicar la situación.

NOTA Sit sb down no se puede utilizar en pasiva.

sit yourself down (*coloq*) sentarse: *Come in and sit yourself down.* Pasa y siéntate.

sit for sb/sth posar para algn/algo: *She sat for a portrait with her son.* Posó con su hijo para un retrato.

sit in (on sth) asistir (a algo), estar presente (en algo) (*como observador, sin tomar parte*): *I was allowed to sit in on the meeting.* Se me permitió estar presente en la reunión. ◊ *I sat in on some of his lectures.* Asistí de oyente a algunas de sus clases.

▶ **sit-in** *n* sentada, encierro (*en señal de protesta*): *to stage a sit-in* hacer una sentada

sit in for sb (*poco frec*) sustituir , reemplazar a algn: *The chief reporter often sat in for Fred as editor.* El reportero jefe sustituía a menudo a Fred como director.

sit on sth 1 formar parte, ser miembro de algo: *How many people sit on the committee?* ¿Cuánta gente forma parte del comité? **2** (*coloq, gen pey*) no hacer nada con algo, no dar trámite a algo: *They've been sitting on my application for a month now.* Hace ya un mes que recibieron mi solicitud y no han hecho nada.

LOC **be sitting on a fortune/gold mine** (*coloq*) tener una mina de oro

sit out sentarse fuera: *It's too cold now to sit out.* Ya hace demasiado frío para sentarse fuera.

sit sth out 1 no participar en algo: *I think I'm going to sit out this dance.* Creo que este baile no lo voy a bailar. ◊ *She had to sit out the match because of suspension.* No pudo jugar en el partido porque la habían suspendido. **2** sentarse a esperar a que algo pase/termine: *We sat out the storm in a cafe.* Nos sentamos en una cafetería a esperar a que pasase la tormenta. ◊ *We'll just have to sit it out until things improve.* Tendremos que sentarnos a esperar hasta que las cosas mejoren.

NOTA Sit sth out no se puede utilizar en pasiva.

sit over sth (*bebida, comida*) sentarse delante de algo (*del desayuno, de la comida, etc. y tomárselo con calma*): *They sat over dinner for hours.* Estuvieron horas cenando.

sit round; **sit round sth** Ver SIT AROUND; SIT AROUND STH

sit through sth aguantar, tragarse algo (*hasta el final*): *We had to sit through nearly two hours of speeches.* Tuvimos que aguantar casi dos horas de discursos.

---

1 v+n/pron+adv
2 v+n/pron+adv+and+inf

v+reflex+adv
= **sit down** (1) (*menos coloq*)

v+prep+n/pron

v+adv

v+adv+prep+n/pron
= **stand in**

v+prep+n/pron
1 [0] **a committee, a council**

v+adv

v+adv+n
v+pron+adv
v+n+adv (*poco frec*)
1 [0] **a dance**
2 [0] **it**

v+prep+n/pron
[0] **breakfast, dinner, etc.**

v+adv
v+prep+n/pron

v+prep+n/pron

sit up ☆**1** incorporarse: *He sat up, turned the light on, and lay back down again.* Se incorporó, encendió la luz, y se tendió de nuevo. ☆**2** ponerse derecho, enderezarse (*estando sentado*): *Sit up straight!* ¡Ponte derecho! **3** quedarse levantado: *We sat up late watching a film.* Nos quedamos levantados hasta tarde viendo una película. **4** (**and do sth**) pararse (a pensar) (y hacer algo): *We need an advert that will make people sit up and take notice.* Necesitamos un anuncio que haga que la gente se pare y se fije. ◊ *This will make them sit up and listen.* Esto les hará pararse a pensar y escuchar.
▸ **sit-up** *n* (*Gimnasia*) abdominal

v+adv
3 = **stay up** (2)

size /saɪz/

size sb/sth up (*coloq*) evaluar, calibrar a algn/algo: *The two opponents were sizing each other up.* Los dos contrincantes se calibraban el uno al otro. ◊ *I sized up the situation very quickly.* Calibré la situación rápidamente.

v+n/pron+adv
v+adv+n
⓪ **a situation**
= **weigh sb up**

skate /skeɪt/

skate over sth eludir, esquivar algo: *He politely skated over the issue.* Eludió el tema cortésmente.

v+prep+n/pron
⓪ **the problem, the issue**

sketch /sketʃ/

sketch sth in 1 explicar algo, proporcionar más detalles sobre algo: *He sketched in the background to the case.* Explicó los antecedentes del caso. ◊ *I'll sketch in the details later.* Proporcionaré los detalles más adelante. **2** esbozar algo: *She sketched in a few more trees.* Esbozó unos cuantos árboles más.

v+adv+n
v+n/pron+adv
1 ⓪ **the background, the history**

sketch sth out 1 dar una descripción general de algo, bosquejar algo: *She sketched out the prosecution case.* Dio una descripción general de la acusación. **2** bosquejar, esbozar algo: *He sketched out some preliminary designs.* Esbozó algunos diseños preliminares.

v+adv+n
v+n/pron+adv
1 = **outline sth** (*más formal*)

skim /skɪm/ -mm-

skim sth off 1 quitar algo: *Skim off the fat and reheat the stew.* Quite la grasa y vuelva a calentar el estofado. **2** quedarse con algo (*generalmente de forma injusta*): *She's been skimming off a percentage of the profits for years.* Durante años se ha estado quedando con un porcentaje de las ganancias.

v+adv+n
v+n/pron+adv

skim through sth leer algo por encima: *I skimmed through the report on the train.* Leí el informe por encima en el tren.

v+prep+n/pron
⓪ **a book, a letter**

skimp /skɪmp/

skimp on sth escatimar algo: *You shouldn't skimp on food.* No deberías escatimar en comida.

v+prep+n/pron
= **hold back on sth**

skip /skɪp/ -pp-

skip off (*tb esp USA* **skip out**) (*coloq*) escabullirse, largarse: *They skipped off without paying.* Se escabulleron sin pagar.

v+adv

skip out on sb (*USA, coloq*) dejar, abandonar a algn (*al marido, a la mujer, a los hijos, etc.*): *Michael skipped out on us.* Michael nos abandonó.

v+adv+prep+n/pron
= **run out on sb**

skirt /skɜːt; *USA* skɜːrt/

skirt around sth (*tb esp GB* **skirt round sth**) **1** bordear algo: *We skirted around the pond.* Bordeamos el estanque. **2** eludir, esquivar algo: *She tactfully skirted around the subject of money.* Discretamente eludió el tema del dinero. NOTA En este sentido, **skirt around/round sth** se puede utilizar en pasiva: *The issue was skirted around for years.*

v+prep+n/pron
2 ⓪ **a subject**

skive /skaɪv/

skive off; **skive off sth** (*GB, coloq*) pirarse (algo): *You can't just skive off school when you want to!* ¡No puedes hacer novillos cada vez que te de la gana!

v+adv
v+prep+n/pron
ⓞ **school, work**
= **bunk off, bunk off sth** (*GB*)

slack /slæk/

slack off aflojar, bajar el ritmo: *We can't slack off until everything is finished.* No podemos aflojar hasta que se haya acabado todo.

v+adv
= **ease off** (2)

slacken /ˈslækən/

slacken off aflojar, bajar: *We've been really busy, but things are slackening off now.* Hemos estado ocupadísimos, pero ahora las cosas empiezan a aflojar.

v+adv

slag /slæg/ -gg-

slag sb/sth off (*GB, argot coloquial juvenil*) hablar pestes de algn/algo, poner verde a algn/algo: *He's always slagging his brother off.* Siempre está poniendo verde a su hermano.

v+n/pron+adv
v+adv+n
= **run sb/sth down** (2)
(*menos coloq*)

slam /slæm/ -mm-

slam sth down 1 (**on/onto sth**) poner algo de golpe en/sobre algo (*generalmente enfadado*): *She slammed the book down on the table.* Puso el libro de golpe sobre la mesa. **2** colgar algo con fuerza: *He slammed down the phone angrily.* Colgó el teléfono, furioso.

v+n/pron+adv
v+adv+n
2 ⓞ *only* **the phone,**
the receiver,
the telephone

slam sth on accionar algo de golpe (*los frenos de un coche*): *A dog ran out and he slammed on the brakes.* Salió un perro y pisó el freno de golpe.

v+adv+n
v+n/pron+adv
ⓞ *only* **the brakes,**
the handbrake
= **jam sth on**

slap /slæp/ -pp-

slap sb about/around (*coloq*) darle una paliza, pegarle a algn (*con frecuencia*): *He used to come back drunk and slap his wife around.* Solía volver borracho a casa y darle una paliza a su mujer.

v+n/pron+adv
= **knock sb about/around**

slap sb down (*coloq*) poner en ridículo, dar un corte a algn: *She seems to enjoy slapping me down.* Parece que le gusta ponerme en ridículo. ◊ *If you suggest anything different, she just slaps you down.* Si sugieres algo diferente, simplemente te da un corte.

v+n/pron+adv
v+adv+n

sleep

slap sth down (on/onto sth) poner algo de golpe en/sobre algo (*generalmente enfadado*): *He slapped the newspaper down on the desk.* Puso el periódico en la mesa, de golpe. | *v + n/pron + adv*
v + adv + n

slap sth on; **slap sth on/onto sth** (*coloq*) poner, aplicar algo (en/sobre algo) (*rápidamente, sin cuidado*): *Just slap some paint on the walls and it'll look fine.* Dale unos brochazos de pintura a las paredes y quedará bien. ◊ *I'd better slap some make-up on before I go out.* Será mejor que me ponga un poco de maquillaje rápidamente antes de salir. | *v + n/pron + adv*
v + adv + n
v + n/pron + prep + n/pron
[O] **some paint, some make-up**

slap sth on sb/sth (*coloq*) imponer, cargar algo a algn/algo: *The government slapped a tax on imported wine.* El gobierno cargó un impuesto sobre el vino importado. | *v + n/pron + prep + n/pron*

slap sth on sth (*coloq*) añadir algo a algo: *They've slapped 50p on the price of cigarettes.* Han añadido 50 peniques al precio del tabaco. | *v + n/pron + prep + n/pron*

---

slash /slæʃ/

slash at sb/sth (with sth) atacar a algn/algo (con algo): *He slashed at his opponent's face with a knife.* Se tiró a la cara de su oponente con un cuchillo. | *v + prep + n/pron*

---

slave /sleɪv/

slave away (at sth) matarse a trabajar (en algo): *I've been slaving away all day trying to get this work finished.* Me he matado a trabajar todo el día, intentando terminar esto.
NOTA Slave away se utiliza mucho en tiempos continuos. | *v + adv*

---

sleep /sliːp/ *pret, pp* **slept** /slept/

sleep around (*coloq, pey*) acostarse con todo el mundo: *He slept around a lot when he was younger.* Cuando era más joven se acostaba con todo el mundo. | *v + adv*

sleep in levantarse tarde, quedarse en la cama: *She usually sleeps in on Sundays.* Los domingos suele levantarse tarde. | *v + adv*
= **lie in** (*GB, coloq*)

sleep sth off dormir para recuperarse de algo: *He's still sleeping off yesterday's hangover.* Aún está durmiendo la mona de ayer.
NOTA Sleep sth off se utiliza mucho en la construcción **sleep it off**: *Go home and sleep it off.* | *v + adv + n*
v + n/pron + adv

sleep on sth consultar algo con la almohada: *Sleep on it and let me know tomorrow.* Consúltalo con la almohada y me contestas mañana. | *v + prep + n/pron*

sleep out dormir al raso | *v + adv*

sleep over (at sth) quedarse a dormir (en …): *Can I sleep over at my friend's house?* ¿Puedo quedarme a dormir en casa de mi amigo?
▶ **sleepover** *n* fiesta de niños que se juntan en casa de uno de ellos para pasar la noche: *He's having a sleepover for his birthday.* Se quedan sus amigos a dormir en casa el día de su cumpleaños. | *v + adv*

sleep through sth no despertarse con algo, seguir durmiendo durante algo: *I slept right through the thunderstorm.* Estaba dormido y no me enteré de la tormenta. ◊ *She slept through the alarm.* No oyó el despertador. | *v + prep + n/pron*

sleep together (*coloq*) acostarse juntos: *They had been sleeping together for months.* Llevaban meses acostándose juntos. | *v + adv*

sleep

sleep with sb (*coloq*) acostarse con algn: *He admitted he'd slept with her.* Admitió que se había acostado con ella.
v + prep + n/pron

slice /slaɪs/

slice sth off; slice sth off sth 1 (*lit*) cortar algo (de algo): *She sliced a piece of meat off the joint.* Cortó un filete de carne de la pieza. **2** (*fig*) sacar algo (a algo), reducir algo: *He sliced two seconds off the world record.* Sacó dos segundos al récord mundial.
v + n/pron + adv
v + adv + n
v + n/pron + prep + n/pron

slice through sth (*esp GB*) atravesar algo sin esfuerzo: *The armoured car sliced through the barricade.* El coche blindado atravesó la barricada sin esfuerzo.
v + prep + n/pron

slice sth up cortar algo en rebanadas, lonchas, etc.: *Slice up some onions, then fry gently for 5 minutes.* Cortar una cebolla en tiras y freír a fuego lento 5 minutos.
v + adv + n
v + n/pron + adv

slick /slɪk/

slick sth down alisar, alisarse algo: *His hair was slicked down.* Se había alisado el pelo.
NOTA **Slick sth down** se utiliza mucho en pasiva.
v + n/pron + adv
v + adv + n
[0] **your hair**

slim /slɪm/ **-mm-**

slim down adelgazar: *She slimmed down to 60 kilos before her wedding.* Adelgazó y se quedó en 60 kilos antes de la boda.
v + adv

slim sth down reducir, disminuir algo: *The firm had to slim down its workforce.* La empresa tuvo que reducir el personal.
v + adv + n
v + n/pron + adv

slip /slɪp/ **-pp-**

slip away 1 (*tb* **slip off**) escabullirse: *I slipped away to my room.* Me escabullí a mi habitación. **2** (*tiempo*) transcurrir/pasar volando: *She could see her childhood slipping away.* Veía cómo la infancia se le iba de las manos. **3** (**from sb**) escapársele (a algn): *I felt the game was slipping away from me.* Sentía que el partido se me escapaba.
v + adv

slip by 1 (*tiempo*) pasar volando: *Time just seemed to slip by.* El tiempo parecía pasar volando. **2** (*oportunidad, ocasión*) perderse: *Don't let any more chances slip by.* No dejes escapar ninguna otra oportunidad.
v + adv

slip in, out, past, etc.; slip into, out of, past, etc. sth (*tb* **slip past sb**) entrar, salir, pasar, etc. sin que la gente se dé cuenta: *She slipped out of the house before the others were awake.* Salió de casa antes de que los demás se despertasen. ◊ *He must have slipped past me.* Debe de haber pasado por delante de mí sin que me diese cuenta. ◊ *She slipped in unnoticed.* Entró sin que la viesen.
v + adv
v + prep + n/pron

slip sth in; slip sth into sth 1 incluir, dejar caer algo (en algo): *He usually slips a couple of jokes into his lectures.* Normalmente incluye un par de chistes en sus conferencias. ◊ *She slipped in a few comments about her boyfriend.* Dejó caer unos cuantos comentarios sobre su novio. **2** meter algo (en algo): *He slipped the letter into its envelope.* Metió la carta en el sobre. ◊ *Anna slipped her hand into his.* Anna le cogió la mano. **3** *Ver* SLIP IN, OUT, PAST, ETC.
v + n/pron + adv
v + adv + n
v + n/pron + prep + n/pron
2 [0] **your hand**

slip into sth 1 ponerse algo (*ropa*): *I'll just slip into something more comfortable.* Me voy a poner algo más cómodo, no tardo. **2** entrar en algo (*en un estado o situación*): *The patient slipped into a coma.* El paciente entró en coma. **3** *Ver* SLIP IN, OUT, PAST, ETC.

slip off *Ver* SLIP AWAY

slip sth off quitarse algo: *She slipped her shoes off by the door.* Se quitó los zapatos en la entrada.

slip sth on ponerse algo: *Hold on, I'll just slip my coat on.* Espera, me pondré el abrigo.
▶ **slip-on** *n* [gen pl] zapato sin cordones
NOTA Nótese que el sustantivo **slip-on** también puede utilizarse delante de otro sustantivo: *slip-on shoes*.

slip out (*coloq*) **1** (*secreto, comentario*) escaparse: *I didn't mean to tell him, it just slipped out.* No fue mi intención decírselo, se me escapó. **2** *Ver* SLIP IN, OUT, PAST, ETC.

slip out of sth 1 quitarse algo: *She slipped out of her clothes and got into the shower.* Se quitó la ropa y se metió en la ducha. **2** *Ver* SLIP IN, OUT, PAST, ETC.

slip over 1 resbalarse: *He slipped over on the ice and broke his leg.* Se resbaló en el hielo y se rompió la pierna. **2** *Ver* SLIP IN, OUT, PAST, ETC.

slip through; **slip through sth 1** colarse (en algo): *Mistakes occasionally slip through.* A veces se cuelan errores. **2** *Ver* SLIP IN, OUT, PAST, ETC.
LOC **slip through the net** colarse, escaparse: *We tried to contact all the former students, but some slipped through the net.* Intentamos localizar a todos los antiguos alumnos, pero se nos colaron algunos.
slip through your fingers escapársete: *The thief had slipped through their fingers yet again.* El ladrón se les había escapado otra vez. ◊ *You've wasted your time and let your chances slip through your fingers.* Has perdido el tiempo y has dejado que se te escapen las oportunidades.

slip up (**over sth**) (*coloq*) equivocarse (en algo): *I slipped up over the date of the meeting.* Me equivoqué en la fecha de la reunión. ◊ *We slipped up there, didn't we?* Buen patinazo, ¿eh?
▶ **slip-up** *n* (*coloq*) equivocación, error: *We can't afford another slip-up like this one.* No nos podemos permitir otro error como este.

slob /slɒb; *USA* slɑːb/ **-bb-**

slob around/out (*tb* **slob around sth**) (*GB, coloq*) holgazanear: *We just slob out in front of the telly on Fridays.* Los viernes solemos repanchingarnos delante de la tele. ◊ *Are you going to slob around in your pyjamas all morning?* ¿Vais a estar en pijama toda la mañana?

slog /slɒg; *USA* slɑːg/ **-gg-**

slog along, around, etc.; **slog along, around,** etc. **sth** (*GB, poco frec*) continuar, ir, etc. renqueando: *I've been slogging around the streets of London all day.* He ido renqueando por las calles de Londres todo el día.

---

v+prep+n/pron
1 ⓪ **a dress, sandals, etc.**
2 ⓪ **a coma, a recession, debt**

v+adv

v+n/pron+adv
v+adv+n
⓪ **your coat, your shoes, etc.**

v+n/pron+adv
v+adv+n
⓪ **your shoes, your jacket, etc.**

v+adv

v+adv+prep+n/pron
⓪ **your clothes, your dress, etc.**

v+adv

v+adv
v+prep+n/pron

v+adv

v+adv
v+prep+n/pron

v+adv
v+prep+n

slog away (at sth) (*coloq*) trabajar con tesón/sin descanso (en algo): *He slogged away at that report for weeks.* Trabajó con tesón en ese informe durante semanas.
    v + adv

slog it out (*GB*, *coloq*) luchar con tesón: *Villa and United will be slogging it out for the championship.* El Villa y el United lucharán por el campeonato.
    v + it + adv
    = **slug it out**

slog through sth (*coloq*) trabajar en algo (*con esfuerzo*): *The teacher made us slog through long lists of vocabulary.* La profesora nos hizo aprender unas listas de vocabulario enormes.
    v + prep + n/pron

slop /slɒp; *USA* slɑ:p/ **-pp-**

slop about/around 1 (in sth) (*líquido*) agitarse, ir de un lado a otro (en algo): *Water was slopping about in the bottom of the boat.* El agua iba de un lado para otro en el fondo de la barca. **2 (in sth)** (*persona*) chapotear (en algo) **3** (*tb* **slop about/around sth**) (*GB*, *coloq*) holgazanear (por …): *He used to slop around all day in his pyjamas.* Solía estar todo el día en pijama, sin hacer nada.
    v + adv
    3 *v + adv*
    v + prep + n/pron
    = **slouch about/around,**
      slouch about/around sth (*GB*),
      hang around,
      hang around sth

slop out (*prisionero*) vaciar el cubo que se ha usado de orinal durante la noche
    v + adv

slop over; **slop over sth** (*líquido*) derramarse (por algo): *Water slopped over the edge of the bath.* La bañera se desbordó. ◊ *The milk slopped over onto the table.* La leche se derramó por la mesa.
    v + adv
    v + prep + n/pron

slope /sləʊp; *USA* sloʊp/

slope off (*GB*, *coloq*) escabullirse, largarse: *He always slopes off if there's any work to be done.* Siempre se escabulle si hay trabajo que hacer.
    v + adv

slosh /slɒʃ; *USA* slɑ:ʃ/

slosh about/around (in sth) 1 (*líquido*) agitarse, ir de un lado a otro (en algo) (*haciendo ruido*) **2** (*persona*) chapotear (en algo): *The children were sloshing around in the puddles.* Los críos chapoteaban en los charcos. **3** (*GB*, *coloq*) (*dinero*) existir en abundancia (en …): *There's lots of money sloshing around in professional tennis.* Hay montones de dinero en el tenis profesional.
    v + adv

slot /slɒt; *USA* slɑ:t/ **-tt-**

slot in; **slot into sth** encajar (en algo): *This bit slots in just here.* Esta pieza encaja justo aquí. ◊ *It's meant to slot into this groove.* Tiene que encajar en esta ranura.
    v + adv
    v + prep + n/pron

slot sb/sth in hacer un hueco a algn/algo: *I can slot you in tomorrow at four.* Le puedo hacer un hueco mañana a las cuatro.
    v + n/pron + adv
    v + adv + n
    = **fit sb/sth in,**
      fit sb/sth into sth (2)

slot sth in; **slot sth into sth** meter algo (en algo): *He slotted a cassette into the VCR.* Metió una cinta en el vídeo.
    v + n/pron + adv
    v + adv + n
    v + n/pron + prep + n/pron

smack

slouch /slaʊtʃ/

slouch about/around; slouch about/around sth (*GB*) holgazanear (por ...): *She wasted the day slouching about the house.* Perdió el día holgazaneando por la casa.

v+adv
v+prep+n/pron
= **hang around,**
  hang around sth

slough /slʌf/

slough sth off 1 (*piel*) mudar (de) algo: *Snakes slough off their old skin.* Las serpientes mudan la piel. **2** eliminar algo: *Slough off dead skin cells by using a facial scrub.* Elimina las células muertas utilizando una exfoliante facial. **3** (*formal*) deshacerse, desentenderse, despreocuparse de algo: *Responsibilities are not sloughed off so easily.* No es tan fácil desentenderse de tus responsabilidades.

v+adv+n
v+pron+adv
v+n+adv (*poco frec*)
1 ◎ *only skin*
  = **shed sth**
2 ◎ **skin cells**

slow /sləʊ; *USA* sloʊ/

slow down (*tb* **slow up** *menos frec*) **1** (*conductor, vehículo*) ir más despacio, reducir la velocidad: *Slow down, I can't keep up with you.* Vete más despacio, no puedo seguir tu ritmo. ◊ *The bus slowed down at the junction.* El autobús redujo la velocidad cuando llegó al cruce. **2** (*economía, ritmo*) hacerse más lento, perder velocidad: *The economy has slowed down.* La economía se ha ralentizado. **3** bajar el ritmo (*de trabajo, etc.*): *He looks ill, he should slow down.* Se le ve enfermo, debería tomarse las cosas con más calma.
▸ **slowdown** *n* **1** descenso, bajada (*en las ventas, etc.*): *a slowdown in the economy* un descenso en la economía **2** (*USA*) huelga de celo

v+adv

slow sb/sth down (*tb* **slow sb/sth up** *menos frec*) **1** hacer que algn/algo vaya más despacio, hacer que algn/algo reduzca la velocidad: *The heat slowed us down.* El calor nos hizo ir más despacio. **2** retrasar a algn/algo: *The drug slows down the development of the disease.* El medicamento retrasa el desarrollo de la enfermedad. **3** hacer que algn/algo baje el ritmo (*de trabajo, de vida, etc.*): *You need to relax and slow things down a bit.* Necesitas relajarte y bajar un poco el ritmo (de vida).
▸ **slowdown** *n* Ver SLOW DOWN

v+n/pron+adv
v+adv+n
1 ◎ **the traffic**
2 ◎ **the pace,**
  the process of ...

slug /slʌɡ/ -gg-

slug it out (*coloq*) luchar con tesón: *The two companies slugged it out for their share of the market.* Las dos empresas lucharon con tesón por su participación en el mercado.

v+it+adv
= **slog it out** (*GB*)

sluice /sluːs/

sluice sth down (*GB*) limpiar algo con mucha agua: *They sluice the streets down every morning.* Cada mañana riegan las calles para limpiarlas.

v+adv+n
v+n/pron+adv

sluice sth out (*esp GB*) regar algo con abundante agua (*generalmente una habitación, para limpiarla*): *An attendant was sluicing out the changing rooms.* Había un encargado limpiando los vestuarios con una manguera.

v+adv+n
v+n/pron+adv

smack /smæk/

smack of sth (*comentario, respuesta, etc.*) oler a algo: *His comments smack of racism.* Sus comentarios huelen a racismo.

v+prep+n/pron

387

smarten /'smɑːtn; *USA* 'smɑːrtn/

smarten up 1 (*tb* **smarten yourself up**) arreglarse: *You need to smarten (yourself) up before you go out.* Necesitas arreglarte antes de salir. **2** (*esp USA*) espabilar: *You'll have to smarten up if you want to pass those exams.* Tendrás que espabilar si quieres aprobar esos exámenes.

1 *v+adv*
v+reflex+adv
2 *v+adv*

smarten sb/sth up (*esp GB*) arreglar a algn/algo, mejorar el aspecto de algn/algo: *The hotel has been smartened up by the new owners.* Los nuevos dueños han arreglado el hotel.

v+adv+n
v+n/pron+adv

smarten yourself up *Ver* SMARTEN UP; SMARTEN YOURSELF UP

v+reflex+adv

smash /smæʃ/

smash against, into, through, etc. sth estrellarse contra algo, empotrarse en algo, romper algo, etc.: *The bus smashed into the tree.* El autobús se empotró contra el árbol. ◊ *They had smashed through a glass door to get in.* Habían roto el cristal de una de las puertas para entrar.

v+prep+n/pron

smash sth down derribar algo a golpes: *They smashed the door down.* Derribaron la puerta a golpes.

v+n/pron+adv
v+adv+n
[0] **a door**

smash sth in destrozar algo (a golpes): *Somebody had smashed the door in.* Alguien había destrozado la puerta. ◊ *He threatened to smash my head in.* Me amenazó con romperme la cabeza.

v+n/pron+adv
v+adv+n
[0] **a door, sb's face, sb's head**
= **bash sth in** (*coloq*)

smash sth up destrozar algo: *A bunch of thugs broke in and smashed the place up.* Una panda de gamberros forzó la entrada del local y lo destrozó.

v+n/pron+adv
v+adv+n
[0] **a car, things, the place**

smell /smel/ *pret, pp* **smelled** (*GB tb*) **smelt** /smelt/

smell of sth oler a algo: *This sweater smells of mothballs.* Este jersey huele a naftalina.

v+prep+n/pron

smell sb/sth out 1 descubrir, pillar a algn, olerse algo: *He could smell out weakness in others.* Se olía la debilidad de los otros. **2** olfatear a algn/algo: *The dogs are trained to smell out drugs.* Los perros están entrenados para olfatear drogas.

v+adv+n
v+n/pron+adv
= **sniff sb/sth out**

smell sth out (*GB*) apestar, atufar algo: *That fish smelt the whole house out.* El pescado aquel apestó toda la casa.

v+n/pron+adv
v+adv+n
= **stink sth out** (*GB*)

smile /smaɪl/

smile on/upon sb/sth (*formal*) (*suerte, etc.*) sonreír a algn/algo: *Fortune smiled on us that night.* Aquella noche nos sonrió la fortuna.

NOTA Smile on/upon sb/sth se puede utilizar en pasiva: *This kind of behaviour is not smiled upon.*

v+prep+n/pron

smoke /sməʊk; USA smoʊk/

smoke sb/sth out **1** hacer salir a algn/algo con humo: *The fire is used to smoke the bees out.* El fuego se utiliza para hacer salir a las abejas. **2** (*poco frec*) descubrir a algn/algo: *They are determined to smoke out the leaders of the gang.* Están decididos a descubrir a los cabecillas de la banda.

v+adv+n
v+n/pron+adv
1 [0] **bees**

smooth /smuːð/

smooth sth away (*poco frec*) allanar, reducir algo: *Her job is to smooth away any difficulties.* Su trabajo consiste en allanar las dificultades que haya.

v+adv+n
v+n/pron+adv
[0] **difficulties**

smooth sth down alisar algo (*deslizando un cepillo, la mano, etc. de arriba a abajo*): *He smoothed down his hair.* Se alisó el pelo.

v+adv+n
v+n/pron+adv
[0] **your/sb's hair, your skirt**

smooth sth out **1** alisar algo (*que está arrugado*): *She tried to smooth out the crumpled letter.* Intentó alisar las arrugas de la carta. **2** solucionar, resolver algo: *We are here to smooth out any practical problems for you.* Estamos aquí para resolverle cualquier problema práctico que tenga.

v+adv+n
v+n/pron+adv
1 [0] **wrinkles, a piece of paper**
2 [0] **differences, problems**

smooth sth over resolver, limar algo: *She wrote him a letter to try and smooth things over.* Le escribió una carta para intentar limar asperezas. ◊ *She did her best to smooth over any awkwardness.* Hizo todo lo que pudo para resolver las tensiones.

v+adv+n
v+n/pron+adv
[0] **things, differences**

snack /snæk/

snack on sth picar algo (*entre comidas*): *It's healthier to snack on fruit rather than chocolate.* Es más sano picar fruta que chocolate.

v+prep+n/pron

snap /snæp/ -pp-

snap back (into sth) (*USA, coloq*) recuperarse, recuperar algo: *After the initial shock, he snapped back.* Después del susto inicial, se recuperó. ◊ *She snapped back into her daily routine soon after the operation.* Recuperó la rutina de todos los días poco después de la operación.

v+adv
= **bounce back**

snap sth out decir algo con brusquedad, escupir algo: *The sergeant snapped out an order.* El sargento soltó una orden.

v+adv+n
v+pron+adv
v+n+adv (*menos frec*)
[0] **an order, an instruction**

snap out of sth (*coloq*) salir de algo (*de un estado de ánimo o situación*): *He's depressed. There's no use telling him to snap out of it.* Está deprimido. No sirve de nada decirle que se anime. ◊ *'Snap out of it!' said his mother sternly.* —¡Anímate, hombre! —le dijo su madre con dureza. ◊ *She snapped out of her reverie when she heard the door close.* Salió de su ensimismamiento cuando oyó que la puerta se cerraba.
NOTA En este sentido, **snap out of sth** se utiliza mucho en la construcción **snap out of it**.

v+adv+prep+n/pron
[0] **a reverie, it**

snap to it (*coloq*) ponerse a/con ello: *This place has to be clean by this evening so snap to it!* Todo esto tiene que estar limpio esta tarde, así que ¡a ello!
NOTA **Snap to it** se utiliza mucho en imperativo.

v+prep+it

snap

snap sb/sth up no dejar escapar a algn/algo, llevarse a algn/algo: *He snapped up the offer immediately.* Aceptó la oferta inmediatamente. ◊ *He was snapped up by United.* Se lo llevó el United.
v+adv+n
v+n/pron+adv

---

snarl /snɑːl; *USA* snɑːrl/

snarl sth up (*coloq*) enredar, enmarañar, atascar algo: *The accident snarled up the traffic for the whole day.* El accidente atascó el tráfico todo el día. ◊ *The dog's lead got snarled up in a bush.* La correa del perro se enredó en un arbusto.
v+adv+n
v+n/pron+adv
[O] **the traffic**

NOTA Snarl sth up se utiliza mucho en pasiva: *The city centre gets snarled up with tourists.*

▶ **snarl-up** *n* (*GB, coloq*) atasco (*de tráfico*)

---

snatch /snætʃ/

snatch at sth 1 intentar agarrar/coger algo: *She snatched at the letter in his hand.* Intentó cogerle la carta que tenía en la mano. **2** (*GB*) agarrarse a algo, aprovechar algo: *They snatched at the chance to be happy.* Se agarraron a la oportunidad de ser felices.
v+prep+n/pron

---

sneak /sniːk/ *pret, pp* **sneaked** (*tb esp USA*) **snuck** /snʌk/

sneak in, out, past, etc.; sneak into, out of, past, etc. sth (*tb* **sneak past sb**) entrar, salir, pasar, etc. a hurtadillas: *She planned to sneak out of the house at midnight.* Planeó salir a hurtadillas de casa a medianoche. ◊ *I caught him sneaking into my study.* Lo sorprendí entrando a hurtadillas en mi estudio.
v+adv
v+prep+n/pron

sneak up (on sb) acercarse sigilosamente (a algn): *He loves sneaking up on me to scare me.* Le encanta acercarse sigilosamente para asustarme.
v+adv

---

sniff /snɪf/

sniff around (*GB tb* **sniff round**) (*coloq*) olfatear: *It won't be long before the press come sniffing around.* En seguida vendrá la prensa a olfatear.
v+adv

sniff at sth (*coloq*) despreciar algo: *These wines are not to be sniffed at.* Estos vinos no son de despreciar.
v+prep+n/pron

NOTA Sniff at sth se utiliza mucho en la construcción pasiva **not to be sniffed at**.

sniff sb/sth out 1 olfatear a algn/algo: *These dogs can sniff out explosives.* Estos perros pueden olfatear explosivos. **2** (*coloq*) descubrir, pescar a algn, olerse algo: *They're quick to sniff out a deception.* Se huelen los engaños en seguida.
v+adv+n
v+n/pron+adv
= **smell sb/sth out**

---

snow /snəʊ; *USA* snoʊ/

be/get snowed in (*GB tb* **be/get snowed up** *menos frec*) estar/quedarse aislado por la nieve: *We got snowed in for three days.* Nos quedamos aislados por la nieve durante tres días.
be/get+v+adv

be/get snowed under (with sth) estar desbordado/inundado (de algo): *We're snowed under with work at the moment.* En este momento estamos desbordados de trabajo.
be/get+v+adv

be/get snowed up (*GB*) (*poco frec*) **1** Ver BE/GET SNOWED IN **2** estar cubierto de nieve: *The driveway was still snowed up.* El camino de entrada seguía todo cubierto de nieve.

be/get + v + adv

snuff /snʌf/

snuff sb out (*esp USA, muy coloq*) matar, cargarse a algn: *He was snuffed out by the mafia.* Se lo cargó la mafia.

v + n/pron + adv
v + adv + n

snuff sth out 1 apagar algo: *She snuffed out the candles.* Apagó las velas. **2** (*formal*) acabar con algo: *A moment of mindless violence snuffed out his life.* Un momento de violencia ciega acabó con su vida.

1 *v + n/pron + adv*
v + adv + n
◎ **a candle, a flame**
2 *v + adv + n*
v + pron + adv
v + n + adv (*poco frec*)

snuggle /ˈsnʌɡl/

snuggle down hacerse un ovillo, acurrucarse: *He snuggled down and went to sleep.* Se acurrucó y se durmió.

v + adv

snuggle up (to sb) acurrucarse (junto a algn): *She snuggled up to him on the sofa.* Se acurrucó junto a él en el sofá. ◊ *She snuggled up in bed with a book.* Se acurrucó en la cama con un libro.

v + adv
= **cuddle up (to sb)**

soak /səʊk; *USA* soʊk/

soak in; **soak into sth** penetrar (en algo): *Apply the paste and leave it to soak in.* Aplicar la cola y dejar que penetre. ◊ *The wine had soaked into the carpet.* El vino había penetrado en la alfombra.

v + adv
v + prep + n/pron

soak sth up 1 (*lit* y *fig*) absorber algo: *Use a paper towel to soak up the excess oil.* Utiliza una toalla de papel para que absorba el aceite sobrante. ◊ *The deal was intended to soak up the firm's debts.* El trato se hizo para absorber las deudas de la empresa. **2** empaparse de algo: *We walked around soaking up the atmosphere.* Dimos una vuelta por ahí empapándonos del ambiente.

v + adv + n
v + n/pron + adv (*poco frec*)
1 ◎ **water**
= **absorb sth** (*más formal*)
2 ◎ **the sun, the atmosphere**

sober /ˈsəʊbə(r); *USA* ˈsoʊ-/

sober up 1 despejarse, quitarse la borrachera: *I decided to walk home to sober up.* Decidí ir andando a casa para despejarme. **2** (*esp GB*) serenarse, calmarse

v + adv

sober sb up quitarle la borrachera a algn: *I need a black coffee to sober me up.* Necesito un café para quitarme la borrachera.

v + n/pron + adv
v + adv + n

sock /sɒk; *USA* sɑːk/

sock sth away (*USA, coloq*) (*dinero, sueldo*) ahorrar algo: *She already has $500 socked away for college.* Ya tiene 500 dólares ahorrados para la universidad. ◊ *He socks away half his salary every month for the house.* Ahorra la mitad del sueldo para la casa todos los meses.

v + n/pron + adv
v + adv + n
◎ **money, your salary**

sock it to sb (*coloq, joc*) impresionar a algn: *You'll be fine. Just get in there and sock it to them.* Todo irá bien. Simplemente entra ahí y demuéstrales quién eres.
NOTA **Sock it to sb** no se puede utilizar en pasiva.

v + it + prep + n/pron

sod

sod /sɒd; *USA* sɑːd/ **-dd-**

sod off (*GB, tabú*) irse a tomar por culo: *Just sod off and leave me in peace!* ¡Vete a tomar por culo y déjame en paz!
NOTA **Sod off** se utiliza mucho en imperativo.

v+adv
= **clear off** (*esp GB, coloq*)

soften /'sɒfn; *USA* 'sɔːfn/

soften sb up (*coloq*) camelarse a algn: *I know you, you're just trying to soften me up!* Te conozco, ¡estás intentando camelarme!

v+adv+n
v+n/pron+adv

soldier /'səʊldʒə(r); *USA* 'soʊl-/

soldier on (with sth) seguir al pie del cañón, seguir adelante (con algo): *She soldiered on with the course despite her personal problems.* Siguió adelante con el curso, a pesar de sus problemas personales.

v+adv

soothe /suːð/

soothe sth away hacer desaparecer algo (*el dolor*): *The pain can be soothed away with massage.* El dolor puede desaparecer con un masaje.

v+adv+n
v+n/pron+adv
[O] **the pain**

sort /sɔːt; *USA* sɔːrt/

sort itself out (*GB*) solucionarse: *The problem more or less sorted itself out.* El problema casi se solucionó por sí solo.

v+reflex+adv

sort sb out (*esp GB, coloq*) **1** ajustarle las cuentas a algn: *They sent the lads round to sort him out.* Mandaron a los muchachos para que le ajustaran las cuentas. **2** ocuparse de algn: *You load up the car and I'll sort the kids out.* Tú mete todo en el coche y yo me ocupo de los niños.

v+n/pron+adv
v+adv+n

sort sb out with sth (*esp GB, coloq*) darle algo a algn: *I'm sure we can sort you out with some dry clothes.* Seguro que podemos darte ropa seca.

v+n/pron+adv+prep+n/pron

sort sth out 1 organizar, ordenar algo: *I spent the afternoon sorting out my study.* Me pasé la tarde organizando mi estudio. **2** (**from sth**) apartar, separar algo (de algo): *Sort out the ripe ones from the rest.* Separa las maduras del resto. **3** solucionar, resolver algo: *We've sorted the problem out.* Hemos resuelto el problema. **4** (*esp GB*) decidir algo: *We need to sort out what music we want for the wedding.* Tenemos que decidir qué música queremos para la boda. NOTA En este sentido, **sort sth out** se utiliza mucho con palabras interrogativas como *what*, *where*, etc. **5** (*esp GB*) tramitar, organizar algo: *First you have to sort out a work permit.* Primero tienes que tramitar un permiso de trabajo.

v+n/pron+adv
v+adv+n
1 [O] **your/sb's room**
3 [O] **a problem, the mess**
 = **work sth out** (4)
4 [O] **the details, your priorities**

▶ **sort-out** *n* (*GB, coloq*) limpieza general: *to have a sort-out* hacer limpieza general

sort yourself out (*GB, coloq*) **1** solucionar algn sus problemas: *Let's leave them to sort themselves out.* Dejémoslos que solucionen sus problemas. ◊ *It took her months to sort herself out after the divorce.* Tardó meses en superar lo del divorcio. **2** organizarse: *She's upstairs sorting herself out for tomorrow morning.* Está arriba organizándose para mañana por la mañana.

v+reflex+adv

speak

sort through sth 1 revisar algo: *She sorted through her wardrobe for something to wear.* Revisó el armario buscando algo que ponerse. **2** clasificar algo: *They sorted through thousands of old photos.* Clasificaron miles de fotografías viejas.
    v+prep+n/pron

sound /saʊnd/

sound off (about sth) (*coloq, pey*) abrir la boca (sobre algo) (*para expresar tu opinión, protestar, etc.*): *He should check his facts before sounding off like that.* Debería comprobar los hechos antes de abrir la boca así.
    v+adv

sound sb/sth out (about/on sth) sondear, tantear a algn/algo (sobre algo): *I want to sound him out about a possible job.* Quiero tantearlo sobre algún posible trabajo.
    v+adv+n
    v+pron+adv
    v+n+adv (*menos frec*)

soup /suːp/

soup sth up (*coloq*) trucar algo (*para aumentar su potencia*): *He makes a living buying old cars and souping them up.* Se gana la vida comprando coches viejos y trucándolos.
▶ **souped-up** *adj* [atrib] (*coloq*) trucado
NOTA Nótese que el adjetivo **souped-up** siempre se utiliza delante de un sustantivo: *a souped-up Mini.*
    v+adv+n
    v+pron+adv
    v+n+adv (*menos frec*)

space /speɪs/

space out (*esp USA, coloq*) colocarse (*con alcohol o drogas*)
▶ **spaced out** *adj* (*coloq*) colocado, zombi
NOTA Nótese que cuando el adjetivo **spaced out** aparece delante de un sustantivo, se escribe con guión: *spaced-out teenagers.*
    v+adv

space sth out espaciar algo (*de modo uniforme*): *You should space the words out a little more.* Deberías espaciar las palabras más.
    v+n/pron+adv
    v+adv+n

spark /spɑːk; *USA* spɑːrk/

spark sth off (*coloq*) provocar, ocasionar algo: *His resignation sparked off a political crisis.* Su dimisión ocasionó una crisis política.
    v+adv+n
    v+pron+adv
    v+n+adv (*menos frec*)
    [O] **riots, a debate, a crisis**

speak /spiːk/ *pret* **spoke** /spəʊk; *USA* spoʊk/ *pp* **spoken** /ˈspəʊkən; *USA* ˈspoʊ-/

be spoken for 1 estar casado/comprometido: *You can forget about him, he's spoken for!* ¡Olvídate de él, ya está comprometido! **2** estar reservado: *Half the money is already spoken for.* La mitad del dinero ya está reservado.
    be+v+adv

speak for itself/themselves hablar por sí solo/solos: *The facts speak for themselves.* Los hechos hablan por sí solos. *Ver tb* SPEAK FOR YOURSELF
    v+prep+reflex
    [S] **the facts, the figures, your/sb's success**

speak for sb 1 hablar en nombre de/por algn: *I can't speak for the others, but I'd love to come.* No puedo hablar por los demás, pero a mí me encantaría ir. **2** interceder por algn, defender a algn: *Many people spoke for her at the trial.* Mucha gente la defendió en el juicio.
    v+prep+n/pron
    1 = **answer for sb**

speak for sth hablar en favor de algo: *They claim to speak for traditional family values.* Dicen que hablan en favor de los valores familiares tradicionales.
    v+prep+n/pron

speak

speak for yourself hablar por uno mismo: *Speaking for myself, I'd prefer to go by train.* Por mí, prefiero ir en tren. ◊ *'We're all tired.' 'Speak for yourself, I feel fine!'* —Todos estamos cansados. —¡Eso lo dirás por ti, yo estoy tan fresca! *Ver tb* SPEAK FOR ITSELF/THEMSELVES
v + prep + reflex

speak of sth (*formal*) denotar, revelar algo, hablar de algo: *The once-elegant furnishings spoke of better days.* Los muebles, antaño elegantes, hablaban de tiempos mejores. ◊ *Her look spoke of a longing to be free.* Su mirada denotaba un anhelo de libertad.
v + prep + n/pron

speak out (**against/in favour of/on sth**) hablar claro (contra/a favor de/sobre algo): *People are no longer afraid to speak out.* La gente ya no tiene miedo a hablar claro. ◊ *She spoke out against the regime.* Habló contra el régimen.
v + adv

▶ **outspoken** *adj* franco: *outspoken comments* comentarios francos ◊ *She was outspoken in her condemnation of the proposals.* No tuvo pelos en la lengua a la hora de condenar las propuestas.

speak up 1 hablar (más) alto: *Please speak up — we can't hear you at the back.* Por favor, hable más alto, aquí atrás no se le oye.
NOTA En este sentido, **speak up** se utiliza mucho en imperativo.
2 (**for sb/sth/yourself**) hablar (en/a favor de algn/algo/uno mismo), defender a algn/algo, defenderse: *Several players spoke up for their manager.* Varios jugadores hablaron en favor del manager. ◊ *It's time to speak up about what is happening in our schools.* Ya es hora de que hablemos de lo que está pasando en nuestros colegios. ◊ *She's learned to speak up for herself.* Ha aprendido a hablar en su propio favor.
v + adv

---

speed /spi:d/ *pret, pp* **sped** /sped/ o **speeded**

speed along, past, through, etc.; **speed along, past, through, etc. sth** (*tb* **speed past sb**) ir, pasar, atravesar, etc. a toda velocidad: *The car sped through the quiet streets.* El coche atravesó las silenciosas calles a toda velocidad. ◊ *They pulled over as an ambulance sped past.* Se hicieron a un lado cuando una ambulancia pasó a toda velocidad.
v + adv
v + prep + n/pron

speed away/off irse/alejarse a toda velocidad: *The car sped away from the house.* El coche se alejó de la casa a toda velocidad.
v + adv

speed up acelerar, coger velocidad: *The train started to speed up.* El tren empezó a acelerar.
NOTA Con este *phrasal verb* se usa la forma **speeded** para el pasado y participio: *The runners speeded up as they came off the bend.*
v + adv

speed sth up acelerar algo: *Ring the solicitor and see if she can speed things up a bit.* Llama al abogado a ver si puede acelerar las cosas un poco.
NOTA Con este *phrasal verb* se utiliza la forma **speeded** para el pasado y participio: *They've speeded up production of the new car.*
v + adv + n
v + n/pron + adv

---

spell /spel/ *pret, pp* **spelt** /spelt/ o **spelled**

spell sth out 1 deletrear algo: *Could you spell out that word for me again?* ¿Me deletreas de nuevo esa palabra? **2** exponer algo, explicar algo en detalle: *His reasons for leaving are spelt out in detail in his letter.* Las razones de su marcha están explicadas en detalle en su carta.
v + adv + n
v + pron + adv
v + n + adv (*menos frec*)

spew /spju:/

spew up (*GB, coloq*) vomitar: *He spewed up all over my jacket.* Me vomitó toda la chaqueta.

v + adv
= **throw up, vomit** (*más formal*)

spice /spaɪs/

spice sth up 1 especiar, condimentar algo, dar más sabor a algo: *Casseroles can be spiced up with a dash of tabasco sauce.* Se puede dar más sabor a los guisos añadiéndoles una pizca de tabasco. **2** animar algo, hacer algo más interesante: *He exaggerated the details to spice up the story.* Exageró los detalles para animar la historia. ◊ *I need to spice up my life.* Necesito ponerle un poco de picante a mi vida.

v + adv + n
v + n/pron + adv

spiff /spɪf/

get spiffed up (*USA, coloq*) arreglarse, engalanarse: *We went home to get spiffed up for the party.* Nos fuimos a casa para arreglarnos para la fiesta.

get + v + adv

spill /spɪl/ *pret, pp* spilt /spɪlt/ o spilled

spill out 1 (**of sth**) salirse (de algo): *The contents of her bag spilled out everywhere.* Todo lo que llevaba en el bolso se salió por todas partes. ◊ *Water had spilled out of the bucket onto the floor.* El agua se había salido del cubo al suelo. **2** (**of sth**) salir en tropel (de …): *The children spilled out into the playground.* Los niños salieron al patio en tropel. **3** (**of sb**) (*palabras*) salir a borbotones (de la boca de algn): *The words were spilling out of him.* Las palabras le salían a borbotones de la boca.

v + adv
2 = **pour out** (1)
3 = **pour out** (2)

spill sth out contar, soltar algo (*sin haberlo planeado*): *She spilled out her troubles to them.* Les contó sus problemas.

v + adv + n
v + n/pron + adv

spill over 1 (*tb* **spill over sth**) desbordarse, derramarse, desbordar algo: *Water spilled over the edge of the bath.* El agua desbordó la bañera. ◊ *Her emotions suddenly spilled over.* Sus emociones se desbordaron de repente. **2** (**to sb/into sth**) repercutir en algn/algo, tener repercusiones: *Unrest has spilt over into areas outside the city.* Los disturbios han repercutido en barrios de las afueras de la ciudad. ◊ *Their success spilled over to other publishers.* Su éxito repercutió en otras editoriales.

1 *v + adv*
v + prep + n/pron
2 *v + adv*

▶ **overspill** *n* (*GB*) excedente de población: *New towns were designed to house London's overspill.* Se diseñaron nuevas ciudades para acomodar el excedente de población de Londres.

NOTA Nótese que el sustantivo **overspill** también puede utilizarse delante de otro sustantivo: *overspill populations*.

spin /spɪn/ -nn- *pret, pp* spun /spʌn/

spin around (*GB tb* **spin round**) **1** darse la vuelta rápidamente: *She spun around in time to see him pocketing the money.* Se dio la vuelta a tiempo para verle guardarse el dinero en el bolsillo. **2** girar rápidamente: *The propeller started to spin around.* La hélice empezó a girar rápidamente.

v + adv
1 = **wheel around**

spin sth off 1 (*sucursal*) separar, independizar algo: *Our overseas branches have been spun off as separate companies.* Las sucursales del extranjero han pasado a ser compañías independientes. **2** dar lugar a algo, traer algo consigo: *The TV programme has spun off a whole range of toys and games.* El programa de televisión ha dado lugar a toda una gama de juguetes y juegos.
▶ **spin-off** *n* **1** beneficio indirecto **2** derivado, producto secundario: *The TV series is a spin-off of the original movie.* La serie de televisión es una adaptación de la película original.
NOTA Nótese que el sustantivo **spin-off** también puede utilizarse delante de otro sustantivo: *spin-off merchandise from the latest Disney film.*

v+adv+n
v+pron+adv
v+n+adv (poco frec)

spin sth out alargar, prolongar algo: *I managed to spin my talk out to an hour.* Conseguí alargar la charla para que durase una hora.
◊ *She had to spin out her money until pay day.* Tenía que estirar el dinero hasta el día de paga.

v+adv+n
v+n/pron+adv

spin round Ver SPIN STH AROUND

v+adv

spirit /ˈspɪrɪt/

spirit sb/sth away/off (to …) hacer desaparecer a algn/algo (a …) (*misteriosamente*): *He was spirited away by his friends before the police arrived.* Sus amigos le hicieron desaparecer antes de que llegara la policía.

v+n/pron+adv
v+adv+n

spirit sb/sth in, out, etc.; **spirit sb/sth into, out of, etc. sth** meter, sacar, etc. a algn/algo (en …) (*misteriosamente*): *The family was spirited out of the country.* Sacaron a la familia del país misteriosamente.

v+n/pron+adv
v+n/pron+prep+n

spirit sth off (to …) Ver SPIRIT STH AWAY/OFF (TO …)

v+n/pron+adv
v+adv+n

spit /spɪt/ *pret, pp* spat /spæt/ (*tb esp USA*) spit

spit it out (*coloq*) soltarlo, desembuchar: *Come on, spit it out! Who did it?* Vamos, ¡suéltalo ya! ¿Quién fue?
NOTA **Spit it out** suele utilizarse en imperativo.

v+it+adv

spit sth out 1 escupir algo: *It tasted so horrible he had to spit it out.* Sabía tan mal que tuve que escupirlo. **2** soltar, decir algo (*con enfado o ímpetu*): *'Men!' she spat out.* —¡Hombres! —dijo enfadada.
◊ *He spat the words out.* Soltó las palabras.

v+n/pron+adv
v+adv+n
2 ⓞ **the words**

spit up; **spit sth up** (*USA*) (*bebé*) vomitar: *Put this cloth on your shoulder in case she spits up.* Ponte este trapo en el hombro por si te vomita.
▶ **spit-up** *n* (*USA*) vómito (*de un bebé*), leche

v+adv
v+n/pron+adv
v+adv+n

splash /splæʃ/

splash around (in sth) (*GB tb* **splash about (in sth)**) chapotear (en algo): *The children splashed about in the river all afternoon.* Los niños pasaron toda la tarde chapoteando en el río.

v+adv

splash across, along, through, etc. sth cruzar, pasar, atravesar, etc. algo chapoteando: *We splashed across the stream.* Cruzamos el arroyo chapoteando.

v+prep+n/pron

spoil

splash sth across/over sth publicar algo en la primera página de algo (*de forma sensacionalista*): *The next day her name was splashed across all the front pages.* Al día siguiente su nombre aparecía en la portada de todos los periódicos.
    v + n/pron + prep + n/pron

splash down amerizar, amarar: *The capsule splashed down in the Pacific.* La cápsula espacial amerizó en el Pacífico.
▶ **splashdown** *n* amerizaje, amaraje
    v + adv

splash out (**on sth**) (*coloq*) pegarse el gustazo (de/en algo), permitirse un lujo, derrochar dinero (en algo): *She splashed out on a new pair of shoes.* Se pegó el gustazo de unos zapatos nuevos. ◊ *Why don't we splash out and go out for a meal?* ¿Por qué no nos permitimos un lujo y salimos a cenar?
    v + adv

splash out sth (**on sth**) gastarse algo (en algo): *The couple splashed out £500 000 on a house in the country.* La pareja se gastó 500.000 libras en una casa en el campo.
    v + prep + n

splash sth over sth *Ver* SPLASH STH ACROSS/OVER STH
    v + n/pron + prep + n/pron

---

split /splɪt/ **-tt-** *pret, pp* **split**

split away/off (**from sth**) **1** desprenderse (de algo): *The branch had split away from the main trunk.* La rama se había desprendido del tronco principal. **2** separarse (de algo) (*por estar en desacuerdo*): *The dissidents split away to form a new party.* Los disidentes se separaron para formar un nuevo partido.
    v + adv

split sth away/off (**from sth**) **1** hacer que algo se desprenda (de algo): *The collision split the wing away from the fuselage.* La colisión hizo que el ala se desprendiera del fuselaje. **2** separar algo (de algo): *Part of the business was split off to form a separate company.* Parte del negocio se separó para formar otra empresa.
    v + n/pron + adv
    v + adv + n

split off (**from sth**) *Ver* SLIT AWAY/OFF (FROM STH)
    v + adv

split sth off (**from sth**) *Ver* SLIT STH AWAY/OFF (FROM STH)
    v + adv + n
    v + n/pron + adv

split on sb (**to sb**) (*GB, coloq*) chivarse de algn (a algn): *Promise you won't split on me.* Prométeme que no te vas a chivar.
    v + prep + n/pron
    = **tell on sb**

split up (*coloq*) **1** (**from/with sb**) romper (con algn): *He told me he had split up with his girlfriend.* Me dijo que había roto con su novia. ◊ *Ann and Ray have split up.* Ann y Ray se han separado. **2** (**into sth**) dividirse, separarse (en algo) (*en grupos o partes más pequeñas*): *We split up into groups to discuss the question.* Nos dividimos en grupos para tratar el asunto.
    v + adv
    1 = **break up** (4)

split sb up hacer que algn se separe: *She's doing her best to split us up.* Está haciendo todo lo posible para que nos separemos.
    v + n/pron + adv
    v + adv + n

split sb/sth up (**into sth**) dividir, separar a algn/algo (en algo): *The class was split up into groups of five pupils.* Se dividió la clase en grupos de cinco alumnos. ◊ *We got split up in the crowd.* Había tanta gente que acabamos separándonos.
    v + n/pron + adv
    v + adv + n

---

spoil /spɔɪl/

spoil for sth (*coloq*) andar buscando algo, tener ganas de algo (*una pelea, bronca, etc.*): *He was spoiling for a fight.* Tenía ganas de pelea.
NOTA Spoil for sth se utiliza siempre en tiempos continuos.
    v + prep + n/pron
    [0] **a fight**

sponge

sponge /spʌndʒ/

sponge sb/sth down pasar a algn/algo una esponja/un trapo húmedo (*para limpiarlo o refrescarlo*): *I sponged the coat down to remove the mud.* Limpié el barro del abrigo pasándole una esponja húmeda.
    v + n/pron + adv
    v + adv + n

sponge sth off; **sponge sth off sth** (*esp GB*) quitar algo (de algo) con una esponja/un trapo húmedo: *I couldn't sponge the stain off my dress.* Le di al vestido con una esponja húmeda, pero no conseguí quitar la mancha.
    v + n/pron + adv
    v + adv + n
    v + n/pron + prep + n/pron

sponge off sb (*tb* **sponge on sb** *menos frec*) (*coloq, gen pey*) vivir a costa de algn, gorronear a algn: *He's constantly sponging off his friends.* Está constantemente gorroneando a sus amigos.
    v + prep + n/pron

sponge sth off sb (*tb* **sponge sth from sb** *menos frec*) (*coloq, gen pey*) sacar algo a algn, gorronear algo a algn: *He sponged fifty pounds off his father.* Le sacó cincuenta libras a su padre.
    v + n/pron + prep + n/pron

sponge on sb *Ver* SPONGE OFF SB
    v + prep + n/pron

---

spout /spaʊt/

spout off/on (about sth) (*coloq, pey*) perorar, soltar un rollo (sobre algo): *He's always spouting off about being a vegetarian.* Siempre está soltando el rollo de que es vegetariano.
    v + adv

---

sprawl /sprɔːl/

sprawl out tumbarse, repanchingarse: *He came home and just sprawled out on the sofa.* No hizo más que llegar a casa y se repanchingó en el sofá.
    v + adv

---

spread /spred/ *pret, pp* **spread**

spread out 1 extenderse, expandirse: *The city has spread out into what used to be countryside.* La ciudad se ha extendido por lo que antes era campo. ◊ *The ripples spread out across the water.* Las ondas se expandieron por el agua. ◊ *A bright future spread out before him.* Un brillante futuro se abría delante de él. **2** (*tb* **spread yourselves out**) desplegarse: *The search party spread out over the moor.* El equipo de búsqueda se desplegó por el páramo. ◊ *Don't all sit together. Spread yourselves out.* No os sentéis todos juntos. Poneos separados. **NOTA** Cuando este *phrasal verb* se utiliza con un pronombre reflexivo, este tiene que ir en plural: **ourselves, yourselves** o **themselves**. **3** (*tb* **spread yourself out**) estirarse, ponerse uno a sus anchas: *There's more room to spread out in first class.* Hay más sitio para ponerte a tus anchas en primera clase.
    1 *v + adv*
    2 *v + adv*
       v + reflex + adv
    3 *v + adv*
       v + reflex + adv

spread sth out 1 esparcir algo (*sobre una superficie*): *Spread out all the pieces before you begin the jigsaw.* Esparce todas las piezas antes de empezar el rompecabezas. ◊ *All the books were spread out on the floor.* Todos los libros estaban esparcidos por el suelo. **NOTA** Nótese que el participio **spread out** se utiliza mucho en descripciones de panoramas, ciudades, etc.: *Spread out below her lay the city of Florence.* **2** extender, desplegar algo: *They spread the blanket out on the grass.* Desplegaron la manta sobre la hierba. ◊ *Spread out the mixture to cover the whole tray.* Extienda la mezcla hasta cubrir toda la bandeja. **3** extender algo (*los brazos, los dedos, etc.*): *The boy spread out his arms, pretending to be an aeroplane.* El niño extendió los brazos, haciendo el avión. **4 spread sth out over sth** *Ver* SPREAD STH OVER STH
    v + n/pron + adv
    v + adv + n
    2 ◯ **a map, a newspaper**
    3 ◯ **your arms, your hands**
    4 *v + n/pron + adv + prep + n/pron*

spread yourself out Ver SPREAD OUT (2, 3)

v+reflex+adv

spread sth over sth (*tb* **spread sth out over sth** *menos frec*) repartir algo a lo largo de … (*un periodo de tiempo*): *You can spread the costs over five years.* Los costos pueden repartirse a lo largo de cinco años.

v+n/pron+prep+n/pron
v+n/pron+adv+prep+n/pron
[O] **the cost, the work**

---

spring /sprɪŋ/ *pret* **sprang** /spræŋ/ (*USA tb*) **sprung** /sprʌŋ/ *pp* **sprung**

spring for sth (*USA, coloq*) pagar algo (*invitando a los demás*): *I'll spring for the dinner.* Yo pago la cena.

v+prep+n/pron

spring from sth 1 (*tb* **spring out of sth** *menos frec*) surgir, ser producto de algo: *Aggression often springs from fear.* La agresividad es a menudo producto del miedo. **2** (*coloq*) salir de … (*de forma inesperada*): *Where on earth did you spring from?* ¿De dónde demonios saliste? NOTA En este sentido, **spring from sth** se utiliza mucho en frases interrogativas.

1 *v+prep+n/pron*
v+adv+prep+n/pron
2 *v+prep+n/pron*

spring sth on sb soltar algo a algn, hacer algo a algn (*de buenas a primeras, sin avisar*): *I hate to spring this on you at such short notice.* Siento informarte de esto con tan poca antelación. ◊ *They were planning to spring a surprise on us.* Planeaban darnos una sorpresa.

v+n/pron+prep+n/pron
[O] **a surprise**

spring out of sth Ver SPRING FROM STH (1)

v+adv+prep+n/pron

spring up 1 levantarse de un salto: *She sprang up as I entered the room.* Cuando entré en la habitación se levantó de un salto. **2** surgir, aparecer (*de repente*): *Weeds were springing up everywhere.* Brotaban malas hierbas por todas partes. ◊ *Several new bars sprang up in the area.* Aparecieron varios bares nuevos en la zona. ◊ *A cool breeze had sprung up.* Se había levantado un viento frío.

v+adv
1 = **jump up, leap up**

---

spruce /spru:s/

spruce sb/sth up; spruce yourself up arreglar algo, arreglarse, acicalarse: *We spruced up the room with a coat of paint.* Arreglamos la habitación con una mano de pintura. ◊ *He spruced himself up for the interview.* Se arregló para la entrevista.

v+adv+n
v+pron+adv
v+n+adv (*menos frec*)
v+reflex+adv
= **smarten sb/sth up**

---

spur /spɜ:(r)/ **-rr-**

spur sb on (to sth/to do sth) animar a algn (a algo/hacer algo): *Her difficult childhood spurred her on to succeed.* Su difícil infancia la animó a triunfar.

v+n/pron+adv
v+adv+n
= **encourage sb**

NOTA **Spur sb on** se utiliza mucho en pasiva: *He was spurred on by new hope.*

---

spurt /spɜ:t; *USA* spɜ:rt/

spurt out (of sth) salir a chorros (de algo): *The water spurted out of the hole.* El agua salía a chorros por el agujero.

v+adv

---

spy /spaɪ/ *pret, pp* **spied**

spy on sb/sth (*tb* **spy upon sb/sth** *más formal*) espiar a algn/algo: *He hired a detective to spy on me.* Contrató a un detective para espiarme.

v+prep+n/pron

NOTA **Spy on sb/sth** se puede utilizar en pasiva: *He knew he was being spied on.*

spy sth out (*GB*) descubrir algo: *They sent him to spy out the whereabouts of the boss.* Lo mandaron para que descubriese dónde andaba el jefe.
NOTA **Spy sth out** no se suele utilizar en pasiva.

v + adv + n
v + pron + adv
v + n + adv (poco frec)

spy upon sb/sth *Ver* SPY ON SB/STH

v + prep + n/pron

square /skweə(r); *USA* skwer/

square sth away (*USA*) organizar algo: *We need to get everything squared away before you leave.* Tenemos que dejar todo organizado antes de que te vayas.
NOTA **Square sth away** se utiliza mucho en pasiva.

v + n/pron + adv
v + adv + n

square off (**against sb**) (*USA*) enfrentarse (a algn): *The two candidates will square off in a debate tomorrow.* Los dos candidatos se enfrentarán en un debate mañana.

v + adv

square up 1 (**to sb/sth**) (*esp GB*) enfrentarse (a algn/algo), hacer frente a algn/algo: *He squared up to me when I told him to leave.* Cuando le dije que se fuera se me enfrentó. ◊ *He must square up to the reality of being out of work.* Tiene que hacer frente a la realidad de estar sin trabajo. **2** (**with sb**) arreglar (las) cuentas (con algn): *Can I leave you to square up with the waiter?* ¿Arreglas tú las cuentas con el camarero?

v + adv
2 = **settle up**

square with sth cuadrar con algo: *This doesn't square with what you told us earlier.* Esto no cuadra con lo que nos dijiste antes.

v + prep + n/pron

square sth with sb consultar algo a algn: *You'd better square it with the manager first.* Es mejor que lo hables primero con el director. ◊ *I told them I'd squared it with you.* Les dije que te lo consultaría.

v + n/pron + prep + n/pron

square sth with sth conciliar algo con algo: *He finds it difficult to square his profession with his religious beliefs.* Le resulta difícil conciliar su profesión con sus creencias religiosas.
NOTA **Square sth with sth** se utiliza mucho en pasiva: *The interests of farmers need to be squared with those of consumers.*

v + n/pron + prep + n/pron

squash /skwɒʃ; *USA* skwɑːʃ, skwɔːʃ/

squash in; **squash into sth** meterse a presión (en …): *Can I squash in?* ¿Quepo yo también? ◊ *Hundreds of people had squashed into the nightclub.* Cientos de personas se habían metido a presión en la sala de fiestas.

v + adv
v + prep + n/pron

squash sb/sth in; **squash sb/sth into sth** meter a algn/algo (en …) (*con dificultad*): *I managed to squash all the clothes into the case.* Conseguí meter toda la ropa en la maleta a presión.

v + n/pron + adv
v + adv + n
v + n/pron + prep + n/pron
= **squeeze sb/sth in**,
squeeze sb/sth into sth (1)

squash up (*GB*) apretarse, apretujarse: *He tried to conceal himself by squeezing up against the door.* Intentó que no le vieran apretándose contra la puerta.

v + adv
= **squeeze up**

squeak /skwiːk/

squeak by (*USA, coloq*) ganar/pasar por los pelos: *We just squeaked by in the semi-final.* Ganamos la semifinal por los pelos.

v + adv

squeeze /skwiːz/

squeeze in, past, through, etc.; **squeeze into, past, through, etc. sth** (*tb* **squeeze past sb**) entrar, pasar, meterse, etc. con dificultad (*por un espacio demasiado pequeño*): *Can I squeeze past?* ¿Puedo pasar? ◊ *We just managed to squeeze into the packed room.* Nos metimos como pudimos en la habitación atestada de gente.
v + adv
v + prep + n/pron

squeeze sb/sth in; **squeeze sb/sth into sth 1** meter a algn/algo (en …) (*con dificultad*): *Can you squeeze anything else into that case?* ¿Puedes meter algo más en esa maleta? **2** hacer/encontrar un hueco a algn/algo (en …) (*en una agenda, etc.*): *The doctor could squeeze you in on Tuesday morning.* El médico podría hacerle un hueco el martes por la mañana.
v + n/pron + adv
v + adv + n
v + n/pron + prep + n/pron
1 = **squash sb/sth in, squash sb/sth into sth**

squeeze sb out (**of sth**) desplazar a algn (de algo): *They're trying to squeeze us out of the market.* Están intentando desplazarnos del mercado. ◊ *I found I was being squeezed out.* Descubrí que me estaban excluyendo.
v + n/pron + adv
v + adv + n
= **exclude sb**

squeeze sth out 1 (**of sth**) (*líquido*) exprimir, escurrir algo (de algo): *You'll need to squeeze the juice out of the oranges.* Tendrás que exprimir el zumo de las naranjas. **2** (*trapo*) estrujar, escurrir algo: *She squeezed the cloth out.* Estrujó el trapo. **3** (**of sb/sth**) (*dinero, beneficios*) sacar algo (a algn/algo) (*a la fuerza*): *The government will try to squeeze more money out of the taxpayer.* El gobierno intentará sacarle más dinero al contribuyente. **4** (**of sth**) desplazar algo (de algo): *Supermarkets are squeezing out small shops.* Los supermercados están desplazando a las tiendas pequeñas.
v + n/pron + adv
v + adv + n
1 ◯ water, juice
2 ◯ a cloth, a sponge
= **wring sth out**
3 ◯ money

squeeze up apretarse, apretujarse: *There'll be enough room if we all squeeze up a bit.* Si nos apretamos todos un poco, habrá suficiente sitio.
v + adv
= **squash up** (*GB*)

squirrel /ˈskwɪrəl; *USA* ˈskwɜːrəl/ **-ll-** (*USA*) **-l-**

squirrel sth away poner algo a buen recaudo, guardar algo: *She had money squirrelled away in various bank accounts.* Tenía dinero a buen recaudo en varias cuentas bancarias.
v + n/pron + adv
v + adv + n

stack /stæk/

stack up 1 acumularse, apilarse: *Over the months he just let the paperwork stack up.* Durante meses dejó que se le acumulara el papeleo. **2** (*aviones*) sobrevolar un aeropuerto (*para aterrizar*): *The planes were stacking up waiting to land.* Los aviones sobrevolaban el aeropuerto a la espera de poder aterrizar. **3** (**against sb/sth**) (*coloq*) salir parado (al ser comparado con algn/algo): *How does this washing powder stack up against your usual brand?* ¿Qué tal es este detergente comparado con su marca habitual? ◊ *Let's try him in the team and see how he stacks up.* Pongámosle en el equipo de prueba y veamos cómo funciona comparado con los otros.
v + adv
1 = **pile up, pile sth up**
3 = **compare**

stack sth up 1 apilar algo: *He stacked up the dishes on the draining board.* Apiló los platos en el escurreplatos. **2** (*USA*) acumular algo: *She's stacking up the college credits with all of her night courses.* Está acumulando créditos para la universidad con todos los cursos nocturnos que hace.
v + n/pron + adv
v + adv + n
1 = **pile up, pile sth up**

stagger /'stægə(r)/

stagger along, around, in, etc.; stagger along, around, into, etc. sth andar, entrar, etc. tambaleándose: *The door opened and Bill staggered in.* Se abrió la puerta y Bill entró tambaleándose.
> v+adv
> v+prep+n/pron

stagger away/off irse/salir tambaleándose: *He dragged himself to his feet and staggered off.* Consiguió ponerse de pie y se fue tambaleándose.
> v+adv

stake /steɪk/

stake sth on sth 1 apostar algo a algo: *He staked twenty pounds on the favourite.* Apostó veinte libras al favorito. **2** poner algo en juego por algo, jugarse algo al hacer algo: *He had staked his reputation on the deal.* Había puesto en juego su reputación con el trato. ◊ *I'd stake my life on it.* Me jugaría la vida a que es así.
> v+n/pron+prep+n/pron

stake sth out 1 delimitar, marcar algo: *The male stakes out his territory and defends it from other birds.* El macho marca el territorio y lo defiende de otros pájaros. ◊ *The President staked out his position on the issue.* El Presidente dejó clara su opinión respecto al tema. **2** mantener algo vigilado: *Detectives have been staking out the house for two weeks now.* Los detectives llevan ya dos semanas vigilando la casa.
> v+adv+n
> v+pron+adv
> v+n+adv (poco frec)
> **1** [0] **your territory**

▶ **stake-out** *n* operación de vigilancia

stamp /stæmp/

stamp away/off marcharse pisando fuerte: *She stamped off upstairs, muttering angrily.* Se fue arriba pisando fuerte, refunfuñando.
> v+adv

stamp down, out, up, etc.; stamp down, out of, up, etc. sth bajar, salir, subir, etc. pisando fuerte: *He stamped out of the room.* Salió de la habitación pisando fuerte. ◊ *She stamped up and down to keep warm.* Subía y bajaba dando pisotones para entrar en calor.
> v+adv
> v+prep+n

stamp off *Ver* STAMP AWAY/OFF
> v+adv

stamp on sb/sth 1 pisar, pisotear a algn/algo: *The child stamped on the spider.* La niña pisó la araña. **2** (*esp GB*) frenar a algn/algo: *This kind of disobedience must be stamped on.* Hay que frenar este tipo de desobediencias.
> v+prep+n/pron

NOTA Stamp on sb/sth se puede utilizar en pasiva: *The flowers had been stamped on.*

stamp sth on sth imprimir algo en algo, imprimirle/darle algo a algo: *She stamped her own interpretation on the role.* Le imprimió su propia interpretación al papel. ◊ *They have managed to stamp their mark on the music scene.* Han conseguido imprimir su marca en el mundo de la música. ◊ *The date is forever stamped on her memory.* La fecha está grabada en su memoria para siempre.
> v+n/pron+prep+n/pron
> [0] **your authority, your mark**

stamp sth out 1 apagar/extinguir algo pisándolo: *He stamped out the flames before they spread any further.* Apagó las llamas a pisotones antes de que se extendiesen más. **2** acabar con algo, erradicar algo: *They aim to stamp out drug dealing in schools.* Quieren acabar con el tráfico de drogas en los colegios.
> **1** v+n/pron+adv
> v+adv+n
> **2** v+adv+n
> v+pron+adv
> v+n+adv (poco frec)
> [0] **a problem, drug abuse**

stand /stænd/ *pret, pp* **stood** /stʊd/

stand about (**doing sth**) (*esp GB*) quedarse por ahí (haciendo algo) (*poco productivo*): *I can't stand about talking to you all day.* No me puedo quedar aquí hablando contigo todo el día.

v+adv
= **stand around,**
stand around sth

stand around; **stand around sth** (**doing sth**) (*tb esp GB*) **stand round**, **stand round sth** (**doing sth**) *menos frec*) quedarse ahí sin hacer nada, estar/andar por … sin hacer nada, quedarse (por …) (haciendo algo) (*poco productivo*): *Don't just stand around, give me a hand.* No te quedes ahí sin hacer nada, échame una mano. ◊ *There were a few people standing around the square.* Había gente andando por la plaza. ◊ *A group of people stood around watching.* Un grupo de gente se quedó mirando.

v+adv
v+prep+n/pron
= **stand about** (*esp GB*)

stand aside 1 apartarse, hacerse a un lado: *Stand aside please, and let her through.* Háganse a un lado y déjenla pasar, por favor. **2** mantenerse aparte/al margen: *I can't stand aside and let you waste an opportunity like that.* No puedo quedarme al margen y dejar que desperdicies una oportunidad como esa. **3** (*candidato*) retirarse: *He stood aside in favour of a better qualified applicant.* Se retiró en favor de un aspirante mejor cualificado.

v+adv

stand back ☆ **1** (**from sb/sth**) alejarse, apartarse, retirarse (de algn/algo): *Stand well back from the flames.* Manténganse alejados de las llamas. **2** (**from sth**) (*edificio*) estar apartado (de algo): *The house stands back from the road.* La casa está apartada de la carretera. **3** (**from sth**) distanciarse (de algo): *She found it hard to stand back from the situation.* Le resultaba difícil distanciarse de la situación.

v+adv
1 = **get back** (3)
3 = **step back** (2)

stand by 1 estar/quedarse ahí (*sin hacer nada*): *I can't stand idly by and let him take the blame.* No puedo quedarme ahí sin hacer nada y dejar que le culpen. **2** (**for sth**) estar preparado (para algo): *The pilot was instructed to stand by for takeoff.* El piloto recibió instrucciones de que estuviera preparado para despegar. ◊ *The men are standing by for instructions.* Los hombres están preparados esperando instrucciones.

v+adv
1 = **sit by**

▶ **bystander** *n* (*testigo*) presente: *Two bystanders were hit by stray bullets.* Dos de los presentes fueron alcanzados por balas perdidas.

▶ **standby** *adj* [atrib] **1** de reserva: *standby supplies* suministros de reserva **2** estado de alerta: *standby tickets* billetes de lista de espera
NOTA Nótese que el adjetivo **standby** siempre se utiliza delante de un sustantivo: *standby passengers.*

▶ **standby** *n* (*pl* **standbys**) **1** recurso, repuesto: *Keep some candles as a standby in case the power fails.* Ten unas cuantas velas de reserva por si hubiera cortes de luz. **2** *be on standby* estar en estado de alerta ◊ *The hospital has been put on standby.* El hospital ha sido puesto en estado de alerta. **3** lista de espera: *I was put on standby for the flight to New York.* Me pusieron en lista de espera para el vuelo a Nueva York.

stand by sb apoyar a algn: *I'll stand by you whatever happens.* Te apoyaré pase lo que pase.

v+prep+n/pron
= **stick by sb** (*coloq*)

stand by sth mantener algo (*una decisión, una promesa, etc.*), sostener algo: *He stands by every word he said.* Mantiene todo lo que dijo.

v+prep+n/pron
[O] **a/your decision**

stand

stand down 1 (as/from sth) retirarse (como/de algo): *She stood down after only three years in office.* Se retiró cuando apenas llevaba tres años en el cargo. ◊ *He stood down from his post.* Se retiró del puesto. **2** (*testigo*) retirarse de la tribuna de los testigos: *The witness was allowed to stand down.* Al testigo se le permitió retirarse de la tribuna de los testigos.

stand for sth 1 significar algo: *What does DVD stand for?* ¿Qué significa DVD? **2** representar, propugnar, apoyar algo: *I hate him and all he stands for.* Lo odio a él y a todo lo que representa. ◊ *Our party stands for racial harmony.* Nuestro partido propugna la armonía racial. **3** consentir, tolerar algo: *I won't stand for this behaviour.* No consentiré semejante comportamiento. **NOTA** En este sentido, **stand for sth** se utiliza sobre todo en construcciones negativas. **4** presentarse a las elecciones: *He stood for Parliament and got elected.* Se presentó a las elecciones al Parlamento y salió elegido.

stand in (for sb) sustituir, suplir (a algn): *She stood in for the chairman when he was called away.* Sustituyó al presidente cuando este tuvo que ausentarse.
▶ **stand-in** *n* **1** sustituto, suplente: *The star fell ill, so a stand-in had to be found.* La estrella principal se puso enferma así que tuvieron que buscar un sustituto. **2** (*Cine*) doble: *Most of the stunts are performed by stand-ins.* La mayoría de las escenas peligrosas las hacen los dobles.
NOTA Nótese que el sustantivo **stand-in** también puede utilizarse delante de otro sustantivo: *the stand-in captain*.

☆ **stand out 1 (against sth)** resaltar (contra algo): *The bare branches stood out against the pale sky.* Las ramas desnudas resaltaban contra el pálido cielo. **2 (as/from sth)** destacar (como/de algo) (*por ser distinto o superior al resto*): *This building stands out from the rest because of its superior design.* Este edificio destaca del resto por su diseño superior. ◊ *This painting stands out as a masterpiece.* Este cuadro destaca como obra de arte.
LOC **stand out in a crowd** no pasar desapercibido: *She's the sort of person who stands out in a crowd.* Es de ese tipo de personas que no pasan desapercibidas. **stand out like a sore thumb** (*coloq*) verse a la legua, llamar la atención
▶ **outstanding** *adj* excelente, excepcional: *an outstanding young actress* una joven actriz excepcional ◊ *the outstanding features of the landscape* los extraordinarios rasgos del paisaje
NOTA Nótese que el adjetivo **outstanding** se usa mucho delante de un sustantivo: *an outstanding example of Elizabethan architecture*.
▶ **outstandingly** *adv* excepcionalmente, extraordinariamente: *She is outstandingly talented.* Tiene un talento extraordinario.

stand over sb vigilar a algn, estar encima de algn: *She won't do her homework unless I stand over her.* No hace sus deberes a menos que esté encima de ella.

stand round; stand round sb/sth *Ver* STAND AROUND; STAND AROUND SB/STH

---

v+adv
1 = **step aside, step down** (2)

v+prep+n/pron
3 = **put up with sb/sth, tolerate sth** (*más formal*)
4 [O] **election, Parliament, office**

v+adv
= **sit in for sb**

v+adv

v+prep+n/pron

v+adv
v+prep+n/pron

stand up ☆ **1** ponerse de pie, levantarse: *Be sure to stand up when he comes in.* No dejéis de poneros de pie cuando él entre. ☆ **2** estar de pie: *We had to stand up all the way to Manchester.* Tuvimos que ir de pie hasta Manchester. **3** (**to sth**) (*coartada, historia*) resistir (algo): *Your alibi won't stand up to scrutiny.* Tu coartada no resistirá un escrutinio.
▶ **stand-up** *adj* [atrib] **1** *a stand-up comedian* un cómico **2** (*esp GB*) (*pelea*) violenta: *He wouldn't have a chance in a stand-up fight.* Llevaría todas las de perder si llegan a las manos.
NOTA Nótese que el adjetivo **stand-up** siempre se utiliza delante de un sustantivo: *stand-up comedy.*

v+adv

stand sb up (*coloq*) dejar plantado a algn: *They agreed to meet at the cinema but she stood him up.* Quedaron en encontrarse en el cine pero ella le dio plantón. ◊ *I've been stood up!* ¡Me han dado plantón!

v+n/pron+adv
v+adv+n (*menos frec*)

stand up for sb/sth; stand up for yourself defender a algn/ algo, defenderse: *She's always stood up for her friends.* Siempre ha defendido a sus amigos. ◊ *It's time they stood up for themselves.* Ya es hora de que se defiendan. ◊ *You should stand up for what you believe in.* Deberías defender aquello en lo que crees.

v+adv+prep+n/pron
v+adv+prep+reflex
[○] **your rights, your interests**

stand up to sb hacer frente a algn: *If you don't stand up to him he'll treat you like dirt.* Si no le haces frente, te tratará como si fueras basura.

v+adv+prep+n/pron

stand up to sth resistir algo: *This equipment is robust enough to stand up to the roughest treatment.* Este equipo es lo suficientemente resistente para aguantar el peor de los tratos.

v+adv+prep+n/pron
= **withstand sth**

stare /steə(r); *USA* ster/

stare sb out (*GB*) (*tb esp USA* **stare sb down**) mirar fijamente a algn hasta que baje/aparte la vista: *He was looking at her intently but she stared him out.* La miraba fijamente pero ella le miró hasta que apartó la vista.

v+n/pron+adv
v+adv+n (*menos frec*)

start /stɑːt; *USA* stɑːrt/

start back 1 (**to sth**) emprender el regreso, volver (a ...): *It's time we started back.* Es hora de emprender el regreso. ◊ *When do you start back to work?* ¿Cuándo vuelves a la oficina? **2** echarse atrás de un salto: *He started back with a gasp.* Se echó atrás de un salto dando un grito ahogado.

v+adv

start for ... salir para/hacia ... : *We started for home.* Salimos hacia casa.

v+prep+n

start in on sb (*USA*) *Ver* START ON SB *y* START ON AT SB (ABOUT STH)

v+adv+prep+n/pron

start off 1 [+ **adv/prep/adj**] empezar ... : *She started off by welcoming everyone.* Empezó por darle la bienvenida a todo el mundo. ◊ *He started off as a plumber.* Empezó como fontanero. ◊ *We started off with some gentle exercises.* Empezamos con unos ejercicios fáciles. NOTA En este sentido, **start off** siempre va seguido de un complemento: *We started off by introducing ourselves.* **2** ponerse en marcha: *The bus started off with a jolt.* El autobús se puso en marcha dando una sacudida. ◊ *We started off for home.* Salimos hacia casa.

1 *v+adv+complemento*
2 *v+adv*

start

start sb off 1 (on sth) hacer que algn empiece (con algo), introducir a algn (en algo): *I'll start you off on the first exercise.* Te ayudaré a empezar con el primer ejercicio. **2 (doing sth)** hacer que algn empiece (a hacer algo) (*a llorar, a reír, etc.*): *Just mentioning the film started her off again.* Solo con mencionar la película empezó otra vez. ◊ *Kevin started us all off laughing.* Kevin hizo que todos empezásemos a reírnos. **NOTA** En este sentido, **start sb off** no se puede utilizar en pasiva.

v+ n/pron+ adv
2 = **set sb off** (*esp GB*)

start sth off empezar algo: *They started the show off with a song.* Empezaron el espectáculo con una canción.

v+ n/pron+ adv
v+ adv+ n

start on sb (*GB, coloq*) (*USA* **start in on sb**) empezar a meterse con algn, tomarla con algn: *He had a go at me and then he started on my sister.* La tomó conmigo y luego empezó a meterse con mi hermana.

v+ prep+ n/pron
v+ adv+ prep+ n/pron

start on sth empezar con algo: *When she'd done the kitchen, she started on the bathroom.* Cuando había terminado la cocina, empezó con el cuarto de baño.

v+ prep+ n/pron

start on at sb (about sth) (*GB, coloq*) (*USA* **start in on sb**) empezar a meterse con algn, tomarla con algn (por algo): *He started on at me again about my hair.* Empezó a meterse con mi pelo otra vez.

v+ adv+ prep+ n/pron

start out 1 ponerse en camino: *Check the engine before you start out.* Comprueba el motor antes de ponerte en camino. **2 (as sth)** empezar (siendo algo): *We started out originally as a taxi firm.* Al principio éramos una compañía de taxis. ◊ *When the band started out, they had hardly any equipment.* Cuando el grupo empezó, apenas tenían equipo.

v+ adv
1 = **set off**

start out to do sth; **start out doing sth** empezar con la idea de hacer algo: *She had started out to write a short story but it ended up as a novel.* Empezó con la idea de escribir un relato, pero acabó siendo una novela.

v+ adv+ to inf
v+ adv+ -ing
= **set out** (2)

start over (*esp USA*) empezar de nuevo, volver a empezar: *I messed up and had to start over.* Lo hice mal y tuve que volver a empezar.

v+ adv

start sth over (*esp USA*) empezar algo de nuevo, volver a empezar algo: *I started the drawing over.* Volví a empezar el dibujo.

v+ n/pron+ adv

start up 1 empezar: *After a moment's silence, the music started up again.* Después de un silencio, empezó la música otra vez. **2** (*motor, negocio*) ponerse en marcha: *The engine started up with a roar.* El motor se puso en marcha haciendo mucho ruido. ◊ *There are a lot of small businesses starting up in that area.* Hay muchos negocios pequeños empezando en esa zona. **3 (in sth)** empezar (en algo): *When I started up in business, I needed a lot of help.* Cuando empecé en el negocio, necesité mucha ayuda. **4** (*poco frec*) dar un respingo: *He started up when I touched his shoulder.* Dio un respingo cuando le toqué el hombro.

v+ adv
2 ⑤ **an engine, a car, a business**

▶ **start-up** *adj* [atrib] (*costes, fondos*) de puesta en marcha, inicial: *a start-up grant from the government* una subvención del gobierno para poner algo en marcha

NOTA Nótese que el adjetivo **start-up** siempre se utiliza delante de un sustantivo: *start-up problems*.

▶ **start-up** *n* empresa nueva

stay

start sth up 1 poner algo en marcha: *It took me a while to start up the generator.* Tardé un rato en poner el generador en marcha. **2** montar algo, poner algo en marcha: *She helped him start up his own business.* Le ayudó a montar su propio negocio.

v+adv+n
v+n/pron+adv
1 ◎ **a car, an engine**
2 ◎ **a business**

starve /stɑːv; *USA* stɑːrv/

starve sb/sth for sth (*USA*) Ver STARVE SB/STH OF STH

v+n/pron+prep+n/pron

starve sb into sth/doing sth matar a algn de hambre para conseguir algo/que haga algo: *The aim was to starve the enemy into submission.* El objetivo era someter al enemigo a base de hacerle pasar hambre.

v+n/pron+prep+n/pron
v+n/pron+prep+-ing

starve sb/sth of sth (*USA tb* **starve sb/sth for sth**) faltarle algo a algn/algo, privar a algn/algo de algo (*durante un periodo largo de tiempo*): *The project is being starved of funds.* El proyecto está falto de fondos. ◊ *She felt she had been starved of affection.* Le parecía que le había faltado afecto.
NOTA Starve sb/sth of sth se utiliza mucho en pasiva.

v+n/pron+prep+n/pron

starve sb out hacer que algn se rinda/salga por hambre: *If they won't come out, we'll starve them out!* ¡Si no salen, tendremos que hacer que se rindan a base de matarlos de hambre!

v+n/pron+adv
v+adv+n

stash /stæʃ/

stash sth away (*coloq*) **1** esconder algo: *He stashed the jewels away in a cave.* Escondió las joyas en una cueva. **2** guardar algo: *She has a fortune stashed away in various bank accounts.* Tiene una fortuna guardada en varias cuentas bancarias.

v+n/pron+adv
v+adv+n
2 = **tuck sth away** (1)
(*menos coloq*)

stave /steɪv/

stave sth off evitar algo: *The company managed to stave off bankruptcy for another few months.* La empresa consiguió evitar la bancarrota unos meses más.

v+adv+n
v+pron+adv
v+n+adv (*poco frec*)

stay /steɪ/

stay ahead (of sb/sth) mantenerse por delante (de algn/algo): *He stayed ahead of me throughout the race.* Se mantuvo por delante de mí durante toda la carrera. ◊ *They scored in the first half but had to work hard to stay ahead.* Marcaron en la primera mitad, pero tuvieron que luchar duro para mantenerse por delante.

v+adv
= **keep ahead**

stay around; stay around sth quedarse (por …): *I'll stay around in case you need me.* Me quedaré por si me necesitas. ◊ *The young birds tend to stay around the nest.* Los polluelos suelen quedarse por el nido.

v+adv
v+prep+n/pron

stay away (from sb/sth) 1 no acercarse (a algn/algo), mantenerse alejado (de algn/algo): *Stay away from the edge!* ¡No te acerques al borde! ◊ *He advised us to stay away from drugs.* Nos aconsejó que nos mantuviéramos alejados de las drogas. ◊ *He couldn't stay away from her.* No podía estar lejos de ella. ◊ *The job could involve you staying away from home.* El trabajo podría suponer quedarse fuera de casa. **2** no acudir (a algo): *Sales figures were low as shoppers continued to stay away.* Las cifras de ventas fueron malas porque los clientes seguían sin entrar.

v+adv
1 = **keep away**
2 = **stop away** (*GB*)

stay

stay back 1 no acercarse: *The police shouted to the crowd to stay back.* La policía gritó a la gente que no se acercasen. **2** quedarse (*en un sitio*), no marcharse: *I need to stay back a minute to talk to the teacher.* Tengo que quedarme un minuto para hablar con el profesor.

v+adv
1 = **keep back**

stay behind (**after sth**) quedarse (después de algo) (*una reunión, una fiesta*): *I had to stay behind after school.* Tuve que quedarme después de clase.

v+adv
= **stop behind** (*GB*)

stay down 1 quedarse abajo: *The blind won't stay down.* La persiana no se queda abajo. ◊ *Stay down or he'll see you!* ¡No te levantes o te verá! **2** (*comida*) ser retenido en el estómago: *Nothing would stay down.* No retenía nada en el estómago.

v+adv

stay in ☆**1** quedarse dentro, no salir: *I stayed in all week.* No salí en toda la semana. **2** quedarse en su sitio: *This nail won't stay in.* Este clavo se sale.

v+adv
1 = **stop in**

stay off 1 (*GB*) no ir a trabajar: *He injured his back and stayed off all week.* Se lesionó la espalda y no fue a trabajar en toda la semana. **2** *She's always dieting, but she can never get the weight to stay off.* Siempre está haciendo régimen, pero vuelve a recuperar lo que ha bajado. ◊ *If the rain stays off, we'll go out for a walk.* Si no llueve, iremos de paseo.

v+adv

stay off sth 1 no probar algo: *The doctor told him to stay off alcohol.* El médico le dijo que no probara el alcohol. **2** (*GB*) no ir a … (*especialmente cuando se está enfermo*): *He stays off work for the slightest reason.* Cualquier cosa le parece un buen motivo para no ir a trabajar.

v+prep+n/pron
1 ◎ **drugs, alcohol, cigarettes**
= **keep off sth** (1)
2 ◎ **work, school**

stay on 1 quedarse en su sitio: *The lid won't stay on.* La tapa no se queda en su sitio. **2** seguir, quedarse (*en un lugar, en un puesto, etc.*): *We hope he will stay on as manager at the end of his contract.* Esperamos que siga de director al final del contrato. ◊ *He stayed on at university to do research.* Se quedó en la universidad para hacer investigación. **3** quedarse encendido: *The light stays on until dawn.* La luz se queda encendida hasta que amanece.

v+adv

stay out 1 (**of sth**) quedarse fuera (de algo), no entrar (en algo): *Stay out of the kitchen, I'm busy.* No entres en la cocina, estoy ocupado. **2** no volver a casa (*especialmente por la noche*): *We stayed out until dawn.* No volvimos a casa hasta el amanecer. ◊ *She often stays out all night.* Muchas veces pasa la noche fuera. **3** permanecer en huelga: *The miners stayed out for fifteen months.* Los mineros permanecieron en huelga durante quince meses.

v+adv
2 = **stop out** (*GB, coloq*)

stay out of sth (*pelea, asunto*) quedarse al margen de algo, no meterse en algo: *Stay out of it, will you?* No te metas en esto, ¿vale? ◊ *I try to stay out of their little quarrels.* Intento quedarme al margen de sus pequeñas peleas.

v+adv+prep+n/pron
= **keep out of sth**

NOTA Nótese que **stay out of sth** se utiliza mucho en la construcción **stay out of it**.

stay over (**at …**) (*coloq*) quedarse a dormir, pasar la noche (en …): *It got late, so we stayed over.* Se hizo tarde, así que nos quedamos a dormir.

v+adv
= **stop over** (*GB*)

stay up 1 mantenerse en su sitio, no caerse: *These trousers won't stay up without a belt.* Estos pantalones se caen sin cinturón. ☆**2** quedarse levantado: *Don't stay up too late.* No te acuestes demasiado tarde. ◊ *We let him stay up to watch the film.* Le dejamos quedarse levantado viendo la película.

v+adv
2 = **sit up** (3), **stop up** (*GB, coloq*)

steady /'stedi/ *pret, pp* **steadied**

steady on! (*GB*) ¡cuidado!: *Steady on! You can't say things like that about somebody you've never met.* ¡Cuidado! No puedes decir esas cosas a alguien que no conoces.
NOTA Steady on solo se utiliza en imperativo.

v+adv

steal /sti:l/ *pret* **stole** /stəʊl; *USA* stoʊl/ *pp* **stolen** /'stəʊlən; *USA* 'stoʊ-/

steal away escabullirse: *He stole away under cover of darkness.* Se escabulló en la oscuridad.

v+adv

steal over sb (*formal*) apoderarse de algn: *Deep shame stole over her as she watched.* Una gran vergüenza se apoderó de ella mientras miraba.

v+prep+n/pron

steal up (on sb) acercarse sigilosamente (a algn): *She stole up on him in the dark.* Se le acercó sigilosamente en la oscuridad.

v+adv

steam /sti:m/

steam sth off; steam sth off sth despegar algo (de algo) con vapor: *He steamed the stamp off the envelope.* Despegó el sello del sobre con vapor.

v+n/pron+adv
v+adv+n
v+n/pron+prep+n/pron

steam up empañarse: *The windows steamed up.* Las ventanas se empañaron.

v+adv
[S] the windows,
  your/sb's glasses
= fog up, mist over

steam sth up empañar algo: *The hot water steamed up the mirror.* El agua caliente empañó el cristal.

v+n/pron+adv
v+adv+n
[O] the windows,
  your/sb's glasses

steep /sti:p/

be steeped in sth (*formal*) estar imbuido, estar impregnado de algo: *The ancient city was steeped in history.* La vieja ciudad estaba impregnada de historia.

be+v+prep+n/pron
[O] history, tradition

steep sth in sth macerar algo en algo, dejar algo a remojo en algo: *Raspberries are delicious steeped in brandy.* Las frambuesas están riquísimas maceradas en brandy.

v+n/pron+prep+n/pron

steer /stɪə(r); *USA* stɪr/

steer sb/sth around to sth desviar la atención de algn hacia algo, llevar/desviar algo hacia algo: *I tried to steer the conversation around to money matters.* Intenté llevar la conversación hacia cuestiones de dinero.

v+n/pron+adv+prep+n/pron

steer away from sth evitar algo, mantenerse alejado de algo: *I tried to steer away from the subject of divorce.* Intenté evitar el tema del divorcio. ◊ *If I'm looking for a relationship, I usually steer away from musicians.* Si busco una relación amorosa, normalmente evito a los músicos.

v+adv+prep+n/pron

steer

steer sb/sth away from sb/sth **1** desviar la atención de algn de algn/algo, desviar algo de algn/algo: *I steered the discussion away from his personal problems.* Desvié la discusión de sus asuntos personales. ◊ *Try to steer him away from ecological issues.* Intenta desviar su atención de los asuntos ecológicos. **2** mantener a algn/algo alejado de algn/algo (*referido a persona o animal*): *She felt his hand on her shoulder, steering her away from the rest of the group.* Sintió su mano en el hombro, alejándola del resto del grupo.

v + n/pron + adv + prep + n/pron

stem /stem/ -mm-

stem from sth (*problema, dificultad*) ser producto de algo, tener origen en algo: *Many of her problems stem from the fact that her parents are famous.* Muchos de sus problemas son producto de la fama de sus padres.
NOTA Stem from sth no se utiliza en tiempos continuos.

v + prep + n/pron
[0] the fact that ...

step /step/ -pp-

step aside **1** hacerse a un lado, apartarse: *I stepped aside to let her pass.* Me hice a un lado para dejarla pasar. **2** renunciar, dimitir: *I think he should step aside to make way for the deputy chairman.* Creo que debería renunciar y dejar el camino libre al director adjunto.

v + adv
1 = move aside
2 = step down (2), stand down (1)

step back **1** (*tb* **step back ...**) dar un paso atrás, retroceder: *She stepped back to admire her work.* Dio un paso atrás para admirar su trabajo. ◊ *I stepped back a few feet as he ran past.* Retrocedí unos pasos cuando pasó corriendo delante de mí. **2** (**from sth**) distanciarse (de algo): *You should step back from the situation and consider a new approach.* Deberías distanciarte de la situación y considerar un nuevo enfoque. **3** (*tb* **step back ...** , **step back to/into sth**) dar marcha atrás ... , retroceder (a/hasta algo): *Inside the cathedral, I felt like I had stepped back three hundred years.* Dentro de la catedral, me sentí como si hubiese retrocedido trescientos años. ◊ *The documentary steps back in time to the Middle Ages.* El documental retrocede en el tiempo hasta la Edad Media.

1 *v + adv*
  v + adv + n
2 *v + adv*
  = stand back (3)
3 *v + adv*
  v + adv + n
  v + adv + prep + n/pron

step down **1** (**from sth**) bajar (de ...): *There was loud applause as he stepped down from the stage.* Hubo un gran aplauso cuando bajó del escenario. **2** (**as/from sth**) renunciar (a algo), dimitir (de/como algo): *I intend to step down as chairman.* Pienso dimitir como presidente. ◊ *She's stepping down from her post next year.* Va a renunciar a su puesto el año que viene.

v + adv
2 = step aside (2), stand down (1)

step forward **1** dar un paso hacia adelante: *He stepped forward and saluted.* Dio un paso al frente y saludó. **2** (**to do sth**) ofrecerse (*voluntario*) (para hacer algo): *Will anyone step forward to help?* ¿No se ofrece nadie para ayudar?

v + adv

step in (**to do sth/and do sth**) intervenir (para/y hacer algo) (*intentando ayudar*): *We're lucky she stepped in when she did.* Hemos tenido suerte de que interviniese cuando lo hizo.

v + adv
= intervene (*más formal*)

step in, on, off, over, etc. sth pisar algo (*entrando, bajando, etc.*): *He lost his balance and stepped in a puddle.* Perdió el equilibrio y pisó un charco. ◊ *She stepped off the pavement just as the car turned the corner.* Se bajó del bordillo justo cuando el coche doblaba la esquina. ◊ *The dog was asleep on the floor and everyone just stepped over it.* El perro estaba dormido en el suelo y todos simplemente pasaron por encima.

v + adv

step inside (*formal*) pasar: *I was invited to step inside.* Me invitaron a pasar.
v+adv

step on it (*coloq*) darse prisa: *We'll have to really step on it to be there by noon.* Tendremos que darnos prisa si queremos estar allí al mediodía.
v+prep+it

step out salir un momento (*de un edificio*): *He's just stepped out for ten minutes.* Acaba de salir un momento y estará de vuelta en diez minutos.
v+adv

step outside salir fuera (*para resolver una disputa, generalmente peleando*): *Do you want to step outside and settle this?* ¿Quieres salir fuera y arreglar esto?
v+adv

step up (**to sb/sth**) subir (a donde está algn/a algo): *He stepped up to receive his award.* Subió a recibir su premio.
v+adv
▶ **step-up** *n* paso hacia adelante, avance

step sth up aumentar, intensificar algo: *Security has been stepped up at the station since the bomb scare.* Han aumentado la seguridad en la estación desde el aviso de bomba. ◊ *Police have stepped up their search for the missing schoolgirl.* La policía ha intensificado la búsqueda de la estudiante desaparecida.
v+adv+n
v+n/pron+adv
[O] **pressure, security, your efforts, a campaign**

stick /stɪk/ *pret, pp* **stuck** /stʌk/

stick around; stick around sth (*coloq*) quedarse (por …): *Stick around, we need all the help we can get.* No te vayas, necesitamos toda la ayuda posible. ◊ *I'll stick around here in case he arrives.* Me quedaré por aquí por si llega.
v+adv
v+prep+n

stick at sth 1 seguir con algo (*un trabajo*): *If we stick at it, we should finish the job today.* Si seguimos así, deberíamos acabar el trabajo hoy. ◊ *I wonder if he'll stick at this job.* Me pregunto si aguantará en ese trabajo. **NOTA** En este sentido, **stick at sth** se utiliza mucho en la construcción **stick at it**. **2** mantenerse en algo (*en un nivel, peso, etc.*): *Wages stuck at the previous year's level.* Los sueldos se mantuvieron en el mismo nivel del año anterior.
v+prep+n/pron
1 [O] **it**
= **keep at sth**

stick sth back (**in/on sth**) (*coloq*) volver a poner algo (en algo): *Stick the cake back in the oven for ten minutes.* Vuelve a meter el pastel en el horno diez minutos. ◊ *Stick it back when you've finished with it.* Vuelve a ponerlo donde estaba cuando termines.
v+n/pron+adv
= **put sth back** (1)

stick by sb (*coloq*) apoyar, no abandonar a algn: *She stuck by him through thick and thin.* Le apoyó en las duras y en las maduras.
v+prep+n/pron
= **stand by sb**

stick by sth mantener algo, mantenerse fiel a algo: *In spite of what's happened, we must stick by our decision.* A pesar de lo que ha pasado, debemos mantener nuestra decisión. ◊ *He stuck by his previous testimony.* Se mantuvo fiel a su anterior testimonio.
v+prep+n/pron

stick sth down 1 pegar algo: *I can't stick the corners of this wallpaper down.* No consigo pegar las esquinas de este papel a la pared. **2** (**in/on sth**) (*coloq*) apuntar algo (en algo): *Stick it down on paper before you forget.* Apúntalo en un papel antes de que se te olvide. **3** (*coloq*) poner, dejar algo: *Stick your cases down over there.* Deja allí tus maletas.
v+n/pron+adv
v+adv+n
2 = **put sth down** (5)
3 = **put sth down** (8)

stick sth down sth meter algo en/por algo: *She stuck her hand down the toilet to retrieve the ring.* Metió la mano en el váter para recuperar el anillo.
v+n/pron+prep+n/pron

stick

get stuck in; **get stuck into sth** (*GB, coloq*) (*USA* **dig in**, **dig into sth**) meterse de lleno (en algo) (*en una tarea, un trabajo*): *Get stuck in, or you'll never finish in time.* Métete de lleno o no conseguirás terminarlo a tiempo. ◊ *I try to get stuck into my work by nine each day.* Siempre procuro estar trabajando ya en serio a las nueve.

get + v + adv
get + v + prep + n/pron

stick in/into sth clavarse en algo: *The arrow whizzed past and stuck into the door.* La flecha pasó zumbando y se clavó en la puerta. ◊ *These poles stick in the ground easily.* Estos palos se clavan muy bien en la tierra.

v + prep + n/pron

stick sth in; **stick sth in/into sb/sth** clavar, hincar algo (a algn/ en algo): *She found the vein and stuck the needle in.* Encontró la vena y clavó la aguja. ◊ *Stick a knife into the cake to see if it's cooked.* Pincha el bizcocho con un cuchillo para ver si está hecho.

v + n/pron + adv
v + adv + n
v + n/pron + prep + n/pron

stick sth in; **stick sth in/into sth 1** (*coloq*) meter, insertar algo (en algo): *You have to stick the card in first.* Primero tienes que meter la tarjeta. ◊ *If there's any food left over, I can stick it in the freezer.* Si sobra algo, lo puedo meter en el congelador. **2** (*coloq*) incluir algo (en algo): *Should I stick this paragraph in or leave it out?* ¿Debería incluir o no este párrafo? **3** pegar algo (en algo): *I opened the album and stuck the new photos in.* Abrí el álbum y pegué las fotos nuevas.

v + n/pron + adv
v + adv + n
v + n/pron + prep + n/pron
2 = **put sth in, put sth in/ into sth** (1)

be/get stuck on sb (*USA, coloq, antic*) colarse por algn, estar colado por algn: *He's really stuck on your sister.* Se ha colado por tu hermana. ◊ *Somehow she got stuck on me.* No sé cómo se coló por mí.

be/get + v + prep + n/pron

be stuck on sth (*coloq*) emperrarse en algo: *He's stuck on the idea of a skiing holiday.* Se ha emperrado en unas vacaciones esquiando.

be + v + prep + n/pron

stick sth on (*coloq*) **1** poner algo (*encender un aparato*): *I'll stick the kettle on for a cup of tea.* Calentaré agua para hacer un té. ◊ *She stuck on the telly and collapsed into a chair.* Puso la tele y se tiró en un sillón. **2** ponerse algo (*ropa*): *Let me stick some clothes on, and I'll be with you.* Espera, me visto y en seguida estoy contigo.

v + n/pron + adv
v + adv + n
1 = **put sth on** (3) (*esp GB*)
2 = **put sth on** (1)

stick sth on; **stick sth on/onto sth** pegar algo (a/en algo): *I stuck it on with adhesive tape.* Lo pegué con celo. ◊ *She stuck a label onto my case.* Pegó una etiqueta en mi maleta.

v + n/pron + adv
v + adv + n
v + n/pron + prep + n/pron

▶ **stick-on** *adj* [atrib] adhesivo: *stick-on labels* etiquetas adhesivas **NOTA** Nótese que el adjetivo **stick-on** siempre se utiliza delante de un sustantivo: *a stick-on badge*.

stick sth on sth (*coloq*) dejar/poner algo en algo: *Stick your report on my desk when you've finished.* Deja tu informe en mi mesa cuando termines.

v + n/pron + prep + n/pron

stick out ☆ **1** (**from/of sth**) sobresalir (de algo): *A short pipe stuck out from the wall.* Un trozo de tubería sobresalía de la pared. ◊ *His ears stick out.* Tiene las orejas de soplillo. ◊ *She had a newspaper sticking out of her jacket pocket.* Tenía un periódico que sobresalía del bolsillo de la chaqueta. **2** notarse, verse bien: *They wrote the notice in red so that it would stick out.* Escribieron el anuncio en rojo para que se viese bien.

v + adv
1 = **jut out, poke out, protrude** (*más formal*)
2 = **stand out** (1)

LOC **stick out a mile** notarse a la legua **stick out like a sore thumb** (*coloq*) desentonar mucho, llamar la atención

stick sth out 1 (of sth) sacar algo (por algo): *I stuck my head out of the window.* Asomé la cabeza por la ventana. ◊ *She stuck out her hand and turned left.* Sacó la mano y torció hacia la izquierda. ◊ *She stuck out her tongue at me.* Me sacó la lengua. **2** (*coloq*) aguantar algo (*desagradable*): *I'm not sure I can stick the winter out in the woods.* No estoy segura de poder aguantar todo el invierno en el bosque. ◊ *I'm amazed that she's stuck it out for this long.* Me sorprende que haya aguantado tanto tiempo. NOTA En este sentido, **stick sth out** se utiliza mucho en la construcción **stick it out**.

LOC **stick your neck out** (*coloq*) arriesgarse (*para defender a otra persona o unos principios*): *She refused to stick her neck out in his defence.* Se negó a arriesgarse para defenderle.

| v+n/pron+adv
| v+adv+n
| 1 = poke sth out
| 2 ⓪ it

stick out for sth (*GB, coloq*) mantenerse firme en algo, resistirse para conseguir algo: *They're sticking out for a higher pay rise.* Se resisten para conseguir un mayor aumento de sueldo.

| v+adv+prep+n/pron
| = hold out for sth

stick to sth 1 atenerse, ceñirse a algo: *Just stick to the facts.* Aténganse a los hechos. ◊ *I'm sticking to the recipe word for word.* Estoy ciñéndome a la receta, palabra por palabra. **2** mantener algo (*no cambiarlo*): *I'm sticking to my previous statement.* Mantengo mi declaración anterior. **3** seguir, cumplir algo (*a pesar de las dificultades*): *He found it difficult to stick to a diet.* Le costaba seguir una dieta. ◊ *You must make a decision and stick to it.* Debes tomar una decisión y cumplirla.

LOC **stick to your guns** mantenerse algn firme en sus convicciones, seguir en tus trece

| v+prep+n/pron
| 1 = keep to sth
| 2 = hold to sth
| 3 = keep to sth

stick it to sb (*USA, coloq, antic*) pagarla con algn: *She was only a few minutes late but the boss really stuck it to her.* Solo llegó unos minutos tarde, pero el jefe la pagó con ella.

| v+it+prep+n/pron

stick together 1 (*coloq*) mantenerse/permanecer unidos (*apoyándose unos a otros*): *The family should stick together at a time like this.* En un momento así la familia debería permanecer unida. **2** pegarse (entre sí): *The damp pages had all stuck together.* Las páginas húmedas se habían pegado entre sí. **3** (*coloq*) no separarse, quedarse juntos (*físicamente*): *Let's all stick together until we find the way out.* Quedémonos juntos hasta encontrar la salida.

| v+adv

stick sth together pegar algo (*dos cosas, con pegamento*): *Cut out the shapes and stick them together to make a bird.* Recortar las figuras y pegarlas para hacer un pájaro.

| v+pron+adv
| v+n+adv
| v+adv+n

stick up sobresalir: *The branch was sticking up out of the water.* La rama sobresalía del agua. ◊ *Is my hair sticking up?* ¿Tengo el pelo de punta?

| v+adv
| = poke up

stick sb/sth up (*USA, coloq, poco frec*) atracar a algn/algo (*generalmente a punta de pistola*): *He stuck up a liquor store in Oregon.* Atracó una tienda de vinos y licores en Oregón.
▶ **stick-up** *n* (*USA, coloq*) atraco (*a punta de pistola*)

| v+adv+n
| v+n/pron+adv
| = hold sb/sth up (4)

stick sth up 1 poner algo (*donde se vea bien*): *They had stuck up posters everywhere advertising the show.* Habían puesto pósters en todas partes anunciando el espectáculo. ◊ *If you want to sell your bike, just stick a notice up in the shop window.* Si quieres vender tu bici, pon un anuncio en el escaparate de la tienda. **2** (*coloq*) levantar algo: *Stick your hand up if you know the answer.* El que sepa la respuesta que levante la mano.

| 1 v+adv+n
| v+n/pron+adv
| 2 v+n/pron+adv
| v+adv+n

stick sth up sth (*coloq*) meter algo en algo: *Stick it up your nose and breathe in.* Metételo en la nariz e inspira.

| v+n/pron+prep+n/pron

stick

stick up for sb; stick up for yourself (*coloq*) dar la cara por algn, defender a algn, defenderse (uno mismo) (*de críticas, ataques*): *She always sticks up for her younger sister.* Siempre da la cara por su hermana pequeña. ◊ *Don't be so weak, stick up for yourself.* No seas tan dócil, defiéndete.
v + adv + prep + n/pron
v + adv + prep + reflex

stick up for sth (*coloq*) defender algo (*principios, una causa*): *We must stick up for what we believe in.* Debemos defender aquello en lo que creemos.
v + adv + prep + n/pron

stick up for yourself Ver STICK UP FOR SB; STICK UP FOR YOURSELF
v + adv + prep + reflex

be/get stuck with sb/sth/doing sth (*coloq*) tener que aguantar/cargar con algn/algo, tener que hacer algo, no poder quitarse a algn/algo de encima: *If we're stuck with each other for the next two weeks, we might as well be polite.* Si vamos a tener que aguantarnos las próximas dos semanas, más nos vale ser educados. ◊ *How did I get stuck with the babysitting?* ¿Por qué me ha tocado quedarme con los niños? ◊ *She wants a new dress and I'm stuck with paying for it.* Quiere un vestido nuevo y a mí me toca pagarlo.
be/get + v + prep + n/pron
be/get + v + prep + -ing

stick with it (*coloq*) seguir así, perseverar (*a pesar de las dificultades*): *If we stick with it we should finish by Friday.* Si seguimos así, debería estar acabado para el viernes. ◊ *You're doing well. Be patient and stick with it!* Vas bien. ¡Ten paciencia y no te rindas!
v + prep + it

stick with sb (*coloq*) **1** no separarse de algn: *Stick with me until we get out of the forest.* No te separes de mí hasta que salgamos del bosque. **2** (*palabras, suceso*) permanecer en la memoria de algn: *His words will stick with me for ever.* Sus palabras permanecerán para siempre en mi memoria.
v + prep + n/pron

stick with sth (*coloq*) seguir, continuar con algo: *I've decided to stick with my usual method.* He decidido seguir con mi método habitual.
v + prep + n/pron

---

sting /stɪŋ/ *pret, pp* **stung** /stʌŋ/

sting sb for sth (*coloq*) **1** (*dinero*) clavarle algo a algn (*una cantidad de dinero*): *They stung me for another twenty pounds.* Me clavaron otras veinte libras. **2** (*impuesto, etc.*) cobrar un montón a algn por algo: *Why are drivers being stung so much for road tax?* ¿Por qué cobran tanto a los conductores por el impuesto de circulación? **3** (*GB*) pedirle a algn que te preste algo (*generalmente dinero*): *Can I sting you for a fiver?* ¿Me prestas cinco libras?
v + n/pron + prep + n

---

stink /stɪŋk/ *pret* **stank** /stæŋk/ *pp* **stunk** /stʌŋk/

stink sth out (*GB*) (*USA* **stink up sth**) (*coloq*) atufar, apestar algo (*un lugar*): *He stank the whole place out with his cigarettes.* Atufó todo con sus cigarros.
v + n/pron + adv
v + adv + n
[0] the place
= **smell sth out** (*GB*)

---

stir /stɜː(r)/ **-rr-**

stir sth in; stir sth into sth añadir algo (a algo) sin dejar de remover: *Stir in the remaining ingredients.* Añada los demás ingredientes sin dejar de remover. ◊ *Stir the eggs into the dough.* Añada los huevos a la masa sin dejar de remover.
v + adv + n
v + n/pron + adv
v + n/pron + prep + n/pron
= **mix sth in,**
mix sth in/into sth

stir sb up incitar a algn: *He was accused of stirring up the slaves, and encouraging them to rebel.* Se le acusó de incitar a los esclavos y animarlos a rebelarse.

v+adv+n
v+n/pron+adv
= **whip sb up**

stir sth up 1 (*descontento, polémica*) provocar algo: *I don't want to stir up any more trouble.* No quiero provocar más problemas. ◊ *She was stirring up unrest among the prisoners.* Estaba sembrando el descontento entre los prisioneros. **2** (*recuerdos, emociones, interés*) despertar algo: *Her story stirred up a lot of old memories for me.* Su historia me trajo muchos viejos recuerdos. ◊ *I can't seem to stir up any interest in the campaign.* No consigo despertar ningún interés en la campaña. **3** (*polvo, arena*) levantar algo: *The helicopter stirred up a cloud of dust.* El helicóptero levantó una nube de polvo.

v+adv+n
v+n/pron+adv
1 [0] **hatred, trouble, things, a controversy**
2 [0] **memories, interest, emotions**
3 [0] **dust**

stitch /stɪtʃ/

stitch sth on; stitch sth onto sth coser algo (a algo): *The patch had been badly stitched on.* Habían cosido mal el parche. ◊ *Can you stitch this button onto my shirt for me?* ¿Me puedes coser este botón de la camisa?

v+n/pron+adv
v+adv+n
v+n/pron+prep+n/pron
= **sew sth on,**
    sew sth onto sth

stitch sb up (*GB, coloq*) tender una trampa, traicionar a algn: *I didn't do it! I've been stitched up!* ¡No fui yo! ¡Me han tendido una trampa!

v+n/pron+adv
v+adv+n

stitch sth up 1 (*herida*) coser algo, dar puntos a algo: *This wound needs to be stitched up urgently.* Hay que coser la herida urgentemente. **2** (*GB, coloq*) cerrar algo: *He has managed to stitch up major deals all over the world.* Ha conseguido cerrar tratos muy importantes en todo el mundo. ◊ *The company has the US market stitched up.* La compañía domina el mercado americano.

v+adv+n
v+n/pron+adv
1 [0] **a wound, a cut**
2 [0] **a deal**

stock /stɒk; USA stɑːk/

stock up (on/with sth) abastecerse, aprovisionarse (de algo): *The shops are very busy with people stocking up for Christmas.* Hay mucho jaleo en las tiendas porque la gente se está abasteciendo para las Navidades. ◊ *We need to stock up on film before our holiday.* Tenemos que comprar carretes antes de las vacaciones.

v+adv

stock sth up (on/with sth) llenar algo (de/con algo): *She stocked up the freezer before she left.* Llenó el congelador antes de irse.

v+adv+n
v+n/pron+adv

stoke /stəʊk; USA stoʊk/

stoke sth up 1 (*fuego*) atizar, alimentar algo: *He stoked up the fire before going to bed.* Antes de irse a la cama alimentó el fuego. **2** (*odio, resentimiento*) avivar, cebar algo: *He continued to stoke up hatred in his speeches.* En sus discursos siguió cebando el odio.

v+adv+n
v+n/pron+adv
1 [0] **the fire**

stoop /stuːp/

stoop to sth/doing sth rebajarse a algo/hacer algo: *He's the kind of person who would stoop to anything.* Es el tipo de persona capaz de rebajarse a cualquier cosa.

v+prep+n/pron
v+prep+-ing
= **descend to sth**

stop

stop /stɒp; *USA* stɑːp/ **-pp-**

stop around (*USA*) (*USA tb* **stop over**) pasar(se) (*a visitar a algn*): *I'll stop around this evening when I finish work.* Pasaré esta tarde cuando termine de trabajar.
v+adv
= **stop by**

stop away (*GB*) no asistir: *Many of the people invited to the dinner had stopped away in protest.* Muchos de los invitados a la cena no asistieron en señal de protesta.
v+adv
= **stay away** (2)

stop back (*USA*) parar otra vez (*en un sitio donde ya se ha estado*): *I'll stop back on my way home.* Pararé otra vez en el camino de vuelta a casa.
v+adv

stop behind (**after sth**) (*GB*) quedarse (después de algo): *She stopped behind after the meeting to talk to him.* Se quedó después de la reunión para hablar con él.
v+adv
= **stay behind**

stop by; **stop by sth** pasarse (por …) (*a visitar a algn*): *Stop by for a chat on your way home.* Pásate cuando vayas hacia casa y charlamos. ◊ *I stopped by to ask how he was.* Me pasé para preguntar cómo estaba. ◊ *Can you stop by the post office on your way back?* ¿Puedes pasarte por correos a la vuelta?
v+adv
v+prep+n/pron
= **drop by/round**

stop in (*GB, coloq*) quedarse en casa: *We decided to stop in because of the rain.* Decidimos quedarnos en casa por la lluvia.
v+adv
= **stay in** (1)

stop off (**at/in** …) parar (en …): *She stopped off at the chemist's to buy some aspirins.* Se pasó por la farmacia para comprar aspirinas. ◊ *We stopped off in Wrexham for a drink.* Paramos a tomar algo en Wrexham.
v+adv

▶ **stop-off** *n* parada (*durante un viaje*): *We had a stop-off in the Lake District.* Hicimos una parada en el Lake District.

stop out (*GB, coloq*) quedarse por ahí, no volver a casa (*por la noche*): *He often stops out till three o'clock in the morning.* A menudo se queda por ahí hasta las tres de la mañana.
v+adv
= **stay out**

stop over 1 (**in** …) hacer escala, parar (en …): *I stopped over in Mérida on the way to Havana.* Hice escala en Mérida camino de La Habana. **2** (**at** …) (*GB, coloq*) pasar la noche (en …): *It got late so I stopped over at their house.* Se hizo tarde así que me quedé a pasar la noche en su casa. **3** (*USA*) (*USA tb* **stop around**) pasarse (*a visitar a algn*): *Why don't you stop over after school?* ¿Por qué no te pasas después del colegio?
v+adv
2 = **stay over**
3 = **stop by**

▶ **stopover** *n* parada, escala (*en un viaje largo*): *We had a three-day stopover in Hawaii.* Hicimos una escala de tres días en Hawai.

stop up (*GB, coloq*) quedarse levantado hasta tarde: *She stopped up to see the football match.* Se quedó levantada hasta tarde para ver el partido de fútbol.
v+adv
= **stay up** (2)

stop sth up (*hueco, grieta*) tapar, rellenar, atascar algo: *I stopped up all the holes to keep out the draught.* Tapé todos los agujeros para que no entrase frío.
v+adv+n
v+n/pron+adv

straighten

store /stɔː(r)/

store sth away guardar algo bien: *All the electronic equipment was safely stored away.* Guardaron todos los aparatos eléctricos.

v + n/pron + adv
v + adv + n

store up sth (*tb* **store it up** *menos frec*) ir acumulando algo: *If you lie now, you're storing up problems for yourself in future.* Si mientes ahora, estás creándote problemas para el futuro.

v + adv + n
v + pron + adv (menos frec)
[O] **problems, trouble**

store sth up 1 almacenar algo: *The batteries store up enough energy for a week.* Las pilas almacenan suficiente energía para una semana. **2** memorizar algo: *He listened to what she was saying and stored it up to repeat to the teacher.* Escuchó lo que decía y lo memorizó para repetírselo al profesor.

v + adv + n
v + n/pron + adv

storm /stɔːm; USA stɔːrm/

storm around, down, in, out, etc.; storm around, down, into, out of, etc. sth ir, bajar, entrar, salir, etc. hecho una furia: *He shouted a final insult and stormed out.* Soltó un último insulto y salió hecho una furia. ◊ *You can't just storm into my office when I'm in a meeting!* ¡No puedes entrar en mi oficina hecho una furia cuando estoy reunido!

v + adv
v + prep + n/pron

storm off irse hecho una furia: *We had a big argument and he stormed off.* Tuvimos una discusión fuerte y se fue hecho una furia.

v + adv

stow /stəʊ; USA stoʊ/

stow away (on sth) viajar de polizón (en ...): *He stowed away on a ship bound for Vigo.* Viajó de polizón en un barco que iba a Vigo.
▶ **stowaway** *n* polizón

v + adv

stow sth away guardar algo: *He stowed the documents away in a drawer.* Guardó los documentos en un cajón.

v + n/pron + adv
v + adv + n

straighten /ˈstreɪtn/

straighten out hacerse recto: *After the bridge the road straightens out.* Pasado el puente, la carretera se hace recta.

v + adv

straighten sb out resolverle los problemas a algn: *A few sessions with a counsellor straightened him out.* Unas sesiones con un consejero y sus problemas quedaron resueltos. ◊ *I don't think living there will straighten her out.* No creo que vivir allí le resuelva nada.

v + n/pron + adv
v + adv + n

straighten sth out 1 enderezar algo, poner algo derecho: *Try hammering the nail to straighten it out.* Prueba a darle al clavo con un martillo para enderezarlo. **2** resolver algo: *I was the one who was left to straighten out the mess.* Me tocó a mí resolver todo el lío.

1 *v + n/pron + adv*
v + adv + n
2 *v + adv + n*
v + n/pron + adv
= **sort sth out** (3)

straighten up enderezarse, ponerse derecho: *Straighten up slowly, then repeat the exercise ten times.* Ponte derecho despacio y vuelve a repetir el ejercicio diez veces.

v + adv

straighten sth up (*esp USA*) poner algo en orden, arreglar algo: *We'd better straighten up the house before they get back.* Será mejor que pongamos la casa en orden antes de que vuelvan.

v + adv + n
v + n/pron + adv

strain

strain /streɪn/

strain at sth tirar de algo (*con fuerza*): *The dog was straining at its lead*. El perro tiraba de la correa. | v+prep+n
LOC **strain at the leash** (**to do sth**) (*coloq*) estar impaciente (por hacer algo)

strain sth off escurrir algo: *Strain off the liquid*. Escurre el agua. | v+adv+n
v+n/pron+adv

strap /stræp/ -pp-

strap sb in; strap sb into sth sujetar, atar a algn (a algo) (*para que no se caiga*): *All passengers in the plane must be securely strapped in*. Todos los pasajeros del avión deben tener el cinturón bien abrochado. ◊ *Make sure you strap the baby into the high chair.* Asegúrate de que atas al niño en la trona. | v+n/pron+adv
v+adv+n
v+n/pron+prep+n/pron

strap yourself in; strap yourself into sth sujetarse (a algo) con correas: *He sat down in the pilot's seat and strapped himself in*. Se sentó en el asiento del piloto y se abrochó el cinturón. ◊ *She strapped herself into the back seat*. Se puso el cinturón del asiento de atrás. | v+reflex+adv
v+reflex+prep+n/pron

strap sth on; strap sth onto sth sujetar, atar algo (a algo) (*para que no se caiga*): *He strapped on his helmet and rode away*. Se abrochó el casco y se fue. ◊ *She strapped the suitcases onto the car roof rack*. Ató las maletas a la baca del coche. | v+adv+n
v+n/pron+adv
v+n/pron+prep+n/pron

strap sth up vendar algo: *Your wrist needs to be strapped up*. Hay que vendarte la muñeca. | v+n/pron+adv
v+adv+n

stream /striːm/

stream along, down, past, through, etc.; stream along, down, past, through, etc. sth (*tb* **stream past sb**) ir, bajar, pasar, cruzar, etc. de forma continua: *He watched the crowd stream past*. Vio a la gente pasar sin parar. ◊ *Tears streamed down her cheeks*. Las lágrimas le rodaban por las mejillas. | v+adv
v+prep+n/pron

stress /stres/

stress sb out (*coloq*) estresar a algn: *My job really stresses me out*. Mi trabajo me estresa mucho. | v+n/pron+adv
▶ **stressed out** *adj* estresado: *When I get stressed out, I try to go for a long walk*. Cuando estoy estresado, procuro dar un paseo largo.

stretch /stretʃ/

stretch away/out [+adv/prep] extenderse ... (*cubriendo una gran distancia*): *The mountains stretched away into the distance*. Las montañas se extendían en la distancia. ◊ *Fields of corn stretched away as far as the eye could see*. Los campos de maíz se extendían hasta donde llegaba la vista. | v+adv+complemento
= extend
NOTA Stretch away/out siempre va seguido de un complemento: *The desert stretched out before him*.

stretch out 1 (*tb* **stretch yourself out**) tenderse, estirarse: *He stretched out on the floor and fell asleep*. Se tendió en el suelo y se quedó dormido. **2** alargar la mano/el brazo: *She stretched out and took his arm*. Alargó la mano y le cogió del brazo. **3** *Ver* STRETCH AWAY/OUT | 1 v+adv
v+reflex+adv
2 v+adv
= reach out
3 v+adv+complemento

strike

stretch sth out 1 estirar, alargar algo: *She stretched out a hand to touch his face.* Estiró la mano para tocarle la cara. ◊ *He leant back and stretched his legs out in front of him.* Se echó hacia atrás y estiró las piernas hacia delante. **2** hacer que algo dure, estirar algo: *It's hard to stretch my money out to the end of the month.* Es difícil estirar el dinero hasta fin de mes.

v + n/pron + adv
v + adv + n
1 ⓞ **an arm, a hand, a leg**
  = **reach sth out**
2 = **eke sth out** (1)

stretch yourself out Ver STRETCH OUT (1)

v + reflex + adv

strike /straɪk/ *pret, pp* **struck** /strʌk/

strike at sb/sth atacar a algn/algo: *Their bombers are continuing to strike at major cities.* Sus bombarderos siguen atacando las principales ciudades. ◊ *This legislation strikes at the most vulnerable people in society.* Esta ley ataca a las personas más vulnerables de la sociedad.

v + prep + n/pron

strike back (at/against sb/sth) contraatacar, devolver el golpe (a algn/algo): *She used the article to strike back at her critics.* Utilizó el artículo para devolver el golpe a sus detractores. ◊ *Our team began to strike back in the last ten minutes of the game.* Nuestro equipo empezó a contraatacar en los últimos diez minutos.

v + adv
= **hit back**

strike sb down 1 (*formal*) (*enfermedad*) atacar a algn: *I was struck down by flu and had to cancel the holiday.* Me cogí una gripe y tuve que cancelar las vacaciones. **2** (*formal*) matar a algn: *He was struck down by a brain haemorrhage at the age of 56.* Murió a los 56 años de una hemorragia cerebral. **NOTA** En los sentidos 1 y 2, **strike sb down** se utiliza mucho en pasiva. **3** (*esp USA*) rechazar a algn: *I tried to give my opinion, but he just struck me down.* Intenté dar mi opinión, pero simplemente me rechazó.

v + n/pron + adv
v + adv + n
1 = **cut sb down** (1) (*GB*)

strike sth down (*esp USA*) revocar, invalidar algo: *Only the Supreme Court has the power to strike down this legislation.* Solo el Tribunal Supremo tiene poder para revocar esta ley.

v + adv + n
v + n/pron + adv
ⓞ **the legislation, a law, a contract, a verdict**

be struck off; be struck off sth (*GB*) ser apartado de la profesión (*especialmente médicos y abogados*): *She was struck off for professional misconduct.* La apartaron del ejercicio de la profesión por falta de ética profesional. ◊ *These doctors should be struck off the medical register.* Deberían retirar a estos médicos del colegio de médicos.

be + v + adv
be + v + prep + n/pron

strike off/out [+**adv/prep**] ponerse en camino hacia/por … : *She struck off angrily down the lane.* Enfadada, se puso en camino por el sendero. ◊ *He struck out for the farmhouse across the fields.* Emprendió la marcha hacia la granja a través de los campos. **NOTA** Strike off/out siempre va seguido de un complemento.

v + adv + complemento

strike sb/sth off sth tachar, eliminar a algn/algo de algo (*de una lista*): *She decided to strike his name off the guest list.* Decidió tachar su nombre de la lista de invitados.

v + n/pron + prep + n/pron

strike sth off (*formal*) cortar, cercenar algo: *They struck off his head with a sword.* Le cortaron la cabeza con una espada.

v + adv + n
v + n/pron + adv

be struck on sb/sth (*GB, coloq*) estar entusiasmado con algn/algo: *It looks as if he's really struck on her.* Parece que está loco por ella. ◊ *I'm not all that struck on his suggestion.* No es que me entusiasme su sugerencia.

be + v + prep + n/pron

strike

strike on/upon sth dar con algo (*con una idea*): *I don't know how my parents struck on the idea of sending me to America*. No sé cómo a mis padres se les ocurrió la idea de mandarme a Estados Unidos.

v+prep+n/pron
0 **an idea**
= **hit on sth**

strike out 1 (at sb) arremeter (contra algn): *He struck out at me with his fist*. Arremetió contra mí con el puño. **2** [+**prep**] ponerse a trabajar ... (*en algo nuevo*): *He left the firm and struck out on his own*. Dejó la empresa y se puso a trabajar por cuenta propia. ◊ *I decided it was time to strike out in a new line of business*. Decidí que había llegado el momento de ponerme a trabajar en otro tipo de negocio. NOTA En este sentido, **strike out** siempre va seguido de un complemento. **3** Ver STRIKE OFF/OUT [+ADV/PREP] **4 (with sb)** (*USA, coloq*) no conseguir lo que se quiere (con algn): *He must have struck out with her because he came home early*. Debe haberle ido mal con ella porque ha vuelto a casa temprano.

1 *v+adv*
= **hit out**
2 *v+adv+complemento*
3 *v+adv+complemento*
4 *v+adv*

strike sth out (*esp GB*) tachar, eliminar algo: *He insisted that I strike out all references to his family*. Insistió en que tachase todas las referencias a su familia.

v+adv+n
v+n/pron+adv
= **cross sth out**

strike up; strike up sth empezar a tocar (algo): *Everyone was waiting for the band to strike up*. Todo el mundo estaba esperando a que el grupo empezase a tocar. ◊ *The orchestra struck up a lively tune*. La orquesta empezó a tocar una pieza muy animada.

v+adv
v+adv+n
0 **a tune**

strike up sth (with sb) iniciar, entablar algo (con algn): *He struck up a conversation with me at the bus stop*. Entabló conversación conmigo en la parada de autobús. ◊ *She soon struck up a friendship with him*. En seguida se hizo amiga suya.

v+adv+n
0 **a conversation, a friendship**

strike upon sth Ver STRIKE ON/UPON STH

v+prep+n/pron

---

string /strɪŋ/ *pret, pp* **strung** /strʌŋ/

string along (with sb) (*GB, coloq*) ir/venir también (con algn), acompañar, pegarse a algn: *I'm free this morning. Can I string along with you?* Tengo la mañana libre. ¿Puedo ir contigo?

v+adv
= **tag along**

string sb along (*GB, coloq*) dar falsas esperanzas a algn: *They never intended to give her a job. They were just stringing her along*. Nunca pensaron darle el trabajo. Solo le estaban dando falsas esperanzas. ◊ *He strung her along for years and then married somebody else*. Le dio falsas esperanzas durante años y luego se casó con otra.

v+n/pron+adv

be/get strung out (about sth) (*GB tb* **be/get strung up (about sth)**) (*coloq*) estar/ponerse estresado/nervioso (por algo): *By the end of the week, she's really strung out*. Al final de la semana, está realmente estresada.

be/get+v+adv

string out (across/along sth) colocarse en fila/distanciados (por ...): *We strung out along the riverbank to keep watch*. Nos apostamos distanciados por la orilla del río para vigilar.

v+adv

string sb/sth out 1 colocar a algn/algo en fila: *The soldiers were strung out at five-metre intervals*. Los soldados estaban apostados en fila, a cinco metros de distancia entre ellos. NOTA En este sentido, **string sb/sth out** se utiliza mucho en construcciones pasivas: *Houses and shops were strung out along the bay*. **2** alargar algo: *The prosecution was deliberately stringing out the trial*. La acusación estaba alargando el juicio deliberadamente.

v+n/pron+adv
v+adv+n

string sth together 1 atar algo con un hilo/una cuerda: *She strung the shells together to make a necklace.* Ató las conchas con un hilo para hacer un collar. **2** hilar, juntar algo: *She was so drunk that she couldn't string a sentence together.* Estaba tan borracha que no podía hilar ni una frase. ◊ *I can barely string together two words of German.* Apenas puedo hablar dos palabras de alemán.

v + n/pron + adv
v + adv + n
2 ⓞ **words, a sentence**

be/get strung up (about sth) (*GB, coloq*) Ver BE/GET STRUNG OUT (ABOUT STH)

be/get + v + adv

string sb up (*coloq*) ahorcar, colgar a algn (*de forma ilegal*): *The villagers will string him up if they catch him.* Si los del pueblo lo cogen, lo colgarán.

v + pron + adv
v + n + adv
v + adv + n

string sth up colgar algo (*con una cuerda, cadena, etc.*): *She strung up a banner saying 'Happy 40th Birthday'.* Colgó una pancarta que ponía "Feliz 40 Cumpleaños".

v + n/pron + adv
v + adv + n

---

strip /strɪp/ **-pp-**

strip sth away 1 quitar algo: *When you strip away the jargon, he really has nothing sensible to say.* Cuando miras más allá de la jerga, no tiene nada sensato que decir. ◊ *Our fundamental rights are being stripped away by these laws.* Estas leyes nos han desposeído de nuestros derechos fundamentales. **2** (**from sth**) arrancar, quitar algo (de algo): *First you need to strip away the old paint.* Primero tienes que quitar la capa vieja de pintura. ◊ *A lot of the dietary fibre in food is stripped away in the refining process.* Durante el refinado de los alimentos se pierde mucha fibra.

v + adv + n
v + n/pron + adv

strip sth down desmontar algo: *We had to strip down the gearbox.* Tuvimos que desmontar la caja de cambios.

v + adv + n
v + n/pron + adv

strip down to sth desnudarse (*quedándose generalmente en ropa interior*): *I stripped down to my underwear for the massage.* Me quedé en ropa interior para el masaje.

v + adv + prep + n

strip sb of sth quitarle a algn algo, despojar a algn de algo: *She was stripped of her title and dismissed from the team.* Le quitaron el título y la echaron del equipo.
NOTA Strip sb of sth se utiliza mucho en pasiva.

v + n/pron + prep + n/pron

strip off (*coloq*) desnudarse: *She stripped off and dived into the water.* Se desnudó y se tiró al agua.

v + adv

strip sth off (*ropa*) quitarse algo: *Strip off your wet clothes and come and warm up by the fire.* Quitaos la ropa mojada y venid a calentaros junto al fuego.

v + adv + n
v + pron + adv
v + n + adv

strip sth off; strip sth off sth arrancar, quitar algo (de algo): *It was hard work stripping the old wallpaper off.* Nos costó mucho trabajo arrancar el papel de la pared. ◊ *All the leaves had been stripped off the branches.* Habían quitado todas las hojas de las ramas.

v + n/pron + adv
v + adv + n
v + n/pron + prep + n/pron

strip sth out 1 quitar algo (*completamente*): *We stripped out all the old wiring.* Quitamos toda la vieja instalación eléctrica. **2** (*esp GB*) limpiar algo a fondo (*tirando lo inservible*): *The house had to be stripped out and redecorated.* Tuvieron que limpiar toda la casa a fondo y pintarla de nuevo.

v + adv + n
v + n/pron + adv

struggle

struggle /ˈstrʌgl/

struggle on/along salir adelante, continuar (*con dificultad*): *I don't know how they managed to struggle on.* No entiendo cómo consiguieron salir adelante.

v + adv

stub /stʌb/ -bb-

stub sth out (*cigarro*) apagar algo: *He stubbed the cigarette out with his foot.* Apagó el cigarrillo con el zapato.

v + n/pron + adv
v + adv + n
[O] **a cigarette, a cigar**
= **extinguish sth** (*más formal*)

stumble /ˈstʌmbl/

stumble about, along, around, etc. ir dando tropezones/tumbos: *We stumbled about in the dark for hours.* Estuvimos horas dando tumbos en la oscuridad.

v + adv

stumble across/on/upon sb/sth encontrarse con algn/algo (*por casualidad*): *We stumbled on the solution by accident.* Dimos con la solución por casualidad. ◊ *I stumbled across an old schoolfriend today.* Hoy me encontré con un antiguo compañero del colegio.

v + prep + n/pron

stump /stʌmp/

stump up; stump up sth (for sth) (*GB, coloq*) (*dinero*) apoquinar, soltar (algo) (para algo): *He had no money so I had to stump up for his ticket.* Como él no tenía dinero, tuve que apoquinar para su entrada. ◊ *We had to stump up an extra five hundred pounds for insurance.* Tuvimos que apoquinar otras quinientas libras para el seguro.

v + adv
v + adv + n
= **cough up** (1) (*esp GB*), **cough sth up** (2)

subject /səbˈdʒekt/

subject sb/sth to sth; subject yourself to sth someter a algn/algo a algo, someterse a algo: *All our products are subjected to rigorous tests.* Todos nuestros productos se someten a pruebas rigurosas. ◊ *Why subject myself to another evening of arguments?* ¿Para qué someterme a otra tarde de discusiones?

v + n/pron + prep + n/pron
v + reflex + prep + n/pron

NOTA Subject sb/sth to sth se utiliza mucho en pasiva.

subscribe /səbˈskraɪb/

subscribe to sth (*formal*) ser partidario de algo, suscribir algo: *We subscribe to a different view of society.* Suscribimos una visión distinta de la sociedad. ◊ *It's not an opinion I tend to subscribe to.* No es una opinión que suela compartir.

v + prep + n/pron
[O] **a view, a theory**

NOTA En este sentido, **subscribe to sth** se puede utilizar en pasiva: *It is not a theory that is commonly subscribed to.*

substitute /ˈsʌbstɪtjuːt; USA -tuːt/

substitute for sb/sth sustituir a algn/algo: *Can you substitute for me at the meeting?* ¿Puedes sustituirme en la reunión? ◊ *Nothing can substitute for the advice your doctor is able to give you.* Nada puede sustituir el consejo que te puede dar tu médico.

v + prep + n/pron

succeed /sək'siːd/

succeed in sth 1 tener éxito, triunfar en algo: *She's determined to succeed in everything she does.* Está decidida a tener éxito en todo lo que emprende. **2 succeed in doing sth** conseguir, lograr hacer algo: *I tried to mend my watch, but only succeeded in breaking it.* Intenté arreglar el reloj, pero lo único que conseguí hacer fue romperlo.

1 v+prep+n/pron
2 v+prep+-ing

suck /sʌk/

suck sb/sth down, out, through, under, etc.; **suck sb/sth down, out of, through, under, etc. sth** arrastrar a algn/algo hacia abajo, hacia fuera, por, hacia el fondo etc.: *The currents can suck swimmers under.* Las corrientes pueden arrastrar a los nadadores hacia el fondo. ◊ *The force of the air sucked her out of the plane.* La fuerza del aire la arrastró fuera del avión.

v+n/pron+adv
v+adv+n
v+n/pron+prep+n/pron

suck sb in; **suck sb into sth** meter, involucrar a algn (en algo): *There is a danger we could be sucked into a war.* Existe el peligro de vernos involucrados en una guerra.
NOTA Suck sb in y suck sb into sth se usan mucho en pasiva.

v+n/pron+adv
v+adv+n
v+n/pron+prep+n/pron

suck sb off (*GB, tabú*) chupársela a algn

v+n/pron+adv
v+adv+n

suck up to sb (*coloq, pey*) hacerle la pelota a algn, darle coba a algn: *He's always sucking up to the teacher.* Siempre le está haciendo la pelota al profesor.

v+adv+prep+n/pron

sucker /'sʌkə(r)/

sucker sb into sth/doing sth (*USA, coloq*) embaucar, convencer a algn para que haga algo: *I was suckered into helping.* Me convencieron para que ayudara.
NOTA Sucker sb into sth/doing sth se utiliza mucho en pasiva.

v+n/pron+prep+n/pron
v+n/pron+prep+-ing

sum /sʌm/ -mm-

sum up 1 hacer un resumen, resumir: *Before we conclude the meeting, let me sum up.* Permítanme hacer un resumen antes de dar por acabada la reunión. **2** (*juez*) recapitular: *When he summed up, the judge reminded the jury of the seriousness of the case.* Al recapitular, el juez recordó al jurado la gravedad del caso.
▶ **summing-up** *n* [gen sing] (*pl* **summings-up**) **1** recapitulación: *The judge will begin her summing-up on Monday.* La juez comenzará a hacer la recapitulación el lunes. **2** resumen: *I agree with his summing-up of the situation.* Estoy de acuerdo con el resumen que ha hecho de la situación.

v+adv
1 = **summarize** (*más formal*)
2 ⑤ the judge

sum sb/sth up 1 resumir cómo es algn, resumir, sintetizar algo: *His speech summed up the mood of the whole country.* Su discurso resumió la atmósfera que se respiraba en todo el país. ◊ *Totally lazy — that just about sums him up.* Un vago, eso más o menos resume cómo es. **2** (**as sth**) catalogar a algn/algo (como/de algo), hacerse una idea de algn/algo: *He had already summed her up as someone who hated to admit defeat.* Ya la había catalogado como una persona que odiaba darse por vencida. ◊ *I summed up the situation immediately.* En seguida me hice una composición de lugar.

v+adv+n
v+pron+adv
v+n+adv (*menos frec*)

sum

sum sth up hacer un resumen de algo, resumir algo: *Let's sum up the discussion so far.* Resumamos el debate hasta el momento.
▶ **summing-up** *n Ver* SUM UP

v+adv+n
v+pron+adv
v+n+adv (menos frec)
= **summarize sth** (*más formal*)

summon /'sʌmən/

summon sth up 1 armarse de algo, reunir el suficiente ...: *She eventually summoned up the courage to knock at the door.* Finalmente reunió el coraje suficiente para llamar a la puerta. ◊ *He managed to summon up a smile.* Consiguió con gran esfuerzo esbozar una sonrisa. **2** recordar (a) algo: *It's a smell that summons up memories of my childhood.* Es un olor que me trae recuerdos de la niñez. ◊ *Years after his death, she could no longer summon up his image.* Años después de su muerte, ya no podía recordar su cara.

v+adv+n
v+pron+adv
v+n+adv (poco frec)
1 ◌ **courage, strength, a smile**
= **muster sth up**
2 ◌ **memories, a vision**
= **evoke sth**

surge /sɜːdʒ; *USA* sɜːrdʒ/

surge around, past, through, etc.; **surge around, past, through,** etc. **sth** (*tb* **surge past sb**) apiñarse, pasar, atravesar, etc. en grandes cantidades: *The crowd surged past.* La gente pasaba en tropel. ◊ *Adrenalin surged through her veins.* La adrenalina corría por sus venas.

v+adv
v+prep+n/pron

surge up (*formal*) apoderarse de algn, invadir a algn: *Panic surged up inside her.* El pánico se apoderó de ella.
▶ **upsurge (in/of sth)** *n* [gen sing] **1** aumento (*repentino e importante*) (de algo): *There has been an upsurge of violence in the area.* Se ha producido un recrudecimiento de la violencia en la zona. **2** oleada (de algo): *a recent upsurge of interest in his movies* una reciente oleada de interés en sus películas

v+adv

surrender /sə'rendə(r)/

surrender to sb/sth; surrender yourself to sb/sth (*formal*) rendirse a algn/algo, dejarse llevar por algn/algo: *She surrendered to his charm.* Se rindió a su encanto. ◊ *He surrendered himself to sleep.* Se dejó llevar por el sueño.

v+prep+n/pron
v+reflex+prep+n/pron

suss /sʌs/

suss sb out (*GB, coloq*) calar a algn: *I've already sussed him out.* Yo ya le tengo calado.

v+n/pron+adv
v+adv+n
= **tumble to sb/sth** (*GB*)

suss sth out (*GB, coloq*) darse cuenta de algo, averiguar algo: *She'd sussed out right away that there was something strange going on.* En seguida se dio cuenta de que pasaba algo extraño. ◊ *This game takes a bit of sussing out.* Cuesta un poco enterarse de qué va este juego.

v+n/pron+adv
v+adv+n
= **work sth out** (2) (*menos coloq*)

swallow /'swɒləʊ; *USA* 'swɑːloʊ/

swallow sth down 1 tragarse algo: *She swallowed down a mouthful of wine.* Le dio un trago al vino. **2** reprimir, tragarse algo: *She tried to swallow down her growing panic.* Intentó reprimir el creciente miedo.

v+adv+n
v+pron+adv
v+n+adv (poco frec)
1 = **get sth down** (1), **gulp sth down** (1)

swallow sb up tragarse a algn: *He watched them walk away until the darkness swallowed them up.* Los vio marcharse hasta que la oscuridad se los tragó. ◊ *She prayed that the ground would swallow her up.* Rezó para que se la tragase la tierra.

v + pron + adv
v + n + adv
v + adv + n
= **envelop sb** (*más formal*)

swallow sth up 1 tragarse, absorber algo, hacer desaparecer algo: *The light was swallowed up by a black hole.* La luz desaparecía en un agujero negro. ◊ *The countryside is rapidly being swallowed up by building developments.* El paisaje está desapareciendo rápidamente debido a las nuevas urbanizaciones. ◊ *Many small businesses have been swallowed up by larger companies.* Muchos negocios pequeños han sido absorbidos por empresas mayores. **2** agotar, consumir algo: *Practising the piano swallows up all her free time.* El piano le lleva todo el tiempo libre que tiene. ◊ *The extra money was swallowed up by debts.* Las deudas se comieron el dinero extra.

NOTA Swallow sth up se utiliza mucho en pasiva.

v + adv + n
v + pron + adv
1 = **engulf sth** (*más formal*), **envelop sth** (*más formal*)
2 ⓪ **time**, **money**
= **use sth up**

swan /swɒn; *USA* swɑːn/ **-nn-**

swan about/around; swan about/around … (*GB, coloq*) andar por ahí pavoneándose, andar como si tal cosa por … (*de forma que molesta a los demás*): *Stop swanning about pretending to be clever.* Deja de pavonearte por ahí haciéndote el inteligente. ◊ *She's swanning around Europe for the summer.* Está por Europa todo el verano, como si tal cosa.

v + adv
v + prep + n/pron

swan off (to …) (*GB, coloq*) irse despreocupadamente, pirarse (a …) (*de forma que molesta a los demás*): *He's always swanning off to Spain on holiday!* ¡Siempre se pira a España de vacaciones!

v + adv

swap (*tb* **swop**) /swɒp; *USA* swɑːp/ **-pp-**

swap around/over/round (*tb* **swop around/over/round**) (*esp GB, coloq*) intercambiar posiciones, tareas, etc.: *OK, let's swap round.* Muy bien, ahora vamos a cambiar.

v + adv
= **change over/round** (2) (*menos coloq*)

swap sb/sth around/over/round (*tb* **swop sb/sth around/over/round**) (*esp GB, coloq*) cambiar a algn/algo de posición: *At half-time the manager swapped the players round a bit.* En el descanso el entrenador cambió un poco a los jugadores.

v + n/pron + adv
v + adv + n (*poco frec*)
= **change sth around** (*menos coloq*)

swarm /swɔːm; *USA* swɔːrm/

swarm across, around, over, etc. sth (*tb* **swarm around sb**) cruzar algo, pulular por algo en manada, pulular, arremolinarse alrededor de algn/algo: *The journalists swarmed around her.* Los periodistas pululaban a su alrededor. ◊ *Refugees swarmed over the border to escape from the fighting.* Los refugiados cruzaban la frontera en manadas huyendo de los enfrentamientos.

v + prep + n/pron

swarm with sb/sth ser un hervidero de algn/algo, estar plagado de algn/algo: *The room was swarming with flies.* La habitación estaba plagada de moscas.

NOTA Swarm with sb/sth se utiliza mucho en tiempos continuos: *The town was swarming with tourists.*

v + prep + n/pron

swear

swear /sweə(r)/; *USA* swer/ *pret* **swore** /swɔː(r)/
pp **sworn** /swɔːn; *USA* swɔːrn/

swear by sb/sth jurar por algn/algo: *I swear by Almighty God that I will tell the truth.* Juro por Dios todopoderoso que diré la verdad.
NOTA Swear by sb no se utiliza en tiempos continuos.

v + prep + n/pron

swear by sth (*coloq*) tener una fe ciega en algo, confiar plenamente en algo: *My brother swears by lemon and honey as a cold remedy.* Mi hermano tiene una fe ciega en el limón con miel como remedio para los catarros.
NOTA Swear by sth no se utiliza en tiempos continuos.

v + prep + n/pron

swear sb in; **swear sb into sth** tomar juramento a algn, jurar algo (*un cargo*): *He was sworn in as president in January.* En enero prestó juramento como presidente. ◊ *When are they swearing her into the post?* ¿Cuándo jurará el cargo?
NOTA Swear sb in y swear sb into sth se utilizan mucho en pasiva: *The jury has to be sworn in.*
▶ **swearing-in** *n* toma de juramento, jura: *the swearing-in of the new president* la toma de juramento del nuevo presidente
NOTA Nótese que el sustantivo **swearing-in** también puede utilizarse delante de otro sustantivo: *the swearing-in ceremony*.

v + adv + n
v + pron + adv
v + n/pron + prep + n/pron

swear off sth (*esp USA, coloq*) jurar dejar algo: *Ever since her boyfriend left she has sworn off men.* Desde que su novio la dejó ha jurado no volver a ir con un hombre.

v + prep + n/pron

be sworn to sth haber jurado algo: *Ministers are sworn to secrecy about the talks.* Los ministros han jurado confidencialidad en las conversaciones. ◊ *The nuns are sworn to chastity.* La monjas hacen voto de castidad.

be + v + prep + n/pron
[0] **secrecy, chastity, celibacy**

swear to sth (*coloq*) jurar algo (*para afirmarlo rotundamente*): *I think I've met him before, but I couldn't swear to it.* Creo que ya lo conocía, pero no podría jurarlo.

v + prep + n/pron
[0] **it**

---

sweat /swet/

sweat sth out 1 quitarse algo a base de sudar: *Whenever I get a bad fever I go to bed and sweat it out.* En cuanto tengo fiebre alta, me meto en la cama y me lo quito a base de sudar. **2 sweat it out** aguantar (impaciente) (*a que algo pase*): *We had to sweat it out until the result was announced.* Tuvimos que aguantar impacientes hasta que anunciaron el resultado.
NOTA Sweat sth out no se puede utilizar en pasiva.

1 *v + pron + adv*
v + n + adv
v + adv + n (*poco frec*)
[0] **a cold, a fever**
2 *v + it + adv*
[0] **it**

sweat over sth (*coloq*) **1** sudar la gota gorda con algo: *I've sweated over this essay for three weeks.* Llevo tres semanas sudando la gota gorda con este trabajo. **2** preocuparse por algo

v + prep + n/pron

---

sweep /swiːp/ *pp, pret* **swept** /swept/

sweep along, in, out, etc.; **sweep along, into, out of, etc. sth** entrar, salir, etc. de forma dramática: *Everyone turned to look as she swept in.* Cuando entró de esa forma, todos se dieron la vuelta para mirarla. ◊ *He swept out of the room angrily.* Enfadado, salió de la habitación con dramatismo.

v + adv
v + prep + n/pron

sweep sb along/away (*emoción, entusiasmo*) arrastrar a algn: *Ana was swept along by her father's enthusiasm.* Ana se vio arrastrada por el entusiasmo de su padre.
NOTA Sweep sb along se utiliza mucho en pasiva.

v + n/pron + adv
v + adv + n
= **carry sb along/away**

sweep sth aside desechar, descartar algo: *Their objections were swept aside.* Hicieron caso omiso de sus objeciones. ◊ *All their advice was swept aside.* Desecharon todos sus consejos.
NOTA Sweep sth aside se utiliza mucho en pasiva.

v+n/pron+adv
v+adv+n
[O] **objections, restrictions, opposition**

sweep sb away 1 (*corriente, río*) arrastrar a algn: *The current swept them away.* La corriente los arrastró. **2** *Ver* SWEEP SB ALONG/AWAY
NOTA Sweep sb away se utiliza mucho en pasiva.

v+n/pron+adv
v+adv+n
= **carry sb/off away/off, wash sb/sth away**

sweep sth away 1 arrastrar, llevarse algo: *Cars were swept away in the storm.* El torrente arrastró coches. **2** erradicar algo: *The speech swept away all my doubts.* El discurso disipó todas mis dudas.

v+n/pron+adv
v+adv+n
1 [O] **buildings, villages**
= **carry sb/sth away/off, wash sb/sth away**
2 [O] **doubts, restrictions**

sweep back volver con fuerza/arrasando: *Memories came sweeping back.* Los recuerdos volvieron con mucha fuerza.

v+adv

sweep sth back echar algo hacia atrás: *Her hair was swept back from her forehead.* Llevaba el pelo hacia atrás, dejando la frente al descubierto.

v+n/pron+adv
v+adv+n
[O] **your/sb's hair**

sweep sth off; **sweep sth off sth** quitar algo (de algo): *He swept the crumbs off the table.* Quitó las migas de la mesa. ◊ *The wind swept her hat off.* El viento le quitó el sombrero.
LOC **sweep sb off their feet** hacer que algn se enamore perdidamente, hacer que algn caiga rendido de amor

v+n/pron+adv
v+adv+n
v+n/pron+prep+n/pron

sweep sth out barrer algo (*una habitación*): *Can you sweep out that storeroom for me?* ¿Puedes hacerme el favor de darle un barrido a ese almacén?

v+adv+n
v+n/pron+adv

be swept up (in sth) verse arrastrado (por algo): *The whole country was swept up in the euphoria.* El país entero se vio arrastrado por la euforia.

be+v+adv
= **be/get caught up in sth**

sweep up barrer: *We swept up before we left.* Barrimos antes de irnos.

v+adv

sweep sth up barrer algo (*la basura, las hojas, etc.*): *I had to sweep up all the leaves.* Tuve que barrer todas las hojas.

v+n/pron+adv
v+adv+n
[O] **the glass, the leaves**

sweeten /'swi:tn/

sweeten sb up (*coloq*) ablandar a algn: *If you sweeten him up he'll do the work for you.* Si te lo camelas, te hará el trabajo.

v+n/pron+adv
v+adv+n

swell /swel/ *pret* swelled *pp* swelled o swollen /'swəʊlən/ USA 'swoʊ-/

swell up hincharse: *My foot began to swell up.* Se me empezó a hinchar el pie.

v+adv

swill /swɪl/

swill sth down (*coloq, gen pey*) **1** beberse algo de un trago: *He was sitting in the bar, swilling down the beers.* Estaba sentado en el bar, bebiéndose las cervezas como si fuesen agua. ◊ *He swilled down his beer and left.* Se bebió la cerveza de un trago y se marchó. **2** tragarse algo (*bebiendo algo a la vez*): *He swilled down the pie with several pints of beer.* Se tragó la empanada ayudándose de varias cervezas.

v+adv+n
v+n/pron+adv

swing /swɪŋ/ *pret, pp* swung /swʌŋ/

swing around (*tb esp GB* **swing round**) **1** girar/virar en redondo: *At this he swung around and glared at me.* En esto, giró sobre sus talones y me lanzó una mirada. **2** cambiar de opinión: *They've now swung around to the opposite point of view.* Ahora han cambiado de opinión y defienden el punto de vista contrario. — *v+adv*

swing at sb intentar pegar a algn: *She swung at me with the iron bar.* Intentó pegarme con la barra de hierro. — *v+prep+n/pron*

swing by; **swing by sth** (*USA, coloq*) pasarse por ... : *She swung by on her way home.* Se pasó por aquí cuando iba hacia su casa. ◊ *Could you swing by the drugstore to pick up my prescription?* ¿Podrías pasarte por la farmacia y recoger mi medicina? — *v+adv* / *v+prep+n* / = **drop by/round**

swing round *Ver* SWING AROUND — *v+adv*

---

switch /swɪtʃ/

switch off 1 (*tb* **switch itself off**) apagarse: *The light switches itself off automatically.* La luz se apaga automáticamente. **2** (*GB*) apagar algo: *The film was so boring we switched off halfway through.* La película era tal rollo que apagamos a la mitad. **3** (*coloq*) desconectar (*dejar de escuchar*): *I just switch off when he starts talking.* Cuando empieza a hablar, yo desconecto. ◊ *He finds it hard to switch off when he gets home.* Le resulta difícil desconectar cuando llega a casa. — *v+adv* / **1** *v+adv* / *v+reflex+adv* / ≠ **switch on** (1)

switch sth off 1 apagar, desconectar algo: *Shall I switch the heating off?* ¿Apago la calefacción? ◊ *The film was rubbish so we switched it off.* La película era un rollo, así que la quitamos. **2** cortar algo (*la luz, el gas, etc.*): *He switched the electricity off at the mains.* Cortó la general. — *v+n/pron+adv* / *v+adv+n* / **1** [0] **a light, a machine, an engine** / ≠ **switch sth on** / **2** [0] **the water, the gas, the electricity** / = **turn sth off**

switch on 1 (*tb* **switch itself on**) encenderse: *The machine switches itself on automatically.* La máquina se pone en marcha automáticamente. **2** (*GB*) encender algo: *Put the cassette in the machine and switch on.* Mete la cinta y enciende. — **1** *v+adv* / *v+reflex+adv* / ≠ **switch off** / **2** *v+adv*

switch sth on 1 encender algo: *How do you switch this thing on?* ¿Cómo enciendes esto? **2** ponerse ... : *He switches on the charm whenever he wants.* Cuando quiere, se pone encantador. — **1** *v+n/pron+adv* / *v+adv+n* / [0] **a light, a radio, an engine** / ≠ **switch sth off** / **2** *v+adv+n* / *v+pron+adv* / *v+n+adv* (*poco frec*) / [0] **the charm, a smile** / = **turn sth on**

switch over (**from sth**) (**to sth**) **1** pasarse (de algo) (a algo): *We've finally switched over to a computerized system.* Por fin nos hemos cambiado a un sistema informatizado. **2** (*GB*) cambiar de canal (de algo) (a algo): *I switched over to watch the news.* Cambié de canal para ver las noticias. — *v+adv* / = **change over**

swop (tb **swap**) /swɒp; USA swɑːp/ **-pp-**

swop around/over/round Ver SWAP AROUND/OVER/ROUND — *v+adv*

swop sb/sth around/over/round Ver SWAP SB/STH AROUND/OVER/ROUND
v+n/pron+adv
v+adv+n (poco frec)

---

swot /swɒt; USA swɑːt/

swot up on sth (*GB, coloq*) empollar(se) algo: *I have to swot up on these verbs for tomorrow.* Tengo que empollarme estos verbos para mañana.
v+adv+prep+n/pron
= **mug up** (*GB*), **revise sth** (*esp GB*), **study sth** (*menos coloq*)

---

syphon /'saɪfn/

syphon sth off (from sth) Ver SIPHON STH OFF (FROM STH)
v+n/pron+adv
v+adv+n

Tt

tack /tæk/

tack sth down (*coloq*) clavar algo con tachuelas
v+n/pron+adv
v+adv+n
◯ **a carpet**

tack sth on (to sth) (*coloq*) añadir, agregar algo (a algo) (*deprisa y sin mucho cuidado*): *The last paragraph seems to have been tacked on at the last minute.* Parece como si hubiesen añadido el último párrafo a última hora. ◊ *'... and in any case you're wrong', she tacked on.* — ... y de todas formas, estás equivocado —agregó.
NOTA Tack sth on se utiliza mucho en pasiva.
v+n/pron+adv
v+adv+n
= **add sth on** (*menos coloq*), **tag sth on**

---

tag /tæg/ **-gg-**

tag along (behind/with sb) (*coloq*) seguir a algn, pegarse (a algn): *The children tagged along behind their mother.* Los niños iban siguiendo a su madre. ◊ *Can I tag along (with you) when you go to the shops?* ¿Me dejas acompañarte cuando vayas de compras?
v+adv
= **string along** (*GB*)

tag on (to sb/sth) (*esp GB*) ponerse detrás (de algn/algo), pegarse (a algn/algo): *We tagged on to the queue of cars.* Nos pusimos detrás de la cola de coches.
v+adv

tag sth on (to sth) (*coloq*) añadir, agregar algo (a algo) (*deprisa y sin mucho cuidado*): *An apology was tagged on to the end of the letter.* Añadieron una disculpa al final de la carta.
NOTA Tag sth on se usa mucho en pasiva o como participio pasado: *This is just the old software with some minor changes tagged on.*
v+n/pron+adv
v+adv+n
= **add sth on, tack sth on**

tail

tail /teɪl/

tail away/off 1 (*esp GB*) (*voz, sonido*) irse apagando: *Her voice tailed off as she saw his expression.* Su voz se fue apagando al ver la expresión de su cara. ◊ *'Did you want to see ... ?' she tailed off.* —¿Querías ver a ... ? —dijo, según se iba apagando su voz. **2** (*número, ventas*) disminuir: *The number of tourists starts to tail off in September.* El número de turistas empieza a disminuir en septiembre. ◊ *Sales of the album have begun to tail off.* Las ventas del álbum ya han empezado a disminuir.
v + adv
1 ⑤ sb's voice, sb's words

tail back (*GB*) (*tráfico*) formar (una) caravana: *Traffic tailed back eight miles.* Se formó una caravana de ocho millas.
v + adv
▶ **tailback** *n* (*GB*) caravana, cola (*de coches*)

tail off Ver TAIL AWAY/OFF
v + adv

---

take /teɪk/ *pret* **took** /tʊk/ *pp* **taken** /'teɪkən/

take sb aback sorprender, desconcertar a algn: *I was taken aback by his rudeness.* Su grosería me dejó desconcertado.
NOTA **Take sb aback** se utiliza casi siempre en pasiva.
v + pron + adv
v + n + adv

take after sb 1 parecerse, salir a algn (*físicamente o en carácter*): *Your daughter doesn't take after you at all.* Tu hija no se parece en nada a ti. ◊ *I've got long legs — I take after my father.* Tengo las piernas muy largas, salgo a mi padre. **2** (*esp USA, antic*) salir corriendo tras algn: *She suddenly took after them.* De repente salió corriendo tras ellos.
NOTA **Take after sb** no se puede utilizar en tiempos continuos.
v + prep + n/pron

take against sb/sth/doing sth (*GB*) coger manía a algn/algo/ hacer algo: *Why have you suddenly taken against her?* ¿Por qué le has cogido manía de repente? ◊ *She's taken against singing.* Le ha cogido manía a cantar.
v + prep + n/pron
v + prep + -ing
≠ **take to sb/sth/doing sth**

take sb/sth along (to ...) llevar(se) a algn/algo (a ...): *He took his sister along to the party.* Se llevó a su hermana a la fiesta. ◊ *Shall I take along a book?* ¿Me llevo un libro?
v + n/pron + adv
v + adv + n

take sb/sth apart (*coloq*) hacer pedazos, descuartizar a algn/ algo: *He took the American apart in the third set.* Hizo pedazos al americano en el tercer set. ◊ *Touch her again and I'll take you apart!* ¡Si la vuelves a tocar, te hago trizas! ◊ *Her second novel was taken apart by the critics.* Los críticos pusieron su última novela por los suelos.
v + n/pron + adv
v + adv + n (*menos frec*)

take sth apart desmontar, desmantelar algo: *She took the clock apart and couldn't put it back together.* Desmontó el reloj y no supo volverlo a montar.
v + n/pron + adv
v + adv + n (*menos frec*)
= **dismantle sth** (*más formal*)
≠ **put sth together** (1)

take sb around; take sb around sth (*tb esp GB* **take sb round, take sb round sth**) enseñar a algn el sitio, enseñar a algn algo, acompañar a algn a ver/visitar algo (*una ciudad, monumentos*): *If you'd like to see the town, I could take you around.* Si quiere ver la ciudad, yo podría enseñársela. ◊ *We got a guide to take us around the temples.* Cogimos un guía para que nos acompañase a ver los templos.
v + n/pron + adv
v + n/pron + prep + n/pron
= **show sb around, show sb around sth**

take sb/sth around (to ...) (*GB tb* **take sb/sth round (to ...)**) llevar a algn/algo (a ...): *I took the photos round to Phil's to show him.* Llevé las fotos a casa de Phil para enseñárselas. ◊ *They took us round to the pub.* Nos llevaron al bar.
v + n/pron + adv
v + adv + n

take sb aside llevar a algn a un lado/aparte: *She took me aside and explained the situation.* Me llevó a un lado y me explicó.

take sb away 1 (from sb/sth) apartar a algn (de algn/algo): *The children were taken away from their parents.* Separaron a los niños de los padres. ◊ *This woman had taken her husband away from her.* Esta mujer le había quitado el marido. ◊ *His work takes him away from his family.* Su trabajo le aparta de su familia. **2 (from sb/sth)** llevarse a algn (del lado de algn/de ...): *The police handcuffed him and took him away.* La policía lo esposó y se lo llevó. ◊ *The injured were taken away from the scene of the accident.* Se llevaron a los heridos del lugar del accidente. **3** llevarse a algn (de vacaciones): *I'd like to take her away to France with me.* Me gustaría llevármela de vacaciones a Francia.

take sth away 1 llevarse algo: *They had to take the computer away to fix it.* Tuvieron que llevarse el ordenador para arreglarlo. ◊ *The barman came to take away our empty glasses.* El camarero vino a llevarse los vasos vacíos. **2 (from sb/sth)** (*libros*) sacar algo (de ...), quitarle algo a algn: *These books must not be taken away from the library.* Estos libros no se pueden sacar de la biblioteca. ◊ *They can't take our rights away from us.* No pueden quitarnos nuestros derechos. **3** quitar algo (*una sensación*): *These tablets should help take the pain away.* Estas pastillas ayudarán a que se te pase el dolor. **4 (from sth)** (*Mat*) quitar algo (a algo), restar algo (de algo): *If you take four away from ten, that leaves six.* Si a diez le quitas cuatro, te quedan seis. ☆ **5** (*GB*) (*USA* **take sth out**) llevarse algo (*para comerlo fuera del restaurante*): *Fish and chips to take away, please.* Pescado frito con patatas fritas para llevar, por favor. ◊ *Is that to eat here or take away?* ¿Es para comer aquí o para llevar? **NOTA** En este sentido, **take sth away** se utiliza mucho en infinitivo. **6 (from sth)** (*impresión*) llevarse algo (de algo): *We didn't take away a very favourable impression of them.* No nos dieron muy buena impresión. ◊ *What do we want students to take away from this course?* ¿Qué queremos que los estudiantes saquen de este curso?

LOC take your breath away dejarte sin habla: *The sight of the waterfall takes your breath away.* La visión de las cataratas te deja sin habla.

▶ **takeaway** (*GB*) *n* **1** (*USA* **take-out, carry-out**) comida para llevar: *We could get an Indian takeaway.* Podríamos traer un indio. **2** restaurante de comida para llevar: *There's a takeaway on the corner.* En la esquina hay una tienda de comidas preparadas. **NOTA** Nótese que el sustantivo **takeaway** también puede utilizarse delante de otro sustantivo: *takeaway food* ◊ *a takeaway restaurant*.

take away from sth restar valor a algo: *I don't wish to take away from his achievements, but he couldn't have done it without our help.* No quiero restar valor a sus logros, pero no podría haberlo hecho sin nuestra ayuda.

take sb away from sth apartar a algn de algo: *These minor problems are taking us away from the real issue.* Estos problemas de poca monta nos están apartando del verdadero asunto.

take

take sb back 1 (**to ...**) llevar a algn (de vuelta) (a ...): *Can you take me back to the village?* ¿Me puedes llevar al pueblo? ◊ *This question takes us back to the issues discussed yesterday.* Esta cuestión nos lleva de nuevo a los temas discutidos ayer. **2** aceptar que algn vuelva (*a la familia, a la empresa, etc.*): *I agreed to take her back if she promised to be faithful in future.* Dije que la aceptaría de nuevo si prometía ser fiel en el futuro. **3** (**to sth**) hacer recordar a algn (algo), transportar a algn (a algo): *The smell of the sea took him back to his childhood.* El olor del mar le transportó a la infancia. ◊ *That song takes me back a bit!* ¡Esa canción me hace dar marcha atrás unos cuantos años!

v + n/pron + adv

take sth back ☆ **1** (**to sb/sth**) devolver algo (a algn/a ...): *I forgot to take the books back to the library.* Se me olvidó devolver los libros a la biblioteca. ◊ *The sweater had a hole in it so I took it back.* El jersey tenía un agujero, así que lo devolví. **2** aceptar la devolución de algo (*en una tienda*): *We can only take goods back if you have the receipt.* Solo aceptamos devoluciones si trae el tique de compra. **3** (**to sb/sth**) llevarse algo (para algn/algo) (*como recuerdo de un viaje*): *We spent a lot of the holiday looking for presents to take back with us.* Nos pasamos gran parte de las vacaciones buscando regalos para llevarnos. **4** recuperar algo: *He took the letter back and put it in his pocket.* Cogió otra vez la carta y se la metió en el bolsillo. ◊ *At last he felt able to take back some control over his own life.* Por fin se sentía capaz de volver a tomar las riendas de su propia vida. **5** retirar algo (*que se ha dicho*): *I take back what I said about you being lazy.* Retiro lo que dije de que eres vago. ◊ *That's not true — you take that back!* Eso no es verdad, ¡retíralo!
NOTA En los sentidos 1 y 3, se utilizan también las construcciones **take sb back sth** y **take sb sth back** en lenguaje coloquial: *I took him back his CD.* ◊ *I took him his CD back.* En lenguaje más formal se diría: *I took his CD back to him.*

v + n/pron + adv
v + adv + n
1 = **return sth** (*más formal*)
5 *v + adv + n*
v + n/pron + adv
= **retract sth** (*más formal*)

take sb/sth down; take sb/sth down sth llevar, bajar a algn/algo (a ...): *I saw him taking some boxes down the corridor.* Lo vi llevando unas cajas pasillo abajo. ◊ *I'll take you down to reception.* Bajaré con usted a recepción.

v + n/pron + adv
v + adv + n (*menos frec*)
v + n/pron + prep + n/pron
≠ **take sb/sth up, take sb/sth up sth**

take sth down 1 bajar algo: *She took a book down from the top shelf.* Bajó un libro del estante de arriba. **2** quitar, descolgar algo: *Will you help me take the curtains down?* ¿Me ayudarás a quitar las cortinas? **3** (*pantalones, medias*) bajarse algo: *She took her trousers down to show the doctor her wound.* Se bajó los pantalones para enseñarle la herida al médico. **4** desmontar algo: *They were taking the tent down as we left.* Cuando nos fuimos, estaban desmontando la tienda. **5** apuntar, anotar algo: *She took down my details.* Apuntó mis datos.

v + n/pron + adv
v + adv + n
2 [0] **curtains, pictures**
≠ **put sth up** (2)
3 [0] **your trousers, your pants**
4 [0] **a tent, scaffolding**
≠ **put sth up** (3)
5 [0] **sb's details, a phone number, a registration number**
= **get sth down** (2), **jot sth down, note sth down, write sth down**

take sb in 1 (*tb* **take sb into sth**) acoger a algn (en ...) (*en casa*): *They took me in when I was homeless.* Me acogieron cuando me quedé sin casa. ◊ *She takes in lodgers.* Alquila habitaciones. 2 (*policía*) llevar a algn a comisaría: *They were taken in for questioning.* Se los llevaron a comisaría para interrogarlos. 3 (*organización*) admitir a algn (*como estudiante, paciente, miembro, etc.*): *The college took in more students than ever before last year.* El año pasado el colegio admitió a más alumnos que nunca. 4 engañar a algn: *Don't be taken in by his charm — he's ruthless.* No te dejes engañar por su encanto, es implacable. ◊ *She took me in completely with her story.* Me engañó por completo con la historia. NOTA En este sentido, **take sb in** se utiliza sobre todo en pasiva.
LOC **take sb in your arms** abrazar a algn
▶ **intake** *n* 1 promoción, número de alumnos matriculados: *She was among the first intake for the new course.* Entró el primer año que se impartió el nuevo curso. 2 (*USA*) examen, chequeo, etc. de admisión

take sb/sth in (to ...) llevar a algn/algo (a ...): *She took her watch in to the jeweller's to be repaired.* Llevó el reloj a arreglar a la joyería. ◊ *I'm going into town, so I'll take you in if you like.* Voy al centro, te llevo si quieres. ◊ *Would you mind taking this film in for me?* ¿Te importaría llevar este carrete a revelar?

take sth in 1 meter algo, llevar algo adentro: *You take the bags in and I'll bring the baby.* Mete tú las bolsas y yo llevo al niño. ◊ *Can you take the serving dishes in with you when you go inside?* ¿Puedes meter las fuentes cuando entres? 2 captar algo, fijarse en algo: *He took in every detail of her appearance.* No se perdió ni un detalle de su aspecto. ◊ *He stood for a moment, taking in his surroundings.* Se quedó de pie un momento, fijándose en el entorno. 3 (*información*) asimilar algo: *I read the whole page without taking anything in.* Leí toda la página sin enterarme de nada. ◊ *I don't think the children have taken in the news yet.* Creo que los niños no han asimilado la noticia todavía. 4 incluir, comprender algo: *The tour took in six European capitals.* La gira incluía seis capitales europeas. 5 (*coloq*) ir a algo (*a un espectáculo, museo, atracción turística, etc.*): *She always tries to take in a show when she's in New York.* Cada vez que va a Nueva York intenta asistir a un espectáculo. 6 absorber, aspirar algo: *Fish take in oxygen through their gills.* Los peces absorben oxígeno a través de las agallas. 7 (*vestido, falda*) estrechar, meter algo: *This dress needs to be taken in at the waist.* Hay que estrechar la cintura de este vestido. ◊ *He's lost so much weight that I've had to take all his clothes in.* Ha adelgazado tanto que le he tenido que meter toda la ropa. 8 hacer agua (*un bote*): *The boat was taking in water.* El bote hacía agua. 9 (*antic*) aceptar algo (*trabajo para hacer en casa*): *She scraped a living taking in washing.* Malvivía trabajando de lavandera. 10 (*USA*) recaudar algo: *How much did the show take in?* ¿Cuánto se recaudó con el espectáculo?
▶ **intake** *n* 1 consumo, ingesta (*de alcohol, alimentos, etc.*): *He has to reduce his alcohol intake.* Tiene que consumir menos alcohol. 2 toma de aire, inhalación: *She heard a sharp intake of breath.* Oyó una respiración fuerte.

---

take

v+n/pron+adv
v+adv+n
1 v+pron+adv
   v+adv+n
   v+n+adv (menos frec)
   v+n/pron+prep+n/pron
   [0] lodgers
4 = deceive sb (*más formal*)

v+n/pron+adv
v+adv+n

v+n/pron+adv
v+adv+n
3 v+adv+n
   v+pron+adv
   v+n+adv (menos frec)
   [0] information
4 v+adv+n
   v+pron+adv
   v+n+adv (menos frec)
5 v+adv+n
   v+pron+adv
   [0] the sights, a show
6 v+adv+n
   v+pron+adv
   v+n+adv (menos frec)
   [0] a breath, oxygen
7 [0] a dress, a skirt, etc.
   ≠ let sth out (4)
8 [0] only water
9 [0] washing, sewing

take

take sb into sth 1 ingresar, meter a algn en algo (*en una institución*): *He was taken into hospital.* Le ingresaron en el hospital. ◊ *They took the children into care.* Los niños quedaron a cargo de las autoridades locales. ◊ *Five men were taken into custody.* Detuvieron a cinco hombres. **2** (*tb* **take sb in**) acoger a algn en ... (*en casa*): *It was kind of him to take her into his home like that.* Fue muy amable de su parte acogerla en su casa así.
NOTA Take sb into sth se utiliza mucho en pasiva.

1 v+n/pron+prep+n
[0] **hospital, care, custody**
2 v+n/pron+prep+n/pron
v+pron+adv
v+adv+n
v+n+adv (*menos frec*)

take sb/sth into sth 1 llevar a algn/algo a ... : *I said I'd take Sara into town.* Dije que llevaría a Sara al centro. ◊ *Please don't take drinks into the auditorium.* No se admiten bebidas en el auditorio, gracias. ◊ *The novel takes us into another world.* La novela nos lleva a otro mundo. **2** durar algo hasta ... , llevar/durarle a algn hasta ... : *Our next job should take us into the autumn.* Nuestro próximo trabajo nos durará hasta entrado el otoño.

v+n/pron+prep+n

take sth into sth meterse algo en algo (*en el cuerpo, inhalando o tragando*): *The baby refused to take the teat into his mouth.* El bebé se negaba a meterse la tetina en la boca. ◊ *She inhaled deeply, taking the smoke into her lungs.* Inhaló profundamente, metiendo el humo en los pulmones.

v+n/pron+prep+n/pron

take off ☆ **1** (*avión, pájaro*) despegar, elevarse: *The plane takes off from Heathrow.* El avión sale de Heathrow. ◊ *Flight 103 was due to take off at 13.15.* El vuelo 103 tenía previsto el despegue a las 13:15. ◊ *The high jumper took off at a bad angle.* El saltador de altura no tomó bien el ángulo al elevarse. **2** (*coloq*) pirarse, irse rápidamente: *Whenever things get tough, she takes off.* Cuando las cosas se ponen mal, se pira. ◊ *He's taken off with my car!* ¡Se ha largado con mi coche! **3** (*coloq*) (*producto, carrera, idea*) tener éxito, despegar: *The new dictionary has really taken off.* El nuevo diccionario ha sido muy bien recibido. ◊ *Her career is just starting to take off.* Su carrera está empezando a despegar.
▶ **take-off** *n* (*de un avión, de un producto*) despegue: *Take-off is at 10.30.* El despegue es a las 10:30. ◊ *The local economy is poised for take-off.* La economía local está lista para despegar.
NOTA Nótese que el sustantivo **take-off** también puede utilizarse delante de otro sustantivo: *the take-off period for the new product.*

v+adv
1 [S] **a plane, an aircraft**
≠ **land**
3 [S] **sb's career**

take sb off (*esp GB*) imitar a algn: *She was taking off the woman next door.* Estaba imitando a la vecina de al lado.
▶ **take-off** *n* imitación, parodia

v+adv+n
v+pron+adv
v+n+adv (*menos frec*)

take sb/sth off (**to** ...) llevarse a algn/algo (a ...): *They took him off to the police station.* Se lo llevaron a comisaría.

v+n/pron+adv
v+adv+n (*poco frec*)

take sb off; **take sb off sth 1** rescatar, sacar a algn (de algo) (*de un barco, etc.*): *The injured men were taken off the boat by helicopter.* Sacaron a los hombres heridos del barco con un helicóptero. **2** sacar a algn (de algo) (*de un campo de fútbol, etc.*): *He was taken off in the second half.* Le sustituyeron en la segunda mitad.
NOTA Este *phrasal verb* se utiliza mucho en pasiva.

v+n/pron+adv
v+n/pron+prep+n/pron
v+adv+n (*menos frec*)

take sb off sb (*GB, coloq*) quitarle algn a algn: *My best friend took my boyfriend off me.* Mi mejor amiga me quitó el novio.

v+n/pron+prep+n/pron

take sb off sth 1 (*médico*) quitar algo a algn (*un medicamento, un alimento*): *His doctor took him off anti-depressants.* El médico le quitó los antidepresivos. **2** quitar a algn de algo (*de un puesto, un caso, etc*): *The lawyer in question has been taken off the case.* Al abogado en cuestión lo han retirado del caso.

v+n/pron+prep+n/pron
1 ≠ **put sb on sth** (2)

434

take

take sth off ☆ **1** (*prenda, reloj, gafas*) quitarse algo: *She took her coat off and hung it up.* Se quitó el abrigo y lo colgó. **2** (*tren, autobús*) suprimir, suspender algo: *The 17.13 to Bristol will be taken off next month.* El próximo mes se suprime el tren de las 17:13 a Bristol. **3** (*parte del cuerpo*) cortar, amputar algo: *His leg had to be taken off above the knee.* Tuvieron que amputarle la pierna por encima de la rodilla. *Ver tb* TAKE STH OFF; TAKE STH OFF SB/STH

| v + n/pron + adv |
| v + adv + n |
| **1** 0̸ **your clothes, your shoes, your coat, etc.** |
| = **get sth off** (2) |
| ≠ **keep sth on** (1) |
| **put sth on** (1) |
| **2** ≠ **put sth on** (1) |

take sth off sb (*coloq*) **1** (*esp GB*) quitarle algo a algn (*utilizando fuerza o autoridad*): *Another child took his teddy off him.* Un niño le quitó su osito. **2** (*coloq*) (*años*) quitarle algo a algn: *That hairstyle takes ten years off you!* ¡Ese corte de pelo te quita diez años!

| v + n/pron + adv |
| v + n/pron + prep + n/pron |
| **2** 0̸ **years** |

take sth off; take sth off sb/sth quitar algo (de encima de algn/algo): *Take your hands off (me)!* ¡Quítame las manos de encima! ◊ *Would you mind taking your feet off the sofa?* ¿Te importa quitar los pies del sofá? ◊ *That takes the pressure off a bit.* Eso nos da cierto respiro.

LOC take your eyes off sb/sth 1 quitarle ojo a algn/algo: *He couldn't take his eyes off the cake.* No podía quitarle ojo al pastel. **2** perder de vista a algn/algo: *I only took my eyes off her for a second and she disappeared.* La perdí de vista un segundo y desapareció. **take your mind off sb/sth** distraerse de algn/algo

| v + n/pron + adv |
| v + n/pron + prep + n/pron |

take sth off; take sth off sth ☆ **1** quitar algo (de algo): *Be careful when you take the lid off.* Ten cuidado al quitar la tapa. ◊ *The wind took some tiles off the roof.* El viento se llevó algunas tejas del tejado. **2** quitarse algo, quitar algo de algo: *Always take your make-up off before you go to bed.* Quítate siempre el maquillaje antes de ir a la cama. ◊ *She used paint stripper to take the old paint off the table.* Utilizó un líquido especial para quitar la pintura de la mesa. **3** rebajar, descontar algo (de algo): *Can you take any money off the shirt?* ¿Puede rebajar el precio de la camisa? ◊ *The teacher takes marks off for bad spelling.* La profesora quita puntos por las faltas de ortografía. **4** (*tiempo*) tomarse/cogerse algo libre: *She took a day off work.* Se cogió un día libre. **5** quitar algo (de algo) (*de una lista, programación, etc.*): *The soup has been taken off (the menu).* Han quitado la sopa (del menú). ◊ *The show had to be taken off.* Tuvieron que quitar el espectáculo.

| v + n/pron + adv |
| v + adv + n |
| v + n/pron + prep + n/pron |
| **1** = **get sth off sth** (1) |
| **2** 0̸ **your make-up** |
| **3** 0̸ **money** |
| **4** 0̸ **time, a day, a week** |

take sth off sth (*coloq*) (*años*) quitar algo de algo: *Smoking takes six years off the average life.* El tabaco quita seis años a la media de vida.

| v + n/pron + prep + n/pron |

take yourself off (to …) (*coloq*) irse (a …): *She took herself off to Australia.* Se marchó a Australia. ◊ *I took myself off to bed.* Me fui a la cama.

| v + reflex + adv |

take on sth adquirir algo: *His words suddenly took on a different meaning.* De pronto, sus palabras adquirieron un significado diferente. ◊ *Her voice took on a serious tone.* Su voz adquirió un tono serio.

| v + adv + n |
| 0̸ **a meaning, a shape, an expression, an appearance** |
| = **assume sth** |

take

take sb on 1 contratar, coger a algn: *She was taken on as a graduate trainee.* La contrataron como licenciada en prácticas. **2** (*paciente, cliente*) admitir, coger a algn: *The practice has stopped taking on new patients.* La consulta ha dejado de admitir a nuevos pacientes. **3** jugar contra algn, enfrentarse a algn: *She took him on at chess and beat him.* Jugó contra él al ajedrez y le ganó. ◊ *I'll take on the whole gang if I have to.* Me enfrentaré a toda la panda si hace falta.

v+n/pron+adv
v+adv+n
1 = **employ sb**
2 [O] **patients, clients**

take sb/sth on (*pasajeros, mercancías*) recoger a algn/algo: *The bus stopped to take on more passengers.* El autobús paró para recoger a más pasajeros. ◊ *The ship took on fuel at Freetown.* El barco repostó combustible en Freetown.

v+adv+n
v+n/pron+adv

take sth on asumir, coger algo, encargarse de algo (*una responsabilidad, tarea, etc.*): *She took on more responsibilities when she was promoted.* Con el ascenso asumió nuevas responsabilidades. ◊ *Who will take the job on when he goes?* ¿Quién se encargará del trabajo cuando se vaya? ◊ *She tends to take on everyone else's problems.* Suele asumir los problemas de todo el mundo.

v+adv+n
v+n+adv
v+pron+adv
[O] **responsibility, a job, a task**

take sth on/upon yourself (*tb* **take it on/upon yourself to do sth**) decidir algo/hacer algo (*sin consultar a nadie*): *She took it upon herself to inform the newspapers.* Decidió informar a los periódicos sin consultar a nadie. ◊ *He took the responsibility for what had happened upon himself.* Asumió la responsabilidad de lo ocurrido.

v+n+prep+reflex
v+it+prep+reflex+to inf

take sb out 1 (**for sth/to do sth/to ...**) sacar a algn (a hacer algo/a ...): *He took Susie out for a meal.* Llevó a Susie a cenar fuera. ◊ *My parents are taking me out to that new restaurant in town.* Mis padres me van a llevar a ese restaurante nuevo del centro. ◊ *They took me out to dinner.* Me llevaron a cenar fuera. **2** (**of ...**) sacar a algn (de ...): *The prisoners were taken out and shot.* Se llevaron fuera a los prisioneros y les dispararon.

v+n/pron+adv

take sb/sth out (*coloq*) eliminar a algn/algo, quitar a algn del medio: *Enemy missiles took out two of our planes.* Los misiles enemigos destruyeron dos de nuestros aviones.

v+adv+n
v+n/pron+adv

take sth out ☆ **1** (**of sth**) sacar algo (de algo): *He felt in his pocket and took out his keys.* Buscó en el bolsillo y sacó las llaves. ◊ *How many books did you take out of the library?* ¿Cuántos libros sacaste de la biblioteca? ◊ *I think you should take the third paragraph out.* Creo que deberías quitar el tercer párrafo. ◊ *I took some money out (of my account) yesterday.* Ayer saqué dinero (de mi cuenta). **2** sacar algo (*afuera*): *She took the tray of food out into the garden.* Sacó la bandeja con la comida al jardín. ◊ *Can you take out the rubbish?* ¿Puedes sacar la basura? **3** (**of sth**) deducir algo (*una cantidad de dinero*) (de algo): *Contributions to your pension will be taken out of your salary.* Los pagos de la pensión serán deducidos de su salario. **4** (**of sth**) (*mancha*) quitar algo (de algo): *This washing powder doesn't seem to take the stains out (of the clothes).* No parece que este detergente quite las manchas (de la ropa). **5** (**of sth**) tomarse algo (*tiempo libre, fuera de la carrera, del trabajo, etc.*): *She took a year out of university to work abroad.* Dejó la universidad un año para trabajar en el extranjero. ◊ *We need to take time out to think things through.* Tenemos que tomarnos un tiempo para pensar bien las cosas. **NOTA** En este sentido, **take sth out** no se utiliza en pasiva. **6** (**for sth**) sacar algo (a hacer algo): *Shall we take the car out for a drive?* ¿Qué tal si sacamos el coche para ir a dar un paseo? ◊ *He's taken the dog out for a walk.* Ha sacado al perro a dar un paseo. **7** (*Med*) sacar, extirpar algo: *She had to have her appendix taken*

v+n/pron+adv
v+adv+n
3 *v+n/pron+adv*
  v+adv+n (menos frec)
4 [O] **stains**
5 *v+n/pron+adv*
  v+adv+n (menos frec)
  [O] **a year, time**
7 [O] **your/sb's tonsils/teeth/appendix**
8 *v+adv+n*
  v+n/pron+adv
  [O] **insurance, a loan, a mortgage, a summons, an injunction**
9 [O] **an ad**

out. Tuvieron que extirparle el apéndice. **8** obtener, sacarse algo: *She took out a loan to buy a new car*. Consiguió un préstamo para un coche nuevo. ◊ *They took out an injunction against the newspaper*. Obtuvieron un mandamiento judicial en contra del periódico. **9** poner, publicar algo (*en un periódico*): *They took out an ad in the local newspaper to sell the dishwasher*. Pusieron un anuncio en el periódico local para vender el lavaplatos. **10** (*esp USA*) (*GB tb* **take sth away**) llevarse algo (*comida preparada*): *Burger and fries to take out please*. Una hamburguesa y patatas para llevar, por favor. ◊ *Is that to eat here or take out?* ¿Es para comer aquí o para llevar? NOTA En este sentido, **take sth out** se utiliza sobre todo en infinitivo.

LOC **take a leaf out of sb's book** seguir el ejemplo de algn: *I'm going to take a leaf out of your book and get there early*. Seguiré tu ejemplo y llegaré temprano. **take sth out of sb's hands** quitar algo a algn de las manos: *The decision has been taken out of my hands*. La decisión ya no está en mis manos. **take the mickey out of sb/sth** (*GB, coloq*) (*tb* **take the piss out of sb/sth** argot coloquial juvenil) burlarse de algn/algo: *They used to take the mickey out of him because of the way he spoke*. Se burlaban de él por su forma de hablar.

▸ **take-out** (*USA*) (*GB* **takeaway**) *n* comida preparada: *We could get a take-out*. Podríamos traer comida preparada. ◊ *a take-out restaurant* un restaurante de comida para llevar

NOTA Nótese que el sustantivo **take-out** también puede utilizarse delante de otro sustantivo: *a take-out pizza*.

take sth out of sb (*tb* **take it out of sb**) exigir algo de algn, agotar a algn, dejar a algn sin fuerzas: *That flu really took it out of me*. Esa gripe me dejó completamente sin fuerzas. ◊ *Looking after three children really takes a lot out of you*. Estar al cuidado de tres niños te exige mucho.

v + n + adv + prep + n/pron
v + it + adv + prep + n/pron
[0] **a lot**, **so much**

take sb out of themselves (*esp GB*) hacer que algn se olvide de sus problemas, hacer que algn se anime: *Seeing his old friends again took him out of himself*. Ver de nuevo a sus viejos amigos le hizo olvidarse de sus problemas.

v + pron + adv + prep + reflex
v + n + adv + prep + reflex

take sth out on sb/sth (*tb* **take it out on sb/sth**) descargar, pagar algo con algn/algo, pagarla con algn/algo: *She takes her frustrations out on her family*. Descarga sus frustraciones en su familia. ◊ *When he's had a bad day, he always takes it out on me*. Siempre que ha tenido un mal día, la paga conmigo.

v + n/pron + adv + prep + n/pron
v + it + adv + prep + n/pron
[0] **it**

take over ☆ **1** (**from sb/sth**) (**as sth**) sustituir (a algn/algo) (como algo), tomar/coger el relevo: *Who's going to take over from Bill as manager when he retires?* ¿Quién va a sustituir a Bill como director cuando se retire? ◊ *If you're tired of driving, I'll take over for a while*. Si te cansas de conducir, yo te sustituyo un rato. ◊ *Electricity took over from steam as a source of power*. La electricidad sustituyó al vapor como fuente de energía. ◊ *When does the new management team take over?* ¿Cuándo coge el relevo la nueva dirección? **2** hacerse con el control: *After months of unrest, the army took over*. Tras meses de disturbios, el ejército se hizo con el poder. **3** ir ganando control: *It's hard not to let negative feelings take over*. Es difícil evitar que los sentimientos negativos se apoderen de uno.

v + adv

▸ **takeover** *n Ver* TAKE STH OVER

take sb over (*sentimiento, dolor*) apoderarse de algn: *His ambition had taken him over*. La ambición se había apoderado de él.

v + n/pron + adv

437

take

take sb over sth 1 enseñar algo a algn (*un sitio*): *A guide took us over the house.* Un guía nos enseñó la casa. **2** explicar algo a algn: *Would you mind taking us over the procedure again?* ¿Le importaría explicarnos otra vez los pasos del procedimiento?

v+n/pron+prep+n/pron

take sb/sth over (to …) (*tb* **take sb/sth over sth**) llevar a algn/algo (a …), llevar a algn/algo por … : *We took them over to Richmond to see some friends.* Los llevamos a Richmond a ver a unos amigos. ◊ *They took the bikes over the pass into the next valley.* Cruzaron en bicicleta el paso de montaña hacia el siguiente valle.

v+n/pron+adv
v+n/pron+prep+n/pron

take sth over 1 absorber, adquirir algo (*un negocio*): *The company was taken over last March.* La empresa fue absorbida el pasado marzo. **2 (from sb)** hacerse cargo de algo (en sustitución de algn): *She took the business over from her father.* Se hizo cargo del negocio de su padre. ◊ *I'll take over the washing-up if you like.* Si quieres, friego yo ahora un rato. **3** hacerse con el control de algo, tomar algo: *The region was taken over at the beginning of the war.* La región fue tomada al principio de la guerra. ◊ *The demonstrators have taken over the west wing of the prison.* Los manifestantes se han hecho con el ala oeste de la prisión. **4** dominar, invadir, monopolizar algo: *We're taking over the whole hotel for the convention.* Tenemos cogido todo el hotel para el congreso. ◊ *The job is beginning to take over her life.* El trabajo está empezando a dominar su vida. ◊ *She took over the conversation completely.* Monopolizó la conversación. **5** quedarse con algo (*para habitarlo*): *The house was a mess when I took it over.* La casa estaba hecha un desastre cuando me quedé con ella. ◊ *This building used to be a library until the charity took it over.* Este edificio solía ser una biblioteca, hasta que la organización benéfica se quedó con él.

v+adv+n
v+n/pron+adv
1 [0] **a company**
   = **buy sb/sth out**
2 [0] **the business, the presidency**

▶ **takeover** *n* **1** absorción, adquisición (*de una empresa por otra*) NOTA En este sentido, el sustantivo **takeover** también puede utilizarse delante de otro sustantivo: *a takeover bid*. **2** toma de poder (*en un país, una ciudad, etc.*)

take sb round; **take sb round sth** *Ver* TAKE SB AROUND; TAKE SB AROUND STH

v+n/pron+adv
v+n/pron+prep+n/pron

take sb/sth round (to …) *Ver* TAKE SB/STH AROUND (TO …)

v+n/pron+adv
v+adv+n

take sb/sth through; **take sb/sth through sth (to …)** hacer pasar a algn/algo (a través de algo) (a …), pasar algo (por algo) (a …): *She took the visitors through to the coffee bar.* Hizo pasar a los visitantes a la cafetería. ◊ *Don't take your bike through the house!* ¡No pases con la bicicleta por la casa! ◊ *Leave those boxes there — I'll take them through later.* Deja ahí esas cajas, luego las meto.

v+n/pron+adv
v+n/pron+prep+n/pron

take sb through sth explicar algo a algn (*detalladamente*): *Your solicitor will take you through the document.* Su abogado le explicará el documento punto por punto.

v+n/pron+prep+n/pron

take to sb/sth/doing sth tomarle cariño a algn, gustar algo/hacer algo: *I didn't take to her husband at all.* Su marido no me cayó nada bien. ◊ *He hasn't taken to his new school.* No se ha adaptado al nuevo colegio. ◊ *She doesn't take kindly to being ordered about.* No le gusta que le den órdenes.

v+prep+n/pron
v+prep+-ing
≠ **take against sb/sth/doing sth**

take to sth irse a algo: *Thousands of people took to the streets in protest.* Miles de personas se lanzaron a las calles en protesta. ◊ *She felt so ill that she took to her bed.* Se encontraba tan mal que se metió en la cama.

v+prep+n
[0] **the streets**

LOC **take to your heels** poner pies en polvorosa, echar a correr

take

take to sth/doing sth **1** darle a algn por algo/hacer algo: *He took to smoking a pipe.* Le dio por fumar en pipa. ◊ *The baby's taken to waking at five in the morning.* El bebé ha empezado a despertarse a las cinco de la mañana. **2** cogerle el truco a algo: *He took to tennis as if he'd been playing all his life.* Le cogió el truco al tenis como si hubiera estado jugando toda su vida.

take sth to sth (*coloq*) darle a algo con algo: *He took a hammer to the radio.* Le dio a la radio con un martillo. ◊ *She took the scissors to her fringe.* Se cortó el flequillo con las tijeras.

be taken up with sb/sth/doing sth estar muy ocupado con algn/algo/haciendo algo: *She is very taken up with the children.* Está muy atada con los niños.

take up continuar: *Their new album takes up where the last one left off.* El nuevo álbum es una continuación del primero.

take sb/sth up; **take sb/sth up sth** llevar, subir a algn/algo (a …): *Someone will take you up to your room.* Alguien le acompañará hasta su habitación. ◊ *Why don't we take our picnic up the hill?* ¿Por qué no subimos a merendar a la montaña?
NOTA En lenguaje coloquial se pueden utilizar las construcciones **take sb sth up** o **take sb up sth**: *He took her a cup of tea up.* ◊ *He took her up a cup of tea.* En lenguaje más formal se diría: *He took a cup of tea up to her.*

take sth up **1** ocupar algo (*espacio, tiempo, memoria de un ordenador, etc.*): *This table takes up too much room.* Esta mesa ocupa demasiado espacio. ◊ *I mustn't take up any more of your time.* No debería entretenerte más. ◊ *Her whole day was taken up with making phone calls.* Estuvo todo el día ocupada haciendo llamadas telefónicas. **2** levantar algo: *They took the road up to repair the sewer.* Levantaron la calle para reparar la alcantarilla. ◊ *They took the old carpet up and put a new one down.* Quitaron la moqueta vieja y pusieron una nueva. **3** subir, acortar algo: *This skirt will need taking up.* Habrá que acortar esta falda. **4** absorber algo: *Plants take up carbon dioxide from the atmosphere.* Las plantas absorben el dióxido de carbono de la atmósfera. **5** empezar algo/a hacer algo: *He's taking up his place at university next year.* Empieza en la universidad el año que viene. ◊ *She took up yoga a few years ago.* Hace unos años empezó a hacer yoga. **6** reanudar, continuar algo: *He took up the conversation again when Jan had left.* Reanudó de nuevo la conversación cuando Jan se había ido. **7** aceptar algo: *He took up their invitation to visit them at home.* Aceptó la invitación que le hicieron de ir a visitarlos a su casa. ◊ *She took up a post at Bristol University.* Aceptó un puesto en la universidad de Bristol. **8** (**with sb**) mencionar algo (a algn) (*para protestar, etc.*): *I intend to take this matter up with the management.* Tengo intención de mencionar esto a la dirección. **9** involucrarse en algo: *The union have taken up her case.* El sindicato se ha involucrado en su caso. **10** unirse a algo: *The cry was taken up by the rest of the crowd.* El resto de la multitud se unió al grito. **11** (*formal, antic*) coger algo: *She took up a book and began to read.* Cogió un libro y empezó a leer. **12** adoptar algo (*una postura, actitud, etc.*): *We took up position by the door.* Nos apostamos cerca de la puerta. ◊ *She has taken up residence in London.* Ha fijado su residencia en Londres.

---

v + prep + n/pron
v + prep + -ing

v + n/pron + prep + n/pron

be + v + adv + prep + n/pron
be + v + adv + prep + -ing

v + adv

v + n/pron + adv
v + adv + n (*menos frec*)
v + n/pron + prep + n/pron
≠ **take sb/sth down, take sb/sth down sth**

v + adv + n
v + n/pron + adv (*menos frec*)
1 ⓪ **room, space, time**
2 *v + n + adv*
v + adv + n
v + pron + adv
⓪ **the pavement, the carpet, the floorboards**
3 ⓪ **your/sb's hem, your/sb's trousers**
≠ **let sth down** (2)
5 ⓪ **a post**
6 ⓪ **the story**
= **pick sth up** (10)
7 ⓪ **a challenge, an offer**
8 *v + n + adv*
v + adv + n
v + pron + adv
⓪ **the matter, the point**
9 ⓪ **the case, the idea**
10 ⓪ **the cry, the refrain**
12 ⓪ **a position**

take

▶ **uptake** *n* **1** (*Quím*) consumo (*de oxígeno, agua, etc.*) **2** aceptación, respuesta: *There has been an increase in the uptake of these courses.* Ha aumentado el interés por estos cursos.

take sb up on sth (*coloq*) **1** (*invitación, oferta*) aceptar algo de algn: *I think I'll take you up on your offer to help.* Creo que aceptaré tu oferta de ayudarme. **2** discutirle algo a algn: *I thought he'd got it wrong but I didn't take him up on it.* Me pareció que estaba equivocado, pero no se lo discutí. ◊ *I'd like to take you up on what you said about unemployment.* Quisiera hacer algunas puntualizaciones sobre lo que dijo sobre el desempleo.

v + n/pron + adv + prep + n/pron
2 = **pick sb up on sth** (*GB*)

take up with sb (*coloq*) empezar a salir con algn: *He's left her and taken up with someone else.* La ha dejado y está saliendo con otra.

v + adv + prep + n/pron

take sth upon yourself (*tb* **take it upon yourself to do sth**)
Ver TAKE STH ON/UPON YOURSELF

v + n + prep + reflex
v + it + prep + reflex + to inf

be taken with sb/sth sentirse atraído hacia algn/algo, estar interesado por algn/algo: *We were all very taken with her.* Nos gustaba mucho a todos. ◊ *I was really taken with the place.* El sitio me encantó.

be + v + prep + n/pron

---

talk /tɔːk/

talk around sth (*tb esp GB* **talk round sth**) dar rodeos a algo (*a un tema*): *He tends to talk around the real issue.* Tiende a dar rodeos, sin abordar la verdadera cuestión.

v + prep + n/pron
[0] **a subject**

talk at sb soltarle un discurso a algn (*hablarle a algn sin dejarle intervenir*): *I felt he was just talking at me.* Tenía la impresión de que me estaba soltando un discurso.
NOTA Talk at sb se puede utilizar en pasiva: *I was being talked at rather than talked to.*

v + prep + n/pron

talk away (**to sb**) hablar sin parar (a algn): *She was talking away to me as if she'd known me for years.* Me hablaba sin parar como si me conociese de toda la vida.

v + adv

talk back (**to sb**) (*esp USA*) contestar (a algn) (*de malos modos*): *She was sent out for talking back to the teacher.* La profesora la echó de clase por contestar.

v + adv
= **answer back** (1)

▶ **back talk** *n* [incontable] (*USA, coloq*) contestaciones: *Don't give me any more back talk.* Deja de contestarme.

talk sb down 1 dar instrucciones a algn por radio para que aterrice el avión: *The pilot was talked down through the heavy mist.* Dieron instrucciones por radio al piloto para que aterrizara en medio de la densa niebla. **2** hacer bajar a algn (*del lugar desde el que amenaza con tirarse*): *He had threatened to jump but the police managed to talk him down.* Había amenazado con saltar, pero la policía consiguió hacerle bajar. **3** hacer callar a algn (*a base de interrumpirle*): *I tried to argue but they talked me down.* Traté de discutírselo, pero no me dejaron hablar.

v + n/pron + adv
v + adv + n

talk sth down hablar de algo como si no importara: *He tends to talk his achievements down.* Suele restarle importancia a sus logros.

v + n/pron + adv
v + adv + n

tamper

talk down to sb hablar a algn como si fuera tonto: *He makes the mistake of talking down to his students.* Cae en el error de hablar a sus alumnos como si fueran tontos.
NOTA Talk down to sb se puede utilizar en pasiva: *I hate being talked down to.*

v + adv + prep + n/pron

talk sb into sth/doing sth; talk yourself into sth/doing sth convencer a algn de algo/de que haga algo, convencerse de algo/de que hay que hacer algo: *Why did you let him talk you into this crazy scheme?* ¿Por qué dejaste que te convenciera de esta locura de plan? ◊ *I talked myself into believing I was happy.* Me convencí a mí mismo de que era feliz. ◊ *We've talked Adrian into helping too.* Hemos convencido también a Adrian para que ayude.

v + n/pron + prep + n/pron
v + n/pron + prep + -ing
v + reflex + prep + n/pron
v + reflex + prep + -ing
≠ **talk sb out of sth/doing sth, talk yourself out of sth/doing sth**

talk sth out discutir algo, hablar de algo (*abiertamente*): *It might help to talk things out.* Discutir las cosas abiertamente podría ayudar.

v + n/pron + adv
v + adv + n
[0] **things, problems**

talk sb out of sth/doing sth; talk yourself out of sth/doing sth convencer a algn de que no haga algo, convencerse de no hacer algo: *They tried to talk me out of marrying him.* Intentaron convencerme de que no me casara con él. ◊ *You sound as if you're talking yourself out of it.* Me da la impresión de que estás intentando convencerte de no hacerlo.

v + n/pron + adv + prep + n/pron
v + n/pron + adv + prep + -ing
v + reflex + adv + prep + n/pron
v + reflex + adv + prep + -ing
≠ **talk sb into sth/doing sth, talk yourself into sth/doing sth**

talk sth over (with sb) discutir algo, hablar de algo (con algn): *I need to talk it over with my parents.* Tengo que hablarlo con mis padres. ◊ *You'll find it helpful to talk things over with a friend.* Hablar las cosas con un amigo te ayudará.

v + n/pron + adv
v + adv + n
[0] **things, a matter, problems**

talk round sth *Ver* TALK AROUND STH

v + prep + n/pron

talk sb round (to sth) (*GB*) (*tb esp USA* **bring sb around (to sth)**) convencer a algn (de algo): *We talked him round to accepting the place.* Le convencimos para que aceptara la plaza.

v + n/pron + adv

talk sb through sth explicar algo a algn: *Talk me through your ideas for this room.* Explícame las ideas que tienes para esta habitación.

v + n/pron + prep + n/pron

talk sth through discutir algo, hablar de algo: *We talked through what had happened.* Hablamos de lo que había ocurrido.

v + adv + n
v + n/pron + adv
[0] **things, problems**

talk sb/sth up exagerar las cualidades de algn/algo: *They talked up the tourist attractions to encourage more visitors.* Exageraron las atracciones turísticas del lugar para atraer más visitantes.

v + adv + n
v + n/pron + adv
[0] **the prospects, the market**

tamper /ˈtæmpə(r)/

tamper with sth alterar, amañar algo: *Two policemen were accused of tampering with the evidence.* Se acusó a dos policías de alterar las pruebas.
NOTA Tamper with sth se puede utilizar en pasiva: *The lock has been tampered with.*

v + prep + n/pron
[0] **the evidence, the controls**

tangle /ˈtæŋgl/

be/get tangled up (in sth) estar enredado/enredarse (en algo): *The dog's lead got tangled up in the wheel of my bike.* La cadena del perro se enredó en la rueda de mi bicicleta.
   be/get + v + adv

tangle with sb (*coloq*) pelearse, discutir con algn: *I hear you've tangled with Bob before.* Me han dicho que has discutido con Bob otras veces.
   v + prep + n/pron
   = **mess with sb** (1)

tank /tæŋk/

tank up (on sth) (*argot coloquial juvenil*) mamarse (a/con algo), cogerse una merluza (de/con algo): *The lads had spent all evening tanking up on scotch.* Los chicos se habían pasado la tarde mamándose a whisky.
   v + adv

▶ **tanked up** *adj* (*argot coloquial juvenil*) borracho, mamado, pedo: *She got totally tanked up and couldn't drive home.* Se cogió un pedo y no pudo conducir a casa.

tank up; **tank sth up** (*USA, coloq*) echar gasolina (a algo): *We'd better tank up before we get on the thruway.* Será mejor que echemos gasolina antes de entrar en la autopista.
   v + adv
   v + n/pron + adv
   v + adv + n
   = **fuel up, fuel sth up**

tap /tæp/

tap sb for sth (*GB*) (*tb esp USA* **hit sb for sth**) (*coloq*) sacarle algo a algn (*dinero*): *Can't you tap the boss for a few quid?* ¿No puedes sacarle unas cuantas libras al jefe?
   v + n/pron + prep + n/pron

tap sth in teclear algo: *Tap in your password.* Teclee su contraseña.
   v + adv + n
   v + n/pron + adv
   [0] **a code, a number**

tap into sth acceder a algo: *He had managed to tap into the company's database.* Había conseguido entrar en el base de datos de la empresa.
   v + prep + n/pron

tap sth out marcar algo (*un ritmo*): *He tapped out the rhythm with his foot.* Marcaba el ritmo con el pie.
   v + adv + n
   v + n/pron + adv
   [0] **a rhythm**

tape /teɪp/

tape sth up 1 sujetar algo con cinta adhesiva, pegar algo con celo: *Screw the lid on and tape it up.* Enrosca la tapa y sujétala con cinta adhesiva. **2** (*USA*) vendar algo: *That's a nasty cut — come on, we'll get it all taped up.* Es un corte feo, vamos, hay que vendarlo.
   v + n/pron + adv
   v + adv + n
   2 = **bandage sb/sth up**

taper /ˈteɪpə(r)/

taper off 1 disminuir: *Our profits began to taper off.* Los beneficios empezaron a disminuir. **2** estrecharse: *The blade tapers off to a fine point.* La cuchilla termina en punta fina.
   v + adv

tart /tɑːt; USA tɑːrt/

tart sth up (*GB, coloq*) renovar algo (*generalmente con poco gusto*): *They've tarted up the restaurant but the food hasn't improved.* Han renovado el restaurante, pero la comida no ha mejorado.
   v + n/pron + adv
   v + adv + n

tear

tart yourself up (*GB, coloq*) acicalarse, emperifollarse: *She spends ages tarting herself up for a night out.* Se pasa siglos emperifollándose para salir por la noche.

v + reflex + adv
= **doll yourself up**

tax /tæks/

tax sb with sth/doing sth (*formal*) acusar a algn de algo/hacer algo (*confrontándoles con pruebas*): *I taxed him with avoiding his responsibility as a parent.* Le acusé de evitar su responsabilidad como padre.

v + n/pron + prep + n/pron
v + n/pron + prep + -ing

team /tiːm/

team up (with sb) asociarse (con algn), unirse (a algn): *The charity has teamed up with local companies to launch the campaign.* La organización benéfica se ha asociado con empresas locales para lanzar la campaña. ◊ *They teamed up to record a single the following year.* Se unieron para grabar un disco al año siguiente.

v + adv

tear /teə(r)/; *USA* ter/ *pret* **tore** /tɔː(r)/ *pp* **torn** /tɔːn/; *USA* tɔːrn/

tear across, around, past, etc.; **tear across, around, past, etc. sth** (*tb* **tear past sb**) cruzar, ir, pasar, etc. a toda velocidad (*corriendo o en coche*): *The children were tearing around shouting.* Los niños estaban corriendo por ahí, chillando. ◊ *A truck tore past the gates.* Un camión pasó por delante de la verja a toda velocidad.

v + adv
v + prep + n/pron

tear sb apart 1 desgarrar, destrozar a algn: *Being separated from the children was tearing her apart.* Estar separada de los niños la estaba destrozando. **2** separar a algn: *Jealousy tore them apart.* Los celos los separaron.

v + n/pron + adv

tear sth apart 1 descuartizar, despedazar a algo: *The dogs tore the fox apart.* Los perros despedazaron al zorro. **2** destrozar algo: *Hundreds of homes were torn apart by the hurricane.* El huracán destruyó cientos de casas. **3** arruinar, desgarrar algo (*que estaba unido*): *The civil war is tearing the country apart.* La guerra civil está arruinando el país.

v + n/pron + adv
v + adv + n (poco frec)
1 ◎ **a prey**
2 ◎ **homes, buildings**
3 ◎ **a family, a party, a country**
= **rip sth apart**

tear yourself apart autodestruirse: *The region was tearing itself apart.* La región se estaba autodestruyendo.

v + reflex + adv

tear at sth (with sth) arañar, desgarrar algo (con algo): *The brambles tore at her legs.* Las zarzas le arañaban las piernas. ◊ *He tore at the meat with his bare hands.* Cortó la carne con sus propias manos.

v + prep + n/pron

tear sb away; tear yourself away (from sb/sth) separar a algn (de algn/algo), separarse (de algn/algo): *I can't tear myself away from this book.* No puedo dejar de leer este libro. ◊ *It's impossible to tear him away from his girlfriend!* ¡No hay forma de separarlo de su novia!

v + n/pron + adv
v + adv + n (poco frec)
v + reflex + adv

tear sth away (from sth) arrancar algo (de algo): *The floods had torn away the base of the bridge.* La riada había arrancado la base del puente. ◊ *I couldn't tear my eyes away from his face.* No podía apartar los ojos de su cara.

v + n/pron + adv
v + adv + n

tear yourself away (from sb/sth) *Ver* TEAR SB AWAY; TEAR YOURSELF AWAY (FROM SB/STH)

v + reflex + adv

tear

be torn between sb/sth tener que elegir entre algn/algo: *I was torn between my parents and my friend.* Tenía que elegir entre mis padres y mi amigo.
be + v + prep + n/pron

tear sth down derribar algo: *They're tearing down those old houses to build a new office block.* Están derribando esas viejas casas para construir un bloque nuevo de oficinas.
v + adv + n
v + n/pron + adv
[0] **a building, trees, a house**
= **pull sth down** (2) (*esp GB*), **demolish sth** (*más formal*)

tear into sth (*poco frec*) **1** (*tb* **tear into sb**) arremeter contra algn/algo (*física o verbalmente*): *She tore into me as soon as I walked in.* Arremetió contra mí en cuanto entré. ◊ *He had torn into the work that morning.* Esa mañana la había tomado con el trabajo. **2** ponerse a/con algo (*con entusiasmo*)
v + prep + n/pron
1 = **attack sb/sth**
2 = **launch into sth** (1)

tear sth off 1 (*tb* **tear sth off sth**) arrancar algo (de algo): *The door was torn off its hinges.* Arrancaron la puerta de las bisagras. **2** (*ropa*) quitarse algo (*con prisas, etc.*): *She tore off her clothes and jumped in the shower.* Se quitó la ropa y se metió en la ducha.
[LOC] **tear sb off a strip** (*GB, coloq*) poner a algn de vuelta y media
1 *v + n/pron + adv*
v + adv + n
v + n/pron + prep + n/pron
= **rip sth off,**
rip sth off sb/sth
2 *v + n/pron + adv*
v + adv + n

tear sth out (of sth) arrancar algo (de algo): *Several pages had been torn out of the book.* Habían arrancado varias páginas del libro.
[LOC] **tear your hair out** (*coloq*) tirarse de los pelos, subirse por las paredes
v + n/pron + adv
v + adv + n
[0] **pages**

tear sth up 1 romper algo en pedazos: *She tore up all the letters he had sent her.* Rompió todas las cartas que le había mandado. **2** (*acuerdo*) romper, anular algo: *She accused the government of tearing up the agreement they had negotiated.* Acusó al gobierno de romper el acuerdo que habían negociado. ◊ *We'll have to tear the plan up and start again.* Tendremos que anular el plan y empezar de nuevo. **3** arrancar algo (*de cuajo*)
v + n/pron + adv
v + adv + n
1 [0] **a letter**
= **rip sth up** (1)
2 [0] **an agreement, a treaty**
3 [0] **a tree**
= **pull sth up** (2),
rip sth up (2)

tease /tiːz/

tease sth out 1 descubrir algo: *It is sometimes difficult to tease out what is actually happening.* A veces es difícil descubrir lo que está ocurriendo. **2** (**of sb**) sonsacar algo (a algn): *I've been trying to tease some answers out of the council.* He estado intentando sonsacarle algunas respuestas al consejo. **3** sacar algo (*despacio o con cuidado*): *He took a screwdriver and teased out the remaining screws.* Cogió un destornillador y sacó los tornillos que quedaban. **4** desenredar algo: *She teased the curls out between her fingers.* Se desenredó los rizos con los dedos.
v + n/pron + adv
v + adv + n
4 [0] **curls**

tee /tiː/ *pret, pp* **teed**

tee off (*Golf*) dar el primer golpe: *The players eventually teed off two hours late.* Por fin los jugadores dieron el primer golpe con dos horas de retraso.
v + adv

tee sb off (*USA, coloq*) enfadar, cabrear a algn: *He really tees me off when he does that.* Me cabrea un montón cuando hace eso.
▶ **teed off** *adj* (*USA, coloq*) enfadado, cabreado
v + n/pron + adv
v + adv + n

tee up; **tee sth up** (*Golf*) colocar la pelota en el punto de salida, poner (algo) en el tee

v+adv
v+n/pron+adv
v+adv+n

teem /tiːm/

teem down diluviar, llover a cántaros: *It was absolutely teeming down.* Estaba lloviendo a cántaros. ◊ *The rain teemed down.* Llovía a cántaros.

v+adv
[S] it, the rain
= pour down

teem with sb/sth estar a rebosar de algn/algo (*referido a personas o animales*): *The lake was teeming with birds.* El lago estaba a rebosar de pájaros.

v+prep+n/pron

NOTA **Teem with sb/sth** se usa casi siempre en tiempos continuos.

tell /tel/ pret, pp told /təʊld/; USA toʊld/

tell against sb (*esp GB, formal*) contar en contra de algn, perjudicar a algn: *Her lack of experience told against her.* Su falta de experiencia la perjudicó.

v+prep+n/pron
= count against sb (*menos formal*)

tell sb/sth apart distinguir a algn/algo: *I can never tell them apart.* Nunca los distingo.

v+n/pron+adv

tell of sth (*formal*) (*historia, informe, etc.*) contar algo, hablar de algo: *The story tells of the love between a prince and a young girl.* La historia cuenta los amores de un príncipe y una joven.

v+prep+n

tell sb off (**for sth/doing sth**) (*coloq*) reñir a algn (por algo/hacer algo): *I told the boys off for making so much noise.* Reñí a los niños por hacer tanto ruido.

v+n/pron+adv
v+adv+n (*menos frec*)
= tick sb off (1) (*más coloq*), scold sb (*más formal*)

▶ **telling-off** (**for sth/doing sth**) *n* [gen sing] (*pl* **tellings-off**) (*esp GB, coloq*) rapapolvo, bronca (por algo/haber hecho algo): *to give sb a telling-off* echarle a algn una bronca

tell on sb 1 (*coloq*) chivarse (de algn): *He saw one of his classmates copying and told on him.* Vio a un compañero copiando y se chivó. ◊ *Don't tell on me, will you?* No te chives, ¿vale? **2** (*tb* **tell on sth**) hacer mella en algn: *The long wait was telling on his nerves.* La larga espera le estaba atacando los nervios. ◊ *The strain was beginning to tell on her.* La presión empezaba a hacer mella en ella.

v+prep+n/pron
1 = dob sb in (to sb)
2 [O] sb's nerves

tend /tend/

tend to sb/sth ocuparse de algn/algo, atender a algn/algo: *The injured were already being tended to.* Ya estaban atendiendo a los heridos.

v+prep+n/pron
= attend to sb/sth, see to sb/sth (*más coloq*)

NOTA **Tend to sb/sth** se puede utilizar en pasiva.

tend towards sth inclinarse a/por algo, tender a algo: *We're tending towards that view.* Nos estamos inclinando por ese punto de vista.

v+prep+n/pron
= lean towards sth

tense /tens/

tense up ponerse tenso: *If you feel that you're tensing up, take a few moments to relax.* Si sientes que te estás poniendo tenso, relájate un rato.

v+adv

test

test /test/

test for sth comprobar si hay algo: *They are testing for oil in the area.* Están comprobando si hay petróleo en la zona.
v+prep+n/pron

test sb/sth for sth someter a algn/algo a una prueba para ver si hay algo: *The software has been tested for viruses.* El programa se ha sometido a una prueba para ver si contiene virus. ◊ *She was tested for hepatitis.* Le hicieron la prueba de la hepatitis.
v+n/pron+prep+n/pron

test sth out (on sb/sth) probar algo (en/con algn/algo): *Let me test this idea out on you.* Déjame que pruebe esta idea contigo.
v+n/pron+adv
v+adv+n
[O] an idea, a theory
= try sth out

thaw /θɔ:/

thaw out 1 descongelarse: *He took the meat out of the freezer and left it to thaw out.* Sacó la carne del congelador y la dejó para que se descongelase. **2** (*coloq*) entrar en calor, calentarse: *Come in and thaw out!* ¡Entra y caliéntate!
v+adv

thaw sth out descongelar algo: *I haven't got time to thaw all the food out.* No tengo tiempo de descongelar toda la comida.
v+n/pron+adv
v+adv+n

thin /θɪn/ -nn-

thin sth down (with sth) diluir, aclarar algo (con algo): *The paint needs to be thinned down with water.* Hay que diluir la pintura con agua.
v+adv+n
v+n/pron+adv
[O] paint

thin out disminuir: *I waited for the crowd to thin out, then went to have a look.* Esperé a que hubiese menos gente y fui a echar un vistazo. ◊ *The traffic began to thin out.* El tráfico empezó a bajar.
v+adv
[S] the crowd, the trees

thin sth out (*Jardinería*) entresacar algo
v+adv+n
v+n/pron+adv

think /θɪŋk/ *pret, pp* thought /θɔ:t/

think about sb/sth/doing sth pensar en algn/algo/hacer algo: *I can't stop thinking about her.* No puedo dejar de pensar en ella. ◊ *All he ever thinks about is money.* Solo piensa en el dinero. ◊ *It doesn't bear thinking about.* Es mejor no pensarlo. ◊ *She's thinking about changing her job.* Está pensando en cambiar de trabajo. ◊ *It's time you stopped being so selfish and started thinking about other people!* ¡Ya es hora de que dejes de ser tan egoísta y empieces a pensar en los demás! ◊ *It's given me a lot to think about.* Me ha hecho pensar mucho.
v+prep+n/pron
v+prep+-ing

LOC if/when you think about it (*coloq*) si/cuando te pones a pensarlo: *It's quite a clever plan when you think about it.* Es un plan muy hábil, si lo piensas. **think twice about sth/doing sth** pensárselo dos veces antes de algo/hacer algo

think ahead (to sth) planear (algo) de antemano, pensar en lo que puede suceder: *Students are now thinking ahead more to future careers.* Hoy en día los estudiantes piensan más en sus futuros empleos. ◊ *You never think ahead.* Nunca piensas en lo que puede suceder.
v+adv

think

think back (to sth) acordarse (de algo), recordar (algo), hacer memoria: *She thought back to the day they first met.* Recordó el día en que se conocieron. ◊ *Thinking back, I'm sure I noticed there was something strange.* Haciendo memoria, estoy segura de que noté algo extraño.

v+adv

think for yourself decidir, pensar por uno mismo: *You need to learn to think for yourself.* Necesitas aprender a pensar por ti mismo.

v+prep+reflex

think of sb/sth 1 (*tb* **think of doing sth**) pensar en algn, ocurrírsele algo/hacer algo a algn: *Who thought of the idea?* ¿A quién se le ocurrió la idea? ◊ *Can you think of anyone who could help?* ¿Se te ocurre alguien que pueda ayudar? ◊ *I'd never have thought of doing that!* ¡Nunca se me hubiera ocurrido hacer eso! ◊ *I wouldn't think of charging you for that.* No se me ocurriría cobrarte por eso. **2** acordarse de algn/algo: *I can't think of his name at the moment.* Ahora mismo no me acuerdo de su nombre.
NOTA Think of sb/sth se puede utilizar en pasiva: *He doesn't like being thought of as an intellectual.* ◊ *This idea had never been thought of before.*

1 *v+prep+n/pron*
v+prep+-ing
2 *v+prep+n/pron*

think of sb/sth/yourself 1 (*tb* **think of doing sth**) pensar en algn/algo/uno mismo, pensar en hacer algo: *Just think of the expense!* ¡Piensa en el gasto! ◊ *When I said that, I wasn't thinking of anyone in particular.* Cuando dije eso, no estaba pensando en nadie en particular. ◊ *There are so many things to think of when buying a house.* Hay muchas cosas que tener en cuenta cuando se compra una casa. ◊ *They're thinking of moving to America.* Están pensando en irse a vivir a América. **2** [+**prep**] considerar a algn/algo ... , considerarse ... , pensar en algn/algo como ... : *I still think of here as my home.* Todavía pienso en esta casa como la mía. ◊ *I didn't think of him in that way.* No pensé en él de esa forma. **NOTA** En este sentido, **think of sb/sth/yourself** siempre va seguido de un complemento: *I don't really think of myself as a businesswoman.*
LOC **come to think of it** (*coloq*) ahora que lo pienso **not think much of sb/sth** (*coloq*) no entusiasmarle algn/algo a algn **think better of it** decidir no hacer algo, pensárselo mejor: *I was about to tell him, but thought better of it.* Estuve a punto de decírselo pero lo pensé mejor. **think nothing of doing sth** considerar de lo más normal hacer algo **think the world of sb** tener muy buena opinión de algn

1 *v+prep+n/pron*
v+prep+reflex
v+prep+-ing
2 *v+prep+n/pron+ complemento*
v+prep+reflex+ complemento

think sth out pensarse algo bien: *Think your answer out before you start writing.* Pensad bien la respuesta antes de empezar a escribir. ◊ *It was a carefully thought out plan.* Era un plan bien pensado.

v+n/pron+adv
v+adv+n

think sth over reflexionar sobre algo, pensar en/sobre algo: *I'd like more time to think things over.* Quisiera más tiempo para reflexionar sobre estas cosas.

v+n/pron+adv
v+adv+n
[0] *things*
= **mull sth over**

think sth through considerar, examinar algo detenidamente: *It was a scenario I hadn't really thought through.* Era un panorama que realmente no había considerado.

v+adv+n
v+n/pron+adv
[0] *things*

think sth up (*coloq*) inventar, idear, pensar algo: *We need to think up a new name for the group.* Tendremos que inventarnos otro nombre para el grupo. ◊ *Can't you think up a better excuse than that?* ¿No se te ocurre una excusa mejor?

v+adv+n
v+pron+adv
v+n+adv (*poco frec*)
= **devise sth** (*más formal*),
invent sth (*más formal*)

thirst /θɜːst; USA θɜːrst/

thirst for sth (*formal*) tener sed/ansias de algo: *Our opponents were thirsting for revenge.* Nuestros adversarios tenían sed de venganza.
v + prep + n/pron

thrash /θræʃ/

thrash around (*tb esp GB* **thrash about**) retorcerse, revolcarse: *He thrashed around in the water, gasping for breath.* Se retorcía en el agua intentando respirar.
v + adv

thrash sth out 1 discutir algo a fondo: *He called a meeting to thrash out the problem.* Convocó una reunión para discutir el problema a fondo. **2** llegar a algo, acordar algo: *Eventually they thrashed out an agreement.* Al final llegaron a un acuerdo.
v + adv + n
v + pron + adv
v + n + adv (*menos frec*)
1 ◯ **a problem, the details**
2 ◯ **an agreement, a deal**

thrill /θrɪl/

thrill to sth (*formal*) entusiasmarse, emocionarse con algo: *Audiences thrilled to his performance in Macbeth.* El público se entusiasmó con su actuación en Macbeth.
v + prep + n/pron

thrive /θraɪv/

thrive on sth prosperar, crecerse con algo: *She seems to thrive on the pressure of deadlines.* Parece crecerse con la presión de los plazos.
v + prep + n/pron

throttle /'θrɒtl; USA 'θrɑːtl/

throttle back (*tb* **throttle down** *menos frec*) desacelerar, disminuir la velocidad: *The pitch of the engine fell as the driver throttled back.* El tono del motor descendió al desacelerar el conductor.
v + adv

throw /θrəʊ; USA θroʊ/ *pret* **threw** /θruː/ *pp* **thrown** /θrəʊn; USA θroʊn/

throw sb/yourself about; **throw sb/yourself about sth** *Ver* THROW SB/YOURSELF AROUND; THROW SB/YOURSELF AROUND STH
v + n/pron + adv
v + reflex + adv
v + n/pron + prep + n/pron
v + reflex + prep + n/pron

throw sth about *Ver* THROW STH AROUND
v + n/pron + adv

throw sth about sb/sth *Ver* THROW STH AROUND SB/STH
v + n/pron + prep + n/pron

throw yourself about; **throw yourself about sth** *Ver* THROW SB/YOURSELF AROUND; THROW SB/YOURSELF AROUND STH
v + reflex + adv
v + reflex + prep + n/pron

throw sb/yourself around; **throw sb/yourself around sth** (*tb esp GB* **throw sb/yourself about**, **throw sb/yourself about sth**) lanzar, zarandear a algn, lanzarse, tirarse de un lado para otro (por ...): *The passengers were thrown around in the crash.* Los pasajeros fueron lanzados de un lado para otro en el accidente. ◊ *The child was screaming and throwing himself around.* El niño estaba chillando y lanzándose de un lado para otro. ◊ *He was throwing himself around the stage like a madman.* Estaba tirándose por todo el escenario como un loco.
v + n/pron + adv
v + reflex + adv
v + n/pron + prep + n/pron
v + reflex + prep + n/pron

throw sth around (*tb esp GB* **throw sth about**) **1** tirar algo (*por todas partes*), desparramar algo: *Don't throw litter around like that!* ¡No desparrames la basura de esa manera! **2** (*acusaciones, ideas*) lanzar algo: *You can't just throw accusations around like that!* ¡No puedes lanzar acusaciones a diestro y siniestro de esa manera! **3** derrochar algo: *He never throws his money around.* Nunca derrocha el dinero. **4** lanzarse, tirarse algo (*de unos a otros, jugando*): *They were in the garden throwing a ball around.* Estaban en el jardín, tirándose la pelota. **5** agitar, sacudir algo sin parar (*parte del cuerpo*): *She was speaking excitedly, throwing her arms around.* Estaba hablando excitada, agitando los brazos.

v+n/pron+adv
2 [0] accusations, ideas
3 [0] money
4 [0] a ball
5 [0] your arms, your head

LOC **throw your weight around** (*tb esp GB* **throw your weight about**) (*coloq*) ir de sargento: *She enjoys throwing her weight around and intimidating people.* Le encanta ir de sargento intimidando a la gente.

throw sth around sb/sth (*tb esp GB* **throw sth about/round sb/sth**) echar, poner algo alrededor de algn/algo: *He threw his arms around me/my neck.* Me echó los brazos alrededor del cuello. ◊ *A security cordon had been thrown around the area.* Habían puesto un cordón de seguridad alrededor de la zona.

v+n/pron+prep+n/pron
[0] your arm, your arms

throw yourself around; **throw yourself around sth** (*tb esp GB* **throw yourself about, throw yourself about sth**) *Ver* THROW SB/YOURSELF AROUND; THROW SB/YOURSELF AROUND STH

v+reflex+adv
v+reflex+prep+n/pron

throw sth aside 1 apartar, tirar algo a un lado: *She read the letter and immediately threw it aside.* Leyó la carta e inmediatamente la tiró a un lado. **2** dejar algo de lado: *All loyalties were thrown aside once the competition started.* Cuando empezó la competición, todas las lealtades quedaron de lado.

v+n/pron+adv
v+adv+n
1 = cast sth aside (1) (*formal*)
2 = cast sb/sth aside (*formal*)

throw sth at sb 1 lanzar algo a algn: *She threw a look of contempt at me.* Me lanzó una mirada de desprecio. ◊ *'You were to blame!' he threw at me.* —¡Tú tuviste la culpa! —me soltó. **2** deparar, dar algo a algn: *You never know what life's going to throw at you.* Uno nunca sabe lo que la vida le deparará. ◊ *We can cope with anything our opponents throw at us.* Podemos hacer frente a cualquier desafío de nuestros oponentes. **NOTA** Este sentido de **throw sth at sb** se utiliza mucho con **everything**, **anything** y **whatever**.

v+n/pron+prep+n/pron
1 [0] a question, a look, an accusation
2 [0] everything, anything

throw sth at sb/sth lanzar, tirar algo a algn/algo: *He threw stones at the window to try to catch their attention.* Tiró piedras a la ventana para intentar llamar su atención.

v+n/pron+prep+n/pron

LOC **throw money at sth** meterle dinero a algo (*intentando solucionar un problema*): *You can't solve the problem by throwing money at it.* No puedes resolver el problema metiéndole dinero sin más.

throw yourself at sb (*coloq, pey*) insinuarse a algn, ir detrás de algn descaradamente (*generalmente una mujer detrás de un hombre*): *Everyone can see she's just throwing herself at him.* Que se le está insinuando está a la vista de todos.

v+reflex+prep+n/pron

throw yourself at sb/sth abalanzarse hacia/sobre algn/algo, echarse encima de algn/algo: *The dogs threw themselves at the gate.* Los perros se abalanzaron hacia la verja.

v+reflex+prep+n/pron

throw

throw sth away ☆ **1** (*tb* **throw sth out**) tirar algo (*a la basura*): *She never throws anything away.* Nunca tira nada. **2** desaprovechar, desperdiciar algo: *She's throwing away a great opportunity.* Está desaprovechando una buena oportunidad. ◊ *The team threw away a 2-0 lead.* El equipo desaprovechó una ventaja de 2 a 0.
▶ **throwaway** *adj* [atrib] desechable, de usar y tirar: *a throwaway lighter* un mechero desechable
NOTA Nótese que el adjetivo **throwaway** siempre se utiliza delante de un sustantivo: *a throwaway society*.

v+n/pron+adv
v+adv+n
1 [O] **rubbish**
= **discard sth** (*más formal*)
2 [O] **a chance, an opportunity**, **a lead**, **money**

throw yourself away (**on sb**) echarse a perder (con algn): *Don't throw yourself away on somebody like him.* No te eches a perder saliendo con alguien como él.

v+reflex+adv

be thrown back on sth tener que depender de algo, tener que recurrir a algo: *The television broke down so we were thrown back on our own resources.* Se nos estropeó la televisión y tuvimos que buscar cómo entretenernos.

be+v+adv+prep+n

throw sth back **1** devolver algo: *I picked up the ball and threw it back to him.* Recogí el balón y se lo devolví. **2** volver a meter/poner algo de cualquier manera: *Just throw those papers back in the drawer.* Vuelve a meter esos papeles en el cajón. **3** echar algo hacia atrás: *She threw back her head and laughed.* Echó la cabeza hacia atrás y se rió. **4** retirar algo (*para destapar lo que hay debajo*): *He threw back the covers and jumped out of bed.* Retiró las sábanas y se levantó. **5** beber algo de un trago: *She threw back the brandy in one gulp.* Se bebió el coñac de un trago.

1 v+n/pron+adv
v+adv+n
[O] **a ball**
2 v+n/pron+adv
v+adv+n
3 v+adv+n
v+n/pron+adv
[O] **your head**, **your shoulders**
4 v+adv+n
v+n/pron+adv
[O] **the covers**, **the bedclothes**
5 v+adv+n
v+n/pron+adv
= **knock sth back**

throw sth back at sb **1** echarle algo en cara a algn: *She knew her remarks would be thrown back at her.* Sabía que le echarían en cara sus comentarios. **2** (*responder*) soltarle algo a algn: *'It was your fault!' he threw back at her.* —¡Fue culpa tuya! —le soltó.

v+n/pron+adv+prep+n/pron
1 [O] **sb's words**, **a remark**

throw sb down tirar a algn: *He threw her down on the sofa.* La tiró sobre el sofá.

v+n/pron+adv

throw sb/sth down sth arrojar, tirar a algn/algo por algo: *Throw the rest of the medicine down the sink.* Tira el resto de la medicina por el lavabo. ◊ *Her husband threw her down the stairs.* Su marido la tiró por las escaleras.

v+n/pron+prep+n/pron

throw sth down **1** arrojar, tirar algo: *She threw her glass down in anger.* Arrojó el vaso con rabia. **2** deponer algo: *The rebels have thrown down their arms.* Los rebeldes han depuesto las armas. **3** engullir, tragar algo: *He threw his dinner down in two minutes and raced out of the house.* Engulló la cena en dos minutos y salió zumbando de casa. **4** lanzar algo: *She threw down a direct challenge for him to confess.* Le lanzó un reto directo para que confesara.
LOC **throw down the gauntlet** arrojar el guante

1 v+n/pron+adv
v+adv+n
2 v+adv+n
v+pron+adv
v+n+adv (*poco frec*)
[O] **your weapons**, **your arms**
3 v+n/pron+adv
v+adv+n
4 v+adv+n
v+n+adv (*poco frec*)
[O] *only* **a challenge**

throw

throw yourself down dejarse caer: *She threw herself down on the grass.* Se dejó caer sobre el césped.

v + reflex + adv

throw sb in; **throw sb in sth** (*tb* **throw yourself in, throw yourself in sth**) tirar a algn, tirarse (a algo): *She threw him in the pool.* Le tiró a la piscina. ◊ *He threatened to throw her in.* La amenazó con tirarla. ◊ *She threw herself in the river.* Se tiró al río.
LOC throw sb in at the deep end (*coloq*) arrojar a algn a los leones, hacer que algn reciba un bautismo de fuego

v + n/pron + adv
v + adv + n (*menos frec*)
v + n/pron + prep + n/pron
v + reflex + adv
v + reflex + prep + n/pron

throw sb in/into sth meter a algn en … (*la cárcel, etc.*): *I'll have you thrown in jail for that!* ¡Te meteré en la cárcel por eso!
NOTA Throw sb in/into sth se utiliza mucho en pasiva.

v + n/pron + prep + n
[O] **jail, prison, a cell**

throw sth in 1 regalar algo (*con la compra de otro producto*), incluir algo (*sin recargo*): *The job pays £25 000 with a company car thrown in.* El sueldo es de 25.000 libras con coche de la compañía incluido. **2** agregar algo (*en una conversación*): *Jack threw in the odd encouraging comment.* Jack agregó algún que otro comentario para dar ánimos. ◊ *'I wouldn't mind coming,' she threw in casually.* —Me gustaría ir —agregó como por casualidad.
LOC throw in the towel/throw your hand in (*coloq*) tirar la toalla, darse por vencido **throw in your lot with sb/sth** (*coloq*) unir uno su suerte a la de algn/algo

v + adv + n
v + n/pron + adv

throw sth in; **throw sth in sth** echar, tirar algo (a/en algo): *When the butter's melted, throw in the onions.* Cuando se haya derretido la mantequilla, eche las cebollas. ◊ *She threw her lunch in the bin.* Tiró su comida a la basura.
▶ **throw-in** *n* saque de banda

v + n/pron + adv
v + adv + n
v + n/pron + prep + n/pron

throw yourself in; **throw yourself in sth** *Ver* THROW SB IN; THROW SB IN STH

v + reflex + adv
v + reflex + prep + n/pron

throw sb into sth 1 meter a algn en algo (*a la fuerza*): *They threw her into the van and drove off.* La metieron a la fuerza en la camioneta y se fueron. ◊ *She was thrown into the air.* Salió lanzada por los aires. **2** *Ver* THROW SB IN/INTO STH

1 v + n/pron + prep + n/pron
2 v + n/pron + prep + n

throw sb/sth into sth poner a algn/algo … , provocar algo en algn/algo: *Her arrival threw him into a panic.* Se puso nerviosísimo con su llegada. ◊ *Traffic was thrown into chaos by the accident.* El accidente provocó el caos en el tráfico.
LOC throw sth into doubt/question poner algo en duda, cuestionar algo: *The safety of this practice has been thrown into doubt.* Se ha puesto en duda la seguridad de esta práctica.

v + n/pron + prep + n

throw sth into sth 1 echar, poner algo en algo: *She threw some things into a suitcase and left.* Puso unas cuantas cosas en una maleta y se fue. **2** (*energía, recursos*) poner, meter algo en algo: *He's thrown all his energy into this project.* Ha puesto todas sus energías en este proyecto.

v + n/pron + prep + n/pron

throw yourself into sth 1 dejarse caer en algo: *He threw himself into her arms.* Se echó en sus brazos. ◊ *She threw herself into the armchair with a sigh.* Se dejó caer en un sillón dando un suspiro. **2** (*tb* **throw yourself into doing sth**) meterse de lleno en algo/a hacer algo: *She threw herself into the work.* Se metió de lleno en el trabajo. ◊ *He threw himself into writing his report.* Se metió de lleno a escribir su informe.

1 v + reflex + prep + n/pron
2 v + reflex + prep + n/pron
v + reflex + prep + -ing
= **fling yourself into sth**

throw

throw sb off; **throw sb off** sth expulsar, echar a algn (de algo): *She was thrown off the course for her behaviour.* La echaron del curso debido a su conducta. ◊ *If he finds you on his land, he'll throw you off.* Si te encuentra en sus tierras, te echará.

v + n/pron + adv
v + adv + n (menos frec)
v + n/pron + prep + n/pron

throw sb/sth off; **throw sb/sth off** sth **1** hacer que algn/algo se pierda, despistar a algn/algo, hacer que algn/algo pierda algo: *Thick fog threw the ship off course.* El barco perdió el rumbo a causa de la densa niebla. ◊ *How can we throw him off?* ¿Cómo podemos despistarlo? **2** desbaratar, dar al traste con algn/algo, hacer que algn/algo pierda algo (*el equilibrio, etc.*): *I missed the first ball and it threw me off a bit.* Fallé el primer balón y eso me desbarató. ◊ *His visit threw me off balance.* Su visita me desequilibró.

v + n/pron + adv
v + adv + n
v + n/pron + prep + n

throw sth off 1 librarse, deshacerse de algo: *I can't seem to throw off this cold.* No consigo librarme de este catarro. ◊ *She wants to throw off her old image and start again.* Quiere deshacerse de su vieja imagen y empezar de nuevo. **2** quitarse algo: *She threw off her clothes and leapt into the river.* Se quitó la ropa y se metió en el río.

v + adv + n
v + n/pron + adv
2 ⓪ **your clothes**
= **fling sth off**
≠ **throw sth on**

throw yourself off; **throw yourself off** sth arrojarse, tirarse (a/de algo): *He threw himself off the roof.* Se tiró del tejado. ◊ *If you come any closer, I'll throw myself off.* Si se acerca más, me tiraré.

v + reflex + adv
v + reflex + prep + n/pron

throw sth on echarse encima, ponerse algo: *He threw on a dressing gown and ran downstairs.* Se puso un batín y bajó corriendo.

v + n/pron + adv
v + adv + n
⓪ **your clothes, your coat, your shirt, etc.**
= **fling sth on**
≠ **throw sth off**

throw sth on sb/sth (*tb* **throw sth upon sb/sth** *más formal*) **1** arrojar algo sobre algn/algo (*dudas, sospechas, etc.*): *This controversy throws doubt on her political future.* Esta controversia arroja dudas sobre su futuro político. ◊ *They tried to throw suspicion on us.* Intentaron hacer que se sospechara de nosotros. ◊ *Can you throw any light on the matter for me?* ¿Puedes aclararme este asunto? **2** (*formal*) proyectar algo sobre algn/algo: *The lamp threw strange shadows on his face.* La lámpara proyectaba extrañas sombras sobre su rostro.

v + n + prep + n/pron
1 ⓪ **doubt, suspicion, light**
2 ⓪ **light, shadows**

throw yourself on sb/sth (*tb* **throw yourself onto sb/sth** *menos frec*) echarse, abalanzarse sobre algn/algo: *She threw herself on him and burst into tears.* Se abalanzó sobre él y rompió a llorar. ◊ *The child threw himself on the floor screaming.* El niño se tiró al suelo gritando.

v + reflex + prep + n/pron

LOC throw yourself on sb's mercy (*formal*) abandonarse a la merced de algn, ponerse en manos de algn

throw sb out 1 (**of** sth) echar, expulsar a algn (de algo/de …): *He was thrown out of the pub.* Lo echaron del bar. ◊ *When the firm closed down, 300 people were thrown out of their jobs.* Cuando la empresa cerró, 300 personas perdieron su empleo. **NOTA** En este sentido, **throw sb out** se utiliza mucho en pasiva. **2** confundir a algn: *One of the figures was wrong and it threw me out completely.* Una de las cifras estaba mal y me confundió completamente.

v + n/pron + adv
v + adv + n
1 = **kick sb out**

throw

throw sth out 1 (of sth) tirar algo (por algo): *He threw some bread out of the window for the birds.* Tiró pan por la ventana para los pájaros. **2** (*tb* **throw sth away**) tirar algo (*a la basura*): *It's time we threw that old chair out.* Ya es hora de que tiremos esa silla vieja. **3** rechazar algo: *The committee have thrown out the proposal for a new supermarket.* El comité ha rechazado la propuesta para un nuevo supermercado. ◊ *The case was thrown out of court.* Rechazaron el caso en el juzgado. **NOTA** En este sentido, **throw sth out** se utiliza mucho en pasiva. **4** dar, despedir algo: *The fire throws out a lot of heat.* El fuego despide mucho calor. ◊ *The lamp threw out just enough light to read by.* La lámpara daba la luz justa para poder leer. **5** proponer algo: *She threw out a few ideas for us to consider.* Propuso unas cuantas ideas para que las considerásemos. **6** (*mano, brazo, etc.*) estirar, sacar algo: *She threw her arm out to protect herself as she fell.* Estiró el brazo para protegerse de la caída. **7** desbaratar algo: *Some unexpected costs threw our calculations out.* Unos gastos inesperados desbarataron los cálculos.

1 v+n/pron+adv v+adv+n
2 v+n/pron+adv v+adv+n [O] **rubbish** = **chuck sth away** (3) (*coloq*)
3 v+adv+n v+n/pron+adv [O] **a case, proposals, a bill**
4 v+adv+n v+n/pron+adv [O] **heat, light** = **emit sth**
5 v+adv+n v+n/pron+adv [O] **an idea, a challenge**
6 v+n/pron+adv v+adv+n [O] **your hands, your arms**
7 v+n/pron+adv v+adv+n [O] **your calculations**

throw sb over (*antic*) dejar plantado, abandonar a algn: *His girlfriend threw him over for somebody else.* Su novia lo dejó plantado por otra.

v+n/pron+adv v+adv+n = **chuck sb** (*GB, coloq*), **dump sb** (*coloq*)

throw sb/sth over; throw sb/sth over sth tirar a algn/algo por encima (de algo): *The neighbours have been throwing rubbish over our wall.* Los vecinos han estado tirando basura por encima de nuestra tapia. ◊ *Throw a rope over and I'll catch it on the other side.* Echa una cuerda por encima y yo la cogeré por el otro lado.
LOC **throw sth over your shoulder** decir algo volviendo la cabeza (*mientras uno se aleja*)

v+n/pron+adv v+adv+n v+n/pron+prep+n/pron

throw sth over (to sb) tirar algo (a algn) (*para dárselo*): *He threw the paper over to me.* Me tiró el papel. ◊ *Will you throw over those keys?* ¿Me pasas esas llaves?

v+n/pron+adv v+adv+n

throw sb/sth over sb/sth poner a algn/algo sobre algn/algo: *I threw a blanket over him to keep him warm.* Le eché una manta por encima para que no se enfriara. ◊ *He threw the child over his shoulder.* Se echó al niño al hombro. ◊ *He threw a coat over his pyjamas and ran out into the street.* Se puso el abrigo sobre el pijama y salió corriendo a la calle.

v+n/pron+prep+n/pron

throw sth round sb/sth (*esp GB*) **1** poner algo alrededor de algn/algo: *A security cordon had been thrown round the area.* Habían puesto un cordón de seguridad alrededor de la zona. ◊ *We threw blankets round ourselves to keep warm.* Nos echamos mantas encima para estar calentitos. **2** (*tb* **throw sth about/around sb/sth**) echar algo alrededor de algn/algo: *She threw her arms round me/my neck.* Me echó los brazos alrededor del cuello.

v+n/pron+prep+n/pron **2** [O] **your arm, your arms**

throw sb together reunir, unir a algn: *Fate had thrown them together.* El destino los había unido.
NOTA **Throw sb together** se utiliza mucho en pasiva: *We were strangers, thrown together by circumstance.*

v+n/pron+adv v+adv+n

throw

throw sth together improvisar, hacer algo a toda prisa: *I'll just throw together a quick supper.* Voy a improvisar una cena rápida.

v+n/pron+adv
v+adv+n

throw up (*coloq*) vomitar, devolver: *She threw up all over the carpet.* Vomitó en toda la alfombra.

v+adv

throw sth up 1 lanzar algo al aire: *She took out a coin and threw it up in the air.* Sacó una moneda y la lanzó al aire. **2** revelar algo, sacar algo a la luz: *Her research has thrown up some interesting facts.* Su investigación ha revelado algunos datos interesantes. ◊ *The competition threw up some promising actors.* El concurso sacó a la luz algunos prometedores actores. **3** (*GB, coloq*) dejar algo: *He threw up a highly paid job to be with her.* Dejó un trabajo muy bien pagado para estar con ella. **4** (*GB*) dejar pasar, perder algo: *I can't throw up the chance of meeting her.* No puedo perder la oportunidad de conocerla. **5** levantar, construir algo (*precipitadamente*): *These buildings were thrown up hurriedly after the war.* Estos edificios se construyeron precipitadamente después de la guerra. **6** devolver, vomitar algo: *She ate her meal and promptly threw it all up.* Comió y en seguida lo devolvió todo. **NOTA** En este sentido, **throw sth up** no se utiliza en pasiva. **7** levantar algo: *He threw up his arms to protect his face as he fell.* Levantó los brazos para protegerse la cara al caer. ◊ *She threw her arms up in horror.* Levantó los brazos horrorizada. **8** echar, levantar algo: *The wheels threw up a shower of mud and water.* Las ruedas levantaron una lluvia de agua y barro.

v+adv+n
v+n/pron+adv
2 ◯ **problems, questions, ideas**
3 ◯ **a job**
= **chuck sth in/up, give sth up** (1) (*menos coloq*)
4 ◯ **a chance, an opportunity**
= **pass sth up** (*coloq*)
5 ◯ **buildings**
7 ◯ **your hands, your arms**
8 ◯ **dust, mud**

throw sth upon sb/sth Ver THROW STH ON SB/STH

v+n+prep+n/pron

---

thrust /θrʌst/ *pp, pret* **thrust**

thrust sb/sth aside 1 apartar bruscamente a algn/algo: *He thrust me aside and stormed into the shop.* Me apartó bruscamente y entró en la tienda. **2** ignorar a algn/algo: *All our objections were thrust aside.* Ignoraron todas nuestras objeciones.

v+n/pron+adv
v+adv+n

thrust sb/sth upon sb (*tb* **thrust sb/sth on sb** *menos frec*) obligar a algn a aceptar a algn/algo, imponer algo a algn: *Responsibility for the family was thrust upon him at an early age.* Tuvo que aceptar la responsabilidad de la familia cuando era muy joven. ◊ *She was annoyed at having three extra guests suddenly thrust upon her.* Le molestó verse de pronto cargada con tres invitados más. **NOTA** **Thrust sb/sth upon/on sb** se utiliza mucho en pasiva.

v+n/pron+prep+n/pron
◯ **a responsibility, a role, a change**

---

thumb /θʌm/

thumb through sth hojear algo: *She thumbed through her diary.* Hojeó su agenda.

v+prep+n/pron
◯ **a book, a magazine, the pages of ...**
= **flick through sth**

---

tick /tɪk/

tick away 1 (*reloj*) hacer tic-tac: *The clock ticked away in the silence.* En medio del silencio se escuchaba el tic-tac del reloj. ◊ *It's as if there was a timebomb ticking away under the whole enterprise.* Es como si todo el proyecto se asentara sobre una bomba de relojería. **2** Ver TICK AWAY/BY

v+adv
1 Ⓢ **a clock**

tick away/by pasar: *The seconds ticked by.* Pasaban los segundos.

v+adv
Ⓢ **minutes, seconds, time**

tick sb off (*coloq*) **1** (**for sth/doing sth**) (*GB*) reñir a algn (por algo/hacer algo): *I was ticked off for forgetting my books.* Me riñeron por olvidarme los libros. **2** (*esp USA*) fastidiar a algn: *This type of thing really ticks me off.* Estas cosas me fastidian de verdad.
▶ **ticked off** *adj* (*esp USA, coloq*) cabreado: *I was really ticked off about it.* Estaba muy cabreado por eso.
▶ **ticking off** (**for sth/doing sth**) *n* [sing] (*GB, coloq, antic*) rapapolvo, bronca (por algo/hacer algo): *to give sb a ticking off* echarle a algn un rapapolvo

v + n/pron + adv
v + adv + n (*menos frec*)
1 = **tell sb off, scold sb** (*más formal*)
2 = **hack sb off** (*GB*)

tick sth off (*GB*) (*tb esp USA* **check sth off**) marcar, tachar algo (en una lista, porque ya se ha hecho, se ha comprado, etc.): *Everything on the list had been ticked off.* Todo lo de la lista estaba ya marcado. ◊ *She ticked the points off on her fingers.* Repasó todos los puntos ayudándose de los dedos.

v + n/pron + adv
v + adv + n
⓪ **points, items**

tick over (*esp GB*) **1** (*motor, coche*) funcionar al ralentí, estar en marcha: *Leave the engine ticking over.* Deja el motor encendido. ◊ *It keeps my brain ticking over!* ¡Hace que mi cabeza siga funcionando! **2** funcionar, marchar: *Try and keep things ticking over while I'm away.* Intenta que las cosas sigan en marcha mientras estoy fuera.
NOTA Tick over se utiliza mucho en tiempos continuos.

v + adv
1 ⑤ **an engine**
= **turn over** (4)
2 ⑤ **things**

tide /taɪd/

tide sb over (*tb esp GB* **tide sb over sth**) sacar a algn de apuros, ayudar a algn (a remontar algo): *We've got enough money to tide us over till then.* Tenemos dinero suficiente para arreglárnoslas hasta entonces. ◊ *Our savings should tide us over the next couple of months.* Nuestros ahorros deberían ayudarnos a remontar los próximos meses.

v + n/pron + adv
v + n/pron + prep + n
⑤ **money, a loan**

tidy /'taɪdi/ *pp, pret* tidied

tidy sth away (*esp GB*) recoger algo, poner algo en su sitio: *Can you tidy away your clothes, please?* ¿Puedes recoger tu ropa, por favor?

v + adv + n
v + n/pron + adv
= **clear sth away**

tidy up (*esp GB*) ordenar, recoger: *Don't forget to tidy up when you've finished.* No te olvides de recoger cuando termines.

v + adv
= **clear up** (1)

tidy sb up; tidy yourself up (*esp GB*) arreglar a algn, arreglarse: *How about tidying yourself up a bit?* ¿Qué tal si te arreglaras un poco?

v + n/pron + adv
v + adv + n (*menos frec*)
v + reflex + adv

tidy sth up 1 (*esp GB*) ordenar, arreglar algo: *The whole place needs tidying up.* Hay que ordenar el sitio de arriba a abajo. ◊ *You can tidy this mess up before you go out!* ¡Ya podéis arreglar todo este desorden antes de salir! **2** (*GB*) mejorar algo: *You need to tidy up this chapter before you hand in the thesis.* Tienes que pulir este capítulo antes de entregar la tesis. **3** (*GB*) solucionar, arreglar algo: *We need to tidy up any debts outstanding from the last financial year.* Tenemos que solucionar las deudas pendientes del año pasado.

v + n/pron + adv
v + adv + n
1 ⓪ **a room, a mess, a house**
= **clear sth up** (1)

tidy yourself up *Ver* TIDY SB UP; TIDY YOURSELF UP

v + reflex + adv

tie /taɪ/ *part pres* **tying** *pret, pp* **tied**

tie sth back recoger, recogerse algo: *She often ties her hair back like that.* Se suele recoger así el pelo. ◊ *The curtain had been tied back to let in more light.* Habían recogido la cortina para que entrara más luz.

v+n/pron+adv
v+adv+n
⓪ **your hair**

tie sb down 1 (**to sth**) atar a algn (a algo): *She refused to marry him because she didn't want to be tied down.* Se negó a casarse con él porque no quería verse atada. **2** (*tb* **tie yourself down**) (**to sth/ doing sth**) hacer que algn se comprometa (a algo/hacer algo), comprometerse (a algo/hacer algo): *We managed to tie him down to a date for the meeting.* Conseguimos que se comprometiese a fijar una fecha para la reunión. **3** (*Mil*) impedir que algn se mueva: *Guerrilla activity kept the army tied down in the mountains.* La actividad guerrillera obligó al ejército a permanecer en las montañas.

v+n/pron+adv
v+adv+n
2 v+n/pron+adv
    v+adv+n
    v+reflex+adv
3 ⓪ **troops, the police**

tie sb/sth down (**to sth**) sujetar a algn/algo (a algo) (*con cuerda, cables*): *We tied the load down with ropes.* Sujetamos la carga con cuerdas.

v+n/pron+adv
v+adv+n
= **lash sth down**

tie yourself down (**to sth/doing sth**) *Ver* TIE SB DOWN (2)

v+reflex+adv

tie in (**with sth**) **1** concordar (con algo): *This new evidence ties in with the witness's statement.* Esta nueva prueba concuerda con la declaración del testigo. **2** coincidir (con algo) (*complementándolo*): *The book was intended to tie in with the TV series.* El libro se sacó para que coincidiese con la serie de televisión.

v+adv

▶ **tie-in** *n* **1** (*GB*) productos (libros, juguetes, etc.) relacionados con un programa de televisión, una película, etc.: *The TV tie-in series did very well.* La adaptación del libro para televisión resultó muy bien. **NOTA** En este sentido, el sustantivo **tie-in** también puede utilizarse delante de otro sustantivo: *Tie-in books will be in the shops for Christmas.* **2** (*USA*) (*GB* **tie-up**) vínculo, conexión: *a tie-in between politics and economics* un vínculo entre la política y la economía

tie sth in with sth 1 relacionar algo con algo: *The disease is often tied in with high levels of stress.* La enfermedad suele estar relacionada con altos niveles de estrés. **2** hacer coincidir algo con algo: *The release of their new single will be tied in with the tour.* El lanzamiento del nuevo single coincidirá con la gira. **NOTA** Tie sth in with sth se utiliza mucho en pasiva.

v+n/pron+adv+prep+n/pron

tie sth off cerrar algo con un nudo: *She showed me how to tie off the rope.* Me enseñó a hacer el nudo al final de la cuerda.

v+adv+n
v+n/pron+adv

tie up 1 amarrar: *He tied up alongside the police launch.* Amarró junto a la lancha policial. **2** atar, cerrar: *I'm so fat my bathrobe won't tie up!* ¡Estoy tan gordo que la bata no me da! ◊ *He filled the dustbin liner so full that the handles wouldn't tie up.* Llenó tanto la bolsa de la basura que las asas no se podían atar.

v+adv

tie sb up 1 atar a algn: *The gang tied up a security guard.* La banda ató a uno de los guardas de seguridad. **2** ocupar a algn: *I'm tied up in a meeting until three.* Estoy ocupado en una reunión hasta las tres. **NOTA** En este sentido, **tie sb up** se utiliza sobre todo en pasiva.

v+n/pron+adv
v+adv+n

tie sth up 1 atar algo: *He tied the parcel up with a ribbon.* Ató el paquete con una cinta. ◊ *I tied up the boat and went ashore.* Amarré el bote y me dirigí a la orilla. ◊ *He tied the dog up outside.* Ató al perro fuera. **2 (with sth)** relacionar algo (con algo): *Her behaviour is tied up with her feelings of guilt.* Su comportamiento está relacionado con su sentimiento de culpabilidad. NOTA En este sentido, **tie sth up** se utiliza sobre todo en pasiva. **3** inmovilizar, invertir algo (*dinero del que no se puede disponer*): *Most of the capital is tied up in property.* La mayoría del capital está invertido en propiedades. ◊ *With this account you need to be able to tie your money up for five years.* Con esta cuenta tienes que inmovilizar el dinero cinco años. NOTA En este sentido, **tie sth up** se utiliza mucho en pasiva. **4** concluir, finalizar, cerrar algo: *We're hoping to tie up the deal by tomorrow.* Esperamos cerrar el trato antes de mañana. ◊ *I went into the office for an hour to tie up any loose ends.* Fui una hora a la oficina para finalizar los últimos toques. **5** (*esp USA*) paralizar, parar algo: *The strike tied up production for a week.* La huelga paralizó la producción durante una semana.

▶ **tie-up** *n* **1** (*GB*) (*USA* **tie-in**) vínculo, conexión: *a tie-up between politics and economics* un vínculo entre la política y la economía **2** (*esp USA*) atasco (*de tráfico*)

v+n/pron+adv
v+adv+n
1 ◎ **a dog, a boat**
3 ◎ **money, capital, resources**
= **lock sth up** (3)
4 ◎ **a deal, loose ends**

tighten /'taɪtn/

tighten up 1 (*músculo*) tensarse: *His face muscles tightened up in anger.* Se le tensaron los músculos de la cara de lo enfadado que estaba. **2 (on sth)** ponerse más severo, volverse más estricto (con algo): *The police are tightening up on drink driving.* La policía se está poniendo más severa con lo de conducir bajo los efectos del alcohol. ◊ *The team has to tighten up to avoid relegation next season.* El equipo tiene que ponerse más en serio si no quiere descender la próxima temporada.

v+adv

tighten sth up 1 apretar algo: *I tightened up the bolts and the rattling noise stopped.* Apreté los tornillos y cesó el traqueteo. **2** hacer algo más estricto: *The law on this matter has been tightened up.* La ley se ha hecho más estricta en relación a este asunto.

v+adv+n
v+pron+adv
v+n+adv (*menos frec*)
1 ◎ **a bolt**
2 ◎ **procedures, the law, security**

tinker /'tɪŋkə(r)/

tinker about/around (with sth) enredar (con algo) (*intentando arreglarlo*): *He's outside tinkering around with his bike.* Está fuera, enredando con la bici.

v+adv

tip /tɪp/ -pp-

tip sb off (about sth) (*coloq*) dar el chivatazo a algn, avisar a algn (de algo): *The police were tipped off about his activities.* Avisaron a la policía de sus actividades.

▶ **tip-off** *n* (*coloq*) chivatazo, soplo: *The police received an anonymous tip-off about the attack.* La policía recibió un anónimo dando el soplo sobre el atentado.

v+adv+n
v+pron+adv
v+n+adv (*menos frec*)
◎ **the police**

tip over volcarse: *He overloaded the barrow and it tipped over.* Puso demasiada carga y la carretilla se volcó.

v+adv
= **overturn** (*más formal*)

tip

tip sth over; **tip sth over sb/sth** volcar algo (encima de algn/algo): *Watch you don't tip the bucket over.* Ten cuidado no vayas a volcar el cubo. ◊ *He tipped the jug of milk over her.* Le volcó la jarra de leche encima.
v + n/pron + adv
v + adv + n
v + n/pron + prep + n/pron

tip up levantarse del otro lado, inclinarse: *He put a pile of books on the end of the table and it tipped up.* Puso una pila de libros en un extremo y la mesa se levantó del otro lado.
v + adv

tip sth up levantar algo: *She tipped her glass up and drained it.* Levantó el vaso y lo vació. ◊ *He tipped his face up towards her.* Levantó la cara hacia ella.
v + n/pron + adv
v + adv + n

tire /ˈtaɪə(r)/

tire of sb/sth/doing sth cansarse de algn/algo/hacer algo: *They soon tired of the beach and went for a walk.* Pronto se cansaron de la playa y se fueron a dar un paseo. ◊ *There are plenty of restaurants for those who tire of shopping.* Hay muchos restaurantes para los que se cansen de comprar.
v + prep + n/pron
v + prep + -ing
= **weary of sb/sth/doing sth** (*formal*)

tire sb out; **tire yourself out** agotar a algn, dejar a algn rendido, agotarse: *I took the children to the beach to tire them out.* Llevé a los niños a la playa para cansarlos. ◊ *Try not to tire yourself out too soon in the race.* Procura no agotarte demasiado pronto en la carrera.
▶ **tired out** *adj* [pred] agotado, rendido: *We finally reached home tired out.* Al final llegamos a casa rendidos.
NOTA Nótese que el adjetivo **tired out** siempre se utiliza detrás de un verbo: *She seemed tired out.*
v + n/pron + adv
v + adv + n
v + reflex + adv
= **wear sb out, wear yourself out**

toddle /ˈtɒdl; *USA* ˈtɑːdl/

toddle off (*GB, coloq*) marcharse: *It got late and he toddled off to bed.* Se hizo tarde y se fue a la cama.
v + adv

tog /tɒɡ; *USA* tɑːɡ, tɔːɡ/ **-gg-**

be/get togged out/up (in sth) (*GB, coloq*) estar ataviado (con algo): *She was all togged out for a fishing expedition.* Iba equipada de arriba a abajo para una expedición de pesca. ◊ *He got togged up for the interview.* Se puso de punta en blanco para la entrevista.
be/get + v + adv

toil /tɔɪl/

toil away (at sth) trabajar duro (en algo): *He toiled away at his essay for hours.* Se pasó horas haciendo la redacción.
v + adv

tone /təʊn; *USA* toʊn/

tone sth down 1 suavizar/rebajar el tono de algo (*para que resulte menos ofensivo*): *He had to tone down his article before it was published.* Tuvo que rebajar el tono del artículo antes de que se publicara. **2** hacer algo menos llamativo: *She has toned down her style of dress recently.* Últimamente va menos llamativa. **3** (*color*) rebajar algo (*para que no resulte tan chillón*): *We toned down the yellow paint with a little white.* Rebajamos la pintura amarilla con un poco de la blanca.
v + adv + n
v + pron + adv
v + n + adv (*menos frec*)

tone in (with sth) (*GB*) combinar, ir bien (con algo): *The cushion fabric tones in well with the carpet.* La tela del cojín combina bien con la alfombra.
v + adv

tone sth up (*músculos*) tonificar algo: *This exercise will tone up your stomach muscles.* Este ejercicio tonifica los músculos del estómago.

v+adv+n
v+pron+adv
v+n+adv (*menos frec*)
◎ **your body, your muscles**

tool /tuːl/

tool up (for sth/to do sth) (*GB*) poner a punto la maquinaria (para algo/hacer algo): *It took several months to tool up to produce the new model.* Llevó varios meses poner la maquinaria a punto para la producción del nuevo modelo.

v+adv

tool sth up (for sth/to do sth) (*GB*) equipar algo con la maquinaria necesaria (para algo/hacer algo): *We're tooling up a new plant in Scotland to produce these screens.* Estamos equipando una nueva planta en Escocia con la maquinaria necesaria para fabricar estas pantallas.

v+adv+n
v+pron+adv
v+n+adv (*poco frec*)

top /tɒp; *USA* tɑːp/ **-pp-**

top sth off complementar, rematar algo: *The outfit was topped off with a large black hat.* Un gran sombrero negro complementaba el modelo.
NOTA Top sth off se utiliza mucho como participio pasado: *a slice of cheesecake topped off with fresh fruit.*

v+n/pron+adv
v+adv+n

top out (at sth) tocar techo, alcanzar el punto más alto (al llegar a ...): *Your annual salary will top out at seventy thousand dollars.* Su salario anual habrá tocado techo cuando alcance los setenta mil dólares.

v+adv

top sb up (*esp GB*) servir más a algn (*de una bebida*): *Can I top you up?* ¿Te pongo más?
▶ **top-up** *n* (*GB*): *Can I give you a top-up?* ¿Te sirvo otra copa?

v+n/pron+adv
v+adv+n

top sth up (*esp GB*) **1 (with sth)** llenar algo (con algo): *Can I top your glass up?* ¿Te lleno el vaso? ◇ *I want to top the car up with oil before we set off.* Quiero llenar el depósito de aceite antes de salir. **2** (*ingresos, capital*) suplementar algo: *You should consider topping up your pension contributions.* Debería considerar la posibilidad de suplementar las cuotas de su pensión. **3** (*batería*) recargar, cargar algo: *The car battery needs topping up.* Hay que recargar la batería del coche.
▶ **top-up** *n* (*GB*) **1** suplemento: *He was given a salary top-up.* Le dieron un suplemento salarial. **NOTA** En este sentido, el sustantivo **top-up** también se puede utilizar delante de otro sustantivo: *a top-up loan.* **2** (*tb* **top-up card**) tarjeta recarga (*de teléfono móvil*) **3** *Ver* TOP SB UP
▶ **top-up card** *n* tarjeta recarga (*de teléfono móvil*)

v+adv+n
v+n/pron+adv
1 ◎ **a glass, a cup**
2 ◎ **an income, a pension**
3 ◎ *only* **a battery**

topple /ˈtɒpl; *USA* ˈtɑːpl/

topple over caerse: *The pile of books toppled over.* La pila de libros se cayó.

v+adv

toss /tɒs; *USA* tɔːs/

toss sth around (*tb esp GB* **toss sth about**) considerar algo (*sin darle demasiada importancia*): *We sat and tossed a few suggestions about.* Nos sentamos y estuvimos considerando unas cuantas sugerencias.

v+n/pron+adv
v+adv+n

toss sth away tirar algo: *She finished her drink and tossed the can away.* Se terminó la bebida y tiró la lata. ◊ *He's tossed away so many opportunities.* Ha desperdiciado tantas oportunidades.

v+adv+n
v+n/pron+adv

toss sth back 1 (*tb* **toss sth down** *menos frec*) apurar algo (*una bebida, generalmente alcohólica*): *He tossed back the rest of his whisky.* Apuró lo que le quedaba del whisky. **2** echar algo hacia atrás: *She tossed back her head in defiance.* Echó la cabeza hacia atrás desafiante. ◊ *She tossed back her hair and smiled.* Se echó el pelo hacia atrás y sonrió.

v+adv+n
v+n/pron+adv
1 ⓪ **your drink, your whisky, your wine, etc.**
2 ⓪ **your hair, your head**

toss sth down *Ver* TOSS STH BACK (1)

v+n/pron+adv
v+adv+n

toss for sth (*esp GB*) (*USA tb* **flip for sth**) jugarse algo a cara o cruz: *We tossed for the front seat.* Nos jugamos el asiento de delante a cara o cruz.

v+prep+n/pron

toss sb for sth (*esp GB*) (*USA tb* **flip sb for sth**) jugarse algo con algn a cara o cruz: *I'll toss you for the top bunk.* Me juego contigo la litera de arriba a cara o cruz.
NOTA Toss sb for sth no se puede utilizar en pasiva.

v+n/pron+prep+n/pron

toss sb off; **toss yourself off** (*GB, tabú*) hacerle una paja a algn, hacerse una paja, masturbarse

v+n/pron+adv
v+adv+n
v+reflex+adv

toss up (for sth) (*GB*) echar una moneda al aire (para jugarse algo): *They tossed up for the best seat.* Echaron una moneda al aire para ver quién se quedaba con el mejor asiento. ◊ *We'll toss up to see who goes.* Lo echaremos a cara o cruz para ver quién va.
▶ **toss-up** *n* [*sing*] (*coloq*) dilema: *It was a toss-up between spending the night in the van and walking ten miles for help.* Había dos alternativas: pasar la noche en la furgoneta o irse andando diez millas para pedir ayuda.

v+adv

---

tot /tɒt; *USA* tɑːt/ **-tt-**

tot sth up (*esp GB, coloq*) sumar algo: *Can you tot up how much I owe you?* ¿Puedes sumar lo que te debo?

v+adv+n
v+pron+adv
v+n+adv (*menos frec*)
⓪ **figures, the number of …**

---

total /ˈtəʊtl; *USA* ˈtoʊtl/ **-ll-** (*USA tb*) **-l-**

total up (to sth) sumar un total de algo, ascender a un total de algo, cuadrar: *The costs total up to over a million.* Los costes ascienden a un total de más de un millón. ◊ *This bill doesn't total up.* Esta cuenta no cuadra.

v+adv

total sth up calcular el total de algo: *Let's total up what we've spent.* Vamos a calcular cuánto hemos gastado en total.

v+adv+n
v+n/pron+adv

---

touch /tʌtʃ/

touch down 1 tomar tierra, aterrizar: *We touched down at Barajas at noon.* Aterrizamos en Barajas al mediodía. **2** (*Rugby*) marcar un ensayo: *Williams touched down in the first few minutes of the game.* Williams marcó un ensayo en los primeros minutos del partido.
▶ **touchdown** *n* **1** aterrizaje **2** (*Rugby*) ensayo

v+adv
1 ⑤ **a plane, an aircraft**

touch sb for sth (*GB, coloq*) dar un sablazo a algn de … : *He tried to touch me for twenty pounds.* Intentó darme un sablazo de veinte libras.

v + n/pron + prep + n

touch sth off hacer estallar, provocar algo: *The explosion was touched off by a single spark.* Una sola chispa provocó la explosión. ◊ *His arrest touched off a riot.* Su arresto hizo que estallara una revuelta.

v + adv + n
v + pron + adv
v + n + adv (poco frec)
= **set sth off** (1)

touch on/upon sth hablar de pasada sobre algo, mencionar algo: *He touched on the need for increased funding.* Habló de pasada sobre la necesidad de contar con más fondos.

NOTA Nótese que **touch on/upon sth** se puede utilizar en pasiva: *The subject was hardly touched upon.*

v + prep + n/pron
[O] **a subject, a point, an issue**

touch sb up (*GB, coloq*) meter mano, toquetear a algn: *He had a reputation for touching up young girls on the train.* Tenía fama de meter mano a las niñas en el tren.

v + adv + n
v + n/pron + adv
= **feel sb up**

touch sth up retocar algo: *He had to touch up the paintwork to cover the scratches.* Tuvo que darle unos toques a la pintura para tapar las marcas. ◊ *The photo had been touched up.* Habían retocado la foto.

v + adv + n
v + pron + adv
v + n + adv (menos frec)

touch upon sth Ver TOUCH ON/UPON STH

v + prep + n/pron

tough /tʌf/

tough sth out aguantar, resistir algo: *I felt like giving up but she persuaded me to tough it out.* Me entraban ganas de darme por vencido, pero me persuadió para que aguantara.

NOTA **Tough sth out** se usa mucho en la construcción **tough it out**.

v + pron + adv
v + adv + n
v + n + adv
[O] **it**

toughen /'tʌfn/

toughen sb up hacer que algn se haga más duro, hacer que algn se curta: *His parents sent him away to school to toughen him up.* Sus padres lo mandaron interno a un colegio para que se hiciera más fuerte.

v + n/pron + adv
v + adv + n

toughen sth up hacer que algo sea más duro/estricto: *The legislation on this trade needs to be toughened up.* Tienen que hacer que la legislación que regula este tipo de comercio sea más dura.

v + adv + n
v + n/pron + adv
[O] **legislation, regulations, the law**

tout /taʊt/

tout sth around; tout sth around sth (*tb esp GB* **tout sth round, tout sth round sth**) llevar algo a distintos sitios intentando venderlo, llevar algo a … para venderlo: *He's been touting those paintings around for years.* Lleva años paseando esas pinturas por ahí intentando venderlas. ◊ *She touted the manuscript around countless publishers.* Llevó el manuscrito a innumerables editoriales intentando publicarlo.

v + n/pron + adv
v + adv + n
v + n/pron + prep + n

tout for sth andar a la caza de algo: *They tout for business along the sea front.* Andan a la caza de negocios en primera línea de playa.

v + prep + n
[O] **business, trade, custom**

tout sth round; tout sth round sth Ver TOUT STH AROUND; TOUT STH AROUND STH

v + n/pron + adv
v + adv + n
v + n/pron + prep + n

tow /təʊ; USA toʊ/

tow sth away (from ...) llevarse algo la grúa (de ...): *They'll tow your car away if you park it here.* Si aparcas aquí el coche, se lo llevará la grúa.

v+n/pron+adv
v+adv+n
[O] **a car**

tower /'taʊə(r)/

tower above/over sb/sth 1 ser mucho más alto que algn/algo, descollar sobre algn/algo: *The new offices tower above the rest of the town.* Las nuevas oficinas sobresalen del resto de la ciudad. ◊ *She towers above her mother.* Es mucho más alta que su madre. **2** (*fig*) destacar sobre algn/algo, ser mucho mejor que algn/algo: *He towers above all other poets of his generation.* Destaca sobre todos los otros poetas de su generación.

v+prep+n/pron

toy /tɔɪ/

toy with sb jugar con algn: *She was never really interested in him — she had just been toying with him.* Nunca estuvo interesada de verdad, solo había estado jugando con él.
NOTA Toy with sb se puede utilizar en pasiva: *She had a strong feeling she was being toyed with.*

v+prep+n/pron

toy with sth 1 dar vueltas a algo, contemplar algo: *He had toyed with the idea of emigrating.* Le había estado dando vueltas a la idea de emigrar. **2** juguetear con algo, manosear algo: *Stop toying with your food!* ¡Deja de manosear la comida!
NOTA Toy with sth se puede utilizar en pasiva: *The possibility had been toyed with but rejected.*

v+prep+n/pron
1 [O] **the idea of ...**
= **dally with sth, flirt with sth** (2), **play with sth**
2 [O] **your food**

trace /treɪs/

trace sth back (to sth) determinar el origen de algo: *It will be difficult to trace it back.* Será difícil determinar sus orígenes. ◊ *She traced her ancestry back to thirteenth-century Italy.* Descubrió que sus orígenes se remontaban a la Italia del siglo XIII. ◊ *This tradition has been traced back to the sixth century.* Se tiene constancia de que esta tradición se remonta al siglo VI.

v+n/pron+adv
v+adv+n
[O] **your/sb's roots, your/sb's origins, your/sb's history**

trace sth out trazar, dibujar algo: *She traced his name out in the sand.* Escribió su nombre en la arena.

v+n/pron+adv
v+adv+n

track /træk/

track sb/sth down (to sth) localizar, encontrar a algn/algo (en algo): *We finally tracked him down to his parents' house.* Finalmente dimos con él en casa de sus padres.

v+n/pron+adv
v+adv+n
= **run sb/sth down** (3) (*esp GB*)

trade /treɪd/

trade down 1 (to sth) vender algo (para comprar algo) (*más barato*): *They traded down to a house with fewer bedrooms.* Vendieron la casa para comprar otra con menos habitaciones. **2** gastar menos: *Shoppers are trading down and looking for bargains.* La gente está gastando menos y busca las gangas.

v+adv
1 ≠ **trade up**

trade sth in (**for sth**) entregar algo como parte del pago (de algo): *He traded his motorbike in for a new van.* Entregó la moto como parte del pago de una nueva furgoneta.

▸ **trade-in** *n* **1** sistema por el que se entrega un artículo usado al comprar uno nuevo o mejor: *He got a good trade-in price for the car.* Consiguió que le dieran bastante por el coche viejo al comprar otro. **NOTA** Nótese que en este sentido, el sustantivo **trade-in** se utiliza mucho delante de otro sustantivo: *The trade-in value is low.*
2 artículo usado que se entrega como parte del pago de algo: *I gave my mountain bike as a trade-in.* Di mi bicicleta de montaña como parte del pago.

v+n/pron+adv
v+adv+n

trade sth off (**against sth**) sacrificar algo (a cambio de algo): *They have traded off political credibility to strengthen their economic position.* Han sacrificado su credibilidad política a cambio de fortalecer su posición económica.

▸ **trade-off** (**between sth and sth**) *n* compensación (entre algo y algo): *a trade-off between fuel economy and engine performance* un equilibrio entre un bajo consumo de combustible y el buen rendimiento del motor

v+adv+n
v+pron+adv
v+n+adv (menos frec)

trade on sth (*tb* **trade upon sth** *más formal*) (*pey*) explotar algo, aprovecharse de algo: *She gets invited everywhere by trading on her husband's reputation.* Explota la reputación de su marido para conseguir que la inviten a todas partes.

v+prep+n/pron
= **exploit sth**

trade up (**to sth**) vender algo (para comprar algo) (*más caro, mejor*): *He traded up to a large cabin cruiser.* Vendió el yate para comprarse otro más grande.

v+adv
≠ **trade down**

trade upon sth *Ver* TRADE ON STH

v+prep+n/pron

traffic /ˈtræfɪk/ **-ck-**

traffic in sth traficar con algo: *He was accused of trafficking in narcotics.* Se le acusó de traficar con estupefacientes.

v+prep+n/pron
O **drugs, weapons**

trail /treɪl/

trail away/off (*voz*) irse apagando: *His voice trailed away as she entered the room.* Su voz se fue apagando cuando ella entró en la habitación.

v+adv
S **sb's voice**

train /treɪn/

train sth on sb/sth (*tb* **train sth upon sb/sth** *más formal*)
1 apuntar a algn/algo con algo: *He trained his rifle on the antelope.* Apuntó con el rifle al antílope. **2** enfocar algo sobre algn/algo: *She trained the camera on the bride and groom.* Enfocó a los novios con la cámara. ◊ *He kept his eyes trained on the road ahead.* Mantuvo los ojos fijos en la carretera.

v+n/pron+prep+n/pron
1 O **a gun**
2 O **a camera, your eyes**

train sb up formar a algn: *We need to train up extra staff for the Christmas period.* Tenemos que formar a nuevos empleados para Navidad.

v+adv+n
v+n/pron+adv

train sth upon sb/sth *Ver* TRAIN STH ON SB/STH

v+n/pron+prep+n/pron

traipse

traipse /treɪps/

traipse around; traipse around sth (tb esp GB **traipse round, traipse round sth**) (coloq) dar vueltas por ahí, dar vueltas por algo (sin ganas): *I've been traipsing around buying Christmas presents.* He estado de acá para allá comprando regalos de Navidad. ◊ *We spent the afternoon traipsing around the town.* Pasamos la tarde dando vueltas por el centro.

v + adv
v + prep + n/pron

treat /triːt/

treat sb to sth deleitar a algn con algo: *Visitors will be treated to a spectacular show.* A los visitantes se les deleitará con un gran espectáculo. ◊ *We were treated to a four-hour lecture.* Nos plantaron una conferencia que duró cuatro horas.
NOTA Treat sb to sth se utiliza mucho en pasiva.

v + n/pron + prep + n/pron

trick /trɪk/

trick sb into sth/doing sth embaucar, engañar a algn para que haga algo: *She felt she'd been tricked into marriage.* Le parecía que se había casado engañada. ◊ *He tricked me into lending him £100.* Me embaucó para que le prestase 100 libras.
NOTA Trick sb into sth/doing sth se utiliza mucho en pasiva.

v + n/pron + prep + n/pron
v + n/pron + prep + -ing

trick sb out of sth estafar algo a algn: *She was tricked out of her life savings.* Le estafaron los ahorros de toda una vida.

v + n/pron + adv + prep + n/pron

trickle /ˈtrɪkl/

trickle down (dinero, riqueza) filtrarse (llegando de las clases más altas a las más bajas): *The benefits system helps wealth to trickle down to people on lower incomes.* El sistema de beneficios ayuda a que la riqueza se filtre a la gente con ingresos más bajos.

v + adv

trifle /ˈtraɪfl/

trifle with sb/sth jugar con algn/algo: *He is not a man to be trifled with.* No es un hombre con el que se deba jugar.
NOTA Trifle with sb/sth se usa mucho en construcciones negativas.

v + prep + n/pron

trim /trɪm/

trim sth away/off recortar algo: *Cut the wallpaper in a straight line and trim away any excess.* Corte el papel en línea recta y recorte lo que sobre.

v + adv + n
v + n/pron + adv

trim down adelgazar: *He's trimmed down from 90 kilos to 70.* Ha adelgazado de 90 a 70 kilos.

v + adv

trim sth down recortar, reducir algo: *They've trimmed down the first act to speed up the pace of the play.* Han recortado el primer acto para acelerar el ritmo de la obra.

v + adv + n
v + n/pron + adv

trim sth off Ver TRIM STH AWAY/OFF

v + adv + n
v + n/pron + adv

trip /trɪp/ -pp-

trip over; **trip over sb/sth** tropezarse (con algn/algo): *I tripped over the cat and went flying.* Me tropecé con el gato y salí volando.

v+adv
v+prep+n/pron

trip up; **trip sb up 1** (*esp GB*) tropezarse, hacer que algn tropiece: *I tripped up as I ran across the room.* Me tropecé cuando atravesé la habitación corriendo. ◊ *She tripped him up with her walking stick.* Le hizo tropezar con el bastón. **2** meter la pata, hacer que algn meta la pata: *He was waiting for her to trip up.* Estaba esperando a que metiera la pata. ◊ *She was trying to trip me up with her questions.* Me hacía preguntas intentando que metiera la pata.

v+adv
v+n/pron+adv
v+adv+n

trot /trɒt; USA trɑːt/ -tt-

trot along, around, down, off, etc.; **trot along, around, down, off, etc. sth** (*coloq*) ir, bajar, salir, etc.: *She trotted off to school with her new lunch box.* Se fue al colegio andando, con su cabás nuevo.

v+adv
v+adv+n

trot sth out (*coloq, pey*) (*razones*) salir con algo, volver a utilizar algo (*un argumento, una excusa, etc.*): *Everyone trots out that old excuse.* Todo el mundo sale con esa vieja excusa. ◊ *He's just trotting out the party line again.* Está simplemente utilizando otra vez la línea del partido.

v+adv+n
v+pron+adv (menos frec)

trump /trʌmp/

trump sth up (*poco frec*) fabricar, inventar algo (*una historia falsa*): *Several of his colleagues trumped up a complaint to get him removed from the job.* Varios de sus colegas fabricaron una reclamación para que le echasen del trabajo.

v+adv+n
v+pron+adv
v+n+adv (poco frec)
[0] **charges**

trundle /ˈtrʌndl/

trundle sth out (*esp GB, pey*) volver a sacar/mencionar algo: *A long list of reasons was trundled out to justify their demands.* Volvieron a sacar una larga lista de razones para justificar sus demandas.

v+adv+n
v+n/pron+adv

truss /trʌs/

truss sb/sth up (*antic*) atar a algn/algo (*referido a persona o animal*): *The victims had been trussed up and beaten.* Habían atado y apaleado a las víctimas.
NOTA Truss sb/sth up se utiliza mucho en pasiva.

v+n/pron+adv
v+adv+n

trust /trʌst/

trust in sb/sth tener confianza en algn/algo: *He urged them to trust in God.* Les instaba a tener confianza en Dios. ◊ *She needs to trust more in her own abilities.* Tiene que tener más confianza en su propia capacidad.

v+prep+n/pron
[0] **God**

trust to sth confiar en algo, ponerse en manos de algo, encomendarse a algo: *If you don't want a child, don't trust to luck.* Si no quieres tener un niño, no lo dejes a la suerte.

v+prep+n/pron
[0] **luck**

trust sb with sb/sth fiarse de algn con algn/algo: *I'd trust her with my life.* Pondría mi vida en sus manos. ◊ *I wouldn't trust him with the children.* Yo no me fiaría de él con los niños.

v+n/pron+prep+n/pron

try /traɪ/ pret, pp tried

try back; try sb back (*USA*) volver a llamar (a algn) (*porque no se ha conseguido comunicar*): *Can you try back later?* ¿Puedes volver a llamar más tarde? ◊ *She's not there. I'll have to try her back after lunch.* No está. Tendré que volver a llamarla después de comer.

v+adv
v+n/pron+adv
v+adv+n
= **phone back** (2) (*esp GB*), **phone sb back** (2) (*esp GB*), **call back** (1), **call sb back** (1)

try for sth ir a por algo, intentar conseguir algo: *Are you going to try for that job?* ¿Vas a ir a por ese trabajo? ◊ *They're trying for a baby.* Van a por el niño.

v+prep+n/pron
[0] **a baby**

try it on (with sb) (*esp GB, coloq*) intentar ver hasta dónde se puede llegar (con algn), poner a algn a prueba: *They were just trying it on because you're new.* Lo que estaban haciendo es ponerte a prueba porque eres nuevo.

v+it+adv

☆ **try sth on** probarse algo: *Can I try on the blue one?* ¿Puedo probarme el azul? ◊ *Why don't you try it on?* ¿Por qué no te lo pruebas?

v+adv+n
v+n/pron+adv

try out (for sth) (*esp USA*) presentarse a la prueba (para algo/entrar en algo): *He tried out for the school band.* Se presentó a la prueba para entrar en la banda del colegio.
▶ **tryout** *n* (*USA*) prueba (*para elegir algn*): *The team is holding tryouts this Thursday.* El equipo hace las pruebas este jueves.
NOTA Nótese que el sustantivo **tryout** también puede utilizarse delante de otro sustantivo: *He attended on a tryout basis.*

v+adv

try sb out hacer una prueba a algn: *We've been trying out some new musicians for our band.* Hemos estado haciendo pruebas a músicos para nuestro grupo.
▶ **tryout** *n* Ver TRY OUT

v+adv+n
v+n/pron+adv

☆ **try sth out (on sb)** probar algo (con algn): *He couldn't wait to try out his new invention.* Estaba impaciente por probar su nuevo invento. ◊ *I've got an idea I'd like to try out on you.* Tengo una idea que me gustaría probar contigo.

v+adv+n
v+n/pron+adv
= **test sth out**

tuck /tʌk/

be tucked away [+prep] estar escondido en ...: *The farm is tucked away at the end of a lane.* La granja está escondida al final de un camino.
NOTA Nótese que **be tucked away** suele ir seguido de un complemento: *The bar was tucked away in the basement.*

be+v+adv+complemento
be+v+adv (menos frec)

tuck sth away **1** (in sth) guardar algo (en algo): *I tucked my binoculars away inside my coat.* Me guardé los prismáticos por dentro del abrigo. ◊ *She keeps his letters tucked away in a drawer.* Guarda sus cartas en un cajón. **2** (*GB, coloq*) zamparse, engullir algo: *Your son can certainly tuck it away!* ¡Cómo traga este hijo tuyo!

v+n/pron+adv
v+adv+n
1 = **stash sth away** (2) (*más coloq*)
2 = **put sth away** (3)

tuck in; tuck into sth (*esp GB, coloq*) ponerse a comer (algo), atacar (algo): *We tucked in hungrily.* Nos pusimos a comer con hambre. ◊ *He was tucking into a huge plateful of pasta.* Estaba comiéndose un enorme plato de pasta.
NOTA Nótese que **tuck in** se utiliza mucho en imperativo: *Tuck in, everybody!*

v+adv
v+prep+n/pron
= **dig in** (3)

tuck sb in/up arropar a algn (*en la cama*): *Will you come and tuck me in?* ¿Vendrás a arroparme? ◊ *She tucked the children up in bed.* Arropó bien a los niños en la cama.
NOTA Tuck sb up se utiliza mucho en pasiva: *The children were tucked up in bed by seven o'clock.*

v + pron + adv
v + n + adv
v + adv + n

tuck sth in; **tuck sth into sth** meter algo (en algo): *Tom, tuck your shirt in!* ¡Tom, métete la camisa! ◊ *Why don't you tuck your trousers into your socks?* ¿Por qué no te metes los pantalones en los calcetines? ◊ *Stand up straight and tuck your bottoms in!* ¡Poneos derechos y meted trasero!

v + n/pron + adv
v + adv + n
v + n/pron + prep + n/pron

tuck sb up Ver TUCK SB IN/UP

v + pron + adv
v + n + adv
v + adv + n

tug /tʌg/ -gg-

tug at sth tirar de algo: *Daniel tugged at my sleeve.* Daniel me tiró de la manga.

v + prep + n/pron
[0] sb's arm, sb's hair, sb's sleeve
= pull at sth

tumble /ˈtʌmbl/

tumble down venirse abajo: *One push and the scaffolding came tumbling down.* Un empujón y el andamio se vino abajo.
▶ **tumbledown** *adj* [gen atrib] (*edificio*) ruinoso
NOTA Nótese que el adjetivo **tumbledown** generalmente se utiliza delante de un sustantivo: *a small, tumbledown hut.*

v + adv

tumble over caerse: *She knocked the statue and it tumbled over.* Chocó contra la estatua y se cayó.

v + adv

tumble to sb/sth (*GB, coloq*) calar a algn/algo, darse cuenta de algo: *I've tumbled to Isabel.* Ya he calado a Isabel. ◊ *I've tumbled to what he is trying to do.* Ya he calado lo que está intentando hacer.

v + prep + n/pron
= suss sb out (*GB*)

tune /tjuːn; *USA* tuːn/

tune in; **tune into sth** **1** sintonizar (algo): *Tune into next week's exciting episode!* ¡No se pierdan el emocionante episodio de la próxima semana! ◊ *When it is broadcast on television, we're expecting a lot of people to tune in.* Cuando se retransmita por televisión, esperamos que lo vea mucha gente. **2** conectar (con algo) (*con los pensamientos o sentimientos de algn*): *Participants are encouraged to tune into their true feelings.* Se anima a los participantes a conectar con sus verdaderos sentimientos.

v + adv
v + prep + n/pron

tune sth in (*USA*) sintonizar algo: *Tune in our TV special tonight at nine.* No se pierdan nuestro programa especial esta noche a las nueve.

v + adv + n
v + n/pron + adv

tune out; **tune sb/sth out** (*esp USA, coloq*) desconectar (de algn/algo): *When she started talking about her job, he just tuned out.* Cuando empezó a hablar de su trabajo, desconectó.

v + adv
v + n/pron + adv
v + adv + n
= switch off (3)

tune up afinar (*instrumentos*): *We could hear the orchestra tuning up.* Se oía a la orquesta afinando.

v + adv

turf

turf /tɜːf; *USA* tɜːrf/

turf sb/sth out (of ...) (*GB, coloq*) echar a algn/algo (de ...) (*referido a persona o animal*): *These families are being turfed out of their homes.* Están echando a estas familias de sus casas.

v+n/pron+adv
v+adv+n
= **kick sb out, throw sb out** (1), **turn sb out** (*menos coloq*)

---

turn /tɜːn; *USA* tɜːrn/

turn about (*esp GB*) dar media vuelta: *She turned about and went into the kitchen.* Dio media vuelta y entró en la cocina.

v+adv

▸ **about-turn** *n* [sing] (*esp GB*) **1** media vuelta: *He did an about-turn when he saw me and went back inside.* Cuando me vio, dio media vuelta y volvió a entrar. **2** (*tb esp GB* **turnabout**) giro, cambio radical (*de actitud, opinión*): *a dramatic about-turn in government policy* un dramático giro en la política del gobierno

turn against sb/sth ponerse en contra de algn/algo, volverse contra algn/algo: *Her old friends were turning against her.* Sus viejos amigos estaban volviéndose contra ella.

v+prep+n/pron

turn sb against sb/sth poner a algn en contra de algn/algo, volver a algn contra algn/algo: *He's trying to turn his family against me.* Está intentando poner a su familia en mi contra.

v+n/pron+prep+n/pron

turn around (*tb esp GB* **turn round**) ☆ **1** volverse, darse la vuelta: *She turned around to stare at the man behind.* Se volvió para mirar al hombre que estaba detrás. **2** (*economía, compañía*) recuperarse: *The economy is slowly turning around.* La economía se está recuperando poco a poco. **3 turn around and do sth** (*coloq*) coger y hacer algo: *What will we do if he turns around and says it was our fault?* ¿Qué hacemos si coge y dice que fue culpa nuestra?
▸ **turnaround** *n* Ver TURN STH AROUND

v+adv
3 *v+adv+and+inf*

turn sb/sth around (*tb esp GB* **turn sb/sth round**) darle la vuelta a algn/algo: *She turned the bottle around to look at the label.* Le dio la vuelta a la botella para mirar la etiqueta. ◊ *The nurse turned him around to face the window.* La enfermera le dio la vuelta y lo puso mirando a la ventana.

v+n/pron+adv
v+adv+n (*menos frec*)

turn sth around (*tb esp GB* **turn sth round**) **1** (*empresa, etc.*) sanear, rentabilizar algo: *His job is to try to turn the corporation around.* Su trabajo consiste en sanear la empresa. **2** (*situación, etc.*) darle la vuelta a algo: *She's turned around a difficult situation and restored peace.* Ha conseguido darle la vuelta a una situación difícil y recuperar la paz. **3** distorsionar algo: *She turned my words around to make it sound as if I was accusing her.* Distorsionó mis palabras para que pareciese que era yo quien la acusaba a ella.
▸ **turnaround** (*GB tb* **turnround**) *n* [gen sing] cambio rotundo, giro radical (*a mejor*): *The predicted economic turnaround failed to materialize.* El previsto despegue de la economía nunca se materializó.

v+n/pron+adv
v+adv+n

turn aside (from sb/sth) desviarse, apartarse (de algn/algo): *He turned aside in embarrassment.* Se apartó todo avergonzado.

v+adv

turn away (from sb/sth) apartarse, alejarse (de algn/algo): *He turned away from her with a sneer.* Se apartó de ella con cara de desprecio.

v+adv

turn sb away 1 (from ...) no dejar entrar a algn (a ...): *We had to turn hundreds of people away from the match.* Tuvimos que negar la entrada al partido a cientos de personas. ◊ *We will have to turn lots of candidates away.* Tendremos que decir que no a muchos solicitantes. **2** negarse a ayudar a algn: *They had nowhere to stay so I couldn't turn them away.* No tenían alojamiento, así que no pude negarme a ayudarlos.

v+n/pron+adv
v+adv+n

turn sth away (from sb/sth) desviar, apartar algo (de algn/algo): *She turned her face away.* Apartó la cara.

v+n/pron+adv
v+adv+n

turn away from sth dar la espalda a algo, apartarse de algo: *Younger voters are turning away from the party.* Los votantes jóvenes se están apartando del partido.

v+adv+prep+n/pron

turn sb away from sth apartar a algn de algo: *These scandals have turned many people away from politics.* Estos escándalos han apartado a mucha gente de la política.

v+n/pron+adv+prep+n/pron

turn back 1 regresar, volver atrás: *The weather got so bad that we turned back.* El tiempo se puso tan mal que nos volvimos atrás. **2** echarse/volverse atrás: *There'll be no turning back once you sign the agreement.* Una vez que firmes el acuerdo, no te puedes volver atrás.

v+adv

turn sb back hacer regresar a algn, hacer que algn dé la vuelta: *We were turned back at the frontier.* En la frontera nos hicieron dar la vuelta.

v+n/pron+adv
v+adv+n

turn sth back doblar algo hacia atrás (*sobre sí mismo*): *She straightened the covers and turned back the top sheet.* Estiró las mantas y dobló el embozo.

v+n/pron+adv
v+adv+n

LOC turn the clock back volver al pasado: *This legislation is an attempt to turn the clock back.* Esta ley es un intento de volver al pasado.

turn down (*boca*) apuntar hacia abajo: *His mouth turns down at the edges.* Las comisuras de sus labios apuntan hacia abajo.

v+adv
≠ **turn up** (3)

☆ **turn sb/sth down** rechazar a algn/algo, no aceptar algo: *He was turned down by the selection panel.* El panel seleccionador lo rechazó. ◊ *Why did he turn down your invitation?* ¿Por qué no aceptó tu invitación? ◊ *He asked her to marry him, but she turned him down.* Le pidió que se casase con él, pero le rechazó.

v+adv+n
v+n/pron+adv
[O] **an offer, an invitation, a request, an application**
= **reject sb/sth**

turn sth down 1 bajar algo: *Turn that radio down, I can't sleep.* Baja la radio que no me puedo dormir. ◊ *He forgot to turn down the gas.* Se le olvidó bajar el fuego de la cocina. **NOTA** En este sentido, **turn sth down** puede ir seguido de un adjetivo como **low**, **high**, etc.: *Turn the lights down low.* **2** doblar algo: *The corner of the page had been turned down.* La esquina del papel estaba doblada.

v+n/pron+adv
v+adv+n
1 ≠ **turn sth up** (3)
2 [O] **a page, a blanket**

turn in 1 doblarse, volverse hacia adentro: *The material turns in at the edges.* La tela se enrolla por las puntas. **2** (*pies*) apuntar, meterse hacia adentro: *Her feet turn in as she walks.* Cuando anda, mete los pies hacia adentro. **3** (*coloq*) acostarse: *It's time for me to turn in.* Ya es hora de que me vaya a la cama.

v+adv
1 ≠ **turn out** (4)
3 = **retire** (*más formal*)

turn in sth (*esp GB*) conseguir, lograr algo: *She turned in an excellent performance on the first night.* La primera noche ofreció una excelente actuación. ◊ *The company turned in $150 000 last month.* La compañía consiguió 150.000 dólares el mes pasado.

v+adv+n
[O] **a performance, a profit**

turn

turn sb in; **turn yourself in (to sb)** (*coloq*) (*delincuente, fugitivo*) entregar a algn (a algn), entregarse (a algn): *He turned his own brother in to the police.* Entregó a su propio hermano a la policía. ◊ *Things will be better for you if you turn yourself in.* Será mejor para ti si te entregas.

v+n/pron+adv
v+adv+n
v+reflex+adv

turn sth in 1 devolver algo: *Turn in your pass before you leave.* Devuelva el pase antes de marcharse. **2** (*esp USA*) presentar algo: *Have you turned in your assignment yet?* ¿Ya presentaste tu trabajo? ◊ *Only a few guns have been turned in so far.* Solo han entregado unas pocas armas.

v+adv+n
v+n/pron+adv
2 = **hand sth in** (1), **give sth in**

turn yourself in *Ver* TURN SB IN; TURN YOURSELF IN

v+reflex+adv

turn in on yourself encerrarse en sí mismo: *He completely turned in on himself after she left.* Se encerró completamente en sí mismo cuando ella se fue.

v+adv+prep+reflex

turn into sth convertirse en algo: *We need to stop this problem from turning into a crisis.* Tenemos que impedir que este problema se convierta en una crisis. ◊ *Her smile turned into a grin as she saw me.* Su sonrisa se hizo más amplia cuando me vio.

v+prep+n/pron

turn sb/sth into sth transformar, convertir a algn/algo en algo: *She decided to turn the house into three flats.* Decidió convertir la casa en tres apartamentos.

v+n/pron+prep+n
= **make sb/sth into sth**

turn off (*esp USA, coloq*) desenchufar: *I couldn't understand the lecture so I just turned off.* No entendía nada de la conferencia, así que desenchufé.

v+adv
= **switch off** (3)

turn off; **turn off sth** (*camino*) salirse, desviarse (de algo): *She turned off onto a sidestreet.* Se desvió por una bocacalle. ◊ *The car turned off the main road.* El coche se salió de la carretera principal.
▶ **turn-off** *n* salida, desvío: *Leave the motorway at the next turn-off.* Deja la autopista en la próxima salida.

v+adv
v+prep+n/pron

turn sb off 1 (*coloq*) quitarle las ganas a algn: *The sight of all that offal turned me off.* Solo con ver todas las asaduras se me quitaron las ganas. ◊ *If I tell her I'm only 17 it might turn her off.* Si le digo que solo tengo 17 años puede que se le quiten las ganas. **2** (*coloq*) dejar frío a algn: *People had been turned off by both candidates in the election.* Los dos candidatos en las elecciones habían dejado fría a la gente.
▶ **turn-off** *n* [gen sing] (*coloq*) persona/cosa que repugna/repele: *She finds beards a real turn-off.* Odia las barbas.

v+n/pron+adv
v+adv+n
1 ≠ **turn sb on** (1)

turn sb off sb/sth (*coloq*) hacer que algn pierda el interés por algn/algo: *His political views turned her off him.* Sus ideas políticas hicieron que perdiese el interés por él. ◊ *That film really turned me off bullfighting.* Esa película me hizo perder todo el interés por las corridas de toros. ◊ *The smell really turned me off my food.* El olor me quitó las ganas de comer.
▶ **turn-off** *n* *Ver* TURN SB OFF

v+n/pron+prep+n/pron
≠ **turn sb on to sb/sth**

☆ **turn sth off 1** (*tb* **turn itself off**) apagar algo, apagarse: *Turn the radio off*. Apaga la radio. ◊ *The heating turns itself off automatically*. La calefacción se apaga automáticamente. **2** cerrar algo (*un grifo, etc.*): *I forgot to turn the tap off*. Se me olvidó cerrar el grifo. **3** cortar algo (*el suministro de agua, gas, etc.*): *Did you turn the gas off before you left?* ¿Cortaste el gas antes de salir?

v+n/pron+adv
v+adv+n
= switch sth off
≠ turn sth on
1 v+n/pron+adv
 v+adv+n
 v+reflex+adv
 ⓪ the light, the television
 = put sth off (2) (*esp GB*)
2 ⓪ a tap
3 ⓪ the water, the gas

turn on sb volverse contra algn: *The dog turned on him and bit his finger*. El perro se volvió contra él y le mordió el dedo. ◊ *She suddenly turned on me and started shouting*. De repente se volvió contra mí y empezó a chillar.

v+prep+n/pron

turn on sth (*tb* **turn upon sth** *más formal*) (*esp GB*) **1** depender de algo: *Her career turns on this interview*. Su carrera depende de esta entrevista. **2** (*conversación, pensamientos, etc.*) tratar de algo, centrarse en algo: *Their talk turned on the likelihood of his return*. Su conversación se centró en su posible regreso.

v+prep+n/pron
= hinge on sth

turn sb on (*coloq*) **1** poner cachondo, excitar a algn: *That's not the kind of thing that turns me on*. Eso no me pone cachondo. **NOTA** En este sentido, **turn sb on** se utiliza mucho en la forma pasiva **get turned on**: *She only needs to look at me and I get turned on*. **2** entusiasmar, interesar a algn: *What really turns him on is motorbikes*. Lo que de verdad le entusiasma son las motos.
▶ **turn-on** *n* [gen sing] (*coloq*) persona/cosa/actividad que excita a algn (*sexualmente*)

v+n/pron+adv
v+adv+n
1 ≠ turn sb off (1)

turn sb on to sb/sth (*coloq*) hacer que algn se interese por algn/algo: *What was it that first turned you on to hang-gliding?* ¿Qué fue lo que despertó tu interés por el ala delta?

v+n/pron+adv+prep+n/pron
≠ turn sb off sb/sth

☆ **turn sth on 1** encender algo: *Did you turn the central heating on?* ¿Pusiste la calefacción? ◊ *He turns the telly on as soon as he gets in from work*. En cuanto llega del trabajo enciende la tele. **2** abrir algo (*un grifo, etc.*): *Turn the tap on slowly*. Abre el grifo despacio. **3** dar algo (*abrir el suministro de agua, luz, etc.*): *I checked the fuses and turned the electricity back on*. Comprobé los fusibles y volví a dar la llave de la luz. ◊ *Turn the water on after you've mended the leak*. Da el agua cuando hayas arreglado la fuga.

v+n/pron+adv
v+adv+n
= put sth on (3), switch sth on
≠ turn sth off
1 ⓪ a light, the radio
2 ⓪ a tap
3 ⓪ the water, the electricity, the gas

LOC turn on the charm desplegar los encantos: *She's good at turning on the charm to get what she wants*. Sabe desplegar sus encantos para conseguir lo que quiere.

be turned out [+adv] ir algn vestido ... (*bien, mal, etc.*): *Her children were always well turned out*. Sus hijos siempre iban bien vestidos.
NOTA Be turned out siempre va seguido de un complemento: *She was beautifully turned out in green velvet*.

be+v+adv+complemento

turn

turn out 1 salir: *How did the cake turn out?* ¿Cómo salió el pastel? ◊ *The party turned out to be a real success.* La fiesta resultó un éxito. **2** resultar: *I couldn't have gone anyway, as it turned out.* De todas formas, al final no habría podido ir. ◊ *She turned out to be a friend of my sister.* Resultó que era amiga de mi hermana. **3** asistir, acudir, presentarse: *The whole village turned out to welcome us.* Todo el pueblo acudió a darnos la bienvenida. **4** volverse/apuntar hacia afuera: *His feet turn out as he walks.* Vuelve los pies hacia afuera al andar.
▶ **turnout** *n* asistencia: *There was a good turnout for the concert.* Asistió mucha gente al concierto.

v+adv
4 S sb's feet
≠ turn in (1)

turn sb out (of sth) echar a algn (de algo): *They were turned out of their house by the landlord.* El casero los echó de la casa.

v+n/pron+adv
= turf sb/sth out (*GB, coloq*), chuck sb out (*coloq*), kick sb out (*coloq*)

turn sth out 1 apagar algo: *Remember to turn out the lights.* Acuérdate de apagar las luces. **2** (*GB*) limpiar algo (*sacando las cosas y ordenándolas*): *She turned the kitchen cupboards out at the beginning of the year.* Limpió los armarios de la cocina a principios de año. **3** vaciar algo: *I turned out all the drawers looking for that key.* Vacié todos los cajones buscando esa llave. ◊ *Turn out your pockets.* Vacíese los bolsillos. **4 (of sth) (onto sth)** vaciar algo (de algo) (en algo): *She turned the rice out of the packet onto the table.* Vació el arroz del paquete en la mesa. **5** volver/girar algo hacia afuera: *She turns her feet out when she walks.* Vuelve los pies hacia afuera al andar. **6** producir algo: *The factory turns out 900 cars a week.* La fábrica produce 900 coches a la semana. ◊ *This school has turned out several poets.* Esta escuela ha dado varios poetas.

v+adv+n
v+n/pron+adv
1 O only the light, the lamp
= switch sth off (1),
   turn sth off (1)
≠ turn sth on (1)
2 = clear sth out
3 = empty sth
4 *v+n/pron+adv*
   v+adv+n
5 *v+n/pron+adv*
   v+adv+n
O your feet, your toes
6 *v+adv+n*
   v+n/pron+adv (menos frec)

turn over ☆ **1** darse la vuelta: *He turned over onto his back.* Se dio la vuelta y se puso boca arriba. ◊ *The van skidded and turned over.* La camioneta patinó y volcó. ◊ *The smell made my stomach turn over.* El estómago se me dio la vuelta con el olor. **2** ir, pasar (*a otra página*): *Turn over for more details.* Para más información, véase al dorso. ◊ *Turn over to page seven.* Pasad a la página siete. **3 (to ...)** (*GB*) (*TV*) cambiar (de canal) (a ...): *I turned over to Channel Four.* Cambié a Canal Cuatro. ◊ *The film was so boring that we turned over.* La película era tan aburrida que cambiamos. **4** (*motor*) girar, funcionar: *The engine turned over but wouldn't start.* El motor giraba pero no arrancaba. **5** mover/facturar la mercancía (*en un negocio*): *This brand turns over twice as fast as the others.* Esta marca se vende el doble que las demás. **6** cambiar: *In a fast food restaurant staff usually turns over very quickly.* En un restaurante de comida rápida el personal cambia constantemente.
▶ **turnover** *n* **1** movimiento (*de personal en una empresa*): *a high turnover of staff* un movimiento constante del personal **2** facturación, movimiento (*de mercancía*) **3** facturación, volumen de ventas: *an annual turnover of twenty million* una facturación anual de veinte millones

v+adv
1 = roll over
3 = switch over (2),
   change over (2)
4 S an engine
= tick over (1)

turn sb over (to sb) entregar a algn (a algn) (*a las autoridades*): *He was turned over to the Belgian authorities at the border.* En la frontera lo entregaron a las autoridades belgas.

turn sb/sth over dar la vuelta a algn/algo: *The nurse turned him over onto his stomach.* La enfermera le dio la vuelta y lo puso boca abajo. ◊ *My mind went blank as soon as I turned the question paper over.* Me quedé en blanco en cuanto di la vuelta al exámen. ◊ *He was going too fast and turned the car over at the bend.* Iba demasiado deprisa y el coche volcó en la curva. ◊ *Turn over the page to see the diagram.* Da la vuelta a la página para ver el gráfico.

LOC **turn over a new leaf** empezar una nueva vida: *The thief was determined to turn over a new leaf.* El ladrón estaba decidido a empezar una nueva vida.

▶ **turnover** *n* hojaldre, empanada (*de relleno dulce*)

turn sth over 1 (to sb) transferir, ceder algo (a algn): *He was ordered to turn all the documents over to his superior.* Le mandaron transferir todos los documentos a su superior. ◊ *She's planning to turn the business over to her daughter.* Está pensando cederle el negocio a su hija. **2** facturar algo: *The company turned over a million pounds in its first year.* La compañía facturó un millón de libras en el primer año. **3** darle vueltas a algo (*en la cabeza*): *She turned what he had said over in her mind.* Le dio vueltas en la cabeza a lo que le había dicho. **4** hacer girar/funcionar algo (*un motor*): *Turn the engine over a few times.* Haz girar el motor unas cuantas veces. **5** (*GB, coloq*) dejar algo patas arriba (*después de registrarlo*): *When he returned his room had been turned over by the police.* Cuando volvió, la policía había dejado su dormitorio patas arriba. **6** mover, facturar algo: *Supermarkets turn over their stock very quickly.* Los supermercados facturan las existencias muy deprisa.

▶ **turnover** *n* Ver TURN OVER

turn over to sth cambiar, dedicarse a algo (*distinto de lo que se hacía antes*): *The whole area has turned over to rice production.* La zona entera se dedica ahora a la producción de arroz.

turn sth over to sth dedicar algo a algo (*distinto de lo que se hacía antes*): *We plan to turn the farm over to organic crops.* Tenemos pensado dedicar la granja a cultivos biológicos.

turn round Ver TURN AROUND

turn sb/sth round Ver TURN SB/STH AROUND

turn sth round Ver TURN STH AROUND

turn to sb 1 volverse hacia algn: *He turned to me and shrugged.* Se volvió hacia mí y se encogió de hombros. **2 (for sth)** recurrir, acudir a algn (en busca de algo): *You're the only person I can turn to for advice.* Tu eres la única persona a quien puedo pedir consejo. ◊ *She has nobody she can turn to.* No tiene nadie a quien acudir.

turn to sth 1 (*tema, punto*) pasar a algo: *The committee turned next to financial matters.* El comité pasó a los asuntos financieros. **2** darse, recurrir a algo (*a una actividad como la bebida, el crimen, por desesperación*): *He turned to crime at a young age.* Se dio al crimen cuando era muy joven.

turn

turn sth to sth dedicar algo a algo: *Let's turn our attention to next week's conference.* Dediquémonos ahora al congreso de la semana que viene. ◊ *She turned all her energies to being a good mother.* Dedicó toda su energía a ser una buena madre.

v+n/pron+prep+n/pron
⓪ **your attention**

turn up ☆**1** aparecer: *He finally turned up at three o'clock.* Al final se presentó a las tres. ◊ *The taxi didn't turn up so we walked.* El taxi no apareció, así que tuvimos que ir andando. ◊ *The missing cheque turned up in the waste basket.* El cheque perdido apareció en la papelera. ☆**2** aparecer, salir (*de forma inesperada*): *I haven't got a job at the moment, but I'm confident that something will turn up.* De momento no tengo trabajo, pero estoy segura de que algo saldrá. **3** apuntar hacia arriba: *Her nose turns up at the end.* Tiene la nariz respingona.
▶ **turned-up** *adj* [atrib] vuelto hacia arriba
NOTA Nótese que el adjetivo **turned-up** siempre se utiliza delante de un sustantivo: *a turned-up nose.*
▶ **upturn** *n* [gen sing] mejora, recuperación: *an upturn in the economy* una mejora en la economía

v+adv
1 = **show up** (*coloq*)
3 ≠ **turn down**

turn sth up 1 levantar algo hacia arriba: *He turned his face up towards her.* Levantó la cara hacia ella. ◊ *I turned up my collar to keep out the cold.* Me levanté el cuello para protegerme del frío. **2** subir algo (*para hacerlo más corto*): *The sleeves were too long and had to be turned up.* Las mangas eran demasiado largas y hubo que acortarlas. ◊ *Will you turn the hem up for me?* ¿Me subes el dobladillo? **3** (*radio, etc.*) subir algo: *Turn the radio up, I can't hear what she's saying.* Sube la radio que no oigo lo que está diciendo. ◊ *Let's turn the heating up, I'm freezing.* Subamos la calefacción, estoy congelada. ◊ *The music was turned up loud.* Subieron la música a todo volumen. **4** descubrir, averiguar algo: *Their enquiries turned up a number of interesting facts.* Sus investigaciones desenterraron ciertos hechos interesantes.
▶ **turn-up** *n* (*GB*) vuelta (*del pantalón*)
▶ **upturned** *adj* [gen atrib] **1** dado la vuelta: *an upturned life raft* un bote salvavidas dado la vuelta **2** subido, levantado: *She gazed down from the stage at hundreds of upturned faces.* Miró desde el escenario a los cientos de caras levantadas.
NOTA Nótese que el adjetivo **upturned** generalmente se utiliza delante de un sustantivo: *an upturned box.*

1 *v+n/pron+adv*
  v+adv+n
2 *v+n/pron+adv*
  v+adv+n
  ⓪ **a hem**
  ≠ **let sth down** (2)
3 *v+n/pron+adv*
  v+adv+n
  ⓪ **the heating, the music, the radio**
  ≠ **turn sth down** (1)
4 *v+adv+n*
  v+n/pron+adv
  ⓪ **facts**

turn upon sth *Ver* TURN ON STH

v+prep+n/pron

twist /twɪst/

twist sth off; twist sth off sth desenroscar algo (de algo), quitar algo (de algo) retorciendo: *She twisted the cap off and took a mouthful.* Desenroscó el tapón y se echó un trago. ◊ *He couldn't twist the lid off the jar.* No pudo quitar la tapa del tarro.

v+n/pron+adv
v+adv+n
v+n/pron+prep+n/pron

type /taɪp/

type sth in; type sth into sth escribir algo (en algo) (*tecleando en un ordenador, etc.*): *Type the relevant details into the boxes provided.* Escriba los detalles pertinentes en los recuadros. ◊ *This key deletes the last character typed in.* Esta tecla borra la última letra que se ha tecleado.

v+adv+n
v+n/pron+adv
v+n/pron+prep+n/pron
= **key sth in,**
  key sth into sth

type sth out/up pasar/escribir algo a máquina: *I typed up my findings.* Pasé a máquina mis averiguaciones. ◊ *It took me ages to type my notes out.* Tardé mucho en pasar mis apuntes a máquina.

v+adv+n
v+n/pron+adv

U u

urge /ɜːdʒ; *USA* ɜːrdʒ/

urge sb/sth on (to sth/to do sth) instar, animar a algn/algo (*referido a persona o animal*) (a algo/hacer algo): *The supporters were urging the team on.* Los hinchas animaban al equipo. ◊ *The driver urged the horses on.* El cochero azuzó los caballos. ◊ *I've been urging him on to start his own business.* Le he estado animando a montar su propio negocio.

v + n/pron + adv
v + adv + n
◎ a horse, your team

---

use /juːz/ *pret, pp* **used** /juːzd/

use sth up usar, utilizar algo (*hasta que se acabe*), agotar algo: *I've used up all the glue.* Se ha acabado el pegamento. ◊ *Making soup is a good way of using up leftover vegetables.* Hacer sopa es una buena forma de usar las verduras que han sobrado.

v + adv + n
v + n/pron + adv

---

usher /ˈʌʃə(r)/

usher sb in; **usher sb into sth** hacer pasar a algn (a …): *He called out their names and ushered them into the room.* Dijo sus nombres y les hizo pasar a la habitación.

v + n/pron + adv
v + n/pron + prep + n/pron

usher sth in (*formal*) (*fig*) marcar el comienzo de algo: *The elections ushered in an era of change.* Las elecciones marcaron el comienzo de una era de cambio.

v + adv + n
v + pron + adv
◎ an era, a period
= herald sth (*más formal*)

V v

veer /vɪə(r); *USA* vɪr/

veer off; **veer off sth** desviarse (de algo): *The car suddenly veered off to the left.* El coche se desvió de repente a la izquierda. ◊ *The lorry veered off the road and crashed into a tree.* El camión se salió de la carretera y chocó contra un árbol. ◊ *The conversation veered off into more personal matters.* La conversación se desvió hacia temas más personales.

v + adv
v + prep + n/pron

---

veg /vedʒ/ **-gg-**

veg out (*coloq*) vegetar: *All she does is veg out in front of the telly.* Lo único que hace es vegetar delante de la tele.

v + adv
= laze about/around, laze about/around sth (*menos coloq*)

---

venture /ˈventʃə(r)/

venture forth (*formal, antic*) arriesgarse/aventurarse a salir: *They ventured forth in search of the unknown.* Se aventuraron a salir en busca de lo desconocido.

v + adv

venture into sth embarcarse en algo: *This is the first time the company has ventured into movie production.* Esta es la primera vez que la empresa se ha embarcado en una producción cinematográfica.

v + prep + n/pron

venture

venture on sth (*tb* **venture upon sth** *más formal*) emprender algo: *As soon as he arrived in the country, he ventured on a trip up the Amazon.* En cuanto llegó al país, emprendió un viaje por el Amazonas.

v + prep + n/pron

verge /vɜːdʒ; *USA* vɜːrdʒ/

verge on sth (*tb* **verge upon sth** *más formal*) rozar (en) algo, rayar en algo: *I was treated with suspicion that verged on hostility.* Me trataron con un recelo que rayaba en hostilidad.

v + prep + n/pron
= **border on sth** (3)

vest /vest/

vest sth in sb/sth (*formal*) (*poder, autoridad*) conferir, conceder algo a algn/algo: *It is unwise to vest absolute power in a single institution.* Es una imprudencia conferir poder absoluto a una sola institución.
NOTA Nótese que **vest sth in sb/sth** se utiliza mucho en pasiva.

v + n/pron + prep + n/pron

vest sb with sth (*formal*) investir a algn de algo: *The court is vested with certain rights.* El tribunal tiene ciertos derechos.
NOTA Nótese que **vest sb with sth** se utiliza mucho en pasiva.

v + n/pron + prep + n/pron

vie /vaɪ/ *part pres* vying /'vaɪɪŋ/

vie for sth disputarse algo, competir por algo: *There'll be a lot of people vying for those posts.* Habrá mucha gente compitiendo por esas plazas. ◊ *250 students are vying for 170 places.* Hay 250 alumnos disputándose 170 plazas.
NOTA **Vie for sth** se utiliza mucho en tiempos continuos.

v + prep + n/pron

vie with sb/sth (for sth/to do sth) (*formal*) competir, rivalizar con algn/algo (por algo/por conseguir algo): *Both restaurants were vying with each other for customers.* Ambos restaurantes competían por conseguir clientes.
NOTA **Vie with sb/sth** se utiliza mucho en tiempos continuos.

v + prep + n/pron

visit /'vɪzɪt/

visit with sb (*USA, coloq*) charlar con algn: *I was visiting with my aunt and forgot the time.* Estaba charlando con mi tía y se me pasó la hora.

v + prep + n/pron

vote /vəʊt; *USA* voʊt/

vote sb/sth down votar en contra de algn/algo: *The committee voted down my proposal.* El comité votó en contra de mi propuesta.

v + n/pron + adv
v + adv + n

vote sb in; vote sb into/onto sth elegir a algn (para algo): *I was voted in as treasurer.* Me eligieron tesorero. ◊ *When was this government voted into office?* ¿Cuándo salió elegido este gobierno? ◊ *Who voted her onto the Board of Governors?* ¿Quién la eligió para el Consejo Escolar?
NOTA Este *phrasal verb* se utiliza mucho en pasiva.

v + adv + n
v + pron + adv
v + n + adv (*poco frec*)
v + n/pron + prep + n/pron
= **elect sb, elect sb to sth**
(*más formal*)

vote on sth someter algo a votación: *The committee is voting on the resolution tonight.* Esta noche el comité someterá la resolución a votación.
NOTA Nótese que **vote on sth** se puede utilizar en pasiva : *The proposal was voted on and agreed.*

v + prep + n/pron
[0] **a resolution, an issue, a proposal**

vote sb out; **vote sb out of sth** destituir a algn (de algo) (*por votación*): *The former Communists were voted out of office.* Los antiguos comunistas fueron destituidos de sus cargos. ◊ *What will he do if he gets voted out?* ¿Qué hará si lo destituyen?
NOTA **Vote sb out** se utiliza mucho en pasiva.

v + n/pron + adv
v + adv + n
v + n/pron + adv + prep + n/pron
[0] **the government, the party**

vote sth through aprobar algo (*por votación*): *Congress voted the bill through without a debate.* El Congreso aprobó la propuesta de ley sin debatirla.
NOTA **Vote sth through** se utiliza mucho en pasiva.

v + n/pron + adv
v + adv + n
[0] **a bill, a proposal**

vouch /vaʊtʃ/

vouch for sb responder por algn, garantizar la honestidad de algn: *They asked whether I was prepared to vouch for him.* Me preguntaron si estaba dispuesta a responder por él.
NOTA Nótese que **vouch for sb** se puede utilizar en pasiva: *I had to be vouched for as a responsible person.*

v + prep + n/pron

vouch for sth responder de algo, garantizar algo: *I can vouch for the fact that he is a good worker.* Puedo responder de que es un buen trabajador.
NOTA Nótese que **vouch for sth** se puede utilizar en pasiva: *His photograph had been vouched for by several witnesses.*

v + prep + n/pron
= **answer for sth** (2)

Ww

wade /weɪd/

wade in (*coloq*) meterse (*en una discusión, etc.*): *She waded in with an attack on company policy.* Se metió en la discusión atacando la política de la compañía.

v + adv

wade through sth leerse algo (*pesado o aburrido*): *I had to wade through pages of statistics.* Tuve que leerme páginas de estadísticas.

v + prep + n/pron
[0] **pages of...**

waffle /ˈwɒfl; *USA* ˈwɑːfl/

waffle on (about sth) (*esp GB, coloq*) enrollarse (sobre/con algo): *He waffled on for ages about his garden.* Se enrolló muchísimo hablando de su jardín.

v + adv
= **go on** (9) (*menos coloq*)

wait /weɪt/

wait about/around (for sb/sth) esperar (a algn/algo): *I wouldn't bother waiting around for him.* Yo no me molestaría en esperarlo.

v + adv

wait behind quedarse (*para hablar con algn, etc. cuando los demás se van*): *He asked her to wait behind after the meeting.* Le pidió que se quedara después de la reunión.

v + adv

wait in (for sb/sth) (*GB*) quedarse en casa (esperando a algn/algo): *I've got to wait in for the washing-machine man.* Tengo que quedarme en casa esperando al señor de la lavadora. ◊ *She waited in all day in case he called.* Se quedó en casa todo el día por si llamaba. *v + adv* = **stay in**

wait on sb 1 (*tb* **wait upon sb** *más formal*) atender, servir a algn: *He's employed to wait on them at table.* Lo han empleado para servirles la mesa. ◊ *Her husband waits on her hand and foot.* Su marido le hace todo. **NOTA** En este sentido, **wait on/upon sb** se puede utilizar en construcciones pasivas: *He expects to be waited on.* **2** (*USA*) atender, despachar a algn: *Is anybody waiting on you?* ¿Ya le atienden? *v + prep + n/pron*

wait on sb/sth (*USA*) esperar a algn/algo: *I'm always waiting on her.* Siempre tengo que esperarla. *v + prep + n/pron*

wait on sth (*tb* **wait upon sth** *más formal*) esperar algo: *We're waiting on instructions from head office.* Estamos esperando instrucciones de la central. *v + prep + n/pron*

wait sth out esperar a que pase/termine algo (*generalmente algo malo*): *He sheltered in a doorway to wait out the storm.* Se refugió en un portal esperando a que pasase la tormenta. *v + adv + n* / *v + n/pron + adv*

wait up 1 (for sb) esperar levantado (a algn): *Don't wait up (for me), I may be late.* No me esperes levantado, puede que llegue tarde. **2 wait up!** (*esp USA, coloq*) ¡esperad!: *Wait up! I'm coming too.* ¡Esperad! Yo también voy. **NOTA** En este sentido, **wait up** se utiliza siempre en imperativo. *v + adv*

wait upon sb *Ver* WAIT ON SB (1) *v + prep + n/pron*

wait upon sth *Ver* WAIT ON STH *v + prep + n/pron*

---

wake /weɪk/ *pret* **woke** /wəʊk; *USA* woʊk/ *pp* **woken** /'wəʊkən; *USA* 'woʊ-/ (*USA tb* **waked**)

☆ **wake up 1** despertarse: *I woke up with a jolt.* Me desperté sobresaltada. **2** espabilarse: *They need to wake up and start paying attention.* Tienen que espabilarse y empezar a prestar atención.
▶ **wake-up** *adj Ver* WAKE SB UP; WAKE YOURSELF UP *v + adv*

wake sb up; wake yourself up 1 despertar a algn, despertarse: *A loud crash woke everybody up.* Un gran ruido los despertó a todos. **2** espabilar a algn, espabilarse: *I need a walk to wake me up after that meeting.* Necesito dar un paseo para espabilarme después de esa reunión.
▶ **wake-up** *adj* [atrib] (*llamada*) que despierta: *What time would you like your wake-up call?* ¿A qué hora quiere que lo despierten? **NOTA** El adjetivo **wake-up** siempre aparece delante de un sustantivo. *v + n/pron + adv* / *v + adv + n* / *v + reflex + adv*

wake up to sth tomar conciencia, darse cuenta de algo: *She refuses to wake up to the fact that he's left her.* Se niega a tomar conciencia de que la ha dejado. ◊ *People are finally waking up to what's going on.* La gente se está dando cuenta de lo que está pasando. *v + adv + prep + n/pron*

---

walk /wɔːk/

walk along, around, in, etc.; walk along, around, into, etc. sth caminar, pasear, entrar, etc.: *She walked into the room and straight out again.* Entró en la habitación y salió inmediatamente. ◊ *The children walked along beside her.* Los niños iban a su lado. *v + adv* / *v + prep + n/pron*

walk

walk away (from sb/sth) desentenderse (de algn/algo): *You can't just walk away (from her)!* ¡No puedes desentenderte (de ella) sin más! ◊ *When things get difficult, she just walks away.* Cuando las cosas se ponen feas, se larga. `v+adv`

walk away/off marcharse, irse: *She walked away towards the house.* Se fue hacia la casa. `v+adv`

walk away with sth Ver WALK OFF/AWAY WITH STH `v+adv+prep+n/pron`

walk in; **walk into sth** Ver WALK ALONG, AROUND, IN, ETC. `v+adv`
`v+prep+n/pron`

walk in on sb 1 molestar, interrumpir a algn (*al entrar en un sitio*): *Sorry, I didn't mean to walk in on you.* Perdona, no quería molestarte. **2** pillar a algn (*al entrar en un sitio*): *He walked in on his wife in bed with another man.* Pilló a su mujer en la cama con otro hombre. ◊ *What if somebody walks in on us?* ¿Qué pasa si entra alguien y nos pilla? `v+adv+prep+n/pron`

walk into sb/sth tropezar(se), chocar(se) con/contra algn/algo: *You just walked straight into me!* ¡Oiga, que me ha dado! `v+prep+n/pron`

walk into sth (*coloq*) **1** caer en algo: *He realized he'd walked into a trap.* Se dio cuenta de que había caído en una trampa. **2** conseguir algo sin esfuerzo (*un puesto de trabajo*): *She walked straight into a job with the company.* Le dieron un puesto en la compañía sin esfuerzo alguno por su parte. `v+prep+n/pron`
1 ◎ **a trap**
2 ◎ **a job**

walk off; **walk off sth** irse, marcharse (de …): *Don't walk off in a huff!* ¡No te vayas todo enfurruñado! ◊ *The rest of the team walked off the pitch in protest.* El resto del equipo abandonó el campo en señal de protesta. `v+adv`
`v+prep+n/pron`

walk sth off bajar algo con un paseo, dar un paseo para que se pase algo: *I need to walk off that lunch.* Necesito dar un paseo para bajar la comida. `v+adv+n`
`v+n/pron+adv`

NOTA Nótese que **walk sth off** no se puede utilizar en pasiva.

walk off/away with sth (*coloq*) **1** conseguir, llevarse algo (*sin esfuerzo*): *They've walked off with most of the film awards.* Se han llevado la mayoría de los premios de cine. **2** llevarse algo (*sin permiso*): *That man's just walked off with our ball!* ¡Ese hombre se ha llevado nuestro balón! ◊ *You can't just walk away with that! It's mine!* ¡No puedes llevarte eso así! ¡Es mío! `v+adv+prep+n/pron`
2 = **go off with sth**

walk out 1 (of …) largarse (de …): *Several students walked out (of the debate) before the vote.* Varios estudiantes se largaron (del debate) antes de la votación. **2** declararse en huelga: *The cameramen have walked out over working conditions.* Los cámaras se han declarado en huelga por las condiciones del trabajo. **3 (on sb/sth)** (*coloq*) dejar, abandonar a algn/algo: *He walked out on his wife/marriage after 35 years.* Abandonó a su esposa/su matrimonio después de 35 años. ◊ *Her first husband walked out when she was eight months pregnant.* Su primer marido la abandonó cuando estaba embarazada de ocho meses. `v+adv`

▶ **walkout** *n* **1** abandono de un lugar como medida de protesta **2** abandono del trabajo como medida reivindicatoria

walk

walk over sb (*coloq*) **1** tratar a patadas a algn: *We're not prepared to let the management walk over us.* No vamos a consentir que la dirección nos trate a patadas. **2** aplastar, derrotar a algn: *They'll walk all over you on Saturday.* El sábado os darán una paliza.
NOTA Walk over sb se puede utilizar en pasiva: *Don't let yourselves be walked over.* También se utiliza mucho con el adverbio **all**: *He walks all over you.*
▶ **walkover** *n* victoria fácil, pan comido: *This race is no walkover.* Esta carrera no es pan comido.

v + prep + n/pron

walk sb through sth (*USA*) explicar a algn algo, despacio y claro: *He walked me through everything I would need to know.* Me explicó todo lo que necesitaba saber, despacio y claro. ◊ *Walk me through the procedure.* Explícame el procedimiento, despacio y claro.

v + n/pron + prep + n/pron

walk up (to sb/sth) acercarse (a algn/algo): *He walked up (to her) and asked her out.* Se acercó (a ella) y le pidió que saliera con él.

v + adv

wall /wɔːl/

wall sth in cercar, cerrar algo con un muro: *The blocks of flats walled in the playground completely.* Los bloques de pisos cerraban completamente el parque infantil.

v + adv + n
v + n/pron + adv

wall sth off separar algo con un muro: *Part of the yard had been walled off.* Habían separado con un muro parte del patio de atrás.
NOTA Wall sth off se utiliza mucho en pasiva.

v + adv + n
v + n/pron + adv

wall sb/sth up (*esp GB*) emparedar a algn/algo (*a una persona o un cadáver*), recluir a algn: *He walled her up in a back room and left her to die.* La emparedó en una habitación de atrás y la dejó allí para que se muriese.
NOTA Wall sb/sth up se utiliza mucho en pasiva.

v + adv + n
v + n/pron + adv

wall sth up tapiar, tabicar, condenar algo: *The entrance had been walled up in the 17th century.* La entrada había sido tabicada en el siglo XVII. ◊ *The fireplace had been walled up.* Habían condenado la chimenea.
NOTA Wall sth up se utiliza mucho en pasiva.

v + adv + n
v + n/pron + adv

wallow /ˈwɒləʊ; *USA* ˈwɑːloʊ/

wallow in sth (*gen pey*) deleitarse, regodearse en algo: *Stop wallowing in self-pity.* Deja ya de deleitarte en tus penas. ◊ *The other team will wallow in their victory for days.* El otro equipo estará regodeándose de su victoria durante días.

v + prep + n/pron
[O] **self-pity, nostalgia**

waltz /wɔːls; *USA* wɔːlts/

waltz in, off, out, etc.; waltz into, out of, etc. sth (*coloq, gen pey*) entrar, largarse, salir, etc. como si nada: *He waltzed off and left us stranded.* Se largó como si no pasara nada y nos dejó tirados.

v + adv
v + prep + n/pron

waltz off with sth (*coloq*) llevarse algo (*sin permiso*): *The tenant waltzed off with half our possessions.* El inquilino se llevó la mitad de nuestras cosas.

v + adv + prep + n/pron
= **walk off/away with sth**

wander /ˈwɒndə(r); *USA* ˈwɑːn-/

wander off alejarse: *Don't wander off and get lost.* No te alejes que te puedes perder.

v + adv

want /wɒnt; USA wɑːnt, wɔːnt/

want for sth (*formal*) carecer de algo: *I work hard so that my children want for nothing.* Trabajo mucho para que mis hijos no carezcan de nada.
v+prep+n
[0] **little, nothing**

NOTA **Want for sth** se utiliza mucho en construcciones negativas: *He doesn't want for anything.*

want in (on sth) (*esp USA, coloq*) querer participar (en algo): *Do you want in (on this project)?* ¿Quieres participar (en este proyecto)?
v+adv
≠ **want out**

want out (of sth) (*coloq*) no querer participar (en algo): *Six months into his contract he wanted out.* A los seis meses del contrato lo quería dejar. ◊ *I want out of this mess.* No quiero saber nada de este lío.
v+adv

ward /wɔːd; USA wɔːrd/

ward sb/sth off protegerse de algn/algo, ahuyentar a algn/algo: *She put up a hand to ward off the blows.* Levantó una mano para protegerse de los golpes. ◊ *They wear a cross to ward off evil.* Llevan colgada una cruz para ahuyentar el mal. ◊ *He keeps dogs to ward off unwanted visitors.* Tiene perros para ahuyentar a las visitas no deseadas.
v+adv+n
v+n/pron+adv
[0] **evil, criticism, danger**

warm /wɔːm; USA wɔːrm/

warm to sb encontrar a algn simpático/agradable: *I warmed to the teacher immediately.* La maestra me cayó bien en seguida.
v+prep+n/pron

warm to sth entusiasmarse con algo, gustar algo: *The speaker was warming to his theme now.* El conferenciante ya se estaba entusiasmando con su tema.
v+prep+n/pron
[0] **a theme, a task, an idea**

warm up 1 (*tiempo, tierra, etc.*) calentarse: *Research shows that the sea is warming up.* Las investigaciones demuestran que el mar se está calentando. **2** (*persona*) entrar en calor, calentarse: *Come and warm up by the fire.* Ven a calentarte al lado del fuego. ◊ *This hot cocoa should help you to warm up.* Este chocolate caliente te ayudará a entrar en calor. **3** hacer ejercicios de calentamiento: *I'm always careful to warm up before I play.* Antes de jugar siempre me aseguro de hacer ejercicios de calentamiento. **4 (for sth)** prepararse, ensayar (para algo): *They're using this match to warm up for next week's tournament.* Utilizan este partido para entrenarse para el torneo de la semana que viene. **5** (*máquina*) calentarse: *This computer takes a long time to warm up.* Este ordenador tarda mucho en calentarse. **6** (*ambiente*) animarse: *By midnight the party was only just warming up.* A las doce la fiesta solo empezaba a animarse. ◊ *The audience began to warm up when the main band came on.* El público empezó a entusiasmarse cuando salió el grupo principal.
v+adv
3 = **limber up** (2)

▶ **warm-up** *n* [gen sing] **1** (*ejercicios*) calentamiento **2** (*partido*) entrenamiento, preparación: *The match was a warm-up for Saturday's event.* El partido fue un entrenamiento para el evento del sábado. **3** (*Teatro*) actuación/número preliminar (*que anima al público antes de la actuación principal*): *He refuses to go on without a warm-up act.* Se niega a salir a escena sin un número preliminar que rompa el hielo.

NOTA Nótese que el sustantivo **warm-up** también puede utilizarse delante de otro sustantivo: *warm-up exercises.*

warm

warm sb/sth up **1** hacer que algn/algo entre en calor: *Give him a brandy to warm him up.* Dale un coñac para que entre en calor. **2** preparar a algn/algo (*con una actividad preliminar*): *His role is to warm up the audience before the main event.* Su papel consiste en animar al público antes de la actuación principal. ◊ *We sang some scales to warm our voices up.* Cantamos unas escalas para preparar las voces.
▶ **warm-up** *n* Ver WARM UP

v + n/pron + adv
v + adv + n

warm sth up **1** calentar, caldear algo: *The fire had begun to warm the room up.* El fuego había empezado a caldear la habitación. **2** calentar algo (*músculos, etc. con ejercicios*): *Let's do a few exercises to warm your leg muscles up.* Hagamos unos cuantos ejercicios para calentar los músculos de las piernas. **3** (*máquina, motor*) calentar algo: *Leave the engine running for a few minutes to warm it up.* Deja encendido el motor un rato para que se caliente. **4** recalentar algo: *The soup just needs warming up.* La sopa solo hay que recalentarla.
▶ **warm-up** *n* Ver WARM UP

v + n/pron + adv
v + adv + n
1 = **heat sth up**
4 = **heat sth up**

---

warn /wɔːn; *USA* wɔːrn/

warn sb/sth away advertir a algn/algo (*de un peligro*): *An electric fence warned away anyone who came too close.* Una alambrada eléctrica advertía a todo el que se acercase demasiado.

v + adv + n
v + n/pron + adv

warn sb off; **warn sb off sb/sth/doing sth** advertir a algn (sobre algn/algo), advertir/aconsejar a algn que no haga algo: *He's been warned off alcohol.* Le han advertido que no beba. ◊ *They warned me off (going).* Me aconsejaron que no fuera. ◊ *Her sister warned her off Stephen.* Su hermana le advirtió sobre Stephen.

v + n/pron + adv
v + n/pron + prep + n/pron
v + n/pron + prep + -ing

---

wash /wɒʃ; *USA* wɑːʃ, wɔːʃ/

wash sb/sth away llevarse a algn/algo por delante, arrastrar a algn/algo (*una inundación, el agua, etc.*): *The bridge was washed away by the floods.* Las inundaciones se llevaron el puente por delante. ◊ *A freak wave washed them away.* Una repentina ola los arrastró.

v + n/pron + adv
v + adv + n
= **sweep sb away** (1),
sweep sth away (1)

wash sth away quitar algo (*con agua, jabón, etc.*): *Drink this water to wash away the taste.* Bebe agua para quitarte el mal sabor. ◊ *I haven't managed to wash away these stains.* No he conseguido quitar estas manchas.

v + adv + n
v + n/pron + adv

wash down; **wash down sth** bajar (por …) (*arrastrado por el agua, una corriente, etc.*): *The chemicals from the factory wash down into the garden.* Con el agua, los desechos químicos de la fábrica vienen a parar al jardín. ◊ *Silt washed down the hill.* El agua arrastró el lodo montaña abajo.

v + adv
v + prep + n

wash sth down **1** (**with sth**) tomar, tragar algo (con algo) (*con un líquido*): *We washed our sandwiches down with cider.* Acompañamos los sándwiches con un poco de sidra. ◊ *Have some juice to wash the pills down.* Toma un poco de zumo para pasar las pastillas. **2** (**with sth**) lavar algo (*una superficie grande como las paredes, etc.*) (con algo): *I washed the car down with a hose.* Lavé el coche con una manguera. **3** (*tb* **wash sth down sth**) hacer bajar, arrastrar algo (por …) (*llevado por el agua, etc.*): *Stones had been washed down from the mountain.* Con el agua, las piedras habían bajado de la montaña. ◊ *The topsoil was washed down the slope.* El agua había arrastrado la capa superior de la tierra por la colina.

v + n/pron + adv
v + adv + n
3 *v + n/pron + adv*
v + adv + n
v + n/pron + prep + n/pron

wash off (*tb* **wash out**) quitarse (*lavando*): *However hard you rub, it won't wash off.* Por más que frotes, no se quitará.

v + adv

wash sth off; **wash sth off sth** quitar algo (de algo) (*lavando*): *It took hours to wash all the graffiti off.* Tardaron horas en quitar todo el graffiti. ◊ *Wash the mud off your boots before you go in.* Limpia el barro de las botas antes de entrar.

v + n/pron + adv
v + adv + n
v + n/pron + prep + n/pron

wash out (*tb* **wash off**) quitarse (*lavando*): *This stain won't wash out.* Esta mancha no se quita.

v + adv

wash sb out dejar agotado, cansar a algn: *That long walk has washed me out.* Esa caminata me ha dejado agotado.
▶ **washed out** *adj* agotado, cansado: *You look washed out. Go and rest.* Tienes aspecto de estar agotado, vete a descansar.
NOTA Nótese que cuando el adjetivo **washed out** va delante de un sustantivo, suele escribirse con guión: *a worn, washed-out face*.

v + n/pron + adv
v + adv + n

wash sb/sth out (to ...) llevarse, arrastrar a algn/algo (*el agua, un río, etc.*) (a ...): *Their bodies were washed out to sea.* Sus cuerpos fueron arrastrados al mar.

v + n/pron + adv

wash sth out 1 (**with sth**) lavar algo (*por dentro*) (con algo): *He carefully washed the bottles out with disinfectant.* Con cuidado, lavó las botellas con desinfectante. **2** (**with sth**) lavar algo (con algo): *I washed the jeans out with cold water.* Lavé los vaqueros con agua fría. **3** (**of sth**) quitar algo (de algo) (*lavándolo*): *Have you washed all the paint out of the brush?* ¿Le has quitado toda la pintura al pincel? **4** cancelar, anular algo (*debido al mal tiempo*): *The game was washed out by torrential rain.* Se canceló el partido por la lluvia torrencial.
▶ **washout** *n* (*coloq*) fracaso: *Despite all the advertising, the concert was a washout.* A pesar de toda la publicidad, el concierto fue un fracaso.
▶ **washed out** *adj* (*color, ropa*) descolorido
NOTA Nótese que cuando el adjetivo **washed out** se utiliza delante de un sustantivo, suele escribirse con guión: *washed-out jeans*.

v + n/pron + adv
v + adv + n
3 = **rinse sth out** (2)
4 *v + adv + n*
v + n/pron + adv

wash over sb 1 (*sentimiento, sensación, etc.*) invadir a algn: *A wave of guilt washed over her.* La invadió una oleada de culpabilidad. **2** (*coloq*) resbalarle a algn, no afectar a algn: *All their criticism seems to wash over him.* Parece que le resbalan todas las críticas.

v + prep + n/pron
1 ⑤ **a wave of guilt, anger, etc.**

wash up 1 (*GB*) fregar (los platos): *It's your turn to wash up.* Te toca fregar. **2** (*USA*) lavarse (*las manos y la cara*): *Are you going to wash up before dinner?* ¿Te vas a lavar antes de cenar? **3** llegar algo (*a la playa, a la orilla, etc.*): *A dead goat had washed up on the shore.* Una cabra muerta había llegado a la orilla.
▶ **washing-up** *n* Ver WASH STH UP

v + adv
1 = **do the dishes**

wash sb/sth up llevar a algn/algo (*a la playa, la orilla, etc.*): *The incoming tide washed the dinghy up on the beach.* La marea que subía llevó el bote hasta la playa.

v + n/pron + adv
v + adv + n

wash sth up (*GB*) fregar, lavar algo: *Don't forget to wash up the glasses as well.* No te olvides de lavar también los vasos.
▶ **washing-up** *n* [incontable] (*GB*) **1** fregado: *to do the washing-up* fregar los platos ◊ *washing-up liquid* lavavajillas **2** platos sucios: *Stack the washing-up on the kitchen table.* Pon los platos sucios en la mesa de la cocina.
NOTA Nótese que el sustantivo **washing-up** también puede utilizarse delante de otro sustantivo: *a washing-up bowl*.

v + adv + n
v + n/pron + adv

waste /weɪst/

waste away **1** consumirse (*adelgazar mucho o debilitarse*): *He was clearly wasting away.* Se estaba consumiendo a ojos vistas. **2** atrofiarse: *The muscles in her arm had wasted away.* Se le habían atrofiado los músculos del brazo.

v + adv

watch /wɒtʃ; USA wɑːtʃ, wɔːtʃ/

watch for sb/sth estar atento a algn/algo (*esperando a que llegue algn o a que pase algo*): *There are several points to watch for.* Debemos estar pendientes de varios puntos. ◊ *She stood by the window, watching for the postman.* Se quedó en la ventana, esperando al cartero. ◊ *The police have alerted ports and airports to watch for him.* La policía ha alertado a los puertos y aeropuertos para que estén atentos a su llegada.

v + prep + n/pron

watch out tener cuidado: *He'll get in a terrible mess if he doesn't watch out.* Si no tiene cuidado, se meterá en un lío terrible. ◊ *Watch out! He's standing right behind you!* ¡Cuidado, está justo detrás de ti! **NOTA** Watch out se utiliza mucho en imperativo.

v + adv
= **mind out** (1) (*GB*),
look out (1)

watch out for sb/sth **1** tener cuidado con algn/algo: *The staff were asked to watch out for forged banknotes.* Se pidió al personal que tuviera cuidado con los billetes falsos. ◊ *Watch out for their striker; he could cause us all sorts of problems.* Ten cuidado con su delantero, puede causarnos muchos problemas. **2** estar atento a algn/algo, no perderse algo: *Watch out for the new feature in next month's magazine.* No se pierda el nuevo reportaje en el próximo número. ◊ *Watch out for my brother when you start at the university.* A ver si ves a mi hermano cuando vayas a la universidad. ◊ *Watch out for the signal.* Esté atento a la señal.

v + adv + prep + n/pron
2 = **look out for sb/sth**

watch over sb/sth **1** cuidar de algn/algo: *We needed to watch over the child 24 hours a day.* Teníamos que cuidar del niño 24 horas al día. **2** vigilar a algn/algo: *The committee watches over educational policy.* El comité vigila la política educativa. **NOTA** Watch over sb/sth se puede utilizar en pasiva: *I don't like being watched over like a child.*

v + prep + n/pron
1 0 **a child**

water /'wɔːtə(r); USA 'wɑːt-/

water sth down **1** atenuar, suavizar algo: *The criticisms had been watered down to avoid giving offence.* Habían atenuado las críticas para no ofender a nadie. **2** diluir algo con agua, aguar algo: *The beer had been watered down.* Habían aguado la cerveza. **NOTA** Water sth down se utiliza mucho en pasiva.

▸ **watered-down** *adj* [gen atrib] **1** atenuado, suavizado: *It's a watered-down version of the original proposal.* Es una versión suavizada de la propuesta original. **2** diluido: *watered-down bleach* lejía diluida

NOTA Nótese que el adjetivo **watered-down** suele utilizarse delante de un sustantivo: *a watered-down agreement.*

v + adv + n
v + pron + adv
v + n + adv (*poco frec*)
= **dilute sth** (*más formal*)
1 0 **a proposal**
2 0 **beer**

wave /weɪv/

wave sth around (*tb esp GB* **wave sth about**) agitar, blandir algo: *She ran out into the yard, waving her arms about.* Salió corriendo al patio, agitando los brazos. ◊ *Stop waving that knife around!* ¡Deja de blandir ese cuchillo!

v + n/pron + adv

wave sth aside desdeñar, rechazar algo: *Their protests were waved aside.* Sus protestas fueron rechazadas.

v+n/pron+adv
v+adv+n
[0] **an objection, a protest**
= **brush sb/sth aside** (2), **dismiss sth** (*más formal*)

wave sb/sth away hacer señas a algn/algo (*rechazándolo*): *She waved them away and closed the door.* Les hizo señas para que se fueran y cerró la puerta. ◊ *He waved away reporters' questions.* Rechazó las preguntas de los periodistas haciendo señas para que se fueran.

v+n/pron+adv
v+adv+n

wave sb/sth down hacer señas a algn/algo para que se pare: *We waited while Richard waved down a taxi.* Esperamos, mientras Richard paraba un taxi.

v+n/pron+adv
v+adv+n
[0] **a driver, a taxi, a vehicle**
= **flag sb/sth down**

wave sb off decir adiós a algn con la mano: *I waved the children off and went back inside.* Les dije adiós a los niños con la mano y me metí en casa.

v+n/pron+adv
v+adv+n

wave sb/sth on hacer señas a algn/algo para que siga: *We stopped, but the farmer waved us on.* Nos paramos, pero el granjero nos hizo señas para que siguiéramos.

v+pron+adv
v+adv+n
v+n+adv (*poco frec*)
[0] **traffic**

wave sb/sth through; **wave sb/sth through sth** hacer señas a algn/algo para que pase (por algo): *The soldier handed us the passports and waved us through (the green exit).* El soldado nos devolvió los pasaportes y nos hizo señas para que pasáramos (por la salida verde).

v+pron+adv
v+n+adv
v+adv+n
v+n/pron+prep+n/pron

wean /wiːn/

wean sb off sth; **wean yourself off sth** (*tb* **wean sb from sth**, **wean yourself from sth** *menos frec*) hacer que algn se desenganche de algo, desengancharse de algo: *The hospital managed to wean her off the drug.* En el hospital consiguieron que se desenganchara de la droga. ◊ *This enables smokers to wean themselves off cigarettes gradually.* Esto permite a los fumadores desengancharse del tabaco poco a poco.

v+n/pron+prep+n/pron
v+reflex+prep+n/pron

be weaned on sth estar educado con algo: *TV audiences have been weaned on a diet of repetitive soap operas.* A los telespectadores se les ha acostumbrado a interminables raciones de culebrones. ◊ *He was weaned on a diet of discipline and duty.* Fue educado en un régimen de disciplina y obligación.

be+v+prep+n/pron

wear /weə(r); *USA* wer/ *pret* **wore** /wɔː(r)/ *pp* **worn** /wɔːn; *USA* wɔːrn/

wear away 1 desgastarse, desaparecer: *The inscription on the coin had worn away.* La inscripción de la moneda se había borrado. **2** (*poco frec*) (*tiempo*) transcurrir (*lentamente*): *The afternoon was wearing away.* La tarde transcurría lentamente.

v+adv

wear sth away (*tb* **wear sth down**) desgastar, erosionar algo: *The steps had been worn away by the feet of thousands of visitors.* Los escalones se habían desgastado por las pisadas de miles de visitantes.

v+adv+n
v+pron+adv
v+n+adv (*poco frec*)
= **erode sth** (*más formal*)

wear down desgastarse: *The tread on the tyres had worn right down.* El dibujo de las ruedas se había desgastado completamente.

v+adv

wear

wear sb down minar, agotar a algn: *Constantly being criticized wears you down.* Que lo critiquen a uno constantemente agota.

v+pron+adv
v+adv+n
v+n+adv (poco frec)
= **grind sb down**

wear sth down **1** minar, agotar algo: *The strategy was designed to wear down the enemy's resistance.* La estrategia estaba diseñada para minar la resistencia del enemigo. **2** (*tb* **wear sth away**) erosionar, desgastar algo: *The protective coating had been gradually worn down.* La capa protectora se había desgastado poco a poco.

v+adv+n
v+pron+adv
v+n+adv (poco frec)
1 [0] **sb's resistance**
2 = **erode sth** (*más formal*)

wear sth in domar algo (*calzado*): *I'm trying to wear these new shoes in.* Estoy intentando domar estos zapatos nuevos.

v+n/pron+adv
v+adv+n
[0] **boots, shoes**

wear off desaparecer, pasarse: *Children love new toys, but the novelty soon wears off.* A los niños les encantan los juguetes nuevos, pero la novedad se les pasa en seguida. ◊ *The effects of the drug slowly wore off.* Los efectos de la droga desaparecieron poco a poco.

v+adv

wear on (*tiempo*) avanzar, transcurrir (*lentamente*): *As the century wore on, discontent grew.* A medida que avanzaba el siglo, aumentaba el descontento.

v+adv

wear out gastarse, agotarse: *Her patience finally wore out.* Al final se le agotó la paciencia. ◊ *The battery's wearing out.* La batería se está gastando.
▶ **worn out** *adj* Ver WEAR STH OUT

v+adv

wear sb out; **wear yourself out** (**with sth**) agotar a algn, agotarse (con algo): *It's no good wearing yourself out with work.* No sirve de nada agotarte trabajando. ◊ *The stress is wearing me out. I need a rest!* El estrés me está agotando. ¡Necesito descansar!
▶ **worn out** *adj* [gen pred] rendido, exhausto, agotado
NOTA Nótese que el adjetivo **worn out** se suele utilizar detrás de un verbo: *We were all worn out.*

v+n/pron+adv
v+reflex+adv
= **tire sb out, tire yourself out, exhaust sb, exhaust yourself** (*más formal*)

wear sth out desgastar algo: *You'll wear out the carpet if you keep running over it like that.* Si sigues corriendo por la alfombra de esa manera, la desgastarás.
▶ **worn out** *adj* gastado, desgastado: *Those jeans are worn out.* Esos vaqueros están desgastados.
NOTA Nótese que cuando el adjetivo **worn out** se utiliza delante de un sustantivo, suele escribirse con guión: *worn-out equipment*.

v+adv+n
v+pron+adv
v+n+adv (poco frec)
[0] **your shoes, the carpet**

wear yourself out Ver WEAR SB OUT; WEAR YOURSELF OUT

v+reflex+adv

weary /'wɪəri; *USA* 'wɪri/ *pret, pp* **wearied**

weary of sb/sth/doing sth (*formal*) cansarse, aburrirse de algn/algo/hacer algo: *Do you never weary of watching films like that?* ¿Nunca te aburres de ver películas como esa? ◊ *She soon wearied of his stories.* Pronto se cansó de sus historias.

v+prep+n/pron
v+prep+-ing
= **tire of sb/sth/doing sth** (*menos formal*)

weasel /'wiːzl/

weasel out of sth (*esp USA, coloq, gen pey*) escabullirse, escaquearse de algo: *He's trying to weasel out of the deal.* Está intentando escabullirse del trato.

v+adv+prep+n/pron

wed /wed/ -dd-

be wedded to sth (*formal*) estar comprometido/consagrado a algo: *They are all wedded to the idea of leaving the European Union.* Están todos aferrados a la idea de dejar la Unión Europea. ◊ *He is wedded to his work.* Está consagrado a su trabajo.

be + v + prep + n
[O] an idea

weed /wiːd/

weed sb/sth out eliminar a algn/algo: *The application form is designed to weed out unsuitable candidates.* La hoja de solicitud está diseñada para eliminar a los candidatos inapropiados.

v + adv + n
v + pron + adv
v + n + adv (poco frec)

weigh /weɪ/

weigh against sb/sth (*formal*) influir, pesar en contra de algn/algo: *His employment history will weigh against his application.* Su experiencia laboral será un factor en contra de su solicitud.

v + prep + n/pron

weigh sth against sth considerar algo con relación a algo, sopesar algo y algo: *Benefits need to be weighed against risks.* Hay que sopesar los beneficios y los riesgos.

v + n/pron + prep + n/pron
= **balance sth against sth**

weigh sb down (with sth) **1** (*tb* **weigh sth down (with sth)**) cargar a algn/algo (con algo): *I was weighed down with a heavy rucksack.* Iba cargado con una mochila muy pesada. ◊ *The branches were weighed down with ripe apples.* Las ramas estaban llenas de manzanas maduras. **2** abrumar, agobiar a algn: *The responsibilities of the job are weighing her down.* Las responsabilidades del puesto la están agobiando.

NOTA Este *phrasal verb* se utiliza mucho en pasiva.

v + pron + adv
v + adv + n
v + n + adv (poco frec)
2 = **burden sb** (*más formal*)

weigh in **1** (**at sth**) (*boxeador, jockey*) pesarse, pesar ... : *He weighed in at several pounds over the limit.* Pesaba varias libras por encima del límite. ◊ *This is where the riders assemble and weigh in.* Aquí es donde los jinetes se reúnen para pesarse. **2** (**with sth**) (*coloq*) intervenir (con algo): *At that point, the chairman weighed in with a strong defence of the company.* Llegado ese punto, el presidente intervino defendiendo a la compañía firmemente. ◊ *The media have weighed in, calling for her resignation.* Los medios de comunicación han intervenido pidiendo su dimisión.

▶ **weigh-in** *n* pesaje (*en una competición deportiva, etc.*): *The champion arrived five minutes late for the weigh-in.* El campeón llegó cinco minutos tarde al pesaje.

v + adv

weigh on sb/sth (*tb* **weigh upon sb/sth** *más formal*) pesar sobre algn/algo, agobiarle a algn: *The responsibilities are clearly weighing heavily on his mind.* Está claro que las responsabilidades le agobian mucho.

v + prep + n/pron
[O] your/sb's mind

weigh sth out pesar algo: *Weigh out all the ingredients before you start making the cake.* Pese todos los ingredientes antes de empezar a hacer el pastel.

v + adv + n
v + pron + adv
v + n + adv (poco frec)

weigh sb up formarse una opinión de algn, tantear a algn: *It was obvious that she was weighing me up.* Estaba claro que me estaba tanteando.

v + pron + adv
v + adv + n
v + n + adv (poco frec)
= **size sb/sth up**

weigh

weigh sth up (against sth) sopesar algo y algo, considerar algo (en comparación con algo): *It's important to weigh up all possible courses of action.* Es importante considerar todas las líneas de actuación posibles. ◊ *The pros and cons will need to be weighed up carefully.* Tendremos que sopesar los pros y los contras con cuidado.

v+adv+n
v+pron+adv
v+n+adv (poco frec)

weigh upon sb/sth *Ver* WEIGH ON SB/STH

v+prep+n/pron

weight /weɪt/

weight sth down (with sth) sujetar algo (con algo) (*con un peso*): *The canvas sheet was weighted down to stop it blowing away.* Sujetaron la lona con un peso para que no se volara.
NOTA Nótese que **weight sth down** se utiliza mucho en pasiva.

v+adv+n
v+pron+adv
v+n+adv (poco frec)

well /wel/

well up 1 brotar: *Tears welled up in his eyes.* Se le llenaron los ojos de lágrimas. **2 (in/inside sb)** (*sentimiento*) embargar a algn: *Anger was welling up inside her.* Empezaba a embargarla la ira.

v+adv
1 [S] **tears**
2 [S] **anger**

whale /weɪl/

whale into sb (*USA, coloq*) **1** dar (de) puñetazos a algn: *I was so angry, I just whaled into him.* Estaba tan enfadado que simplemente le di de puñetazos. **2** echarle la bronca a algn, meterse con algn: *My mother whaled into me when I came home late.* Mi madre me echó la bronca cuando llegué tarde.

v+prep+n/pron

wheel /wiːl/

wheel around (*GB tb* **wheel round**) darse la/media vuelta: *I wheeled around to scream at Miles.* Me di la vuelta para gritarle a Miles.

v+adv
= **spin around** (1)

wheel sb/sth out (*coloq*) volver a sacar/utilizar a algn/algo: *The company wheeled out a variety of celebrities for the publicity launch.* La compañía volvió a utilizar a varias celebridades para el lanzamiento de la publicidad. ◊ *The same tired old arguments will be wheeled out.* Volverán a utilizar los mismos viejos argumentos.

v+adv+n
v+n/pron+adv
[O] **arguments**

wheel round *Ver* WHEEL AROUND

v+adv

while /waɪl/

while sth away pasar, matar algo (*un rato, el tiempo*): *We whiled away the time at the airport reading magazines.* Matamos el tiempo en el aeropuerto leyendo revistas. ◊ *There were plenty of bars in which to while away a pleasant evening.* Había montones de bares en los que pasar una noche agradable.

v+adv+n
v+pron+adv
v+n+adv (poco frec)
[O] **your/the time, the hours**

whip /wɪp/ -pp-

whip sth out (of sth) sacar algo de repente (de algo): *He whipped out his camera and started taking photos.* Sacó la cámara de repente y empezó a hacer fotos.

v+adv+n
v+n/pron+adv

wimp

whip through sth (*coloq*) hacer algo muy deprisa: *She whipped through the routine paperwork.* Hizo el papeleo de todos los días a toda prisa. ◊ *We whipped through customs in 10 minutes.* Solo tardamos 10 minutos en pasar la aduana.

v + prep + n/pron

whip sb up exaltar, animar a algn: *The studio audience was whipped up into a frenzy.* Animaron al público del estudio hasta enloquecerlos.

v + n/pron + adv
v + adv + n
0 **the crowd**
= **stir sb up**,
 rouse sb (*más formal*)

whip sth up 1 ocasionar, despertar algo: *They're trying to whip up support for their candidate.* Están intentando conseguir apoyo para su candidato. ◊ *It's difficult to whip up any enthusiasm.* Resulta difícil despertar entusiasmo alguno. **2** (*Cocina*) batir, montar algo: *Whip up the egg whites.* Monte las claras. **3** (*coloq*) preparar algo (*para comer, en poco tiempo*): *I can easily whip you something up.* Te preparo algo de comer en un periquete. **4** levantar algo (*polvo, olas, etc.*): *Gusts of wind whipped up the sand.* Ráfagas de viento levantaron la arena.

v + adv + n
v + pron + adv
v + n + adv (*poco frec*)
1 0 **support, enthusiasm, interest**
2 0 **cream**
3 0 **a meal**

whisk /wɪsk/

whisk sb/sth away/off quitar, llevarse a algn/algo a toda prisa: *She was whisked away to the operating theatre.* Se la llevaron a la sala de operaciones a toda prisa. ◊ *He whisked the plates away as soon as we'd finished eating.* Se llevó los platos a toda prisa en cuanto terminamos de comer.

v + n/pron + adv
v + adv + n

whittle /'wɪtl/

whittle sth away mermar, reducir algo poco a poco: *Inflation was whittling away their savings.* La inflación iba mermando sus ahorros poco a poco. ◊ *Our advantage was being gradually whittled away.* Nuestra ventaja se iba reduciendo gradualmente.

v + n/pron + adv
v + adv + n

whittle sth down recortar, reducir algo (*en tamaño o número*): *The government's majority has been whittled down to eight.* La mayoría del gobierno ha quedado reducida a ocho escaños. ◊ *We've whittled down the candidates to a shortlist of four.* Hemos reducido el número de candidatos a cuatro.

v + adv + n
v + n/pron + adv
= **reduce sth**

NOTA *Whittle sth down* se utiliza mucho en pasiva: *Costs have been whittled down to $3 600.*

whizz /wɪz/

whizz through sth hacer algo sin problemas: *We should be able to whizz through it in no time.* Lo haremos en un periquete.

v + prep + n/pron

whoop /wuːp, huːp/

whoop it up (*coloq*) divertirse, pasárselo pipa: *He looked depressed while everyone around him was whooping it up.* Se le veía deprimido mientras que todos los que lo rodeaban se lo estaban pasando pipa.

v + it + adv
= **live it up** (*menos coloq*)

NOTA Nótese que *whoop it up* no se puede utilizar en pasiva.

wimp /wɪmp/

wimp out (**of sth/doing sth**) (*coloq, pey*) echarse atrás (y no hacer algo) (*por miedo*): *Are you going to do this job or wimp out (of it)?* ¿Vas a hacer este trabajo o te vas a echar atrás?

v + adv
= **bottle out** (*GB*),
 chicken out

win /wɪn/ -nn- *pret, pp* **won** /wʌn/

win sb/sth back recuperar a algn/algo: *You do have a chance to win your money back.* Tienes la oportunidad de recuperar tu dinero. ◊ *This was my only chance of winning her back.* Esa era mi única oportunidad de recuperarla.

v+n/pron+adv
v+adv+n
[O] **a place, sb's confidence, support, a title**

win out (over sb/sth) (*coloq*) triunfar, prevalecer (sobre algn/algo): *Her conscience won out in the end.* Al final se impuso su conciencia. ◊ *His simple approach wins out over more complex ideas.* Su sencillo enfoque triunfa sobre ideas más complejas.

v+adv
= **prevail** (*más formal*)

win sb over (to sth) (*GB tb* **win sb round (to sth)**) persuadir, convencer a algn (para que haga algo), ganarse a algn (para algo): *He's against the idea, but I'm sure I can win him over.* Está en contra de la idea, pero estoy segura de que me lo puedo ganar.

v+pron+adv
v+n+adv
v+adv+n

win through triunfar (*después de mucho esfuerzo*): *We are faced with a lot of problems but we'll win through in the end.* Tenemos muchos problemas, pero al final triunfaremos.

v+adv

---

wind /waɪnd/ *pret, pp* **wound** /waʊnd/

wind down 1 tranquilizarse, relajarse: *It takes a while for me to wind down after work.* Tardo un rato en relajarme después del trabajo. **2** (*negocio, etc.*) reducir la actividad, tranquilizarse: *Business usually begins to wind down in the autumn.* El negocio suele empezar a estar más tranquilo en otoño. ◊ *The term is winding down before the holiday.* La actividad del trimestre se reduce antes de las vacaciones. **3 (to/towards sth)** (*camino, carretera*) bajar serpenteando: *The path winds down to the beach.* El camino baja serpenteando hasta la playa. **4** (*ventanilla de un coche*) bajar(se): *The window winds down automatically.* La ventana se baja automáticamente. **5** (*poco frec*) (*máquina*) pararse: *The machine was winding down.* La máquina se estaba parando.

v+adv
1 = **unwind**
4 [S] **the window**

wind sth down 1 (*ventanilla de un coche*) bajar algo: *She wound down the driver's window.* Bajó la ventanilla del conductor. **2** reducir algo gradualmente: *The government is winding down its nuclear progamme.* El gobierno está reduciendo paulatinamente su programa nuclear.

v+adv+n
v+n/pron+adv
1 [O] **the window**
 = **open sth**
 ≠ **wind sth up**
2 [O] **a business, a programme**
 = **reduce sth**
 ≠ **expand sth**

wind sth forward (*GB tb* **wind sth on**) (*cinta*) pasar, correr algo: *Wind it forward a few minutes to the end of the scene.* Pásalo unos cuantos minutos hasta el final de la escena. ◊ *Have you wound the film on?* ¿Has pasado la cinta?

v+n/pron+adv
v+adv+n
[O] **a film, a tape, a video**
 = **fast forward sth**

be/get wound up (about sth) (*coloq*) ponerse nervioso (por algo): *She was really wound up when she found out what had happened.* Se puso muy nerviosa cuando se enteró de lo que había pasado. ◊ *You shouldn't get so wound up about it.* No deberías ponerte tan nervioso por eso.

be/get+v+adv

wind up (*coloq*) **1** [+**adv/prep/adj**] ir a dar/parar, acabar, terminar … : *I always said she would wind up in jail.* Siempre dije que acabaría en la cárcel. ◊ *Why do I always wind up alone?* ¿Por qué siempre acabo solo? NOTA En este sentido, **wind up** siempre va seguido de un complemento: *How did I wind up here?* **2 wind up doing sth** acabar, terminar haciendo algo: *He wound up marrying his next-door neighbour.* Terminó casándose con la vecina de al lado. ◊ *It wound up costing a fortune.* Al final costó una fortuna. NOTA En este sentido, **wind up** siempre va seguido de una forma en -*ing*: *I never thought I'd wind up staying here for 20 years!* **3** acabar, concluir, terminar: *Can you wind up now? We're running over time.* ¿Podrías concluir ya? Nos hemos pasado del tiempo.

1 *v + adv + complemento*
 = **end up** (*menos coloq*), **finish up** (*menos coloq*)
2 *v + adv + -ing*
 = **end up** (2) (*menos coloq*)
3 *v + adv*

wind sb up (*GB*, *coloq*) **1** provocar, poner nervioso a algn: *Are you deliberately winding me up?* ¿Me estás poniendo nerviosa a propósito? **2** tomarle el pelo a algn: *Come off it, you're winding me up!* ¡Anda ya, me estás tomando el pelo!
▶ **wind-up** *n* (*GB*, *coloq*) chiste, broma: *It sounded so crazy I thought it was a wind-up.* Sonaba tan raro que pensé que era una broma.

v + n/pron + adv
v + adv + n
2 = **kid sb**

wind sth up 1 acabar, concluir, terminar algo: *If we all agree, let's wind up the discussion.* Si todos estamos de acuerdo, pongamos fin a la discusión. **2** liquidar, cerrar algo: *The company was wound up last year.* La compañía cerró el año pasado. **3** dar cuerda a algo: *This is a great little toy. You just wind it up and off it goes!* Es un juguete estupendo. Le das cuerda, ¡y echa a andar! **4** (*ventanilla de coche*) subir algo: *I wound up the window and locked the door.* Subí la ventanilla y cerré la puerta con el seguro.
▶ **wind-up** *adj* [atrib] de cuerda: *a wind-up toy* un juguete de cuerda
NOTA El adjetivo **wind-up** se utiliza siempre delante de un sustantivo: *The old wind-up clock began to chime.*

v + adv + n
v + n/pron + adv
1 [0] **a debate**
2 [0] **a business, a company, your/sb's affairs**
3 [0] **a clock, a toy**
4 [0] **the window**
 = **close sth**
 ≠ **wind sth down**

winkle /ˈwɪŋkl/

winkle sb/sth out (of sth) (*GB*, *poco frec*) hacer salir, sacar a algn/algo (de algo) (*con dificultad*): *Use a pin to winkle it out of its shell.* Utiliza un alfiler para sacarlo de la concha. ◊ *The plan was to winkle the terrorists out of their hiding place.* El plan era hacer salir a los terroristas de su escondite.

v + n/pron + adv
v + adv + n

winkle sth out (of sb) (*GB*, *poco frec*) **1** sonsacar algo (a algn): *She's very good at winkling out secrets.* Es buenísima sonsacando secretos. **2** sacar algo (a algn): *They managed to winkle some more funds out of the council.* Consiguieron sacarle más fondos al ayuntamiento.

v + n/pron + adv
v + adv + n

wipe /waɪp/

wipe sth away limpiar, quitar algo: *Wipe away mud splashes with a wet cloth.* Quita las manchas de barro con un trapo húmedo. ◊ *He wiped away a tear.* Se secó una lágrima.

v + adv + n
v + n/pron + adv
[0] **a tear, your tears**

wipe sth down limpiar algo (*con un trapo*): *Can you wipe the surfaces down?* ¿Puedes limpiar las superficies?

v + n/pron + adv
v + adv + n

wipe

wipe sth off; **wipe sth off sth** **1** quitar, limpiar algo (de algo): *Wipe off any surplus glue before it dries.* Quite todos los restos de pegamento antes de que se seque. **2** borrar algo (de algo): *He wiped the conversation off the tape.* Borró la conversación de la cinta. **3** bajar en algo el valor de algo: *Over £5 billion was wiped off share values worldwide.* El valor mundial de las acciones bajó más de 5 mil millones de libras.

v + n/pron + adv
v + adv + n
v + n/pron + prep + n/pron

wipe out (*coloq, poco frec*) caerse, pegarse un trompazo (*esquiando, haciendo surf, etc.*): *She wiped out early on in the slalom race.* Se cayó al principio del eslalon.

v + adv

wipe sb out **1** (*coloq*) derrotar, vencer a algn (*sin esfuerzo*): *The Welsh side was wiped out 24-3.* Los galeses fueron vencidos por 24 a 3. **2** (*esp USA, coloq*) dejar rendido/agotado a algn: *All that travelling wiped her out.* El viaje la dejó rendida.
▶ **wiped out** *adj* [pred] (*coloq*) rendido, exhausto
NOTA Nótese que el adjetivo **wiped out** siempre se utiliza detrás de un verbo: *He's completely wiped out after a day at school.*

v + n/pron + adv
v + adv + n

wipe sb/sth out exterminar, aniquilar a algn/algo (*referido a personas o animales*): *The whole village was wiped out at a stroke.* Aniquilaron a todos los habitantes del pueblo de un golpe.
NOTA Wipe sb/sth out se utiliza mucho en pasiva.

v + adv + n
v + n/pron + adv
◎ **a species**

wipe sth out **1** borrar algo: *The virus could wipe out your hard disk.* El virus podría borrar todos los datos de tu disco duro. ◇ *I'll never be able to wipe out the memory of that day.* Nunca podré borrar ese día de mi memoria. **2** erradicar algo: *The disease has been virtually wiped out.* La enfermedad se ha erradicado prácticamente. **3** acabar con algo, liquidar algo (*una deuda, desventaja, etc.*): *He secured a loan to wipe out the club's debts.* Consiguió un préstamo para liquidar las deudas del club. ◇ *Their lead was wiped out by four goals in ten minutes.* Perdieron la ventaja en diez minutos, cuando les metieron cuatro goles. ◇ *This year's losses have wiped out last year's profits.* Las pérdidas de este año han anulado los beneficios del año pasado. **4** pasarle un trapo a algo (*para limpiarlo por dentro*): *Can you wipe out the salad bowl?* ¿Puedes pasarle un trapo a la ensaladera?

v + adv + n
v + n/pron + adv
1 ◎ **the memory**
2 ◎ **a disease**
3 ◎ **profits, debts**

wipe up (*GB*) secar los platos: *You wash and I'll wipe up.* Tú friegas y yo seco.

v + adv
= **dry up** (4)

wipe sth up secar algo (*con un trapo*): *Keep a cloth handy to wipe up any mess.* Ten a mano un trapo para secar lo que derramen.

v + adv + n
v + n/pron + adv

wire /ˈwaɪə(r)/

wire sb/sth up (**to sth**) conectar a algn/algo (a algo): *Do you know how to wire up a plug?* ¿Sabes cómo conectar un enchufe? ◇ *You will be wired up to a machine which will record your reactions.* Estarás conectado a una máquina que monitorizará tus reacciones. ◇ *The microphone hadn't been wired up properly.* No habían conectado bien el micrófono.
NOTA Wire sb/sth up se utiliza mucho en pasiva.

v + adv + n
v + n/pron + adv

wise /waɪz/

wise up (**to sth**) (*esp USA, coloq*) darse cuenta, convencerse (de algo): *You need to wise up to how serious this is.* Necesitas darte cuenta de la seriedad de esto. ◇ *Wise up! Try and see her for what she really is.* ¡Abre los ojos! Intenta verla como realmente es.

v + adv

wish /wɪʃ/

wish sb/sth away desear que algn/algo desaparezca (*como si no existiera*): *These complications can't just be wished away, you know.* Estas complicaciones no se van a evaporar solo porque tú lo desees, ¿sabes? ◊ *Don't wish your life away.* Disfruta del presente, no pienses tanto en el futuro.

v + n/pron + adv
v + adv + n

wish sth/sb on sb (*tb* **wish sb/sth upon sb** *más formal*) desearle algo a algn, desearle a algn que cargue con algn: *I wouldn't wish this pain on my worst enemy.* No le desearía este dolor ni a mi peor enemigo. ◊ *I wouldn't wish my grandmother on anyone.* No desearía a nadie que tuviese que cargar con mi abuela.
NOTA Wish sb/sth on/upon sb se utiliza mucho con **wouldn't**: *I wouldn't wish that on anybody.*

v + n/pron + prep + n/pron

wither /ˈwɪðə(r)/

wither away 1 atrofiarse, debilitarse: *The right leg has almost withered away.* La pierna derecha casi se ha atrofiado. **2** desvanecerse: *All our hopes just withered away.* Todas nuestras esperanzas se desvanecieron. ◊ *They predicted that the state would wither away.* Predijeron que el estado desaparecería gradualmente.

v + adv

wolf /wʊlf/

wolf sth down (*coloq*) zamparse algo: *He wolfed down his breakfast.* Se zampó el desayuno.

v + adv + n
v + n/pron + adv
= **gobble sth up** (1)

wonder /ˈwʌndə(r)/

wonder at sth asombrarse, maravillarse de algo: *He wondered at her beauty.* Se asombró de su belleza. ◊ *She wondered at her own stupidity.* Se asombró de su propia estupidez.
NOTA Wonder at sth se puede utilizar en pasiva: *This change is not to be wondered at.*

v + prep + n/pron

work /wɜːk; *USA* wɜːrk/

work against sb/sth perjudicar a algn/algo: *This career structure works against women.* La estructura de esta carrera perjudica a las mujeres.

v + prep + n/pron

work around sth (*tb esp GB* **work round sth**) acomodar algo (*para evitar problemas*): *If we can't eliminate the problem, we'll just have to work around it.* Si no podemos eliminar el problema, sencillamente tendremos que acomodarnos a él. ◊ *They had found out how to work around the regulations.* Habían encontrado la forma de burlar las normas.

v + prep + n/pron

work at sth/doing sth trabajar en algo/haciendo algo: *You've got to work at losing weight.* Tienes que poner empeño en perder peso. ◊ *I've got to work at it.* Tengo que practicarlo. ◊ *She worked hard at her French and passed the exam.* Le dio duro al francés y aprobó el examen.
NOTA Work at sth/doing sth se puede utilizar en pasiva: *A relationship has to be worked at.*

v + prep + n/pron
v + prep + -ing

work away (at sth) trabajar (en algo) (*sin cesar*): *She sat there, working away at her knitting.* Estaba allí sentada, teje que teje.

v + adv

work

work sth in; **work sth into sth 1** incorporar algo (a algo): *Work the fat in with your hands.* Incorpore la grasa trabajándola con las manos. ◊ *Work the sealant into the cracks.* Haga penetrar la silicona en las grietas para sellar. **2** incluir algo (en algo): *Try and work in something about your own experience.* Procura incluir algo sobre tu propia experiencia. ◊ *He usually manages to work something topical into his act.* Normalmente consigue incluir algo de actualidad en su número.

1	v+n/pron+adv
	v+adv+n
	v+n/pron+prep+n/pron
2	v+adv+n
	v+n/pron+adv
	v+n/pron+prep+n/pron

work yourself into sth ponerse ... : *By the time we arrived he had worked himself into a frenzy.* Cuando llegamos ya se había puesto frenético. ◊ *She's working herself into a state about the exams.* Se está poniendo muy nerviosa por los exámenes.

v+reflex+prep+n
[0] **a frenzy**

work off sth funcionar con algo: *It works off the car battery.* Funciona con la batería del coche.

v+prep+n/pron

work sth off 1 deshacerse de algo: *He goes running to work off his frustrations.* Sale a correr para quitarse las frustraciones. ◊ *I'm going to the gym to work off some calories.* Me voy al gimnasio para quemar unas calorías. **2** trabajar para pagar algo: *The settlers had to work off the cost of their passage.* Los colonizadores tuvieron que trabajar para pagarse el pasaje.

v+adv+n
v+n/pron+adv
1 [0] **your aggression, calories**

work on sb intentar persuadir, trabajarse a algn: *He hasn't agreed yet but I'm working on him.* Aún no ha accedido, pero me lo estoy trabajando.

v+prep+n/pron

work on sth 1 trabajar en algo: *He's working on a new sitcom.* Está trabajando en una nueva serie humorística. **2** mejorar algo (*practicando, trabajando, etc.*): *You need to work on your technique.* Necesitas practicar para mejorar la técnica. **3** basarse en algo, partir de algo (*de un supuesto, principio, etc.*): *They worked on the assumption that everyone had read the book.* Partieron del supuesto de que todos habían leído el libro. ◊ *The two machines work on the same principle.* Las dos máquinas se basan en el mismo principio.

v+prep+n/pron
2 [0] **your technique**
3 [0] **the assumption that ...**

work out 1 [+**adv**] salir, resultar ... : *It has all worked out beautifully.* Todo ha salido de maravilla. ◊ *It depends how the schedule works out.* Depende de cómo quede el calendario. NOTA En este sentido, **work out** siempre va seguido de un complemento. **2** ir bien, funcionar: *I'm glad my plan worked out.* Me alegro de que mi plan funcionara. **3** [+**prep/adj/adv**] (*cuentas, etc.*) costar, salir ... : *The rent works out at £50 a week each.* La renta sale a 50 libras semanales cada uno. ◊ *It'll work out cheaper to go by bus.* Saldrá más barato ir en autobús. NOTA En este sentido, **work out** siempre va seguido de un complemento. **4** (*suma, resta, etc.*) salir: *The equation won't work out if x is negative.* La ecuación no saldrá si x es negativa. **5** hacer ejercicio: *I try and work out twice a week.* Intento hacer ejercicio dos veces por semana.

v+adv
1 v+adv+complemento
= **turn out**
3 v+adv+complemento

▶ **workout** *n* sesión de entrenamiento: *I did a two-hour workout in the gym.* Hice una sesión de dos horas en el gimnasio.

work itself out resolverse solo/por sí mismo: *Did you think everything would miraculously work itself out?* ¿Creías que todo se resolvería por sí solo milagrosamente?

v+reflex+adv

work sb out (*esp GB*) entender, comprender a algn: *I've never been able to work her out.* Nunca he logrado comprenderla. NOTA **Work sb out** no se puede utilizar en pasiva.

v+n/pron+adv
v+adv+n (*poco frec*)
= **figure sb/sth out**

work

☆ **work sth out** **1** calcular algo: *You'll have to work out the costs involved.* Tienes que calcular los gastos. ◊ *Let me pay for now and we'll work it out later.* Deja que pague yo y luego hacemos cuentas. **2** entender algo: *I couldn't work out how they'd done it.* No pude entender cómo lo habían hecho. ◊ *We worked out that we were second cousins.* Llegamos a la conclusión de que éramos primos segundos. **NOTA** En este sentido, **work sth out** se utiliza mucho con palabras interrogativas como **how**, **where**, **why**, etc. **3** planear, idear algo: *I've worked out a better way of doing it.* He ideado una forma mejor de hacerlo. **4** solucionar algo: *They seem to have worked things out between them.* Parece que ya han solucionado las cosas entre ellos. **5** seguir trabajando hasta ... : *They didn't make me work out my notice.* No me hicieron seguir trabajando para cumplir el periodo de preaviso. ◊ *He didn't want to work out the rest of his years in an office.* No quería trabajar el resto de sus días en una oficina. **6** agotar algo: *Most of the mines had been worked out.* La mayoría de las minas se habían agotado. **NOTA** En este sentido, **work sth out** se utiliza mucho en pasiva.

v + adv + n
v + n/pron + adv
1 ◊ **the cost**
  = **figure sth out**
2 = **figure sb/sth out**, **puzzle out**, **reason sth out**
3 ◊ **the details, a plan, a way**
4 = **sort sth out** (3)
5 ◊ **your notice**
6 = **exhaust sth**

work sb over (*muy coloq*) dar una paliza a algn: *They sent the boys round to work him over.* Mandaron a la panda para que le dieran una paliza.

v + n/pron + adv
v + adv + n

work round sth Ver WORK AROUND STH

v + prep + n/pron

work through trabajar sin parar: *At harvest time we work through until it gets dark.* Cuando llega la cosecha, trabajamos sin parar hasta que oscurece.

v + adv

work through; **work through sth** notarse (en algo): *The effects of the change will take time to work through the system.* Los efectos del cambio tardarán en notarse en el sistema. ◊ *These pressures have worked through to the staff.* Estas presiones han afectado al personal.

v + adv
v + prep + n/pron

work sth through (*tb* **work through it**) superar, solucionar algo: *Counselling is helping him work through this trauma.* La terapia le está ayudando a superar su trauma. ◊ *She was working the idea through in her own way.* Intentaba asimilar la idea a su manera.

v + n/pron + adv
v + adv + n
v + prep + it

work to sth ajustarse a algo, seguir algo: *We're working to a very tight schedule.* Seguimos un calendario muy apretado. ◊ *They have to work to a budget.* Tienen que ajustarse a un presupuesto.

v + prep + n/pron

work towards sth (*tb esp USA* **work toward sth**) trabajar en algo, esforzarse para algo: *She's working towards her PhD.* Está trabajando en su doctorado. ◊ *Both parties agreed to work towards common policies.* Ambas partes acordaron que se esforzarían para encontrar políticas comunes.

v + prep + n/pron

work sb up; **work yourself up** **1** poner nervioso a algn, ponerse nervioso: *He's worked himself up about nothing.* Se ha puesto muy nervioso por nada. **2 work sb up into sth, work yourself up into sth** ponerle a algn ... , ponerse ... : *She had worked herself up into a rage.* Se había puesto hecha una furia. ◊ *He worked the crowd up into a frenzy.* Enfervorizó a la multitud.

▶ **worked up** (**about sth**) *adj* [pred] (*coloq*) **1** disgustado (por algo): *She's been worked up about her exams.* Ha estado disgustada por los exámenes. **2** enfadado (por algo): *What was he so worked up about?* ¿Por qué estaba tan enfadado? **3** emocionado (por algo): *I can't get worked up about cars.* Los coches no me emocionan nada. **NOTA** Nótese que el adjetivo **worked up** siempre se utiliza detrás de un verbo: *She was very worked up about it.*

1 *v + n/pron + adv*
v + adv + n (*poco frec*)
v + reflex + adv
2 *v + n/pron + adv + prep + n/pron*
v + adv + n + prep + n/pron (*menosfrec*)
v + reflex + adv + prep + n/pron

495

work

work sth up **1** generar algo (*apetito, sed, entusiasmo, etc.*): *We jogged up the hill to work up an appetite.* Hicimos footing colina arriba para abrir el apetito. ◊ *I can't work up much enthusiasm for this subject.* Este tema no me entusiasma demasiado. ◊ *She soon worked up a sweat.* En seguida empezó a sudar. **2** trabajar en algo, desarrollar algo (*para mejorarlo*): *The idea needs a lot of working up.* La idea necesita que se la trabaje mucho.

work yourself up *Ver* WORK SB UP; WORK YOURSELF UP

work up to sth 1 preparar el terreno para algo: *I haven't told him yet but I'm working up to it.* Aún no se lo he dicho pero estoy preparando el terreno. **2** aumentar gradualmente hasta algo: *He started slowly and worked up to 10 miles a day.* Empezó despacio y aumentó gradualmente hasta las 10 millas por día. ◊ *The tension works up to a climax towards the end of the film.* La tensión va subiendo gradualmente hasta alcanzar un clímax al final de la película.

1	v+adv+n
	v+n+adv (poco frec)
2	v+adv+n
	v+n/pron+adv

v+reflex+adv

v+adv+prep+n/pron
2 = build up to sth

worm /wɜːm; *USA* wɜːrm/

worm your way along, into, through, etc. sth (*coloq*) abrirse paso por entre algo: *She wormed her way through the crowd to the reception desk.* Se abrió paso por entre la multitud hasta recepción. **LOC worm your way into sb's confidence, heart, etc.** (*pey*) ganarse la confianza, el corazón, etc. de algn: *He managed to worm his way into her confidence.* Consiguió ganarse su confianza.

worm sth out of sb (*coloq*) sonsacar algo a algn: *It took me days to worm the truth out of her.* Tardé días en sonsacarle la verdad.

worm your way through sth *Ver* WORM YOUR WAY ALONG, INTO, THROUGH, ETC. STH

v+n+prep+n/pron

v+n/pron+adv+prep+n/pron

v+n+prep+n/pron

worry /ˈwʌri; *USA* ˈwɜːri/

worry at sth (*poco frec*) **1** (*esp GB*) rumiar, dar vueltas a algo: *All night she worried at how to pay his fees.* Le dio vueltas toda la noche a cómo pagarle sus honorarios. **2** morder algo y sacudirlo: *The dog was worrying at the old scarf.* El perro mordía la bufanda vieja y la sacudía. ◊ *Rebecca worried at her lip.* Rebeca se mordía el labio.

v+prep+n/pron
1 ⓪ a problem

wrap /ræp/ -pp-

be wrapped up in sb/sth estar embelesado con algn, estar absorto en algo: *He was so wrapped up in his book that he didn't notice me leaving.* Estaba tan absorto en el libro, que ni se dio cuenta de que me marchaba. ◊ *They are completely wrapped up in their children.* Están totalmente embelesados con sus hijos.

be+v+adv+prep+n/pron

be wrapped up in yourself estar absorto en uno mismo: *She's always been wrapped up in herself.* Siempre ha estado absorta en sí misma.

be+v+adv+prep+reflex

wrap up 1 (*tb* **wrap yourself up**) abrigarse: *Wrap up well before you go out in the snow.* Abrígate bien antes de salir a la nieve. ◊ *Wrap yourself up warm.* Abrígate bien. **2** (*muy coloq*) callarse la boca: *She told him to wrap up.* Le dijo que se callara la boca. **NOTA** En este sentido, **wrap up** se utiliza mucho en imperativo.

1	v+adv
	v+reflex+adv
2	v+adv

wrap sb up (in sth) abrigar a algn (con algo): *I wrapped the children up well before letting them out.* Abrigué bien a los niños antes de dejarlos salir.

v+n/pron+adv
v+adv+n

write

wrap sth up 1 (in sth) envolver algo (con algo): *I wrapped the ornament up in paper.* Envolví el adorno con papel. **2** (*coloq*) concluir algo: *The discussions should be wrapped up by Friday.* Las discusiones deberían concluir para el viernes. ◊ *That just about wraps it up for today.* Con eso más o menos concluimos por hoy.
▶ **wrap-up** *n* (*USA*) cierre, conclusión: *the wrap-up of a campaign* el cierre de una campaña

wrap yourself up *Ver* WRAP UP (1)

v + n/pron + adv
v + adv + n
1 ⓪ **a present**
 = do sth up (5),
 parcel sth up (*GB*)
2 ⓪ **a game, a**
 championship, a deal

v + reflex + adv

---

wrest /rest/

wrest sth from sb/sth (*formal*) **1** arrebatar, arrancarle algo a algn/algo: *They attempted to wrest control of the town from government forces.* Intentaron arrebatar el control de la ciudad a las fuerzas del gobierno. **2** quitarle algo a algn/algo: *He wrested the gun from my grasp.* Me quitó la pistola.

v + n/pron + prep + n/pron
1 ⓪ **control**

---

wrestle /ˈresl/

wrestle with sth lidiar, luchar con algo: *She had spent the whole weekend wrestling with the problem.* Se había pasado el fin de semana entero lidiando con el problema. ◊ *He spent the night wrestling with his conscience.* Se pasó la noche lidiando con su conciencia. ◊ *He wrestled with the reins as the horse galloped away.* Luchó con las riendas mientras el caballo galopaba.

v + prep + n/pron
⓪ **a problem,**
 your conscience
= grapple with sth

---

wriggle /ˈrɪgl/

wriggle out of sth/doing sth (*coloq, pey*) librarse de algo/hacer algo, escabullirse sin hacer algo: *He's always trying to wriggle out of his responsibilities.* Siempre está intentando librarse de sus responsabilidades. ◊ *Don't let her wriggle out of helping you.* No dejes que se escabulla sin ayudarte.

v + adv + prep + n/pron
v + adv + prep + -ing
⓪ **your responsibilities**

---

wring /rɪŋ/ *pret, pp* **wrung** /rʌŋ/

wring sth out escurrir algo (*un trapo, el agua de un trapo*): *Rinse the cloth and wring it out well.* Enjuaga el trapo y escúrrelo bien. ◊ *Wring as much water out as you can.* Escurre todo el agua que puedas.

v + n/pron + adv
v + adv + n
⓪ **a cloth, water**
= squeeze sth out (2)

wring sth from sb; wring sth out of sb arrancarle/sacarle algo a algn: *She eventually wrung an apology out of him.* Al final le arrancó una disculpa.

v + n/pron + prep + n/pron
v + n/pron + adv + prep + n/pron

---

write /raɪt/ *pret* **wrote** /rəʊt; *USA* roʊt/ *pp* **written** /ˈrɪtn/

write away/off for sth escribir (a algn) (pidiendo algo): *I wrote away to the company for a free sample.* Escribí a la compañía pidiendo una muestra gratuita.

v + adv + prep + n/pron
= send off for sth

write back (to sb) contestar (*una carta*) (a algn): *I wrote back to him to say thanks.* Le contesté dándole las gracias.

v + adv

☆ **write sth down (in/on sth)** anotar, apuntar algo (en algo): *I wrote her address down in my notebook.* Apunté su dirección en mi libreta. ◊ *You should write down a list of the people you want to invite.* Deberías hacer una lista de la gente que quieres invitar.

v + n/pron + adv
v + adv + n
⓪ **sb's name, an answer,**
 your ideas, a list
= get sth down (2), **note sth**
 down, take sth down (5)

497

write

write in (to sb/sth) escribir (a algn/algo): *Write in to the programme and tell us your opinion.* Escríbanos al programa y denos su opinión. ◊ *Readers are invited to write in with their problems.* Se invita a los lectores a escribir contando sus problemas.

v + adv

write sb/sth in (on sth) (*USA*) agregar, añadir a algn/algo (a algo) (*a una lista de candidatos, para votar por esa persona*): *She wrote Carrasco in on her ballot.* Añadió a Carrasco a la lista de la papeleta.

v + n/pron + adv
v + adv + n

▶ **write-in** *adj* [atrib] (*USA*): *a write-in candidate* un candidato cuyo nombre no viene impreso en la papeleta y es añadido después por el votante
NOTA Nótese que el adjetivo **write-in** siempre se utiliza delante de un sustantivo: *write-in ballots.*

write sb/sth in; write sb/sth into sth (*Cine, Teatro*) incluir a algn/algo (en algo) (*en una novela, película, etc.*): *She wrote him into the final scene.* Lo incluyó en la escena final. ◊ *We'll need to write in an explanation for his absence.* Tendremos que incluir una justificación a su ausencia.

v + n/pron + adv
v + adv + n
v + n/pron + prep + n/pron

write sth in; write sth into sth agregar, añadir algo (a algo): *Write your name and address in at the bottom.* Ponga su nombre y dirección al final de la hoja. ◊ *A non-liability clause had been written into the agreement.* Añadieron al acuerdo una cláusula de exención de responsabilidad.

v + n/pron + adv
v + adv + n
v + n/pron + prep + n/pron

write off (to sb) (for sth) *Ver* WRITE AWAY/OFF (TO SB) (FOR STH)

v + adv

write sb/sth off (as sth) dar a algn/algo por perdido, decidir que algn/algo es algo (*inútil, un fracaso, etc.*): *The heavy rain meant we had to write the day off as a failure.* Tuvimos que dar el día por perdido a causa de la incesante lluvia. ◊ *His teacher seems to have written him off as stupid.* El profesor parece haber decidido que es tonto.

v + n/pron + adv
v + adv + n

▶ **write-off** *n* [sing] (*coloq*) desastre, fracaso: *The folk festival was a write-off.* El festival de folk fue un fracaso.

write sth off 1 anular, cancelar algo (*una deuda, por incobrable*): *All outstanding Third World debts should now be written off.* Todas las deudas pendientes del Tercer Mundo deberían ser canceladas. **2** (*conductor*) destrozar algo: *That's the third car he's written off this year.* Ese es el tercer coche que destroza este año. **3** (*compañía de seguros*) declarar algo siniestro total: *The insurance company wrote off the car.* La compañía de seguros declaró el coche siniestro total.

v + n/pron + adv
v + adv + n
1 ◉ **a debt, a loan, costs**
2 ◉ **a car**
3 ◉ **a car**

▶ **write-off** *n* **1** (**of sth**) cancelación, anulación (de algo) (*de una deuda, por incobrable*): *These countries are calling for the write-off of all their debts.* Estos países piden la cancelación de todas sus deudas. **2** siniestro total: *The van was a write-off.* La camioneta quedó destrozada.

write sb/sth out; write sb/sth out of sth quitar, eliminar a algn/algo (de algo): *His character was written out of the series.* Quitaron a su personaje de la serie. ◊ *The censor demanded that the scene be written out.* El censor exigió que eliminasen la escena. ◊ *She wrote him out of her will.* Le desheredó.

v + n/pron + adv
v + adv + n
v + n/pron + adv + prep + n/pron

write sth out 1 (**in/on sth**) escribir algo (en algo): *He wrote the instructions out for me in my notebook.* Me escribió las instrucciones en mi cuaderno. **2** (*GB*) (*USA* **write sth up**) extender algo (*un documento*): *He wrote out a cheque for five thousand pounds.* Extendió un cheque por cinco mil libras.

v + n/pron + adv
v + adv + n
1 ◉ **a list**
2 ◉ **a cheque, a receipt, a prescription**

write sth up 1 redactar algo (*utilizando las notas que se han tomado antes*): *She writes her lecture notes up every night.* Pasa los apuntes de las conferencias a limpio todas las noches. ◊ *Who's going to write up the minutes of the meeting?* ¿Quién redactará el acta de la reunión? **2** hacer/escribir una crítica de algo: *She wrote the film up in glowing terms.* Escribió la crítica de la película en términos entusiastas. **3** (*USA*) (*GB* **write sth out**) extender algo (*un documento*): *She wrote up a receipt for the merchandise.* Extendió una factura por la mercancía.
▶ **write-up** *n* reseña, crítica: *The concert got a good write-up.* El concierto tuvo una buena crítica.

v + n/pron + adv
v + adv + n
1 [O] **notes, a report, results, findings**
3 [O] **a receipt, a prescription, a ticket**

Y y

yank /jæŋk/

yank sth off; **yank sth off sth** arrancar/quitar algo (de algo) de un tirón : *He yanked his sunglasses off and stared at me.* Se quitó las gafas de un tirón y me miró fijamente. ◊ *She yanked the poster off the wall.* Arrancó el póster de la pared de un tirón.

v + n/pron + adv
v + adv + n
v + n/pron + prep + n/pron

yank sb/sth out (of sth) (*coloq*) sacar a algn/algo de un tirón (de algo): *She pulled on the cable and yanked the plug out.* Tiró del cable y sacó el enchufe de un tirón.

v + n/pron + adv
v + adv + n

yearn /jɜːn; *USA* jɜːrn/

yearn for sb/sth (*formal*) añorar a algn/algo: *He yearned for the sound of her voice.* Añoraba el sonido de su voz.

v + prep + n/pron

yell /jel/

yell sth out gritar algo: *He yelled out the names of the winners.* Gritó los nombres de los ganadores.

v + adv + n
v + n/pron + adv
= **shout sth out**

yield /jiːld/

yield sth up (*formal*) **1** entregar algo: *At the end of the lease, the tenant must yield up the premises.* Cuando finaliza el contrato, el inquilino debe entregar el local. **2** descubrir, revelar algo (*que estaba oculto*): *The universe is slowly yielding up its secrets.* El universo está revelando sus secretos poco a poco.

v + adv + n
v + n/pron + adv
2 [O] **your secrets**

Zz

zero /'zɪərəʊ; *USA* 'zɪroʊ, 'ziː-/

zero in on sb/sth 1 apuntar directamente a algn/algo: *They zeroed in on the target using satellite navigation.* Apuntaron directamente al blanco utilizando navegación vía satélite. **2** (*coloq*) centrarse en algn/algo: *She zeroed in on the main topic.* Se centró en el tema principal.
v+adv+prep+n/pron

zip /zɪp/ -pp-

zip across, along, through, etc.; **zip across, along, through, etc. sth** (*tb* **zip past sb**) (*coloq*) atravesar, pasar, cruzar, etc. zumbando: *We zipped along at ninety miles an hour.* Pasamos zumbando a noventa millas por hora. ◊ *She zipped across the street to buy a paper.* Cruzó la calle corriendo para comprar el periódico. ◊ *I'll just zip across to post this letter.* Cruzo un momento a echar esta carta y vuelvo.
v+adv
v+prep+n/pron

zip up cerrarse con cremallera: *These trousers zip up at the side.* Estos pantalones tienen la cremallera a un lado.
▶ **zip-up** *adj Ver* ZIP STH UP
v+adv

zip sb up (*coloq*) subirle la cremallera a algn: *Will you zip me up, please?* ¿Me subes la cremallera, por favor?
v+n/pron+adv
v+adv+n (menos frec)

zip sth up cerrar la cremallera de algo: *I can't zip this skirt up any more.* Ya no puedo cerrar la cremallera de esta falda.
▶ **zip-up** *adj* [atrib] con cremallera: *a zip-up cardigan* una chaqueta de punto con cremallera
NOTA Nótese que el adjetivo **zip-up** siempre se utiliza delante de un sustantivo: *zip-up pockets.*
v+n/pron+adv
v+adv+n
= **do sth up** (1)

zonk /zɒŋk; *USA* zɑːŋk, zɔːŋk/

zonk out (*USA, coloq*) dormirse, quedarse frito: *He zonked out after the soccer game.* Se quedó frito después del partido de fútbol.
▶ **zonked out** *adj* [pred] (*USA, coloq*) rendido, hecho polvo
NOTA Nótese que el adjetivo **zonked out** siempre se utiliza detrás de un verbo: *They were both zonked out after the long flight.*
v+adv

zoom /zuːm/

zoom around, down, past, etc.; **zoom around, down, past, etc. sth** (*tb* **zoom past sb**) ir, bajar, pasar, etc. muy deprisa: *Traffic zoomed past.* El tráfico pasó muy deprisa. ◊ *They zoomed around Italy for two weeks.* Hicieron un viaje relámpago de dos semanas por Italia. ◊ *She heard the car zoom down the hill.* Oyó un coche que bajaba la colina a toda pastilla.
v+adv
v+prep+n/pron

zoom in (on sb/sth) (*Fot, Cine*) enfocar con un zoom (a algn/algo) (*para acercar la imagen*): *The camera zoomed in on her trembling hands.* Le enfocaron las manos temblorosas con el zoom.
v+adv

zoom off (*coloq*) irse muy deprisa: *After eating he zoomed off to his rehearsal.* Después de comer salió zumbando al ensayo.
v+adv

zoom out (*Cine*) enfocar con el zoom (*para alejar la imagen*): *The camera zoomed out to show the vastness of the cavern.* La cámara enfocó con el zoom para mostrar la inmensidad de la caverna.
v+adv

zoom past; **zoom past sb/sth** *Ver* ZOOM AROUND, DOWN, PAST, ETC.
v+adv
v+prep+n/pron

Apéndices

Apéndice 1
502-515 **Índice explicativo de partículas**

Apéndice 2
516 **Los nuevos phrasal verbs**

Apéndice 3
517-518 **Pronunciación de los phrasal verbs**

Apéndice 1
Índice explicativo de partículas

Este índice pretende ser una guía explicativa de cómo se utilizan las partículas más frecuentes en los phrasal verbs. La clasificación está basada en el significado de las partículas y ayudará al estudiante de inglés a entender mejor los phrasal verbs que no haya oído antes, así como a utilizar los que ya sabe con más seguridad.

about

About aparece en aproximadamente 140 de los phrasal verbs transitivos e intransitivos de este diccionario, como adverbio y preposición. En algunas de las combinaciones se pueden utilizar las partículas **around** y **round** (en inglés británico) con el mismo significado.

Movimiento en distintas direcciones	La partícula **about** puede dar la idea de que la persona se está moviendo en distintas direcciones, o realizando movimientos bruscos o violentos. El verbo principal indica qué tipo de movimiento es: *The kids love **running about** in the park.* *I can hear someone **crashing about** upstairs.* *She got very angry and started **throwing** things **about** the room.* **Around** y **round** se pueden utilizar con este mismo significado.
Acción de pasar el rato sin hacer nada	**About** se utiliza con muchos verbos que transmiten la idea de estar pasando el rato sin hacer nada en especial. También se combina con verbos que significan "hacer el tonto": *Groups of youths were **hanging about** the shopping centre with nothing to do.* *We spent the afternoon **mooching about** the town and looking in shop windows.* *Stop **messing about** and start doing your homework.* **Around** se puede utilizar con este mismo significado.
Acción de causar o provocar algo	Con algunos verbos, **about** indica el comienzo de algo, o que alguien causa o provoca algo: *More and more people are deciding to retire early. How has this **come about**?* *What do you think has **brought about** this change in public opinion?* *In the afternoon he **set about** cleaning the kitchen.*
Acción de rodear	La partícula **about** puede conllevar la idea de rodear algo o a alguien: *She **threw** her arms **about** me and hugged me tightly.* **Around** y **round** son más frecuentes en las combinaciones que dan este mismo significado.

around

La partícula **around** aparece en un 6% de los phrasal verbs de este diccionario.
About se puede utilizar en algunas de las mismas combinaciones, como también **round** en inglés británico.

Movimiento circular	**Around** es frecuente en combinaciones que indican movimiento circular: *Turn **around** and look at me.* **Round** se puede utilizar con este mismo significado.
Movimiento en distintas direcciones	**Around** se usa con verbos para indicar movimiento en diversas direcciones o a sitios distintos: *The playground was full of children **running around** and shouting.* *She was **bustling around** the house, humming a song.* *You have to **shop around** if you want to find the best prices.* **About** y **round** se pueden utilizar con este mismo significado, excepto con *shop around*.
Acción de pasar el rato sin hacer nada	**Around** se utiliza con muchos verbos que transmiten la idea de estar pasando el rato sin hacer nada en especial. También se combina con verbos que significan "hacer el tonto": *They spend their time **hanging around** the streets.* *You can't take her seriously because she is always **fooling around**.* *Stop **messing around** and find something useful to do.* **About** y **round** se pueden utilizar con este mismo significado.
Acción de rodear o agrupar	La partícula **around** puede expresar la idea de rodear algo o a alguien, o de agruparlo: *People **crowded around** the entrance waiting for her to come out.* *She rushed up to him and **threw** her arms **around** his neck.* *People **clustered around** the market stalls.* **Round** también se puede utilizar con este significado.
Acción de centrarse en algo	**Around** se utiliza como preposición con algunos verbos, indicando que algo se centra en una idea, en un tema, etc.: *Her whole life is **centred around** her research.* *Their social life **revolves around** going to parties.*
Acción de evitar algo	Con algunos verbos, **around** indica que se está evitando algo: *He **skirted around** the issues without discussing any of them in depth.* *We'll have to find a way of **getting around** the problem.* *They had found out how to **work around** the regulations.*

away

Away se utiliza como adverbio en más de 200 phrasal verbs intransitivos de este diccionario. Muchas veces la partícula **off** expresa el mismo significado. Es bastante frecuente que **away** vaya seguido de la partícula **from**.

Alejamiento	**Away** se utiliza sobre todo con verbos de movimiento, indicando un alejamiento: He **ran away** as soon as he saw me. **Go away**! I'm trying to work. She **drove away**, looking worried.
Acción de evitar algo/hacer algo	**Away** se utiliza con algunos verbos para indicar que se está evitando a una persona, una situación, o que se está intentando no hacer algo: **Keep away** from the edge of the cliff – you might fall. I looked at her but she **looked away**. You can't just **walk away** from every difficult situation.
Acción de deshacerse de algo	Con algunos verbos, **away** da la idea de deshacerse de algo o de alejar a alguien: This is all rubbish. Please **throw** it **away**. He is so rude and aggressive that he **frightens** customers **away**. We need to **do away with** old and outdated laws.
Separación	Con algunos verbos, **away** indica la separación de dos cosas, o que una persona se ha apartado de un sitio o de otra persona: The handle of the bag **came away** in my hand. They **broke away** from the rest of the group. The doctor was **called away** from the meeting to attend a patient.
Desaparición gradual	La partícula **away** se utiliza a veces para indicar que algo desaparece gradualmente: The shouts and cheers gradually **died away** as the President stood up to speak. The excitement of the day began to **fade away** as night fell. She **passed away** peacefully in her sleep.
Acción de guardar o esconder algo	Con algunos verbos, **away** indica que algo se guarda o se esconde: **Put away** your books – you won't need them for the rest of the lesson. All the records relating to the case have been **filed away**. The letter was **hidden away** where no one would find it.
Acción de realizar algo de forma continuada	**Away** se puede utilizar para dar la idea de que algo se hace durante bastante tiempo, muchas veces refiriéndose a una tarea difícil o aburrida: I've been **slogging away** at this for days and I still haven't finished. He spent hours **working away** at the problem. She has been **slaving away** at the report all day.

back

Back es un adverbio que se utiliza en unos 175 phrasal verbs del diccionario, transitivos e intransitivos.

Movimiento de regreso	La partícula **back** se utiliza mucho con verbos de movimiento para indicar un regreso en el espacio o en el tiempo: He **ran back** into the house. When are you **coming back** to Oxford? **Going back** to your question...
Movimiento hacia atrás	**Back** se usa con algunos verbos para dar la idea de retirarse o alejarse de algo o alguien: The British runner tried to catch up, but **fell back** and finished fifth. Please **stand back** and let the people get off the train. **Keep back**! The bomb may explode at any moment.
Acción de devolver algo o recuperarlo	Con algunos verbos, **back** da la idea de devolver algo a alguien o al sitio de donde se ha cogido, o de recuperar algo: I don't think I'll ever **get** those books **back**. I **took** the clock **back** to the shop because it broke after a few days. Have you **given back** all the money you borrowed from him? We were very lucky. We **won back** all the money we had lost. También se utiliza para indicar que se devuelve una acción, como escribir una carta, devolver una llamada telefónica, etc.: You must **write back** and thank her for her letter. Kate phoned – can you **call** her **back**?
Falta de progreso	Con algunos verbos, **back** da la idea de falta de progreso: I feel I'm being **held back** in class. I want to move faster. The fire at the office **set** the project **back** several months.
Repetición	**Back** también puede indicar la repetición de una acción: Can you **play back** the recording once more? I think I need to **go back over** it so that all the details are clear in our minds. She **read** the message **back** to me to check it was right.
Referido al pasado	La partícula **back** se utiliza mucho para hablar del pasado: This castle **dates back** to the 12th century. John and I are great friends. We **go back** a long way. The music **takes** me **back** to the years I lived in Paris.
Control de emociones	**Back** es frecuente en combinaciones que indican un control de las emociones: He tried to **force back** the urge to punch him on the nose. She **choked back** the tears as she told us what had happened.

down

Down aparece en más de 300 phrasal verbs de este diccionario, sobre todo como adverbio. Muchas veces aporta un significado opuesto a **up** y se utiliza mucho delante de una preposición, formando phrasal verbs como *come down with sth, look down on sb*, etc.

Movimiento hacia abajo	Este es el significado literal de la partícula **down**. Se utiliza mucho con verbos de acción o movimiento indicando un movimiento de arriba hacia abajo: *He **climbed down** the tree.* ***Scroll down** to the end of the document.* *She **ran down** the road as fast as she could.* También se utiliza cuando alguien sufre una caída, o cuando se destruye algo: *He was **run down** by a car.* *The whole forest was **burnt down**.* *The protesters **tore down** the barriers.*
Descenso	**Down** se puede utilizar para indicar un descenso en el volumen, la fuerza, la velocidad, etc. de algo: *Can you **turn** the music **down**, please?* *Please **calm down** – there's no need to get so excited about it.* *The government are trying to **play down** the importance of the meeting.* *Fortunately, his temperature is starting to **come down**.*
Fallo de una máquina, un motor, etc.	Muchas veces, **down** indica que algo ha dejado de funcionar: *The car **broke down** on the way to the coast.* *The company was forced to **close down**.* *My PC has never **let** me **down**.*
Acción de fijar algo	**Down** se utiliza para referirse a algo que se sujeta o se fija a otra cosa: *Make sure you **tie** everything **down** so that the wind doesn't blow it away.* *This floorboard needs **nailing down** before it causes an accident.*
Acción de apuntar algo	Cuando se escribe o se copia algo, es frecuente que aparezca la partícula **down**: *Could you **write** it **down** for me, please?* *He was speaking too fast for me to **get** it **down** on paper.* *I'll **note down** the things we have to do before Sunday.*
Acción de comer o beber algo	Con verbos que se refieren a comer o beber algo, **down** da la idea de que algo se come deprisa o se bebe de un trago: *She was in such a hurry she had to **gulp down** her coffee.* *'This is delicious,' he said as he **gobbled down** another piece of cake.* *He **wolfed down** his breakfast.*
Acción de reducir o controlar algo	*The government is trying to **keep down** wage demands.* *The police are going to **clamp down on** motorists who break the speed limit.*

in

La partícula **in** aparece en unos 440 phrasal verbs, como adverbio o preposición. Muchas veces crea significados opuestos a **out**. La preposición **into** también se puede utilizar con verbos de movimiento: *Please come in. She came into the room in a hurry.*

Acción de entrar	Este es el significado literal de **in**, indicando que se entra en un sitio: *Thieves **broke in** and stole all the paintings.* *I'll never understand how they **got in**.*
Acción de llegar	**In** se puede utilizar con algunos verbos para referirse a una persona, un vehículo, etc. que llega a un sitio: *What time do you have to **clock in** in the morning?* *Our flight is delayed so there is no hurry to **check in**.*
Acción de meter algo en un sitio o dentro de algo	Con algunos verbos, **in** indica que se mete una cosa dentro de otra, o en un sitio: *First you have to **plug** it **in** and then you switch it on.* *I'd like to **put** some money **in** my bank account.* *Someone will have to **key in** all this information on my computer.*
Acción de completar o rellenar algo	**In** se puede usar para indicar que un dibujo, un agujero, etc. se rellena, o que se escribe algo: *When you have finished your drawing you can **colour** it **in**.* *Could you **fill in** this form, please?* *I'll **pencil in** next Wednesday for our meeting.*
Absorción o asimilación	**In** se combina con algunos verbos para dar la idea de que algo se absorbe o se asimila: *We had to try and **take in** a lot of information in a very short period of time.* *For the first few minutes I **drank in** the atmosphere of the place.*
Inclusión	La partícula **in** se utiliza muchas veces para indicar que se añade algo a una cosa: ***Stir in** the ingredients gradually.* *If you buy the car, I'll **throw in** the radio for free.*
Comienzo	**In** se puede combinar con algunos verbos para dar la idea de que algo ha comenzado: *The cold weather has started to **set in**.* *The government wants to **bring in** stricter laws to protect the environment.*
Participación en una actividad	Muchas veces, **in** se combina con algunos verbos para sugerir que una persona se une o participa en una actividad: *Why don't you **join in** and have some fun? Everybody's dancing.* *She decided to **go in** for the competition because she had a good chance of winning.*

Interrupción	**In** a veces transmite la idea de que alguien interrumpe algo o a alguien, molestando: She **cut in** while I was talking in order to make her own suggestions. We were talking quietly in the kitchen when she **barged in** and said she wanted a drink.
Acción de no salir de un sitio	**In** se puede utilizar para indicar que no se ha salido a la calle. La partícula **out** suele crear el antónimo en estos casos: We decided to **stay in** and watch a film on television. Why don't we **eat in** tonight?

into

Into es una preposición y aparece en un 4% de los phrasal verbs del diccionario. Muchas veces expresa el mismo significado que el de verbos combinados con **in**.

Acción de entrar	Este es el significado literal de **into**, indicando que se entra en un sitio: Burglars **broke into** my house last night. He **got into** the car and drove off. Everybody **crowded into** the room to listen to the Minister speak.
Acción de meter algo en un sitio	Con algunos verbos, **into** indica que se mete una cosa dentro de otra, o en un sitio: You can **plug** the TV **into** the socket in the wall. I need to **pay** some money **into** my bank account.
Inclusión	La partícula **into** se utiliza muchas veces para indicar que se añade algo a una cosa, o que algo se mezcla con algo: **Blend** the cream **into** the sauce.
Transformación	**Into** se puede usar para referirse a cosas que cambian o se transforman: The discussion soon **turned into** an argument about politics. She **grew into** a very loving person.
Choque	La partícula **into** se puede combinar con verbos que describen objetos que chocan: The car left the road and **ran into** a tree. También se puede referir a personas que se encuentran por casualidad: I **bumped into** Steve the other day. He hasn't changed at all.
Investigación	**Into** a veces da la idea de que algo se analiza o se investiga en profundidad: The third chapter of the book **goes into** the subject in great detail. The police are **looking into** the matter.
Comienzo	Muchas combinaciones con **into** sugieren el comienzo de algo: She **burst into** tears. The aircraft **burst into** flames. The country was **plunged into** recession.

off

Off aparece en más de un 9% de los phrasal verbs de este diccionario, como adverbio y como preposición. Se utiliza mucho con verbos de movimiento, y a veces se puede sustituir por la partícula **away**.

Acción de alejarse	La partícula **off** se puede utilizar con verbos de movimiento y con otros verbos para indicar que alguien se aleja de un sitio o emprende un viaje: We **set off** at four in the morning to climb the mountain. What time does your plane **take off**? The robbers **made off** in a blue car.
Comienzo	Con algunos verbos, **off** conlleva la idea de que algo comienza: The day **started off** well, but gradually got worse. Small things sometimes **spark off** a row between people.
Final	A veces, la partícula **off** da la idea de que algo se termina, o de que un acontecimiento se cancela: The unions have decided to **break off** their negotiations with management. We've **put off** the meeting till the end of next week.
	Muchas veces, **off** se utiliza con verbos que ya significan finalizar, pero añade énfasis, indicando que algo se ha terminado por completo: I'd like to **finish off** what I'm doing before I go home. They decided to **sell off** their entire stock and invest in a new range of products.
Disminución	**Off** puede dar la idea de que algo pierde fuerza o vigor: The pain started to return when the effect of the drugs began to **wear off**. We need time to **cool off** and have a shower before lunch.
Resistencia	En algunas combinaciones, la partícula **off** indica que se opone resistencia a algo desagradable: I am doing everything I can to **fight off** another attack of flu. We can't **hold off** the enemy much longer. He put up his hand to **ward off** the blows.
División o separación	En estas combinaciones, la partícula **off** indica que una zona se divide o se separa de otra con una barrera, por ejemplo, para evitar que alguien o algo entre: The police **blocked** the road **off** to prevent anyone from entering the city. The field was **fenced off** to stop animals eating the crops.
Acción de cortar o separar	Con algunos verbos, **off** indica que algo se corta o se separa: I had to **cut** a bit **off** the top of the photo. I think we can **cross** them **off** our list.

Acción de quitarse ropa, calzado, etc.	*Take off those dirty boots before you come into the house.* En un sentido más figurado, **off** puede usarse cuando alguien se quita una responsabilidad o a otra persona de encima: *Don't **palm** your visitors **off on** me – you should entertain them yourself.*
Acción de explotar	Con verbos que se refieren a armas, bombas, etc., **off** indica que el aparato se ha detonado: *The bomb was **set off** by someone using a remote control device.* *The rocket **blasted off** towards space.*

on

La partícula **on** puede funcionar como adverbio y preposición, y aparece en un 7% de los phrasal verbs del diccionario. Muchas veces, la partícula **off** genera significados opuestos a **on**. Con verbos de movimiento se puede utilizar **onto**.

Posición	Este es el sentido literal de la partícula **on**. Se utiliza para describir que una cosa se coloca sobre otra: *Don't forget to **put** the lid **on**.*
Acción de subirse a un vehículo	Con algunos verbos, **on** indica que se sube a un vehículo: *I helped an old lady **get on** the bus.*
Continuidad	Es muy frecuente que la partícula **on** se utilice para indicar que una acción continúa: *We liked Seattle so much we decided to **stay on** another week.* *Many people tried to interrupt him but he **kept on** talking.* *He paused then **went on** as if nothing had happened.*
Desarrollo o cambio	La partícula **on** se puede emplear para hablar de cómo se desarrolla o progresa una cosa: *She is **getting on** very well at school.* *How is your new novel **coming on**?* *Technology has **moved on** and made the world a different place.*
Comienzo	**On** se puede utilizar para indicar el comienzo de una actividad, o que una máquina se pone en marcha: *The dust in the air **brought on** an attack of coughing and sneezing.* *He had to **sign on** at the unemployment office.* *She **turned on** the radio.*
Acción de vestirse	La partícula **on** se puede utilizar con varios verbos para indicar que alguien se pone ropa, calzado, etc.: *I **put on** my best clothes for the interview.* *I **tried on** several jackets before choosing one.*
Acción de pensar o comentar	Con verbos que expresan pensamientos o comentarios, **on** indica el tema que preocupa a alguien o del que se habla: *I've **reflected on** what happened and I've decided to forgive you.* *I'll **sleep on** it and let you know my decision by the end of the week.* *We have to **decide on** several things at today's meeting.*

out

Out es una de las partículas más frecuentes y aparece como adverbio en más de 800 phrasal verbs de este diccionario. Muchos verbos que se combinan con **out**, se pueden combinar también con **out of**. La partícula **in** genera muchas veces el antónimo de phrasal verbs con **out**.

Acción de salir	El significado literal de la partícula **out** es el de movimiento hacia fuera, normalmente saliendo de un sitio: We *set out* in the early morning to climb the mountain. We have to *check out* of the hotel by midday.
Acción de buscar	En algunas combinaciones, **out** indica que se busca algo, por ejemplo, un objeto, la solución a un problema, etc.: Can you *find out* how many people in the company are aged over forty? I'll try and *dig out* some old college photos for you.
Acción de gastar	**Out** se utiliza con algunos verbos para expresar que se ha gastado algo. También puede indicar que algo ha dejado de existir: The change in weather conditions is causing many species to *die out*. I think we've *run out* of petrol.
Acción de producir	La partícula **out** se utiliza mucho para referirse a la producción de algo, sobre todo cuando se hace rápidamente y en grandes cantidades: The factory *turns out* 200 washing machines a day. This magazine *churns out* the same stories every week of the year.
Acción de gritar	**Out** se combina con algunos verbos para expresar que alguien habla en voz muy alta o chilla: She was *barking out* orders at the children. Everyone was *calling out* for help.
Acción de repartir	Cuando algo se reparte o se distribuye entre varias personas, es frecuente utilizar la partícula **out**: They were *handing out* free samples of cheese in the supermarket today. We need to *give out* more information to our clients.
Conclusión o fin	**Out** a veces conlleva la idea de que la acción del verbo se ha concluido. En estas combinaciones, el significado del verbo principal no cambia: Don't interrupt – *hear me out*. If the soil in the garden *dries out*, this particular plant will not survive.
Exclusión	**Out** se puede utilizar para expresar que alguien o algo no se ha incluido en una actividad, en una lista, etc. We must be sure not to *leave* anyone *out* when we invite people to the party. The government has *ruled out* the possibility of giving any financial aid.

Apoyo	Es frecuente que **out** se combine con algunos verbos para expresar el apoyo financiero o psicológico que alguien ofrece: *I wonder if you could **help** me **out**. I've got a problem.* *David will **bear** me **out** and confirm that everything I have said is true.*
Aumento	**Out** se combina con verbos que indican que algo o alguien aumenta de tamaño, cantidad, etc.: *The river **broadens out** just outside the town.* *Hasn't the baby **filled out** now?*
Elección	*She was **picked out** as the person most likely to succeed in the company.* *Some of the animals were **singled out** for special medical treatment.*
Acción de apuntar	Es frecuente que **out** aparezca combinado con verbos que se refieren a la acción de escribir o apuntar algo: *Could you **copy** this **out** for me so it is easy to read?* *I'll **sketch out** a few ideas on paper.*

over

over aparece en unos 200 de los phrasal verbs de este diccionario y puede funcionar como adverbio o preposición.

Movimiento	**Over** se usa con muchos verbos para indicar movimiento de un sitio a otro, especialmente a través de algo: *The policeman **beckoned** us **over**.* *I **ran over** a cat last night.* *The river is too deep; we can't **cross over**.* Se usa también en sentido figurado: *He was **passed over** in favour of a younger man.* Puede referirse también a un movimiento en el tiempo: *This matter can be **carried over** to the next meeting.*
Acción de cubrir algo	La partícula **over** se combina con distintos verbos para indicar que una cosa se cubre de algo: *Last winter the lake was completely **frozen over**.* *What a pity! It's starting to **cloud over**.* En un sentido figurado, puede indicar que se está ocultando algo: *He avoided answering difficult questions by **glossing over** the problem.*
Acción de retirarse o echarse a un lado	A veces **over** se combina con verbos como *pull* o *move* para indicar movimiento hacia un lado, retirándose: *The driver **pulled over** to the side of the road to take a short break.* *Can you **move over**? I haven't got enough space.*

Visita	Con algunos verbos, **over** indica que se hace una visita a alguien: *The neighbours have **asked** us **over** for tea.* *Why don't you **stop over** after school?* *I **came over** as soon as I heard.*
Análisis	**Over** se utiliza mucho con verbos de pensamiento, dando la idea de que algo se ha considerado o analizado detalladamente y con cuidado: *I'd like more time to **think** things **over**.* *Police are still **puzzling over** the incident.* ***Check** it **over** carefully before passing it on.* A veces se utiliza con verbos de comunicación: *I need to **talk** it **over** with my parents.*
Cambio	La partícula **over** indica a veces el cambio de un estado, persona, posición, etc. a otro: *The country has **changed over** from military to democratic rule.* *I want the chair with the hard seat, so let's **swap** them **over**.* *She **turned over** and went to sleep.* *I think I've managed to **win** her **over** to our side of the argument.*
Caída	Con algunos verbos, **over** completa la acción del verbo e indica que algo se ha caído: *You've **knocked over** my drink!* *He lost his balance and **fell over**.* *I **tripped over** someone's bag and fell.* También se utiliza con líquidos, cuando estos rebosan: *The glass was **brimming over**.* *Please watch this saucepan of milk so that it doesn't **boil over**.* En un sentido más figurado, se utiliza referido a emociones: *Her heart was **brimming over** with happiness.*
Acción de comunicar algo	**Over** se puede utilizar para dar la idea de que se comunica algo a alguien: *She is very good at **putting over** her ideas to an audience.* *I think we succeeded in **getting over** the idea that the situation is serious.* También puede referirse a la impresión que da una persona: *He **came over** as rather arrogant in the interview.* **Across** se puede utilizar con este mismo significado.
Referido a algo pasajero	La partícula **over** puede dar la idea de que algo es pasajero y se acabará pronto: *It wasn't a serious argument. I'm sure it will **blow over** and soon be forgotten.* *She's upset now, but she'll soon **get over** it.*

round

La partícula **round** se utiliza en unos 130 phrasal verbs de este diccionario, como adverbio y preposición. A veces se puede sustituir por **about** o **around** sin que cambie el significado, aunque **round** se utiliza sobre todo en inglés británico.

Movimiento	Es muy frecuente que **round** se utilice en combinaciones para expresar movimiento circular: *Turn round and I'll do your back.* *The car spun round several times and then hit a tree.* *She swung round with the hammer in her hand and almost hit me.* También puede indicar movimiento en distintas direcciones: *At the first class we were told to move round the room and talk to different people.* *It was a cold day so the kids ran round in the playground to keep warm.*
Acción de pasar el rato sin hacer nada	**Round** se utiliza con muchos verbos que expresan la idea de estar pasando el rato sin hacer nada en especial: *We all stood round, waiting for something to happen.* *He hangs round bars and talks to anyone who will listen to him.*
Acción de rodear algo	La partícula **round** puede indicar que algo está rodeado por algo: *The belt won't go round my waist now!* *He threw his arms round me.*
Acción de centrarse en algo	**Round** se utiliza con algunos verbos, indicando que algo se centra en una idea, en un tema, etc.: *My whole life seems to revolve round cooking, cleaning and shopping.* *The nightlife of the town is largely centred round the hotels.*
Acción de visitar	Es frecuente que **round** indique una visita informal o breve: *Call round any time. We're always happy to see you.* *I'll drop round later and give you that book I mentioned.*
Acción de repartir	Cuando algo se reparte o se distribuye entre varias personas, es frecuente utilizar la partícula **round**: *Could you help to hand round the sandwiches?* *Pass the photos round so that everyone can see them.* *I don't think there is enough cake to go round.*
Recuperación	**Round** puede indicar que una persona vuelve a recuperar el conocimiento, o que se recupera de una enfermedad: *She started to come round three hours after the operation.* *They tried to bring him round but he remained unconscious.*

up

Up es la partícula más frecuente de todas y puede funcionar como adverbio o como preposición. Se usa en un 17% de los verbos de este diccionario, principalmente como adverbio en verbos transitivos e intransitivos.

Movimiento hacia arriba	Este es el significado literal de la partícula **up**. Se utiliza mucho con verbos de acción o movimiento y expresa siempre la idea de un movimiento de abajo hacia arriba: *She **climbed up** the stairs.* ***Scroll up** to the top of the document.* ***Put up** your hand if you want to ask a question.*
Aumento	**Up** se puede utilizar para dar la idea de aumento de volumen, velocidad, fuerza, etc.: *The price of petrol is **going up** next week.* *The train started to **speed up**.* *The town had **grown up** around the abbey.*
Mejora	En este sentido, **up** conlleva la idea de mejorar en aspecto, posición, salud, etc.: *We're waiting until the weather **picks up** a little.* *I need to **brush up** my computer skills.* *She spent hours **doing** herself **up**.*
Preparación o comienzo	*We've **drawn up** a plan of action.* *She gave a talk on **setting up** a business.* *His role is to **warm up** the audience before the main event.*
Creación o aparición	**Up** se puede utilizar para expresar el nacimiento de ideas, etc., para referirse a la construcción de un edificio, al montaje de algo, o para indicar que algo aparece: *She **came up with** an idea for increasing sales.* *He **made up** an excuse for being late.* *She **turned up** late, as usual.* *Something urgent has **come up**; I have to go.*
Conclusión o fin	**Up** se utiliza mucho para dar a la acción del verbo la idea de conclusión o fin, sin cambiar el significado del verbo principal: *I've **used up** all the glue.* *His extravagance is **eating up** our profits.* *The pros and cons will need to be **weighed up** carefully.*
Acercamiento	**Up** puede utilizarse para expresar acercamiento, en sentido literal o figurado: *You're **coming up** to the roundabout now.* *She **snuggled up** to him on the sofa.* *His birthday is **coming up** soon.*
Trastorno	**Up** se puede utilizar para indicar que ha habido un cambio a peor en algo: *She has been badly **shaken up** by the experience.* *His parents really **messed** him **up**.* *We **slipped up** there, didn't we?*

Apéndice 2
Los nuevos phrasal verbs

Los phrasal verbs constituyen una de las áreas más productivas de la lengua inglesa. Algunos phrasal verbs nuevos están relacionados con actividades recientes como la informática o la telefonía, pero la mayoría no son palabras totalmente nuevas sino nuevas combinaciones de verbo más partícula o nuevas acepciones de verbos existentes. (Para ver los significados más normales de las partículas, ver el **Índice explicativo de partículas** de las páginas 502–515.)

Procesos que llevan a la creación de nuevos phrasal verbs

- **Cambio de literal a figurado**
  En este proceso, la gente empieza a usar una palabra en un contexto distinto del habitual, de forma que el significado de la expresión cambia y a veces incluso desaparece. Así, un verbo como **plough back**, que originalmente significaba *volver a echar las plantas a la tierra al ararla para abonarla,* ahora se usa casi exclusivamente en el sentido financiero de *reinvertir los beneficios en una empresa.*

- **Partícula enfática**
  A veces un verbo normal se transforma en phrasal verb sin que cambie el significado. Donde antes decíamos 'She **heads** the committee' ahora solemos oír 'She **heads up** the committee' (*Está al frente del comité*). La única diferencia que hay es que el uso de la partícula parece darle más énfasis al verbo.

- **Transformación de adjetivo o sustantivo en verbo**
  A veces se combina un sustantivo o un adjetivo con una partícula para crear un nuevo phrasal verb. Así, del adjetivo **dumb** (*tonto*) se ha formado **dumb down** (*simplificar algo, bajar el nivel intelectual de algo*). De la misma manera, los americanos han creado **luck out** (*tener mucha suerte*) partiendo del sustantivo **luck**. Otra transformación parecida es el uso de **be + participio + out** en una expresión como 'I'**m partied out**' (*Estoy hecho polvo de tanto salir de juerga*).

- **Cambio de partícula**
  El concepto de **dress up** (*ponerse de punta en blanco*) ha existido desde hace mucho tiempo. Ahora que la gente viste más informal, especialmente en el trabajo, se ha creado el nuevo concepto de **dress down** (*vestirse informal*).

Campos donde han aparecido nuevos phrasal verbs

Informática
log in *entrar en el sistema*
log out *salir del sistema*
fire sth off *mandar un e-mail*
bump sb off sth *cortar la conexión de algn con Internet*

Mundo comercial
fax sth out *mandar algo por fax*
feed through *tener un impacto*
firm sth up *concretar, confirmar algo*
impact on sth *tener un impacto sobre algo*

Telefonía móvil
break up *cortarse la conexión telefónica*
punch sth out *teclear el número*

Música
play out *dar un concierto/recital*

Vida personal
work out *hacer ejercicio*
lighten up *relajarse*
veg out *vegetar*
pig out *darse un atracón*

Apéndice 3
Pronunciación de los phrasal verbs

Símbolos fonéticos

k	cat	/kæt/	iː	see	/siː/	ɜː	fur	/fɜː(r)/
tʃ	chain	/tʃeɪn/	i	happy	/'hæpi/	ə	about	/ə'baʊt/
dʒ	jam	/dʒæm/	ɪ	sit	/sɪt/	eɪ	say	/seɪ/
v	van	/væn/	e	ten	/ten/	əʊ	go	/gəʊ/ (BrE)
θ	thin	/θɪn/	æ	cat	/kæt/	oʊ	go	/goʊ/ (AmE)
ð	this	/ðɪs/	ɑː	father	/'fɑːðə(r)/	aɪ	my	/maɪ/
ʃ	shoe	/ʃuː/	ɒ	got	/gɒt/	ɔɪ	boy	/bɔɪ/
ʒ	vision	/'vɪʒn/	ɔː	saw	/sɔː/	aʊ	now	/naʊ/
h	hat	/hæt/	ʊ	put	/pʊt/	ɪə	near	/nɪə(r)/
ŋ	sing	/sɪŋ/	u	actual	/'æktʃuəl/	eə	hair	/heə(r)/
j	yes	/jes/	uː	too	/tuː/	ʊə	pure	/pjʊə(r)/
w	wet	/wet/	ʌ	cup	/kʌp/			

El símbolo /(r)/ indica que en inglés oral británico solo se pronuncia la /r/ si la palabra va seguida de un sonido vocálico, por ejemplo, **pore over sth**. En los demás casos se omite. En inglés americano la /r/ siempre se pronuncia.

Acentuación

El verbo principal que introduce cada entrada del diccionario va seguido de la pronunciación británica y americana. La transcripción fonética incluye el acento primario de los verbos que no son monosilábicos, por ejemplo **carry** /'kæri/.

En el contexto del phrasal verb, cuando este verbo principal se combina con una o dos partículas para formar un phrasal verb, se puede hablar de dos modelos de acentuación:

1 | Phrasal verbs con acento primario y secundario

La mayoría de los phrasal verbs siguen este modelo.

En este caso, el acento primario recae sobre la partícula y el acento secundario sobre el verbo principal, por ejemplo:

What time are you ˌcoming 'back?
He ˌmade it 'up.
ˌFill them 'in.

Sin embargo, el acento primario puede cambiar de posición siempre que aparezca una palabra importante después del phrasal verb. Cuando esto ocurra, el hablante quitará el acento principal de la partícula y pondrá un acento primario en la palabra que necesite marcar. Veamos algunos ejemplos:

I ˌcame back 'early.

El modelo de acentuación del phrasal verb sería ˌcome 'back, pero como en este caso la palabra *early* es importante, esta llevará el acento principal, en vez de **back**.

I finished my work early, and
I ˌcame 'back early.

En este caso, el adverbio *early* se repite en la segunda oración, de forma que el énfasis recae en el phrasal verb y por lo tanto mantiene la acentuación.

Esto mismo ocurre cuando la palabra que se quiere marcar aparece entre el verbo y la partícula, por ejemplo:

I ˌfilled it 'in.
pero
I ˌfilled this 'form in.
o
I ˌfilled in a 'form.
pero
A form? I've already ˌfilled 'in a form.

Esta misma regla se aplica cuando la palabra que requiere énfasis es un verbo terminado en *-ing*, por ejemplo:

Paying those bills? He's ˌputting 'off paying them.
pero
I'm ˌputting off 'writing to her.

Es decir, que en el primer ejemplo se mantiene la acentuación porque la palabra *paying* no es importante, pero en el segundo ejemplo, el acento principal recae sobre *writing*, en vez de sobre la partícula **off**.

En el caso de phrasal verbs con doble partícula, como ˌ**back a'way from sb/sth** o ˌ**average 'out at sth**, la partícula extra hace que no haya problemas en mantener el acento principal en la primera partícula y también en el objeto. El hablante puede cambiar el modelo de acentuación o no, según le apetezca, sin que cambie el significado, por ejemplo:

It ˌaverages 'out at 'fifty.
significa lo mismo que
It ˌaverages out at 'fifty.

2 | Phrasal verbs con acento primario

Un 20% de los phrasal verbs siguen este modelo.

En este caso, solo hay un acento primario, que recae siempre sobre el verbo, mientras que la partícula no lleva acento. Esto ocurre siempre que el phrasal verb sea un verbo transitivo inseparable con las siguientes estructuras sintácticas:

v + prep + n/pron ('**deal with sb/sth**)
v + prep + n ('**act as sth**)
v + prep + -ing ('**bank on doing sth**)
be + v + prep + n/pron (**be 'dotted with sth**)

También se da este modelo de acentuación con algunos verbos transitivos donde el objeto es inamovible y aparece siempre entre el verbo y la preposición. Se trata de phrasal verbs con las estructuras sintácticas:

v + n/pron + prep + n/pron
 ('**draw sth from sth**)
v + reflex + prep + n/pron
 ('**fling yourself into sth**)

Cuando se trata de partículas que tienen formas tónicas y átonas (como **for** o **at**), se utiliza la forma átona /fə(r)/ o /ət/, salvo que la partícula esté al final de la frase, en cuyo caso se prefiere la forma tónica /fɔː(r)/ o /æt/, aunque sigue sin acentuarse. Veamos unos ejemplos:

The washing machine isˌbroken.
I'll have to get it 'looked at.

Look at es un phrasal verb que sigue este segundo modelo de acentuación, de forma que solo hay un acento principal que recae sobre **look**. Como **at** está al final de la frase, utilizaremos la forma tónica /æt/.

*The washing machine is broken. I'll have to get it '**looked at** as soon as possible.*

En este caso, se utilizará la forma átona /ət/ porque la frase continúa después de la partícula **at**.